商法

吴钧 编著

中国社会科学出版社

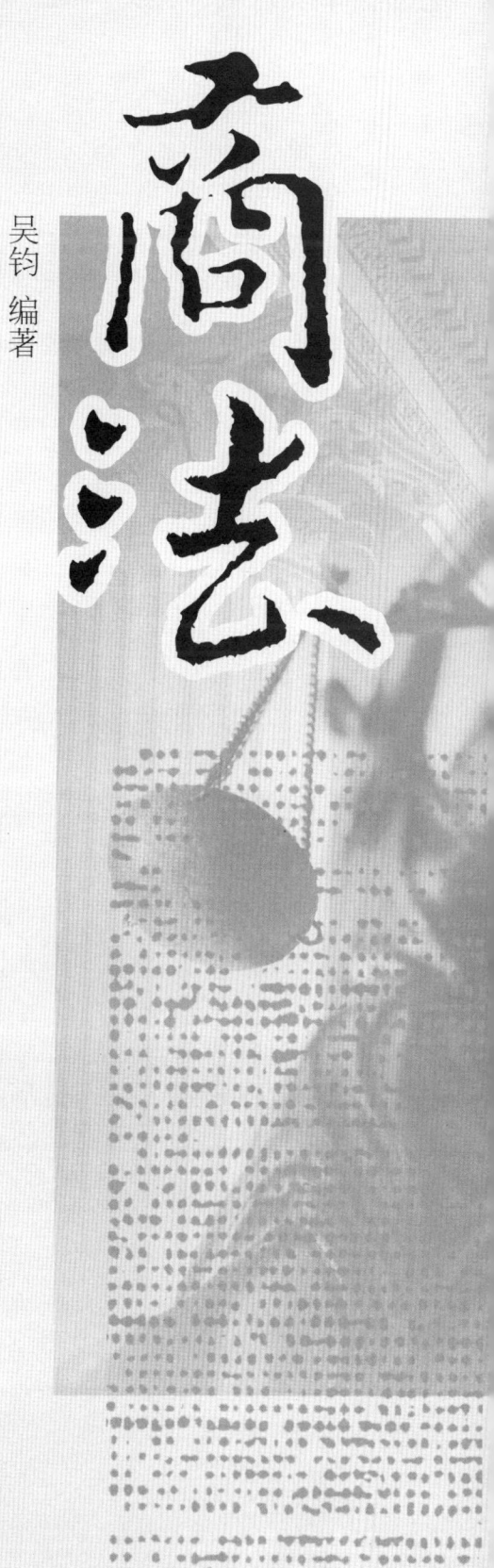

图书在版编目(CIP)数据

商法/吴钧编著. —北京:中国社会科学出版社,2012.6
ISBN 978-7-5161-1015-7

Ⅰ.①商… Ⅱ.①吴… Ⅲ.①商法—中国—高等学校—教材
Ⅳ.①D923.99

中国版本图书馆 CIP 数据核字(2012)第 122964 号

出 版 人	赵剑英
责任编辑	蔺　虹
责任校对	邓晓春
责任印制	王　超

出　版	中国社会科学出版社
社　址	北京鼓楼西大街甲 158 号(邮编 100720)
网　址	http://www.csspw.com.cn
	中文域名:中国社科网　010-64070619
发行部	010-84083685
门市部	010-84029450
经　销	新华书店及其他书店
印　刷	北京市大兴区新魏印刷厂
装　订	廊坊市广阳区广增装订厂
版　次	2012 年 6 月第 1 版
印　次	2012 年 6 月第 1 次印刷
开　本	710×1000　1/16
印　张	39
插　页	2
字　数	643 千字
定　价	86.00 元

凡购买中国社会科学出版社图书,如有质量问题请与本社联系调换
电话:010-64009791
版权所有　侵权必究

目 录

第一编 商法总论

第一章 商法概述 (3)
第一节 商法的概念与特征 (3)
第二节 商法的调整对象 (10)
第三节 商法的基本原则 (14)
第四节 商法发展简史 (17)
第五节 商法的体系 (31)

第二章 商事主体 (34)
第一节 商事主体的概念和种类 (34)
第二节 商事主体的名称 (40)
第三节 商事登记 (49)
第四节 商事登记的程序 (52)

第三章 商事行为 (57)
第一节 概述 (57)
第二节 商事行为的特殊规则 (65)

第四章 商业账簿 (69)
第一节 商业账簿概述 (69)
第二节 商业账簿的分类及内容 (75)
第三节 商业账簿的保管 (80)

第二编　公司法

第一章　公司法概述 ……………………………………（85）
　第一节　公司概述 …………………………………………（85）
　第二节　公司法概述 ………………………………………（91）

第二章　公司的设立 ……………………………………（94）
　第一节　公司设立概述 ……………………………………（94）
　第二节　公司章程 …………………………………………（99）
　第三节　公司的名称与住所 ………………………………（104）

第三章　公司的人格与能力 ……………………………（108）
　第一节　公司人格理论 ……………………………………（108）
　第二节　公司的能力 ………………………………………（114）

第四章　公司的资本制度 ………………………………（120）
　第一节　公司资本制度 ……………………………………（120）
　第二节　公司资本的构成 …………………………………（126）
　第三节　增加资本与减少资本 ……………………………（128）
　第四节　股东出资责任 ……………………………………（132）

第五章　股东与股权 ……………………………………（138）
　第一节　股东 ………………………………………………（138）
　第二节　股权 ………………………………………………（140）

第六章　公司治理结构 …………………………………（154）
　第一节　公司治理结构的概述 ……………………………（154）
　第二节　股东会（股东大会） ………………………………（158）
　第三节　董事会 ……………………………………………（162）
　第四节　监事会 ……………………………………………（168）
　第五节　经理 ………………………………………………（171）
　第六节　股东诉讼 …………………………………………（174）

第七章　公司的变动与消灭 ……………………………（182）
　第一节　公司的合并与分立 ………………………………（182）
　第二节　公司的解散与清算 ………………………………（187）

第三编 破产法

第一章 破产法概述 ………………………………………………… (193)
  第一节 破产的概念与特征 ……………………………………… (193)
  第二节 企业破产法的概念与适用范围 ………………………… (195)
第二章 破产申请与破产案件的受理 …………………………… (197)
  第一节 破产申请 ………………………………………………… (197)
  第二节 破产案件的受理 ………………………………………… (200)
第三章 破产管理人及债务人财产 ……………………………… (205)
  第一节 破产管理人 ……………………………………………… (205)
  第二节 破产财产 ………………………………………………… (209)
第四章 破产费用和共益债务及债权申报 ……………………… (213)
  第一节 破产费用和共益债务 …………………………………… (213)
  第二节 债权申报 ………………………………………………… (215)
第五章 债权人会议 ……………………………………………… (219)
  第一节 债权人会议概述 ………………………………………… (219)
  第二节 债权人会议制度 ………………………………………… (222)
第六章 破产重整与和解 ………………………………………… (225)
  第一节 破产重整 ………………………………………………… (225)
  第二节 破产和解 ………………………………………………… (227)
第七章 破产清算 ………………………………………………… (231)
  第一节 破产宣告 ………………………………………………… (231)
  第二节 破产财产分配与破产程序终结 ………………………… (234)

第四编 票据法

第一章 票据法概述 ……………………………………………… (239)
  第一节 票据与票据法 …………………………………………… (239)
  第二节 票据关系 ………………………………………………… (244)
  第三节 票据行为 ………………………………………………… (249)

第四节　票据权利 ………………………………………… (258)
　　第五节　票据抗辩 ………………………………………… (264)
　　第六节　票据的伪造与变造 ……………………………… (270)
　　第七节　票据时效 ………………………………………… (274)
　　第八节　票据丧失后的救济 ……………………………… (278)

第二章　汇票 ……………………………………………………… (282)
　　第一节　汇票概述 ………………………………………… (282)
　　第二节　汇票的出票 ……………………………………… (287)
　　第三节　汇票的背书 ……………………………………… (291)
　　第四节　汇票的承兑 ……………………………………… (296)
　　第五节　汇票的保证 ……………………………………… (301)
　　第六节　汇票的付款 ……………………………………… (304)
　　第七节　汇票的追索权 …………………………………… (306)

第三章　本票 ……………………………………………………… (312)
　　第一节　本票概述 ………………………………………… (312)
　　第二节　本票的出票与见票 ……………………………… (315)

第四章　支票 ……………………………………………………… (320)
　　第一节　支票概述 ………………………………………… (320)
　　第二节　支票的出票及付款 ……………………………… (323)

第五编　证券法

第一章　证券法概述 ……………………………………………… (329)
　　第一节　证券与证券市场概述 …………………………… (329)
　　第二节　证券法概述 ……………………………………… (336)

第二章　证券主体法律制度 ……………………………………… (350)
　　第一节　证券市场主体法律制度 ………………………… (350)
　　第二节　证券监管法律制度 ……………………………… (356)

第三章　证券发行与承销制度 …………………………………… (363)
　　第一节　证券发行 ………………………………………… (363)
　　第二节　证券承销 ………………………………………… (370)

第四章 证券上市与交易法律制度 …………………………………… (375)
- 第一节 证券上市 ……………………………………………………… (375)
- 第二节 证券交易 ……………………………………………………… (379)
- 第三节 信息披露 ……………………………………………………… (391)
- 第四节 上市公司收购 ………………………………………………… (396)

第五章 证券违法行为与法律责任 …………………………………… (399)
- 第一节 证券违法行为概述 …………………………………………… (399)
- 第二节 虚假陈述及其法律责任 ……………………………………… (402)
- 第三节 内幕交易及其法律责任 ……………………………………… (407)
- 第四节 操纵市场及其法律责任 ……………………………………… (413)
- 第五节 欺诈客户及其法律责任 ……………………………………… (418)

第六编 保险法

第一章 保险法概述 ……………………………………………………… (427)
- 第一节 保险与保险法 ………………………………………………… (427)
- 第二节 保险法的基本原则 …………………………………………… (435)

第二章 保险合同总论 …………………………………………………… (448)
- 第一节 保险合同概述 ………………………………………………… (448)
- 第二节 保险合同的主体 ……………………………………………… (457)
- 第三节 保险合同的订立 ……………………………………………… (463)
- 第四节 保险合同的有效与生效 ……………………………………… (470)
- 第五节 保险合同的履行 ……………………………………………… (474)
- 第六节 保险合同的变动 ……………………………………………… (481)

第三章 人身保险合同 …………………………………………………… (486)
- 第一节 人身保险合同概述 …………………………………………… (486)
- 第二节 人身保险合同的当事人和关系人 …………………………… (492)
- 第三节 人身保险合同的主要条款 …………………………………… (498)

第四章 财产保险合同 …………………………………………………… (509)
- 第一节 财产保险合同概述 …………………………………………… (509)
- 第二节 财产保险合同的主要内容 …………………………………… (523)

第三节　财产保险合同中的代位制度 ………………………………（530）

第七编　海商法

第一章　海商法概述 ………………………………………………（539）
第一节　海商法的概念及调整对象 …………………………………（539）
第二节　海商法的产生与发展 ………………………………………（541）

第二章　船舶和船员 ………………………………………………（543）
第一节　船舶 …………………………………………………………（543）
第二节　船员 …………………………………………………………（549）

第三章　海上运输合同 ……………………………………………（553）
第一节　海上运输合同概述 …………………………………………（553）
第二节　海上货物运输合同 …………………………………………（555）
第三节　提单 …………………………………………………………（560）
第四节　海上旅客运输合同 …………………………………………（566）

第四章　船舶租用与海上拖航合同 ………………………………（569）
第一节　船舶租用合同 ………………………………………………（569）
第二节　海上拖航合同 ………………………………………………（572）

第五章　船舶碰撞 …………………………………………………（576）
第一节　船舶碰撞概述 ………………………………………………（576）
第二节　船舶碰撞的损害赔偿 ………………………………………（579）

第六章　海难救助 …………………………………………………（581）
第一节　海难救助概述 ………………………………………………（581）
第二节　救助报酬及救助合同 ………………………………………（584）

第七章　共同海损 …………………………………………………（589）
第一节　共同海损概述 ………………………………………………（589）
第二节　共同海损的牺牲与费用及分摊 ……………………………（591）

第八章　海事赔偿责任限制 ………………………………………（595）
第一节　海事赔偿责任限制概述 ……………………………………（595）
第二节　海事赔偿责任限制的主要内容 ……………………………（597）

第九章　海上保险法 ………………………………………………（601）

第一节　海上保险法概述 ………………………………………（601）
第二节　海上保险合同 ……………………………………………（603）
第三节　委付与代位求偿 …………………………………………（607）

参考文献 ……………………………………………………………（609）

第一编

商法总论

第一章 商法概述

第一节 商法的概念与特征

一 引例

张某和李某欲结婚买房,于是张某向其好友甲贷款5万元,约定一年还款,甲不要求张某支付利息。一年以后,张辞职组建了一人公司从事餐饮业务,为了扩大业务范围,张某向某银行贷款10万元,期限一年。问:
1. 张某和甲之间的贷款关系是应由《民法》调整还是由《商法》调整?
2. 张某和某银行之间的贷款关系是由《民法》调整还是由《商法》调整?

二 基本理论

商法是具有悠久历史的法律部门,世界范围内的商事立法运动始于18世纪初法国的《商法典》(1807年)。至此,商法一直被大陆法系各国视为基本六法之一。① 在现代市场经济社会,商法更是最基本、最主要的法律部门之一。商事法律制度的建立和完善,为保护商事主体的权益,提高商事交易效率,维护商事交易安全,实现"平等"、"权利"、"自由"等法律价值提供了制度基础和法律依据。

(一) 商法的概念

1. 商的含义

"商",又称"商事"②,在英语和法语中表述为"commerce",在德

---

① 法国18世纪末19世纪初制定了《宪法》(1791年)、《民法典》(1804年)、《民事诉讼法典》(1806年)、《商法典》、《刑事诉讼法典》(1808年)、《刑法典》(1810年)六部法典。

② 不少学者区分了"商"与"商事",认为"商事"指与商有关的一切事项。本书认为此种区分意义不大,故书中所称的"商"与"商事"含义相同。

语中表述为"der handel",在拉丁语中表述为"commerium",在日语中表述为"商业"。

"商"是一个古老的用语,在现实生活中含义比较含混。不同的时代、不同的地区赋予其不同的内涵。在中国古代,商是一种计时单位,一刻称为一商,"商,刻也"(《集韵·阳韵》)。后来,"商"一词被引入经济生活,指称商品买卖。如,"通财鬻货曰商"(《汉书·食货志下》);"行曰商;止曰贾。商之谓言章也,商其远近,度其有无,通四方之物,故谓之商"(《白虎通·商贾》)。我国古代这些对商的解释,反映了当时社会对于简单商品交换活动的理解。按照《布莱克法律辞典》的解释,商是指"货物、生产品或任何种类的财物之交换"。《韦伯斯特新国际辞典》亦作此解,"商事系指商品交换行为或买卖行为"。

在现代社会,不同学科在不同层次上使用"商"这一词语。社会学上,"商"是与农业、工业等相对应的一种社会分工,是社会职业的一种分类,是社会经济的一个部门。经济学上,"商"是指以营利为目的的各种商品交换行为,即沟通生产和消费的中间环节。此种行为,通常被称为"固有商"或"买卖商"。法学上的"商"要比经济学上的范围广泛得多,不仅包括"固有商",还包括"辅助商"、"第三种商"和"第四种商"[①]。概括来说,法学上的"商",是指营利性主体所从事的一切营利性营业活动和事业的总称。对法学上"商"的界定,关键在于是否以营利为目的,而无关乎从商的方式,即生产环节或流通环节。

2. 商法的概念

商法,是调整关于商人及商行为的法律关系,即商事关系的法律规范的总称。《中国大百科全书(法学卷)》将商法界定为,"传统上与民法并列,并互为补充的部门法,即调整市场经济关系中商人、商业组织和商业活动的法律规范的总称"。正是因为商法是关于商人及商行为的法律,故

[①] 现代商法所调整的"商"范围大致可分为以下四种:直接媒介财货交易的基本商事活动,被称为"固有商";间接以媒介货物交易为目的的营业活动,如货物运送、仓储等,称为"辅助商";虽不具有直接或间接媒介货物交易之行为目的,但其行为性质与"固有商"、"辅助商"有密切联系或者为其提供商业条件的商业活动,如银行、融资等,称为"第三种商";仅与"辅助商"或"第三种商"有牵连关系的营业,如广告宣传、旅馆营业、饭店酒楼、旅游服务、娱乐营业等,称为"第四种商"。

传统商法将商法分为商人组织法和商事行为法两个部分。其中，商事组织法是关于商业交易基础条件和手段的规定，包括商业登记、商业账簿、商事代理、商事主体、公司制度等商法中最基本的内容，是确保交易安全与效率的基本法律制度。商事行为法规定商事交易本身，涉及票据法、保险法、海商法、证券法、破产法等内容。英美法系所称的"商法"与大陆法系有所不同。在英美法系，其所谓的"商法"（commercial law）或商业法，"泛指渗透着商业精神与技术的一切与交易有关的部门"①，即"商贸法"。"如农业法，因为其立法依据也是发现了农业企业这一概念，还因为种植技术是机械化的，养殖变成了工业化的养殖，也大规模地求助于信贷等，所以农业法变成商法之一。"②

由于世界各国和地区商法制度存在较大差异，理论上可以将商法分为形式意义上和实质意义上的商法。形式意义上的商法，指民商分立的国家和地区在民法典之外制定的以"商法典"命名的法典，其内容主要涉及商事主体、商行为、商业登记、商业账簿等一般原则，以及公司、保险、证券、票据、海商、破产等基本制度。在大陆法系国家中，法国、德国、日本、比利时、意大利、西班牙、葡萄牙、奥地利、卢森堡、希腊、埃及、巴西、智利、阿根廷等四十多个国家制定了独立的商法典。英美法系国家原来没有商法典，20 世纪下半叶之后，为了商事交易的方便，美国由非立法机关的美国法学会（ALI）和美国统一州法委员会（NCCUSL）制定了《美国统一商法典》（*The Uniform Cosmmercial Code*），以货物买卖为中心构造了商事法律规范体系。《美国统一商法典》共十篇：总则、买卖商业票据、银行存款和收款、信用证、大宗转让、仓单、提单和其他有权凭证，投资证券，担保交易，生效日期和废除效力。

实质意义上的商法，是指一切调整商事关系的法律规范的总和。不管是民商分立还是民商合一的国家，也不管是大陆法系还是英美法系的国家都存在着实质意义上的商法。实质意义上的商法不以冠有"商法法典"的法律为限，还包括各种有关商事的专门法规和大量存在于民法、行政法以及其他法律、法规和判例之中的调整商事关系的法律规范。我国目前尚

---

① 王璟：《商法特性论》，知识产权出版社 2007 年版，第 2 页。
② [法] 克洛德·商波著，刘庆余译：《商法》，商务印书馆 1998 年版，第 21—25 页。

不存在形式意义上的商法，但实质意义上的商法大量存在。一方面，我国传统民法、经济法和行政法中存在着大量的调整商事关系主体及商事行为的法律规范；另一方面，随着我国市场经济体制的建立，一大批商事特别法也已陆续颁行，如公司法、证券法、票据法、保险法、海商法、破产法等。

（二）商法的特征

特征是本质的外在表现，是一法区别于其他部门法的主要标志。对于商法的特征，学者表述不尽一致。[①] 本书将其表述为以下几个特征。

1. 商法是具有公法性质的私法

大陆法系国家把法律规范分为公法和私法。公法规范是命令性的、强制性的、是无条件的义务。其原则是"公法的规范不得由私人协议变更"。私法规范是任意的，授权性的，是"约定优于法定的"，其原则是"协议就是法律"。私法领域由民法和商法等主要法律部门构成，公法则包括宪法、行政法、刑法及各种诉讼法等主要法律部门。大陆法系国家普遍把民法和商法一同视为私法，就如意大利法学家米拉格利亚指出的："私法分为民法和商法。商法为私法的一种形式……商法之需要，因为日常生活之原理和商业之特殊规则，可以予商业生活以便利性、敏捷性和巩固性，它是特殊的，但不是例外或特权的，适用于所有的商业行为和全体的商人。"[②]

20世纪以来，随着国家干预的加强，公、私法划分标准的不确定性缺陷日益明显，出现了公、私法相互渗透、相互交融的现象。在商法领域，出现了"商法公法化"倾向，即国家通过间接干预来确保交易安全，保护交易秩序和交易相对人的利益。主要表现为规范中公法性条款、强制性条款在数量上增多、在作用上增强。"商法公法化"贯穿了商法的各个法律制度。在商事主体制度中，商事主体制度的"公法化"主要表现为

---

① 范健认为商法特征有：营利性、调整对象特定性、技术性和易变性、公法性、国际性。参见范健《商法》，高等教育出版社2007年版，第8—10页。赵万一将商法特征概括为：复合性、技术性、营利性和国际性。参见赵万一《商法学》，中国人民大学出版社2003年版，第5—6页。朱羿锟将商法特征表述为：兼容性、技术性、创新与路径依赖性、进步与变动性以及国际性。参见朱羿锟《商法学——原理·图解·实例》，北京大学出版社2007年版，第5—11页。

② 《世界法律思想宝库》，中国政法大学出版社1992年版，第527—533页。

有关商事主体人格的类型、创制的条件及其财产关系和组织关系、公示义务、商业账簿的设立等数量较多的强制性规范，即涉及商事主体登记制度、商事能力制度、商业账簿制度、商业税收制度及商业使用人等制度。对于商行为法，原则上采取任意法主义，但公法性或强制性规范比比皆是。如公司章程、合伙协议及各种票据均有必要记载事项；破产法上存在着破产无效行为以及破产财产清偿顺序等强制性规范；海商法中关于船舶登记、海事赔偿责任限制、船舶抵押权等规定；保险法中责任准备金制度、再保险、保险代理人与保险经纪人、保险业的监督与管理等强制性规定。商法的公法化并不是说明商法已经属于公法，而只是强调商法渗透着公法的因素。从性质上看，商法仍属于私法范畴。

2. 商法是技术性的法

"从社会学角度看，商法条款无非包括伦理性条款和技术性条款两大类。"① 伦理性条款来源于道德的要求，是道德的法律化，因此，社会主体即使没有研习专门的法律知识，也可以凭社会常识和道德判断确定其行为性质和后果。不同国家因历史背景和文化习俗的差异，道德标准多有不同，因此伦理性条款具有典型的地域性。民法大多是伦理性规范。技术性条款与道德无涉，它是为了交易的安全、便捷而设计的具有实用性和操作性的规范。商法虽然也体现了一些基本的伦理道德，如公司法中有关高级管理人员的"竞业禁止"义务、保险法中的"最大诚信原则"等，但商法在制度设计上更注重技术性。"商法的技术性特征在商法的各个具体制度规范中都有所体现。从总体而言，商法关于商事主体的法律拟制、商行为的理论及商事关系的依法界定均体现了较高的立法技术。具体而言，商法的总则制度，如有关商事主体的设立与撤销、商业账簿的设置；商法分则制度中商事主体制度（如公司法中公司形式的设计、权利、利益的配置，资本的运动，股票市场的运作，股东会的召集程序与决议方法，董事、监事的选举方法，公司重整举措制度）和商行为制度（如证券法中关于证券交易程序和清算规则，票据法中关于票据签发、背书、承兑及追索，海商法中关于船舶碰撞、理算规则，保险法中的理算、理赔、保险金额与保险费之间的比率的确定等）无不体现出商事规范很强技术性特点

---

① 赵万一：《商法基本问题研究》，法律出版社 2002 年版，第 58 页。

及其对经济活动的最精巧设计。如公司股东会和董事会的议事规则、保险法中的保险费率的精算、票据法中的票据文义性、独立性、无因性要求及各种票据行为的行使条件,都具有高度的技术性。"①

3. 商法是具有国际性的法

商法是国内法,但其与具有浓厚伦理性色彩的民法及具有强烈的政治色彩的刑法不同,从产生伊始就具有浓厚的国际性特征。商法的国际性特征在16—17世纪因各国商法国内化而有所削弱,到19世纪,随着国际贸易和国际商事活动的发展,商法的国际性特征又显得尤为突出。商法的国际性特征有其客观基础:第一,商法的主要内容具有同源性,这使商法规范有统一的可能。现代商法的许多制度都源于中世纪的商人习惯法,这些商人习惯法主要来源于在商事活动中所形成的各种商事惯例,其随着商法的国内化而被纳入各国商事法规。因此,各国商法因有共同的历史渊源而有很多相同的规定。第二,商事交易本身具有跨地域的特点,这是商法国际性的经济基础。商事贸易的发展离不开他国经济的发展。随着全球经济一体化,国与国之间经济往来日益密切,跨国的商事交易客观上要求商法的国际化。第三,商法的技术性特征,使商法的国际性成为可能。这一点与民法和刑法不同。民法的伦理性、刑法的政治性色彩决定其只能具有国家性、地域性。商法规范的技术性特征决定了其易统一,这为商法的国际性提供了可能。第四,随着贸易全球化和经济一体化的趋势愈演愈烈,加强了商法的国际化。这种国际化的趋势,一方面导致国际商事立法加强,各国缔结大量的国际商事法律、国际条约、国际惯例。如1912年的《海牙票据统一规则》、1924年的《共同海损规则》、1964年的《国际货物买卖统一法公约》、1980年的《联合国国际货物销售合同公约》等。另一方面,各国通过不断修订本国商法制度,使各国相互间及其与国际商事法律、惯例更加一致。如1931年在日内瓦制定《统一票据法国际公约》后,为与之相协调,德、法等国相继修改了本国的票据法。

4. 商法是保障营利性的法

营利是谋求超出资本的利润。营利的目的在于获得产出与投入的差

---

① 王璟:《商法特性论》,知识产权出版社2007年版,第132—133页。

额，但营利行为的结果有盈、亏两种可能。商法是关于营利性主体从事营利性营业行为的基本法律规范。商法的内容或是与营利性主体的设立、变更等组织行为有关，或是与主体所从事的营利性营业行为有关。商法不仅要维护交易自由和安全，还要提高交易效率，只有这样，商事主体才能实现营利的目的。商法中的制度设计无一不是从保障商事主体营利出发的，如交易定型化、行权时限化、时效短期化等。

商事主体对营利的追求，满足了自己投资和经营的目的，同时在客观上也促进了商品经济的发展。可以说，没有商事主体对商业利润的追求，就不会有人类的物质文明的进步。当然，商事主体在追求营利的过程中必须讲诚实、守信用，这一方面是法律的要求，另一方面从长远来看，也是商事主体获利的必然要求。正如有学者指出的，"商法是利己法，但绝不是损人法；是营利法，但绝不是投机法"[①]。

营利性是商法的本质特征，是商法诸属性中最基本的特征，商法的其他特征都是直接或间接地导源于商法的营利性。营利性也是商法区别于同属于私法范畴的民法的基本特征。纵观民法中所调整的人身关系和财产关系，其中人身关系具有鲜明的伦理性，与营利无涉。即使民法所调整的财产关系，也大多是非营利性或无偿性的。台湾学者张国健指出："商事法与民法虽同为规定关于国民经济生活之法律，有其共同的原理，然而论其性质，两者颇不相同。盖商事法所规定者，乃在于维护个人或团体之营利，民法所规定者，则偏重于一般社会公众之利益。"可见，民法所调整的主体是一般社会公众，所追求的价值目标主要是公平；商法所调整的对象是营利性主体，追求的首要价值是效率。[②]

三 引例分析

张某向其好友甲进行贷款是为满足生活需要，不具有营利性，属于民事法律关系，受《民法》调整；张某向某银行贷款是为了生产经营，具有营利性，属于商事法律关系，受《商法》调整。

---

① 刘凯湘：《论商法的性质、依据与特征》，载《现代法学》1997年第5期。
② 参见宋智慧《商法价值范畴论析》，载《学术论坛》2005年第4期。

第二节 商法的调整对象

一 引例

某一企业对外享有债权,但该企业的负责人却怠于行使对外债权。该企业的股东为了维护公司的利益,以自己的名义向法院提起诉讼。问该行为是否可以由商法进行调整?

二 基本理论

从法理学的角度来讲,划分法律部门的主要标准就是调整对象,即法律所调整的社会关系。商法在我国能否作为一个独立的法律部门存在,根本的依据是看它有没有自己特定的调整对象,即是否存在不同于民法、经济法所调整的社会关系。如果商法所调整的社会经济关系完全被民法和经济法所调整的社会关系所包含,那么商法就没有自己的特定的调整对象,也就没有其独立存在的可能性和必要性。商法的调整对象是商法学研究的起点问题,也是核心问题,它直接关系到商法的地位和命运。只有有特定的调整对象,商法才有在私法的基础理论之外再建基础理论的必要和可能。

(一) 商法的调整对象——商事关系

1. 商事关系的含义

对于商法的调整对象,有以下三种具有代表性的观点:其一,商法调整的对象是商人和企业。持此类观点的主要有德国等奉行商人中心主义立法原则的国家。其二,商法调整的对象是商行为。持此类观点的主要有法国等奉行商行为中心主义立法原则的国家。其三,商法调整的对象是商事法律关系。我国多数学者持此类观点。[①] 对此,有学者指出,这三种观点均有不妥之处。其中,第一、第二种观点未能涵盖商法所调整的社会关系的全部范围,而第三种观点则明显地有悖于法理学的一般理论,依法理学的一般理论,法律规范所调整的不同的社会关系是划分不同法律部门的重要标准,即特定的法律部门是以特定的社会关系为调整对象,因此,商法

---

① 范健:《商法》,高等教育出版社、北京大学出版社 2000 年版,第 8—9 页。

的调整对象也应当是特定的社会关系,即商事关系。① 商事关系就是商事主体在从事商事行为中所形成的特定的社会关系。这种商事关系一般包括商事组织关系和商事行为关系两大部分②。商事关系经法律调整后才成为商事法律关系。

2. 商事关系的确定标准

要确定商事关系包括的社会关系的范围,首先要确定认定商事关系的标准问题。各国商事立法对此有三种做法:一是客观主义标准,即以商行为作为确定商事关系的基本标准,在立法中先规定商行为的条件和范围,再规定凡因商行为发生的关系均属商事关系,而不论此行为的主体是不是商人。法国商法典采此标准。二是主观主义标准,即以商人作为确定商事关系的核心,在立法中明确规定商人的内涵和条件,然后规定凡是商人营业行为都是商行为,由商行为而发生的关系都是商事关系。德国旧商法采取此标准。三是折衷主义标准,即立法在确定商事关系时,采用主观主义和客观主义两个标准。将商行为分为两种:一类是由法律专门列举规定的专属商行为,此类行为不论商人或非商人所为均属商行为,由此产生的社会关系性商事关系;另一类是专属商行为之外的其他行为,则视主体不同而归不同的法律调整。只有商人所为时才是商行为,产生商事关系;非商人所为时则属于一般民事法律行为,由民法调整。

单纯的采取客观主义标准或主观主义标准均不能实现对商事关系的有效确认。如采取客观主义标准,即以商行为作为商事关系的确定依据,就必须明确商行为这一概念的内涵和外延,而商行为的外延是开放的、非封闭的,这也造成对其内涵界定的困难。单纯的主观主义标准也不能实现对商事关系的确定依据,因为在这种情况下,首先要确定商人的内涵和外延,而商人的本质特征是从事营利性行为,可见,对商人内涵的揭示同样离不开商行为的界定。因此,不管采取单纯的主观主义还是客观主义标准,都会陷入循环论证的境地,即"商人就是实施商行为的人,商行为就是商人所实施的行为"。③

---

① 王璟:《商法特性论》,知识产权出版社 2007 年版,第 94 页。
② 徐学鹿:《商法总论》,人民法院出版社 1999 年版,第 11 页。
③ 王璟:《商法特性论》,知识产权出版社 2007 年版,第 97—98 页。

商人与商行为密不可分的特点决定了对商事关系的确定必须依赖于商人与商行为两个维度。对商事关系的界定应首先以商人为标准，同时辅以商行为标准。具体而言：对完全商人，因为其具备商人所要求的外在要件，仅凭商事主体创制的法律规范从外观上判断即可。在商人所从事的活动中，具有营利性的行为，即商行为适用商法调整；其他非营利行为，如接受继承或赠与等适用民法调整。对于小商人，如小商小贩，因其无须履行商事登记程序，仅从外观上无法将其与其他一般民事主体相区分，对此类主体的判断要借助商行为理论，即要看其是否从事了以营利为目的的营业行为，这是判断这类主体是否构成商法调整对象的标准。

3. 商事关系的种类

商法所调整的商事关系包括商事财产关系和与此相联系的商事人身关系。商事财产关系，是指商事主体中的商人进行商事交易活动所发生的商事财产关系和与实现商事交易有关的、以营利为目的的各种商事活动中所发生的财产关系。如买卖、仓储、代办、制造、加工、银行、保险、信息传播、旅馆、饮食娱乐等在商事行为中发生的财产关系，都属于商事财产关系。商事人身关系，是指与商事主体相关联的商事人格关系与商事身份关系，商事人格关系，如商号（商业名称）专用权关系、商誉权关系等，而商事身份关系，则如商人组织各机构之间、商人与商业聘用人之间的关系等。

商事关系又可分为商事组织关系和商事行为关系。商事组织关系是围绕商事主体形成的商事关系，是基于商事主体的设立、组织、管理、变更、解散、破产、清算而发生的法律关系，商事组织关系包括商事主体的外部关系，也包括内部关系。其中最主要的是公司法律关系和破产法律关系，由此，公司法和破产法成为商法体系中最重要的部分。商事行为关系是基于各种商事行为的实施而形成的商事关系。商事行为关系广泛，其中包括票据行为、证券行为、保险行为和海商行为等，由此产生了票据法、证券法、保险法和海商法等商法部门。

4. 商事关系的特征

商事关系的范围多么广泛，可以从不同的角度对其进行界定，但大多主要表现为以下两个基本特点：

第一，商事关系是平等主体之间的关系。在社会活动中，各种社会关系的主体是各不相同的，他们之间的地位情况有平等和不平等两种，而商事关系是在平等主体之间所形成的社会关系。商法是私法,商事关系也只能发生在具有平等地位的主体之间,在这个层面上,商事关系与民事关系的特点是相同的。

第二,商事关系是基于营利性的行为而形成的一种社会关系。商事关系只能发生在以营利为目的而进行的商事活动中,这是商事关系区别于其他社会关系,尤其是民事关系最重要的特点。从主体平等和行为的营利性两方面来比较商事关系和民事关系,不难看出,商事关系的主体一定是平等的,但平等的关系却不一定是商事关系,因为商事关系还须具有营利性。而民事关系是平等主体之间的关系,其中既包括非营利性的民事关系,也包括营利性的民事关系。由此可见,民事关系的财产关系和人身关系涵盖的范围更广,而商事关系只是民事关系的一部分。因此,商法在大陆法中被定性为民法的特别法。

尽管"与'私权自治原则'变迁相适应,传统商法所推崇的'营利至上'精神也在悄悄地发生着改变。……'营利'已不再是商法所保护的商事活动的最高目标,法律必须尽最大可能去阻止那些不公正或对他人及社会产生消极影响的营利行为"[①],但营利性仍然是商事关系的根本属性。营利,就是通过经营获取利润,以较少的经营投入获取较大的经济收益。营利是一切商事关系形成的基本原因和目的,是各种商事经营活动的出发点和目的地。没有营利,也就没有商事关系,不能营利,商人就无法生存。当然,这种营利是指商人从事商事行为的主观目的是为了取得经济利益,而客观上能否取得实际的盈利则在所不问。

(二)商事关系与民事关系的区别

商法调整的商事关系与民法所调整的民事关系有本质上的区别:首先,范围不同,民事关系调整的范围与商事关系的调整范围相比,要大得多。民事关系是地位平等的公民之间、法人之间或者其他组织之间以及公民、法人、其他组织相互之间基于民事行为而形成的社会关系。民事关系包括财产关系,还有与财产无关的人身关系,如婚姻家庭,继承等。而商事关系的调整范围则不包括与财产无关的人身关系。其次,商事关系和民

---

① 范健、王健文:《商法的价值、源流和本体》,中国人民大学出版社 2004 年版,第 11 页。

事关系所调整的财产关系侧重点不同。商事关系中的财产关系是营利性的财产关系，且集中发生在特殊的商事领域，如公司、票据、保险、海商、期货、破产、证券等，侧重于财产的管理权和经营权；而民事关系中的财产关系是一般状态下的财产所有关系和流转关系，即包括有偿的也包括无偿的，侧重于财产的所有权和支配权。最后，民事关系是私法上的关系，调整的平等民事主体之间的私法上的平等权利；商事关系既包括私法上的平等权利，还包括在公法上国家对商事主体的一些管理和规制，如商事账簿制度、商事登记制度等。

三 引例分析

引例中，某公司股东为了维护公司利益提起股东代表诉讼是为了维护公司营利性的财产关系，且发生在特殊的商事领域即公司中，因此属于商法调整对象，法院应依据《公司法》对该案进行审理。

第三节 商法的基本原则

一 引例

某市政府欲建设新的办公楼，便与该市的一家建筑公司联系，要求该公司免费为政府建设办公用楼，如不免费建设，则将对该公司的主管部门采取行政措施。该公司认为这不公平，遂向法院提起诉讼。

二 基本理论

商法的原则较多地反映了商法的精神，它是调整商事关系必须遵循的普遍行为准则，是编纂商事法规和制定商法典的根本出发点和理论依据。[①] 商法调整方法就是在民法调整方法的基础上，优先适用商法的效力。商法调整方法有以下三项原则：

（一）主体平等原则

运用民法的基本调整方法，确认主体之间的地位平等，尊重、保护商

---

① 范健、王健文：《商法的价值、源流和本体》，中国人民大学出版社2004年版，第11页。

事主体的财产权益、人身权益，实行对等的补偿、赔偿，恢复被侵害的权益，并且追究民事责任与和解、调解并用。

(二) 维护交易公平原则

所谓交易公平，是指以营利为目的的交易活动往来中，必须维持双方利益关系的公道和合法状态。商法的调整意义就在于保证商事活动的公正规范，繁荣商事交易，使社会经济得到进一步的发展。为了保障商事交易活动正常进行和持续发展，让各方权益不受损害，就必须有效地维护交易的公平，保证交易者的正当利益，禁止不正当的牟利，实现良性交易活动。只有如此，商法才能更客观地反映商事交易经济规律的具体要求，真正有效地发挥其作用，促使经济的高速发展。

(三) 保障交易安全原则

交易安全是指以营利为目的的交易往来，应该按照商法规则和诚实信用原则进行，以免使双方当事人遭受侵害或意外损害，乃至促使第三人遭受损害，进而保证商事交易活动的良好运转状态。商事活动的种类与形式纷繁复杂，虽有获得利益和成功的机会，也存在着可能导致商事往来遭受麻烦和损害或者是风险的隐患。这会影响商事主体进行商事活动的主动性和积极性，不利于市场经济和国家经济的迅速发展。正因如此，商法在调整商事活动与商事关系时，特地采用了一系列防范保护措施。这些保护措施包括强制主义、公示主义、外观主义、严格主义的调整方法。

1. 强制主义

所谓强制主义，是指在商法意思自治的范畴内，扩大强制性规定或者为进行国家干预而辅助行政规范，强制商业主体严格必须遵守。商法是私法，是民事性的规范体系，随着当代社会经济的高度发展和人们之间相互关联性的日益增强，商事往来的健康状况对社会秩序是否正常，社会公共利益能否避免遭受侵害，逐渐成为法律关注的重点。由此，因强制主义而产生的强制措施就成了保证交易安全进行的有效方法。

2. 公示主义

公示主义，是指涉及当事人利害的交易活动，要求商事交易关系的当事人必须以公告通知的方式进行公示，只有经过公示的商事活动才能发生法律上的效力。否则不受法律的保护。公示主义的目的不仅在于避免交易人和第三人遭遇麻烦和损失，而且在于公正地保护交易当事人与第三人的合法权益，以维持正常的商事交易秩序和整个社会的经济秩序。

3. 外观主义

外观主义，是指在商事活动中，以当事人行为的外在表现来确定其行为应发生的法律效果。法律对商事行为的规范，尊重在法律行为完成后原则上不得撤销的规定，还保证进行商事行为的当事人之间的信用关系，对此强调适用商法的严格责任，以防止商事交易各方的权益和社会的商事秩序遭受损害。所以，为保证商事交易的安全，消除当事人内在心态的弱点，各国的商法常采用外观主义的调整方法，并以此促使商事当事人关注行为的外在表现，来维护自身的合法权益。

4. 严格主义

严格主义，是指对商事交易行为应负的责任，注重实行严格责任的调整方法。严格责任是比一般民事责任严格的无过错责任、连带责任。现代商业的飞速发展，使大中型商业企业成为市场交易的主力军。它们日常的商事活动并不依赖商业主体，而是由执行商事业务的负责人进行。为了使商事交易在商事企业与其执行业务人员之间的内部关系能在紧密结合的过程中进行，保证商事企业在商事往来中外部关系的权益安全，便形成了这种对商事企业与其执行业务负责人实行严格责任制度，世界各国的商事法律，包括我国在内，一般都在必要的时候采用严格责任制。即谁主管，谁负责，以避免企业或责任人之间进行相互推诿。

由上可知，商法的调整方法是在民法调整方法的基础上根据商事关系的营利性所派生出来的。它的目的主要是保证商事交易的正常运行，以便促进我国社会主义市场经济沿着健康的轨道继续向前发展。

三 引例分析

本案例中某市政府的做法违反了商法的基本原则。该市政府并未与建筑公司处于平等的地位，而是利用其职权，胁迫建筑公司为其建设办公楼，损害了双方交易的公平，即主体平等原则和交易公平原则。这种行为危害了商事交易中的交易安全，破坏了市场经济的有序发展。

第四节　商法发展简史

"商法的形成来自于实践。"（法国学者丹尼斯·特伦语）对于商法的起源，学术界一般有以下三种观点：一是认为，商法起源于古希腊的法律，甚至是比古希腊法律更早的楔形文字法。其依据是，希腊多良港港口贸易甚为发达，交易实践产生了交易规则，公元前15世纪，在《赫梯法典》中关于商品价格管理的规定以及古希腊时期的《罗得海法》（*Lex Rhodia*）被视为古代商法的最初形式。另一种观点认为，商法起源于罗马法，依据的是罗马法本身，罗马法中的商事法规，适用于罗马统治下的各国，当时经营商业的人，也不需要特殊的资格及实力，民商法律不分，且合并于罗马私法，在法律的适用上不存在困难。罗马后期的万民法中对于代理、海运赔偿、冒险借贷等规定，是构成早期商法的基本内容。第三种观点认为，商法起源于中世纪，欧洲古代法中并不存在，也不可能存在独立的商法或与之相类似的较完整的商事法律制度。① 第三种观点为大多数学者所赞同。现代大多数民商法学者通常认为：近代商法实际上形成于中世纪，尽管欧洲古代的法律中不乏有关商品交易的行为规则，并且其中的某些制度（如海事规则）确实对后世的商法具有影响，但严格地说，欧洲的古代法中并不存在，也不可能存在独立的商法或与之相类似的完整制度。② 古希腊的民主制不允许为某一个阶层的利益建立一种法律体系，也不可能产生独立的商法。至于用于调整简单商品生产的罗马法，是为满足非自给自足的奴隶制商品交易的需要而形成的，通过罗马裁判官创设的法律权能，不能够使简单商品交易的法律要求得到持续的满足，因而商法也没有产生的必要。③ 商法"没有与罗马法相关联的先祖"④。而只有在中世纪城市兴起和商人阶层产生的社会背景和经济条件下，商法才有可能从

---

① 参见王璟《商法特性论》，知识产权出版社2007年版，第7—8页。
② 梁慧星、王利明：《经济法的理论问题》，中国政法大学出版社1988年版，第112页。
③ ［德］拉德布鲁赫著，米健、朱林译：《法学导论》，中国大百科全书出版社1997年版，第73页。
④ ［美］艾伦沃森著，李静冰译：《民法法系的演变与形成》，中国政法大学出版社1997年版，第166页。

其他部门法中独立出来，形成自己独特的调整对象和规范体系。

一　西方国家商法的产生和发展

（一）中世纪：商法的产生

1. 中世纪商法产生的历史背景

商法的产生意味着商法已经摆脱了混杂于其他部门法律规范中的状况，成为私法领域中的特有组成部分。一般认为，商法起源于中世纪的海商法和商人习惯法。"在这一时期，伴随着工商业文明的复兴与发展，一个以自由、公平、权利为核心和本质，以商人和商行为为特定对象的新部门法逐渐从传统民法中分离出来，并从观念到制度上日益完善起来。"① 中世纪的商事法律，主要是指在公元11—16世纪的欧洲，特别是在波罗的海和北海沿岸，地中海沿岸和亚得里亚海沿岸的一些城邦中存在的商人法。中世纪商人法的形成有着特定的历史背景和社会根源。

（1）商业的发达促使了商法的诞生

11世纪后，欧洲的农本经济进入了发展时期，十字军东征的胜利使得欧洲通向东方的商路相继开通，这就为欧洲大量剩余产品涌向东方市场提供了条件。此种东西方贸易的发展首先促进了地中海海上贸易的发达和地中海沿岸一些新兴城市的商业贸易之繁荣，其中被称为"通往东方门户"的威尼斯、热那亚、佛罗伦萨的商业地位尤为引人注目。其后几百年间，此种高度集中的口岸贸易和海上贸易又相继扩展到欧洲大西洋沿岸、波罗的海沿岸和北海沿岸的一系列商业开放城市。

然而，与地区经济发展形成鲜明对比的是，对于中世纪的欧洲大陆来说，仍稳定地处于封建法和寺院法的支配之下。从许多封建公国的法律制度来看，不仅借本经营、放贷收息、商业投机及各种转手营利的活动受到明令禁止，就连诸多非生产性的中介商业活动或是正常的债权让与交易也被认为是违法行为。非但如此，由于部分商业城市的贸易状况与封建法制的实际现状过度不协调，使得一系列关于保护商业活动的条件缺少了必要的法律反映。在后世的商法看来，这种情况属于维护社会交易安全必不可少的交付行为的无因性规则、商人资格与公示原则、共同债务连带责任原

---

① 范健：《德国商法：传统框架与新规则》，法律出版社2003年版，第32页。

则、担保连带责任规则,甚至是合同不得撤销规则在当时的封建法律制度中均缺少观念基础的表现。以致许多国家的法律对商人还加以种种歧视。

就是在这种贸易发展与封建法制尖锐冲突的背景下,自 11 世纪起,在意大利的佛兰德诸港和佛罗伦萨率先出现了为了保护商人自身利益的商人行会组织——商人基尔特。其后,此种商人自治组织便迅速在意大利、英格兰、西班牙、荷兰的许多城市中相继涌现。商人行会组织形成的最初意义在于通过行业自治和习惯规则来协调商人之间的关系,反抗封建法制的束缚,更好地处理商人之间的纠纷。但此种行会组织随着其实力和权力的不断加强,逐渐担负起认可和接纳商人,制定和编纂规约或习惯规则,组织商事法庭和行使商事裁判权等多种职能角色。从 11 世纪至 14 世纪几百年间,正是在商人行会规约、商人惯例和商事判例的基础上才逐步因袭沿用,形成了较为系统的商人习惯法,其中许多习惯法规则由商人行会或商人编集成书。

(2) 商人阶层的形成

公元 10 世纪左右,西欧以农业为主的庄园经济不再像以往那样走封闭的路线,随着农业技术的普遍提高,庄园出产的产品出现了剩余,领主们必须寻求外销的策略来减少农产品的剩余,由此,集市或市场在各地陆续被建立起来,定期或者不定期地举行着各种各样的贸易活动,这些集市和市场大多建立在寺院周围,在属于教会的土地上进行交易,商人除了有来自穿行欧洲各地的犹太人、叙利亚人这些一般的行商以外,还有一些本地的常驻基督徒,长期在此经营。这种局势的不断扩大,让封建领主们逐渐意识到可以借征收市场税、通行税等获得利益,便开始允许甚至鼓励商人们在自己的土地上设立市场。随着人口的增加,一些市场的建立中,出现了自由的手艺人,这些手工艺人反映着当时欧洲工业的状况和基本水平。在这一时期商人阶层就要投靠那些强有力的领主,使他们成为自己的保护者。在意大利的米兰、威尼斯、热那亚等商业城市,统治者与商人联合起来,大量敛聚财产和资金,并建立了海上船队,从阿拉伯人手中夺取地中海商路控制权;而较小的亲王、公爵在其控制的领地内,有权向商人让与某个城市的一些特权。对于商人而言,国王成为了其重要的同盟,以王权保持着各条商路通畅,禁止那些封建领主对商人的勒索。对于国王来说,商人则成为了重要的获利工具。国王与商人达成同盟,商人支持国王的立法和司法权力，以期待获得有利于在国王控制领域从事贸易的法律。商人获得此利益，便以缴纳捐税和关税作为对国王的回报，在很多情况下是给予国王巨额贷款，以供其对外推行军事政策，而这类军事政策通常又会有利于本国的商人。关于这一时期教会对于商业和手工业的态度，有的学者认为教会不允许投机和放贷取息，也就是说教会对商人的兴起持反对的态度。但是如果在社会中居于主导地位的教会持这种反对态度，就很难解释这一时期工商业的迅猛发展。而另一种观点则认为近代资本主义起源于 11—12 世纪，认为资本主义和封建主义在本质上是相容的，实际上是相互依赖的。在 11 世纪末期和 12 世纪时，天主教不仅不谴责金钱或财富本身，而且还实实在在地鼓励着对金钱和财富的追求。十字军东征是进行资产阶级改造的关键性事件，其起因是教皇企图从海上或陆上向东扩展他的权力，而结果却是大大地促进了远距离的海上贸易和陆上贸易。手艺工匠行业与农业的分离及商业贸易的迅速发展，使商人和手艺工匠的势力逐渐增强，他们不仅在封建领土上站稳了脚跟，而且提出在政治和经济领域中的其他身份要求，并在最终获得一种单独的既非领主亦非附庸的合法身份地位。

（3）"商事法院"的出现

只要有贸易活动就必然会有相关的纠纷与争议的发生。在中世纪，跨国性的商事交易实践中，商人们最关心的是他们所从事的商事交易能否顺利进行且最终实现盈利，因而对交易的方式、交易中双方权利义务的划分、交易风险的承担及一旦发生争议后的处理办法等事件都希望自主处理。商人阶层通过商业行会的联合和不懈斗争向封建领主和教会争取到了处理商人之间贸易纠纷和争议的独立管辖权。"商事法院"就是以这一管辖权的取得为基础而得以普遍建立的。这些法院在性质上都属于非专业的社会共同体纠纷处理解决机构。法院的"法官"一般由集市或市场的商人们推选或由行会首脑在行会中选择几名成员来担任。一般来说，在处理"行商"之间争议的商事法院里通常设有"半个能说话的陪审团"，陪审团成员中本地商人和外地商人各占一半。这些商事法院的审理程序是非正式而且极其简易，审理速度极为迅速。审理的时限往往很短，这是由商品交易活动迅捷性所决定的，同时也是这种迅捷性的客观需要。例如，集市法院中，审判应该在"商人脚上的尘土未掉"时就完结；海事法院中，审判应该在"潮汐之间"审理完结；行会法院和集市法院中，审判应当在"一天以内"进行完毕。在这些法院中，上诉往往是被禁止的，不仅专业法律家被排除在审理程序之外，就连专门的法律争论也会引起当事人的反感。当时商事法院的裁判，是一种明显的"参与裁判制"，具有一定的公共性，一方面有助于单个商事案件的公正解决，也有助于促使商人法体系与教会、王室的控制相隔离，以便维护商人阶层的特权。另一方面也要注意到，这些所谓的商事法院并不能视为严格意义上的"法院"，它们更多体现出的是现代"调解"和"仲裁"的性质。若用现代的法律术语来表达，它们具有常设仲裁庭的特点，一些非职业性的仲裁员被召集到一起，然后在各地解决争议，无论处理争议的法院设在什么地方，无论各个地方的惯例有何不同，他们都用相同的商业惯例来解决纠纷。中世纪商事法院的建立除了体现在迅速解决贸易纠纷并维护商人自治团体的特殊利益外，最重要的一点还在于，它使商人习惯法这套独有的规则体系拥有了自己适用和实践的场所。也就是说，商人法正是通过商人法院的适用才逐渐得到社会各界的普遍认可，并成为具有"准法律"约束力的行为规则。而通过商事法院无数裁判活动积累而成的商事判例汇编在后来也成为中世纪商人法的重要渊源之一。

2. 中世纪商人法的特点

（1）中世纪商人法是商人团体内部的自治法。

中世纪商人法的大部分规则一开始仅适用于行会内部的商人之间，后来逐渐发展到适用于行会内部商人与非行会内部商人之间，到最后才发展到商人和非商人之间。这种属人主义的产生有两方面的原因，其一是在中世纪，商人作为新兴市民阶级与封建势力斗争，要求在法律及政治上承认该群体相对独立地位的产物；其二是商人在当时受到教会等世俗势力的排挤，其自治法律规范无法上升为国家法律，而只能在商人团体内部适用的一种无奈的选择。

（2）中世纪商人法的内容十分广泛，为以后商事法律制度的创建奠定了基础。

其中有关商人人格和权利能力确立的公示规则，商事交易的诚实信用、便捷原则，商人对交易物的谨慎保管和物的瑕疵及时通知义务、商人身份构成的法律要素、商人人格获得的法定程序以及商事代理、商事结算、商事保险、商事合伙、商事借贷等现代商法中的一些重要原则、主要制度,在后世各国商法中都得到不同程度的体现。

(3) 在法律渊源上,中世纪商人法以商事行会规约、商业法院裁判、商事习惯、海商法、城市法为主要渊源,以教会法为辅助渊源。

当时,在罗马法的推动下,以调整贸易关系为主的综合性的法律制度开始产生。另外,由于主教所在的城市里,主教们还在关心天主教原则的确立,主教们规定买卖要遵循公道的价格,破坏规则就要受戒,与犯罪一样。① 因此,教会法在调整商事关系方面仍然起到一定的作用。

(4) 中世纪的商法就已经体现出了一种统一化的发展趋势。

商人法最初仅是一种地方范围内的习惯法,随着科学技术和运输技术的发展与改进,各地商人们开始从事跨地区的商事交易,此时,作为商业中心城市的习惯法,不可避免地承担起调整这种地区间商贸关系的主要任务。其后,随着海事运输的发展和国际性商事交易的日益发达,商事习惯法和商业惯例也从一个地方或者一个区域向全球范围进行传播和发展。13世纪后,这种"世界性"的商人法开始成为调整跨国性商贸关系的力量支柱。商人法之所以能逐渐发展成为世界性的法律,其根源在于商人阶层的利益,商人们在交易活动中形成了共同的利益保护要求和营利性的自我调节机制,反映在商人法中,必然会具有许多"惊人的相似之处",从而为商人法的国际化和统一运动扫清了为数不少的障碍。②

总之,正如伯尔曼所言:"11 世纪晚期和 12 世纪是商法变化的关键时期,正是在那时,近代西方商法的基本概念和制度才得以形成,更为重要的是,也正是在那时,商法在西方第一次被人看做是一种完整的、不断发展的体系,被看做是一种法律体系。"③ 商法在中世纪时期,不仅形成了独立的法律体系,也获得了相当程度的发展,构成了近代商法的基础。

(二) 近代商法的发展

近代商法 (1640 年—第二次世界大战) 是以中世纪商法为基础而发

---

① 任先行、周林彬:《比较商法导论》,北京大学出版社 2002 年版,第 152 页。
② 朱慈蕴、毛健铭:《商法探源——论中世纪的商人法》,载《法制与社会发展》2003 年第 4 期,第 132—133 页。
③ [美] 伯尔曼:《法律与革命:西方法律传统的形成》,贺卫方译,中国大百科全书出版社 1993 年版,第 407 页。

展起来的。但是它产生和发展的社会经济背景与中世纪商法有所区别。自英国资产阶级革命开始,人类的历史进入了近代。随着早期资本主义逐渐的兴起和商品贸易的繁荣,资本主义战胜了封建专制和封建割据,统一的民族国家纷纷成立,占统治地位的寺院法多被废弃,商人行会团体逐渐消亡;而且在国家趋向统一这种历史条件下,封建时代自治的城市也不复存在,使得资本主义商品关系受到民族独立国家的保护,与此相适应的商人自治法中的商人习惯法也逐渐上升为国家的商事成文法。

1. 法国近代商法

十七、十八世纪,欧洲各国相继制定了一些商事立法,其中制定最早的当属法国。1673年,法国颁布《法国陆上商事条例》(又称《商事勒令》),内容主要涉及商人、票据、破产、商事裁判、管辖等。这是历史上颁布较早的单行商事成文法、主要适用于陆上商品交易。而后在1681年,法国又颁布了主要适用于海商的《海事条例》(又称《海事勒令》),内容主要包括海事契约、海员及船员、港口警察和海上渔猎等,该法后来成为法国海商法的蓝本。法国资产阶级革命取得成功以后,拿破仑制定了举世瞩目的《法国民法典》(1804年),接着又在两个商法条例的基础上编撰了近代第一部商法典《法国商法典》(1807年)。《法国商法典》共四编648条,它的制定具有非常重要的意义。它是近现代商法典的始祖,开创了民商分立的立法先例,打破了中世纪以来商法只适用于商人阶层的传统,采取了以商行为为基础的客观主义立法态度,反映了资产阶级革命废除身份等级观念的思想成果,并为其他大陆法系国家所仿效。如卢森堡、西班牙、葡萄牙、希腊、荷兰、意大利和比利时等国家都分别在19世纪先后制定了本国的商法典,从而形成了法国法系商法。

2. 德国近代商法

德国在1871年以前处于封建割据的状态,各城邦因经济贸易的需要从18世纪开始,在商人习惯法的基础上分别制定成文商法。如1727年的《普鲁士海商法》、1751年的《普鲁士票据法》、1776年的《普鲁士保险法》以及1794年的《普鲁士普通法》。由于各城邦的商法都具有自身的特点,妨碍他们之间的贸易往来,在1848年,以普鲁士邦为首的关税同盟共同制定了《德国普通票据条例》,并在此条例以及各邦商法条例的基础上于1861年制定了《德国普通商法典》(也称旧商法),该法典为各邦之间的经济交往提供了统一的交易规则。1871年德意志帝国成立后,经1873年修改《德意志宪法》,将商法典的立法权限授予了德意志联邦。德意志联邦在民法典的起草工作完成之后,于1897年完成了商法典的起草,并于1900年1月1日起与《德国民法典》同时实施。该商法典也称新商法,共设四编905条,其特点在于:第一,旧商法以商行为观念为立法基础,采客观主义原则,新商法则以商人观念为基础,采主观主义原则,依此原则,同一行为,若是商人履行适用商法,其他人则适用其他法律。德国因采主观主义原则而开创了德国商法法系。奥地利、瑞典、丹麦、挪威、瑞士属于德国商法体系。第二,商法典语言晦涩,条文繁琐。正如人们所指出的:"德国法典的编撰特点是逻辑结构极为严谨,并以抽象法律概念为基础。它给人的印象是学究式的咬文嚼字,而不注重实践。"[1] 因此,德国商法典在当代虽有大部分仍在适用,但随着社会经济的发展,进行了多次修改。同时,还颁布一些单行法以用于弥补商法典的不足。

3. 日本近代商法

日本是亚洲第一个引进欧洲商事法律制度的国家。明治初期,即从封建经济向资本主义经济过渡的时期,为了实现经济的快速发展,开始进行了必要的商事立法。如1870年的《商事规则》,1882年的《国有银行条例》、《汇票、本票条例》、1874年和1875年的《股份交易条例》和《谷物交易公司规则》。明治维新以后,商法典的制定被提上日程。1890年颁布的《日本商法典》(所谓的旧商法典)由于种种原因在1898年才开始全部实施。自1893年开始起草的新商法典草案经议会通过后,于1899年公布,被称为新商法典。《日本商法典》是明治维新的产物,它同时又推动和维护明治维新,巩固了维新成果。新商法典出台以后,其间经过数十次修改,至今仍在施行。日本商法典的特点在于:第一,以商人和商行为两种标准同时作为立法基础,即以商行为的概念作为商人定义的基础,而商人的概念又在一定程度上决定着商行为的具体范围。这种既采取客观标准,又采取主观标准的做法被称为折衷商法法系。第二,第二次世界大战以后,为适应经济民主化的要求,其商法又倾向于英美法系,并做了多次修改,使日本商法发生了质的变化。

---

[1] 徐学鹿:《商法总论》,人民法院出版社1999年版,第31页。

4. 英美法系商法

英美法系的商法是以普通法与衡平法的判例为基础、由成文法修订补充组成的商法法律体系。这一体系包括商人、商事财产、商事合同和商事救济方法。商人包括代理、合伙、公司、破产；商事合同包括货物买卖、分期付款、工业产权、流通票据、商业证券保险、陆上、海上和航空运输等。

（1）英国商法

英国为普通法国家，只存在实质意义的商法，而没有商法典，其商法渊源主要有商事习惯法、普通法和衡平法中的商事判例法。11世纪晚期，在英格兰等地出现的康美达，是一种用于长距离的海上贸易的经营方式，在海上贸易中产生了一整套海事惯例，这些海事惯例成为英国海商法的基础，发展成为海商法。自19世纪中叶以来，由于经济的发展和商业上的需要，开始出现商事单行法的制定，如1882年的《汇票法》、1885年的《载货证券法》、1889年的《行纪法》、1890年的《合伙法》、1893年的《货物买卖法》、1894年的《商船法》和《破产法》、1906年的《海上保险法》和1907年的《有限合伙法》等。虽然现在英国商事法的渊源包括了成文法，但其仍只是判例法的补充，商事法的渊源主要还是判例法。当然也有例外，如《公司法》和《汇票法》是以制定法为主的，判例法仅在解释成文法时具有意义。由于判例法和习惯法的特点，英国商事法系是与商业发展紧密相连的法律体系，是商法中的佼佼者。

（2）美国商法

由于历史上美国与英国具有殖民地和宗主国的关系，因此，美国的法律从总体上来讲是从英国法继承和发展而来的，当然其中也包括了商法。美国商法以判例法作为商法的第一渊源。其判例法是在"遵循先例"的理论基础上建立起来的，这种判例机制要求联邦最高法院和州法院的判决，对所属下级法院处理相同的争议具有约束力，法院本身也要受它自身先例的约束；在判例的适用上，美国多采用重述的形式，即由法学家对判例做出权威性的解释，以便法院准确适用，特别是商事判例方面的重述，具有高度的权威。此外，美国法的渊源还有商事惯例、制定法、商事自治法以及国际公约、条约、协定等。商事习惯和贸易惯例也是美国商法的重要渊源。19世纪末，为了促进经济的更好发展，打破各州之间商法的不统一带来的障碍，美国开展了统一州立法运动，并于1889年在美国律师协会的推动下成立了一个"统一州立法全国委员会"，起草了不少统一法，如1896年的《统一证券货运法》，1906年的《统一买卖法》和《统一仓库收据法》，1926年的《统一商事公司法》以及1952年的《美国统一商法典》。《美国统一商法典》是美国统一法运动中最为主要的成果。这部法典由"统一州立法全国委员会"和美国法学会共同起草，其正式文本和官方注释于1952年公布。此后经过多次修改，现在多数执行的是1972年的修正文本，至今，除路易斯安那州不承认该法典的第2章和第9章以外，其余各州均已承认该法典为本州的法律。《美国商法典》的立法宗旨在于：第一，为了适应现代市场经济的需要，商法典应使调整商事交易的法律更加简洁、明确并能适应现代化的需求；第二，通过不断创新市场交易，使商业做法能够通过习惯、行业管理和当事方的协议而不断获得发展；第三，使各州的商事法律规范归于统一。可以说，《美国统一商法典》是一部旨在鼓励交易、促进商贸发展，并为现代商事交易提供基本行为规范的法典。

（三）现代商法的发展

第一次世界大战之后，人类社会进入了现代历史新阶段，商法也进入了一个崭新的发展时期，现代商法是以近代商法为基础发展起来的，它使近代商事法律制度在与现代商事实践相结合后延续了下来。现代商法呈现出了新的发展趋势。

1. 现代商法发展的国际性和统一性趋势

商法从其产生之日起，就是一门带有国际性的法律规范。"国际性是商法的天性"。[①] 无论是古罗马时期的商业惯例和商事习惯，还是中世纪的商人法，商事交易规模的不断扩展性以及当时商事法律本身所具有的习惯法和自治法的特征，决定了商法必须而且能够跨越地区的限制，成为不同国家商人所共同遵守的法律规范。16世纪以后，虽然随着主权国家的出现，各国单行商事立法开始出现，商法成为国内法，主要调整国内商事，但是民族国家把商法统一到各国国内法中的一个显著特点是，"没有任何一个国家把商法完全纳入国内法。即便在这一时期，商法的国际性的

---

① 徐学鹿：《商法总论》，人民法院出版社1999年版，第139页。

痕迹依然存在，凡是了解商法渊源和性质的人都会看到这一点。"① 18 世纪英国工业革命的开始，社会生产力得到了飞速发展，各国之间的商事往来也越来越密切。特别是第二次世界大战之后，科技的飞速进步以及交通运输的发达，使得各国之间的经济联系和贸易往来空前密切，商事交易中包含了越来越多的涉外因素，而这些具有涉外因素的商事活动是传统的国内法所不能调整的，各国在形成和制定商法的过程中，不能再局限于本国领域内，要借鉴、吸收其他国家的先进商事法律制度，同时要顾及有关国际公约和国际惯例，因而其国际性更加明显。

这种商法的国际化和统一运动是在 20 世纪初全面展开的，就商事活动的综合性调整而言，一些地区性的商事公约先后问世，如《关于国际私法的公约》，其中含有国际商法内容的国际私法典；《关于陆上国际商法的条约》等。就商事主体的规范而言，不仅有承认外国公司的公约出现，如《承认外国公司、社会和财团法律人格的公约》、《关于相互承认公司和法人社团的公约》，而且有直接在欧盟国家产生约束力的规则和协调欧盟国家公司法的各种指令的问世，如《关于欧洲经济利益集团的规则》、《关于企业合并控制的规则》、《关于欧洲公司的第一号指令》直至《关于欧洲公司的第十二号指令》等。这些指令几乎涉及公司法的各个方面。就票据的规范而言，现今已有日内瓦公约体系、普通法体系和通用体系等。

总之，不论是国际商事条约还是国内商事立法，都反映了商法的国际化特点，而这一特点随着国际范围内统一商事实体立法步骤的加快和国内法更多地向统一的国际商事条约靠拢而愈演愈烈，从目前大多数国家的法制现状来看，商法中有关票据、海商、国际货物买卖和商事仲裁的国际一体化的发展已经是一种必然的趋势。

2. 大陆法系和英美法系相互渗透、融合的趋势

大陆法系和英美法系的商法在传统上虽然千差万别，但 20 世纪以后，随着国际经济贸易的发展和国家之间政治文化交往的深入，客观上呼吁统一的市场经济和商法的国际化，这使得两大法系的商法制度出现了立法过

---

① [英]施米托夫：《国际贸易法文选》，赵秀文选译，中国大百科全书出版社 1993 年版，第 10—11 页。

程中的相互借鉴和吸收。两大法系在商法制度的融合几乎涉及所有的商法规范，具体表现在以下两个方面：

(1) 从法律的形式上来看，英美法系传统上奉行的是判例法主义，以判例作为法律的最主要渊源，而大陆法系的传统则是成文法主义。然而，自20世纪以来，两大法系在法律形式上呈现出了一种相互借鉴的趋势。在商法领域表现为：英美国家中的一些主要的商事特别法，如合同法、公司法、保险法、票据法、破产法等基本上已经成文化，典型代表即是《英国货物买卖法》和《美国统一商法典》。而大陆法系也逐渐采用了"判例法"，改变了过去法官只能依据法律条文作为审理案件依据的做法。这些判例表现为最高法院的判决中所确定的一些法律原则，可以对下级法院产生约束力；法官在判例中对法典的某些条文所做的扩散性解释也可以成为法律原则。

(2) 从法律规定的内容上看，大陆法系和英美法系的商事法律规范由于各种国际公约的加入以及本国商事交往的需要，也呈现出一种相互渗透、逐步统一的倾向。两大法系在商法方面相互渗透的典型是公司法领域，例如英美公司法在对待越权原则的态度方面，借鉴了大陆法系国家的规定。美国律师协会公布的《标准公司法》在1969年率先向越权原则发难，随后1975年加拿大的《联邦商事公司法》、1983年和1985年澳大利亚的《公司法》也相继修改了越权原则。英国是最后也是最彻底废除越权原则的国家，其1985年和1989年的《公司法》明确规定，任何与经理进行的交易，都应当由公司承担责任，除非有相反的事实证明相对人没有善意。而在公司资本制度方面，1937年，德国股份法率先打破了大陆法系公司法固守的法定资本制，吸收英美法系公司法中确立的授权资本制，在公司章程中规定公司资本总额，并规定公司设立5年后，在资本总额的半数内，无须经股东会决议，由董事会决定发行新股增加资本。此后，其他大陆法系国家在修改其公司法的过程中，也基本上肯定了这种授权资本制。

3. 现代商法的动态化发展趋势

商法是应调整商事关系的需要而产生并存在的，它与具有私法普通法地位的民法相比，更具有其独特的技术性。自20世纪以来，随着社会经济和技术革命的不断向前发展，商事活动日益变得现代化、复杂化，此时，商法则需要以不断革新的面孔来适应其变化的需要，所以动态化已成为了现代商法的一个重要特点。所谓现代商法的更加动态化，首先表现为各国商法典的频繁修改。以日本商法典为例，第一次世界大战以后，该法典已经进行了 30 次的修改。其中有些年份不止一次做出修改，如 1947 年就一共修改了三次，并且有的修改带有全局性，如 1938 年 4 月 5 日的修改，虽然未对章节做较大的变动，但对内容的修改却非常之多，条文增加近一倍，其第一编、第二编几乎做了全面的修改。又如 1950 年 5 月 10 日的修改，采用授权资本制、无额面股、设立董事会并扩大权限、缩小股东大会及监察人权限，废止了股份两合公司制度。还有 1990 年的修改，虽条文未做大的修改，但是允许设立一人股份公司，并设立了最低资本金制度等。这些都属实质性修改。

现代商法更加动态化发展的另一个重要表现是众多商事单行法的制定。如法国通过制定 1917 年的《工人参加股份公司法》、1925 年的《有限责任公司法》、1919 年的《商事登记法》、1930 年的《保险契约法》、1935 年的《票据统一令》和《支票统一令》，1936 年的《海上物品运送法》、1942 年的《证券交易所法》等单行法律，废除了商法典的有关条款。

二　我国商法的产生和发展

（一）新中国成立前的商事立法

在我国两千多年漫长的封建社会中，封建王朝大多奉行重农抑商、重农轻商和闭关锁国的政策，使我国自给自足的自然经济一直占据主导地位，商品生产和商品交换都很不发达，因此，作为调整商事关系的商法也就无从产生和形成。在我国古代法律体系中不存在独立的商法，"民刑不分、诸法合体"是我国古代法的特点。

1840 年鸦片战争以后，特别是清朝末年，光绪皇帝在推行变法维新、推行新政中，把制定商法看成是"通商惠工之经国要政"。为了"慎重商政，力图振兴"，1903 年 3 月，光绪令载振、伍廷芳等人起草商律。1904 年 1 月，清朝颁布了《大清商律》，共有《商人通例》9 条和《公司律》131 条，但是没有涉及其他内容。其体例仿效《日本商法》，但内容多采用《德国商法》。这是我国历史上第一部单行的商法。在 1904 至 1906 年间，清政府还制定了《破产律》、《奖励公司章程》、《公司注册试办章程》等单行法律、法规。1908年10月，清政府又聘请日本法学博士田钾太郎起草了《大清商律草案》，共1008条，其中《公司法》部分共六编312条，《海船法》部分六编263条，《票据法》部分三编94条，但其还未来得及颁布，清政府就被推翻了。

中华民国成立伊始，便宣布只要清代法律与国体互不抵触就仍然有效，就此，《大清商律》在当时被暂时准予援用。此后，中华民国以大清商律草案为基础，并对其进行修改，在1914年1月和3月先后颁布了《中华民国公司条例》和《中华民国商人通例》两部法律，均在同年的9月1日正式施行。北洋政府于1923年起草了一部《商法》草案，但由于当时的社会状况，该草案未能正式颁行。国民党政府建都南京后，立法院为求商事法律易于修改，在民商法典的制定问题上，主张采取民商合一的立法模式。1929年《中华民国民法》第一编总则公布后，由立法院院长胡汉民等人向国民党中央政治会议第183次会议提交了一份关于制定民商统一法典的提案，会议审查通过了该提案，并从历史关系、社会进步、世界交通、各国立法趋势、人民平等、编订标准、编订体例、商法与民法之关系等八个方面进一步阐述了民商统一法典的理由。[①] 立法院依照民商法统一决议的规定，采用了以下两种做法：（1）将通常属于商法总则的经理人以及代办商和属于商行为编中的买卖、交互计算、行纪、仓库、运送及承揽运送等一并订入民法债编之中。（2）不宜在民法中合一规定的商法制度分别另订单行法，如至今仍在我国台湾地区适用的1929年《公司法》、《票据法》、《海商法》、《保险法》和1939年公布的《商业登记法》等均属单行商事法的范畴。这就形成了中华民国民商合一与单行商事法相结合的立法新格局。

（二）新中国成立后的商事立法

中华人民共和国成立后，由于实行高度集中的计划经济体制，政府直接经营管理企业，国家主要以计划调拨的方式对社会产品进行分配和调节，商品在市场上自由流通的数量十分有限。因此，在这一时期并没有真正意义的商事交易活动，也无所谓实质意义上的商事立法。

---

① 张国健：《商事法论》，三民书局1980年版，第512—514页。

1978年12月，党的十一届三中全会以来，我国进入了以经济建设为中心，实行改革开放的新时期，一些关于商事主体的立法率先颁布，如1979年的《中外合资经营企业法》，1986年的《外资企业法》和《企业破产法》（试行），1987年的《城乡个体工商户管理暂行条例》，1988年的《全民所有制工业企业法》、《中外合作经营企业法》和《私营企业暂行条例》等。

1992年10月，党的十四大确定在我国实行社会主义市场经济，特别是在1993年11月14日党的十四届三中全会上通过的《中共中央关于建立社会主义市场经济体制若干问题的决定》，将我国法制建设的目标确定为："遵循宪法规定的原则，加快经济立法，进一步完善民商法、刑事法律、有关国家机关和行政管理方面的法律，本世纪末初步建立适应社会主义市场经济体制的法律体系……"这个决定的通过一方面为我国创设和完善商法提供了良好的契机，另一方面又加快了我国商事立法的步伐，并相继颁发了一系列有关商事的单行法律，如《海商法》、《公司法》、《对外贸易法》、《广告法》、《票据法》、《商业银行法》、《保险法》、《合伙企业法》、《证券法》、《个人独资企业法》等。值得一提的是，在深圳经济特区，其人大常委会还制定了具有商法通则性质的《商事条例》。商法体系在我国的法律制度中逐步建立起来了。这一切也推动着人们对市场经济体制下商法的价值和作用的重新认识和思考，掀起了学者们对商法研究的热潮。许多外国商法研究的著作大量涌入我国，我国一些商事立法和修改也受到了世界其他国家的关注。但总的来说，我国目前不论是商事立法还是商事法研究仍然很不成熟，但随着市场经济的不断完善，一定会走向成熟的。

第五节　商法的体系

一　商法体系的含义

所谓商法体系，是指商法作为一个独立的法律部门，其内部具有逻辑联系的各项商事法律制度所组成的系统结构。它是商事立法成果的体现，也是商法从理性到具体实践的过程。商法体系有广义和狭义之分。广义的商法体系包括商法法规体系，即商法渊源意义上的商法体系与商法学体系，即商法学说意义上的商法体系；狭义的商法体系则仅指商法法规体系。我们通常所说的商法体系都是从狭义上而言的。从商法渊源角度来说，商法法规体系乃商事根本法、商事基本法、商事特别法、商事习惯法和其他有关实质性商法及国际性商法所组成的有机联系的整体。从商法规范的内容角度来说，在传统商法的体系中主要包括商事主体法和商行为法两大内容。商事主体法包括商人的概念和种类，商人资格之取得；商人名称即商号；商人财产管理，即商事登记；商人权利之委托，即经理权、代办权；商人的特殊形式，即从事辅助性行业的商人，如代理商、居间商等。此外，还涉及商人身份的补救措施或不完全形态，如表见商人、拟制商人或小商人等。商行为法主要涉及一般商行为和特殊商行为。一般商行为主要包括商事物权、商事债权、商事交易中的交互计算方式等内容；特殊商行为则包括商事买卖、商事代理、居间、信托、运输、仓储、银行、票据、保险及海商等内容。

二 我国商法体系的构建

在我国，商法属于一个新兴的法律部门，国家的商事立法也不尽完善，再加上商法本身具有易变性，所以对商法体系的研究也不是很成熟。从现有的资料来看，学者们对商法体系的认识还存在分歧，概括起来主要有两种观点：其一，认为中国的商法体系主要应当包括：作为商事一般通则的商法的一般规则、商事主体、商行为、商事营业、商号，以及目前制定的公司法、企业法、证券法、保险法、破产法、海商法。信托法等。[①] 其二，主张商法的体系由商事主体法、商行为法、商事权利救济法三部分组成。商事主体法包括公司法、独资及合伙企业法、代理商法、破产法。商行为法，包括商事合同法、期货法、融资租赁法、信托法、担保法、票据法、保险法、海商法。商事权利救济法，包括商事法律责任、商事仲裁与商事诉讼。[②] 目前大部分学者都采用第一种说法。

---

① 苏慧祥：《中国商法概论》，吉林人民出版社 1993 年版；王书江：《中国商法》，中国经济出版社 1994 年版；李玉泉：《中国商事法》，武汉大学出版社 1996 年版；覃有土：《商法学》，中国政法大学出版社 1999 年版；王保树：《中国商事法》，人民法院出版社 2001 年版；赵万一：《商法学》，法律出版社 2001 年版。

② 徐学鹿：《商法学》，中国财政经济出版社 1998 年版。

我国商法部门的建立和商法体系的构建，应当从中国商事交易活动的实际需要出发，并在借鉴发达国家成功经验和教训的基础之上建立起来。基于我国商法在我国社会主义市场经济体制之下所表现出来的重大意义，应该加快我国商事立法的进程，以期为我国的经济发展提供更为完善的法律基础。商法体系化进程确有必要，但商法体系化并不等于商法法典化。[①] 在我国未来的几年民商事立法中，放弃试图制定一部大而全的民商法典的设想，转而立足于我国现有的民商事法律规范样态，一方面制定一部在功能上总揽商事活动的商事法律通则，类似于现行《民法通则》的法律文件，我们可以暂且称之为《商法通则》；另一方面则对于现行的各个单行的商事法律进行整理加工，查漏补缺，分别加以完善，使之相互协调，形成商事单行法的系列，从而建立起一个在《商法通则》统率下的以各个单行商事法规为支撑的商事法律体系。雷兴虎教授持此种观点，认为我国应选择《商事通则》与单行商事法律相结合的商事立法模式。这种选择既是理性的，也是必要可行的。[②] 这种体系形式兼具原则性和灵活性的特点，有助于形成开放的商法体系，有利于商法适应不断变化的社会经济生活现实，实现长足发展。我们设想的《商法通则》是一个总揽商事法律全局的纲领性文件，它的基本架构包括：商事法律的任务和基本原则，商事特则（包括商事主体、商行为、商代理、商事登记、商事账簿等），民、商事法律的相互关系及适用规则，期间与时效的一般规定等内容。[③] 而且，在地方，也有成功的立法经验，如 1999 年深圳市人大常委会通过的《深圳经济特区商事条例》以 8 章 65 条开创了我国商法通则制定的实践先例。

[①] 孔德：《论实证主义》，商务印书馆 1997 年版，第 113 页。
[②] 雷兴虎：《论我国商事立法模式的理性选择》，商法学年会 2004 年版，第 66 页。
[③] 彭真明、江华：《商法法典化的反思——以制定〈商事通则〉为中心》，商法学年会 2004 年版，第 134 页。

第二章 商事主体

第一节 商事主体的概念和种类

一 引例

2003年11月,巴国江、陈首里、徐其祥、程建、巴彦韬、喻成美6人经协商同意采用个人投资入股的方式从事民办教育,组建民办职业学校。2004年3月1日,巴国江等6人经过协商一致通过重庆万州民生职业学校(以下简称民生学校)股东会章程。章程约定:未经过2/3以上股东同意,任何人无权决定学校合并、分立、转让学校办学权;股东会是学校重大事项决策机构,学校合并或者分立由股东会决定;学校管理适用公司法及民办教育促进法的规定。

此后学校面临生源不足的困境,2005年10月30日,巴国江、陈首里以民生学校名义与常淞柏签订"更换办学主体(举办者)合同",约定:双方根据2005年6月12日《资源整合办学合同》有关条款,将民生学校举办者民生学校董事会更换为"万州本埠居民常淞柏老师个人",本合同签订前,民生学校对办学活动的债权、债务负完全责任;民生学校董事会对其学校分立、合并、解散、清算等事宜做出的决定,对股东的股份、股权、利润分配等事宜做出的处理,由民生学校董事会负完全责任,与常淞柏无关;本合同经民生学校法定代表人、董事长和常淞柏签字后生效。合同签订后,民生学校将印章、办学许可证等证照交付常淞柏使用。2005年10月10日,民生学校向万州教委申请更换学校法定代表人。同年11月2日,经万州教委批准,民生学校法定代表人更换为常淞柏,陈首里为副校长。此后,程建以陈首里、常淞柏串通一气骗取民生学校办学许可证为由,向重庆市万州区人民法院起诉,请求判令"更换办学主体

（举办者）合同"无效。

二　基本理论

（一）商事主体的概念和特征

商事主体又称商事法律关系主体，是指获准法律人格参与商事法律关系，能够以自己的名义从事商行为，并享受权利和承担义务的人，包括商事个人和商事组织。与民事主体相比，商事主体具有如下特征。

1. 商事主体的法定性

商事主体的法定性指的是商事主体必须具备商法上的资格，即商事主体是商法所规定的"人"，它是按照商法所规定的条件和程序进行设立、组织并登记，取得可以进行某项或某类营利活动的商事行为能力。商事主体从根本上讲是一种法律拟制的主体，它的形成、组织变动与解散等一般必须经过国家工商登记甚至国家职能部门的审批，这与民事主体不完全相同。商法作为民法的特别法，商事主体应适用民法上关于民事主体的一般性规定，但商法对民事主体有特别规定，应适用商法的规定。

2. 商事主体应该具有商事能力

所谓商事能力，是指商人从事营业的权利能力和行为能力。这种能力是在民事能力的基础之上，由商法赋予的特别能力。例如，有限责任公司和股份有限公司，作为企业法人具有民事能力，但只有同时依照公司法和证券法的规定设立，并经国务院证券监督管理机构批准，才具有经营证券业务的特别能力，这种能力就是商事能力。

3. 商事主体的经营性和营利性

商事主体必须是持续性地从事以营利为目的的营业活动的主体。依照现代各国商法的规定，商事主体以营利为目的从事营业性商行为是构成商事主体的实质性法律特征，这也是将其他法律主体与商事主体加以区别的最明显的标志。

4. 商事主体的人格具有独立性

商事主体人格的独立性，是指商事主体拥有自己独立的财产，能以自己的名义从事商行为，作为商事法律关系的当事人，享受权利，承担义务，是商法上权利义务的归属者，可以对外起诉和应诉。基于商事主体人格的独立性，我们可以将商事主体与不具备商人资格的商事组织内部机构或商事辅助人区别开来，也可以将商业合伙（合伙企业）与不具备商业名称和独立名义的民事合伙加以区别。

（二）商事主体的种类

在大陆法系国家，习惯依据不同的分类标准对商事主体加以划分，其分类大致如下：

1. 商个人、商合伙和商法人

这种分类的依据是商事主体的组织结构形态以及投资主体的法律责任形式。并没有就商事主体的种类做明确的划分，可以从事商事经营活动的商事主体很多，主要表现为商法人、商个人、商合伙人、商中间人、商辅助人等类型。

2. 法定商人、注册商人和任意商人

这是依据商事主体是否以注册登记为要件所进行的分类。所谓法定商人是指从事特定的商事行为（即绝对商行为）的商人，这种商人资格的取得基于其从事法定的商行为，不以注册登记为其要件；所谓注册商人就是指依法进行注册登记并在核准的营业范围内为其商行为的人；任意商人则是指依法由其自主决定是否登记注册的商人，这种商人商事特征不明显，多从事农业、林业方面的经营。

3. 固有商人和拟制商人

这是依据商事主体是以商行为为标准还是以着眼于采取企业设备及企业形态为标准所进行的分类。固有商人也称固定商人，是指以营利为目的，有计划地、反复连续地从事商法所列举的特定商行为的商人；拟制商人是指虽不以从事商行为为业，但依据其营业设备、组织等，商法仍将其视为商人。

4. 大商人和小商人

根据经营者的经营规模可以将商人分为大商人和小商人。大商人又称为普通商人、完全商人，是小商人的对称，是最典型的商事主体，在法律适用上没有特殊性。而小商人又称为不完全商人，是指资本金在法定金额以下的经营规模较小的商人。德国、日本采用这一概念。

（三）我国主要的商事主体

现代世界各国对商事主体的划分最主要、最典型也是最有意义的是上述第一种类型，即将商事主体分为商个人、商合伙和商法人，下面详细介绍这几种商事主体。

1. 商个人

（1）商个人的概念和特征

商个人是指依商法规定从事营业活动，享有权利并承担义务的个体。在传统商法中，商个人又称"商自然人"、"商个体"、"个体商人"、"个人商号"，它可以表现为一个自然人，也可以表现为"户"，如"夫妻店"等，还可以表现为自然人投资设立的个人独资企业。其特征表现为以下几点：

第一，须经过核准登记程序。原则上，具有权利能力和行为能力的自然人，都可以从事商事活动，但依据我国法律、行政法规的规定，自然人从事工商业经营，还应依法核准登记。登记为个人的，则是民法通则所称的"个体户"；如果登记为商事组织，则是个人独资企业。

第二，身份具有双重性。商个人具有商人和自然人双重身份。作为自然人应当具有权利能力和行为能力，作为商人应当具有与其经营规模相适应的资本金或物质基础。

第三，对债务承担无限责任。商个人从事营业活动所发生的债务，无论是自然人、个体工商户，还是私营企业等，均要承担无限财产责任。

（2）商个人的表现形式

在我国，商个人主要表现为个体工商户、农村承包经营户和个人独资企业。

①个体工商户

《民法通则》第 26 条规定："公民在法律允许的范围内，依法经核准登记，从事工商业经营的，为个体工商户。个体工商户可以起字号。"因此，个体工商户是指公民个人或家庭依法经核准登记，以个人财产或者家庭财产为资本，在法律规定的范围内从事经营的一种商事主体。个体工商户的形式主要有两种，包括个人经营和家庭经营。个人经营形式，是以经营者的个人财产对外承担责任；而家庭经营的形式，则是以家庭财产来承担责任。虽以个人名义投资经营，但用家庭财产共同投资，或者受益的主要部分供家庭成员享用的，应以家庭共同财产承担责任。

②农村承包经营户

农村集体组织的成员在法律允许的范围内，按照农村承包合同的规定，使用集体所有的土地和其他生产资料，独立从事经营活动的商事主体。

③个人独资企业

《个人独资企业法》第 2 条规定了个人独资企业的基本特点：依法设立的，由一个自然人投资，财产为投资者个人所有，投资人以其个人财产对企业债务承担无限责任的经营实体。我们可以从以下几个方面来深刻理解个人独资企业的内涵：首先，作为个人独资企业的投资人必须是自然人，并且只能是一个自然人。因此，法人或其他经济组织和社会团体均不能作为个人独资企业的投资人，也不能由两个或两个以上的自然人进行投资。其次，投资人以其个人财产对企业债务承担无限责任。之所以采取这种责任形式是因为个人独资企业不是独立的法律主体，没有自己独立的法律人格。所以在财产上，个人独资企业的收益由其投资人一人所有，而个人独资企业的债务也相当于投资人个人的债务，因此，个人独资企业的投资人，用于投资在个人独资企业的财产和其他个人财产，都一起构成了清偿企业债务的基础，作为清偿债务的保证。再次，个人独资企业是一个经营实体，属于企业的一种形式。个人独资企业是依法设立的，从事经营活动的经济组织，它有自己的企业名称、固定的经营场所、必要的资金、生产经营条件和从业人员。

2. 商合伙

商合伙是指两人或两人以上订立合伙协议，以营利为目的而共同从事某一营业的商事组织。在我国，商合伙的表现形式为合伙企业。《合伙企业法》第 2 条规定：本法所称的合伙企业，是指自然人、法人和其他组织依照本法在中国境内设立的有限合伙企业和普通合伙企业。合伙分为两类：（1）普通合伙。普通合伙企业由普通合伙人组成，合伙人对合伙企业债务承担无限连带责任。在普通合伙企业中有一个特别的类别即特殊普通合伙企业，特殊普通合伙企业是指由两人或两人以上的普通合伙人组成，当其中一个或数个合伙人在执业活动中因故意或者重大过失为合伙企业造成损失，对外产生债务的，该责任人应当承担无限责任或者无限连带责任，而其他合伙人以其在合伙企业中的财产份额为限承担责任；若是合伙人在执业活动中非因故意或者重大过失造成的合伙企业债务或合伙企业的其他债务，应由全体合伙人承担无限连带责任的普通合伙企业。因此，特殊的普通合伙在本质上仍然属于普通合伙。（2）有限合伙。有限合伙企业是由普通合伙人和有限合伙人共同组成的，其中普通合伙人对合伙企业的债务承担无限连带责任，而有限合伙人仅以其认缴的出资额为限对合伙企业债务承担有限责任。

3. 商法人

（1）商法人的概念和特征

商法人是指依照法律规定的构成要件和程序设立的，能独立地享有权利能力和行为能力，以自己的名义而不是投资人的名义从事商事经营的营利性法人。商法人制度的出现，是经济发展的需求与法律技术进步的结果，其特征如下：

第一，法人性。[①] 商法人属法人的一种，具有法人的基本特征：首先，依法设立，即依法定的条件和程序，履行法人登记而取得主体资格，获得权利能力和行为能力，以自己的名义与第三人发生法律关系。其次，商法人具有一定的财产。商法人的财产来源于其成员的投资，但独立于其成员，商法人可以独立的占有、使用和处分。商法人独立的财产是其独立进行商事活动、承担独立责任的前提和保障。再次，商法人设有组织机构。商法人通过其组织机构来实现其团体意志。最后，商法人有责任能力。商法人以其全部财产对其债务承担独立、无限清偿责任。

第二，营利性。所谓营利性是指商事主体必须从事以营利为目的的经营活动。

（2）商法人的组织形态

商法人的组织形态主要有公司和合作社。①公司。关于公司，在本书第二编中有较为详细的介绍。②合作社。所谓合作社是指以促进社员的经济利益为目的，由社员共同出资、共同经营为手段的法人组织。《农民专业合作社法》是我国目前唯一的合作社方面的法律。

三　引例分析

上述引例中，民生学校是民办中等职业学校，不是公司法意义上的公司，程建等6名股东在民生学校股东会章程中约定适用公司法的规定，虽

[①] 覃有土：《商法学》，高等教育出版社2004年版，第43页。

可视为其自愿在学校的组织程序及内部管理等事项上参照公司法相关规定执行。但原审原告程建能否依据公司法有关股东直接诉讼或代表诉讼的规定，以原告身份单独起诉，系诉讼主体资格及诉讼程序方面的事项。依我国立法法等法律的规定，诉讼程序和制度只能由法律设定，当事人显然不能用自主约定的方式决定本案是否适用股东直接诉讼或代表诉讼制度。程建不能以民生学校股东会章程约定适用公司法为由，参照公司法有关股东直接诉讼或代表诉讼的规定提起诉讼，也不能就此认为程建具备原告资格。故程建不是本案例的适格原告，本案例的适格原告是程建、巴彦韬、徐其祥等利益受到损害的全体股东。综上所述，原审法院认定主要事实正确，但定性有误，原审原告程建不具备合法的诉讼主体资格，对其起诉应予以驳回。至于程建、巴彦韬、徐其祥等民生学校股东的合法权益如何保护，可根据相关权利属性另行协调或诉讼解决。上诉人常淞柏的主要上诉理由成立，予以支持。

第二节 商事主体的名称

一 引例

2009年年初，某市一家甲有限公司开业，公司登记名称为"××市红都时装有限责任公司"。同年11月，与该公司地理位置仅隔100米远的另外一条马路上，又有一家乙有限责任公司登记注册，名称为"××市红都制衣有限责任公司"。均分别向各自所在的区工商机关办理了公司名称注册登记。

甲公司主张，自2009年年初经工商行政管理局批准开业以来，就一直以"红都时装公司"名称营业至今；而乙公司在此之后却用"红都制衣公司"名称，与它的名称相似而且乙公司也兼营时装，而两公司相距不远，在社会上造成了一定的影响。甲公司据此认为乙公司侵犯了甲公司的名称专用权，因此请求法院判令乙公司停止使用"红都制衣公司"这一名称，并承担赔礼道歉及消除影响的民事责任。

乙公司主张，本公司名称与甲公司名称不相同，登记机关也不相同，并且行业不同。根据国家有关法规规定，公司名称登记有行业之分，我方属服装加工业，而甲公司属于商品零售业，行业不同，字号可以使用同一名称，因而不存在侵权问题。

二　基本理论

（一）商业名称的概念和法律特征

1. 商业名称的概念

商业名称又称商事名称、商号，是指商事主体在从事商行为时所使用的名称，即商事主体在商事交易中为法律行为时，用以署名或让其代理人使用的其与他人进行商事交往的名称。但在我国理论界和立法实践中，商号有不同的含义，理论界认为商号就是商业名称，而在立法上却认为商号是商业名称中具有独特性的核心部分。本书采用理论界通说，以前一种意义的商号为准。

2. 商业名称的法律特征[①]

（1）商业名称是商事主体用以代表自己的名称

为了使自己的营业和活动具有个性，各国法律都要求商事主体必须有自己的商业名称。商业名称最重要的机能就是在营业上代表商事营业主体，并作为其外在表征在商事主体的营业过程中依附于商事主体。

（2）商业名称是商事主体在营业中必须使用的名称或者标志

商业名称一般作为商事主体进行商业登记和在营业上从事法律行为时，用以署名、标示其营业的名称。商事主体在营业外的行为，不应使用其商业名称，但该规则也有例外，比如根据我国《刑法》之规定，法人（单位）可以作为犯罪主体，因此商业名称也可以作为主体参见刑事诉讼。

（3）商业名称与商事主体特定的经营对象和商誉紧密相连

每一个商事主体都有自己的经营对象和经营范围，任何商业名称都与一定的经营活动联系在一起。另外，商事主体在长期的实践中会形成一定的业务关系和一定的信誉，因此，这些信誉会跟商事主体的名称密切相关。正因为这样，商业名称本身也成为商人有价值的无形财产。一个有着良好商誉和社会知名度的商事名称的价值有时会超过商事主体本身有形财产的价值。

[①] 蓝寿荣：《商法学》，清华大学出版社2009年版，第70页。

（二）商业名称与相关概念的区别

1. 商业名称与企业名称

企业是指以营利为目的的组织体，大多数商事企业将企业名称作为商事名称，但是两者并不完全等同。区别在于，商业名称包括企业名称和非企业形式的商事主体的名称。比如，个体工商户并非企业组织范畴，但同样需要有表彰自己的名称，此名称即为个体工商户的名称，而非企业名称。

2. 商业名称与商标[①]

商标是商品的生产者或服务的提供者用以表明自己的商品或服务可以区别于他人的独特标志，通常由文字、图形、色彩及其组合构成。在《巴黎公约》中，商业名称和商标同属工业产权的范畴，并且商事主体以自己的商业名称作为文字商标申请注册的情况比较常见，因此很容易使人将商业名称误认为商标。但两者之间存在着显著的差异。

（1）构成要素不同

商标通常由文字、图形、线条、记号或者颜色等组成，而商业名称却只能由文字构成，而不能用图形记号等来表示。在我国的相关法律、法规中规定，商业名称应使用规范的汉字；民族自治地区的商业名称可以使用该民族的通用文字。如果在商业名称中需要使用外文的，此外文名称也应当与商业的中文名称相一致，并须报请工商行政管理机关进行登记注册。

（2）表彰的对象不同

商业名称必须与特定企业，厂商联系而存在，其表彰的对象是商事主体的特定营业行为，即从整体上代表商事主体。而商标则代表特定的商品或者服务，是从商品或者营业上代表商事主体。因此一个商事主体只能拥有一个商业名称，但却可以拥有许多表示不同商品或服务的商标。

（3）调整的法律依据不同

商业名称受企业法、公司法、商业登记法等法律法规的调整并依据这些法律规定向国家授权的各级工商行政管理机关进行登记；而商标则必须依据商标法的有关规定统一向国家商标局申请注册。商业名称专用权原则上仅在登记管理机关的管理权限范围内具有专有性，商标专用权则在全国范围内具有专用性。商标专用权在商标注册有效期内发生效力，而商业名

[①] 覃有土：《商法学》，高等教育出版社 2004 年版，第 67 页。

称则没有法定期限的限制，一般只能随商事主体及其营业的消亡而终止。

（三）商业名称的选用规则与登记

1. 商业名称的选用原则

（1）商业名称单一制原则

为了维护商事交易的正常秩序，商事主体原则上只能使用一个商事名称。在一般情况下，不允许一个商事主体使用或变相使用一个以上的商业名称。但是，确有特殊需要的，经省级以上工商行政管理局核准，企业可以在规定的范围内使用一个从属的商业名称。

（2）商业名称不得违背公序良俗原则

《企业名称登记管理规定》第9条规定，企业名称不得含有有损于国家、社会公共利益的内容和文字。

（3）商业名称不得使用不具有唯一性或可辨认性的商业名称原则

《企业名称登记管理规定》第9条规定，企业名称不得含有下列文字：可能对公众造成欺骗或误解的；外国国家（地区）名称、国际组织名称；政党名称、党政军机关名称、群众组织名称、社会团体名称及部队番号；汉语拼音字母（外文名称中使用的除外）、数字；其他法律、行政法规禁止的。

（4）禁止以不正当目的使用商业名称的原则

使用人不得以不正当目的使用可能使人们误认为是他人营业的商业名称。依《企业名称登记管理规定》，企业只准使用一个名称，在登记主管机关辖区内不得与已登记注册的同行业企业名称相同或者近似。擅自使用他人已经登记注册的企业名称或者有其他侵犯他人企业名称专用权的行为，均属违法行为，应依法追究侵权者的法律责任。

2. 商业名称的表现形式

商业名称以何种形式表现出来，一直是各国关于商业名称立法的重点之一，许多国家准许在商业名称中使用外语，如奥地利、比利时、卢森堡、瑞士等国家。日本法对此未作明确规定，但是日本学者多数主张，在日本文字以外，如附加外国文字，只视为商号的译文，而不是商号本身。[1] 在我国，商业名称应当使用汉字予以表现，而民族自治地方可以同

---

[1] 江平：《法人制度论》，中国政法大学出版社1994年版，第179页。

时使用本民族通用的民族文字；企业如果在名称中使用外文，其外文名称应当与中文名称一致，字号可以是音译，也可以是意译，外文名称的组成次序可以根据外文书写习惯排列，也可以对其进行编写，但需在企业章程中予以载明。此外，我国《企业名称登记管理规定》第 9 条还明文禁止使用汉语拼音字母和数字作为商号的表现形式。

3. 商业名称的结构要求

（1）商业名称的一般结构要求

根据我国《企业名称登记管理规定》，商号一般由行政区划、字号、行业或者经营特点、组织形式四部分组成。

商业名称的第一部分是公司登记所在地行政区域名称。《企业名称登记管理规定》第 7 条第 2 款规定，公司名称应当冠以公司所在省（包括自治区、直辖市）或者市（包括州）或者县（包括市辖区）行政区划名称，该条的立法宗旨主要在于确定商事主体依法对商号享有专用权的范围。但是该法还规定了几种例外情况：①历史悠久、字号驰名的企业，即具有 30 年以上生产经营历史、字号在省或全国范围内广为人知的企业；②外商投资的企业；③可以在商号中使用"中国"、"中华"或者冠以"国际"字样的企业，包括全国性的公司、国务院或者其授权的机关批准的大型进出口企业或者大型企业集团以及国家工商行政管理总局规定的其他企业。

商业名称的第二部分是字号。字号是商号中具有独特性的核心内容。相对于商号的其他部分来说，商事主体在选择字号上颇为自由。但是《公司名称登记管理规定》仍对商事主体在选择字号方面设置了限制条款，主要体现在以下几个方面：①字号应当由两个字以上组成；②商事主体有正当理由需要以本地地名或异地地名作为字号的，不得使用县级以上行政区划的名称；③私营企业、外商投资企业可以以投资人的姓名作为字号，前者需投资人书面同意，后者需工商行政管理总局核定。其他的限制可以参见上文商业名称的选用原则一节。

商业名称的第三部分是行业或者经营特点。《企业名称登记管理规定》第 11 条规定："企业应当根据其主营业务，依照国家行业分类标准划分的类别，在企业名称中标明所属行业或者经营特点。"该条的立法目的主要基于两个方面的考虑：其一，可以让公众和交易第三人从企业名称中了解企业的业务范围，有利于促进企业业务的开展交易安全的保护。其二，当几个企业的字号相同时，可以借此来区分。

商业名称的第四部分是组织形式。我国企业的组织形式主要有股份有限公司、有限责任公司、合伙企业和个人独资企业。另外，根据《民法通则》的相关规定，个体工商户和个人合伙也可以使用商号。按照实行商号自由原则国家的立法通例，法律对商号与营业组织形式之间联系的要求主要体现在两方面：非公司企业不得在商号中使用标示公司的字样；公司企业则应当在商号中有标示公司的字样。而我国《企业名称登记管理规定》第12条却笼统规定："企业应当根据其组织结构或者责任形式，在企业名称中标明组织形式。所标明的组织形式必须明确易懂。"依该条旨意，上述几种使用商号的商事主体都必须在其商号中标明其组织形式。所以，我国法律对商号与营业组织形式之间联系的要求比采用商号自由主义原则的国家更严。另外，《公司法》第9条也规定，依法设立的有限责任公司、股份有限公司必须在其名称中标明"有限责任公司"或"股份有限公司"的字样。

（2）商业名称的特殊结构要求

上述为商号的一般结构要求，某些特殊形态的商号除了包括上述四个部分的实体内容以外，还包括其他内容，主要表现在以下几个方面：

①联营企业的商号可以使用联营企业中各成员的字号，但不能使用联营成员的商号；与此同时，还应当在联营企业的名称中标明"联营"或"联合"字样。

②若在商号中使用"总"字，必须要设有三个以上的分支机构。

③对于不能独立承担民事责任的分支机构而言，它的商号应当冠以其从属的企业名称，注明"分公司"、"分厂"、"分店"等字样，并需要标明该分支机构的行业所在地的行政区划名称或地名，但其行业与其所从属的企业一致的，可以省略；至于能够独立承担民事能力的分支机构，应当使用独立的商号，也可以使用其所属企业商号中的字号；能够独立承担民事责任能力的分支机构再设立分支机构的，所设立的分支机构则不得在其商号中使用总机构的商号。

4. 商业名称的登记

（1）商业名称登记的程序

我国实行强制登记制度，商业名称的登记程序因商事主体的不同而采用不同的程序。

第一，内资企业商业名称的登记程序。内资企业商业名称的登记与商事主体的登记同步进行，其大致程序为：

①由地方工商行政管理局核准成了的企业因涉外业务的需要，申请使用"中华"、"中国"的，应持有有关主管部门的批准文件，地方工商行政管理局同意的文件，报国家工商行政管理局批准。

②企业有特殊原因的，可以在开业登记前预先申请企业名称登记注册。

③商业名称中有"中华"、"中国"、"国际"字样的，必须经国务院授权单位批准，由国家工商行政管理局核准登记。

④凡全国性公司与各类企业组成的联合企业，不得冠以全国性公司名称，应另行申请企业名称登记；凡冠以省名、自治区名而不冠以市名或县名的，必须经省、自治区人民政府或人民政府授权批准，由省、自治区工商行政管理局核准登记。

⑤全国性公司的分公司名称，由省、自治区、直辖市工商行政管理局核准登记；凡冠以市名或县名的，必须经市、县人民政府或人民政府授权机关批准，由市、县工商行政管理局核准登记。

第二，外商投资企业商业名称的登记程序为：

①外商投资企业应当在项目建议书和可行性研究报告经过批准后，且合同、章程批准前，预先单独申请企业名称的登记注册。

②外商投资企业预先单独申请企业名称登记注册时，应提交的文件有企业组建负责人签署的建议书；项目建议书；可行性研究报告的批准文件；投资者所在国（地区）主管当局出具的合法开业证明。①

第三，外国企业商业名称的登记程序为：

①外国企业名称登记应当向国家工商行政管理局登记注册。

②在全国范围内不得重名，经核准后在全国范围内享有名称专有权。

③应提交的文件有：外国企业法定代表人签署的申请书（中、外文两种文本）；外国企业所在政府出具的合法开业证明。

④登记主管部门应自收到申请的全部材料之日起应在 30 日内做出初

---

① 江平：《法人制度论》，中国政法大学出版社 1994 年版，第 184—185 页。

步审查，初审通过的应当予以公告，公告期为 6 个月，在此期间无异议或提出异议不成立的，应当予以核准注册。企业名称的保留期为 5 年。

⑤登记批准后颁发"企业登记证书"。

⑥外国企业登记后，要求变更登记或保留期限届满需要续展的，应重新申请登记注册。

(2) 商业名称登记的效力

商业名称一经登记创立，商事主体即取得专有使用权，发生两种效力：排他效力和救济效力。

第一，排他效力。排他效力是指商业名称一经登记，他人则不得使用。即排斥他人为相同或类似的商业名称的登记或使用该名称的效力。排他效力具有以下三方面含义：①商业名称应当登记，未经过登记的商业名称不具有排他效力；②商业名称登记以后，其他同行业企业不得以相同或类似的名称再行登记和使用；③在我国，依《企业名称登记管理规定》的相关内容，因企业名称相同而发生争议时，按申请或登记的先后顺序处理。我国实践中的做法是，商业名称登记若要对其他商业名称产生排他效力，需具备以下两个条件：一是名称雷同，即相同或者类似。二是两个企业必须是同一行业，如果并非同一行业，则不适用排他效力。

第二，救济效力。商事主体对商业名称因登记而取得专有使用权，因此可以据以排斥他人在同一行业上使用相同或类似的商业名称。若他人存在非法使用的行为，则侵害了该商事主体的商业名称专有使用权，对此，受害人可以请求侵权者停止使用该商业名称。如有损失发生，还可以请求侵害人赔偿相应的损失。

(四) 商业名称权

1. 商业名称权的概念

商业名称权是商事主体对其商业名称所拥有的权利，包括商业名称使用权和商业名称专有权。商业名称使用权是指商人不受他人妨碍使用其商业名称的权利。商业名称使用权登记与否不影响并未登记的商业名称使用权人，即使遇到他人先于其登记的情况，只要没有不正当竞争的目的，仍然可以照样使用其商业名称，而且对于违法妨碍其使用商业名称的人，以违法行为为由请求损害赔偿。商业名称专有权是指商人排除他人为不正当竞争的目的而使用与其相同商业名称或者类似商业名称的权利。

2. 商业名称权的法律特征

（1）区域性

商业名称权具有严格的地域限制，即空间效力限制。只在注册所在国注册登记机关管辖范围内有效。但是，对于驰名商号，应当像驰名商标一样，得到法律的特别保护，而不受到地域性的限制。

（2）公开性

商业名称权的公开性是指商业名称必须经过登记而公布，使社会公众知晓。商业名称公开，便于社会公众对企业的商号使用进行监督，也有利于保护先取得商号权人的利益。

（3）可转让性

商业名称权能否单独转让，有两种立法形式：其一，必须与企业连带转让，大多数国家采取此种立法形式，我国也是如此。其二，可以单独转让，如法国，但名称转让后不得用于营业中的签名。

3. 商业名称权的性质

商业名称权是一种私权而非公权，是绝对权而不是相对权。但是其究竟是人格权还是财产权，或者是人格权兼财产权，在学说上有不同的主张。

（1）人格权说

商业名称是商事主体在营业上表彰自己所用的名称，商业名称的专用权，不外乎商事主体人格权的表现。

（2）财产权说

商业名称在登记后，由商事主体取得其专用权，可作为转让、继承的客体，其给付之物为无体物。

（3）折衷说

该种观点认为商业名称权兼有人格权和财产权的属性。其一，对于法人等具有独立人格的主体来说，拥有自己的名称是其取得民事主体资格的必备条件，即使对于那些不具备主体资格的社会组织来说，它们要以团体的名义从事社会活动也必须享有商业名称权。其二，商业名称权也具有财产权的属性。它可以作为财产标的使用、收益、转让和处分。由于商业名称没有固定的形态，因此属于无形财产权。所以商业名称权是兼有人身权和财产权于一体的混合权。① 该说较全面地把握了商号权的人身属性和财产属性，是目前的通说。

三 引例分析

上述引例中，乙公司没有侵犯甲公司的名称专用权。按照我国《企业名称登记管理规定》对商号的选定作出的限制规定，商事主体原则上只允许使用一个商号，在同一工商行政管理机关辖区内，新登记的商号不得与已登记注册的同行业的商号相同或近似。在本案例中，甲乙公司分别在不同辖区的工商行政管理部门注册登记，其登记机关不同、行业不同，不存在侵权问题。

第三节 商事登记

一 引例

2009年10月，甲、乙、丙三家公司达成协议，决定共同投资，成立一家食品有限公司。在决定成立新公司后，三家公司共同草拟并审核认可了公司章程，新企业暂定名为"华华食品有限公司"。章程确定新公司的注册资本为120万元，由三家公司各出资40万元，出资方式有货币、实物和土地使用权等。这些出资中，货币出资已经存入华华食品有限公司筹备处在银行的账户中，实物、土地使用权出资等也办理了相关手续。三家公司交足出资后，公司筹备处委托某会计师事务所进行验资，该所验资后出具了验资证明。同年12月，该公司筹备处向工商行政管理局申请了设立登记，并提交了公司登记申请书、章程、验资证明等文件。工商行政管理局审查后认为，该公司的法定资本和生产经营条件是合格的，但是本地已有数家食品厂，再设立一家食品厂对本地经济无促进作用，因此不予登记。甲、乙、丙三家公司遂以工商行政管理局为被告，诉至当地法院。

---

① 范健：《商法》，高等教育出版社、北京大学出版社2007年版，第60页。

二 基本理论

（一）商事登记的概念和特征

1. 商事登记的概念

商业登记是指为了使商事主体的产生、变更和消灭发生法律效力或相关法律关系发生对抗的效力，依照商事法律规范向登记主管机关提出申请，由登记主管机关审核并注册，进而使上述效力得以实现的法律事实。比如公司的产生、变更和消灭都需要进行相应的登记，否则上述事实不发生效力；有限公司股东转让份额于第三人，非经登记，不得对抗第三人。

2. 商事登记的特征

（1）商事登记是一种设立、变更或终止商事主体资格的法律行为。我国的商事主体，不论是商法人、商个人还是商合伙，其资格的取得、终止都需要经过登记。也就是说商事登记是商事主体设立、变更和终止的必经程序。非经登记不得进行经营活动，非经注销登记，商事主体资格不会终止。

（2）商事登记行为是一种要式法律行为。依据我国的法律，商事登记行为必须依法定程序向登记主管机关履行。商事登记的主管机关是代表国家对商事主体的登记申请行为进行审查和批准的专门机构。商事登记注册的内容和事项，通常由商事特别法以强行性条款的形式规定并具体列明。因为商事活动涉及社会的各个领域，尤其与生产和消费密切相关，所以必须规定一定的程序，表示商事的运作状态，目的是为了维护生产者、商品经营者和消费者的合法权益，同时也有利于对商事活动的管理。依照我国法规，商事登记必须包括一些必要的条款，如商业名称、营业所、注册资金、经营范围等。

（3）商事登记是公法行为和私法行为的结合。[①] 商事登记实行当事人申请主义，即商事登记均由本人、设立人或指定的代理人向商事登记主管机关提出申请。申请人的申请基于意思自治，完全出于自愿，属私法性质的行为。但是，仅有申请人的申请不能完成商事登记，还必须有商事登记主管机关受理申请和准予登记的决定。商事登记是登记主管机关运用法定

---

① 蓝寿荣：《商法学》，清华大学出版社2009年版，第56—57页。

行政权力的行为，具有明显的公法性质。

（4）商事登记强化了对商事主体的监督和控制，是保护交易安全和消费者权益的有效手段。对国家来说，有了商事登记，可以掌握商事主体的全面经营状况，便于统筹规划和安排商业布局，并对其加强管理和监督。对消费者来说，有了商事登记，可以了解商事主体的经营范围、服务内容，便于有所选择地与之交易，接受各项服务，保证交易的安全。

（二）商事登记的种类

1. 设立登记

设立登记，也称开业登记，是指商事主体的创设人为设立商事主体而向登记机关提出设立申请，并由登记机关决定予以登记的法律行为。在我国，所有商事主体的商事人格和营业资格的取得均需要进行强制性商业登记。一般来说，商事主体创设登记的主要事项包括：商业名称、住所、法定代表人或负责人的姓名、开业日期、经济组织形式、经营范围、经营方式、资金总额及其他有关事项。登记主管机关受理登记申请后，应当对申请人提交的文件、证件、登记申请书及其他有关文件进行相应的审查，核实开办条件。对于不符合条件的，应做出不予核准登记的决定，对于符合条件的，应做出核准登记的决定，并分别核发相应的营业执照，营业执照一经核发，商事主体即告成立，可凭执照刻制公章。开立银行账户，进行营业活动。

2. 变更登记

变更登记是指对于那些已经在登记机关中登记的事项发生变更后，依照法定程序对变更后的状态予以再登记的行为。比如商业名称、住所、经营范围、法定代表人等变更均需进行变更登记。

3. 注销登记

注销登记是指商事主体为消灭其主体资格而进行的登记。商事主体发生下列情况如歇业、被撤销、宣告破产以及其他原因终止营业，应当向登记主管机关办理注销登记。商事主体办理注销登记，应当提交申请报告及清理债务完结的证明，经核准后，收缴企业营业执照及公章，并将注销登记情况通知开户银行，经营资格从此消灭。

三 引例分析

本案例中,申请登记公司已经具备公司法上有限公司的登记设立条件,且食品行业不属于政府需进行市场准入控制的领域,故工商行政管理局应予登记,不应以公司法规定之外的理由驳回登记申请,其做法违反《公司法》第 227 条的规定,即"公司登记机关对符合法定条件的申请,不予登记的,当事人可依法申请复议或提起行政诉讼"。该案例中,甲、乙、丙三家公司可以依法申请行政复议或提起行政诉讼。

第四节 商事登记的程序

一 引例

1994 年 5 月,甲与另外 6 家企业共同发起设立"光明家具有限公司",7 个股东签署了公司章程。章程规定,公司资本为 200 万元,甲出资 60 万元,其余投资由另外 6 家企业承担。交足出资后,光明家具有限公司筹备处委托某会计师事务所进行验资,并获得验资证明。11 月份,该公司筹备处向某市登记机关提交了登记申请及相关文件。登记机关认为该公司虽然符合设立条件,但本地已有 4 家家具厂,再设立一家对本地经济无大的促进作用,故决定不予登记。筹备处将该不予登记的通知书告知 7 位股东后,均对此不服,于是将登记机关诉诸法院。[①]

二 基本理论

(一)申请

申请是商事登记申请人向登记主管机关提出的创设、变更商事主体或变更商事主体已登记有关事项的法律行为。[②] 申请时商事登记程序的起始阶段,是登记主管机关受理登记事项的前提。各国商事立法一般都会对商事登记的主体、提出申请的方式以及申请应提交的文件予以规制。

[①] 朱羿锟:《商法学——原理·图解·实例》,北京大学出版社 2007 年版,第 58—59 页。

[②] 李新天:《商法总论》,东北财经大学出版社 2007 年版,第 266—267 页。

1. 申请人

许多国家的法律规定，只要行为是为了从事商事经营活动，并且符合登记条件，就可以申请商事登记。但也有些国家规定，只有完全商人才能申请商事登记。我国商事登记申请人可以分为以下两类：一是具备企业法人条件的企业，包括全民所有制企业、集体所有制企业、联营企业、私营企业、有限责任公司、股份有限公司、外商投资企业以及其他性质的法人商事组织。二是不具备企业法人条件的企业或经营组织，包括不具有法人资格的联营企业、企业法人下属的分支机构、从事经营活动的事业单位和外商投资企业设立的从事经营活动的分支机构、科技性社会团体设立的经营组织、外国公司的分支机构、个体工商户、农村承包经营户。

2. 商事登记的主管机关

工商行政管理机关是我国商事登记的主管机关。工商行政管理机关独立行使登记管理权，并实行分级登记管理原则，分别是：第一级是国家工商行政管理局；第二级是各省、自治区、直辖市工商行政管理局；第三级是市、县工商行政管理局。

3. 申请条件

根据法律规定，申请企业法人登记（不包括外商投资企业），应具备下列条件：①有符合规定的名称和章程；②有符合规定的注册资金；③有与生产经营规模相适应的财务机构、经营机构、劳动组织及法律或者章程规定必须建立的其他相关机构；④有与生产经营规模相适应的营业场所和设施；⑤有与生产经营规模和业务相适应的从业人员；⑥健全的财会制度，能够独立实行核算，自负盈亏，独立编制企业资金平衡表或者资产负债表；⑦符合法律、法规和政策规定的经营范围；⑧法律法规规定的其他条件。

4. 申请方式

商事登记的申请一般应由商事主体的法定代表人、筹建负责人或由其委托的代理人负责向登记主管机关提出申请，申请书必须是书面形式并签名盖章，按照法律规定的形式提交相关文件、证件。登记机关进行初步审查，所需文件、证件齐备的，主管机关应向申请人发出受理通知书。

（二）审查

审查，即受理商事登记申请的主管机关接到申请人所提交的申请后，在法定期限内对申请人所提交的申请材料依法进行审核、查验的行为。目前从世界范围看，审查有三种形式：

1. 形式审查

形式审查即登记主管机关对于登记申请书等有关文件，只从形式审查其合法性，而不问其申请登记的事项是否属实。瑞士、比利时等国家采取这一形式。

2. 实质审查

实质审查是指登记机关不仅对申请人所提交的申请资料做形式审查，还必须对申请登记事项的真实性进行调查核实，以确保商事登记的法律效力。法国采取此种做法。

3. 折衷审查

这种方式是指登记机关对于登记事项有实质审查的职权，但没有必须进行实质审查的义务，即主管机关对于有疑问的事项予以重点审查，如果发现有不真实的陈述，则不予登记；但已登记的事项，不能推定为完全真实，其最终真实与否由法院裁决。

为了保证登记，特别是关于注册资本的真实性、合法性、有效性，我国商事登记审查制度曾经长期采取实质审查的方式，登记主管机关负有实质审查的义务，我国现行法律甚至要求登记机关承担验资不实、虚报注册资本的责任。但经过改革，我国在立法和实践上，更多地采取了形式审查，只要形式上各种文件、证件齐备，即予以登记，在此基础上，通过年检、审查和确认公司、企业等继续经营的资格。

（三）核准

核准是指登记机关对登记申请人提交的文件予以审查之后，做出准予登记和颁发执照的法律行为。登记机关通过审查，认为申请人申请登记的事项符合法律规定的，应当在法定期间内做出予以核准登记的决定，发给登记证明和营业执照。依据《公司登记管理条例》的规定，公司登记主管机关自发出公司登记受理通知书 30 日内，做出核准登记或不予登记的决定。登记主管机关核准登记的，应当自核准登记之日起 15 日内通知申请人，发给、换发或收缴《企业法人营业执照》或者《营业执照》；登记主管机关不予登记的，应当自做出决定之日起 15 日内通知申请人，发给《公司登记驳回通知书》。由此，被颁发营业执照的即取得合法商事经营资格，可以开始正式营业。

（四）公告

所谓公告，就是将商事登记的有关事项和结果通过报纸、刊物或者其他公共传媒让公众周知的法律行为。公告的作用主要体现在以下三个方面：其一，可以使一般社会公众了解商事主体登记的经营状况和登记内容，便于商事交易的进行；其二，可以发挥社会的监督作用，如有登记不实的情况能及时反馈信息，便于查处；其三，可以保障企业的合法权益不受侵害，登记的事项除虚假事项之外，已经登记，即具有法律效力，能对抗第三人。

我国商事登记公告只能由登记主管机关在核准登记后的法定的合理时间内发布，其他任何机关和个人未经批准，无权公告；商事登记的事项和公告的事项必须一致、真实；公告的具体形式由登记主管机关决定，一般要求发布于政府官方公报或当地商业报刊，或在公共场所进行公示。

（五）商事登记的效力

商事登记是成为商事主体的前提条件，是保障商事营业主体依法进行正常合法经营活动的必要形式，是国家对商事主体实施有效管理的重要措施，也是保障市场交易安全、维护第三人利益和社会公共利益的基础。

1. 创设效力

登记注册是商事主体取得经营资格的前提条件，凡是未经登记者不得以商事主体的身份从事经营活动，严禁商事主体未经商事登记从事经营活动。

2. 公示效力

公示效力是指凡经过商事登记的内容，即应当推定其具有相应的法律效力，善意第三人根据登记事项所做出的行为，应当视为有效。商事登记的公示效力，表现为登记在主管机关簿册上的有关商事主体的事项，除非有虚假表示者，可与第三人对抗。根据我国相关法律规定，凡是登记注册事项均具有对抗第三人的法律效力；对于应登记而未登记的事项，注册人不得援引对抗善意第三人。

3. 免责效力

创设效力基于创设登记。免责效力则主要基于变更登记或者废止登记，即根据商事主体变更、废止登记的记载，其将在特定的法律关系中部分或全部免责。

三 引例分析

该案例中的商事登记程序违法。法院支持了原告的诉讼请求。因为我国公司设立采取准则主义，即只要符合法定条件，登记机关就应当予以登记。该案例中的光明家具厂已经符合了我国公司设立的法定条件，故登记机关不予登记的行为是错误的。

第三章 商事行为

第一节 概述

一 引例

万某因出国留学将自己的独资企业委托陈某管理,并授权陈某在5万元以内的开支和50万元以内的交易可自行决定。若第三人对此授权不知情,则陈某受委托期间未经万某同意,将自己的房屋以1万元出售给本企业的行为是否是商行为?是否有效?

二 基本理论

(一)商事行为的概念及性质

1. 商事行为的概念

德国学者拉伦茨教授将抽象概念作为民法体系的"基石",[1] 而这一说法也同样适用于商法领域。商事行为简称为"商行为",董安生等学者认为它是大陆法系中特有的概念。按照大陆法系学者们的一般认识,商行为是指以营利为目的而从事的行为。但对这一概念,不同大陆法系国家往往有不同的理解。《法国商法典》从行为的立场出发,将商行为理解为任何主体以营利为目的的行为或活动,其商事主体的概念是根据"商业行为"来规定的。而《意大利民法典》的立法则是站在商事主体的立场,认为:"商业行为是指商事主体所从事的任何以产品生产、加工、流通、管理和妥善保管为目的或以提供服务为目的的经济活动。"

但更多的大陆法系国家则站在一种折衷的立场,对商行为的概念采取

---

[1] [德] 拉伦茨:《法学方法论》,陈爱娥译,商务印书馆2004年版,第318页。

客观与主观相结合的双重标准。就是说,商行为概念既包括任何主体从事的以营利性为目的的客观行为,也包括商事主体从事的任何关于营业性的活动,也就是所谓的主观商行为。如按照《日本民法典》的规定,商行为是一系列交易活动的总称,其中不仅包括任何主体基于任何目的而从事的"绝对性商行为",如票据交易行为;还包括商事主体专门为了营利性的营业目的而从事的"营业性商行为",如商业买卖、商业承揽、商事代理与居间、商事保险等;也包括商人为其营业而进行的附属性商行为,其范围包括商事主体为从事营业而进行的一切附属性活动。

在我国,商事行为不是立法上使用的概念,而是商法理论研究中所使用的概念,由于没有形式意义上的商法典,学者们对商事行为的概念也没有一个统一的看法。学界主要有两种观点,一是将商行为与商事主体相联系,认为商行为是指商事主体所从事的以营利为目的的经营行为,或称为营业行为[1]。二是将商行为与商事主体分离来看,认为商行为是以营利性为目的和内容的行为[2]。也有学者认为,商事行为是指以营利为目的的行为。但在商行为的特征中,又进一步强调了商行为必须具有营业性,且营业性必须具备三个要素,即行为人营利活动必须具备反复性、不间断性与计划性。这些观点倾向的方向各不相同,或是商事主体主义,或倾向于商事行为主义,或采折衷主义。

综合上述观点,我国多数学者普遍认同的概念是:商行为是商事主体依据自己的意志,为追求营利依法所实施的各种营业活动,即商事主体所从事的以营利为目的的经营行为。

2. 商事行为的本质

对于商事行为的本质,学者们的见解各不相同。法国学者 Renault 和 Lyon-Caen 主张营利动机说。他们认为商行为"实际就是所有经营活动,这些活动都是为了通过原材料或所生产的产品的运输或交换来实现营利的目的,这些行为的特点在于他们都是营利的行为,即为了金钱上的利润的实现而进行的行为"[3]。而法国的 Thaller 则主张媒介流通说,认为商行为

---

[1] 范健、王建文:《商法基础理论专题研究》,高等教育出版社 2005 年版,第 348 页。
[2] 董安生等编著:《中国商法总论》,吉林人民出版社 1994 年版,第 124—125 页。
[3] Lyon-Caen & Renault, T. I. no103 et no 104,转引自张民安《商法总则制度研究》,法律出版社 2007 年版,第 269 页。

就是联结产品的生产行为和消费行为的财产流通行为。且只有媒介生产者和消费者间的流通者所实施的行为才构成商行为。[①] 此外还有诸如企业说、投资说等不同的学说。

我国的大多数学者将商行为的本质视为营利性，这与营利动机说大体一致。所谓营利性，即行为是以一定的资本经营方式达到资本增值的目的，因此不同于以满足人类基本生活为目的的民事法律行为制度。在商法实践中，判断某一行为是否具有营利目的，往往借助于法律推定规则。推定的依据之一便是行为主体的身份特征。按照多数国家商法的规定，只要是商人从事的营业性行为，原则上均应该推定为是具有营利目的的，而对于非商人来说，则还需要根据同类行为所具有的客观目的及商事习惯加以确定。商法是以调整商人和商行为为基本内容的部门法律。商人是以营利为目的的人；商行为是以营利为目的的法律行为。商法调整的社会关系使得商法从产生之初就打上"谋利"、"求赢"的烙印，反映了"皆为利来，皆为利往"的客观经济现象。商法中的很多制度都在努力地实现着商人的营利目的。如商事合同从签订到履行再到违约的救济制度；保险法中有关保险公司的运营制度；还有票据法中重视行为外观、注重票据流通的制度等等。[②]

营利性也可以称为经营性，它表明营利性行为的连续不间断性、反复性，也就是强调商行为的职业性。因此，一般民事主体从事的偶然的营利性行为不是商行为，不受商事法律的特殊规范。营业具有双重的含义，主观意义的营业和客观意义上的营业。主观意义上的营业又称为活动的营业，是指营利活动本身；客观意义的营业，又称为组织的营业，指为实现一定的营利目的而存在的具有总体财产的组织体。主观意义的营业和客观意义的营业不可分割，营业活动离不开以财产为内涵的营业组织，而营业组织则是营业活动的最终产物，并且通过营业活动不断地达到更高的程度。现代社会，经营性行为的典型体现就是通过企业进行有组织、有计划的营利行为。因此法律虽然不便于通过规定具体的经营期间来确认行为的

---

① Thaller et Percerou T. I, nos 6 et 14; Thaller, *Court etude surles Codes decommerce*, Ann. dr. com., 1895, p. 177. 转引自张民安《商法总则制度研究》，法律出版社 2007 年版，第 269 页。

② 王小能、郭瑜：《商法独立性初探》，载《中外法学》2002 年第 5 期。

连续性，但可以通过对商事主体资格的认定来推定该主体营利行为的必然连续性和长期性。这可以通过商事登记制度来实现。

（二）商事行为的特征

商事行为具有民事行为的共性也有其自身的特点。在民商分立的国家，民法有一般规定，而商法则有其特殊的规定，商事行为的特征是由商事活动与一般民事活动的不同来决定的。

1. 商事行为是以营利为目的的行为

营利性是商法的基本特性，也是商事行为的基本特性之一，因为通过上市交易追求资本的增长，追求利益的最大化是商事主体的根本目的。

商行为的本质是一种市场行为，这种行为的根本目的在于实现利益的最大化，也就是营利性。商行为的核心构成要件是对营利目标的不断追求，某种行为是否构成商行为便以其是否追求营利为主要的判断标准。如果商人实施的行为是为了追求利益的最大化，则该商人实施的行为就是商行为；如果不是为了追求营利而实施，则此行为就是民事行为。对于非商人而言，只要其实施了追求营利的行为，在符合商行为其他构成要件的情况下，也应视为是商行为；若其行为不以营利为目的，那么，就不构成商行为。大陆法系的国家的商事立法中，几乎都将商行为的营利性作为认定商行为的一个必备条件。但要清楚的是，以营利为目的，应着眼于行为的目的，而非行为的最终所获得的结果。即商事行为的营利性主要应从主体行为的目标来考察，而不在于行为的结果，因此，行为结果是否盈利不能作为判断商事行为能否成立的标准。

2. 商事行为是经营性行为

经营性是商事行为区别于民事法律行为的重要特征。经营性是指行为人为营利目的而从事的具有反复性、不间断性和计划性的经营行为，表明主体在一段时期内连续不断地从事某种性质相同的营利活动，具有职业性。营利性、独立性、计划性、持续性、反复性是营业具有的最本质的特点。① 大陆法系多数国家商法都规定，一般民事主体偶尔从事的营利活动，不属于商法中所规范的商事行为。经营性活动必须是一种重复的、经常的活动，但是履行了商事登记的行为可以推定为商事行为，认为其具有

---

① 郝润田：《商行为的特征与内涵》，载《商品与质量》2010年10月刊。

商行为经营性的特征。

3. 商事行为一般是商事主体从事的行为

商事行为是商事主体这一特定主体所从事的行为。这类特定主体（包括自然人、法人）要从事严格意义上的商行为，就必须具有特定的商事行为能力和权利能力，主体的行为能力对于该商行为是否有效起着关键的作用。这种行为能力和权利能力在不同国家的商法中表现不同。在采取严格商人法原则的国家中，如德国，民事主体必须要通过商业登记等合法途径才能拥有商事行为能力；而在采取严格商事行为法原则的国家中，即使是没有经过商业登记的主体所从事的营业行为也应受到商法规则的支配。

商行为就其一般法律特征而言，与一般民事主体基于平等的民事权利能力而从事的非营利性民事活动有着本质的差别。尽管各国的民商法对于商行为概念的理解不尽相同，但多数国家的法律还是不同程度地依据上述特征将具有商行为能力的主体从事的以营利为目的的营业行为独立出来，让其适用商法的特殊规则，即以商法中的特别规则对这种行为加以调整和规制。

（三）商事行为的分类

1. 单方商行为与双方商行为

这是以行为当事人是否均为商事主体进行的划分。

（1）单方商事行为

单方商事行为是指行为人一方为商事主体而另一方为非商事主体所从事的交易行为。对于单方商行为的法律适用，各国商法的规定都不相同。一些大陆法系国家认为，单方商行为本质上属于商事行为，应当受到商法规则的统一调整。如《德国商法典》和《日本商法典》均规定，当事人一方实施商事行为时，本法适用于双方。而法国和一些英美法系的国家则认为，单方商行为是商行为与民事法律行为的结合，商法中有关商事行为的规定只适用于商事主体一方，非商事主体的相对人一方则适用民法中的有关规定。

（2）双方商行为

双方商行为是指行为双方均为商事主体，双方之间所从事的营利性营业行为，如批发与零售之间的销售行为。双方商事主体是自然人或法人不影响该商事行为的成立。对于双方商行为可以直接适用商法的规定，各国法律和实践对于双方商行为的法律适用并不存在太多的争议。

区分单方商行为与双方商行为的意义在于：使商法对不同的商事行为做出不同的规定。如果当事人的一方不属于商人，那么，在商事立法和实践中应当适度考虑非商人一方在交易中所处的弱势地位，从而给予一定程度的保护，更好地实现双方当事人在实质意义上的交易公平。

2. 绝对商行为与相对商行为

以行为的客观性质和是否附加条件为标准进行划分。

（1）绝对商行为

绝对商行为又称"客观商行为"，它是指依照行为的客观性和法律的规定当然属于商行为的行为，不必考虑实施该行为的主体是不是商人。绝对商行为具有客观性和无条件性，不以行为主体是商人和行为采用营业方式为条件，只要是商法中具体规定的，就应认定该行为是商事行为。按照大多数国家商法的规定，票据行为、保险行为和海商事行为等都属于绝对商行为。绝对商行为通常是由法律具体列举来限定的，对其不能做推定解释。

（2）相对商行为

相对商行为又称"主观商行为"，是指依行为人的主体资格和行为自身的性质而认定的商事行为。它以主体是否为商人以及行为是否具有营利的特点为认定要件，只有在行为主体是商人或行为具有营利性的时候，才能将该行为认定为商事行为。当行为主体或行为目的不符合法定条件时，其行为仅为一般的民事行为，适用民法的一般规定。绝对商行为和相对商行为的分类，将同类行为中的商事行为与民事行为区分开，进而体现商法是特别法的这一性质。

3. 基本商行为与附属商行为

以商事行为在同一营业活动中发挥的作用和所处的地位不同为依据进行的划分。

（1）基本商行为

基本商行为是指在同一商事营业内直接以营利性交易为内容的商行为，即由法律规定的某些特定商行为以及商人为营业所进行的行为。由于绝对商行为和相对商行为在整个商事交易行为中属于基本形式，且符合商事交易行为的基本要求，所以包含在基本商行为的范围内。

（2）附属商行为

基本商行为是指在同一商事营业内虽不具有直接营利性的内容，但却能起到协助基本商行为实现作用的辅助行为，因此又称为辅助商行为。如广告、代理行为等。但对于附属商行为的概念，近年来有新的解释和理解，使附属商行为不再固定化，而是根据商事主体的经营内容来确定该行为的附属性，把主要的经营业务看做是基本商行为，则兼营业务就可以理解为附属商行为。

4. 固有商行为与准商行为

以法律对商事行为确认方式的不同为标准进行划分。

（1）固有商行为

固有商行为是指依据法律规定或法律列举可以直接认定的商事行为，它包括绝对商行为和固有商人的营业商行为，也称为纯然商行为。

（2）准商行为

准商行为又称"推定商行为"，是指拟制商事主体所实施的经营性商事行为。这种商事行为往往不能直接根据法律的规定来加以确认，而必须通过事实推定或法律推定来确认其行为性质。

（四）商行为的规制方式

由于各国商事立法的理念不同，因此对商事行为的规制方式也各不相同，主要有以下三种。

1. 主观主义原则

也可称为概括方式，即以商人的概念为基础，对商事行为做出概括性的规定。也就是商人及商人资格是认定商行为的核心标准。依此规定，只要是商人的营业行为就是商事行为，它强调商人的经营方法在确定商事行为中的意义。《德国商法典》是主观主义的典型代表。1900年的《德国商法典》第343条第1款规定："商事行为是指属于经营商人从事营业的一切行为。"德国学者认为，商人资格是决定商法适用的决定性因素。该法把商人作为商法规制的主要对象，认为只有商人双方或一方参加的法律行为才是商事行为。即只要是商人实施的经营性行为都是商行为，而公法人履行管理职能的行为被排斥在商行为之外。此外，《意大利民法典》也在法典第2082条中将商事行为规定为企业"以生产、交换或者提供服务为目的的、从事有组织的职业经济活动"。

采用这种规制方式的国家，不仅将商人作为确定商事行为的核心概念，而且依照商人经营方式的不同，还将商行为分为了不同的类型。

2. 客观主义原则

客观主义原则，法律对商行为并无概括性的抽象规定，而是通过列举的方式来界定商行为的范围，也就是以商事行为的客观性作为立法基础，不强调商人在界定商事行为中的地位和作用，只依据行为的客观性质来判断某一行为是否属于商事行为，不论行为主体是谁，只要其行为符合商法典中有关商事行为的规定就适用商法典中的规定，亦称为列举方式。如法国商法典把商行为列举为三类：一是纯粹商行为；二是商人基于营利目的而从事的行为；三是商人从事的辅助性营业行为。《西班牙商法典》继承并发展了这一原则，在第2条第1款明确规定，凡是从事商事交易者，无论是否具有商人身份，也无论本法是否详细指明，均受本法约束；本法没有相应规定的，受普遍认可的商业习惯约束；两者均无相应规定的，受一般规则的约束。这便是列举方式的体现。

3. 折衷主义原则

折衷主义，即以折衷立场，将主观主义和客观主义结合起来，即一些商事行为是根据商人主体资格来确定，一些商行为则根据行为的客观性质来确定，哪些具体行为属于商事行为。也就是将商人与商事行为同时作为确定商行为的主要因素。一方面，有些商事行为是根据商事主体的经营方法，在营业的场合才加以确认；另一方面，是将各种商事行为分类列举，根据其行为内容来确定商事行为的性质。《日本商法典》是这种学说的典型代表。如《日本商法典》第503条第1款规定："商人为其营业而实施的行为，为商事行为。"第2款中又规定："商人的行为推定为为其营业而实施的行为。"

上述商行为的规制方式，在各国立法中都不是唯一的和绝对的。对于商行为的界定，不论采取哪种规制方式，都有一定的不合理之处。但是同时，在立法上各国都采取相应的制度来弥补其存在的不足。如采取主观主义的国家，都会建立比较严谨的商事登记制度，并发展了表见商人的概念，来调整实践中的未办理登记的"经营者"的行为。采取客观主义的国家，通常规定类似于"其他性质相似的交易"来避免列举的不足，且允许法官加以解释。理论上，商行为属于法律推定行为，在商法实践中也往往要借助于法律推定的规则。许多国家的商法就明确规定，只要是商事主体实施的行为就可推定为其营业实施的行为，从而成为商行为。

三 引例分析

陈某的行为是商事主体从事的以营利为目的营业性法律行为，属于商行为。根据《个人独资企业法》第 20 条，投资人委托或者聘用的管理个人独资企业事务的人员不得有下列行为：……（七）未经投资人同意，同本企业订立合同或者进行交易的，该交易行为无效。本案例中陈某的行为违反了这一规定，因此其行为无效。

第二节 商事行为的特殊规则

一 引例

2000 年，许榕从美国学成归国。他贷款 550 万元买下珠海一家破产企业的厂房，后来设立珠海科恩生物工程公司时，就以该厂房出资入股。后来，又与何云龙的公司进行重组，何云龙注资 1958 万元。双方约定，公司款项需要二人共同同意后方可使用。2001 年 12 月，许榕私自转走 200 万元用于支付购买厂房的欠款。到 2002 年 10 月，公司账户只剩下 58 万元。许榕的行为如何评价？[①]

二 基本理论

（一）一般商行为与特殊商行为

商行为按照法律是否有特殊规定，可以分为一般商行为和特殊商行为。一般商事行为与特殊商事行为是大陆法系国家商法学理论研究中使用的一对概念，它并不是严格意义上的商事行为的分类。根据大陆法系国家商法学理论占主导地位的观点，一般商事行为和特殊商事行为的分类并不是从商事行为本身提出来的，而是从商法对商事行为特别调整的共性和个性的角度所提出来的问题。

一般商事行为是指在商事交易中广泛存在的，并受商法规则所调整的行为。其中有些行为不仅是商事领域特有的，也存在于民事领域，但它们

---

① 李美仪：《"海归"董事长一审被判刑，是否构成犯罪引起争议》，载《南方日报》2004 年 6 月 26 日。

都受到商法规则的调整。

特殊商行为作为一个与一般商行为相对应的概念，它是从商法对商行为之特别调整的个性角度提出来的，是指在商事交易中具有个性的，并受商法中的特别法或特别规则调整的商行为。对特殊商事行为的法律调整在立法技术上一般采取两种方法：一是商法典中调整某些特殊商事行为的规则；二是由商事单行立法予以调整。

特殊商行为是指市场进入要经政府特别许可或审批，或者市场行为要受特别控制的行为。对于特殊商行为，其组织或行为要分别从市场准入、产品或服务价格，或者其他交易条件上给予不同程度的限制。[①] 同时，商行为的特殊规则还包括商事代理行为。

（二）商行为的特殊规则

从商行为的法律特征可以看出，商行为是主体基于特定商行为能力而从事的，以营利为目的的营业性行为。它与一般民事主体基于平等的民事权利能力而从事的民事法律行为既有共性又有区别。传统民法学者坚决否认商行为的独立性。但随着我国市场经济的快速发展，商法理论的加强，商法作为独立部门法的学说逐渐增多。商行为有着不同于民事法律行为的特征，下面通过对民商行为的对比，来说明商行为的特殊规则。

1. 商行为与民事法律行为的国家参与程度不同

在行为的理念方面，法律行为制度在民法上强调主体之间的权利义务平等和对应关系，注重民事主体的意思自治，即依照当事人的意思表示，然后由法律赋予其私法上的效果，从而发生权利、义务的变动，目的在于实现私法自治。民事法律行为给公民个人提供一种受法律保护的自由，国家对其通常不作干预。因此，民事法律行为的设立是私法自治基本精神的一种体现，符合现代市场经济的内在要求。而商行为的目的是追求营利，其立法的宗旨和理念是促使商事交易便捷、安全地进行，以使商人的利益达到最大化的程度。所以，相对于仅关注个人利益的民法而言，商行为在保护商事主体获得最大利益的同时，更应关注第三人、社会及国家的利益。[②] 这就导致商行为应当更多地接受国家的干预，以协调社会各阶层之

[①] 徐学鹿：《商法学》，中国人民大学出版社2008年版，第90页。
[②] 苗延波：《中国商法体系研究》，法律出版社2007年版，第365页。

间的经济利益关系。

2. 商行为与民事法律行为主体的范围不同

在主体方面,一切有权利能力和行为能力的组织和个人都可以成为民事法律行为的主体,即民事法律行为的主体在适用上具有广泛性。但是,作为商行为的主体,在法律适用上通常是具有商行为能力的商人。对于商行为主体的能力,商法重视对商事主体的资格审查,因为对商事主体的法律控制会关系到整个社会交易安全以及对第三人利益的保护问题,所以各国商法一般都设有大量的强制性法规,来对商事主体的资格进行严格的控制,这便是商事主体法定原则形成的原因。

3. 商行为与民事法律行为对主体资格的要求不同

从两种行为的主体资格来看,民事法律行为中"能力是规则"[①],即有民事能力的人就享有民事权利,就有资格实施民事生活中的一切行为。因为民事行为来源于商品经济,它的成立和生效不需要当事人必须有丰富的法律专业知识和专业判断能力,只要行为主体可以进行简单的判断就可以确定其行为的性质。但是,商行为产生于市场经济,其活动及实践方式都要求一定的技术能力,如营业能力,要求商事主体要有自己的营业财产,依法进行商业登记,等等。商行为不是简单地凭借道德意识就能实施的行为,还需要当事人具有丰富的法律专业知识和专业判断能力,否则便很难达到行为人所要追求的行为效果。

4. 商行为与民事法律行为的有效要件不同

民法中有所有权绝对与当事人自治的意思,"意思主义"是民事法律行为的传统解释,即在形成一个民事法律关系时是从所谓的意思主义出发的。在出现错误、欺诈、胁迫等表意不真实的情况时,表意者对善意相对人或第三人可以主张意思表示无效或撤销。但是,商事行为以经济效用为主要目的,旨在维护交易的迅捷与安全,交易行为应当以当事人交易时的外在表现行为为准,一般不考虑商事主体的真实意思。所以在商事行为的领域里,是以"表示主义"为解释的。商行为完成后,表意人原则上不得以意思表示瑕疵为由而主张其所为行为的撤销或无效。表示主义是与商行为的营利性相适应的解释方法,是与商业社会高效快捷和安全的价值追

---

① [法]伊夫·居荣:《法国商法》,罗结珍、赵海峰译,法律出版社2004年版,第34页。

求相接轨的。①

此外，商事行为在具体制度上与民事法律行为也有很多的不同。例如，商行为简化了双方进行商事交易的方式和程序，同时强化了对商人利益的保护；在某些方面改变了契约法的一般规则，扩大了默示的承诺方式；② 为了促进商事交易便捷，对于商事契约的违约求偿权多适用较短的时效制度；如在法国和比利时等国家，有关商行为的纠纷可以提交特别司法机关进行审理，它们设有专门的商事法院，对商事纠纷进行管辖。

综上所述，商行为虽然以民事法律行为制度作为基础，但是由于商行为本身所具有的特殊性并不能完全被民事法律行为制度所囊括，所以，如果在民事法律行为制度之外对商行为制度进行独立规定，可以更合理地调整基于商行为而产生的商事法律关系。

三 引例分析

商行为的目的是追求营利，其立法的宗旨和理念是促使商事交易便捷、安全地进行，以使商人的利益达到最大化的程度。所以，相对于仅关注个人利益的民法而言，商行为在保护商事主体获得最大利益的同时，更应关注第三人、社会及国家的利益。这就导致商行为应当更多地接受国家的干预，以协调社会各阶层之间的经济利益关系。上述引例中，珠海金湾区法院认定，将负有债务的厂房作价550万元入股构成虚假出资罪，判处许榕有期徒刑3年，并处罚金21万元。

---

① 魏振瀛：《民法》，北京大学出版社、高等教育出版社2007年版，第163页。
② ［德］罗伯特·霍恩、海因·科茨、汉斯·G.莱塞：《德国民商法导论》，楚建译，中国大百科全书出版社1996年版。

第四章 商业账簿

第一节 商业账簿概述

一 引例

A 公司是 2000 年成立的上市公司,公司聘用了取得会计从业资格证书并从事会计工作 10 年的老马担任会计机构负责人(会计主管人员),此外,为了节省资金,还聘用了正在进行会计从业资格考试的小刘作为会计人员。2003 年公司的总经理以公司名义为 B 公司向银行提供了担保,2004 年 B 公司不能还款,银行将 A、B 公司一起告上法庭,要求 A 公司承担担保责任。A 公司未将诉讼事项在财务报告中说明。2004 年 3 月老马生病,在家休息了 1 个月,在此期间,公司的经济业务事项和会计事项由小刘经办,审核和财物保管人员也由小刘兼任。2004 年年底,公司业绩滑坡,公司董事长和总经理要求老马想办法在财务上修改公司业绩。老马改变费用、成本的计量方法,不列或者少列费用、成本,增加利润,使 A 公司的年度报告很令股民满意。2005 年,老马和小刘私设会计账簿,一本应付工商税务部门,另一本内部核算。2005 年年末,审计组对 A 公司进行检查,通过审阅"银行存款日记账"等会计资料发现,该公司以租用仓库为由,先后向其关联公司 C 支付了 23 万元。审计组调查得知:A 公司没有大的仓储业务。虽然账簿记录和材料验单相符,但仓库保管员却不知道外租仓库一事。后了解到是 A 公司的老总通过"租用费用"从 C 公司手中购得一辆豪华轿车。

二 基本理论

(一)商业账簿的概念

商业账簿,也称商事账簿,是商事实践的产物,与商事活动具有内在必然联系。① 商事活动是以营利为目的的活动，商人为了明确自己的营利状况与财产状况，就要借助商业账簿这一工具。在简单商品经济条件下，商业账簿有一定的发展，但却是商人自由采用，法律尚无强制性要求。在资本主义时期，商事管理变得日趋成熟和规范，商业账簿也随之变得完善，以致制度化。随着商事活动逐渐变得复杂，商人之间的联系日渐密切，这就在客观上要求商人编制商业账簿，以维护自身利益和社会公共利益，确保商事交易的安全、有序。为了适应这一客观发展，各国立法逐渐确认和建立了商业账簿制度，对商业账簿的内容和编制规则予以规范，使商业账簿从原始的商事习惯走上了法制化轨道，并形成了当代商法中的一项十分重要的制度。

商业账簿指商事主体依法必备的，依照法律规定而编制的账簿，亦可称为法定账簿，有广义和狭义之分。广义的商业账簿是指依据公司法或其他法律法规所编制的账簿文件。商法上的商事账簿是指广义商事账簿，即广义的法定账簿。而狭义的商事账簿仅仅指依据会计法等特定的法规所备置的账簿。其概念可以概括为：是指商事主体为表明其财产状况和经营状况，依法制作的簿册。包括书面形式和电子形式。

对于商业账簿，如果仅将其理解为商事主体用于记账的文件，就可能将商业账簿的范围规定得过于狭隘。现实中，许多国家的商法对于商业账簿的范围并非只限于商事主体记账的簿册，对商业账簿的规定要广泛得多。此外，各国对商事主体的界定也各不相同，有些国家甚至规定，只要市场主体在经营中采用商业账簿的相关规定，就可将其认定为商法上的商事主体。从这个意义上来说，商业账簿制度还具有辨别商事主体与非商事主体的用途。

（二）商业账簿的特征

作为商事主体的重要簿册，商业账簿具有以下法律特征：

1. 商业账簿的设置者必须是商事主体

商业账簿只能由商事主体置备，而不能是一般的民事主体，一般的民事主体不需要，也没有必要置备商业账簿。也不可能是政府或政府有关主管部门。这是由商业账簿的性质所决定的。商事主体的种类各种各样，并

---

① 赵中孚：《商法总论》，中国人民大学出版社2003年版，第187页。

不意味着所有的商事主体都必须设置商业账簿,至于哪些商事主体必须全部置备、部分置备或者不必置备商业账簿,法律应根据商事主体的不同情况和实际需要,如营业规范的大小、征税的便利情况等,做出明确具体的规定。

日本和我国台湾地区对此均规定。如《日本商法典》第 8 条明确地规定,本法中有关商业账簿的规定,不适用于小商人。我国台湾地区"商业登记法"也明确地规定,小规模的合伙和独资商业、沿门沿路叫卖者,在市场外设摊营业者、家庭农林渔牧业者、家庭手工业者以及其他小规模经营者,可以不设置商业账簿。在我国,公司法明确要求公司必须制做财务会计报告。[①] 还有根据《中华人民共和国会计法》,个体工商户也要按规定建立相应的商业账簿。由此可见,我国法律要求各类商事组织都应制作商业账簿。并不准许无账会计或者无账商人的存在。

2. 商业账簿的置备必须依法进行

依法置备商业账簿是商业账簿制度重要的特征之一,各国立法对商业账簿所采取的立法主义有所不同。在我国,商事主体设置商业账簿,必须严格按会计法、公司法等相应的法律、法规进行编制。若法律、法规规定相关的商事主体应当置备商业账簿,那么,该类商事主体就必须置备商业账簿。商事主体在设置商业账簿时,必须依照法定类型、内容、格式和方法进行,否则,就要承担相应的法律责任。

3. 商事账簿反映商事主体的营利性

商事账簿反映商事主体的营利性,比政府账簿更为复杂。商事主体自身、投资者、交易相对人以及政府监管机关所关注的也正是其反映出的商事主体的营利性。

4. 商业账簿的设置逐渐准则化、国际化

随着国际贸易的发展,特别是跨国公司的产生,使商事活动日益国际化,由于各国的会计准则存在一定的差异,英国伦敦成立了"国际会计准则委员会",虽然该委员会是民间组织,但该会已有 30 多个成员国。其会计准则被不少国家所承认和接受。我国虽然未加入该委员会,但一些

---

① 《中华人民共和国公司法》第 175 条,1999 年 12 月 25 日第九届全国人民代表大会常务委员会第十三次会议修正。

原则和经验则是可资借鉴的，2007年实施的新的《企业会计准则》已经在不少方面与国际会计准则接近。

（三）商业账簿的意义

随着商业账簿制度的不断发展，商业账簿也逐渐受到了各国立法的关注，商业账簿的存在有着重要的意义。

1. 对商事主体内部的管理者而言，设置商业账簿便于商事主体及时、准确地了解自身的经营状况和财务状况，并根据具体的发展情况，及时做出或者调整经营策略。

2. 对于交易相对人而言，通过对商业账簿的查阅，可以了解对方的经济状况和营业规范性，从而可以维护交易相对人的利益，保障其交易安全。

3. 对于社会管理而言，通过商事主体制作的商业账簿，相关的主管部门可以及时了解商事主体的经营状况，并实现对其经营的年度检验，以确保其他交易主体或者社会公众的交易安全。同时税务部门也可以以此作为征税的依据，来方便征税，保障税收的顺利执行。

4. 商业账簿对于同一商法人的股东及时了解公司经营状况，简化信息程序，强化公司信息披露制度，也都具有十分重要的意义。

此外，商业账簿也可以成为商事诉讼中的重要证据。由于商业账簿是商事主体依法对其营业状况和财产状况的真实而又系统的记载和反映，因此，商业账簿是具有法律效力的事实依据，是当事人在诉讼中最为有利的证据材料。商业账簿的法律效力及作为证据材料的作用在各国立法中都得到充分的肯定。如《德国商法典》第258条规定："在诉讼进行中，法院可以依申请或依职权命令提示当事人一方的商业账簿。"《法国商法典》第17条规定："依法编制的账目可以被法院接受作为商人之间商行为的证据。账目未依法进行编制的，其编制人不得为自己利益作为证据予以引用。"《日本商法典》第35条规定："法院可以依据申请或依职权，命令诉讼当事人提供商业账簿的全部或一部分。"英美法系国家虽然不承认商业账簿的法律效力，但在实践中也认可了商业账簿的证据效力，但要求商业账簿必须具备以下三个条件：（1）由专门负有此项义务的人员进行记载；（2）必须按企业通常的会计方式记载；（3）记载要及时、正确。在我国，商业账簿如果是依法置备的且内容属实，则可以具备证据效力，作为书证，且比其他证据具有更强的证明力。商事账簿的证据效力意味着，当事人可以要求以商事账簿作为举证材料，法院也可以要求商事主体在诉讼过程中出示该商业账簿。

在具体的诉讼过程中，商人有义务出示商业账簿：（1）如果一方为了证明一个有争议的事实，引用由其商业账簿作为证据，那么他应该提供这一账簿；（2）在另一方占有商业账簿时，如果他自己引用商业账簿，或者对方根据法律可以要求他出示商业账簿，那么，其应该提供账簿。如果不能履行商业账簿提供义务，则对方当事人关于账簿内容的主张，将被视为已获得认可。

（四）商业账簿的设置原则

各国商法对于商事主体是否必须设置商事账簿，采取不同的立法原则。各国法律对商事主体设置商事账簿的要求有所不同，大致有以下三种：

第一，强制主义原则，亦称干涉主义原则，大陆法系国家多采此原则。即国家法律要求商事主体必须置备商业账簿，并对商业账簿的种类、内容和记载方法作出明确规定，甚至还要求政府有关部门对商事账簿的制作及其内容进行审查和监督。例如，《法国商法典》第8条规定："一切具有商人身份的自然人或法人，均应对影响其企业财产的活动进行会计登记。"该法典第二编"商人会计"则对商业账簿的内容和记账方法作出具体的规定。我国澳门地区也采取强制主义原则，《澳门商法典》第38条规定："商业企业必须以适合其企业既有组织之方式记账，以便按时序知悉其各项交易，并须定期编制资产负债表及财产清单。"

第二，自由主义原则。也称放任主义，即法律不直接规定商事主体必须设立账簿，商事账簿是否设置由商事主体自由决定，法律不加以干涉。多数英美法系国家采用这种立法原则，例如，《美国统一商法典》对商事账簿就没有强制性规定，但由于不置备商业账簿，在诉讼或破产程序中，对其自身极为不利，所以，在商事实践中，商事主体几乎没有不置备商业账簿的。在英美国家，由会计职业团体和学术团体制定的会计准则对于商事主体设立商事账簿也有一定的约束力。而且，商事主体出于对缴税、了解自己的经营状况、破产清算和诉讼上举证责任的需要，实际上通常都会设置详细的商事账簿。

第三,折衷主义原则。即法律只对商事主体有置备商业账簿的义务做出规定,而未规定商业账簿的内容和记载方法,并且置备的过程也不受政府主管部门的干涉。日本是此原则的典型,《日本商法典》第 32 条第 1 款规定:"商人应制作会计簿册及资产负债表,以明了营业上的财产及损益状况。"但对其记载内容和方法,则规定"解释有关制作商业账簿的规定时,应斟酌公正的会计惯例",法律对此没有硬性规定。

我国《会计法》第 2 条、第 3 条规定,国家机关、社会团体、公司、企业、事业单位、个体工商户和其他组织办理会计事务,必须遵守本法。会计机构、会计人员必须遵守法律、法规,按照本法规定办理会计事务,进行会计核算,实行会计监督。即我国"实行统一的会计制度",即由国务院财政部门统一制定关于会计核算、会计监督、会计机构和会计人员及会计工作管理的制度,单位的会计凭证、会计账簿、会计报告以及其他会计资料必须符合国家统一会计制度的规定。按照财政部 1986 年发布的《关于个体工商户账簿管理的规定》,个体工商户必须按税务机关的规定建立、使用和保管账簿、凭证。1992 年财政部发布的《企业会计准则》则对企业的财务会计制度做了基本规定。可见,我国要求各类商事主体制作或繁或简的商业账簿,采取的是强制主义原则。

随着市场经济的发展,自由主义和折衷主义的弊端日益显露,采取该种立法原则的国家也对此予以修正,对商业账簿的编制方法、内容进行积极规范,以适应有利于加强对日益社会化的商事组织的监督需要。干涉主义立法对商业账簿做了较为严格的规范,适应了现代经济生活的需要,因而逐渐成为各国立法的主要趋势。但即使是采取强制主义原则的国家,法律一般也不强制所有的商事主体都设置商业账簿。

三 引例分析

根据《中华人民共和国会计法》第 38 条规定:从事会计工作的人员,必须取得会计从业资格证书。担任单位会计机构负责人(会计主管人员)的,除取得会计从业资格证书外,还应当其备会计师以上专业技术职务资格或者从事会计工作 3 年以上经历。对小刘的聘用是不符合法律规定的。第 19 条规定:单位提供的担保、未决诉讼等事项,应当按照国家统一的会计制度的规定,在财务会计报告中予以说明。所以 A 公司应在财务报告中披露诉讼和担保的事项。第 27 条规定：记账人员与经济业务事项和会计事项的审批人员、经办人员、财物保管人员的职责权限应当明确，并相互分离、相互制约。小刘不能同时兼任记账人员和审批人员。第 28 条规定：单位负责人应当保证会计机构、会计人员依法履行职责，不得授意、指使、强令会计机构、会计人员违法办理会计事项，因此，公司董事长和总经理不可以要求会计人员去做违法的行为。第 42 条规定：违反本法规定，有下列行为之一的，由县级以上人民政府财政部门责令限期改正，可对单位并处 3000 元以上 5 万元以下的罚款；对其直接负责的主管人员和其他直接责任人员，可以处 2000 元以上 2 万元以下的罚款；属于国家工作人员的，还应当由其所在单位或者有关单位依法给予行政处分；……私设会计账簿的……第 43 条规定：伪造、变造会计凭证、会计账簿，编制虚假财务会计报告，构成犯罪的，依法追究刑事责任。

在引例中，A 和 C 公司虽签订合同，但该合同的目的在于规避法律，是无效合同。A 公司明显违反了《会计法》中不得以虚假的经济业务事项或资料进行会计核算，以及任何单位和个人不得伪造、变造会计凭证、会计账簿及其他会计资料，不得提供虚假财务会计报告等规定，应按照《会计法》第 43 条的规定追究法律责任。

第二节　商业账簿的分类及内容

一　引例

患者翁文辉生前是中学教师，2004 年被诊断患上了恶性淋巴瘤，2005 年 6 月 1 日，被送进了哈尔滨医科大学第二附属医院的心外科重症监护室，8 月 6 日病逝。住院仅 67 天，住院费却接近 139.7 万元，平均每天 2.1 万元。让人惊奇的是，医药单上居然有病历上明确注明不能使用的严重过敏药物"氨茶碱"，而病人去世后两天，医院竟还陆续开出了两张化验单，收费 64 元。7 月 30 日的血费高达 22197 元，病人一天输血达 94 次，共计 9400 毫升，相当于成人全身血液总量的两倍多；7 月 31 日的医药单显示，医院给病人用了 106 瓶盐水、20 瓶葡萄糖、10000 毫升血，对于这些医药单，该医院没有一个人能够说明。11 月下旬，中纪委和监察部联手组成调查组调查此事。①

二 基本理论

对于商业账簿的分类和内容，各国也有不同的规定。以下从国外和国内两个方面，阐述不同的商业账簿种类及内容。

(一) 国外商业账簿的种类与内容

仅以法国、德国和日本为例进行说明。

1. 法国商业账簿的种类与内容

根据《法国商法典》的有关规定，每个商事主体必须设置会计登记账簿、财产清册和年度账目。对企业财产的活动，应逐项具体记入日记账。每项财产的记录均应载明账目的出处、内容、入处及其所依据的凭证。日记账的记录内容应记入总账，并按商人的账目设置方案分类核算。日记账和总账细分为根据贸易需要的册数设置的辅助日记账和辅助账簿。记入辅助日记账和辅助账簿，至少每月一次集中记入日记账和总账。

财产清册是指所有资产和负债的要素，并载明其每项要素在清点日的数量和价值的清单。财产清点数据集中记入财产清册，并按数据所代表的资产或负债的性质和计价方式进行分类登记。任何具有商人身份的自然人或法人，在会计年度终了时，还应根据会计登记和财产清单，建立年度账目。年度账目是由资产负债表、损益账目和一个附件构成的有机整体。年度账目应当真实、符合规定，并真实反映企业的财产、债务和盈亏状况。资产负债表分别记载企业的资产和负债要素，并清楚地显示出其净资产状况。损益账目概括记载年度收益和费用，但无须记载其收纳或支出的日期。收益和支出的费用应分类整理，并以图表或列举方式加以说明。附件则要补充并说明资产负债和损益账目提供的情况。

2. 德国商业账簿的种类与内容

根据《德国商法典》商业账簿制度的相关规定，商人应设置商业簿记、财产目录、资产负债表和损益表。商业簿记的设置应符合通常簿记的原则性规定，并做到完整、正确、有序和及时。财产目录是商事主体在营

---

① 练学辉：《住院 67 天花掉 550 万》，载《南方日报》2005 年 12 月 1 日，第 7 版；另见韩福东《天价医药费，"哈医大二院涉嫌严重造假"》，载《南方都市报》2005 年 12 月 3 日。

业开始时和每个会计年度终了时所编制的,记录其土地、债权和债务、现金的数额以及其他财产,并注明各项财产和债务价值的簿册。资产负债表则是在其营业开始和每个营业年度结束时编制,用来记载表现其财产和债务关系的决算情况的。损益表是在每个营业年度结束时编制的,说明该营业年度费用和收入的对照表。资产负债表和损益表共同构成商人的年度决算。

3. 日本商业账簿的种类与内容

根据《日本商法典》总则中第五章商业账簿的有关规定,日本的商业账簿主要是指会计账簿和资产负债表。但是,学说普遍认为,商事账簿实际上包括三种即会计账册、资产负债表和损益表。[①] 会计账簿应完整、明确地记载下列事项:

(1) 在开业时及每年定时一次时期营业上的财产及其份额。关于公司,则是在其成立时及每决算期营业上的财产及其份额。

(2) 影响交易及营业财产的事项。资产负债表于开业时制作,公司则于其成立时及每决算期依据会计账簿制作,应装订成册或记载于特设的账簿上,且制作人应在表上签名。

(二) 我国商业账簿的种类与内容

从我国现行的法律、法规和有关规定来看,我国的商业账簿主要有会计凭证、会计账簿和财务会计报告三种类型[②]:

1. 会计凭证

所谓会计凭证,是指记录商事主体日常经营活动,明确经济责任,作为会计记账依据,具有法律效力的书面证明。商事主体进行各种经营业务,必须由经办人取得或填制会计凭证,并在会计凭证上签字、盖章,借以明确其经济责任或法律责任。没有会计凭证,就不能收支款项、动用资产,更不能进行财务处理。而且只有经审核无误的会计凭证才能作为制作会计账簿的依据。

按其填制程序和用途的不同,会计凭证可以分为原始凭证和记账凭证两种:

---

① 吴建斌:《现代日本商法研究》,人民出版社 2003 年版,第 147 页。
② 张民安、龚赛红:《商法总则》,中山大学出版社 2004 年版,第 316 页。

(1) 原始凭证

原始凭证又称单据，是在经营活动发生或者完成时取得或填制的，用来证明经营活动已经发生或者已经完成的情况，明确经济责任，并作为记账原始依据的一种书面凭证。它是进行会计核算的原始资料，包括单位购货时取得的发票和结算凭证，付款时由收款人提供的收据及商事主体自己制作的发货单、收货单及收料单。原始凭证是证明经济业务的实际发生和完成的最原始的书面文件。其内容一般包括名称、编号、日期、接受单位名称、业务内容、数量、单价、金额、填写单位名称、有关人员的签章。原始凭证按其来源又可以分为外来原始凭证和自制原始凭证两种。外来原始凭证是同外单位发生业务往来关系时，从外单位取得的原始凭证，如发票、收据、银行结算凭证等。而自制原始凭证则是由商事主体在营业活动发生或完成时自行编制的原始凭证，如收货单、发货单、领料单、产品入库单、现金收据等。

(2) 记账凭证

记账凭证是指根据审核无误的原始凭证或原始凭证汇总表，来记载经营活动简要内容，确定会计分录，直接作为制作会计账簿所依据的一种会计凭证。由于原始凭证无法反映其归属的会计科目和记账方向，而且内容和格式不一，并不能直接入账，此时，则需要将原始凭证或原始凭证汇总表归类、整理，并编制成记账凭证。记账凭证应具备的内容包括：填制日期、凭证编号、业务摘要、会计科目、金额、所付原始凭证张数、填制人员、稽核人员、记账人员、会计机构负责人签章。收款和付款凭证还应有出纳人员的签章。记账凭证按其所反映的经营业务内容的不同，可以分为收款凭证、付款凭证和转账凭证。

一般来讲，原始凭证记载的是经营信息，而记账凭证记载的则是会计信息，从原始凭证到记账凭证是经营信息转化为会计信息的一个质的跨越。为了保证会计凭证内容的真实性、合法性和正确性，充分发挥会计的监督职能，对会计凭证必须进行形式和实质上的审核。

2. 会计账簿

会计账簿是以会计凭证为依据，由专门格式并互有联系的账户所组成的，对商事主体的各项经营活动进行全面、系统、综合记录和反映的书面簿册。会计账簿全面、系统地提供了会计信息，归类总结了会计资料，是编制财务会计报告的主要依据，对于保障商事主体的财产安全和资金的合理使用具有十分重要的意义。会计账簿的作用包括：第一，能够提供全面、系统的会计信息，成为会计报表编制的依据；第二，是进行资产评估的基础，便于对商事主体财产物资的安全与完整的监管，以维护所有者的合法权益；第三，提供经营成果的详细资料，为经营利润的分配和各项计划执行情况的考核评价提供依据，是商事主体做出经营决策的重要依据；第四，是会计分析的基本资料，审计检查提供依据。

按照用途和性质的不同，会计账簿可以分为序时账簿、分类账簿和备查账簿三种类型：

（1）序时账簿

序时账簿也称为日记账，是按照经营业务发生的先后顺序，逐日连续登记的账簿。序时账簿可以用来登记全部经营业务，也可以用以登记特定的某一类经营业务。因此，根据其用途的不同，又可以将其分为普通日记账和特种日记账两种。普通日记账又称为分录簿，是用来登记全部经营业务的，按照时间先后和复式记账原理，列出账户名称和借贷金额的一种账簿。该账簿登记的工作量大，而且查阅起来也不是很方便。特种日记账是用来登记某一类经营业务的增减变化及其结果，按照其时间的先后顺序登记的一种账簿，如银行存款日记账等。

（2）分类账簿

分类账簿是按照会计科目对其经营业务进行分类登记的账簿。分类账按其反映内容的详细程度，可以分为总分类账和明细分类账两种。总分类账是包括全部账户，分类记载其经营业务总体情况的账簿。而明细分类账则是分户记载某一类经营业务的明细情况的账簿。

（3）备查账簿

备查账簿又称为辅助账簿，它是对某些在日记账和分类账簿等主要账簿中不能记载或者记载不全的经营业务进行补充登记的一种账簿。备查账簿与其他主要账簿之间不存在严密的依存关系，但可以为某些经营业务活动的内容提供相应的参考。

三 引例分析

根据商业账簿的分类及具体内容，本案例中，该医院所制作的医药单，应属于原始会计凭证。原始凭证是进行会计核算的原始资料，包括单位购货时取得的发票和结算凭证，付款时由收款人提供的收据及商事主体自己制作的发货单、收货单及收料单。原始凭证是证明经济业务的实际发生和完成的最原始的书面文件。其内容一般包括名称、编号、日期、接受单位名称、业务内容、数量、单价、金额、填写单位名称、有关人员的签章。医院的医药单记载着该医院的款项收付、款项结算、货物进出、财产增减等，是商业账簿的一种类型。

第三节 商业账簿的保管

一 引例

某公司制作会计凭证，反映该公司的各种账务信息。张某是公司的会计，利用其职务的方便，销毁了应当保存的会计凭证。该行为被公司发现后，要求张某承担其相应的责任。

二 基本理论

商业账簿作为反映商人经营状态和财产状态的重要凭证，应当妥善地进行保管，不得毁损或者灭失，与此同时，保存的时间还应当达到法律所规定的年限，这就是商业账簿的保存制度。对于商业账簿的保管，是商人应尽的法定义务，不得擅自违反，否则应承担相应的法律责任。对于商业账簿的保管，各国法律都有不同的规定。关于会计资料的保管期限，多数国家都采取确定期限制。如德国、意大利、法国、比利时、日本等国，均规定为10年。《德国商法典》第257条规定："商人应当承担义务，对包括商事账簿、财产清册、开业资产负债表、年度决算等资料予以一定年限的保存。"根据德国商法典第257（4）条的规定，在通常情况下，商事账簿应当保管10年，记账凭证应当保管6年。在法国，法国商法典第11条规定，商法典第8条和第9条规定的商事账簿应当保存10年。该时效期间从商事账簿编制完成之日起计算。经过10年之后，商人可以毁灭自己的商事账簿。还有西班牙，规定期限为5年，荷兰则为30年。但也有采取不定期限的，如智利，以营业继续期限为准；巴西以债权时效消灭以前为准。

我国则规定，各单位年度决算报表永久保存，各种账簿和凭证至少要保管 10 年以上，其中涉及外事，对私改造方面的账簿、凭证要长期保存，月、季会计报表要保存 3 至 5 年。《会计法》第 44 条规定，隐匿或者故意销毁依法应当保存的会计凭证、会计账簿、财务会计报告，构成犯罪的，依法追究刑事责任。有前款行为，尚不构成犯罪的，由县级以上人民政府财政部门予以通报，可以对单位并处 5 千元以上 10 万元以下罚款；对其直接负责主管人员和其他直接责任人员，可以处 3 千元以上 5 万元以下罚款；属于国家工作人员，还应当由其所在单位或者有关单位依法给予撤职直至开除的行政处分；对其中会计人员，由县级以上人民政府财政部门吊销会计从业资格证书。

三　引例分析

本案例中的张某，利用自己的职务之便，销毁本应保存的会计凭证。根据其行为的具体轻重情况，依《会计法》第 44 条规定，隐匿或者故意销毁依法应当保存的会计凭证、会计账簿、财务会计报告，构成犯罪的，依法追究刑事责任。不构成犯罪的，应当予以罚款。

第 二 编

公司法

第一章 公司法概述

第一节 公司概述

一 引例

A公司2007年12月31日的资产总值为负值，财务状况不断恶化。还存在以下的资产：商业用房一间，账面价值100万元；机器设备一套，账面价值20万元；银行存款30万元；应收乙的账款30万元（2008年1月20日到期）；应收丙的账款70万元（2008年2月6日到期）。甲公司有关负债：应付丙的账款50万元（2008年3月5日到期）；欠丁的债务180万元（2008年1月10日到期）。自2008年以来，A公司对其资产做出的处理如下：(1) 1月20日，丁请求A公司偿还欠款未果。但在1月28日丁发现A公司曾于1月15日将机器设备赠送给了戊。(2) 2月3日，A公司将拥有的商业用房以60万元的价格（市场价格为120万元）转让给非关联企业己公司，己公司在不知情的情况下，受让该房产，并办理了过户登记手续。(3) 2月21日后，A公司一直催告乙偿还债务，但乙到8月底仍未偿还，A公司亦未采取其他法律措施。(4) 3月15日，A公司向丙提出就50万元债权债务予以抵销。(5) 4月10日，A公司与庚公司签订债权转让合同，将对丙的20万元债权以18万元的价格转让给庚。根据以上案例，分别回答下列问题：(1) 丁是否有权请求人民法院撤销A公司将机器设备赠送给戊的行为？并说明理由。(2) 丁是否有权请求人民法院撤销A公司将商业用房转让给己公司的行为？并说明理由。(3) 丁是否有权代位行使甲对乙的债权？并给出你的理由。(4) A是否有权向丙主张就50万元的债权债务予以抵销？并说明理由。(5) A、庚之间的债权转让何时生效？何时对丙产生效力？并分别说明理由。

二 基本理论

（一）公司概念与特征

公司法是规范公司的组织与活动的法律，由此可以揭示公司的概念与特征。综合来说，公司是依法定程序设立的，以营利为目的的法人组织。公司是法人，在实践中被赋予了虚拟人的法律地位，具有独立人格，这是公司最重要的和最基本的法律特征。公司还有以下主要的特征[①]：

1. 公司拥有独立的财产。公司的财产来自股东的出资，但是如果股东将投资的财产转移给公司，在法律上这些财产便属于公司所有，而股东则丧失了直接支配、使用这些财产的权利。公司能够以自己的名义拥有财产，公司的财产与股东的个人财产在法律意义上是相分离的。

2. 公司能够以自己的名义享有权利，履行义务。公司与他人订立合同应该以自己的名义，作为合同当事人享有合同规定的权利，承担相应的义务。股东、董事或其他管理人员对公司的债务一般不负清偿责任。因此，公司与组成公司的股东在法律地位上也是相分离的，是两种不同的法律主体。

3. 公司以自己的名义参加民事活动。当公司与他人发生纠纷时，公司应以自己的名义向法院起诉，行使诉讼权利；他人也只能对公司起诉。

4. 公司有日常经营管理权。公司的经营管理一般由专门的管理人员负责，股东大多不直接参与公司的日常经营管理。

5. 公司的存续一般不受股东变动的影响。因为公司与股东是分离的，所以股东的死亡、退出、破产原则上不影响公司的存续，公司可以独立存在，因此，公司被认为能够永久存续。

（二）公司的类型

虽然我国公司法只规定了两种类型的公司，分别为有限责任公司和股份有限公司，但公司法理论上具有不同类型的公司，即使是有限责任公司和股份有限公司也可以根据不同的标准而将其分别归入不同的公司分类之中。根据不同的标准，可将公司作不同的分类，而每一种分类均有其法律

[①] 范健、王建文：《商法》（第二版），高等教育出版社2005年版，第15页。

上的意义。有些类型的公司我国公司法未作规定，因此不具有立法和司法的意义，但从学理上进行把握和理解仍然非常重要，它们对于准确地理解和领会公司法的原理具有重要意义。同时需要注意的是，各种分类标准都有一定的相对性而不是绝对的。

1. 以股东的责任范围为标准分类

以公司股东的责任范围为标准，即以公司股东对公司债务是否承担责任为标准，可将公司分为无限责任公司、两合公司、股份两合公司、股份有限公司和有限责任公司。这是最主要的公司分类。

首先，无限责任公司、两合公司、股份两合公司，我国公司法并未对此三种公司作出规定。但在不少西方国家的公司法上，仍然存在此三种类型的公司，尽管只占少数，但在理论上我们应给予注意。无限责任公司，是指由两个以上股东组成，全体股东对公司债务负连带无限责任的公司。两合公司，是指部分无限责任股东和部分有限责任股东共同组成，前者对公司债务负连带无限责任，后者仅以出资额为限承担责任的公司。股份两合公司，是指由部分对公司债务负连带无限责任的股东和部分仅以所持股份对公司债务承担有限责任的股东共同组建。由于这三种公司存在固有缺陷，其数量已经很少，特别是股份两合公司。

其次，股份有限公司和有限责任公司这两类公司是现代公司的主要类型，我们应给以足够的重视。股份有限公司是指由一定人数组成，公司全部资本分为等额股份，股东以其所持股份对公司承担责任，公司以其全部资产对公司债务承担责任的公司。在公司发展史上，股份有限公司是在两合公司之后产生较早的公司形式。股份有限公司由于可以在社会上广泛筹资、股份可以自由转让、公司可以实行所有权与经营权分离的经营方式和分权制衡机制以及股东有限责任等特点，特别适合于大型企业的经营，现今已演变为非常重要的公司形式。我国公司法将股份有限公司作为最基本的公司形式之一加以规定。有限责任公司，是指股东仅以其出资额为限对公司承担责任、公司以其全部资产对公司债务承担责任的公司。在公司的发展史上，虽然有限责任公司出现得较晚，但由于它较好地吸收了其他公司形式的优点并克服其不足，所以这种公司形式在世界各国得到了迅速发展。我国公司法也将有限责任公司作为一种主要公司形式加以确认。

综上，我国公司法上的公司股东都是承担有限责任的，公司以自己的财产独立承担责任。其中的例外是有限责任公司的股东以其认缴的出资额为限对公司债务承担责任，而股份有限公司的股东是以其认购的股份为限对公司债务承担责任。

2. 以公司股份转让方式为标准分类

以公司股份转让方式为标准，亦即以公司股份能否自由转让和流通为标准，可将公司分为封闭式公司与开放式公司。

封闭式公司，又称不上市公司、私公司等，是指公司股本全部由设立公司的股东拥有，且其股份不能在证券市场上自由转让的公司。有限责任公司属于封闭式公司。

开放式公司，又称公开公司、上市公司等，是指可以按法定程序公开招股，股东人数通常无法定限制、公司的股份可以在证券市场公开自由转让的公司。这种公司事实上就是指股份有限公司中的上市公司。并不是所有的股份有限公司都属于上市公司，但是股份有限公司都具有开放性，都可以申请向社会公开发行股份和募集资金，而有限责任公司是不可以向社会公开发行股份的，也就无法通过此方式公开募集资金。

综上，我国公司法上的公司，有限责任公司属于封闭式公司，股份有限公司属于开放式公司，但股份有限公司中的非上市公司仍然具有封闭性，只有股份有限公司中的上市公司才是真正意义上的开放式公司。

3. 以公司的信用基础为标准分类[①]

以公司的信用基础为标准，亦即以公司的交易信用来源和责任承担依据为标准，可将公司分为人合公司与资合公司以及人合兼资合公司。

人合公司，是指公司的经营活动以股东个人信用而非公司资本的多寡为基础的公司。人合公司的对外信用主要取决于股东个人的信用状况，这就决定了人合公司的股东之间通常存在特殊的人身信任或人身依附关系。无限责任公司是典型的人合公司。

资合公司，是指公司的经营活动以公司的资本规模而非股东个人信用为基础的公司。由于资合公司的对外信用和债务清偿保障主要取决于公司的资本总额及其现有财产状况，因此，为防止公司由于经营恶化而损害公

---

① 朱羿锟：《商法学——原理·图解·实例》，北京大学出版社 2007 年版，第 129 页。

司债权人的利益，各国法律都对资合公司的设立和运行作了相对严格的规定，如强调最低注册资本额、法定公示制度等。股份有限公司是典型的资合公司。

人合兼资合公司，是指公司的设立和经营同时依赖于股东个人信用和公司资本规模，从而兼有两种公司的特点。在实践中，这种公司有其存在的必要。两合公司、股份两合公司和有限责任公司均属此类公司。

综上，我国公司法上的公司，有限责任公司属于以人合为主但兼具资合性质的公司，股份有限公司是典型的资合公司。但股份有限公司中的非上市公司仍具有一定的人合性质。

4. 以公司间的关系为标准分类

以公司相互之间的法律上的关系为标准，亦即以公司之间在财产上、人事上、责任承担上的相互关系为标准，可将公司划分为总公司与分公司、母公司与子公司。

总公司，又称本公司，是指依法设立并管辖公司全部组织的具有企业法人资格的总机构。总公司通常先于分公司而设立，在公司内部管辖系统中，处于领导、支配地位。

分公司，是指在业务、资金、人事等方面受本公司管辖而不具有法人资格的分支机构。分公司不具有法律上和经济上的独立地位，但其设立程序简单。我国《公司法》第14条规定，公司可以设立分公司。设立分公司应当向公司登记机关申请登记，领取营业执照。分公司不具有企业法人资格，其民事责任由总公司承担。但是，需要注意的是，分公司尽管不具有法人资格，不享有独立的财产权利，不能独立承担民事责任，但分公司能够以自己的名义从事法律行为，有相应的权利能力和行为能力。在民法的民事主体理论上，分公司可以归入非法人组织之中，非法人组织属于既不同于自然人又不同于法人的另外一类法律主体。

母公司，是指拥有其他公司一定数额的股份或根据协议能够控制、支配其他公司的人事、财务、业务等事项的公司。母公司最基本的特征，不在于是否持有子公司的股份，而在于是否参与子公司的业务经营。

子公司，是指一定数额的股份被另一公司控制或依照协议被另一公司实际控制、支配的公司。子公司具有独立法人资格，拥有自己所有的财产，自己的公司名称、章程和董事会，对外独立开展业务和承担责任。但涉及公司利益的重大决策或重大人事安排，仍要由母公司决定。我国《公司法》第14条第2款规定："公司可以设立子公司，子公司具有法人资格，依法独立承担民事责任。"

5. 以公司的国籍为标准分类

以公司的国籍为标准，亦即以公司在哪一国登记注册并取得主体资格、受该国法律管辖为标准，可将公司分为本国公司、外国公司和跨国公司。按照我国公司法的规定，允许外国公司在中国境内设立分支机构，从事生产经营活动，但外国公司属于外国法人，其在中国境内设立的分支机构不具有中国法人资格，该分支机构在中国境内进行经营活动而产生的民事责任，由其所属外国公司承担（《公司法》第196条）。

三 引例分析

(1) 丁有权请求人民法院撤销 A 公司将机器设备赠送给戊的行为。根据规定，因债务人无偿转让财产，对债权人造成损害的，债权人可以请求人民法院撤销债务人的行为。

(2) 丁无权请求人民法院撤销 A 公司将商业用房转让给己公司的行为。根据规定，债务人减少财产的处分行为中，以明显不合理的低价转让财产，对债权人造成损害，并且受让人知道该情形的，债权人可以请求人民法院撤销债务人的处分行为。本案例中，己公司属于不知情的善意第三人，因此该行为丁公司无权请求撤销。

(3) 丁有权代位行使甲对乙的债权。根据规定，债务人怠于行使其对第三人享有的到期债权，危及债权人债权实现时，债权人为保障自己的债权，可以自己的名义代位行使债务人对次债务人的债权。

(4) A 可以主张抵销。根据规定，当事人互负到期债务，债务标的物种类、品质相同的，任何一方均可主张抵销。标的物种类、品质不相同的，经双方协商一致，也可以抵销。

(5) A、庚之间的债权转让 4 月 10 日生效，丙接到债权转让通知后对丙产生效力。根据规定，债权人转让权利，不需要经债务人同意，但应当通知债务人。未经通知的，该转让对债务人不发生效力。

第二节 公司法概述

一 引例

2000年,北京甲股份有限公司(以下简称甲公司)与韩国乙有限责任公司(以下简称乙公司)协议在北京成立丙中韩合资公司(以下简称丙公司),双方约定,丙公司的注册资本为200万元人民币,其中中方出资100万元,韩方出资100万元,韩方出资中有50万元是知识产权出资。公司设立股东会为最高权力机关,董事会为执行机构,董事长与副董事长均由韩方出任,总经理由中方出任,中方认为该合资协议有与我国法律相抵触的地方,建议韩方修改,但韩方坚持采用此协议,双方产生纠纷,请问丙公司是否适用《中华人民共和国公司法》(以下简称《公司法》)?

二 基本理论

(一)公司法的含义和调整对象

公司法是调整公司设立、组织、活动和解散过程中所发生的社会关系的法律规范的总称。传统意义上,公司法的概念有广义、狭义之分。广义上的公司法,是指规定各种公司的设立、组织、活动、解散以及公司对内对外关系的法律规范的总称,包括涉及公司的所有法律、法规,如《公司法》、《公司登记管理条例》等。狭义上的公司法,专指以"公司法"命名的立法文件,在我国,即由立法机关颁布的《公司法》。公司法的调整对象,主要是指在公司设立、组织、运营或解散过程中所发生的社会关系。具体有:

1. 公司内部财产关系。如公司发起人之间、发起人与其他股东之间、股东相互之间、股东与公司之间在设立、变更、破产、解散和清算过程中所形成的带有经济内容的社会关系。

2. 公司外部财产关系。主要指公司从事与公司组织特征密切相关的营利性活动,与其他公司、企业或个人之间发生的财产关系,如发行公司债券或公司股票。

3. 公司内部组织管理与协作关系。主要指公司内部组织机构,如股东会或股东大会、董事会、监事会相互之间,公司同公司职员之间发生的管理或合同关系。

4. 公司外部组织管理关系。主要指公司在设立、变更、经营活动和解散过程中与有关国家经济管理机关之间形成的纵向经济管理关系。如公司的设立审批、登记，股份与公司债的发行审批、交易管理，公司财务会计的检查监督等。

（二）公司法的性质

1. 公司法是公法化的私法

公司法是商事法律的重要内容，而商法与民法一样归属于私法的范畴，故公司法属于私法，是关于私的权利和利益的法律。所以，公司法旨在维护股东的意思自治和权利自由，如股东设立何种类型公司、选择何种行业投资、聘请何人管理公司、股份如何转让等，都是建立在股东意思自治的基础上的。私法自治和权利保障的理念是公司法的最高理念。与此同时，在现代经济条件下，为确保社会交易安全和公众利益，带有公法色彩的强制性规定越来越多地渗透到公司法领域。如公司法中关于法定事项的公示主义、公司登记的要式主义、公司章程中的必要记载事项、公司的财务会计制度、公司名称的要求、股份转让的规则、董事和高级管理人员任职资格的要求、最低注册资本制度等规定，无不反映出国家公权对公司中股东私权的限制和干预。这表明，尽管公司法是私法，但是其中包含有较多的强行性规范，这些强行性规范是公司和公司股东必须遵守的。由此，使得公司法具有一定的公法色彩。

我国现行公司法充分体现了公司法的私法属性，体现了放松管制、尊重公司自治的立法精神。例如，现行公司法强调股东在决定公司重大事项中的地位，取消了对公司转投资的比例限制，将公司转投资的决定权交给了股东，由股东通过公司章程予以规定。再如，公司法突出了公司章程作为自治法在调整公司内部关系中的地位与作用，现行公司法在原公司法规定的基础上增加了很多处公司章程可以另行做出规定的规则，大大突出了公司章程的地位。类似的修改还有很多，如公司对外担保方面的放松，有限责任公司股东会的召开可以适用简易程序等。这些修改彰显了公司法的私法自治理念。

2. 公司法兼具程序法与实体法

我国公司法着重规定了有限责任公司和股份有限公司的权利、义务的实质内容和范围，这属于实体法规定。如关于公司内部组织机构的设置，法定代表人的产生，股东、董事、高级管理人员的权利、义务与责任，监事的权利、义务与责任等方面的规定，确定了公司中各方当事人在实施公司行为时的实体权利和义务。同时，公司法为确保这些实体权利的实现和义务的履行，还规定了取得、行使实体权利，履行实体义务必须遵守的法定程序，如股东会或股东大会的召开程序，董事会的议事规则等。由此可以说，公司法以实体法内容规定为主，程序法的内容为辅。

3. 公司法是组织法

一般而言，公司法首先是一种商事组织法，它通过对公司的法律地位、公司设立的条件和程序、公司意思机关和代表机关的确立、公司股东的权利和义务、公司合并、分立、解散的条件和程序等的规定，完善了公司的法人组织，使其具有了独立于公司股东的人格，以便自主地进行经营活动。与此同时，公司法也规定了与公司组织具有直接关系的公司行为，如公司设立行为、募集资本行为、股份转让行为、对外交易行为等。所以，公司法又具有行为法的特征，是组织法与行为法的结合。

三　引例分析

丙公司是中外合资企业，应当优先使用《中外合资经营企业法》，但其中没有具体规定的内容应当适用《公司法》，其依据是《公司法》第2条：本法所称公司是指依照本法在中国境内设立的有限责任公司和股份有限公司。其中合约中的出资内容也应适用《公司法》第27条和第83条的规定。

第二章 公司的设立

第一节 公司设立概述

一 引例

A、B、C 拟共同出资设立一有限责任公司，并共同拟定了公司章程草案。拟定的公司章程的内容如下：(1) 公司注册资本总额为 600 万元。各方出资数额、出资方式以及缴付出资的时间分别为：A 出资 180 万元，其中：货币出资 70 万元、计算机软件作价出资 110 万元，首次货币出资 20 万元，其余货币出资和计算机软件出资自公司成立之日起 1 年内缴足；B 出资 150 万元，其中：机器设备作价出资 100 万元、特许经营权出资 50 万元，自公司成立之日起 6 个月内一次缴足；C 以货币 270 万元出资，首次货币出资 90 万元，其余出资自公司成立之日起 2 年内缴付 100 万元，第 3 年缴付剩余的 80 万元。(2) A 指派公司的董事长，B 指派副董事长，经理由 C 提名并经董事会聘任，法定代表人定为经理。出资各方行使表决权的比例为：A 按照注册资本 30% 的比例行使表决权；B、C 分别按照注册资本 35% 的比例行使表决权。(3) 公司需要增加注册资本时，出资各方按照在股东会行使表决权的比例优先认缴出资；公司分配红利时，出资各方依照以下比例进行分配：A 享有红利 25% 的分配权；乙享有红利 40% 的分配权；C 享有红利 35% 的分配权。根据上述内容，分别回答下列问题：(1) 公司成立前出资人的首次出资总额是否符合公司法的有关规定？并说明理由。(2) 公司出资人的货币出资总额是否符合公司法的有关规定？并说明理由。(3) A 以计算机软件和乙以特许经营权出资的方式是否符合有关规定？并分别说明理由。(4) A、B、C 分期缴纳出资的时间是否符合公司法的有关规定？并分别说明理由。

二 基本理论

公司设立法律制度是一个跨越了私法和公法两大领域，融合了实体法和程序法，涉及多种法律关系和法律制度的有机体。一方面，对公司设立控制过严，会导致公司设立缺乏自由性和灵活性，不能适应瞬息万变的市场竞争的要求。因此，必须充分保障公司设立自由，以使经济活动充满活力和效率。另一方面，如果公司设立不受管制，其后果必然鱼目混珠，不仅公司与非公司无法区别，各种公司形式之间也无法区分，同时公司的滥设会导致"假公司"、"皮包公司"以及各种非法公司的出现，公司也可能成为欺诈和扰乱社会经济秩序的工具。所以公司设立规则必须对此加以防范，以必要的事前监督、约束和限制作为进入市场的防线，使不当公司设立的巨大社会负面效应在入口处得到一定程度的控制。

（一）公司设立概念与特征

在现代，"公司"通常被解释为以从事商行为或以营利为目的，依照公司法组建成立的社团法人。从该定义观察分析可知，公司具有合法性、营利性、独立性、集合性等法律特征。公司设立是指公司发起人为促成公司成立并取得法人资格，依照法律规定的条件和程序所必须采取和完成的一系列法律行为的总称。此一系列法律行为又概称为公司设立行为。公司设立具有如下特征[①]：

1. 公司设立行为中既包括法律行为，又包括公法行为。在公司设立过程中，发起人会向相关行政机关申请批准和申请公司设立登记，对此，台湾学者武忆舟将其表述为"处于受动的行政主体当事人之地位，该项申请属于受动的行政主体之公法行为"。比如公司登记、股份发行之批准、特种行业经营之批准等一类的行为。此种行为充分体现了国家强制性，是现代国家对公司设立进行监督和管理，对社会经济秩序进行调控的重要手段。

2. 与公司法中其他概念和制度一样，公司设立行为在满足实体要件的同时，还要满足更多的程序性要件。例如，公司设立须经过股东资格认定及人数审查、建立组织机构、评估作价、核实财产、申请设立登记等程

[①] 石少侠：《公司法》，吉林人民出版社1996年版，第52页。

序,最终以公司登记机关予以登记、核发公司营业执照的日期为公司成立的日期,标志着公司设立程序的完成。公司登记机关的核准,既是公司设立程序的结束,也是公司法人人格诞生的标志和开始。公司设立必须遵循以上法定程序。

3. 公司设立的方式分两种:一种为募集设立,另一种为发起设立。发起人认购公司全部注册资本而设立公司的即为发起设立。发起人只认购公司资本总额的一部分,其余则向社会公开募集而设立公司的为募集设立。我国公司法规定有限责任公司实行发起设立的方式。股份有限公司可实行募集设立,也可实行发起设立的方式。

(二) 公司设立原则

1. 公司自由设立主义

公司自由设立意指公司设立活动取决于设立人的意思自治,法律不予干预。我国台湾地区公司法学家认为公司自由设立是指公司之设立全任当事人之自由,法律不加干预,一经成立,即享有法律上之人格,无须经过任何手续之谓也。我国民法学家梁慧星先生认为法人的自由设立也称为放任主义,即国家对于公司法人的设立完全听凭当事人自由,不要具备任何形式,不加以任何干涉和限制。欧洲中世纪商事公司勃兴时期,此种主义曾一度盛行。但也有学者认为公司之设立不存在自由设立主义原则的时期。欧洲中世纪的自由设立主义原则适用于合伙组织,当时并不存在现代意义上的公司。并认为探讨公司的设立主义,应当从确立有限责任制度,具备真正意义上的公司开始。在公司立法史上第一次规定股东有限责任的公司法是英国1862年公司法,而1862年英国公司法确立的是公司设立的准则主义。

2. 公司特许设立主义

公司设立的特许主义是指公司的设立必须经立法的许可或君主的批准。公司的特许设立只存在于十七、十八世纪的英国、荷兰、法国等国家。如英国的东印度公司即属于依据英国君王的命令而成立的具有开展对印殖民地贸易特权的公司。但由于公司设立的特设主义程序复杂,公司设立的代价高,不符合商事活动要求的便捷、高效的要求,并且公司的设立有很浓厚的行政色彩并不符合公司作为私法人这种营利性社团的本质。此种设立主义因而很快为各国立法所摒弃。

3. 公司设立的核准主义

所谓公司设立的核准主义是指公司设立在符合法律规定的条件以外，还须经过有关主管行政机关的批准。公司设立的核准主义曾广泛存在于社会主义各国。由于行政机关有设立与否的批准权，限制了公司的设立。由此，行政机关在审批公司设立的过程中出现不少问题。一是批准与否随意性大；二是政府官员借机进行权钱交易，从而滋生腐败。因此，当代各国公司立法除对一些特定行业采取核准主义外已不再采用。

4. 公司设立的准则主义

公司设立的准则主义是指公司法事先规定公司设立所应当具备的条件，任何人只要符合法律规定的条件即可登记设立公司。对公司设立进行登记的机关对公司设立与否并不具有自由裁量权，凡符合法律规定的条件者皆应予以登记。现今世界大多数国家皆采用此原则。我国曾对公司设立采用核准主义，公司法出台后有所改进，对有限责任公司设立采用准则主义，而对股份有限公司则仍实行核准主义。此外对一些特定行业如金融、保险业的有限责任公司设立实行核准主义。

我国2005年《公司法》在公司的设立原则上，也由原公司法对有限责任公司实行严格准则主义、对股份有限公司实行核准设立主义的不同规定统一为不分公司形态，一律实行严格准则主义为主，核准主义为例外的设立原则。

（三）公司设立要件

公司设立的要件，也就是设立公司必须具备的条件，各国公司法大都对此做出明确的规定。尽管法律对不同类型的公司规定有不同的设立条件，但是无论何种公司，其设立均需具备发起人、公司资本、公司章程这三个基本要件。

1. 发起人。发起人是公司设立必不可少的要件，任何类型公司的设立都必须有组织者、创办者，也就是法律上所说的发起人。发起人，通常是指订立发起人协议，提出公司设立申请，向公司出资或认购公司股份，并对公司设立承担责任的人。我国公司法只把股份有限公司的创办者称为发起人，似乎发起人是专属于股份有限公司的特有称谓。实际上无论何种类型的公司都有发起人，有限责任公司也不例外。我国公司法在设立阶段就将有限责任公司的创办者称为股东，这是不合适的，在设立阶段公司尚未成立,发起人还没有取得股东的身份,只有公司成立后才能成为股东。

2. 公司资本。公司资本是公司设立必不可少之物的要件。在我国,公司资本通常是指公司章程确定的并由公司登记机关核准登记的资本额,也就是注册资本。在国外,由于不同国家有不同类型的资本制度,公司资本有发行资本、实缴资本、授权资本等各种不同的含义。但是,在任何国家公司资本都是公司资产的首要和重要的组成部分,是公司赖以存在的前提和物质基础。公司法对公司设立中资本的规定主要包括注册资本最低限额、出资缴纳原则、出资方式等方面。

3. 公司章程。公司章程是公司设立必不可少之行为要件。公司章程的含义有实质意义和形式意义之别。实质意义上的公司章程是指规范公司组织和活动的基本行为准则,它规定公司的经营范围、组织机构、活动原则等基本问题。形式意义的公司章程则是指记载公司组织和活动基本规则的书面文件。各国公司法都对公司章程的内容、形式、效力等做了具体的规定。

公司设立必须具备发起人、公司资本、公司章程三要件,那么法律应该如何对这三要件进行具体设定,又如何调整这三要件实现过程中产生的各种权利、义务与责任,才能实现发起人、公司、债权人、政府各主体之间利益的平衡,在设立自由与政府管制之间取得协调,促进设立效率,兼顾交易安全等,均是需要我们理性思考的问题。

三　引例分析

(1) 在本案例中,首次出资总额不符合规定。根据规定,有限责任公司全体股东的首次出资额不得低于注册资本的20%,也不得低于法定的注册资本最低限额。在本案例中,三个股东的首次出资额为110万元,未达到注册资本的20%。

(2) 货币出资总额符合规定。根据规定,全体股东的货币出资金额不得低于有限责任公司注册资本的30%。在本案例中,三个股东的货币出资额为340万元,超过了注册资本的30%。

(3) A以计算机软件出资符合规定。根据规定,股东可以用货币出资,也可以用实物、知识产权、土地使用权等可以用货币估价并可以依法转让的非货币财产作价出资。在本案例中,A以知识产权(计算机软件)出资符合规定。B以特许经营权出资不符合规定。根据规定,有限责任公司的股东不得以劳务、信用、自然人姓名、特许经营权或者设定担保的财产等作价出资。

（4）A、B 的出资期限符合规定，C 的出资期限不符合规定。根据规定，有限责任公司全体股东的首次出资额不得低于注册资本的 20%，也不得低于法定的注册资本最低限额，其余部分由股东自公司成立之日起两年内缴足。在本案例中，C 的出资期限超过了两年。

第二节　公司章程

一　引例

某注册资本为 541 万元的有限公司，设立人是 49 个自然人。2006 年 7 月，公司召开股东会，表决权 2/3 以上的多数通过了《关于修改〈公司章程〉的决议》之后，原告童某等 13 个股东向法院提起诉讼，提出判决该决议无效的诉讼请求。双方对章程有四项争议：（一）自然人股东死亡后，合法继承人继承部分股东权利和所有义务，继承人可以出席股东会议，但必须同意由股东会做出的各项有效决议；（二）股东按照出资比例分取红利，公司新增资本时，按照股东会决议可以优先认缴出资；（三）股东会议作出有关公司增加资本或者减少注册资本，分立、合立、解散或者变更公司形式及修改章程的决议必须经出席会议的股东所持表决权的 2/3 以上通过；（四）公司不设监事会，设监事一名，由公司工会主席担任。公司董事、总经理及财务负责人不得兼任监事。股东会决议还对被告公司原有章程的其他部分内容作了修改。原告认为修改后的公司章程中上述四条不符合法律规定，故向法院提起诉讼要求确认修改公司章程的决议无效。试分析公司章程与《公司法》强制性规范之间的关系？

二　基本理论

（一）公司章程的概念与特征

对公司章程概念的不同理解，是由学者对公司章程这一问题的观察角度以及所处立场的不同所引起的，这些理解虽然反映了公司章程的主要特点，但不能说对公司章程形成了比较完整的认识。考察了众多学者对公司章程的定义之后①，笔者认为：公司章程是由公司发起人或者股东依法制定并且经全体股东一致或多数同意，对公司名称、宗旨、经营范围、组织机构、出资方式、权利义务分配等重大事项进行记载的公司必备法律文件，其实质上是公司、股东、董事、监事以及公司的高级管理人员在公司组织和运作中必须遵守的基本行为准则，在形式上则表现为记载公司基本事项的书面法律文件。公司章程具有如下特征。

1. 公司章程具有法定性

公司章程是由公司法律规范强制性规定的公司必备文件，即公司章程的制定、内容、效力和变更等均由法律明确规定。无论英美法系国家还是大陆法系国家，各国的公司立法，均无一例外地要求公司必须具备相应的公司章程。公司章程的法定性主要表现在以下几方面：

（1）公司章程制定的法定性。公司章程是公司设立的要件之一。在立法上，主要有两种表述方式：一是在公司法中明确章程为公司设立的必要要件。另外一种则是将章程内容散见于有关条文中，通过散见的条文体现这样一种立法精神——公司章程是不容忽视的。

（2）公司章程内容的法定性。无论是大陆法系还是英美法系，尽管体制存在很大不同，但各国公司法均规定若干绝对必要记载事项，将有关公司的重大事项以立法形式固定下来进行强制性规范，人们必须按照所列举的事项记载，并不得遗漏。

（3）公司章程修改的法定性。为了维护中小股东、社会公众投资者的利益和社会公共利益，公司章程制定和修改的程序都必须纳入法律规制的范围，即章程必然反映国家干预，体现法律对公司内外关系的强制性要求，法律对公司章程的规制包括在公司章程的制定和修改上都必须遵循严格的程序。

2. 公司章程具有自治性

作为公司的行为规范，公司章程对特定公司的权利能力和行为能力均有重要影响。公司章程的自治性表现为公司不同章程亦有所不同。公司章程作为公司的一种行为规范，不是由国家而是由公司依法自行制定的。公司法只能就公司的普遍问题对公司行为做出规定，不可能顾及每个公司的

---

① 施天涛：《公司法》，法律出版社2006年版，第117页。

特殊性。而每个公司都可以在公司法所允许的范围内，针对公司的成立目的、所处行业、股东构成、资本规模、股权结构等不同特点，制定出反映自己公司个性、适合自己公司情况的行为规范。这样，不同公司的章程就会存在差异。章程是公司设立人和股东意思自治的集中体现，因此章程的自治性特征就强调了公司章程的对内效力，即对公司、股东和董事、监事、高级管理人员均具有约束力。违反公司章程，当然应当承担相应的责任，甚至是法律责任。当然，公司章程的自治是以不违反法律、行政法规为前提的。公司章程必须依照公司法制定，是公司登记必须报送的法律文件之一，所以说，公司章程的自治性又是相对的。

3. 公司章程具有公开性

公司章程是公司对外公示的法律文件之一。章程是公司法上公开原则的具体体现。由于公司章程规定了公司的性质与目的、组织原则与机构、活动方式等基本问题，是公司得以正常运作、公众得以了解公司的基本依据，因此公司章程不是秘密文件，其记载的所有内容都是可以为公众所知悉的。公开性指公司章程不仅要对股东、董事、高级管理人员及员工等内部相关者公开，还要向包括债权人、公众等在内的社会公开。

(二) 公司章程性质

目前学术界对于公司章程性质的学说主要有四种，分别为契约说、自治说、宪章说、折衷说①。

1. 契约说

契约说认为公司章程是股东就权利义务协商一致而签订的法律文件，是股东意思表示一致的结果。在我国公司法中，公司章程的契约性质在一些条款中也有所体现。从订立主体上看，公司章程是由众多的股东或发起人制定的。从公司章程的效果上来看，将公司章程视为一份契约无疑更能理解公司与股东、股东与股东之间的权利和义务关系，从而为公司处理内部问题提供了理论基础。但是契约说也存在自身无法克服的局限，首先，契约说无法解决公司章程合议性与一人公司章程欠缺合议事实的矛盾；其次，契约说无法解决公司章程的外部性和涉他性的问题；再次，契约说的弊端还在于它仅仅在缔约当事人之间有效，按照英美法的观点，公司董

---

① 赵旭东：《新公司法讲义》，人民法院出版社2005年版，第176页。

事、经理不受章程约束,但是在现实生活中并非如此。

2. 自治说

自治说从公司的社团性质出发,认为公司章程是股东或发起人为实现共同目的而依据国家赋予的"公司自治立法权"制定的,用于自律的规范性文件。公司章程不仅约束制定章程的公司设立者或者发起人,对公司机关和后来的投资者也有约束力,在某些情况下对公司相对人也产生一定的约束力。但该说忽视了公司章程的强制性规范条款的存在,从而将公司自治规范看做纯粹任意性条款之记载,有违法理和各国现行法之规定。

3. 宪章说

宪章说从市场的不完善性出发,主张增加国家意志的干预,将公司章程视为公司的根本大法,一则强调了公司章程在地位、修改难易方面如同一国宪法;二则对章程更多地加以强制性规定,将股东制定和修改公司章程的权利限制在较小的范围内。宪章说仍未脱离自治法说的范畴,只是更多地加入了国家意志的因素。宪章说受到了宪政理论的影响,突出了公司章程的地位和作用,但宪章说对公司章程性质的解读有些牵强,对公司章程自治与国家强制之间的关系的分析不深入,说服力不强,存在着把公司章程绝对化、神圣化的倾向。

4. 折衷说

折衷说认为公司章程的性质不是单一的,而是具有多种性质的综合。折衷说综合了以上学说的观点,认为公司章程本质为自治规则,但是兼具契约性质。

本书认为,任何复杂事物的性质都不可能是单一的或者纯粹的,在法律领域更是如此,公司章程的性质也不例外。公司章程的性质具有二重性,既表现为公司内部自治规则的自治性质,又表现为当事人之间契约的合同性质。

(三) 公司章程记载事项

各国公司法对公司章程的内容都有明确的规定,这些规定主要体现在公司的记载事项上。公司章程的记载事项根据是否由法律明确规定,分为必要记载事项和任意记载事项。法律明文规定必须载明或选择列举的事项,为必要记载事项。法律未予明确规定,由章程制订人任意选择记载的事项,为任意记载事项。按照法定的必要记载事项对公司章程效力的影响，还可将必要记载事项分为绝对必要记载事项和相对必要记载事项。公司章程上述记载事项的内容在不同的国家、不同的公司中会有某些差异，但不外乎是以下三个方面：公司股东成员的权利与责任；公司的组织规则；公司的权力与行为规则。

1. 绝对必要记载事项

绝对必要记载事项是每个公司章程必须记载、不可缺少的法定事项，缺少其中任何一项或任何一项记载不合法，整个章程即归无效。这些事项一般都是涉及公司根本性质的重大事项，其中有些事项是各种公司都必然具有的共同性问题。各国公司法对章程的绝对必要记载事项都做了明确规定，这些事项通常包括公司的名称、住所、宗旨、注册资本、财产责任等。依据我国公司法规定，有限责任公司的章程必须载明下列事项：公司名称和住所；公司经营范围；公司注册资本；股东的姓名或名称；股东的权利和义务；股东的出资方式和出资额、股东转让出资的条件；公司的机构及其产生办法、职权、议事规则；公司的法定代表人；公司的解散事由与清算办法；股东会认为需要记载的其他事项。股份有限公司的章程必须载明的事项包括：公司名称和住所；公司经营范围；公司设立方式；公司股份总数、每股金额和注册资本；发起人的姓名、名称和认购的股份数；股东的权利和义务；董事会的组成、职权、任期和议事规则；公司法定代表人；监事会的组成、职权、任期和议事规则；公司利润分配办法；公司的解散事由与清算办法。

2. 相对必要记载事项

相对记载事项是法律列举规定的一些事项，由章程制订人自行决定是否予以记载。如果予以记载，则该事项将发生法律效力；如果记载违法，则仅该事项无效；如不予记载，也不影响整个章程的效力。确认相对必要记载的事项，目的在于使相关条款在公司与发起人、公司与认股人、公司与其他第三人之间发生约束力。有的国家的法律列举了章程相对必要的记载事项，这些事项一般包括发起人所得的特别利益、设立费用及发起人的报酬、有关非货币资产的出资、公司的期限、分公司的设立等。

3. 任意记载事项

任意记载事项是指法律未予明确规定是否记载于章程，由章程制订人根据本公司实际情况任意选择记载的事项。公司章程任意记载的事项，只要不违反法律规定、公共秩序和善良风俗，章程制订人就可根据实际需要而载入公司章程。任意记载事项如不予记载，不影响整个章程的效力；如予以记载，则该事项将发生法律效力，公司及其股东必须遵照执行，不能任意变更；如予变更，也必须遵循修改章程的特别程序。从我国《公司法》第22条第11项和第79条第13项来看，股东会或股东大会认为需要规定的其他事项应当属于任意记载事项。

三 引例分析

在公司法中引入强制性规范可以对当事人的自治行为设定底线，防止股东名义上是意思自治、契约自由，实际上却为损害他人利益的行为。股东的行为一旦超出法律规定的底线，就应当承担相应的法律责任，这完全符合法律强制性规范的特征。从立法宗旨上看，在《公司法》中设置强制性规范，其目的就是为了规范公司人员行为、保障股东利益，若没有国家强制力作为后盾，这些法条就会沦为"指导性意见"，仅能体现法律的指引性特征，对当事人没有法律上的强制约束力，其立法初衷就无法实现。

第三节 公司的名称与住所

一 引例

甲公司是一家在某市东区登记注册的企业法人，工商部门登记注册的住所地位于东区。王某因合同纠纷将甲公司诉至东区人民法院，后甲公司向东区人民法院提出管辖异议，与此同时向东区法院提交了一份在该市西区的房屋租赁合同，认为公司实际经营地已搬迁至该市西区。甲公司认为根据相关司法解释之规定，当实际经营地和注册地不一致时，应当以实际经营地来确定管辖法院，本案例应由西区法院管辖。请问甲公司的住所地在哪一区？

二 基本理论

（一）公司的名称

1. 公司名称的特征

公司的名称使公司特定化，以区别于其他公司或企业。公司名称作为

公司人格特定化的标志,能够将此公司与彼公司区别开来,便于公司对外从事交往。公司的名称具有以下特点:

(1) 唯一性,即公司只能使用一个名称。根据《企业名称登记管理规定》,企业只准使用一个名称,确有特殊需要的,经省级以上登记主管机关核准,企业可以在规定的范围内使用一个从属名称。

(2) 特定性。设立有限责任公司,必须在公司名称中,标明有限责任公司字样。设立股份有限公司,必须在公司名称中标明股份有限公司字样。未经公司登记机关核准登记的,不得以公司名义从事经营活动。

(3) 排他性。公司名称依法经过登记后,在一定范围内只有该公司能够使用该名称。根据《企业名称登记管理规定》的有关规定,在同一登记机关辖区内,同行业的企业不能有相同或者类似的名称。

2. 公司名称权

公司的名称是公司特定化的重要标志,因此,有了公司的名称,也就有了与之相联系的公司名称权。所谓公司的名称权,是指公司对其依法取得的名称享有独占和排他的权利。公司的名称权具有下列特征。

(1) 主体的特定性。我国民法通则将姓名权与名称权区别开了。前者由自然人享有,按照我国的习惯,自然人的姓名是由姓和名两部分构成的;后者由自然人之外的组织享有,这些组织无所谓姓和名问题,只有名称。因此,公司的名称权在称谓上不同于自然人的姓名权。其次,根据民法通则的规定,能够享有名称权的不只是法人,个人合伙和个体工商户,这些非法人组织也享有名称权,名称权并不专属于法人,只不过法人的名称权是具有法人人格的组织所享有的名称权,机关、事业单位法人和社会团体法人也享有名称权,企业法人的名称权与其他法人的名称权是有区别的,只有企业法人的名称权才具有经济意义和市场价格,才存在转让问题。

(2) 取得程序和条件的法定性。公司名称的取得必须履行法定的程序和遵守法定的条件,如须经预先核准、符合法律对公司名称规定的积极要件和消极要件、在完成登记后才正式取得名称权。

(3) 独占性和排他性。公司的名称权专属于特定的公司享有,未经合法方式取得,其他个人或组织不得擅自使用,法律禁止公司名称权的干涉、滥用和冒用。

(4) 市场性。公司的名称权具有市场价值和价格，可以依法转让。包括公司在内的企业法人的名称权是一种人格权，因为它是企业法人取得和维护法人人格的必要条件，是表明企业的主体性并且是企业不可或缺的权利。至于企业法人名称权具有市场价值和可转让性，正是其企业法人营利性的必然产物及其反映，构成了它的特色并与自然人的姓名权区别开来，不能以其特殊性而否定其人格权属性。在此，名称权作为一种权利在性质上属于人格权，其市场价值和可转让性则是人格权的组成部分。

(二) 公司的住所

公司住所就是公司主要办事机构所在地。公司主要办事机构一般是指公司董事会等重要机构，因为董事会是公司的经营管理决策机构，对外是代表公司的。公司可以建立多处生产、营业场所，但是经公司登记机关登记的公司住所只能有一个，并且这个公司住所应当是在为其登记的公司登记机关的辖区内。住所是公司章程的必备条款之一，是公司注册登记的事项之一，一个公司只能有一个住所。

1. 确立公司住所的法律意义

(1) 公司住所是诉讼管辖的依据。确定案件管辖法院是解决民事纠纷的第一步，《民事诉讼法》第20条规定，对法人或其他组织提起的民事诉讼，由被告所在地人民法院管辖。同时规定，因合同纠纷、票据纠纷或者侵权纠纷等提起的民事诉讼，可以由被告所在地人民法院管辖。因此，确定公司住所地，对于解决纠纷，维护社会经济秩序，保障当事人的合法权益有重要意义。

(2) 公司住所是法律文书收受的处所。《民事诉讼法》规定，诉讼文书应直接交给受送达人，直接送达诉讼文书有困难的，可委托其他人民法院代为送达或者邮寄送达。受送达人拒绝接受诉讼文书的，可以留置送达。无论是直接送达、委托送达、邮寄送达、留置送达，对公司而言，均以其住所地为诉讼文书收受的处所。因此确立了公司住所地，法院就可以及时地、迅速地送达各种诉讼文书，为公司或其他当事人维护自己的合法权益提供保障。

(3) 公司住所可以确定登记、税收等管理机关。根据《公司登记管理条例》关于登记管辖的规定，除依法应由工商行政管理局或省自治区直辖市工商行政管理局核准注册的公司之外，其他公司由所在市县工商行政管理局核准登记。因此,确定了公司的住所地,也就确定了该公司的登记管理机关。公司在进行纳税申报时,也应向公司住所地的税务机关申报缴纳。

(4) 公司住所可以确定债权债务的接受地和履行地;《中华人民共和国民法通则》第 88 条和《合同法》规定,对履行地点不明确的债务,给付货币的,在接受货币一方所在地履行,其他标的在履行义务一方的所在地履行。这里的所在地,对公司而言即为住所。

(5) 在涉外民事法律关系中,公司住所是确认准据法的依据之一。除上述之外,在涉外民事诉讼中,当按照属人法原则适用当事人本国法律时,一般按公司的住所确定适用何国法律。

2. 公司住所的确定标准

公司住所的确定存在不同标准,各国大体上有三种确定标准:(1) 管理中心主义;(2) 营业中心主义;(3) 由公司章程确定。依据本条规定,我国对于公司住所的确定实质上采取管理中心主义。所谓"主要办事机构所在地",是指决定和处理公司实务的机构所在地,是管辖全部公司组织的中枢机构。确定是否为公司主要办事机构所在地,一般依据公司登记,公司登记的住所即为主要办事机构所在地。

三 引例分析

我国对于公司住所的确定实质上采取管理中心主义。管理中心是指决定和处理公司实务的机构所在地,是管辖全部公司组织的中枢机构,由此可知西区是甲公司的住所地,东区法院应裁定将该案移送至西区法院。

第三章 公司的人格与能力

第一节 公司人格理论

一 引例

陈某与王某原系夫妻关系。2003年，陈某登记设立了信息服务部，经营范围为："消费品、生产资料经纪（国家有专项规定的除外）、房产经纪服务；国内劳务信息咨询、代理。"2004年12月8日，陈某以信息服务部的名义向原告吴某收取25800元，承诺将吴某送往全国各地的船务公司打工。但此后，陈某未能及时按照承诺履行义务，信息服务部也因歇业于2005年3月24日被工商部门注销。2004年12月14日，陈某与王某共同投资设立了船员服务公司，其经营范围为："船员教育培训、船员管理、国内劳务服务、为船员代办证件；商品信息咨询、婚姻介绍（国家有专项规定的从其规定）。"在工商登记中，陈某投资4万元，王某投资6万元。然而，在船员服务公司成立时，陈某与王某没有向工商部门表明两人之间的夫妻关系身份，也未按照国家有关规定向工商部门提交夫妻财产分割的证明，王某也没有实际出资，全部注册资金由陈某筹措。在船员服务公司成立后，陈某使用该公司注册资金偿还了信息服务部的债务。吴某在未能及时获得工作的情况下便多次找陈某。2005年1月10日，陈某以船员服务公司的名义与吴某签订协议，该协议的主要内容如下：2004年由陈某安排去山东某海事局学习培训，商业货船船员至今未能将学习费用交齐；经双方协商同意，至2005年1月12日上午12点之前，由陈某将所欠费用向山东中介方葛某交齐费用；否则吴某有权终止协议；陈某退回所交一切费用。该协议由陈某和吴某签名，船员服务公司也在协议上加盖了印章。但是，协议签订后，陈某和船员服务公司仍未能按约安排吴某培训。吴某于 2005 年 5 月 27 日以陈某及船员服务公司为被告向人民法院提起诉讼。陈某于 2005 年 6 月 1 日与王某一起在海安县民政局办理了协议离婚手续。此后，根据吴某申请，法院依法追加王某为被告参加诉讼。

海安县法院经审理后认为，信息服务部由被告陈某开办，在歇业后债权债务应当由开办者陈某负责享有和清偿。被告船员服务公司和陈某就收取的吴某中介费用的返还等事宜共同与吴某签订协议，负有按约履行的义务。因陈某和船员服务公司未能按约履行义务，应当承担返还劳务中介费用的责任。被告陈某与王某在设立船员服务公司时，隐瞒夫妻身份，以夫妻共同财产出资，又未向工商部门提交分割财产的证明，该公司不具有严格意义上的有限责任公司的性质，不具有法人人格，其对债权人所负的债务应由投资者共同偿还。

据此，法院依照《中华人民共和国合同法》的有关规定，参照国家工商行政管理局《公司登记管理若干问题的规定》，在一审中运用公司人格否认制度否定被告船员服务公司的人格，同时判决由公司股东即被告陈某、王某向原告吴某连带偿还劳务中介费 25800 元。

二 基本理论

（一）公司人格独立

公司是法人或者企业法人，这是基本的法学命题。公司作为法人或者企业法人，享有法律赋予的独立法人人格。公司法人人格是团体人格，不同于自然人的人格。法国的米休（Michoud）认为：法人是一种区别于其成员个体意思和利益的组织体，法人意志的实现是为了法人自身的利益，法人具有自己的组织，这个组织体要依据个人的意志但又绝对不同于个人意志的团体的意志。法人的意志非自然意思，而是依法组织所形成的意思，属于法的创造物。既然公司与其成员在人格上完全分离是不容置疑的，于是天才的人们就充分利用法律上的技术将其生动地分开，这种精妙的假造带来了巨大的社会进步。有学者指出，"公司具有独立法人人格（legal personality）的基本意义就在于使公司成为一个独立的实体，并与其成员的独立人格区分开来（another legal entity from its members），尽管这种独立人格仅限于公司实施合法行为的场合。"

公司独立人格标志为何？按照我国现行法定义，法人是具有民事权利能力和民事行为能力，依法独立享有民事权利、承担民事义务的组织。公司是法人毋庸置疑，因此公司具有法律所赋予的民事权利能力和民事行为能力，是公司独立人格的核心。按照法人本质的学说，也可得出相同结论；法人本质的三种学说，即拟制说、否认说和实在说，除否认说已遭多数学者和立法者否定外，拟制说和实在说均有一定的合理性。其二者的共同特点是承认法人的民事主体地位，享有民事权利能力。从一定意义上讲，民事权利能力就是法律人格的同义语，所以法人具有法律上的人格，恰是由于法律所赋予其与自然人人格主体并行的权利能力。而公司的独立责任或股东的有限责任仅是公司作为法人享有独立人格的表现之一。综上，公司由于法律所赋予的法人权利能力和行为能力，使自身具有并行于自然人人格的独立的法人人格，这种法人人格以其拥有独立的法人财产、建立较完善的组织机构和独立承担民事责任为体现。

1. 公司财产独立。即指公司财产与股东财产相互区别、相互独立。股东为设立公司须以自己财产对公司进行出资，从而股东丧失其出资财产的所有权，进而取得股权。公司则取得股东出资财产的所有权，拥有自己独立财产。至此，公司财产与股东财产界限明确，相互独立。

2. 公司组织机构独立。法人的组织机构是其行使法人权利、实施法人行为的机关及其组成人员，好比人的大脑与躯体。较为完善、健全的组织机构是相对于合伙企业、个人独资企业或其他非公司制法人企业而言的，是公司发展几百年以来不断完善、修正的结果，也是公司法学者努力建设的结果。在现代市场经济条件下，公司制尤其被看做最佳的企业体制，而广泛适用于生产、服务等各领域，也被我国视为改革国有企业，建立现代企业制度的最佳选择。

3. 公司责任独立。即指公司的责任独立于股东的个人责任，这也是公司其区别于个人独资企业、合伙企业等非法人企业的标志之一。新公司法第3条规定，"公司以其全部财产对公司的债务承担责任。有限责任公司的股东以其认缴的出资额为限对公司承担责任；股份有限公司的股东以其认购的股份为限对公司承担责任"。

公司人格独立是股权转让得以实现的前提条件。当公司基于股东出资依法设立之时，公司与股东之间即实现了人格的分离。股权的转让及成员的更换不但不会损及公司独立人格，相反，公司会以更加独立的身份从事活动，使公司朝着人格更加独立和更为健全的方向发展，因此，股权转让在公司法中得到明显的体现，如股东之间可以自由转让股权；当向非股东转让出资时，不同意转让的股东应当自己购买，否则视为同意转让。

(二) 公司人格否认理论

1. 公司人格否认内涵

公司人格否认（disregard of corporation personality），又称"刺破法人面纱"（piercing the corporation's veil）或"揭开法人面纱"（lifting the veil of the corporation），指为阻却公司独立人格的滥用和保护债权人利益及社会公共利益，就具体法律关系中的特定事实，否认给其背后的股东各自独立的人格和股东的有限责任，责令公司的股东对公司债权人或公共利益直接负责，以实现公平、正义目标之要求而设置的一种法律措施或制度①。

公司人格否认制度产生于公司法人人格的异化和股东有限责任的滥用，其实质是对股东有限责任原则的一种排除，即通过对那些滥用公司团体人格独立性和股东有限责任的股东责任的直接追索，以阻却公司人格的滥用和保护债权人及社会公共利益，实现法律公平、正义目标之要求。该项制度最早出现在英美国家的判例法中，主要是针对公司股东滥用公司独立人格和股东有限责任行为的一种事后规制手段，后为大陆法系国家在司法实践中广为采用。迄今为止，公司人格否认还主要是作为一种法理适用于司法实践之中，但也有部分大陆法系国家通过制定法的形式追究公司股东滥用公司独立人格和股东有限责任之责任。公司人格否认可以说已发展为英美法系和大陆法系共同认可的维系公司法人人格制度的一项原则。我国 2006 年《公司法》对公司人格否认制度予以确认，主要表现在该法第 20 条第 1 款和第 3 款的规定。《公司法》第 20 条第 1 款规定："公司股东应当遵守法律、行政法规和公司章程，依法行使股东权利，不得滥用股东权利损害公司或者其他股东利益；不得滥用公司法人独立地位和股东有限责任损害公司债权人的利益。"第 20 条第 3 款规定："公司股东滥用公司法人独立地位和股东有限责任，逃避债务，严重损害公司债权人利益的，应当对公司债务承担连带责任。"

股权作为一种独立的民事权利，具有异于物权、债权等财产权之独特

---

① 施天涛：《公司法论》（第二版），法律出版社 2006 年版，第 29 页。

属性，决定了对于股权转让的制度设计，立法者不但要保护股权转让双方主体利益，还要兼顾公司和公司债权人合法权益的保障，考虑到股权转让对公司，尤其是对公司债权人利益的影响。如果股权转让对公司或债权人利益影响较大，且立法又无专门制度对此予以解决，则股权转让就不具备厚实的理论基础。公司独立人格理论和公司法人人格否认制度恰恰对股权转让提供了必要的理论支撑。其中，公司法人人格否认制度为股东恶意转让股权从而规避公司债务之行为提供了解决路径。

2. 公司人格否认构成要件

（1）公司法人已取得独立人格。这是否认公司人格之前提。若一公司尚未登记成立即未为法律授予其人格，断无否认之可能性。至于公司人格之取得，是否具有合法性，不作要求。

（2）股东实施了不正当使用或滥用了公司人格之行为。这种行为是指使法人之独立性特征丧失之行为。如甲、乙母子公司，甲作为母公司对乙进行职能控制，使乙公司完全成为其代理人或传声筒。再如，某实质性一人公司，其股东个人财产与公司财产发生混同，难辨彼此。

（3）上述行为造成了债权人利益或社会公共利益之损害。因为此项制度其目的在于维护债权人的利益和社会公共利益，而不在于制裁股东。

（4）滥用公司人格行为与债权人或公共利益损害间具有因果关系。如果受害人不能证明滥用公司人格行为与其损害间存在因果关系则不能胜诉。

（5）人格否认制度仅在公司财产不足以清偿债务时方得适用。因为，公司具有足够资产情况下，债权人因其利益已能获得保障，故无必要要求股东承担责任。

三 引例分析

本案例争议的焦点主要有两个方面：一是夫妻公司是否具有法人人格，对其在经营过程中所负债务如何确定责任主体；二是对夫妻在协议离婚时就财产分割所达成的协议的效力如何进行确认。

所谓夫妻公司，是指仅由夫妻二人作为股东所设立的有限责任公司。关于夫妻公司，我国公司法并未明确禁止。1998年1月，国家工商行政管理局发布的《公司登记管理若干问题的规定》第23条规定："家庭成员共同出资设立有限责任公司，必须以各自拥有的财产作为注册资本，并各自承担相应的责任，登记时需要提交财产分割的书面证明或者协议。"在审判实践中，人民法院一般会依据该条规定以当事人在进行公司登记时未提供财产分割证明而否认公司的人格，从而来保护债权人的合法权益。所谓公司人格否认，是指当公司背后的具有实际支配权的股东违背诚实信用原则和公平正义的法律精神滥用公司的独立人格，损害了公司债权人和社会公共利益时，法院将抛开公司的独立人格，将公司的行为视为隐藏在公司背后的实际支配公司的股东的行为，使其承担相应的法律责任。设立公司人格否认制度，它仍然是将维护公司的独立人格作为一般原则，鼓励投资者在确保他们对公司债务不承担个人风险的前提下大胆地对公司投入一定的资金，同时又禁止股东利用公司从事不适当的活动，牟取非法利益，将公司人格否认作为公司人格独立必要而有益的补充，使二者在深沉的张力中，形成和谐的功能互补。本案例中，被告陈某与王某开办的船员服务公司取得了法人资格，但因陈某与王某系夫妻关系，且在公司开办时王某并未实际出资，公司的经营决策集中于陈某一人身上，且陈某与王某在公司登记时并未提交财产分割证明，难以区分陈某的家庭财产与公司财产，从而形成了财产混同，使公司的独立性丧失，这与陈某及王某的主观过错是密切相关的。因此，本案例法院在做出判决时否认船员服务公司的法人资格是有法律依据的。在船员服务公司的法人资格被否认后，该公司对外所负的债务就应当由公司的股东承担无限连带责任。

  本案例中，被告陈某在收到法院的法律文书后与王某一起到民政部门办理了离婚手续。对于离婚之法律效力，因其系当事人的意思表示，该行为已经由婚姻管理机关通过发放离婚证而给予确认，应受法律保护，人民法院不可以对当事人的离婚行为进行司法审查。但是，当事人在离婚时，就夫妻财产分割及债务分担所达成的协议，却因涉及第三人的利益有可能规避法律，该协议只能在当事人双方之间产生约束力，而无对抗第三人之效力。最高法院颁布的关于《婚姻法》的司法解释二第25条规定："当事人的离婚协议或者人民法院的判决书、裁定书、调解书已经对夫妻财产分割问题作出处理的，债权人仍有权就夫妻共同债务向男女双方主张权利。一方就共同债务承担连带清偿责任后，基于离婚协议或者人民法院的法律文书向另一方主张追偿的，人民法院应当支持。"因此，本案例中，原告吴某申请追加王某为被告参加诉讼并要求其承担责任也是有法律依据的。

第二节 公司的能力

一 引例

A省盐业（集团）甲县盐业有限责任公司，注册资本为51.18万元，主要经营批发零售食用盐、工业盐。A省盐业（集团）甲县盐业有限责任公司自2004年8月起，从乙县盐化公司、丙盐化公司、丁盐化公司购进净含量为50千克（外包装标着）的散装精碘盐后，在其仓库内雇用本公司家属，利用多功能薄膜封口机、装盐套板、操作台面板、天平秤等工具将散装盐分装成500克小袋，然后将分装好的小袋精碘盐批发给甲县境内的经营户进行销售。当事人加工分装碘盐的行为，已超出工商行政管理机关为其核准登记的经营范围。

二 基本理论

（一）公司权利能力

1. 公司权利能力内涵界定

公司权利能力，是指公司作为独立的法律主体享有权利承担义务的资格。它表明两层含义：一是公司权利能力是由法律赋予的，而不完全依赖公司发起人或者股东的意志；二是公司是公司权利能力的享有者，公司权利能力与发起人或股东权利能力相区别。因此，公司权利能力意味着公司可以独立于其发起人或股东，依法直接享有权利和承担义务。

2. 公司权利能力的限制

公司的权利能力与自然人的权利能力有重大差异，但与法人的权利能力在本质上相同。但是，公司法人与非企业法人及其他企业法人相比而言，公司的权利能力在公司法的层面上，又具有某些特殊性，其权利能力要受到许多限制。主要表现在以下几个方面[①]：

（1）性质上的限制

①作为法人，公司权利能力区别于自然人的权利能力，所以基于自然

---

① 赵中孚：《商法总论》，中国人民大学出版社1999年版，第226页。

人的性别，年龄，生命，身体，健康，婚姻和亲属关系所产生的权利能力，公司当然不会享有。因此，公司权利能力不包括如生命权，健康权，婚姻自主权，亲属权等。

②作为企业法人，公司权利能力有别于非企业法人，如国家机关法人，社会团体法人和事业单位法人等。公司作为企业法人，是以从事商品生产和经营为其宗旨的，而上述非企业法人则以管理社会公共事务及公益事业为宗旨。虽然我们不排斥公司参加某些具有社会公益性质的活动，并允许公司享有相应的权利，但是基于二者设立宗旨的区别，公司权利能力中显然不包括非企业法人所拥有的权利。

③作为一种特殊的企业法人，公司权利能力又应有别于非公司企业法人，能够独立地承担民事责任，这是公司法人的本质特征，也是有别于合伙企业的主要特征。众所周知，具有营利性和社团性的企业不仅指公司，合伙企业也具有营利性和联企性，但合伙企业不是法人，这是因为合伙企业没有完全独立的财产；合伙中的合伙人对合伙企业的债务负连带无限责任，而公司法人，股东仅以出资额为限对公司债务承担责任。公司以自身全部财产对外承担责任。当然适用"公司人格否认原则"或"直索责任制度"，揭开公司面纱，由股东对公司的债务直接承担，是股东有限责任的例外和补充。

④一人公司的公司权利的限制。新《公司法》对一人有限责任公司做了规定，这是公司法修订中的亮点之一。新《公司法》第59条第2款规定，一个自然人只能设立一个一人有限责任公司，该一人有限责任公司不能投资设立新的一人有限公司。该法第64条规定，一人有限责任公司的股东不能证明公司财产独立于股东自己财产的，应当对公司债务承担连带责任。上述规定，也是对一人有限公司权利能力的限制性规定。

（2）法律上的限制

公司在法律规定范围内享有权利能力的同时，也受到多方面的限制。既有公司法的限制，也有其他法律的限制。如：反垄断法，证券法，银行法等。现以公司法为例，略加阐述。

①对公司投资行为的限制

公司的转投资行为，在一定意义上是公司从事经营活动的一种具体方式，但其也存在风险，转投资行为的风险分为两种：一是公司投资后承担有限责任；二是投资后承担无限责任。为了避免公司转投资行为给股东带来损失，国内外公司法往往明确禁止公司充当其他组织中的无限责任股东或合伙人。我国原《公司法》第12条规定："公司可以向其他有限责任公司，股份有限公司投资，并以该出资额为限，对所投资的公司承担责任。"这是对公司投资于其他的授权性规范。同时原《公司法》对公司转投资额加以限制。该法第12条进一步规定："公司向其他有限责任公司，股份有限公司投资，除国务院规定的投资公司和控股公司外，所累计投资额不得超出本公司净资产的百分之五十。在投资后，接受被投资公司以利润转增的资本，其增加额不包括在内。"上述规定，没有明确规定公司转投资时，不得充当无限责任股东或合伙人的限制。修订后的《公司法》第15条规定："公司可以向其他企业投资，但是，除法律另有规定外，不得成为对所投资企业的债务承担连带责任的出资人。"该条明确规定，公司转投资时只能对公司投资后的企业承担有限责任。这是新《公司法》进一步加强了对投资人，股东财产交易安全的保护。同时，新法也取消了对转投资额度的限制。投资项目及投资额均由公司章程规定。

②公司担保范围的限制

担保是由担保人依照约定，向债权人承担的财产担保责任，其核心是担保人以自己的财产为他人进行责任担保或承担风险。国外公司均严格限制公司向他人提供担保。限制担保的理由有：一是切实保护股东利益，避免公司财产因提供担保而招致被查封拍卖，向他人提供担保有可能使公司受到重大不利，并损害股东的利益。这种损害风险往往是公司无法预料和防范的，无疑会影响公司正常业务的开展。二是普通商业公司无权涉足金融业。

鉴于以往我国法律对此均未作禁止性规定，现实生活中各类公司为他人提供担保的情况屡见不鲜。根据我国原《公司法》第60条第3款规定，"董事，经理不得以公司资产为本公司的股东或者其他个人债务提供担保"。此条规定可解释为公司对外提供担保，但条款仍有不尽明确之处。第一，此条究竟为禁止提供担保，还是禁止董事及经理对外提供担保，解释上有疑义；第二，此条只禁止公司向"本股东，或其他个人债务提供担保"。修订后的公司法对公司担保行为做了明确规定，其中第

16条规定"公司向其他企业投资或为他人提供担保，按照公司章程的规定由董事会或股东会，股东大会决议；公司章程对投资者或担保的总额及单项投资或担保的数额有限额规定的，不得超过规定的限额。公司为公司股东或者实际控制人提供担保的，必须经股东会或者股东大会决议"。

（3）宗旨上的限制

公司宗旨是设立合同的基本目的。公司宗旨在公司法中表现为公司经营范围。无论依照原公司法或修订后的公司法都对公司的经营范围做了限制：

①公司的经营范围必须由公司章程做出规定。

②公司的经营范围必须依法进行登记。这里的"依法"主要指公司法和公司章程条例。

③公司的经营范围中属于法律，行政法规限制的项目，应当依法经过批准。例如，经营金融业务必须经中国人民银行的批准；经营香烟销售业务必须经过烟草专卖局的批准。

④公司改变经营范围，必须先修改公司章程并经公司登记机关变更登记。

但是，在审判实践中，对公司超越经营范围的行为，一般倾向于从宽对待。除非违反国家有关专营规定，否则一般不认定为无效。

（二）公司行为能力

1. 公司行为能力内涵

公司的行为能力是指公司基于自己的意思表示，以自己的行为独立取得权利和承担义务的能力。依照通说，公司的行为能力与其权利能力具有一致性，这种一致性不仅表现在公司的行为能力与其权利能力同时产生、同时终止，而且表现在公司行为能力的范围和内容与其权利能力的范围和内容也是相一致的，公司权利能力所受到的限制，也同样适用于公司行为能力。这也是法人的权利能力、行为能力制度与自然人的权利能力、行为能力制度不同的地方。自然人的权利能力都是一致的，但行为能力各有不同，包括完全行为能力、限制行为能力和无行为能力；法人包括公司法人的权利能力就存在差异，不同的法人享有不同的权利能力，而由于法人的权利能力与行为能力的一致性，所以不同的法人也就具有了不同的行为能力。法人行为能力的差异是由于其权利能力的差异导致的,而不像自然人那样其行为能力的差异是由年龄、智力状况决定的。公司行为能力具有如下特征:①

(1) 公司作为一种组织,不同于自然人,公司的行为能力通过其机关实现,而其机关最终由自然人担任。

(2) 公司的行为能力与权利能力同时产生,同时消灭,并且行为能力的范围与权利能力的范围完全一致。而自然人则存在有权利能力却不一定有行为能力的情况。

2. 公司行为能力的实现方式

公司是法人,具有法律上的团体人格,它在按照自己的意志实施行为时,与自然人有所不同。

(1) 公司的意思能力是一种社团的意思能力,它必须通过公司的法人机关来形成和表示。公司的法人机关就是公司的意思机关。公司的法人机关由公司的股东会或股东大会、董事会和监事会组成,它们依照公司法规定的职权和程序相互配合又相互制衡,进行公司的意思表示。

(2) 公司的行为能力体现在对外行为的实施上,公司的对外行为由公司的法定代表人来实施,或者由法定代表人的授权代表来实施。根据公司章程的规定,公司的法定代表人由董事长、执行董事或者经理担任(《公司法》第13条)。公司董事长(或执行董事或经理)作为公司的法定代表人,按照公司的意思以公司的名义对外进行法律行为,为公司取得权利和承担义务。在公司权利能力范围内,法定代表人或其授权代表所实施的法律行为就是公司自身实施的法律行为,其产生后果(包括权利和义务)由公司承受。

三 引例分析

本案例争论的焦点是:超出其核准登记的经营范围的认定。

该公司超出核准登记的经营范围从事食用盐分装经营活动的行为,违反了《公司法》及《中华人民共和国公司登记管理条例》的相当规定。关于经营范围的性质,学界的观点大致有四种,即"民事权利能力

---

① 参见蓝寿荣《商法学》,清华大学出版社2009年版,第110页。

说"、"民事行为能力说"、"代表权限制说"和"内部责任说"。所谓公司经营范围应当属于民事权利能力的范畴,但是,它不是民事权利能力的全部,而只是其中的一部分,是特别的民事权利能力,即商事权利能力。

第四章 公司的资本制度

第一节 公司资本制度

一 引例

A有限责任公司（以下简称A公司）是由甲、乙、丙、丁、戊各出资60万元组成，其中乙另行经营一个食品公司，并持有该公司64%的股份，2003年初，乙的食品公司出现资金短缺的情况，为了维持公司的经营，乙与甲、丙、丁、戊商量，先从A公司拿出45万元应急，甲、丙、丁、戊同意，4个月后，乙还未还钱，甲向乙索要45万元，但由于食品公司运转出现问题，不能及时将钱归还，乙认为对A公司的出资本来是自己的，自己不还回资金也是可以的，请问，乙的观点正确吗？为什么？

二 基本理论

（一）资本的内涵界定

"资本"是当今社会使用频率较高，含义却较为模糊的术语之一。"资本"最早不是法学领域的概念，而是属于经济学范畴的概念。"资本"在经济学领域中最初含义是等同于货币的一种解释。事实上这是个误解。就"资本"本身来看有时意味着财富，有时指生产要素和生产手段，而在某些场合，则又是企业净资产的代名词，或者是指企业资产的货币体现。可以说，迄今为止，对"资本"一词含义，尚缺乏统一认识，没有完全认同的概念。在不同学科、不同领域，甚至从不同角度，人们对"资本"往往会有不同的理解。

经济学意义上的资本，随着人类社会的发展，"资本"一词的含义也随之丰富和发展。进入16世纪后，"资本"一词的适用范围不再局限于中世纪前仅适用的金钱借贷关系。而更多地被运用在商业贸易中，其核心内容开始逐步被股本所取代。英国学者戴奇和巴顿在 1735 年编著的英语词典对"资本"进行了定义："资本在贸易公司中主要是指股本，即被章程所规定的用于贸易的货币储备资金或基金。"现在，企业资本通常是作为与负债相对应的范畴而存在，其核心部分仍然是指工商业主及其价值，即业主资本。"资本"一词在经济学上的其他含义包括企业成立后的新增利润，常常表现为企业的资本金、公积金和未分配利润。在此，人们对"资本"一词的理解有了狭义和广义之分。狭义上的资本，仅指企业的净资产，即总资产减去负债后的余额，即除业主资本（股本）之外，通常还包括企业成立后的新增利润，它代表着企业的真正偿贷能力。广义的资本，除了包括企业的业主资本（股本）、企业成立后的新增利润之外，还包括借贷资本，即包括可供企业长期支配或使用的资产，而不管该资产的真正所有人是谁（实际上是负债）。

　　法学意义上的资本由于学科性质和任务的不同，使其与经济学意义上的"资本"有着截然不同的内涵。仅在公司法学领域，对"资本"也有不同的诠释。"公司资本"的含义在英美法系的诠释要比大陆法系丰富得多。大陆法系一般认为仅仅存在法定资本的概念，而英美法系存在授权资本、发行资本、认缴资本等概念。美国公司法对于公司"资本"的诠释一直被认为具有代表意义，它指出"公司资本是指股东出资作为公司商事企业成立的资金和基础货币、房地产和财产，该货币、房地产和财产通常意味着出资以支付发行给出资人的股份。该术语与'股本'是同义词，表示公司股东以现金或财产的形式，在公司组建时或其后，认缴并支付或保证支付的公司章程确定的数额，公司以此进行经营。而公司法中的出资，是指经由股份认购协议，股东出资或同意出资的资金或财产，并作为公司商业运营的资金基础——这些投入给公司的资源是发行股本的基础，而出资的结果，则是这些资源为满足对公司的义务而变为不可撤销。"

　　长期以来，我国对"资本"一词讳莫如深。到了 20 世纪 90 年代初，才有所改观。我国自确立社会主义市场经济体制以来，不可能脱离市场经济运行规律。意识形态的差异再不能左右经济模式的选择。公司"资本"是商事主体参与经济活动的基础，我国公司也不能例外。根据我国现行公司法和其他相关法规，我国公司资本主要包括注册资本和实缴资本。前者在有限公司中指的是在公司登记机关登记的全体股东实缴的出资额；在股份公司中指的是在公司登记机关登记的实收股本总额。其特征是：（1）它必须记载于公司章程。（2）它必须在公司成立时筹足，但是外商投资的公司，注册资本可以是出资人认缴资本之总额，不必在公司成立时实际缴足。（3）它不得少于法律规定的最低限额。（4）它应当经过登记。后者是指公司所有者作为投资而实际交付的现款和以货币计算的其他财产。中外合资企业的注册资本与实缴资本不一致，实缴资本可以少于注册资本；股份公司股票溢价发行时实缴资本要大于注册资本。可见，无论英美法系还是大陆法系对"资本"含义的认识有共同之处。正如澳大利亚学者 H. A. J. Ford 教授所指出："公司资本仅指公司已经或可能从其成员而非债权人处获得的金钱，公司从其债权人处获得的资金（finnace），有时也被称作借贷资本（nacpaiat），但严格来说，这是一种错误的描述。"（5）这种含义近似于经济学中"资本"狭义的理解，与经济学意义上动态的"资本"概念不同，它是一个静态的概念，它是股东出资的货币表现，并不随公司经营而不时地处于变动之中。

"资本"在我国公司法学中的含义应当是公司章程上载明的、全体股东的出资总额。它不包括公司的借贷资本，也不包括公积金和尚未分配的公司利润，仅相当于经济学上的业主资本或资本金，即"股本"。另外，对于公司资本笔者认为其除应具有资本的共同属性外，还应具有法定性、抽象性和独立性等特征。公司法着重强调的是公司资本的担保功能，而经济学则注重的是公司资本的经济价值功能。所以公司法学意义上的资本必然强调其来源的正当性、权利归属的明确性和确定标准的客观性。

（二）公司资本的原则

现代企业的核心是资本，"资本企业也就是以资本为信用的企业，资本信用是资本企业的灵魂"。公司拥有的资本越多，从理论上讲，其信用程度就越高，交易相对人的安全系数也就越高。公司资本制度的种种具体规定，都是为了使公司的资本得以维持，真正发挥公司资本的信用公示作用。公司资本三原则，作为公司资本制度的基础原则，对保持资本的恒久存续与稳定，保护和实现公司、股东以及公司债权人的利益发挥了巨大作用。

1. 资本确定原则

资本确定原则，又称资本法定原则，由近代大陆法系国家的公司立法确立，是指公司在设立时，必须在公司章程中对公司资本总额做出明确规定，并由股东全部认足，否则公司不能成立。确定的公司资本数额是公司资本实力的直接标志，也是有限责任股东承担责任的限定范围。无限公司股东的责任范围虽不以其所认缴的资本额为限，但将确定的资本数额分解落实到具体的股东，却是无限责任股东明确各自应当承担的债务数额或比例的重要依据。因而确立资本确定原则的立法目的就是：为了保证公司资本的真实、可靠，防止公司设立中的欺诈和投机行为。现在这一原则也被英美法系所引进，但其含义略有改变：资本确定不再仅指注册资本的确定不变而是指实缴资本，即实缴资本在公司成立时必须确定且实际到位。

2. 资本维持原则

资本维持原则，又称资本充实原则，是指公司在其存续过程中，应保持与其注册资本额相当的财产。在公司成立后的经营活动中，由于盈利或亏损，以及财产的无形损耗，都将使公司实有财产的价值高于或低于公司的资本，当公司的财产价值高于公司资本时，其偿债能力亦随之增强，一般不成其为问题。但当公司的实际财产价值低于其资本时，就必然使公司无法按其资本数额来承担财产责任。为防止因公司资本的减少而危害债权人的利益，同时也是为了防止股东对盈利分配的过高要求，确保公司本身业务活动的正常开展，各国公司法都确认了资本维持原则。这一原则的立法目的在于防止公司资本的实质减少，保护债权人的利益，同时也为避免股东对公司盈利的过度分配，确保公司本身业务活动的正常开展，维持公司发展势头。

3. 资本不变原则

资本不变原则，是指公司资本一经确定，即非经法定程序，不得随意变更，如需增加或减少资本，必须严格按法定程序进行。公司资本不变并非绝对不能改变，事实上，在公司成立后的运营过程中，因各种原因，都可能导致公司资本的增加或减少。公司的增资或减资，不仅为法律所允许，且与资本不变原则亦不相悖，因为资本不变只是指不得随意改变，公司资本一经确定即应相对稳定,不能朝令夕改,不能随意增减。这一原则的立法目的是防止公司随意增减公司资本,保护公司债权人的利益,以使公司资本保持一个相对"静"的状态。资本不变原则是资本维持原则的延伸,没有资本不变原则对公司资本的限制,任其随意增减,那么资本维持原则也就失去了意义。所以,有人认为,资本维持原则维持的是公司资本的实质,而资本不变原则维持的则是资本的形式。资本不变原则与资本维持原则有密切联系,前者是后者内容的延伸和细化。这些原则固然有助于交易安全和维护债权人的利益,但是,当其被奉行为一成不变的信条而僵硬地实施于一切场合之后,就产生了不少问题。比如公司成立之后具体经营过程中,需要多少资金,其中是否可以有借款、多少是自有资金、多少需要以募集的方式筹集,主要根据公司的发展规模、速度、市场的潜力和前景等诸多不确定因素确定。

(三) 公司资本制度的类型[1]

1. 法定资本制

法定资本制(Statutory Capital System)也称确定资本制,是指在公司设立时,必须在章程中明确规定公司资本总额,并一次性发行、全部认足或募足,否则公司不能成立的资本制度。公司成立后,因经营或财力上的需要而增加资本,必须经股东会决议、变更公司章程的新股发行程序。法定资本制度的主要特点是资本或股份的一次性发行,而不是一次性缴纳股款。在实行法定资本制的大陆法系国家,几乎都允许股款的分期缴纳,只是要求首次缴纳的部分不得低于资本总额的一定比例。

法定资本制是以法、德为代表的大陆法系国家在公司制度发展初期所实行的资本制度。"法定资本制度以保护公司债权人和社会交易安全以及公司自身的正常发展为其基本目标和立法理念,更多地体现了社会本位的立法思想。"在平衡股东与债权人的利益冲突时,法定资本制倾向于对公司债权人的保护,是一种典型的以债权人利益为主导的公司资本制度。在司法实践中,采用法定资本制的大陆法系国家,法官的使命在于适用既定的成文法律而不能通过判例创设法律,因而公司立法务求缜密,公司资本

---

[1] 仇京荣:《公司资本制度中股东与债权利益平衡问题研究》,中信出版社2008年版,第16页。

力求确定,避免因公司资本不实给社会经济秩序造成紊乱。法定资本制的发展形成了资本确定、维持、不变三原则,成为确保公司资本真实、安全而必须遵守的基本法律准则。

2. 授权资本制

所谓授权资本制(Authorized Capital System)是指公司设立时,虽然要在公司章程中确定注册资本总额,但发起人只需认购部分股份,公司就可正式成立,其余的股份,授权董事会根据公司生产经营情况和市场行情再随时发行的公司资本制度。授权资本制度有如下几个方面的特征:第一,公司章程中既要载明公司的注册资本,又要载明公司成立前首次发行的股份资本;第二,授权资本制度下同时存在注册资本、发行资本、实缴资本、授权资本几个概念,但其含义各不相同;第三,发起人只需认购并足额缴纳公司章程规定的首次应发行的股份资本,公司即可有效成立;第四,对未认购股份,由于已记载于公司章程所定的资本总额内,公司成立后,因种种原因需要增加资本时,在授权股份范围内,由董事会决议就可发行新股,无需像法定资本制度那样必须经股东大会决议变更公司章程和履行新股发行程序。与法定资本制度相比,授权资本制度的优点比较突出:首先,公司不必一次发行全部资本或股份,降低了公司设立门槛,减轻了公司设立的难度;其次,授权董事会自行决定发行资本而不需经股东会决议变更公司章程,大大简化了公司增资程序;最后,董事会根据具体情况发行资本,既适应了公司经营活动的需要,又避免了大量资金在公司中的冻结和闲置,能充分发挥财产的效益。

3. 折衷授权资本制

折衷授权资本制是指在公司设立时,要在章程中载明资本总额,并只需发行和认足部分资本或股份,公司即可成立,未发行部分授权董事会根据需要发行,但授权发行的部分不得超过公司资本的一定比例。折衷授权资本制是在授权资本制的基础上通过对董事会股份发行授权的限制,规定其发行股份的比例和期限形成的,这种限制适用于公司自设立时起到公司成立后的所有股份发行行为。这种制度既坚持了授权资本制的基本精神,又体现了法定资本制的要求,其核心是授权资本制。"折衷资本制吸收了两大资本制度,既顺应了市场经济的效率观念,又克服了单纯的授权资本制使相对交易人面临较大风险的弊端,因而具有较强的生命力,代表着现代股份有限公司资本制度的发展趋势。

三 引例分析

乙的观点是错误的,公司是一个企业法人,公司的财产与股东的财产是相互分离的,乙从A公司处取得的45万元是A公司自己的财产,不是乙的出资。乙的行为是抽逃资金的行为,根据《公司法》第36条规定公司成立后,股东不得抽逃出资,乙应归还45万元。

第二节 公司资本的构成

一 引例

阳光有限责任公司是一家经营家具批发的中型企业,注册资本100万元。多年来由于市场不景气,公司资本总额与其实有资产悬殊,1997年5月,阳光公司决定减少注册资本。6月,股东会以代表1/2以上表决权的股东通过决议,将公司注册资本减至人民币30万元;公司自做出减少注册资本决议之日就向公司登记机关办理变更登记。请指出阳光有限责任公司在减少注册资本的过程哪些行为不符合规定?说明理由?

二 基本理论

(一) 现金

现金或货币是资本最基本的构成,任何公司的类型都离不开现金出资,因为现金是商品交易的一般等价物。

为了保证公司资本中有足够的现金,用以满足公司的经营需要,许多国家的公司法,特别是大陆法系国家的公司法,都对现金应占公司资本的比例做出了明确的规定。《公司法》第27条第3款规定,全体股东的货币出资金额不得低于有限责任公司注册资本的30%。

股东对公司的现金出资是公司注册资本的组成部分,不仅必须实际履行,如实缴纳,而且不得撤回。否则,即属抽逃资本,构成对注册机关的欺诈和交易安全的威胁,依法应受制裁。抽逃出资数额巨大、后果严重的,不仅可能导致公司解体,而且还须依《刑法》第159条的规定追究刑事责任。

(二) 实物

实物，也叫有形资产，主要包括建筑物、厂房和机器设备等。如前所述，现金出资确有诸多好处，但因为种种原因，股东或发起人不可能都以现金作为出资或股份的对价。

并非任何实物都可以作为股东的出资，股东出资的实物，应为公司生产经营所需的建筑物、设备或者其他出资，这是实物作为股东出资的先决条件。股东对用以出资的实物必须拥有所有权，并应该出具所有权和处分权的有效证明。任何人都不得以租赁物或者他人的财产作为自己的出资，也不得以虽为自己所有但已设立担保的实物作为出资。

(三) 无形财产

无形财产又称无形资产，包括专利权、商标权、专有技术、土地使用权、商誉等。

专利权（Patent Right），简称"专利"，是发明创造人或其权利受让人对特定的发明创造在一定期限内依法享有的独占实施权，是知识产权的一种。我国于 1984 年公布专利法，1985 年公布该法的实施细则，对有关事项作了具体规定。[①]

商标权是商标专用权的简称，是指商标主管机关依法授予商标所有人对其注册商标受国家法律保护的专有权。商标注册人依法支配其注册商标并禁止他人侵害的权利，包括商标注册人对其注册商标的排他使用权、收益权、处分权、续展权和禁止他人侵害的权利、商标是用以区别商品和服务不同来源的商业性标志，由文字、图形、字母、数字、三维标志、颜色组合或者上述要素的组合构成。

专有技术（Know-how）又称技术秘密，是指生产所必需的、不享有专利保护的秘密技术知识和经验。

土地使用权（Land User）是指国家机关、企事业单位、农民集体和公民个人，以及三资企业，凡具备法定条件者，依照法定程序或依约定对国有土地或农民集体土地所享有的占有、利用、收益和有限处分的权利。土地使用权是外延比较大的概念，这里的土地包括农用地、建设用地、未利用地的使用权。2011 年 1 月，一则"土地使用期满后会无偿收回"的

[①] 施天涛：《公司法论》（第二版），法律出版社 2006 年版。

消息引起各方关注。

商誉（Good Will）是某行业拥有的一种优良品质，源于该企业的名誉，与顾客以及使与顾客的联系得以保持的环境的有关。

综上所述，作为无形资产的专利权、商标权、专有技术、土地使用权以及商誉等，都可以折价成为股东向公司的出资或者入股。

三　引例分析

（1）阳光公司的减资决议仅有代表1/2以上表决的股东通过，决议程序不合法。依公司法规定，股东会对公司增减资本做出决议，必须经代表2/3以上表决权的股东通过。

（2）阳光公司减资后的注册资本为30万元，不符合公司法规定。依公司法，公司减少资本后的注册资本不得低于法定的资本最低限额，阳光公司系从事商品批发的有限责任公司，其注册资本最低限额为50万元人民币。

（3）阳光公司在做出减资决议后立即申请变更登记不符合公司法规定。依公司法，阳光公司在做出减资决议后应履行通知、公告债权人程序。

第三节　增加资本与减少资本

一　引例

1997年5月，5家集体所有制企业依据《公司法》共同投资设立了一家木材加工有限责任公司（以下简称"木材公司"），注册资本1000万元。为了进一步扩大木材公司的生产规模，木材公司董事会制订了增资方案，即由现有股东按照目前出资比例继续出资，把公司注册资本增加到1600万元。股东会对该方案表决时，3个股东赞成，2个股东反对，股东会做出增资决议。赞成增资的股东原出资总额为640万元，占木材公司注册资本的64%；反对增资的股东原出资总额为360万元，占木材公司注册资本的36%。股东会结束后，董事会通知所有股东按照股东会决议缴纳增资方案中确定的出资数额。2个反对增资的股东拒不缴纳出资。董事会决定暂停这2个股东1997年度的股利分配，用以抵作出资。这2个股东不服董事会决定,以木材公司为被告,向人民法院提起诉讼,要求确认股东会的增资决议无效。问题:一、木材公司是否应当被列为被告?为什么?二、人民法院应否支持作为原告的两个股东的诉讼请求?为什么?

二 基本理论

(一) 增加资本

增加资本是指股份有限公司依照法定程序增加公司的股份总数(简称增资)。增资的原因一般有筹措资金、扩大营业规模、增加项目投资等。公司增资的方式很多,常见的有发行新股,还有增加每股面值、公司债转换为公司股份、公积金转增资本、公司股东增资补充资本等。以公司发行新股方式增资的,应当取得中国证监会的批准。

公司资本的增减变动,是公司资本运营过程中的常态。减资与增资,对应公司的紧缩与扩张,两者均系公司不可回避的商业现象。与公司增资相比,减资事宜引发的控股股东、小股东、外部债权人之间的利益冲突更为剧烈。法律对公司增资、减资的程序都做出了明确规定,下面予以简要介绍。

1. 公司增加资本的目的和意义,是指公司基于筹集资金,扩大经营等目的,依照法定的条件和程序增加公司的资本总额。公司增资通常具有下述目的和意义:

(1) 筹集经营资金,开拓新的投资项目或投资领域,扩大现有经营规模。公司获取经营资金的方法有很多种,如发行公司债、借贷等,增加资本也是其中一种重要的方法。

(2) 调整股东结构和持股比例,改变公司管理机构的组成。吸收新的股东可以改变股东成分和结构。在现有股东范围内的增资,通过认购新股比例的安排,则可以调整现有股东相互间的持股比例,大股东可因增资而成为小股东。而在股东结构和持股比例变更之后,公司可实现其管理机构和管理人员的重新安排和调整,包括董事、经理、法定代表人的更换等。

(3) 增强公司实力,提高公司信用。资本规模直接反映公司的资产实力和经营规模,增资由此成为显示和提高公司商业信用以及取得竞争优势的重要方式。

(4) 保持现有运营资金，减少股东权益分配。在公司存在大量公积金和未分配利润情况下，公司将面临股东提出的分配请求，通过增加资本可以停止或减少对股东的收益分配，而使公司继续占用现有的资金，维持现有的经营规模。

(5) 在公司与其他公司吸收合并时，被合并公司的资产在并入另一公司的同时，可能会导致该公司净资产的大幅增加，被合并公司的所有者也可能会要求取得该公司的股权，由此便会促使公司增加资本。

2. 公司增加资本的形式各不相同。由于有限责任公司与股份有限公司因其资本和股东出资的构成形式不同，增资的形式亦有所不同。根据《公司法》第179条的规定，有限责任公司增加注册资本时，股东认缴新增资本的出资，依照法律设立有限责任公司缴纳出资的有关规定执行；股份有限公司为增加注册资本发行新股时，股东认购新股，依照法律设立股份有限公司缴纳股款的有关规定执行。但无论是有限责任公司还是股份有限公司，增加资本的方式主要有以下几种：

(1) 增加股份金额，简称扩大资本，是指公司在不改变原有股份总数的情况下增加每股金额。通过这种方式可以达到增加资本的目的。例如，法定公积金、应分配股利保留以及股东新缴纳的股款，均可记入每一股份中，从而使其票面价值增加。

(2) 增加股份总数，简称增发新股。股份有限公司可以采取发行新股的方式来增加股份。发行新股既可以向社会公众募集，也可以由原有股东认购。通常公司原有股东享有优先认购权。这种发行新股的方式不受公司原资本总额的限制。当然公司可以既增发新股，又扩大股本，即上述两种方式并行采用。

(3) 增加资本。有限责任公司如果需要增加资本，可以按照原有股东的出资比例增加出资，也可以邀请原有股东以外的其他人出资。如果是原有股东认购出资，可以另外缴纳股款，也可以将资本公积金或者应分股利保存转换为出资。

(4) 债转股。当债权转换为股权时，公司负债消灭，股本增加。股份有限公司增加股份数额还可以采取将可转换公司债券转换为公司股份的方式，这是债转股的一种特别形式。可转换公司债券是一种可以转换为公司股票的债券，如果将该种债券转换为公司股份，则该负债消灭，公司股本增加。

3. 公司增资的条件和程序增加资本可以增强公司实力，提高公司信用，有利于债权人利益和交易安全，因此，法律对公司增加资本的要求不像减少资本那样严格，一般都是由公司自行决定。①

（二）减少资本

减少资本是指公司资本过剩或亏损严重，根据生产经营的实际情况，依照法定条件和程序减少公司资本总额。

1. 有限责任公司的注册资本是公司成立时经公司登记机关登记的股东实际缴纳出资额，是股东以其出资额为限对公司承担责任，公司以其全部资产对公司的债务承担责任的资本。为此，股东对出资额必须如实缴纳，非经一定法律程序不得随意减少。我国公司法明确规定："股东在公司登记后，不得抽回资金。"对抽逃资金的行为，除责令其更正外，还要依法给予抽逃出资的股东处以所抽逃出资金额5%—10%的罚款。构成犯罪的，依法追究刑事责任。实践中，公司有的股东主张直接调回资金的做法，实际上是一种抽逃资金的行为，是法律严格禁止的。

2. 股份有限公司有权减资，但应依照法律程序进行。我国公司法第38条规定了股东会的12项权利，其中就包括"对公司增加或者减少注册资本作出决议、修改公司章程等"的权利。由此，公司股东会有权减少公司的注册资本，但应严格按照法律程序进行，并履行必要的变更手续。一是由股东会做出减资决议。股东会的议事方式和表决程序，除法律规定外，是由公司章程规定的。如果公司股东会行使减资权利，应做出减资决议，并必须经过代表2/3以上股份的股东通过方为有效。二是要修改公司章程。因为注册资本是公司章程中载明的主要内容之一，为此减资后还必须经代表2/3以上股份的股东决议，修改公司章程。三是必须编制资产负债表及财产清单。这也是公司必须履行的一项程序。《公司法》第186条规定，公司需要减少注册资本时，必须编制资产负债表及财产清单。四是通告债权人并予以公告。根据公司法规定，公司应当自做出减少注册资本决议之日起10日内通知债权人，并于30日内

---

① 施天涛：《公司法论》（第二版），法律出版社2006年版，第175页。

在报纸上至少公告3次。债权人自接到通知书之日起30日内，未接到通知的自第一次公告之日起90日内，有权要求公司清偿债务或者提供相应的担保。五是进行变更登记。按照法律规定，公司减少注册资本，应当依法向公司登记机关提出申请，办理资本变更登记。依照《中华人民共和国公司登记管理条例》有关规定，公司应自减少注册资本决议或者决定做出之日起90日后，向当地公司登记机关提出申请，同时提交具有法定资格的验资机构出具的验资证明、公司在报纸上登载公司减少注册资本公告至少3次的有关证明和公司债务清偿或者债务担保情况的说明。

三 引例分析

（1）木材公司应当被列为被告。因为股东会是公司的权力机关，股东会做出的决议是公司法人的意思表示。

（2）本案例中的人民法院应当支持作为原告的2个股东的诉讼请求。因为：根据《公司法》规定，董事会对股东会负责，有权制订公司增加注册资本的方案；股东会有权对公司增加或者减少注册资本做出决议；股东会会议由股东按照出资比例行使表决权；股东会对公司增加注册资本做出决议，必须经代表2/3以上表决权的股东通过；本案例中的股东会在表决增资方案时，只有代表64%的表决权的3个股东赞成，低于《公司法》规定的2/3以上表决权的要求。

第四节　股东出资责任

一 引例

周某、吴某、张某共同出资注册甲股份有限公司，注册资本为1000万元。公司章程规定：吴某出资200万元，张某出资500万元，周某以100万元货币外加价值200万元的工业产权出资。吴某、张某均出资到位，而周货币资本并未到位且后经验资机构评估，其作为出资的工业产权仅价值100万元。公司在经营过程中欠乙公司800万元，乙公司多次催要未果，到人民法院起诉甲公司。经调查，甲公司的资产残值仅200万元，不能完全清偿乙公司债务。根据股东出资责任原理予以分析。

二 基本理论

（一）股东出资义务及股东出资责任概述

公司资本是公司运作的物质基础，也是公司对外承担债务的物质保障，标志着公司的信用。因此，公司资本制度是公司法中至关重要的一个制度形式，贯穿并支撑着公司法律体系，发挥着核心的引导性作用。新《公司法》在资本形成制度中继续采用法定资本制度而未采取授权资本制，旨在巩固公司资本结构、维护社会交易安全和经济秩序。新《公司法》降低了公司设立门槛，使得投资者投资设立公司更加简便，表现出立法者鼓励投资创业的价值取向。但降低公司设立门槛不能以弱化股东出资责任为代价。在我国目前的资本市场里，公司的虚假出资行为、抽逃资本或变相抽逃资本的现象十分严重。公司诉讼案件的司法实践表明，有限责任公司股东出资纠纷，尤其是股东瑕疵出资引发的出资纠纷占据相当大的比例。1993年《公司法》对股东瑕疵出资的构成以及民事责任承担方面的规定过于原则，致使司法审判实践中存在着不少分歧意见。新《公司法》对股东出资责任的规制较以往有所完善，但仍然存在一些问题。本书将对此浅作探析。出资是股东最基本、最重要的义务。股东一般是通过签署公司设立协议（或发起人协议）或认股书的形式约定其各自承担的出资比例或金额，出资条款构成公司设立协议的主要内容。同时，出资又是公司法规定的股东必须承担的法定义务。因此，股东的出资义务既是契约义务又是法定义务。按照行为方式的不同，股东违反出资义务的行为可以归纳为三种形态：一是为出资义务的完全不履行，指股东根本未出资。包括拒绝出资，出资不能，虚假出资和抽逃出资。二是不完全履行，指股东只履行了部分出资义务，未按规定数额或约定数额足额交付，如货币出资不足、出资的实物或工业产权等价值显著低于章程所确定的数额等。三是不适当履行，指出资时间、形式或手续不符合规定，如迟延出资、瑕疵出资以及出资不实。本书着重探讨出资义务完全不履行中的虚假出资问题和出资义务不适当履行中的瑕疵出资问题。

（二）虚假出资责任

虚假出资是指股东表面上出资而实际未出资，股东未缴纳出资而取得公司股权。虚假出资和未交出资款不同，区别在于前者是无代价而取得股份，行为性质为欺诈。后者是未交出资款也未取得股份，其行为性质为违约。

1. 虚假出资的审查认定①

虚假出资的本质特征是未支付相应对价而取得公司股权，实践中主要有以下表现形式：

（1）以无实际现金或高于实际现金的虚假的银行进账单、对账单骗取验资报告，从而获得公司登记；

（2）以虚假的实物投资手续骗取验资报告，从而获得公司登记；

（3）以实物、工业产权、非专利技术、土地使用权出资，但未办理财产转移手续；

（4）股东设立公司时，为了应付验资，将款项短期转入公司账户后又立即转出，公司未实际使用该项款进行经营；

（5）未对投入的净资产进行审计，仅以投资者提供的少记负债、高估资产的会计报表验资。

审查认定股东虚假出资必然涉及一个重要问题是举证责任的分配，债权人主张公司股东出资不到位，当然应承担相应的举证责任，但由于出资的主要证据材料应当保存在公司或出资人手中，债权人取证在事实上存在困难。根据最高人民法院《关于民事诉讼证据的若干规定》第75条"有证据证明一方当事人持有证据无正当理由拒不提供，如果对方当事人主张该证据的内容不利于证据持有人，可以推定该主张成立"的规定，对于股东出资是否到位，原则上应当由债务人（包括公司和股东）负举证责任。因此对债权人的举证责任要求不宜严苛，只要能举出使人对股东出资虚假产生合理怀疑的表面证据或者证据线索，法院应要求债务人提供相关证据证明其不存在虚假出资。

2. 虚假出资的股东应承担的民事责任

为保证公司资本的充实，维护公司出资股东、债权人和社会公众的利益，公司的发起人或股东应当承担相应的虚假出资责任。主要应承担以下几种责任：

（1）股东的出资违约责任。股东的虚假出资行为违反了股东之间的出

---

① 马新文：《公司基本法律制度问题研究》，河南人民出版社2007年版，第369页。

资协议，无论是有限责任公司或是股份有限公司，公司章程是规范公司的组织关系和活动方式的总规则，是公司存在和活动的基本依据，是公司行为的根本准则，由全体股东或发起人共同约定且签署，故公司章程具有契约性质。公司章程一经批准，其效力及于公司和所有股东。从某种意义上说，公司章程是全体股东之间的协议。《公司法》第 28 条第 2 款规定，不按前款规定缴纳所认缴的出资，应当向已足额缴纳出资的股东承担违约责任。笔者认为，该款仅适用于公司股东签订了设立协议的情况，而无论当事人之间的这种纠纷是发生在公司设立期间还是发生在公司设立成功之后，只要纠纷所涉及的利益是股东的个别利益，而不是公司的整体利益，即可提起违约之诉。

（2）违法的股东对公司的侵权责任。这里的侵权根据行为性质的不同可分为积极侵权和消极侵权。股东抽逃出资构成对公司财产的积极侵权，虚假出资则构成对公司财产的消极侵权。无论股东存在哪种出资不实形态，都构成对公司财产实质上的占有和侵犯。

（3）公司设立时的其他发起人或股东对违法股东的虚假出资行为承担连带责任。修订后的《公司法》第 31 条关于"有限责任公司成立后，发现作为设立公司出资的非货币财产的实际价额显著低于公司章程所定价额的，应当由交付该出资的股东补足其差额；公司设立时的其他股东承担连带责任"的规定和第 94 条关于"股份有限公司成立后，发起人未按照公司章程的规定缴足出资的，应当补缴；其他发起人承担连带责任"、"股份有限公司成立后，发现作为设立公司出资的非货币财产的实际价额显著低于公司章程所定价额的，应当由交付该出资的发起人补足其差额；其他发起人承担连带责任"的规定，表明发起人应连带对公司出资承担资本充实责任。

（三）瑕疵出资法律问题

1. 瑕疵出资的主要形式

在实践中形成出资瑕疵的主要形式有：

（1）公司章程规定股东以货币之外的实物出资，尤其是土地房屋或其他办理产权过户的实物，股东没办理过户手续或没有交付实物。

（2）约定是以货币出资，但股东要求以实物出资。

（3）约定是以特定物出资如土地使用权、房产等，但股东要求替代出资。

（4）作为出资的实物或其他非货币财产的价格明显不足。

（5）交付的标的物不符合章程约定或国家规定的品质标准，不具有应有的功能或效用。

（6）交付的标的物存在着第三人的合法权利，影响公司对标的物的占有、使用和处分。

《公司法》第27条规定："股东可以用货币估价并可以依法转让的非货币财产作价出资。"这一条的内涵很广，扩大了非货币财产出资的范围，但也可能会出现更多、更新的出资瑕疵表现形式。以非货币财产作价出资，其货币价值的评估存在诸多影响因素，比如不同地区地价房价的不同、非货币财产的贬值、不同评估机构采取的评估标准的不同，都可能导致非货币财产的货币价值，也会影响对瑕疵出资的判断。

2. 股东瑕疵出资的责任形式

公司发起人要对公司出资的充实承担担保责任。资本充实责任就是指为贯彻资本充实原则，由公司发起人共同承担的相互担保出资义务履行，确保公司实收资本与章程所定资本一致的民事责任，它是保证公司人格健全的第一需要。根据资本充实责任，出资瑕疵股东与公司其他股东之间存在缴纳担保责任、差额填补责任、损害赔偿责任。[①]

缴纳担保责任是指股东未缴纳股款或交付实物的，由发起人承担连带缴纳股款或交付未缴付财产价款的义务，这在《公司法》第94条股份公司当中得到确认，但在有限责任公司中并没有规定。

差额填补责任是指如果出资实物的实际价款显著低于章程所定价款时，出资人承担补足出资的责任，公司设立时的股东承担连带责任。

损害赔偿责任是指股东因出资不符章程约定给公司造成损害承担赔偿责任，其他股东承担连带责任。设立时股东为出资瑕疵股东承担连带责任的范围也当然包括对公司造成损害的赔偿责任范围。替出资瑕疵股东承担责任的股东可享有追偿权。

3. 瑕疵出资股东的股权内容

《公司法》第4条规定："公司股东依法享有资产收益、参与重大决

---

① 李建伟：《公司诉讼专题研究》，中国政法大学出版社2008年版，第219页。

策和选择管理者等权利。"这是股权的具体内容，也是自益权和共益权。《公司法》第 35 条规定："股东按照实缴的出资比例分取红利；公司新增资本时，股东有权优先按照实际的出资比例认缴出资。但是，全体股东约定不按照出资比例分取红利或者不按照出资比例优先认缴出资的除外。"明确规定了瑕疵股权在自益权方面应当受到限制，但共益权尤其是表决权因出资瑕疵有什么样的影响？公司法没有明确规定。另外，《公司法》第 43 条规定："股东会议按照出资比例行使表决权。"这里的出资比例是认缴的出资比例还是实缴的出资比例？笔者认为应是认缴的出资比例为宜，因为公司股东在设立阶段对各股东的出资比例要进行协商，对出资比例的分配，除考虑到每个股东的资金因素外，更加注重的是出资比例所享有的表决权的多少，这是基于对相应出资比例的股东经营能力高低的信任。因此，出资比例更多反映的是经营决策的信任程度。

三　引例分析

（1）根据公司人格独立制度原理，甲公司应该以其剩余资产 200 万元偿还债务。

（2）股份有限公司设立后，瑕疵出资的股东负有补缴差额的法律责任，公司设立时的其他股东在瑕疵资金的范围内承担连带责任。根据《公司法》第 94 条第 1 款规定，"股份有限公司成立后，发起人未按照公司章程的规定缴足出资的，应当补缴；其他发起人承担连带责任"。周某未按照公司章程缴足 100 万元货币资本，周某应当在 100 万元限额内承担补偿责任，并且在此范围内，吴某、周某负连带责任。

（3）根据《公司法》第 94 条第 2 款规定，"股份有限公司成立后，发现作为设立公司出资的非货币财产的实际价额显著低于公司章程所定价额的，应当由交付该出资的发起人补足其差额；其他发起人承担连带责任"。周某作为非货币出资的工业产权经验资机构评估，仅价值 100 万元，差额为 100 万元。周某应当在该 100 万元限额内承担补偿责任，并且在此范围内，吴某、周某负连带责任。综上，乙公司可以在 400 万元额度内获得赔偿。

第五章 股东与股权

第一节 股东

一 引例

甲公司、乙公司、丙合伙企业和自然人林志远准备成立一家食品加工公司，林志远是著名的厨师，在公司设立协议中，林志远同意新成立的公司以自己的名字作为公司的名称，林志远及以自己的名字作价50万元（根据评估，林志远的品牌的评估价值为50万元）出资。其余甲公司出资200万元，乙公司出资150万元，丙合伙企业出资100万元，组成注册资本为500万元的股份有限公司。请问林志远的出资是否有效？如果无效，作为股东，林志远有哪些义务？

二 基本理论

(一) 股东概念及特征

股东是公司存在的基础，是公司的核心要素；没有股东，就不可能有公司。从一般意义上说，股东是指持有公司股份或向公司出资者。根据公司法的规定，有限责任公司成立后，应当向股东签发出资证明书，并置备股东名册，记载股东的姓名或者名称及住所、股东的出资额、出资证明书编号等事项。公司法还规定，有限责任公司股东依法转让其出资后，应由公司将受让人的姓名或者名称、住所以及受让的出资额记载于股东名册。据此，非依上述规定办理过户手续者，其转让对公司不发生法律效力。由此可见，有限责任公司的股东应为向公司出资，并且其名字登记在公司股东名册者。至于股份有限公司，我国公司法既允许发行记名股票，也允许发行无记名股票；公司发行记名股票的，应当置备股东名册；并规定了记名股票的转让，由公司将受让人的姓名或者名称及住所记载于股东名册。据此应理解为，股份有限公司的记名股票的持有人即为公司股东，而无记名股票的持有人则同时须将其姓名或名称及住所记载于股东名册，方为公司股东。股东具有如下特征。

第一，在公司章程上被记载为股东，并在公司章程（包括公司设立协议，下同）上签名盖章，表明自己受公司章程的约束；

第二，向公司投入在章程中承诺投入的资本，实际履行了出资义务；

第三，在公司注册登记机关登记的文件中列名为股东；

第四，在公司成立后取得公司签发的出资证明书；

第五，被载入公司股东名册；

第六，在公司中享有资产受益、重大决策和选择管理者等权利。

（二）股东资格的取得与丧失

1. 股东资格的取得。根据股东资格取得的原因划分，股东资格的取得有两种方式：（1）原始取得，是指基于认购股份而取得股东资格，包括发起人、认股人取得股东资格。（2）继受取得，是指因股份的转让、继承、受赠、公司合并等原因而取得股东资格。

2. 股东资格的丧失。一般而言，下列原因可导致股东资格丧失：（1）股东将所持股份全部转让；（2）股东不依章程约定履行股东义务而被除名；（3）股东因违法被没收财产，股份被剥夺；（4）股东因所欠债务导致所持股份被强制执行；（5）公司解散或被撤销；（6）自然人股东死亡或法人股东解散、被撤销、破产等。①

（三）股东的权利与义务

1. 股东权利

综观各国公司立法关于股东权利的规定，在公司中，股东主要享有如下权利：（1）参加股东会并按照出资比例行使表决权；（2）选举和被选举为董事会成员、监事会成员；（3）查阅股东会会议记录和公司财务会计报告，以便监督公司的运营；（4）按照出资比例分取红利，即股东享有受益权；（5）依法转让出资；（6）优先购买其他股东转让的出资；（7）优先认购公司新增的资本；（8）公司终止后，依法分得公司剩余财

---

① 陈国辉：《公司法案例与评析》，中山大学出版社2005年版，第32页。

产。此外，股东还可以享有公司章程规定的其他权利。

2. 股东义务

股东同时承担以下义务：（1）缴纳所认缴的出资；（2）以其出资额为限对公司承担责任；（3）公司设立登记后，不得抽回出资；（4）公司章程规定的其他义务，即应当遵守公司章程，履行公司章程规定的义务。

三 引例分析

（1）林志远的出资无效。根据《公司法》第27条股东可以用货币出资，也可以用实物、知识产权、土地使用权等可以用货币估价并可以依法转让的非货币财产作价出资；但是，法律、行政法规规定不得作为出资的财产除外。对作为出资的非货币财产应当评估作价，核实财产，不得高估或者低估作价。法律、行政法规对评估作价有规定的，从其规定。全体股东的货币出资金额不得低于有限责任公司注册资本的30%。根据《公司注册资本登记管理暂行规定》第8条第3款规定：股东或者发起人不得以劳务、信用、自然人姓名、商誉、特许经营权或者设定担保的财产等作价出资。

（2）根据《公司法》第28条，股东应当按期足额缴纳公司章程中规定的各自所认缴的出资额。股东以货币出资的，应当将货币出资足额存入有限责任公司在银行开设的账户；以非货币财产出资的，应当依法办理其财产权的转移手续。股东不按照前款规定缴纳出资的，除应当向公司足额缴纳外，还应当向已按期足额缴纳出资的股东承担违约责任。

第二节 股权

一 引例

2007年11月刘天律师接受王某的委托，对王某受让股权过程中的相关法律问题提出建议。某电器批发有限公司注册资本8000万元，出资人为某发展有限公司和祝某某。法定代表人为万某某。2007年11月30日，某发展有限公司与王某签订股权转让协议，某发展有限公司转让30%股权给王某。为避免其他股东事后主张优先购买权，王某聘请律师代理本案提供律师意见。请你运用股权理论对本案予以分析。

二 基本理论

（一）股权的性质界定

关于股权的法律性质，一直是学界关注和争议的焦点。在大陆法系早期的公司法理论上，对股权性质认识分歧不大，通说是股权即非物权，亦非债权，而是基于股东的地位所形成的多数权利义务的集合体。只是在近代，才出现了股东地位说和新债权说等种种不同的认识。在我国法人理论的研讨中，以及对股份制企业性质的探索中，学者们对股权性质的认识也出现了较大的分歧，提出了"股权所有权说"、"股权债权说"等种种不同的观点。应当指出的是，与其他国家研讨股权性质的目的不同，我国学者对这一问题研讨的实质，在于试图用股权性质来说明国家与企业的财产关系，这是理论争议上的价值取向。

1. 股权是一种新型的权利

我国法学界主要存在"所有权说"、"债权说"、"社员权说"、"独立民事权利说"等较具影响的观点[①]。

（1）"所有权说"

"股权所有权"持有者认为，股权的法律属性为所有权，即股权是股东对公司享有的所有权。此观点持有者，又多有分歧，大致可分为"双重所有权说"、"单一所有权说"。

"双重所有权说"代表者王利明教授认为，在公司中并存着两个所有权，即股东享有所有权，公司法人也享有所有权，并称之为所有权的二重结构。公司法人所有权并不是对股东所有权的否定，只是使股东所有权表现为收益权及处分权。所有权的二重结构并不破坏"一物一权"规则，也并不意味着国家所有权的丧失。

"单一所有权说"否认公司法人财产所有权，主张股东对公司财产享有所有权。如有的学者认为股份公司的"法人所有权"是纯粹观念上的虚构，公司财产体现的是股东共有关系，是传统共有关系在新条件下的应用。将公司视为财产所有者，是财产的股份化及法律对股份公司独立人格的确认，给人造成一种假象，似乎股东已不再是财产的所有者，而股份公

---

① 齐奇：《公司法疑难问题解析》，法律出版社 2006 年版，第 78 页。

司却取得了财产所有者的资格。在这种假象面前,人们忽视了这样一种事实,即股东正是根据对股份财产所有权来支配具体的财产,行使所有者的权利。因此,股权实质上仍是所有权。

上述将股权视为所有权的观点,实质上将动态的股权又回归为静态的所有权,从而否定了股权运动的丰富多彩内容。股权是注重对股票财产的多次使用并在流动中增值,而不是强调对实物财产的直接占有。这与传统所有权制度的基本功能是保护财产的静态归属有很大差别。另外,"双重所有权说"主张股东与公司均享有所有权,尽管对股东所有权与公司所有权进行了区分,但仍难掩与传统民法理论中的"一物一权"原则相悖的尴尬。"单一所有权说"否认了公司对股东的出资及其他公司财产的所有权,尽管在理论上未落入"双重所有权"的窠臼,但却存在否认公司法人的独立人格之嫌。

(2) "债权说"

"债权说"即认为股权的法律属性为债权。持该观点的学者认为,从公司取得法人资格时起,公司实质上就成了财产所有权的主体。此时,股东对公司的唯一权利仅仅是收益,即领取股息和红利,这是股东所有权向债权的转化,这一转化的完成,使股份公司作为所有权的唯一主体,完全按自己的意志占有、使用、收益、处分公司的财产,而不必受股东的左右和控制。股东也只关心到期股息、红利能否兑现,无意介入公司的经营管理或参与决策。特别是在 20 世纪后期,随着公司所有权与经营管理权的决裂,股东的所有权逐渐被削弱,主要表现为处分权基本上丧失殆尽。股票已纯粹变成了仅仅反映债的关系,成为债的凭证;就发展趋势看,股票与公司债券的区别也正在缩小、股东的收益权已成为一种债务请求权。

"债权说"片面夸大了股权在某些方面的请求权特征,而忽略了股东对公司经营管理的参与和制约作用;而且,股权当中虽有不少请求权的内容,但请求权与债权并不同一。简言之,股权中的请求权均是作为物权性权利的股权的权能内容,而非债权性权利的权能内容。另外,该说将股权定性为债权,人为地割裂股东与公司之间的特殊关系,此种关系迥异于债权人与债务人基于合同产生的债权债务关系。股东不仅关心自己在公司的短期利益,即基于股份而应获得的股息和红利的多少,并且还关注公司的长远发展,行使有别于债权人的参与公司事务的权利。债权人关注的仅仅是合同债权能否实现问题，即使偶尔关注债务人的经营状况，也仅是关心自己债权的实现状况。鉴于此，立论于请求权基础上的"债权说"显然是难以令人信服的。

（3）"社员权说"

持该学说的学者认为股权是基于社员资格而享有的权利，并以社员权概括股东的财产权和共同管理公司的权利。还有学者认为所谓社员权是股东因出资创办社团法人，成为该法人成员并在法人内部拥有的权利和义务的总称。它是解决社团法人内部关系的一种法律手段。股东转移财产所有权，以形成独立的法人所有权，同时，股东也相应地取得一定的权利，以解决其物质利益的法律问题。股东享有社员权是作为产权交换的代价。这种观点对于我国产权理论的影响在于：国家丧失投资财产的所有权而形成公司法人财产所有权；国家让渡财产所有权后即享有股权或社员权，并通过股权的行使来维护国家利益。

"股权社员权"说虽然肯定了股权内容的综合性，但对股权的性质却基本上未予揭示，只是复述了股权的内容，回避了股权的性质。此种说法在西方国家已成通说，但在我国运用时却不能解决任何问题，因为它不能回答改革中的国家与企业的产权关系。

（4）"独立民事权利说"

持该学说的学者认为，股权既非债权，亦非所有权，也不同于社员权，股权只能是一种自成一体的独立权利类型。作为独立民事权利的股权具有目的权利和手段权利有机结合、团体权利和个体权利辩证统一的特征，兼有请求权和支配权的属性，具有资本性和流转性。股权是由特定的法律行为创设的，即分别由出资合同行为及转让行为等创设，创设行为是产生股权的法律事实。股权与公司财产所有权是相伴而生的孪生兄弟。只有股权独立化，才可能产生公司所有权，而公司所有权的产生必然要求股权同时独立化。股权与公司所有权的分化又是现代市场经济的伴生物，是经济长期孕育和发展的必然结果，也是现代企业制度的重要标志。

通过对上述股权性质学说的分析，笔者倾向于将股权性质界定为与物权、债权和人身权相并列的一种新型的独立民事权利。

2. 股权是一种财产权

（1）从股权生成来看，出资人以所有权等财产性权利作为出资，相应取得公司股权。股权是所有权等财产性权利转化而来的，这种转化只是权利形式的变化，而其财产权的性质却并没有发生变化，财产权不会变成非财产权。

（2）依股权行使的目的和内容标准划分，股权包括自益权和共益权，前者是指股东以自己利益为目的而行使的权利，主要包括分配股息红利请求权、剩余财产分配请求权、转让出资或股份权等。后者是指股东以自己利益并兼以公司利益为目的而行使的权利，主要包括出席股东会的表决权、对公司经营的建议质询权、查阅公司章程及簿册权、对董事等管理人员的任免权、对股东会决议的撤销起诉权等。对于自益权的财产权属性，学界并无争议。但对共益权，理论界争议较大，很多学者认为属于非财产权性质，笔者不敢苟同。民法理论将民事权利分为财产权与非财产权两大类。财产权是指不与权利主体人格、身份相始终，而且有经济利益的权利。因此，判断一项权利是否为财产权，要看其与经济利益的密切程度。以表决权为核心的共益权其行使目的是对通过参与公司事务管理以保证股东利益之实现、分红之可能，其基础与目的皆在于财产利益。因此，笔者认为，股权本质上是财产权。

（3）依据权利是否具有资本属性，民事权利分为资本权和非资本权。股权是典型的资本权，是资本的权利化形态，具有区别于其他民事权利的本质特征。股权作为资本权主要体现在以下三个方面：

①股权是资本的权利化。在现代市场经济社会中，资产（包括货币）所有者要想使手中的资产增值，一般是通过资产的商品化与资本化经营来实现的：一是通过出租、借贷等间接的债的方式，将资产的使用权出让，从而获得增值，此为资产的商品化经营；二是直接将资产价值化后投资于产业部门，通过生产要素的组合生产出包含增量利益（剩余价值）的商品来实现资本的增值性，此为资产的资本化经营。前一种只是使用权的出让，并没有改变所有权的归属。而资本化经营则发生了资产与资本的分离问题。其结果是资产所有权转化为资本所有权，进而形成资本化的股权。

②股权以增值为目的。它已经突破了传统民法上的那种先利人后利己的模式，即通过使用价值在不同主体之间的流转，但整个社会利益并未因此而有所增加，采取的是一种全新的模式，即通过企业增量利益的生产和

实现来达到个人利益的合法最大化。因此，资本权的增量利益性是最具有发展意义的，它不仅仅是给投资者带来合法增量利益，更重要的是能够直接促进企业乃至整个社会的增量利益的创造，推动人类的发展。股权是一种以获取增量利益为目的的财产权，这是资本权的本质特征，这也是与物权、债权等其他财产权利区分的主要标志。

③股权具有风险性。因投资而形成的股权，在实现其利益价值的过程中，时刻存在着风险性。股东受益多少，要根据公司的经营状况而定，而公司的经营状况又受整个市场的变化等多种因素的制约和影响。财产变成资本才能产生股权。股权不同于所有权：所有权的利益价值体现在一个现存的物上，只要物不灭失，所有权的价值就是有保障的，是一种比较确定的权益；而股权的价值则总是和公司经营活动相联系的，时常处于波动之中。当所有人把财产作为投资投入公司之后，失去的是作为常数的所有权，得到则是作为变数的股权。也许正是因为这一缘故，才激励股东更积极地行使自己的权利，参与公司事务（在有限责任公司中更加明显），努力把公司经营好，最大限度地增加投资的回报率。即使是股份有限公司的小股东，无缘于参加公司事务、股少言轻，但他也会被迫更加关心自己的权利，虽然用手投票不灵，却会选择时机用"脚"发言，适时抛售转让自己的股份，处分自己的股权，通过转让变现的方式，以最大限度地收回投资利益。

综上，笔者通过层层递进的解析方式，首先肯定了股权作为一种新型民事权利的法律地位，进而揭示股权的财产权属性，最后论证股权的资本权本质。其中，股权的财产性为股权的流通提供了物质保证，使股权转让成为可能。股权的资本性，决定了股权具有诸多异于其他民事权利的特质，股权为实现其增值本性，必须通过流通领域方能实现，这就要求股权较之物权、债权等财产权应更具流通性。因此，笔者认为，股权的财产性是股权转让的前提性因素，股权的资本性是股权转让的决定性因素，资本自由理念是股权转让的理论支撑。

（二）股权的具体内容

新《公司法》第4条规定，公司股东依法享有资产收益、参与重大决策和选择管理者等权利。

据此，作为公司的股东，应当享有以下权利。

1. 股东身份权

公司法规定，有限责任公司成立后，应当向股东签发出资证明书，并应当置备股东名册，记载股东的姓名或者名称及住所、股东的出资额和出资证明书编号。公司应当将股东的姓名或者名称及其出资额向公司登记机关登记；登记事项发生变更的，应当办理变更登记。记载于股东名册的股东，可以依股东名册主张行使股东权利。但是，未经工商登记或者变更登记的，不得对抗第三人。因此，股东应当重视股东名册的登记和工商登记，这些是主张股东权利的直接证据。

2. 参与重大决策权

公司法规定，有限责任公司股东会由全体股东组成，股东会是公司的权力机构，有权决定公司的经营方针和投资计划，审议批准公司的年度财务预算方案、决算方案、利润分配方案和弥补亏损方案，对公司增加或者减少注册资本做出决议，对发行公司债券做出决议，对公司合并、分立、变更公司形式、解散和清算等事项做出决议、修改公司章程等。公司章程还可以规定股东会享有的其他职权，比如就公司向其他企业投资或者为他人提供担保，特别是公司为公司股东或者实际控制人提供担保做出决议等。

3. 资产收益权

资产收益权最直接的体现就是股东按照实缴的出资比例或者章程规定的其他方式分取红利，在公司解散清算后，公司财产在分别支付清算费用、职工的工资、社会保险费用和法定补偿金，缴纳所欠税款，清偿公司债务后的剩余财产，股东有权按照出资比例或者按照公司章程的规定予以分配。在是否分红问题上，公司法规定，如果公司连续5年不向股东分配利润，而公司该5年连续盈利，并且符合公司法规定的分配利润条件，对股东会不分红决议投反对票的股东可以请求公司按照合理的价格收购其股权。自股东会决议通过之日起60日内，股东与公司不能达成股权收购协议的，股东可以自股东会决议通过之日起90日内向人民法院提起诉讼。

4. 知情权

股东虽然将公司的经营权授予董事会和经理管理层，但是，股东依然享有了解公司基本经营状况的权利。当然，股东行使该项权利应以不影响公司正常运营为限。公司法对此作如下设计：股东有权查阅、复制公司章程、股东会会议记录、董事会会议决议、监事会会议决议和财务会计报告。股东可以要求查阅公司会计账簿。股东要求查阅公司会计账簿的,应当向公司提出书面请求,说明目的。公司有合理根据认为股东查阅会计账簿有不正当目的,可能损害公司合法利益的,可以拒绝提供查阅,并应当自股东提出书面请求之日起 15 日内书面答复股东并说明理由。公司拒绝提供查阅的,股东可以请求人民法院要求公司提供查阅。

5. 提议、召集、主持股东会临时会议权

股东会应当按照章程规定按期召开定期会议,以保障股东的参与重大决策的权利。但是,定期股东会议有时还不能满足股东参与重大决策的需要,因此公司法规定,代表 1/10 以上表决权的股东(以及 1/3 以上的董事、监事会或者不设监事会的公司的监事)有权提议召开股东会临时会议,董事会应当根据提议召开临时会议。如果董事会或者执行董事不能履行或者不履行召集股东会职责,由监事会或者不设监事会的公司的监事召集和主持;如果监事会或者监事也不召集和主持,代表 1/10 以上表决权的股东可以自行召集和主持。

6. 退出权

公司法规定,公司成立后,股东不得抽逃出资。这就是所谓的资本维持原则。但是,这并影响股东在一定情形下退出公司或者解散公司。《公司法》规定,有下列情形之一的,对股东会该项决议投反对票的股东可以请求公司按照合理的价格收购其股权:(1)公司连续 5 年不向股东分配利润,而公司该 5 年连续盈利,并且符合本法规定的分配利润条件的;(2)公司合并、分立、转让主要财产的;(3)公司章程规定的营业期限届满或者章程规定的其他解散事由出现,股东会会议通过决议修改章程使公司存续的。自股东会决议通过之日起 60 日内,股东与公司不能达成股权收购协议的,股东可以自股东会决议通过之日起 90 日内向人民法院提起诉讼。此外,在公司经营管理发生严重困难,继续存续会使股东利益受到重大损失,通过其他途径不能解决时,持有公司全部股东表决权 10%以上的股东,可以请求人民法院解散公司。

7. 选择、监督管理者权

现代企业制度实行所有权和经营权的适度分离,公司法据此确立了公司治理结构,即股东会是公司的权力机构,决定公司的重大事项,将经营权授予董事会和董事会聘任的经理。同时,股东会有权选举和更换非由职工代表担任的董事、监事,决定有关董事、监事的报酬事项,审议批准董事会和监事会或者监事的报告。董事会须对股东会负责,而经理须对董事会负责。监事会对董事、高级管理人员执行公司职务的行为进行监督,并履行其他监督职能。当公司董事、监事、高级管理人员侵害公司权益时,公司股东还享有代位诉讼权。

8. 决议撤销权

由于股东会实行资本多数决制度,小股东往往难以通过表决方式对抗大股东。而且,在实际操作中,大股东往往利用其优势地位,任意决定公司的重大事项。对此,公司法赋予小股东请求撤销程序违法或者实体违法的股东会、董事会决议,即股东会或股东大会、董事会的会议召集程序、表决方式违反法律、行政法规或者公司章程,或者决议内容违反公司章程的,股东可以自决议做出之日起60日内,请求人民法院撤销。

9. 诉讼权和代位诉讼权

董事、高级管理人员违反法律、行政法规或者公司章程的规定,损害股东利益的,股东可以向人民法院提起诉讼。公司权益受到侵害时,公司可以提起诉讼。而在某些特定情况下,公司却不会或者不可能提起诉讼,比如公司董事、监事、高级管理人员侵害公司权益时,由于他们直接控制着公司,不可能代表公司提起诉讼。公司权益受到侵害,最终损害的是股东权益,因此,法律赋予股东在特定情形下,经过一定的程序,以自己的名义直接向人民法院提起诉讼。公司法规定,公司董事、高级管理人员侵害公司权益时,股东可以书面请求监事会或者不设监事会的有限责任公司的监事向人民法院提起诉讼;监事侵害公司权益时,股东可以书面请求董事会或者不设董事会的有限责任公司的执行董事向人民法院提起诉讼。前述监事会、监事或者董事会、执行董事收到股东书面请求后拒绝提起诉讼,或者自收到请求之日起30日内未提起诉讼,或者情况紧急、不立即提起诉讼将会使公司利益受到难以弥补的损害时,股东有权为了公司的利益以自己的名义直接向人民法院提起诉讼。他人侵犯公司合法权益,给公司造成损失时,股东也可以依照上述规定向人民法院提起诉讼。

10. 关联交易审查权

股东有权通过股东会就公司为公司股东或者实际控制人提供担保做出

决议，在做出该项决议时，关联股东或者受实际控制人支配的股东，不得参加该事项的表决。该项表决应由出席会议的其他股东所持表决权的过半数通过。公司法同时规定，公司的控股股东、实际控制人、董事、监事、高级管理人员不得利用其关联关系损害公司利益。违反该项规定，给公司造成损失的，应当承担赔偿责任。

（三）股权的转让

1. 股权转让的概述

由于股份公司的资本绝对自由，在股权转让方面，当代股权转让视角主要集中于有限公司股权转让，即有限责任公司股东将向公司缴纳的出资及因此产生的权利和义务，一部分或全部地、概括地转移给其他股东或股东以外投资者的行为。股权转让按照不同标准可以有不同的分类。依据股权转让是否因为当事人的合意而发生，可以分为协议转让和非协议转让。协议转让即在转让股东与受让人达成合意的基础上，通过签订股权转让合同而转让股权的情形。非协议转让指由于转让股东意志以外的原因即某种法律事实，如离婚、继承、人民法院强制执行股权而发生的股权转让情形；依据股权受让人是否为目标公司股东，分为股权内部转让和外部转让，内部转让即股权转让是在目标公司股东内部之间进行的，受让人为转让股东以外的目标公司剩余股东。外部转让是指股东的股权转让给目标公司股东之外的其他人的行为；根据股权是否分割转让，分为股权的全部转让和部分转让。股权的全部转让是指股东将其持有的全部股权转让受让人，其法律效果是转让股东丧失基于股权所拥有的全部权利和义务，股东资格予以消灭。股权的部分转让是指股东将其持有的部分股权转让给受让人，其法律效果通常是目标公司引入新的股东，且转让股东的股东资格并未丧失，仅是其持有股权减少。

2. 股权转让特征[①]

（1）股权转让方式的多元化

股权转让，有的基于民事法律行为而发生，如转让股东与受让人订立转让合同而转移股权的，或遗嘱人以遗嘱将其持有股权转让给继承人或受遗赠人；有的基于法律的直接规定而发生，如依公司法和继承法规定，被

---

① 周海博：《民商法理论与实务专题研究》，辽宁大学出版社2010年版，第12页。

继承人死亡,其包括股权在内的遗产即移转给继承人,或依公司法、物权法及担保法之规定,债权人对质押人出质股权进行拍卖、变卖用以优先清偿其债权的,或依公司法、婚姻法规定,夫妻离婚分割财产而发生的股权转让;有的基于法院的裁决而发生,如股权的强制执行。其中基于民事法律行为发生的股权转让,本书称之为股权的协议转让,属于股权转让的常态。基于法律的规定和法院裁判发生的股权转让,本书称之为股权的非协议转让,属于股权转让的非常态。

(2) 股权转让不改变公司的法人人格

在股权全部或部分转让给公司原始股东或公司原始股东之外的第三人的情况下,股权转让产生的直接法律效果是有限责任公司股权结构发生变化或公司股东发生改变。但就公司本身而言,除了因股权结构变更或公司股东变更而发生若干登记事项的改变外,股权转让对公司的直接影响较小,公司法人人格没有任何改变。正如罗马法学家阿尔费鲁斯(Vlfenus Varus)所说:"船舶的船员经常更换,有时甚至全部船员都更换了,但船舶依然存在。军团也是如此,其成员走了一批,又来了一批,但军团依然存在。"这是由公司的法人的人格独立性决定的。公司人格独立是公司人格最为本质的特征,也是法人制度精髓在公司领域的表现。公司人格的独立性是指公司人格独立于组成公司法人的成员的人格,公司是区别于其成员的另一法律实体。尽管法人可能由数个自然人共同组成,但成立后的法人在人格上与这数个自然人相分离。这一点不同于合伙。如由数个自然人共同组成的合伙便不具有与其组成者相独立的人格,具有主体地位的仅是它的组成者。法人具有自己独立的人格,此种人格的存续不会受到其成员人格消灭的影响,因此,法人突破了自然人生命周期的限制,可以永久存续下去。法人的这一特性,足以使它去从事一些须数代人努力才能达成的事业。

(3) 股权转让具有要式性

要式行为乃要式之法律行为,有广、狭二义。广义之要式行为指法律行为之成立或生效,以一定方式之完成为要件者。狭义之要式行为仅指法律行为之成立,以一定方式之完成为要件者言。法律行为之生效是否系于一定方式之完成一节,可以法律行为之要式性视之,亦可以法律行为生效之法定停止条件或停止条件视之。法律行为之方式,有缘自法律之规定,是为法定方式，有来自当事人之约定，是为约定方式。本书视角主要集中在法定方式上。综观世界各国公司立法，均要求有限责任公司股权转让采取要式形式，对有限责任公司股权转让的程序和形式予以规制。如德国《有限责任公司法》第15条第3项规定："股东转让出资额的，需要以公证的方式订立合同。"第17条规定："（1）只有经过公司承认时，才可以让与部分出资额。""（2）此项承认需采取书面方式；在承认书上，必须指明取得人的身份，并指明在未分割的基本出资中，因分割而产生的各出资额应得的数额。"法国《商事公司法》第45条规定："第1款 只有在征得至少代表3/4'公司股份'的多数股东同意后，公司股份才转让给与公司无关的第三人。"第2款："公司在三个月内未做出决定的，视为同意转让。"第48条规定："公司股份的转让应遵守第20条的规定。第20条规定：公司股份的转让应书面予以确认。股份转让只有在履行上述手续并在商业和公司注册簿上进行公告后，才可对抗第三人。"《日本有限公司法》第19条第2款规定："股东在将其全部或部分出资份额转让给非股东的人的情形下，须取得股东会的同意。"第3款规定："在前款的情形下，股东可以记载转让相对人及转让出资份数的书面申请，向公司提出同意转让，或者在不同意转让时，指定其他转让相对人的请求。"我国2006年新《公司法》第72条第2款规定："股东向股东以外的人转让股权，应当经其他股东过半数同意。股东应就其股权转让事项书面通知其他股东征求同意，其他股东自接到书面通知之日起满三十日未答复的，视为同意转让。其他股东半数以上不同意转让的，不同意的股东应当购买该转让的股权；不购买的，视为同意转让。"

（4）股权转让具有整体性和不可分割性

依据股权行使目的和内容为标准进行划分，股权的权能可分为两大类，即自益权和公益权。凡股东以自己的利益为目的而行使的权利是自益权，主要包括发给出资证明或股票的请求权、股份转让过户的请求权、分配股息红利的请求权以及分配公司剩余财产的请求权等。凡股东以自己的利益并兼以公司的利益为目的而行使的权利是共益权，主要包括出席股东会的表决权、任免董事等公司管理人员的请求权、查阅公司章程及簿册的请求权、要求法院宣告股东会决议无效的请求权，以及对公司董事、监事提起诉讼权等。尽管股权的内容和行使方式具有多样化的特点，但股权并非是众多独立权利的集合或总和，其在本质上仍不失为一种单一的民事权利。股权的各种权能之间尽管类型各异，但它们之间存在着必然的逻辑联系，其相互协调、相互配合、共同发挥作用，是一个不可分割的统一体。股权体现出目的性权能与手段性权能、请求性权能与支配性权能以及团体性权能与个体性权能的有机融合和统一。因此，股权转让不能仅转移自益权而保留共益权，或者仅转移共益权而不涉及自益权。

三　引例分析

（1）明确股东优先购买权的行使主体

根据《公司法》第72条规定，"有限责任公司的股东之间可以相互转让其全部或者部分股权。股东向股东以外的人转让股权，应当经其他股东过半数同意。股东应就其股权转让事项书面通知其他股东征求同意，其他股东自接到书面通知之日起满三十日未答复的，视为同意转让。其他股东半数以上不同意转让的，不同意的股东应当购买该转让的股权；不购买的，视为同意转让……"从该法条可以得出，享有优先购买权的股东实质上包括两类：第一类是原同意对外转让出资的股东；第二类是不同意对外转让出资又未购买出资的股东，即视为同意对外转让出资的股东。

（2）股东优先购买权的行使期间

股东优先购买权的行使期限应从转让出资股东公开表达转让意图并正式通知转让条件时起算。其他股东在得知转让条件后，经过合理期限不主张购买，应认定其放弃优先购买权。

首先，股东优先购买权的行使期限与不同意对外转让出资股东应当购买出资的义务履行期限是重合的。如果把从得知购买条件后到转让出资股东与第三人签订合同的期间单纯地视为拒绝履行购买出资义务期间，将导致其他股东因是否同意对外转让出资的态度不同，而使各自的优先购买权的行使期限不一致。

其次，其他股东同意对外转让出资意味着其在做出同意决定的时候放弃在一定条件下的优先购买权。因为对外转让出资，亦即不向其他股东进行内部转让出资。其他股东如果在得知转让条件后意欲购买，应当做出不同意对外转让的决定，并进行购买，反之可以推定其不愿购买。

最后，行使期间的起算是相对于既定条件而言的。每当转让出资股东确定出一个更为优惠的转让条件,股东优先购买权行使期就应当重新计算。也就是说,如果转让出资股东事后与第三人的转让条件较之事先通知其他股东的转让条件更为优惠,则其他股东原先做出的不购买表示,对其优先购买权不发生法律效力,其仍可在知道或应当知道出资转让条件后的合理期间内享有优先购买权。

第六章 公司治理结构

第一节 公司治理结构的概述

一 引例

甲股份有限公司（以下简称甲公司）的公司章程中规定董事长个人可以决定支配的资金为300万元，张某是甲公司的董事长，张某长期以来代表甲公司与乙有限责任公司（以下简称乙公司）签订合同，2006年3月，张某与乙公司签订标的为340万元的合同，张某回到公司后并没有将此事作出说明，后来，甲公司不能履行该合同，乙公司在请求履行未果的情况下，向法院提起诉讼，甲公司以根据公司章程张某无权代表公司签订该合同为由，向法院提出抗辩，请问这样的抗辩理由成立吗？为什么？

二 基本理论

（一）公司治理结构的含义

公司基于与其他企业不同的组织形式和产权结构，形成了独特的治理结构，这种治理结构是现代企业制度的核心和集中。所谓公司治理结构，是指一种联系并规范股东（财产所有者）、董事会、高级管理人员权利和义务分配，以及与此有关的聘选、监督等问题的制度框架。简单地说，就是如何在公司内部划分权力。良好的公司治理结构，可解决公司各方利益分配问题，对公司能否高效运转、是否具有竞争力，起到决定性的作用。我国公司治理结构是采用"三权分立"制度，即决策权、经营管理权、监督权分属于股东会、董事会或执行董事、监事会。通过权力的制衡，使三大机关各司其职，又相互制约，保证公司顺利运行。①

公司治理结构要解决涉及公司成败的两个基本问题。一是如何保证投资者（股东）的投资回报，即协调股东与企业的利益关系。在所有权与经营权分离的情况下，由于股权分散，股东有可能失去控制权，企业被内部人（即管理者）所控制。这时控制了企业的内部人有可能做出违背股东利益的决策，侵犯股东的利益。这种情况引起投资者不愿投资或股东"用脚表决"的后果，会有损于企业的长期发展。公司治理结构正是要从制度上保证所有者（股东）的控制与利益。二是企业内各利益集团的关系协调。这包括对经理层与其他员工的激励，以及对高层管理者的制约。这个问题的解决既有助于处理企业各集团的利益关系，又可以避免因高管决策失误给企业造成的不利影响。

公司治理机构与公司的组织机构是有区别的，二者的区别不仅在于表述的不同，而且在于分析的视角和重心的差异。公司的组织机构强调的是作为个体的组织机构其重心的差异。公司的组织机构强调的是作为个体的组织机构，其重心在于分析公司各个组织机构的构成、权利和运行机制，如在分析董事会时，往往是就董事会论董事会，通常不关注董事会与股东会、监事会和经理相互间的关系，缺乏应有的整体观和系统观。公司的治理结构强调的则是作为组织系统组成部分的公司组织机构，不仅要分析公司各个组织机构的组成、权利和运作机制，更要关注各个组织机构相互间的合作与制衡关系，把公司的组织机构作为整体来研究。这种分析视角与重心的转换，能够避免公司各组织机构权力配置上的顾此失彼，有利于实现公司各组织机构行为的有机整合。形成分离不分家，制约制衡不掣肘的治理结构。不仅能够增强公司的行为理性，而且可以减少公司经营过程中的内耗。从而提高公司的运营效率，实现法律设定公司制度的目的。

（二）确立公司治理结构的原则

西方国家在长达三百多年的公司实践中，不仅探索出了一系列各具特色、构思精巧的管理办法，而且也逐渐形成了一些为各国立法所普遍遵循的公司治理结构原则。综观各国公司法的有关规定，可以看到在确立公司治理结构的具体模式时，公司法人治理结构的建立应当遵循的原则是：

---

① 冯果：《公司法要论》，武汉大学出版社 2003 年版，第 103 页。

(1) 法定原则

公司法人治理结构关系到公司投资者、决策者、经营者、监督者的基本权利和义务，凡是法律有规定的，应当遵守法律规定。

(2) 职责明确原则

公司法人治理结构的各组成部分应当有明确的分工，在这个基础上各司其职，各负其责，避免职责不清、分工不明而导致的混乱，影响各部分正常职责的行使，以至整个功能的发挥。

(3) 协调运转原则

公司法人治理结构的各组成部分是密切地结合在一起运行的，只有相互协调、相互配合，才能有效率地运转，有成效地治理公司。

(4) 有效制衡原则

公司法人治理结构的各部分之间不仅要协调配合，而且还要有效地实现制衡，包括不同层级机构之间的制衡、不同利益主体之间的制衡。

(三) 公司治理结构的模式

公司治理结构通常有英美模式、日本欧洲大陆模式等。英美重视个人主义的不同思想，在企业中的组织是以平等的个人契约为基础。股份有限公司制度制定了这样一套合乎逻辑的形态，即依据契约使企业在股东的治理下运营，这种模式可称为"股东治理"模式。它的特点是公司的目标仅为股东利益服务，其财务目标是"单一"的，即股东利益最大化。在"股东治理"结构模式下，股东作为物质资本的投入者，享受着至高无上的权力。它可以通过建立对经营者行为进行激励和约束的机制，使其为实现股东利益最大化而努力工作。但是，由于经营者有着不同于所有者的利益主体，在所有权与控制权分离的情况下，经营者有控制企业的权利，在这种情况下，若信息非对称，经营者会通过增加消费性支出来损害所有者利益，至于债权人、企业职工及其他利益相关者会因不直接参与或控制企业经营和管理，其权益也必然受到一定的侵害，这就为经营者谋求个人利益最大化创造了条件。日本和欧洲大陆尊重人和，在企业的经营中，提倡集体主义，注重劳资的协调，与英美形成鲜明对比。[①] 在现代市场经济条件下，企业的目标并非唯一的追求股东利益的最大化。企业的本质是系列

---

① 冯果：《公司法要论》，武汉大学出版社2003年版，第105页。

契约关系的总和，是由企业所有者、经营者、债权人、职工、消费者、供应商组成的契约网，契约本身所内含的各利益主体的平等化和独立化，要求公司治理结构的主体之间应该是平等、独立的关系，契约网触及的各方称为利益相关者，企业的效率就是建立在这些利益相关者基础之上。为了实现企业整体效率，企业不仅要重视股东利益，而且要考虑其他利益主体的利益，一个采取不同方式的对经营者的监控体系。具体讲就是，在董事会、监事会当中，要有股东以外的利益相关者代表，其目的旨在发挥利益相关者的作用。这种模式可称为共同治理模式。

1999年5月，由29个发达国家组成的经济合作与发展组织（OECD），理事会正式通过了其制定的《公司治理结构原则》，它是第一个政府间为公司治理结构开发出的国际标准，并得到国际社会的积极响应。该原则皆在为各国政府部门制定有关公司治理结构的法律和监管制度框架提供参考，也为证券交易所、投资者、公司和参与者提供指导，它代表了OECD成员国对于建立良好公司治理结构共同基础的考虑，其主要内容包括：

1. 公司治理结构框架应当维护股东的权利；

2. 公司治理结构框架应当确保包括小股东和外国股东在内的全体股东受到平等的待遇；如果股东的权利受到损害，他们应有机会得到补偿；

3. 公司治理结构框架应当确认利益相关者的合法权利，并且鼓励公司和利益相关者为创造财富和工作机会以及为保持企业财务健全而积极地进行合作；

4. 公司治理结构框架应当保证及时准确地披露与公司有关的任何重大问题，包括财务状况、经营状况、所有权状况和公司治理状况的信息；

5. 公司治理结构框架应确保董事会对公司的战略性指导和对管理人员的有效监督，并确保董事会对公司和股东负责。

从以上五点可以看出，这些原则是建立在不同公司治理结构基础之上的，该原则充分考虑了各个利益相关者在公司治理结构中的作用，认识到一个公司的竞争力和最终成功是利益相关者协同作用的结果，是来自不同资源提供者特别是包括职工在内的贡献。实际上，一个成功的公司治理结构模式并非仅限于"股东治理"或"共同治理"，而是吸收了二者的优点，并考虑本公司环境，不断修改优化而成的。当然，这并不否认公司治理结构理论上的分类。

三 引例分析

根据《公司法》第 13 条和第 45 条规定，张某作为公司的董事长在长期与乙公司签订合同中，是可以作为公司的法定代表人的，因此张某代表甲公司与乙公司签订的合同是有效的，对于公司章程具有的是内部效力，不可以以此对抗善意第三人。

第二节 股东会（股东大会）

一 引例

章某是某饮料股份有限公司的董事。1997 年 5 月 1 日，章某又与其朋友郎某合伙开办了一家合伙企业，专门生产饮料。其产品与饮料股份有限公司的产品相同，但商标不同。1999 年 4 月，饮料股份有限公司发现了章某的这一行为。同年 5 月，饮料股份有限公司股东大会通过决议，责令章某将其从合伙企业从事饮料生产取得的 20 万元所得交给饮料股份有限公司，并罢免了章某的董事职务。但该决议遭到章某的抵制。于是，饮料股份有限公司诉诸人民法院，请求法院责令章某将其 20 万元所得交给公司。请回答，1. 人民法院应否责令章某将其 20 万元所得交给公司，为什么？2. 饮料股份有限公司股东大会通过决议，罢免章某的董事职务是否合法？理由何在？

二 基本理论

（一）股东会的概念、地位

1. 股东会的概念

股东会（股东大会）的概念有广义和狭义的理解。从广义上说，股东会泛指在各类公司中由全体股东组成的公司权力机构，它包括股份有限公司的股东大会和有限责任公司的股东会。从狭义上理解，股东会（股东大会）专指由全体股东组成的公司的权力机构。具体地说股东会（股东大会）是公司的最高权力机关，它由全体股东组成，对公司重大事项进行决策，有权选任和解除董事，并对公司的经营管理有广泛的决定权。

股东会（股东大会）既是一种定期或临时举行的由全体股东出席的会议，又是一种非常设的由全体股东所组成的公司制企业的最高权力机关。它是股东作为企业财产的所有者，对企业行使财产管理权的组织。企业一切重大的人事任免和重大的经营决策一般都得股东会认可和批准方才有效。

2. 股东会（股东大会）的地位

（1）股东会须由全体股东组成。《公司法》第 37 条规定，"有限责任公司股东会由全体股东组成，股东会是公司权力机构，依照本法行使职权"。《公司法》第 99 条规定，股份有限公司股东大会由全体股东组成。这就说明，即使股份有限公司的股东大会，其组成成员也应是全体股东，不能将任何一个股东排除在外，哪怕是持有一股的股东。这里需要区分作为公司机关的股东会与作为股东会议的股东会，虽然习惯上将两者都称为股东会，但是两者内涵并不相同，前者由全体股东组成是公司的权力机关；而后者则是股东行使权力并形成统一意识的方式，它要求全体股东必须出席。目前，在我国公司实践中，有些股份有限公司采取股东代表大会制，将股东代表大会作为公司的权力机构，股东代表则根据股东拥有股份多少及股东分布情况来决定。应该说，这类做法是极为不当的。当然，股东会和股东会会议并不是两个完全相等的概念，股东会会议是股东会为行使职权而采取的会议形式。对于人数众多的股份有限公司而言，要求全体股东一律出席股东会会议，既无必要也不可行。所以，只要符合法定比例，股东大会会议即可召开。但是否出席股东会会议应视股东的意愿而定，法律与公司章程不得强行剥夺股东出席股东会会议的权利。

（2）股东会是公司的法定但非常设机构。股东会是公司依法必须设立的公司组织机构。股东会的设立受法律强制性的约束。但是，针对特殊类型的公司，公司法有时也会灵活地作出规定。比如在我国，中外合资经营的有限责任公司一般都不设股东会，而以董事会作为公司的最高权力机构。《有限责任公司规范意见》也规定股东会是可设机构，即有限责任公司可设股东会也可不设股东会，但是这会使有限责任公司不规范运行，因此，我国公司法在总结经验教训的基础上，明确规定股东会是有限责任公司的法定必设机构。对于这一问题学者争议颇多但是通说认为，股东会属于非常设机构。

（3）股东会是公司的组织机构之一，是公司的最高权力机构。《公法》第 102 条规定:"股份有限公司有股东组成股东大会。股东大会是公司的权力机构,依照本法行使职权。"它表明了股东会在公司组织机构中的地位。《公司法》第 37 条规定,"有限责任公司股东会由全体股东组成,股东会是公司权力机构,依照本法行使职权"。《公司法》第 99 条规定,股份有限公司股东大会由全体股东组成。这就说明,即使股份有限公司的股东大会,其组成成员也应是全体股东,不能将任何一个股东排除在外。该法第 102 条规定:"股份有限公司有股东组成股东大会。股东大会是公司的权力机构,依照本法行使职权。"

(二)股东会的职权

股东会为公司最高权力机构,因此,股东会行使的职权一般是针对公司的重要事项。股东会有法定职权和章程职权两类,公司可以在章程中规定除法定职权以外的其他职权。

根据《公司法》第 38 条的规定,股东会可以行使下列法定职权:(1)决定公司的经营方针和投资计划;(2)选举和更换非由职工代表担任的董事、监事,决定有关董事、监事的报酬事项;(3)审议批准董事会的报告;(4)审议批准监事会或者监事的报告;(5)审议批准公司的年度财务预算方案、决算方案;(6)审议批准公司的利润分配方案和弥补亏损方案;(7)对公司增加或者减少注册资本作出决议;(8)对发行公司债券作出决议;(9)对公司合并、分立、变更公司形式、解散和清算等事项作出决议;(10)修改公司章程;同时该条第(11)项肯定了公司股东会可以行使公司章程规定的其他职权。

从《公司法》第 38 条和第 100 条的规定看,有限责任公司和股份有限公司股东会的职权基本一致,可见我国公司的股东会和股东大会仍享有较为广泛的职权。《公司法》第 38 条所列举的前十项职权均为法定职权。此外,公司章程如规定股东会行使法定职权以外的其他职权,自然亦应为法律所允许。

(三)股东会的种类

由于股东会是由人数众多的全体股东组成,但股东会作为组织机构又必须形成自己统一的意志,所以股东会只能采取会议的方式来形成决议。股东会的会议方式一般分为定期会议和临时会议两类。

1. 定期会议,是依照法律和公司章程的规定在法定期限内必须召开的、主要讨论决定公司股东会职权范围内的例行重大事务的会议。

2. 股东会临时会议，是一种不定期的会议，是指在正常召开会议的时间之外由于法定事项的出现而召开的会议。根据《公司法》第40条的规定，代表1/10以上表决权的股东，1/3以上的董事，监事会或者不设监事会的公司的监事提议召开临时会议的，应当召开临时会议。

（四）股东会的召集

根据《公司法》第39条和第41条的规定，首次股东会会议由出资最多的股东召集和主持。此外的股东会会议，有限责任公司设立董事会的，股东会会议由董事会召集，董事长主持；董事长不能履行职务或者不履行职务的，由副董事长主持；副董事长不能履行职务或者不履行职务的，由半数以上董事共同推举一名董事主持。有限责任公司不设董事会的，股东会会议由执行董事召集和主持。董事会或者执行董事不能履行或者不履行召集股东会会议职责的，由监事会或者不设监事会的公司的监事召集和主持；监事会或者监事不召集和主持的，代表1/10以上表决权的股东可以自行召集和主持。可见，新《公司法》关于股东会召集程序的规定已经相当完善，总体上来说，弥补了以前立法的不足，加强了对中小股东权益的保护。

关于股东会会议召集时间，我国《公司法》规定，对于定期会议应当按照章程规定的时间召集，对于临时会议法律没有明确规定召集会议的具体时间。

为了提高股东会会议的效率和股东的出席率，也为了防止董事会或控股股东在股东会上利用突袭手段控制股东会决议，《公司法》规定，召开股东会会议，应当于会议召开15日以前通知全体股东；但是，公司章程另有规定或者全体股东另有约定的除外。

（五）股东会的决议

《公司法》第43条和第44条对股东会的议事规则、表决方式等进行了规定：股东会会议由股东按照出资比例行使表决权；但是，公司章程另有规定的除外。股东会的议事方式和表决程序，除法律有规定的外，由公司章程规定。这两个法律条文肯定了股东表决权、股东会议事方式和表决程序的协议安排，充分体现了公司自治精神。

根据新《公司法》的规定，股东会的决议方式有两种，一种是通过召开股东会会议的方式做出决议;另一种是《公司法》修改之后新增加的规定,当股东对股东会职权范围内的事项以书面形式一致表示同意的,可以不召开股东会会议,直接做出决定,由全体股东在决定文件上签名、盖章即可。这是法律对股东会书面决议的认可,是出于对公司提高效率的便利安排。

股东会的决议均采用多数决原则,即决议须由出席股东会的代表表决权多数的股东通过方为有效。对于一般事项的决议,须经出席会议的代表 1/2 以上表决权的股东通过即为有效,但根据《公司法》第 44 条的规定,股东会会议做出修改公司章程、增加或者减少注册资本的决议,以及公司合并、分立、解散或者变更公司形式的决议,必须经代表 2/3 以上表决权的股东通过。

三、引例分析

(1) 人民法院应责令章某将其 20 万元所得交给公司,因为根据《公司法》规定,董事违反《公司法》规定自营或为他人经营与其所任职公司同类营业的,除将其所得收入归公司所有外,并由公司给予处分,章某作为饮料股份有限公司的董事与其朋友合伙开办饮料公司违反了该规定,应将其 20 万元收入所得交给饮料股份有限公司。

(2) 合法,根据公司法规定,董事在工作中违反法律或公司章程,给公司或股东造成损害的,股东大会就可以依法解除董事职务并更换董事,章某与别人合伙经营与其所在公司同类产品,损害了其公司的利益,因此,该公司的股东大会通过决议有权罢免章某的董事会职务。

第三节 董事会

一、引例

金石房地产开发股份有限公司的董事会,共有 9 名成员。一次,董事长召集董事会会议,讨论将公司闲置资金 1 亿元投资于期货问题。该次董事会会议共有 6 名董事出席。3 名董事因故未能出席,其中董事杨某虽未出席,但书面委托其助理汪某(非董事)代理出席并表决。会上董事长介绍了期货投资的巨大盈利性,并表示赞成此项投资。而董事李某对此项投资表示疑虑，认为此项投资不属于本公司章程规定的公司的经营范围。董事昭某坚决反对。经记名式书面表决，结果为：4名董事赞成，1名董事和董事张某的代理人汪某反对，董事李某弃权。董事长认为本议案已为多数通过，决议有效。该公司因投资期货亏损1000万元。公司股东以公司董事会决议违法并造成损失为由，向人民法院提起诉讼，请求损害赔偿。试析本案存在哪些违法事实，你认为法院应当如何判决本案并说明理由。

二 基本理论

（一）董事会的概念和职权

1. 董事会的概念和特征

董事会是依照有关法律、行政法规和政策规定，按公司或企业章程设立并由全体董事组成的行使经营决策和管理权的、必设的集体业务执行机关。董事会是股东会或企业职工股东大会这一权力机关的业务执行机关，负责公司或企业和业务经营活动的指挥与管理，对公司股东会或企业股东大会负责并报告工作。股东会或职工股东会大会所作的决定公司或企业重大事项的决定，董事会必须执行。董事会这一概念，具有如下特征：

（1）董事会成员是由股东会选举产生，董事会对股东会负责，执行股东会的决议。

（2）董事会是公司法定的常设机关。董事会自公司成立之日一直存在。虽然它的成员可依法随时更换，但董事会本身作为一个组织始终存在，不能更换和撤销。

（3）董事会是公司对外代表机关。董事会的活动具有对外效力，在股份有限公司中董事长是公司的法定代表人；在有限责任公司中，董事长或者执行董事是公司的法定代表人。

（4）董事会是公司的经营决策机关。董事会执行股东会决议，负责公司的经营决策，并任命经理来执行公司的日常经营事务，经理对董事会负责。

（5）由于董事会决策公司事务得由全体董事按一人一票的表决权设定，因而公司的董事会其组成人数应当是单数。我国公司法规定，有限责任公司董事会，由3—13人组成，国有独资公司的董事会由3—9人组成，规模较小的有限责任公司可选择不设董事会，但须设1人担任执行董事，股份有限公司的董事由5—19人组成。

2. 董事会的职权

各国立法关于董事会职权的规定方式有所不同，有的国家采取列举式明确授予董事会各项职权；有的国家则采取排除式规定必须由股东会行使的重要权力，除此之外的权力则由董事会行使；而有的国家立法未对董事会职权作出具体规定，而将其赋予公司章程去规定。但是，为了提高公司经营运作效率，各国公司法均赋予了董事会比较广泛的职权。

我国公司法对董事会的职权采取了列举式的规定。根据《公司法》第46条和第112条规定，董事会对股东会负责，行使下列职权：（1）负责召集股东会；执行股东会决议并向股东会报告工作；（2）决定公司的生产经营计划和投资方案；（3）决定公司内部管理机构的设置；（4）批准公司的基本管理制度；（5）听取总经理的工作报告并做出决议；（6）制订公司年度财务预、决算方案和利润分配方案、弥补亏损方案；（7）对公司增加或减少注册资本、分立、合并、终止和清算等重大事项提出方案；（8）聘任或解聘公司总经理、副总经理、财务部门负责人，并决定其奖惩；（9）决定公司内部管理机构的设置；（10）制定公司的基本管理制度。

（二）董事会的建立

1. 董事的任职资格

在公司法制的早期阶段，对董事并无公开的资格要求。随着管理专业化倾向的迅速发展，公司立法和股东才开始对董事提出一定的资格要求，以确保有经营经验和管理能力的人进入董事会，从而科学、高效地管理公司。[①] 综观各国立法规定，董事的任职资格主要包括以下条件：

（1）身份条件。关于董事的身份问题，实质是董事是否必须是股东以及法人与自然人的问题。

（2）年龄条件。对年龄条件的下限，各国规定一致，即未成年人不能担任董事。我国规定无民事行为能力者和限制民事行为能力者，不得担任公司的董事。对年龄条件的上限，多数国家没有规定，也有的国家作了

---

① 赵旭东：《新公司法讲义》，人民法院出版社2005年版，第221页。

限制。

（3）国籍条件。多数国家对董事的国籍没有限制。但也有少数国家限制董事的国籍或居民身份，如瑞士和丹麦。

（4）兼职限制。为了防止董事利用其特殊地位，损害公司利益，并保证董事有充足的精力处理公司事务，各国一般都对董事兼任其他公司的董事或实际管理人作出限制甚至禁止规定。

（5）品行条件。多数国家的公司立法都规定，某些曾被追究刑事责任或者有严重违法行为的人以及个人资信状况较差的人，在一定期限内不得担任公司的董事。如《公司法》第147条对董事、监事、高级管理人员的消极资格作出了规定，有下列情形之一的，不得担任公司的董事、监事、高级管理人员：

①无民事行为能力或者限制民事行为能力。②因贪污、贿赂、侵占财产、挪用财产或者破坏社会主义市场经济秩序，被判处刑罚，执行期满未逾5年，或者因犯罪被剥夺政治权利，执行期满未逾5年。③担任破产清算的公司、企业的董事或者厂长、经理，对该公司、企业的破产负有个人责任的，自该公司、企业破产清算完结之日起未逾3年。④担任因违法被吊销营业执照、责令关闭的公司、企业的法定代表人，并负有个人责任的，自该公司、企业被吊销营业执照之日起未逾3年。⑤个人所负数额较大的债务到期未清偿。公司违反前款规定选举、委派董事、监事或者聘任高级管理人员的，该选举、委派或者聘任无效。董事、监事、高级管理人员在任职期间出现本条第1款所列情形的，公司应当解除其职务。⑥其他条件。有些国家公司法还规定公司官员、公证员、律师等不得兼任公司的董事。此外，为了保证监督权的独立，各国公司法都规定董事不得兼任监事。

2. 董事的人数

我国公司法规定，有限责任公司董事会成员为3—13人；但规模较小和股东人数较少的有限责任公司也可以不设董事会，而只设1名执行董事；股份有限公司董事会的成员为5—19人。

（1）董事的任选

对于公司的首届董事，如公司采取发起方式设立，由发起人选任之；如公司采取募集方式设立，则由创立大会选任。在公司成立后，董事一般应由股东会选任，但个别欧洲国家（如德国）规定，董事由监事会选举产生。

董事在任职期间内，股东会原则上不得无故罢免。但当董事工作不称职或有违反法律或章程的行为时，原选任机关可作出决议，予以罢免。董事任期届满而又未能连选任者，即应解任。董事在任期内亦可辞职。

（2）董事的任期

董事的任期，各国的规定不同，短者1—2年，长者5—6年。我国规定董事任期由公司章程规定，但每届任期不得超过3年，连选可以连任。董事任期届满未及时改选，或者董事在任期内辞职导致董事会成员低于法定人数的，在改选出的董事就任前，原董事仍应当依照法律、行政法规定和公司章程的规定，履行董事职务。

（三）董事会会议

1. 董事会会议的种类

与股东会会议的分类相一致，董事会会议亦可分为普通会议和特别会议。普通会议是公司章程规定的定期召开的董事会，可为一年一次，亦可为半年一次。《公司法》第111条第1款规定，董事会每年度至少召开2次会议，多则不限。特别会议也称为临时会议，是不定期的。《公司法》第11条第2款规定："代表十分之一以上表决权的股东、三分之一以上董事或者监事会，可以提议召开董事会临时会议。董事长应当自接到提议后十日内，召集和主持董事会会议。董事会召开临时会议，可以另定召集董事会的通知方式和通知时限。"

2. 董事会会议的召集

我国公司法规定董事会由董事长召集并主持。董事长因特殊原因不能履行职务时，由董事长指定副董事长或者其他董事召集和主持。对于董事长选出前的第一次董事会会议，习惯上一般由得票数最多的董事召集。同时，我国公司法规定董事会每次会议应当于会议召开10日以前通知全体董事。

3. 董事会会议的法定人数

董事会会议要合法举行，并形成有效决议，首先必须达到出席董事会会议的法定人数。为贯彻民主原则，法定人数应占董事会成员的多数。《公司法》第112条规定："董事会会议应有过半数的董事出席方可举行。董事会作出的决议，必须经全体董事的过半数通过。"在董事会权力扩大和责任加重的形势下,董事会会议应由董事本人出席。董事因故不能出席,可以书面委托其他董事代为出席,委托书中应载明授权范围。此外,我国公司法规定公司经理、监事有权列席董事会。监事有权对董事会决议事项提出质询或者建议。

4. 董事会会议的决议

达到法定比例的董事出席并经法定比例的董事表决通过而作出的决议方为有效的董事会决议。各国公司法一般都规定了董事会的法定最低出席比例、出席的方式及作出决议要求的通过比例等事项。

我国公司法把具体的董事会议事规则赋予公司章程进行规定,而只规定了某些必需的、基本的法定议事程序。我国公司法规定,股份有限公司的董事会会议应有过半数的董事出席方可举行;董事会作出决议,必须经全体董事的过半数通过;有限责任公司董事会的议事方式和表决程序,可由公司章程规定。

(四) 董事的义务和责任

股份公司的权力机构,企业的法定代表。又称管理委员会、执行委员会。由两个以上的董事组成。除法律和章程规定应由股东大会行使的权力之外,其他事项均可由董事会决定。公司董事会是公司经营决策机构,董事会向股东会负责。董事会的义务主要是:制作和保存董事会的议事录,备置公司章程和各种簿册,及时向股东大会报告资本的盈亏情况和在公司资不抵债时向有关机关申请破产等。股份公司成立以后,董事会就作为一个稳定的机构而产生。董事会的成员可以按章程规定随时任免,但董事会本身不能撤销,也不能停止活动。董事会是公司的最重要的决策和管理机构,公司的事务和业务均在董事会的领导下,由董事会选出的董事长、常务董事具体执行。

三 引例分析

(1) 本案违法事实包括:汪某代理出席董事会议、期货投资违反公司章程、议案未得到董事会成员法定多数(即5名以上)通过,董事违背《公司法》第59条的法定义务。

(2) 本案董事违反法定义务,给公司造成损失,依据《公司法》第63条规定,违反义务人应当对公司承担赔偿责任。

（3）承担共同连带赔偿责任的具体责任人包括：对议案投赞成票和弃权票的董事。

第四节 监事会

一 引例

甲公司是一家大型股份有限公司，在以往的经营中一直收益良好，但自从李某担任董事长以来，公司的收入不但减少，还出现了亏损现象。公司监事会忍无可忍，在监事会中提出要罢免李某的董事长职务，全体监事同意，请问这样的罢免符合《公司法》的规定吗？为什么？

二 基本理论

（一）监事会的概念和职权

1. 监事会的概念及特征

监事会是由全体监事组成的、对公司业务活动及会计事务等进行监督的机构，也称公司监察委员会，是股份公司法定的必备监督机关，是在股东大会领导下，与董事会并列设置，对董事会和总经理行政管理系统行使监督的内部组织。设立监事会是为了保证公司正常有序地进行经营，保证公司决策正确和领导层正确执行公务，防止滥用职权，危及公司、股东及第三人的利益，各国都规定在公司中设立监察人或监事会。监事会是股东大会领导下的公司的常设监察机构，执行监督职能。监事会与董事会并立，独立地行使对董事会、总经理、高级职员及整个公司管理的监督权。为保证监事会和监事的独立性，监事不得兼任董事和经理。监事会对股东大会负责，对公司的经营管理进行全面的监督，包括调查和审查公司的业务状况，检查各种财务情况，并向股东大会或董事会提供报告，对公司各级干部的行为实行监督，并对领导干部的任免提出建议，对公司的计划、决策及其实施进行监督等。[1] 监事会特征如下：

（1）监事会是由依法产生的监事组成的。监事会一般由股东会选举产生。但有的国家公司法也规定了监事的其他法定产生途径，例如，我国

---

[1] 赵旭东：《新公司法讲义》，人民法院出版社2005年版，第245页。

公司法规定监事会由股东代表和适当比例的公司职工代表组成,监事会中的职工代表由公司职工民主选举产生。

(2) 监事会是对公司事务进行监督的机构。监事会的监督职能一般包括两方面:一方面是对董事、经理的经营行为监督;另一方面是财务监督,也称为专业监督。

(3) 监事会行使职权的独立性。保持充分的独立性是进行有效监督的重要前提。为此各国公司法均非常重视对监事会行使职权的独立性的保障。

(4) 监事个人与监事会并行行使监督职权。与股东会不同,股东会是决策机构,需要形成统一的意志,因此它采取的是一种集体决策机制。

2. 监事会的职权

(1) 检查公司财务;

(2) 对董事、高级管理人员执行公司职务的行为进行监督,对违反法律、行政法规、公司章程或者股东会决议的董事、高级管理人员提出罢免的建议;

(3) 当董事、高级管理人员的行为损害公司的利益时,要求董事、高级管理人员予以纠正;

(4) 提议召开临时股东会会议,在董事会不履行本法规定的召集和主持股东会会议职责时召集和主持股东会会议;

(5) 向股东会会议提出提案;

(6) 依照《公司法》第 152 条的规定,对董事、高级管理人员提起诉讼;

(7) 公司章程规定的其他职权。

(二) 监事会的组成

1. 监事会的人数

关于监事会的人数,各国立法一般视公司的股本规模、职工人数而定。大多数国家对监事会的人数都未作上限规定,授权公司根据具体情况以章程确定。我国公司的监督机构原则上采取委员会制,规定监事会的人数不得少于 3 人。但股东人数较少和规模较小的有限责任公司可不采取委员会制,仅设 1—2 名监事。

2. 监事会的成员结构

《公司法》第 52 条第 2 款规定:"监事会应当包括股东代表和适当比例的公司职工代表,其中职工代表的比例不得低于 1/3,具体比例由公司章程规定。"可见，我国公司监事会是由股东代表和职工代表两部分人员组成，这对于树立企业职工的主人翁地位，维护企业职工的合法权益，无疑具有重要意义。

（三）监事的任免

1. 监事的产生办法

监事会成员一般由股东会选任，其办法与董事相同。不过，对于监事会中的职工成员，各国多规定由公司职工民主选任或者由公司的工会组织选任。在特定情形下，法院也可任命监事会成员。如德国《股份公司法》第104条规定，如果监事会不拥有做出决议所必需的成员数，那么法院可以根据监事会、1名监事会成员或者1名股东的申请，任命监事以补足这一数目；日本《商法》也有类似的规定。

2. 监事的任职资格

监事会成员须具备一定的资格。像董事一样，有的国家允许法人担任监事会成员，但必须任命一个有行为能力的自然人作为它的代表。但有的国家，如德国，则只允许自然人担任监事。为了保证监事会的独立，各国公司法都规定，公司的董事、高级管理人员不得兼任公司的监事，我国公司法也有同样的规定。除此之外，监事的任职资格与董事、经理的任职资格相同。

3. 监事的任期

监事会成员的任期多为3年，一般可以连选连任；但也有的国家，如日本规定监事不得连任，其主要目的在于避免监事任职时间过长，与公司董事之间相互熟识后或者碍于情面，或者相互勾结，影响监督效用的发挥。我国《公司法》规定，监事的任期每届为3年；监事任期届满，连选可以连任。

监事会应在其组成人员中推选1名召集人。监事会的召集人多被称为监事会主席，我国公司监事会主席一般由公司党委书记兼任。与董事长在董事会中的重要位置不同，我国公司法未规定监事会主席的特别职权，解释上应认为监事会主席负责召集和主持监事会会议，其他方面的权限可由公司章程做出规定。

4. 监事的卸任与免职

股东担任的监事由股东大会选举或更换，职工担任的监事由公司职工民主选举产生或更换，监事连选可以连任。监事卸任与免职的原因与方法与董事会基本相同，即任期届满时卸任；本人请求辞职；因原任机关罢免；因丧失任职资格而被解除等。此外，《上市公司章程指引》规定，监事连续两次不能亲自出席监事会会议的，视为不能履行职责，股东大会或职工代表大会应当予以撤换。监事可以在任期届满以前提出辞职，该章程第五章有关董事辞职的规定，适用于监事。

三　引例分析

根据《公司法》第119条、第54条、第55条的规定监事会有以下职权：（一）检查公司财务；（二）对董事、高级管理人员执行公司职务的行为进行监督，对违反法律、行政法规、公司章程或者股东会决议的董事、高级管理人员提出罢免的建议；（三）当董事、高级管理人员的行为损害公司的利益时，要求董事、高级管理人员予以纠正；（四）提议召开临时股东会会议，在董事会不履行本法规定的召集和主持股东会会议职责时召集和主持股东会会议；（五）向股东会会议提出提案；（六）依照本法第152条的规定，对董事、高级管理人员提起诉讼；（七）公司章程规定的其他职权；（八）列席董事会会议，并对董事会决议事项提出质询或者建议。

在本案中监事会有权要求召开临时股东大会，监事会中的相关监事可以在股东大会上提出罢免案，但是《公司法》没有规定监事会可以罢免董事长。因此监事会的罢免案不符合《公司法》的规定。

第五节　经理

一　引例

张某是甲公司经理，2001年10月28日，他向专利局申请一项非职务发明，并于2002年1月12日获得批准，2003年4月，张某在与几位副总经理商量后，将该项发明卖给了自己经营的乙公司，由张某的妻子李某与乙公司的副经理梁某（有资格代表公司签订合同）签订发明专利的转让合同。后来甲公司认为张某作为甲公司的法定代表人将自己的发明卖给的自己经营的公司，属于利用职位之便，牟取私利，是非法的，于是甲公司向法院提起诉讼,请问甲公司的诉讼请求能得到法院支持吗?

二 基本理论

(一) 经理的概念和职权

经理依照公司章程、《公司法》和董事会的授权行使公司经营权力,并享有任免经营管理干部的权力。经理是公司对内生产经营的领导,也是公司对外活动的代表,其行为就是公司的行为,即使其行为违反了公司章程和董事会授权规定的权限范围,一般也都视为公司行为,后果由公司承受,这就是《中华人民共和国合同法》规定的表见代理制度的法理实践来源之一。经理是公司的日常经营管理和行政事务的负责人,由董事会决定聘任或者解聘。经理对董事会负责,可由董事和自然人股东充任,也可由非股东的职业经理人充任。根据新《公司法》第50条规定:"经理对董事会负责,行使下列职权:(一)主持公司的生产经营管理工作,组织实施董事会决议;(二)组织实施公司年度经营计划和投资方案;(三)拟订公司内部管理机构设置方案;(四)拟订公司的基本管理制度;(五)制定公司的具体规章;(六)提请聘任或者解聘公司副经理、财务负责人;(七)决定聘任或者解聘除应由董事会决定聘任或者解聘以外的负责管理人员;(八)董事会授予的其他职权。"经理的主要职责是经营与管理,所谓的经营与管理,是指对自己所主管的部门进行有效规划,制定相应的战略目标和发展规划,与自己的部属一起,通过切实有效的办法,使之逐一落到实处,逐步实现。

(二) 经理的选任与解聘

作为董事会的辅助执行业务机构,经理的选任和解聘均由董事会决定。对经理的任免及报酬决定权是董事会对经理实行监控的主要手段。董事会在选聘经理时,应对候选者进行全面综合的考察。我国公司法对经理的任职资格作出了与董事相同的要求,不符合法律规定的任职资格的人不得成为公司经理。法定的资格限制仅是选聘经理的最基本条件,出任公司经理的人,除应符合法律规定的任职条件外,还应当具备相应的经营水平和管理才能。只有选聘那些德才兼备者,才能有效地提高公司的经营水平和竞争能力。

经理入选后,其经营水平和经理能力要接受实践检验,要通过述职、汇报和其他形式接受董事会的定期和随时监督。董事会根据经理的表现，可留聘或解聘，决定经理的报酬事项。

解聘不合格的经理，是董事会对经理进行事后制约的重要手段，其作用不可低估。在西方国家，当一个经理在市场失败，由于经营不善而对公司衰落负有责任时，在经理被解聘的同时，也在他的历史上记载下了一笔不可抹杀的失败记录。有过市场失败记录者，很难重新谋求到经理的位置。因此，在国外即使已经取得经理职位的人，也十分珍惜其职位。保住经理职务的唯一途径是提高公司的利润水平不断增强公司的实力，使公司得以长期稳定地发展。

（三）经理的义务与责任

经理作为公司的高级管理人员在行使职权的同时，也必须履行相应的义务，承担相应的责任。作为基于委任关系而产生的公司代理人，经理对公司所负的义务与董事、监事基本相同，依法对公司负有忠实义务和勤勉义务。我国公司法对董事、高级管理人员规定了相同的义务。

三　引例分析

甲的诉讼请求不能得到法院的支持，因为依据《公司法》第 248 条规定：董事、监事、高级管理人员应当遵守法律、行政法规和公司章程，对公司负有忠实义务和勤勉义务。董事、监事、高级管理人员不得利用职权收受贿赂或者其他非法收入，不得侵占公司的财产。第 149 条规定：董事、高级管理人员不得有下列行为：（一）挪用公司资金；（二）将公司资金以其个人名义或者以其他个人名义开立账户存储；（三）违反公司章程的规定，未经股东会、股东大会或者董事会同意，将公司资金借贷给他人或者以公司财产为他人提供担保；（四）违反公司章程的规定或者未经股东会、股东大会同意，与本公司订立合同或者进行交易；（五）未经股东会或者股东大会同意，利用职务便利为自己或者他人牟取属于公司的商业机会，自营或者为他人经营与所任职公司同类的业务；（六）接受他人与公司交易的佣金归为己有；（七）擅自披露公司秘密；（八）违反对公司忠实义务的其他行为，董事、高级管理人员违反前款规定所得的收入应当归公司所有。

张某作为经理，是公司的高级管理人员，其行为并没有违反《公司法》规定的相关义务。张某出卖自己发明的行为是合法的。

第六节 股东诉讼

一 引例

李先生认为自己所入股的某工业公司的权益，被该公司监事周先生等人及某家具设备公司侵犯。他未经过公司最高决策机关同意，以个人名义诉至法院，要求家具设备公司还款给工业公司。这桩涉及公司和股东诉权的新类型案件备受各界关注。日前，南京市中院终审，认定李先生有权提起股东代表诉讼。股东自行起诉要维护公司权益。

李先生是福州一家工业公司的股东、执行董事和法定代表人，但不掌握公司公章。周先生是该公司的股东和监事。2011年，李先生发现"周先生等人有损害工业公司及其他股东权益的行为"，就以个人名义诉至法院，要求某家具设备公司立即返还工业公司11.9万元，周先生等人承担连带偿还责任。请运用股东诉讼原理分析本案。

二 基本理论

（一）股东诉讼概念与特征

通过对学界观点之考察与股东诉讼特征之揭示，更加清晰了股东诉讼的轮廓。本书认为，股东诉讼是指股东股权受到公司、公司其他股东、董事、监事、高管之不法侵害，具有法定资格的股东得以自己之名义向法院提起诉讼寻求司法救济的诉讼机制。股东诉讼具有如下特征：

1. 股东诉讼的提起主体为公司股东。顾名思义，股东诉讼的主体——原告一方必然为公司股东，即只有股东方能有权提起股东诉讼，其他不具股东身份之主体提起的相关诉讼则不能列为股东诉讼的行列。作为股东诉讼直接法律依据的2006年《公司法》第152条和第153条之规定，对股东直接诉讼与股东间接诉讼进行了立法诠释，即无论是基于保护股东直接权益的股东直接诉讼，抑或是保护股东间接利益的股东间接诉讼，诉讼当事人中的原告一方必须是具备股东资格，享有相应股东权益的法律主体。[①]

[①] 周海博：《民商法理论与实务专题研究》，辽宁大学出版社2010年版，第132页。

2. 股东诉讼为原告股东以自己名义提起。依据学界通说，股东诉讼包括直接诉讼和间接诉讼两种类型，其中股东直接诉讼是为股东合法权益受到不法侵害而设置的一种救济机制，根据传统民事诉讼法一般原理，股东提起诉讼之诉系为业已受到侵害的股东权益寻求公力救济，故此，毫无疑问，在股东直接诉讼中，原告股东应以自己名义提起诉讼。而在股东间接诉讼中，"当公司的合法权益受到不法侵害时，在公司不能或者怠于行使诉权提起诉讼的情况下，如果仍然坚持必须由公司以自己的名义起诉，事实上的结果就会是不起诉，等于故意放纵公司的董事、经理等管理人员对公司权益的侵害，实际上损害了公司及股东的利益。因此，为维护公司的合法权益，最终也是维护股东的权益，应当允许股东以自己的名义提起诉讼，诉讼才有可能提起，诉讼目的才可能实现。"

3. 股东诉讼的缘起为股权受到侵害。公司这种企业形式的诞生，是人类历史的一大创举。在现代公司制度中，公司与股东均为相互独立的法律主体，股权是联系股东与公司的纽带和桥梁，即公司与股东之间人格独立、财产独立、责任独立，股东只能通过股权依法定程序表达自己的意思、影响公司的决策，别无他途。因此，对于失去出资所有权的股东来讲，保护股权免受外来侵害显得尤为重要，立法者为此设置了股东直接诉讼制度。传统的股权规则并非无懈可击，在纷繁的公司实践中，经常会有公司董事、监事、经理等公司高级管理人员未履行忠实义务和勤勉义务，且公司怠于追究其责任，进而损害公司股东利益的情形发生，为此，现代各国纷纷立法跨越传统公司法则，确立股东间接诉讼制度，保护股东合法权益免受不法侵害，其实质仍是基于对股权的保护。

4. 股东诉讼属于侵权之诉。关于股东诉讼的性质，有的学者认为："从本质上来说，股东诉讼可以是侵权之诉，也可以是违约之诉。如果大股东违反公司章程中的规定，或者违反了股东之间的出资协议，小股东可以提出违约之诉、如果由于大股东的不法行为，给公司或者其他股东造成损害，那么受害的股东可以提出侵权之诉。"笔者认为此观点有待商榷：其一，股东诉讼的诉因系源自公司或公司其他股东、公司高管对股东股权之侵害，而股权作为一种新型的民事权利，非属债权；其二，根据现代公司法理论，公司章程规定之股东权利义务与公司法规定的股东股权并无二致，均属股权范畴，而非债权；其三，基于违反股东之间出资协议的诉讼，并非股东诉讼范畴，本书界定的股东诉讼必须是基于股东身份，股权受到侵害之情形。根据公司法相关规定，公司成立之前，股东违反出资义务，属于违约行为，非股东诉讼，仅属一般的民事诉讼。公司成立之后，股东违反出资义务，属于侵权行为，有权提起诉讼的主体为公司，只有在公司怠于行使该种诉权时，股东始有权提起股东间接诉讼。综上，股东诉讼为侵权之诉，而非违约之诉。

5. 股东诉讼的程序仍应遵循民事诉讼的一般规则。尽管股东诉讼尤其是股东间接诉讼不同于一般的民事诉讼，各国公司法均对其予以特别规定，设置了较为复杂的程序规则，诸如诉讼股东持股比例、诉讼费用担保、诉讼前置程序等。但公司法如此规定，仍不能改变股东诉讼作为民事诉讼的本质，股东诉讼除应接受公司法的调整外，还应遵守民事诉讼法的一般规定，如诉讼管辖、审判程序、诉讼费用分担等。

（二）股东诉讼之类型考察①

1. 依据股东诉讼目的标准划分，股东诉讼分为直接诉讼和间接诉讼。仔细研读学界相关著述，此种分类乃属多数公司法学者所主张的，但尽管如此，持此种观点的学者对于股东诉讼目的之看法仍不尽相同。有的学者认为，股东诉讼一般应被分为直接诉讼与间接诉讼。此种分类的原因在于股东作为公司成员享有性质不同的两种权利，即个人成员资格权利与公司成员资格权利。其中，直接诉讼是指股东在作为公司成员所享有的个人性权利受到侵害时所提起的一种诉讼。例如，请求支付股份收益的诉讼、行使知情权诉讼、参与公司管理诉讼等。间接诉讼是指当公司董事、经理等公司高级管理人员实施某种越权行为或不当行为时，由于公司董事会、监事会或股东大会对此不提起诉讼，而由公司一个或多个股东代表公司对实施越权行为或不当行为者提起的诉讼。有的学者认为，股东诉讼是指股东对损害股东利益和公司利益的行为提起的诉讼。其中，股东直接诉讼是指股东为维护自身利益而提起的诉讼。股东间接诉讼是指当公司合法权益受到侵犯并造成公司损失时，公司有权机关及工作人员怠于或拒绝提起相应诉讼，股东可以以自己名义代表公司向人民法院提起诉讼。前述两种定义方法属于当前我国公司法学界的典型代表，但均或多或少在不

---

① 周海博：《民商法理论与实务专题研究》，辽宁大学出版社 2010 年版，第 134 页。

同程度上存在一些问题。为了能够准确界定股东诉讼内涵，精准划分股东直接诉讼与股东间接诉讼的边界，本书认为有必要将二者予以比较研究。

（1）股东直接诉讼与股东间接诉讼的诉讼目的不同。尽管通说将诉讼目的作为股东诉讼的分类标准，但公司法学者对诉讼目的内容之诠释不尽一致，如前所述，有的学者从自益权和共益权角度界定股东直接诉讼和股东间接诉讼，认为股东基于自益权提起的诉讼即为股东直接诉讼，基于共益权提起的诉讼即为股东间接诉讼。有的学者从股东权益和公司权益视角对二者进行界分，认为股东基于侵害股东权益而提起的诉讼为股东直接诉讼，基于侵害公司合法权益提起的诉讼为股东间接诉讼。本书认为，此种概括不甚周延。划分股东直接诉讼和间接诉讼边界之考虑无非系源于以下两个方面：其一，是否存在二者划分的必要；其二，二者划分的基点是否准确。对于前者，本书认为确有明确两种股东诉讼之必要，原因有二：其一，股东直接诉讼与股东间接诉讼保护的方向不同，股东直接诉讼首要保护的是股东股权，股东间接诉讼首要保护的是公司利益，进而保护股东权益不受侵害；其二，公司立法与民事诉讼立法具有此种诉讼结构安排的迫切要求，力求为不同股东诉讼类型提供相应的程序规则支持。对于后者，本书认为并不能以股东自益权和共益权作为界分两种股东诉讼的标准，股东不但可以针对侵害自益权的行为提起股东直接诉讼，对于侵害共益权之行为提起的诉讼也应列为股东直接诉讼范畴。根据传统的民事诉讼法当事人理论，股东与发生争议的案件具有直接利害关系是提起股东直接诉讼的必要条件，既然股东直接诉讼的诉因即为股权受到侵害，而自益权与共益权则为股权内容应有之义，所以，共益权之诉并非股东间接诉讼类型，而是股东直接诉讼。另外，也不能简单地以股东合法权益与公司合法权益作为区分上述两种诉讼的标准，此类标准边界模糊，不易辨析。毋庸置疑，股东利益与公司利益大多数情形下是一致，"一荣俱荣，一损俱损"，公司利益受到侵害必然导致股东利益受损，从此种意义上讲，股东代位于公司提起的股东间接诉讼隐含了股东直接诉讼的影子，即形成了学者著述中提到的两类诉讼相互转化或竞合的"尴尬"。凡此种种，本书认为，不妨将股东直接诉讼界定为股东因其股权受到直接侵害而提起的股东诉讼，其中，股权不限于自益权，还包括共益权。将股东间接诉讼界定为公司合法权益受到侵害，公司怠于或拒绝行使诉权进而致使股东股权受到间接侵害，股东代位于公司提起的诉讼。

（2）股东直接诉讼与股东间接诉讼的诉权结构不同。按照大陆法系传统民事诉讼理论，诉权具有二元结构，即诉权包括实体法意义上的诉权和程序法意义上的诉权。前者是指"当事人通过人民法院向对方当事人提出实体请求的权利。这种权利是基于实体法的规定产生的。当民事权利义务关系发生争议时，有利害关系的双方当事人都有权提起诉讼，各自都有权提出自己的主张和请求。不论何方起诉或应诉，都有实体意义上的诉权。这种意义上的诉权对于原告而言，是其利用程序意义上的诉权，请求人民法院通过审判的方式保护自己的合法利益的权利。"后者是指"民事诉讼法确定的赋予当事人进行诉讼的基本权利。这种意义上的诉权对于提起诉讼的原告而言，是请求人民法院行使审判权，对自己的合法民事权益给予保护的权利。当事人在其民事权益受到侵犯或者与他人发生争议时，可以利用程序意义上的诉权，向人民法院提起诉讼及诉讼请求。"基于此，在股东直接诉讼中，股东既具有实体法意义上的诉权，又享有程序法意义上的诉权，该诉权仅为股东本人所专有，公司以及公司其他股东均不能介入和干涉。在股东间接诉讼中，股东仅享有程序法意义上的诉权，实体法意义上的诉权为公司所享有，此种股东诉权不为诉讼股东所专属，公司其他股东也享有该诉权。

（3）股东直接诉讼与股东间接诉讼的程序规则不同。股东直接诉讼本质上与一般的民事诉讼无异，各国公司立法对其未予过多的干涉和限制。股东间接诉讼则不同，作为衡平法通过判例创造的产物，自其诞生之日就受到多方质疑和声讨。传统公司法理论认为："公司的利益只能由公司自己决定是否通过诉讼方式寻求救济，股东个人完全不应以个人地位取代公司诉权，否则就剥夺了公司享有等同于其他具有独立人格的法律主体自由决定自己事务的意思表示能力。"股东间接诉讼规则的建立将会对公司法的灵魂之一——公司人格理论形成巨大的冲击。因此，尽管随着股东诉讼制度的逐渐丰富与完善，股东间接诉讼理论为各国学者所接受并为公司立法所采纳，各国立法者无不对其予以"细心呵护"，为其设置了名目繁多的程序障碍，其目的主要在防止或减少股东滥用股东诉权给公司正常运营制造麻烦的机会。如设置严格诉因规则，只有在公司利益受到侵害，进而损害股东权益，且公司怠于或拒绝行使诉权；规范诉讼主体资格，对股东持股比例、持股时间进行限制；设置诉讼费用担保规则，要求诉讼股东提供相应担保等。

（4）股东直接诉讼与股东间接诉讼的诉讼效力不同。关于此种区别主要体现在以下两个方面：其一，诉讼利益归属不同。在股东直接诉讼中，股东不但享有程序法意义上的诉权，而且还享有实体法意义上的诉权，因此，原告股东在案件诉讼中无论是获得胜诉还是败诉，其相应的诉讼后果直接归属于原告股东。在股东间接诉讼中，股东只享有程序法意义上的诉权，实体法意义上的诉权归属于公司，因此，如果原告股东胜诉，则相应的诉讼利益归属于公司，而非原告股东。如果原告股东败诉，则原告股东要承担本案诉讼的相关费用，不由公司承担。其二，法院裁判的既判力不同。由于股东直接诉讼属于单一诉讼，因此，此类诉讼的裁判并不具有扩张效力，只约束原告股东与被告双方，公司其他股东存在异议，可以另行起诉。而股东间接诉讼属于必要的共同诉讼，此类裁判的效力不但及于原告股东、公司和被告，还及于公司其他股东，其他股东不得另行起诉。

2. 依据股东诉讼保护的股权性质标准划分，股东诉讼分为自益权诉讼和共益权诉讼。查阅相关法学著述，在股东诉讼理论研究中，将股东诉讼界分为自益权之讼与共益权之讼的文章并不少见。但笔者发现当前学界关于股东诉讼类型的此种划分均不同程度地存在着一些问题，类型厘定不甚严谨。如有的学者将股东直接诉讼与股东自益权诉讼、股东间接诉讼与股东共益权诉讼相混淆，认为"根据股东权益的不同，股东诉讼分为两类：一类是股东纯粹为维护自身合法权益而向公司或其他人提起的诉讼，即直接诉讼（即自益权诉讼）。另一类是股东为公司利益，在公司怠于或拒绝向违法行为人请求损害赔偿时而代替公司提起的诉讼，即间接诉讼（也称股东代表诉讼，基于共益权）。"笔者认为，持此种观点的学者未能厘清股东诉讼的本质，公司立法设置股东诉讼制度，赋予公司股东以诉权，其根本目的在于保护股权的实现和不被侵害。其中，股东的直接诉权所保护的客体不仅限于股东自益权，还应包括股东共益权，即只要是股权受到直接侵害，股东便可提起直接诉讼。股东间接诉权的客体并非股东共益权，追及溯源应为股东自益权。故此，股东自益权诉讼和股东共益权诉讼并非与股东直接诉讼和间接诉讼对应，这两对概念虽然在某些情形存在交集，但不可否认的是这是两条方向迥异的轨道。有的学者将股东诉讼分为四大基本类型，即自益权诉讼、共益权诉讼、期待权诉讼与共处权诉讼。他们对传统公司法理论关于自益权和共益权的界定提出了质疑，认为学界关于股东自益权和共益权的定义不甚恰当，有必要对二者重新审视和厘清。自益权与共益权划分的标准应当是股权的内容，而不是股权的行使目的。股东自益权是股东获取财产利益的权利，是一种纯粹的财产利益权。共益权则是股东对公司的重大事务参与管理的权利，是一种参与公司事务管理权。进而推出，自益权与共益权不是股权的全部内容，股权还应包括股东期待权和股东共处权。股东期待权是指股东可以要求公司机关及公司管理者在进行公司管理时遵守国家法律和公司章程的权利。股东共处权是指股东要求与一个符合法定基本条件的公司保持投资关系的权利、股东诉讼制度系为保护股东股权而设，故此，依据股权内容标准可以将股东诉讼划分为上述四种基本类型。其中，自益权诉讼包括股利分配权诉讼和剩余财产分配请求权诉讼等。共益权诉讼包括股东表决权诉讼、选任权诉讼、知情权诉讼、会议召集权诉讼、提案权诉讼及股东的个人监督权诉讼等。期待权诉讼包括股东会决议否定之诉、董事会议决议否定之诉、不公正行为的矫正之诉等。共处权诉讼包括公司设立无效之诉、公司解散之诉、退出公司之诉等。笔者对此种分类方法存在以下几点质疑：其一，此种股东诉讼类型划分是否必要？其二，此种股东诉讼类型划分是否合理？对于第一点疑问，笔者认为之所以将股东诉讼进行类型化，无非是公司立法者出于便于厘清股东诉讼程序规则，为人民法院、公司股东等诉讼参与人在股东诉讼中准确适用法律规则之目的。笔者认为，当前我国公司立法将股东诉讼分为直接诉讼和间接诉讼已能实现此种目的，并且具有坚实的公司理论支撑，完全没有必要多此一笔。对于第二点疑问，就其分类自身而言，尚欠严密性，仍存在一些纰漏。关于股权类型的划分不再遵循传统公司法理论上的股权行使目的标准，而改为采取股权内容作为划分依据，致使"此自益权非彼自益权"、"此共益权非彼共益权"，具有"挂羊头卖狗肉"之嫌。另外，依据传统的自益权与共益权分类，完全可以将上述提及的期待权与共处权的内容划归自益权或共益权之列，如期待权中的股东会决议否定之诉、董事会议决议否定之诉即属于自益权诉讼范畴。

三 引例分析

本案中,李先生虽系农业公司的法定代表人及执行董事,但并不持有公司的公章。鉴于该公司工商登记资料载明的周先生等人所持股份比例总和达55%,以及他们在本案中的被告地位,公司股东会这一公司最高决策机关就公司是否起诉的事项进行决议的结论是显而易见的。李先生作为法定代表人及执行董事的身份也随时可被股东会决议撤销。因此,为避免累诉,有效保护农业公司的合法权益,李先生有权提起股东代表诉讼。

第七章 公司的变动与消灭

第一节 公司的合并与分立

一 引例

A公司是一家股份有限公司。1997年1月,A公司与B公司约定共同出资设立一家有限责任公司(C公司)。A公司的出资形式是其拥有所有权的三层大厦写字楼(以下简称"D大厦")折合1000万元人民币。B公司的出资形式是1500万元人民币。1998年6月,C公司在当地公司登记机关办理了设立登记。但由于在设立C公司时,A公司尚未取得D大厦所占用土地的国有土地使用权证。A公司就没有在D大厦所在地房产管理部门办理房产变更登记手续。2001年3月15日,C公司召开董事会作出本公司与丁公司进行新设合并的规定,并根据该决定于2001年3月24日径直登记成立了一家新公司戊。你认为,此案例中的A公司在设立C公司时是否履行了出资义务?为什么?C公司与丁公司合并成立戊公司是否符合公司法规定的程序?为什么?

二 基本理论

(一)公司合并

1. 公司合并的概念与特征

公司法规定,所谓公司合并是指两个或两个以上的公司依照公司法规定的条件和程序,通过订立合并协议,共同组成一个公司的法律行为。

(1)公司合并是两个或者两个以上的公司合并为一个公司,参与合并的公司都是法人,因此,如果是在一个公司内部把两个不具备法人资格的下属企业合并到一块儿,那不属于公司合并,仅是公司内部组织结构的调整问题。

（2）公司合并须依法律进行，公司合并是一个非常复杂的问题，牵涉多个公司之间的权利义务关系，为了确保公司合并的公正、有序，我国参照国际惯例，制定了以公司法为主体的有关法律法规，以规范公司的合并事项。

（3）公司合并须订立合并决议，公司合并属于一种契约行为，合并各方必须就公司合并中的主要内容达成一致，并签署正式文件。如果没有订立协议，或者协议不完善，有可能造成许多的问题，影响合并的进程。

（4）合并各方须无偿转让法人所有权，合并后，原来各公司都把各自企业资产的使用权、收益权、处分权等一并转让给了合并后的新企业，形成新的法人，享有新的法人所有权，被解散公司的法人地位消灭。

（5）合并后可以有多种公司形式，具体说，公司合并可以是股份有限公司与股份有限公司之间的合并，可以是股份有限公司与有限责任公司间的合并，还可以是有限责任公司与有限责任公司之间的合并。需要注意的是，合并以后存续公司以何种公司形式存在法律上有严格规定。股份有限公司之间合并后的存续公司仍然为股份有限公司；股份有限公司与有限责任公司之间合并后的存续公司必须是股份有限公司，而不能是有限责任公司；有限责任公司之间合并后的存续公司只能是有限责任公司。[①]

2. 公司合并的方法

公司合并可以采取吸收合并和新设合并两种形式。一个公司吸收其他公司为吸收合并，被吸收的公司解散。两个以上公司合并设立一个新的公司为新设合并，合并各方解散。公司合并，应当由合并各方签订合并协议，并编制资产负债表及财产清单。公司应当自作出合并决议之日起10日内通知债权人，并于30日内在报纸上至少公告三次。债权人自接到通知书之日起30日内，未接到通知书的自第一次公告之日起90日内，有权要求公司清偿债务或者提供相应的担保。不清偿债务或者不提供相应的担保的，公司不得合并。公司合并时，合并各方的债权、债务，应当由合并后存续的公司或者新设的公司承继。

---

① 周海博：《民商法理论与实务专题研究》，辽宁大学出版社2010年版，第145页。

3. 公司合并的原因

(1) 增加经营规模，增强经济实力

在市场竞争中，资本数量的多少很大程度上影响竞争实力。合并后的公司比过去具有更雄厚的财力和物力，它更容易取得资本，获得最佳经营管理人员、技术顾问和其他人员，容易形成规模经济，从而增强公司的经济实力。

(2) 实现多元化经营，减轻经营风险

各个行业的公司合并后，能够发挥其各自优势，促进产品结构调整，增强对市场的适应力，并创造发展机遇，进而减少了一个公司为了发展多种经营而投资于其他行业的风险。

(3) 提高市场占有率，扩大市场销售

销售企业与生产企业的合并，有利于扩大产品销售，增大市场份额，从而抓住有利时机获取最大利润。

(4) 减少相互竞争

这主要是针对直接竞争者之间的合并而言的。通过合并减少竞争对手，避免两败俱伤，从而联手开发产品，开拓市场。

(5) 在一定范围优化资源配置

某一方为了获取对方的技术、设备、人才及品牌，也可能是看中了对方优越的地理位置条件，或者为了获取某一公司所拥有的专利或其他专有技术，通过合并的方式可能较为顺利地实现，从而使社会资源得到有效配置。

(6) 防止被其他公司吞并

背靠大公司，不仅可以获得外在的助力，而且依靠大公司注入资金、输入人才、改造设备、改善管理以及借助大公司的品牌、信誉及行销通道等，可以扩充自己的实力，防止被别人收购。

(7) 减少开支，节约税金

合并可提高公司内部的专业化协作水平，减少内部交易费用，从而以较低的日常管理费用换取较大的生产能力和较高的效益。同时，将两个或两个以上的纳税主体合为一个，可从减少分户设立的税费，还可以获取政府的有关税费减免及优惠政策。

(8) 获得股票升值的利益

大公司依据其较强的经济实力和信誉，往往其股价较高，小公司与其合并，可提高自身股价。此外，有些有限责任公司的股东希望通过被股份有限公司所兼并，进而使它们所拥有的股份能够上市流通，股东就有可能获得股票升值的好处。

4. 公司合并的程序

公司合并涉及公司、股东和债权人等相关人的利益，须依法进行。按照《公司法》的规定，公司合并的程序通常如下：

（1）签订公司合并协议。我国《公司法》规定，公司合并协议是指由两个或者两个以上的公司就公司合并的有关事宜而订立的书面协议。协议的内容应当载明法律、法规规定的事项和双方当事人约定的事项，一般来说包括以下内容：

①公司的名称与住所。这里所讲公司的名称与住所包含合并前的各公司的名称与住所和合并后存续公司或者新设公司的名称与住所。公司名称应当与公司登记时的名称相符，并且该名称应当是公司的全称；公司的住所应当是公司的实际住所即总公司所在地。②存续或者新设公司因合并而发行的股份总数、种类和数量，或者投资总额，每个出资人所占投资总额的比例等。③合并各方现有的资本及对现有资本的处理方法。④合并各方所有的债权、债务的处理方法。⑤存续公司的公司章程是否变更，公司章程变更后的内容，新设公司的章程如何订立及其主要内容。⑥公司合并各方认为应当载明的其他事项。

（2）编制资产负债表和财产清单。资产负债表是反映公司资产及负债状况的股东权益的公司会计报表，会计合并中必须编制的报表。合并各方应当真实、全面地编制此表，以反映公司的财产情况，不得隐瞒公司的债权、债务。此外，公司还要编制财产清单，清晰地反映公司的财产状况。财产清单应当翔实、准确。

（3）合并决议的形成。公司的合并与股东关系重大，因此合并应当由公司股东会或者股东大会作出合并决议，之后方进行其他工作。公司合并会影响到股东利益，如股权结构的变化。根据《公司法》第44条、第60条和第103条的规定，就有限责任公司来讲，其合并应当由股东会作出特别决议，即经代表2/3以上表决权的股东通过才能进行；就股份有限公司来讲，其合并应当由公司的股东大会作出特别决议，即必须经出席会议的股东所持表决权2/3以上决议通过才能进行；就国有独资公司来讲，其合并必须由国有资产监督管理机构决定，另外，重要的国有独资公司合并应当由国有资产监督管理机构审核后，报本级人民政府批准，才能进行。

(4) 通知和公告债权人。公司应当自作出合并决议之日起 10 日内通知债权人，并于 30 日在报纸上公告。一般来说，对所有的已知债权人应当采用通知的方式告知，只有对那些未知的或者不能通过普通的通知方式告知的债权人才可以采取公告的方式。通知和公告的目的主要是告知公司债权人，以便让他们作出决定，对公司的合并，是否提出异议，此外，公告也可以起到通知未参加股东会（股东会大会）的股东的作用。[①]

(5) 办理合并登记。合并登记分为解散登记和变更登记。公司合并以后，解散的公司应当到工商记机关办理注销登记手续；存续公司应当到登记机关办理变更登记手续；新成立的公司应当到登记机关办理设立登记手续。公司合并只有进行登记后，才能得到法律上的承认。

(二) 公司分立

1. 公司分立概念

公司分立是指原有公司依照法律规定分为两个或两个以上具有独立法人资格的公司。公司分立的特点：分立是一个公司的行为，不牵涉别的公司，它只需本公司的股东会作出决议即可；分立是把一个公司分拆为两个或两个以上的公司，分立后的公司是独立的法人，而不是企业内部的一个分支机构，原公司与分立后的公司是母子公司关系；公司分立必须依据法定程序、合乎法定要求进行；公司分立后的存续形式可以分别对待，有限责任公司分立后，新成立的公司仍为有限责任公司，股份有限公司分立后，新成立的公司可以是股份有限公司，也可以是有限责任公司。

2. 公司分立的方式

与吸收合并和新设公司两种合并方式相对应，公司分立也有新设分立和派生分立两种方式。

(1) 新设分立

新设分立，或称解散分立，是指公司将其全部财产进行分割，分别成

[①] 赵旭东：《新公司法讲义》，人民法院出版社 2005 年版，第 276 页。

立两个或两个以上的新设公司。此时，原公司终止，丧失法人资格，新设公司依法登记，分别取得法人资格。

（2）派生分立

派生分立，又称存续分立，是指公司将其部分财产或营业分离出去，另外设立一个或若干个新的公司。此时，原公司存续，保留原有的法人资格，新设公司依法登记，取得法人资格。

三　引例分析

（1）A公司在设立C公司时没有履行出资义务

因为根据公司法规定，股东以实物、工业产权、非专利技术或土地使用权出资的，应当依法办理其财产权的转移手续。所以，只有当A公司把D大厦所有权在D大厦所在地的房产管理部门办理房产变更手续后，C公司才能取得对D大厦的所有权，A公司才算履行了自己的出资义务。

（2）不符合公司法规定的程序

公司合并必须经股东会作出决议。C公司仅是董事会作出决议，不符合要求；公司合并必须履行通知债权人的程序，C公司未履行这一程序。

第二节　公司的解散与清算

一　引例

甲有限责任公司（以下简称甲公司）由于市场情况发生重大变化，不能再继续经营该公司，于是股东会做出决议，解散公司，股东大会选任公司董事甲、乙、丙、丁四人组成清算组。处理公司的清算期间的事务。在清算期间，乙公司由于清算事由有纠纷而提起诉讼，将甲、乙、丙、丁四人组成的清算组告上法庭。请问甲公司是否可以自行解散该公司？对于乙公司的诉讼，被告应当是谁？

二　基本理论

（一）公司解散及其原因

公司解散是指已经成立的公司，因发生法律或章程规定的解散事由，而停止其积极的业务活动,并开始处理未了结事务的法律行为。公司解散包括两层含义:首先是指公司业务经营活动的停止;其次是公司对内对外法律关系的结束。因此,只有在清算结束,公司法人地位彻底丧失后,公司才视为真正解散。导致公司解散的主要原因有:

1. 法律或公司章程规定的解散事由发生,如规定的营业期限已满;
2. 股东大会决定解散;
3. 公司股东人数或资本总额低于法定的最低数额;
4. 公司合并或分立;
5. 公司破产;
6. 公司严重违反国家法律、法规,危害社会公共利益被依法撤销。

(二) 公司清算及其特征

公司清算是指公司在解散过程中,为了保护相关当事人的合法权益,依法对公司的财产、债权债务关系进行清理,终结公司现存法律关系的行为。公司清算的法律特征:

1. 清算在公司解散过程中发生

公司出现了解散事由与公司已经解散不同,为防止公司解散可能出现的隐匿、逃避债务以及损害债权人和股东利益等情况,必须履行必要的程序后才能解散,清算是其中最主要的内容。只有清算完毕,办理了注销登记,公司才算从法律上正式解散。

2. 清算并不是针对公司解散的所有情况

并不是一切的公司解散都要履行清算程序。公司因合并或分立而解散时,不必清算。另外,公司因破产而解散应执行破产法规定的专门程序,而不按公司法规定的清算程序进行。

3. 终结公司尚存的法律关系是清算的直接目的

公司解散意味着公司法人的消灭,也意味着有关主体与公司存在的法律关系的消灭,这就需要在公司法人消灭之前妥善处理公司尚存的法律关系,其中最主要的是债权债务关系,清算就是通过对公司财产的处理来了结这些债权债务关系。

4. 清算须严格按法律规定进行

由于清算涉及众多相关当事人的利益,如果由公司自由清算,很可能出现有违公平的现象,使当事人的利益受到损害。因此,要求公司清算必须按照法律规定的条件和程序来进行。

（三）清算的程序

1. 清算人的产生

清算人是指在公司解散过程中，依法律程序产生的，专司清理和处理公司财产和债权债务的执行人。清算人或清算组职权有：清理公司财产，分别编制资产负债表和财产清单；处理公司未了结的业务；清理债权、债务；处理公司的剩余财产；代表公司参与民事诉讼活动；召集股东会、债权人会议和其他会议。

2. 清算程序

首先，公司的清算是基于公司面临终止的情况发生的。依据我国公司法的规定，公司终止的原因有两种，一种是公司的解散。前文已经指出，公司的解散分为强制解散和自愿解散两种情形。另一种是公司的破产，即公司由于宣告破产而终止。这两种情况下都会引起公司的清算，只是清算组织和清算程序存在不同。其次，公司的清算为负有公司清算义务的主体按照法律规定的方式、程序而为的行为。在公司的清算中，明确公司清算的义务主体尤为重要，但遗憾的是，我国法律关于这方面的规定还相当滞后。[①] 我国公司法只有关于清算组的概念，但是没有明确的清算主体的概念。公司的清算主体应为基于自己对公司的资产享有权益或者基于对公司的重大管理权限而为法律确定为公司在清算时组织公司清算的义务主体。

三　引例分析

（1）根据《公司法》第181条规定，公司解散的原因有：①公司章程规定的营业期限届满或者公司章程规定的其他解散事由出现；②股东会或者股东大会决议解散；③因公司合并或者分立需要解散；④依法被吊销营业执照、责令关闭或者被撤销；⑤人民法院依照本法第183条的规定予以解散。因此，甲公司可以自行解散公司。

（2）根据《公司法》第185条规定，清算组有以下职权：①清理公司财产，分别编制资产负债表和财产清单；②通知、公告债权人；③处理

---

① 赵旭东：《新公司法讲义》，人民法院出版社2005年版，第298页。

与清算有关的公司未了结的业务;④清缴所欠税款以及清算过程中产生的税款;⑤清理债权、债务;⑥处理公司清偿债务后的剩余财产;⑦代表公司参与民事诉讼活动。因此该诉讼的被告是清算组。

第三编

破产法

第一章 破产法概述

第一节 破产的概念与特征

一 引例

大地啤酒公司拥有固定资产原值900万元。该公司隶属于该市轻工业局,属占有国家资产的集体所有制企业。有原价70万美元的原西德进口设备,是该市范围内唯一啤酒生产线。公司占地百亩,其中大部分职工具有一定的生产技能。由于多方面的原因,该公司自建公司以来连年亏损,亏损额高达600万元。主管部门曾想方设法采取过一系列措施,未果。已累计负债1500万元,仅银行利息每年即需付120万元以上。企业生存无望,职工生活更无着落。该公司向该市中级人民法院提出破产申请。该案是否可以宣告申请人大地啤酒公司破产还债?法律规定的国有企业破产原因是什么?

二 基本理论

(一)破产的概念

破产清算发端于意大利的商人破产和罗马法的个人破产。据学者考证,英文中的Bankrupt(破产)一词源于意大利语"Banca Rotta",Banca意为"板凳",Rotta意为"砸烂"。它来源于中世纪后期意大利商业城市的习惯。当时,商人们在市中心交易市场中各有自己的板凳。当某个商人不能偿付债务时,他的债权人就按照惯例砸烂他的板凳,以示其经营失败。"因此,在传统破产法上,破产首先意味着一种法律上的地位,它必然地伴随着倒闭清算的结果"[1]。进入现代,破产法增加了破产拯救的内容,即是在债务

---

[1] 梁小惠等著:《民商法视域下非公有制经济法律规制与保护问题研究》,中国检察出版社2009年版,第354页。

人无力偿付到期债务,或者债务人资不抵债时,可以通过协商找出解决债务问题的办法,或者依照破产法程序进行破产企业的重整或与债权人达成和解,以达到清偿债务保全企业的目的。可见,现代"破产"在法律意义上,已不再与"破产清算"相等同。20世纪70年代以来,各发达国家纷纷改革破产法,采用重整程序,以强有力的法律手段对陷于债务困境的企业予以拯救。同时,"英国、美国是判例法国家,以不成文法为主,但是破产法均表现为成文法。"[1]

由此,所谓破产,是指在债务人不能清偿到期债务时,经债权人或者债务人申请,由人民法院依法定程序宣告其破产并强制执行其全部财产,公平清偿给全体债权人,或者在人民法院的监督下,由债权人会议达成和解协议或重整计划以使企业复苏,避免企业倒闭清算的法律制度。

(二)破产的特征

破产具有如下法律特征:

1. 破产必须以债务人不能清偿到期债务为前提

"不能清偿到期债务"是指:①债务的履行期限已届满;②债务人明显缺乏清偿债务的能力。当债务人停止清偿到期债务并呈连续状态时,如无相反证据,也可推定为"不能清偿到期债务"。

2. 存在两个以上的债权人

如果只有一个债权人,采用一般的民事执行程序即可清偿债务。当存在多数债权人时,如何对债务人的财产进行公正的分配,满足债权人的清偿要求,一般的民事执行程序无法解决,必须由法律进行特别规定。

3. 破产以公平清偿债权为宗旨

破产主要的目的是将债务人的财产按照一定的程序和比例公平合理地分配给各债权人,不能清偿的部分也由各债权人公平分担。

4. 按诉讼程序处理

从破产申请到破产宣告,从债权申报到财产清理,从破产分配到破产终结,有关当事人的活动均应在法院的主持和监督下按法定程序进行。

---

[1] 官欣荣主编:《新编商法原理》,中国检察出版社2009年版,第317页。

三 引例分析

该案可以宣告申请人大地啤酒公司破产还债。根据《中华人民共和国企业破产法》（以下简称《企业破产法》）第 2 条的规定企业法人不能清偿到期债务，并且资产不足以清偿全部债务或者明显缺乏清偿能力的，依照本法规定清理债务。对该条的理解应考虑以下三个方面：第一，债务的清偿期限已经届满；第二，债权人已要求清偿；第三，债务人明显缺乏清偿能力。

第二节 企业破产法的概念与适用范围

一 引例

2007 年 12 月，债权人中国建设银行某支行向某市中级人民法院申请启航长途货运公司破产。经查，该公司尚有资产总额 354 万元，目前负债总额为 680 万元，已经处于资不抵债的破产状态，因此该市中级人民法院依法受理此案并宣告该公司进入破产还债程序。根据《企业破产法》以及《民事诉讼法》的相关规定，破产还债程序包括哪些内容？

二 基本理论

（一）破产法的概念

破产法是指调整破产债权人和债务人、法院、管理人以及其他破产参加人相互之间在破产过程中所发生的社会关系的法律规范的总称。主要包括破产程序规范和破产实体规范。在我国，狭义上的破产法是指中华人民共和国第十届全国人民代表大会常务委员会第二十三次会议于 2006 年 8 月 27 日通过，自 2007 年 6 月 1 日起施行的《企业破产法》。广义上的破产法还包括其他处理破产案件的程序规范和实体规范，如 1991 年 4 月 9 日公布实施的《中华人民共和国民事诉讼法》中关于企业法人破产还债程序的规定以及公司法、合伙企业法、保险法等单行法中关于破产的实体性规范。

（二）破产法的适用范围

根据《企业破产法》第 2 条、第 134 条、第 135 条的规定，其适用范围为：

1. 企业法人，即适用于所有具有法人资格的企业。

2. 商业银行、证券公司、保险公司等金融机构出现破产原因后，国务院金融监督管理机构可以向人民法院提出对该金融机构进行重整或者破产清算的申请。但由于其特殊性，所以特别规定：国务院金融监督管理机构依法对出现重大经营风险的金融机构采取接管、托管等措施的，可以向人民法院申请中止以该金融机构为被告或者被执行人的民事诉讼程序或者执行程序。金融机构实施破产的，国务院可以依据企业破产法和其他相关法律的规定制定实施办法。

3. 为缓解其他非法人组织的破产无法可依的问题，规定企业法人之外的其他组织（如合伙企业）如果属于破产清算的，可以参照适用《企业破产法》规定的程序。

三 引例分析

根据《企业破产法》以及《民事诉讼法》的相关规定，破产还债程序主要包括以下内容：1. 债权人或债务人的书面申请；2. 法院审查，决定是否进入破产还债程序；3. 进入破产还债程序后，在10日内通知债权人和债务人，并发布公告；4. 通知后30日内，公告3个月内，申报债权；5. 3个月加15天内，由法院召集第一次债权人会议；6. 企业可以与债权人会议达成和解协议，法院认可，并发公告，中止破产程序；7. 法院裁定宣告企业破产，15日内成立清算组，管理、处理有关事务，并分配；8. 分配完毕，法院终结破产程序；9. 清算组向登记机关注销登记。

第二章 破产申请与破产案件的受理

第一节 破产申请

一 引例

C市石化（集团）有限责任公司自2003年起，因为经营不善，不能偿还到期债务，于2009年1月向法院申请破产。申请破产时该企业资产尚存：1.流动资金70万元。2.自有设备，折价120万元。3.租借的设备，计价18万元。4.厂房估价90万元，已经抵押给一个债权人。问该公司是否可以申请破产？

二 基本理论

（一）破产申请概述

1. 破产申请的概念

"破产申请是指破产申请人向人民法院请求受理破产案件，适用破产程序，宣告破产的意思表示。"[①] 在我国，破产程序的开始不以申请为准而是以受理为准。因此，破产申请不是破产程序开始的标志，而是破产程序开始的条件。我国破产立法在程序启动上采取的是申请开始主义，而非职权主义。破产程序仅能依债权人或债务人的申请而开始，人民法院即使在民事诉讼或者执行程序中获悉债务人不能清偿到期债务时，也无权直接宣告债务人破产或裁定进入破产程序。

2. 破产申请人

破产申请人是与破产案件有利害关系、依法具有破产申请资格的民事

---

① 周芳主编：《经济法学》，北京航空航天大学出版社2008年版，第93页。

主体。需要说明的是，并非所有与破产案件有利害关系的人都具有破产申请资格。根据我国法律规定，只有债权人和债务人才是合格的破产申请人。因此，破产案件的申请分为两类，一是债权人申请，二是债务人申请。

3. 破产申请的形式

提出破产申请，应当采用书面形式。申请人除递交书面申请外，还应当依照法律的要求提交有关证明材料。此外，申请人还应当按照规定向人民法院缴纳破产案件的前期受理费。此费用属垫付性质，于破产程序开始后从破产财产中拨还。

（二）债权人申请

1. 债权人的申请资格

在破产法上，债权人提出破产申请的请求权必须具备以下条件：

第一，须为具有给付内容的请求权；第二，须为法律上可强制执行的请求权；第三，须为已到期的请求权。因此，以下几种情况的当事人没有破产申请权：

其一是基于物权或人身权提出的无给付内容的请求。例如，排除妨害、赔礼道歉，消除影响。特定物的原物返还请求权，原则上无破产申请权，但是，因原物不能返还而转化为损害赔偿请求权的有破产申请权。其二是已超过诉讼时效期间的债权。根据民法的诉讼时效制度，已超过诉讼时效期间的请求权，人民法院不予保护。其三是丧失了申请执行权的债权。对于生效法律文书确定的给付内容，申请执行权人在《民事诉讼法》第219条规定的申请执行期限内未申请执行的，丧失请求法院强制执行的权利。其四是未到期的债权。对于未到期的债权，不能够提前强制执行，也不存在到期不能清偿的事实，故无破产申请权。但是，在破产程序开始后，未到期债权视为已到期。因此，未到期债权的请求权人虽无申请破产的资格，却享有参加破产程序的权利。

2. 债权人申请的条件

《企业破产法》第7条第1款规定："债务人不能清偿到期债务，债权人可以申请宣告债务人破产。"在这里，法律对债权人申请的实质条件只规定了"不能清偿到期债务"，这并不意味着在债权人申请的情况下，破产原因的事实构成只有一项。法律之所以这样规定，是因为债务人

"因经营管理不善造成严重亏损"的事实属于企业内部情况,债权人通常无法确知,因而不应要求债权人在提出破产申请时证明债务人经营不善和严重亏损的事实。有鉴于此,该法第 7 条第 2 款规定:"债权人提出破产申请时,应当提供关于债权数额、有无财产担保以及债务人不能清偿到期债务的有关证据。"至于债务人是否具备破产原因所要求的其他事实,需要由法院在收到破产申请后和决定受理前予以查明。

(三)债务人申请

根据《企业破产法》规定:"债务人经其上级主管部门同意后,可以申请宣告破产。"债务人申请破产经上级主管部门同意是国有企业申请破产的必要条件。因为,国有企业的所有权人是国家,而上级主管部门享有代表国家行使所有权的权力。这与非国有企业作为债务人申请破产时需要其所有权人同意是相类似的。在一般情况下,债务人享有申请破产的自主决定权。如果债务人不申请破产,人民法院不得依职权宣告债务人破产,而只能继续进行原诉讼程序或执行程序。根据现行规定,债务人申请破产时,应当向人民法院提交其存在破产原因的证明,包括企业亏损情况说明、会计报表、财产明细表、债务清册和债权清册。

(四)破产申请的法律效果

当事人向人民法院提出破产申请后,产生以下两方面的效果。

1. 对撤回破产申请的限制

申请人提出破产申请后,可以在法院受理前请求撤回。"我国破产法采取的是受理开始主义,即法院收到破产申请之时,程序尚未开始;只有当法院对破产申请作出受理裁定时,程序才告开始。"[①] 破产申请撤回是否准许,由法院决定。经法院准许撤回破产申请的,不影响申请人以后再次提出破产申请。

人民法院受理破产案件后,破产程序即告开始。破产程序是集体受偿程序,涉及的是众多当事人的利益。故已经开始的破产程序,只有在具备法定事由时才能够予以终止,而申请人请求撤回申请不是破产程序终止的法定事由。因此,在人民法院受理破产案件后,申请人请求撤回破产申请的,应予驳回。

---

① 徐磊编制:《经济法概论》,上海交通大学出版社 2009 年版,第 98 页。

2. 诉讼时效中断

债权人提出破产申请，具有请求法院保护其民事权利的性质。债务人提出破产申请，具有承认一般债务的性质。因此，根据我国《民法通则》第140条的规定，破产申请具有中断诉讼时效的效力。但是，在债权人申请的场合，诉讼时效中断的效力仅及于申请人的请求权。而在债务人申请的场合，诉讼时效中断的效力及于申请人在当时已有的所有债权人的请求权。

三　引例分析

本案中该公司可以申请破产。根据《企业破产法》第7条第1款规定，债务人有本法第2条规定的情形，可以向人民法院提出重整、和解或者破产清算申请。本案C公司已因经营不善，不能偿还到期债务，其虽尚存部分资产，但仍然符合法定的申请破产条件。

第二节　破产案件的受理

一　引例

仁和大酒店2002年9月开业，注册资金人民币20万元。经营期间，该酒店经营不善、管理混乱，财务收支严重不平衡。2005年7月，仁和大酒店停业，10月向本院申请破产还债。根据育华大酒家向法院提供的2005年6月的资产负债表表明，仁和大酒店的应收款为人民币194万元，但该酒店提供的应收款明细表中，应收款仅为人民币62万元，其余人民币132万元应收款无明细记载。而在已知的应收款人民币62万元中，有人民币54.6万元是个人白条借款。问该酒店的破产申请应否被人民法院受理？如果法院裁定不受理破产申请，可以采取怎样的法律救济？

二　基本理论

（一）破产案件受理的概念

破产案件的受理是指人民法院在收到债权人或债务人的破产申请后，认为申请符合法律规定的企业破产条件而予以接受，由此启动破产法律程序的司法行为。

（二）破产案件受理的条件

对破产申请的审查包括实质审查和形式审查两个方面。

1. 实质审查

实质审查是判定破产申请是否具备法律规定的破产申请实质条件的工作程序。实质审查所审查的事项就是破产原因的存在与否。破产原因的存在是一个事实问题。对这种事实的确定通常需要一个调查和证明的过程，而这个过程只能在破产程序开始以后才能进行。所以，在破产案件受理阶段的实质审查是一种表面事实的审查，即依据申请人提交的材料进行的审查。实践中，只要申请人提交的材料符合《企业破产法》第7条、第8条和最高人民法院《贯彻意见》第4条、第5条的规定，达到了齐备、清楚的要求，就能够确定破产事实的存在。

2. 形式审查

形式审查是判定破产申请是否具备法律规定的破产申请形式条件的工作程序。形式审查包括以下几项：

（1）申请人是否具备破产申请资格（即是否为债权人或债务人）；

（2）申请材料是否符合法律规定；

（3）本法院对本案有无管辖权；

（4）债务人是否属于破产法适用范围内的民事主体。

（三）破产案件受理的法律效果

法院受理破产申请，意味着破产程序的开始。其可以产生以下法律效果：

1. 对债务人的法律效果

自破产案件受理之日起，债务人及其法定代表人承担以下义务：

（1）财产保全义务、说明义务和提交义务。保全债务人的财产和掌握债务人在财务、经营和其他有关方面的信息，是人民法院审理破产案件和债权人行使权利的重要条件。因此，保护和移交财产、如实说明有关情况和完整、真实地提交有关材料，是债务人在破产法上的重要义务。对此，我国现行立法有如下规定：

①财产保全义务。破产程序开始后，债务人应当妥善保管企业财产，未经法院许可，不得处理企业的财产、账册、文书、资料和印章等。破产宣告后，应当及时向清算组办理移交。

②对人民法院的说明义务和提交义务。债务人提出破产申请时，应当说明企业亏损的情况，提交有关的会计报表、债务清册和债权清册。在债权人申请的情况下，人民法院也可以在程序开始后责令债务人履行此项义务。在破产程序进行过程中，人民法院可以随时责令债务人及其法定代表人和其他工作人员说明情况或者提交材料。

③对债权人会议的说明义务。债务人的法定代表人应列席债权人会议，并如实回答债权人的询问。为了保证上述义务的履行，债务人的法定代表人在破产案件审理期间不得擅离职守或者以其他方式逃避，也不得实施《民事诉讼法》第102条所禁止的妨碍司法程序的行为。债务人的法定代表人在破产程序终结以前，擅离职守或以其他方式逃避的，或者拒绝向清算组办理交接手续的，或者有我国《民事诉讼法》第102条所列行为之一的，人民法院可以根据情节轻重，予以罚款、拘留；构成犯罪的，依法追究刑事责任。

此外，破产被受理后，债务人的财务管理或其他管理人员"不得新任其他企业的董事、监事、高级管理人员"①。

(2) 不对个别债权人清偿的义务。破产程序开始后，未经人民法院许可，债务人不得对个别债权人清偿债务，也不得以其财产设立新的担保。债务人正常生产经营所必须偿付的费用（如水电费、电话费），须经人民法院审查批准，方可支付。

债务人违反上述规定，对个别债权人清偿债务或者有其他损害全体债权人清偿利益的行为的，人民法院应当裁定其行为无效，追回因无效行为所给付的财产，并可视情节轻重，依照《民事诉讼法》第102条、第104条的规定，对债务人的法定代表人、上级主管部门负责人以及其他直接责任人员予以处罚。

2. 对债权人的法律效果

破产程序的一个重要任务，就是维护债权人集体受偿的秩序。因此，破产程序开始的一个重要效果，就是自动冻结债权人的个别追索行为。其主要表现为：

(1) 破产案件受理后，债权人只能通过破产程序行使权利。债权人

---

① 徐磊编制：《经济法概论》，上海交通大学出版社2009年版，第100页。

不得个别追索债务，也不能向法院提起新的民事诉讼。

(2) 有财产担保的债权人，在破产案件受理后至破产宣告前的期间，未经人民法院准许，不得行使优先权。

(3) 债务人的开户银行，不得扣划债务人的既存款和汇入款抵还贷款。违反此规定的，扣划无效，应当退回扣划的款项。拒不退回的，人民法院应当裁定其退回并制发协助执行通知书，并可依照我国《民事诉讼法》第102条、第104条的规定对有关人员和直接责任者予以处罚。

3. 对除债务人和债权人以外的其他人的法律效果

(1) 债务人开户银行的协助义务。破产案件受理后，债务人的开户银行应当遵照人民法院的通知，履行下列义务：

①停止办理债务人清偿债务的结算业务；②支付债务人维持正常业务所必需的费用时，须经法院许可。

(2) 债务人企业职工保护企业财产的义务。破产案件受理后，人民法院应当向企业职工发布公告。企业职工应当保护好企业财产，不得非法处理企业的财产和账册、文书、印章等物品，不得隐匿、私分、无偿转让、非正常压价出售企业财产。

4. 对其他民事程序的影响

根据《企业破产法》和《民事诉讼法》的有关规定，人民法院依法受理破产程序后，对其他民事程序能够产生以下影响：

(1) 民事诉讼程序的中止或终结。破产案件受理后，有关债务人财产和权利的诉讼程序，按下列不同情况分别处理：①向债务人请求给付的经济纠纷案件，尚未审结而无连带责任人的，应当终结诉讼，由债权人向受理破产案件的人民法院申报债权；尚未审结而另有连带责任人的，应当中止诉讼，由债权人向受理破产案件的人民法院申报债权，待破产程序终结后恢复审理。②债务人向他人请求给付的经济纠纷案件，受诉法院不能在3个月内结案的，应当移送受理破产案件的人民法院。受理破产案件的人民法院发现债务人向他人请求给付的案件在其他法院并且在3个月内难以审结的，应当通知受诉法院移送。

(2) 民事执行程序的中止。破产案件受理后，对债务人财产的其他民事执行程序必须中止。这里所说的"其他民事执行程序"，是指对非依破产程序所生的法律文书的个别执行程序，这些文书包括：①未执行或者未执行完毕的已生效民事判决；②未执行或者未执行完毕的已生效民事裁定，例如先于执行裁定；③未执行或者未执行完毕的已生效刑事判决、裁定的财产部分；④已向人民法院提出执行申请但尚未执行或者未执行完毕的仲裁裁决；⑤已向人民法院提出执行申请但尚未执行或者未执行完毕的公证机关依法赋予强制执行效力的债权文书。

（3）财产保全的中止。破产案件受理后，一切依个别债权人请求而实施的对债务人的财产保全应当中止。对于已经查封、扣押、冻结或者以其他方式予以保全的债务人财产，应当解除保全措施，纳入破产财产的管理。

三　引例分析

本案中人民法院不应受理该酒店的破产申请。因为育华大酒家虽因管理混乱、经营不善而致亏损和资不抵债直至停业，由于资不抵债并未考虑企业的信用因素，资不抵债并不必然导致不能清偿到期债务。根据申请人申请破产时的状况及提供的材料，尚不能成为其申请破产还债的依据。因此人民法院不应裁定受理破产申请。另外，根据《企业破产法》第12条1款的规定，人民法院裁定不受理破产申请的，应当自裁定作出之日起5日内送达申请人并说明理由。申请人对裁定不服的，可以自裁定送达之日起10日内向上一级人民法院提起上诉。

第三章 破产管理人及债务人财产

第一节 破产管理人

一 引例

2007年7月30日,人民法院受理了甲公司的破产申请,并同时指定了管理人。管理人接管甲公司后,在清理其债权债务过程中发现,2006年4月,甲公司向乙公司采购原材料而欠乙公司80万元贷款未付。2007年3月,甲乙双方签订一份还款协议,该协议约定:甲公司于2007年9月10日前偿还所欠乙公司贷款及利息共计87万元,并以甲公司所属一间厂房作抵押。还款协议签订后,双方办理了抵押登记。乙公司在债权申报期内申报了上述债权。管理人是否有权请求人民法院对甲公司将厂房抵押给乙公司的行为予以撤销?

二 基本理论

(一) 破产管理人的概念及必要性

破产管理人是指依照破产法的规定,在破产清算程序以及破产重整和破产和解程序中全面接管破产财产并负责对其进行保管、清理、估价、处理和分配的专门机构。

《企业破产法》上将其称为"管理人"。在破产法律程序中,破产财产的管理和清算工作沉重繁杂,大量的法律事务与专业性、技术性较强的非法律事务相掺杂,远非法院的人力、物力所能胜任,而且法院作为独立的司法机关,具有公法的性质,对破产财产的管理、变价、分配等工作却为私法的事务,因而不宜由法院来处理。同时,债权人会议作为破产利害关系人的代表机构也很难保证它们的行为能完全做到公正、合理,因此也不宜担任此角色。所以成立专门机构作为破产管理人是必要的,其在破产程序中起着不可或缺的作用。

(二) 破产管理人的任职资格与选任方式

1. 破产管理人的任职资格

"选任管理人,首先面临的即是管理人的资格问题,即什么样的机构和人员可以担任破产管理人。"① 对破产管理人资格做出明确的法律规定,是保证破产管理人具有良好的业务素质和品行状况,保障破产清算程序有效进行的必要措施。根据《企业破产法》的规定,管理人可以由有关部门、机构的人员组成的清算组或者依法设立的律师事务所、会计师事务所、破产清算事务所等社会中介机构担任。人民法院根据债务人的实际情况,可以在征询有关社会中介机构的意见后,指定该机构具备相关专业知识并取得执业资格的人员担任管理人。同时,《企业破产法》也对担任破产管理人的资格规定了限制条件。根据该法规定,有下列情形之一的,不得担任管理人:(1) 因故意犯罪受过刑事处罚;(2) 曾被吊销相关专业执业证书;(3) 与本案有利害关系;(4) 人民法院认为不宜担任管理人的其他情形。个人担任管理人的,应当参加执业责任保险。

对破产管理人的资格选任上,应当考虑以下两方面因素:一是对管理人的业务要求,在立法中明确规定可以被选任为管理人的专业人员的范围。法院选任的破产管理人应主要是为社会提供各种服务的独立机构中的专业技术人员,比如会计师事务所、律师事务所、审计师事务所、资产评估事务所、企业管理顾问公司等机构的人员,他们往往具有扎实的专业知识、经验丰富、工作时间有保证、比较中立客观,因而更有利于协助法院及时地处理好清算事务。二是对管理人的人格品性要求,可规定消极资格的条件。如凡与债权人或债务人具有财产利害关系,而不能代表全体债权人公正处分财产的人不能作为破产管理人;曾有过渎职行为或曾因不称职而被解除过破产管理人职务,并且目前仍不适合受托的人,不能作为破产管理人。同时,可以建立法院正式在传媒上对破产管理人的人选及资历、主要工作职责及职权予以公告的机制等。

---

① 王延川主编:《破产法理论与实务》,中国政法大学出版社2009年版,第130页。

2. 破产管理人的任选方式

关于破产管理人的选任方式，各国存在三种立法例：（1）由法院选任并指定破产管理人。比如日本、法国等国的破产法规定，我国现行破产立法也是采用这一方式。法院在破产程序中决定指定何人为破产管理人，债权人会议一般不得干预。但债权人会议对法院指定的破产管理人不服的，可以向法院提出异议。这一方式的优点在于效率高，破产管理人能及时产生，但其也存在债权人的共同意志难以充分体现的问题。（2）由债权人会议选任破产管理人。比如美国、瑞士等国的破产法规定为。在这些国家破产宣告后，由债权人会议选任破产管理人，在破产宣告至破产管理人被选任出来前或债权人会议一直未选任出破产管理人两种情况下，由法院任命临时破产管理人负责清算事务。（3）由债权人会议选任和法定权力机关指定。比如我国台湾地区和英国等国的破产法规定，但这种选任方式可能导致事权不一，因而采用此种选任方式的国家较少。

按照《企业破产法》的规定，管理人由人民法院指定。债权人会议认为管理人不能依法、公正执行职务或者有其他不能胜任职务情形的，可以申请人民法院予以更换。指定管理人和确定管理人报酬的办法，由最高人民法院规定。

（三）破产管理人的职责

破产管理人作为管理、处分破产财产的法定机关，其职责是指破产管理人在破产程序中依法享有的权利和承担的义务。根据我国现行破产法可知，破产管理人的职责主要有以下几方面：

1. 全面接管破产企业。债务人被宣告破产后，就成为破产人，企业法人就沦为了清算法人，破产人所有的全部财产被作为概括执行的客体，应全部移交破产管理人管理和处分。破产管理人接受的破产财产包括破产人的有形和无形财产、动产和不动产、知识产权、对外的债权、持有的股份和债券以及破产人对外应履行的债务。

2. 保管和清理破产财产。接管破产财产后，破产管理人应当予以妥善保护和管理，防止破产财产遭受意外或人为的损失。破产管理人应对破产财产进行登记造册，详细说明财产种类、性质、原值、现值、保存地点等，对债权债务进行核对，对营业状况予以了解掌握。其中最主要的工作是追回被他人占有的财产，收回破产人未收回债权和要求未缴纳或未足额缴纳出资的出资人补足出资额,从而为更好地保全破产财产。

3. 代表破产人进行必要的民事及其他活动。进入破产程序后,破产管理人就取得了以破产管理人名义实施必要的以破产财产为标的民事活动的权利。一般来说,破产管理人可依法实施以下民事及其他活动:聘任必要的清算工作人员;为清算之目的,继续破产人的营业;参加诉讼、和解或仲裁;决定解除或继续履行破产宣告时尚未履行的合同;询问破产人等。

4. 对破产财产进行估价、处理、变价和分配。破产管理人对破产财产应当重新估价,已经折旧完毕的固定资产,应对其残值重新估价,残次变质财产应当变价计算,不需要变价的,按原值计价。破产管理人应根据清算结果制作破产财产明细表、资产负债表,并提出破产财产的分配方案。破产财产的分配方案交给债权人会议讨论通过,人民法院裁定认可后,破产管理人应即通知债权人限期领取财产,逾期不领取的可以提存。如破产企业的债权在分配时仍未得到清偿的,也可将该债权按比例分配给破产企业的债权人,同时通知破产企业的债务人。破产财产未经依法处理和分配,破产程序不能终结。

5. 办理破产人的注销登记。破产财产分配完毕后,破产管理人应当提请人民法院裁定终结破产程序。破产程序终结后,破产管理人应当向破产企业原登记机关办理破产企业注销登记,并将办理情况及时通知人民法院。此外,破产财产不足以支付破产费用和共益债务时,破产管理人应及时申请终结破产程序。

(四) 破产管理人的义务和报酬

1. 破产管理人的义务

《企业破产法》规定,管理人应当勤勉尽责,忠实执行职务。管理人没有正当理由不得辞去职务。管理人辞去职务应当经人民法院许可。从上述规定看,《企业破产法》对破产管理人的义务规定过于笼统。从理论上讲,应对管理人其规定一个总的义务规则。如规定破产管理人及其成员执行职务,应尽"善良管理人"的义务,其执行职务时的注意程度,应与其作为破产清算人的身份及自己的职业、地位、能力、学识等相适应,并明确规定清算组成员违反"善良管理人义务"时应承担的法律责任。破产清算人违反此项义务,对破产财团或者相关利害关系人的利益造成损害的，既构成对其解任的理由，同时也应承担相应的赔偿责任等。

2. 破产管理人的报酬

众所周知，破产事务的处理，耗时费力，责任重大，且有负担财产责任的风险。因而，各国立法多规定破产管理人享有取得报酬的权利。德国、日本及我国台湾地区破产法都规定，破产管理人报酬的数额由法院决定。我国《企业破产法》上也规定，管理人的报酬由人民法院确定。债权人会议对管理人的报酬有异议的，有权向人民法院提出。破产管理人的报酬请求权，应当列为财团债权或共益债权，即《企业破产法》上所规定的破产费用。

三 引例分析

本案例中的管理人有权请求人民法院予以撤销。根据规定，人民法院受理破产申请前1年内，债务人对没有财产担保的债务提供财产担保的，管理人有权请求人民法院予以撤销。在本案例中，2007年3月甲公司将厂房抵押给乙公司的行为发生在人民法院受理破产申请1年内，因此，管理人有权请求人民法院予以撤销。

第二节 破产财产

一 引例

中天酒业有限责任公司拥有固定资产原值870万元。其中包括原价70万美元的德国进口的啤酒生产线设备一条。公司现有工业用地103百亩，企业应收回债权为81万元，其中不能收回的为25万元，实际债权额为56万元。因经营亏损，不能偿还到期债务，公司申请进入破产程序。法院受理破产案件后，对破产企业进行资产评估显示：该公司全部实物固定资产净值620万元，存货120万元，土地使用权评估值170万元。总计910万元。问该案中的破产财产包括哪些？

二 基本理论

（一）破产财产的概念及分类

破产财产，是指破产宣告时及破产程序终结前，破产人所有的供破产清偿的全部财产。"在破产法理论、实务以及制度设计上，受破产清算程序约束的债务人财产，又被称为破产财团或破产财产。"[①]《企业破产法》第107条第2款规定，债务人被宣告破产后，债务人称为破产人，债务人财产称为破产财产，人民法院受理破产申请时将债务人享有的债权称为破产债权。第39条规定，破产申请受理时属于债务人的全部财产，以及破产申请受理后至破产程序终结前债务人取得的财产，为债务人财产。可见，破产财产与债务人财产在本质上并无区别，之所以存在称谓上的不同，是因为债务人在破产重整和破产和解程序中，为了避免提及"破产"而将宣告破产前的财产统称为债务人财产，本书对该两个概念暂不作区分。

在大陆法系的破产立法中，破产财团即破产财产，在理论上有三种分类，即法定财团、现有财团和分配财团。法定财团，是指由依据破产法规定，应当属于破产财产的全部财产组成的财团。现有财团，是指现实在破产管理人管理下的财产组成的财团。分配财团，是指破产管理人在破产清算后，实际用于对破产债权分配的财产组成的财团。

（二）破产财产范围

1. 立法模式

在破产财产的构成范围上，各国破产立法采取的主要有固定主义模式与膨胀主义模式两种形式。固定主义以破产宣告时债务人所有的财产包括将来行使的财产请求权为破产财产，所谓固定，是指破产宣告时破产财产的范围即已确定。日本、德国、美国等国采用这一立法方式。膨胀主义是指破产财产不仅包括债务人被宣告破产时所有的财产，而且包括其在破产程序终结前所新取得的财产，破产财产的范围在破产宣告后仍然有所膨胀扩大。英国、法国、瑞士等国及我国台湾地区的破产法便是采用这一立法主义的。

我国现行《企业破产法》在破产财产范围上采用的是膨胀主义立法原则。在破产人为全民所有制企业法人或其他法人型企业的情况下，由于其在破产过程中新得财产的可能并不大，对破产分配也没有什么重要的影

---

① 李永军编著：《中华人民共和国企业破产法》，中国政法大学出版社2009年版，第220页。

响。但是，在法律上对这些可能出现的新的财产的归属，必须有一个明确而合理的规定。膨胀主义更适合于我国的实际情况，它可保证公平原则，有利于保障经济秩序，维护债权人的合法权益，防止出现法律调整空档。

2. 法律规定的破产财产范围

《企业破产法》第30条规定，破产申请受理时属于债务人的全部财产，以及破产申请受理后至破产程序终结前债务人取得的财产，为债务人财产。具体包括：（1）管理人通过行使破产撤销权追回的财产；（2）人民法院受理破产申请后，债务人的出资尚未完全履行出资义务的，应当缴纳的出资；（3）管理人应当追回的债务人的董事、监事和高级管理人员利用职权从企业获得非正常收入和侵占的企业财产；（4）债务人提供的担保标的物的价值超过其所担保的债务数额的超过部分。

（三）与破产财产相关的几个概念

1. 别除权

不依破产程序而能从破产企业的特定财产上得到优先受偿的权利，称为别除权。《企业破产法》第109条规定，对破产人的特定财产享有担保权的权利人，对该特定财产享有优先受偿的权利。

2. 取回权

在破产宣告时，由破产企业经营管理的财产并非全部属破产企业所有，所有权人有权通过破产管理人取回。这种由所有权人行使的权利，称为取回权。

3. 撤销权

在人民法院受理破产申请前一年内，破产企业有《企业破产法》第31条所列侵害破产债权人利益的不法民事行为时，管理人有权向法院申请认定行为无效，并追回财产。这种由管理人行使的权利称为追回权，亦称撤销权。这些具体情形包括：（1）无偿转让财产的；（2）以明显不合理的价格进行交易的；（3）对没有财产担保的债务提供财产担保的；（4）对未到期的债务提前清偿的；（5）放弃债权的。

4. 抵消权

破产债权人在破产宣告前，对破产企业负有债务的，享有在破产清算前以其债权充抵其债务的权利，这种由破产债权人享有的权利称为抵消权。《企业破产法》第40条规定，债权人在破产申请受理前对债务人负有债务的，可以向管理人主张抵消。但是，有下列情形之一的，不得抵消：(1) 债务人的债务人在破产申请受理后取得他人对债务人的债权的；(2) 债权人已知债务人有不能清偿到期债务或者破产申请的事实，对债务人负担债务的；但是，债权人因为法律规定或者有破产申请一年前所发生的原因而负担债务的除外；(3) 债务人的债务人已知债务人有不能清偿到期债务或者破产申请的事实，对债务人取得债权的；但是，债务人的债务人因为法律规定或者有破产申请一年前所发生的原因而取得债权的除外。

三 引例分析

该案中的破产财产范围包括固定资产（净值 620 万元）、存货（120 万元）、土地使用权（170 万元）以及企业应收的实际债权额 56 万元。共计 966 万元。根据《企业破产法》第 30 条的规定，破产申请受理时属于债务人的全部财产，以及破产申请受理后至破产程序终结前债务人取得的财产，均为债务人财产。依据该条规定，本案中提及的上述财产均为债务人财产。

第四章 破产费用和共益债务及债权申报

第一节 破产费用和共益债务

一 引例

长鸿食品公司因长期管理不善，造成严重亏损，资不抵债，数额较大，无力清偿到期债务。在此情况下，该公司于2005年5月14日向人民法院提出破产申请。人民法院经过审查，发现该企业因管理不善而造成严重亏损，资不抵债，债务数额达64万元，并且难以扭转亏损局面，因此依法受理了此案。问该案中可能发生的破产费用有哪些？

二 基本理论

（一）破产费用和共益债务的概念

破产费用，"是指人民法院受理破产申请后，为破产程序的顺利进行及对债务人财产管理、变价、分配过程中，必须支付的且用债务人财产优先支付的费用。"[1]

共益债务又称财团债务，是指破产程序中为全体债权人的共同利益而管理、变价和分配破产财产而负担的债务，与之相对应的权利为共益债权。

（二）破产费用的范围

根据《企业破产法》的规定，破产费用的范围包括：

---

[1] 曹洪臣、刘向东、马永国主编：《经济法概论》，首都经济贸易大学出版社2009年版，第86页。

1. 破产案件的诉讼费用；

2. 管理、变价和分配债务人财产的费用；

3. 管理人执行职务的费用、报酬和聘用工作人员的费用。

(三) 共益债务的范围

根据《企业破产法》的规定，共益债务的范围包括：

1. 因管理人或者债务人请求对方当事人履行双方均未履行完毕的合同所产生的债务；

2. 债务人财产受无因管理所产生的债务；

3. 因债务人不当得利所产生的债务；

4. 为债务人继续营业而应支付的劳动报酬和社会保险费用以及由此产生的其他债务；

5. 管理人或者相关人员执行职务致人损害所产生的债务；

6. 债务人财产致人损害所产生的债务。

(四) 破产费用和共益债务的清偿原则

1. 随时清偿原则。债务人应当在破产过程中对破产费用和共益债务进行随时清偿。

2. 优先清偿破产费用原则。当债务人的财产不足以清偿破产费用和共益债务时，应当优先清偿破产费用，如有剩余再清偿共益债务。

3. 比例清偿原则。在破产费用或者共益债务的清偿中，当债务人财产不能足额清偿其中的一项费用时，应当按照比例清偿。

4. 不足清偿时的程序终结原则。当债务人的财产不足以对破产费用进行清偿时，管理人应当提请人民法院终结破产程序。如果此时尚未宣告债务人破产，则无须宣告。

三 引例分析

根据《企业破产法》第41条的规定，人民法院受理破产申请后发生的下列费用，为破产费用：(一) 破产案件的诉讼费用；(二) 管理、变价和分配债务人财产的费用；(三) 管理人执行职务的费用、报酬和聘用工作人员的费用。因此上述费用为本案中可能发生的破产费用。

第二节 债权申报

一 引例

昌河大酒店经公司股东会决定，于 2007 年 3 月 2 日申请宣告破产，在破产程序中债权人纷纷申报债权。提出如下给付请求：1. 某女士于 2000 年 5 月被该酒店保安人员殴打致伤，住院治疗 8 个月，要求赔偿医疗费 8730 元。2. 该酒店歌舞厅因从事色情营业被查处，市公安局于 2001 年 2 月 26 日对其做出处罚决定：罚款 1 万元，限 7 日内缴纳。3. 某旅行社与该酒店签订的合同，因酒店被宣告破产而终止，旅行社要求赔偿由此造成的损失 18000 元。4. 工商银行长兴支行对该酒店贷款 20 万元，该酒店以自有轿车（价值 28 万元）一部为银行贷款设定抵押，现工商银行要求该酒店偿还贷款，对该部轿车行使抵押权并优先受偿。问该案中哪些能够成为破产债权予以申报？

二 基本理论

（一）债权申报的概念及特征

债权申报是债权人在破产案件受理后依照法定程序主张并证明其债权，以便参加破产程序的法律行为。

债权申报具有以下特征：

1. "债权申报是债权人的单方意思表示。"[①] 根据意思自治原则，债权人享有申报和不申报的自由。

2. 债权申报以主张并证明债权为内容。申报人主张债权以外的其他权利（例如财产取回权）的，或者不能提出债权证据的，不予接受。

3. 债权申报是债权人参加破产程序的必要条件。债权人申报债权并经确定后，即具有参加债权人会议的资格，并依法享有相应的程序权利。未申报的债权人，不得参加破产程序。

4. 申报债权，必须符合法定的程序规范。例如，超过法定期限申报债权的，法院不予受理。

---

① 官欣荣主编：《新编商法原理》，中国检察出版社 2009 年版，第 360 页。

债权申报制度在破产法上具有重要的意义：它能够将债权人集结在一起，依照法律规定实现集体公平受偿，同时它也是破产程序中承上启下的必经程序。因此，债权申报制度必须坚持保护各债权人实体权利和维护公平清偿秩序的原则。

(二) 债权申报的程序规则

1. 申报期限

债权申报期限是破产法规定的允许债权人向法院申报其债权的法定期间。对债权申报期限的规定有两种立法体例，即法定主义和酌定主义。我国破产法对债权申报期限实行法定主义。根据《企业破产法》规定，收到法院通知的债权人，其债权申报期限为收到通知后30日内，未收到通知的债权人，其债权申报期限为公告之日起3个月内。故债权人收到通知的当日或者公告发布的当日，不计算在申报债权的期间内。限定债权申报期间，对于破产程序及时、顺利进行是必要的。

2. 申报范围

明确破产债权的申报范围对于平衡债权人与破产企业的利益具有重要意义。破产案件受理前成立的对债务人的债权，均为可申报的债权。未到期的债权，在破产案件受理时视为已到期。有财产担保的债权和无财产担保的债权，均在申报之列。对于在破产案件受理时条件尚未成就的附条件债权的申报问题，现行破产法无规定。按照法理，应为可申报债权。债务人的保证人，在履行保证义务，向债权人清偿债务后，可以在所为之清偿范围内申报债权。

连带债务的债权人，在连带债务人之一破产时，享有在破产程序中申报债权的权利。债务人为他人担任保证人的，应当在收到人民法院受理破产案件的通知后5日内转告被保证人和主债权人。主债权人在得知此事后，有权选择是否参加该保证人的破产程序。选择参加破产程序的，以其未受清偿的数额申报债权。

3. 债权申报方式及登记造册

债权人申报债权时，应当向人民法院提供如下材料：(1) 债权发生的事实及有关证据；(2) 债权性质、数额；(3) 债权有无财产担保，债权有财产担保的，应当提供有关证据。

破产案件受理后，债权人向人民法院提起新诉讼的，应予驳回。其起诉不具有债权申报的效力。人民法院对于申报的债权，应当指派专人，进行登记造册，编制债权表。编制债权表时，对于非金钱的债权，应当按照标的物在破产案件受理时债务履行地的平均市场价格算定。对于以外币计算的金钱债权，按照破产案件受理时的人民币市场汇价的中间价换算。登记造册时，应当对有财产担保的债权和无财产担保的债权，予以分别登记。

（三）审查确定

申报的债权，须经债权人会议审查确认，方为确定。只有债权经审查确定的债权人，才能够继续作为破产程序的当事人出席债权人会议、行使表决权、异议权、接受破产分配。

《企业破产法》第 15 条规定，"审查有关债权的证明材料，确认债权有无财产担保及其数额"，是债权人会议的职权。因此，在我国破产法中，审查债权的唯一主体是债权人会议。这是债权人自治原则的体现。人民法院不负责审查债权。在债权申报程序中，人民法院的职责是：第一，登记债权；第二，审理和裁决债权审查中的争议。从学理上讲，对于债权人申报的债权，其他债权人有权提出异议。对于有异议的债权，由债权人会议作出决议。对债权人会议的决议提出的争议，由受理破产案件的人民法院审理后作出裁定。对裁定不服的，可以申请复议，但不得上诉。

（四）逾期未申报之后果

"未如期申报即指债权人未能在规定的期限内申报自己对于债务人所享有的债权。"① 逾期未申报的，视为自动放弃债权。《企业破产法》第 9 条第 2 款规定，债权人逾期未申报债权的，视为自动放弃债权。此规定应当解释为，逾期未申报的债权人失去通过破产程序获得清偿的资格。但是，他的民事权利并不因此消灭。在以下三种情况下，他还可以行使权利：1. 破产程序因债务人具备《企业破产法》第 22 条第 1 款规定的情形（按照和解协议清偿债务）而终结；2. 债务人具备《企业破产法》第 3 条第 2 款规定的情形之一（政府部门资助清偿债务或者取得担保），不予宣告破产，破产程序终结；3. 该债权可以在破产程序之外向债务人的保证人或者其他连带债务人请求清偿。

---

① 王延川主编：《破产法理论与实务》，中国政法大学出版社 2009 年版，第 173 页。

三 引例分析

本案是关于破产债权申报范围的界定问题。上述四项债权中，第 1 项和第 3 项债权属于破产债权。破产债权是基于破产宣告前的原因而发生的，能够通过破产分配由破产财产公平受偿的财产请求权。根据《企业破产法》的规定，破产债权必须同时具备以下两项条件：1. 须为基于破产宣告前的原因而发生的请求权。2. 须为不享受优先受偿权的请求权。例如，破产债权必须是无财产担保的债权。有财产担保的债权，有优先权。如果放弃优先权，可以转化为破产债权。本案中的第 2 项属于行政处罚，并非债权，更不是破产债权。第 4 项债权属于有财产担保的债权，不应作为破产债权。

第五章 债权人会议

第一节 债权人会议概述

一 引例

某国有企业，经营服装、鞋帽和文教用品。因经营不善及市场竞争等原因，2007年12月该公司向法院申请破产。在申请时，该公司向法院提交了有关审计报告，会计报表，债权、债务清册及其上级主管部门同意申请破产的批复等。

人民法院受理本案后，在债权申报期满后第12日时主持召开了第一次债权人会议，审查各债权人的主体资格、委托代理人的资格及权益，并通报清算工作的情况和进程等。法院指定了最大的债权人甲担任债权人会议主席。第二次、第三次债权人会议确认了各债权人的债权额，经过第四次、第五次债权人会议讨论同意，产生了破产财产分配方案。在第六次债权人会议上，经半数以上且其所代表的债权额应当占无财产担保债权总额的半数以上的债权人同意，通过了破产财产分配方案。问本案中有关债权人会议的召集程序应该是怎样的？

二 基础理论

(一) 债权人会议的概念及类别

1. 债权人会议的概念

债权人会议是全体债权人参加破产程序进行权利自治的临时机构。其权利范围和行使方式均由法律直接规定，主要是决议职能和监督职能。

债权人会议是人民法院审理企业破产案件中一个重要的环节，是实现债权人破产程序参与权的机构。债权人会议的制度构建和运作方式以及债权人会议的职权设定等均应围绕法律规定职权范围展开。为便于充分实现债权人的破产程序参与权，应当承认和强化债权人会议的听取报告权、选任常设的监督机构权、决定营业的继续和停止、指示破产财产的管理方法等职权。

2. 债权人会议的类别

就各国立法体例来看，关于债权人会议的立法例主要有以下情形：

（1）既规定债权人会议作为全体债权人的议事机构，又设立类似债权人委员会的常设机构代表全体债权人行使对破产程序的参与权和监督权。德、日、英、美等国采此体例，中国也采用此体例。根据《企业破产法》规定，债权人会议可以决定设立债权人委员会。债权人委员会由债权人会议选任的债权人代表和一名债务人的职工代表或者工会代表组成。债权人委员会成员不得超过9人。债权人委员会成员应当经人民法院书面决定认可。

（2）不认可由全体债权人组成的债权人会议，仅设立由部分债权人组成的债权人委员会。债权人会议可以决定设立债权人委员会。债权人委员会由债权人会议选任的债权人代表和一名债务人的职工代表或者工会代表组成。债权人委员会成员不得超过9人。

（3）不设立由债权人组成的任何机构，而是从律师、会计师、审计师等社会性专业组织中选定所谓的债权人代表，由其代表债权人参与破产程序。如法国1995年新《破产法》的一大变化就是放弃传统的债权人会议这一组织机构，采用债权人代表的立法方式。按照传统的法国法，破产宣告前的债权人集合在一个强制的、自动的组合内，该组合担任保护他们利益的任务。1995年后，改采债权人代表制度。而债权人代表则是从每一个上诉管辖区内的受托清理人名单中选任的。只设立债权人会议制度，并不设立诸如债权人委员会或者破产检查人的常设组织。

（二）债权人会议的性质

关于债权人会议性质的讨论，破产法理论界主要有以下学说：

1. 债权人团体机关说。这是日本学界的传统学说。该说基于破产债权人对破产程序进行中的诸多事项比如破产财产的增加、破产费用和财团债务的减少、破产财产的拍卖能否获得善价等具有共同利益，主张全体债权人构成破产债权人团体，债权人会议则是该团体的机关。该说认为"债权人全体成员构成的债权人团体是一个法人,债权人会议是该法人的机关"①。

2. 事实上的集合体说。这是日本学界当前的通说。主张债权人会议是由法院召集的临时性集合组织。该说不承认"债权人团体的机关说",认为,债权人之间的利益存在不相一致的地方,另外法律也未规定债权人会议的法主体性地位。

3. 自治团体说。这是我国台湾地区和大陆部分学者的主张。依照该说,债权人会议并非法人组织,而是非法人性质的特殊社团组织,是表达债权人共同意志的一种自治性团体。不难看出,破产程序中的各债权人在利益上既有一致的一面,也有差异的一面,但其一致性则是主要的。这种差异性和一致性的统一决定了债权人会议性质的多样性。上列几种学说正是对债权人会议的多样性特征从不同的侧面进行的描述。在设立债权人会议的国家,"债权人团体的机关说"突出了全体债权人利益一致性的一面,并将建立在这种一致性基础上的债权人的联合描述为一种团体,从而将这种团体利益一致性赖以形成和表达的组织形式定性为团体的机关。但无论是全体债权人的集合体抑或是作为该集合体机关的债权人会议本身均欠缺在破产程序中取得权利主体或者诉讼主体的条件,相应地债权人会议作为一个团体的机关的权能也是欠缺的。

我们认为,债权人会议的性质应是对内协调和形成全体债权人的共同意思,对外通过对破产程序的参与和监督来实现全体债权人的破产参与权的机构。这样既决定了债权人会议实现其破产参与权的方式,又决定了债权人会议职权的内容,前者诸如议决、听取报告、监督决议执行、提出相关申请等,后者诸如集会权、决议权、选举和撤换破产管理人权、申请终结和解整顿权、监督权等。

三 引例分析

根据我国破产法的相关规定,债权人会议的召集程序主要包括两种情况:一是,第一次债权人会议由人民法院召集,自债权申报期限届满之日起15日内召开;二是,以后的债权人会议,在人民法院认为必要时,或

---

① [日] 石川明:《日本破产法》,何勤华等译,中国法制出版社2000年版,第112页。

者管理人、债权人委员会、占债权总额 1/4 以上的债权人向债权人会议主席提议时召开。召开债权人会议，管理人应当提前 15 日通知已知的债权人。

第二节 债权人会议制度

一 引例

2008 年 12 月 10 日，债权人某银行分行向市中级人民法院申请裕光葡萄酒厂破产。经查：裕光葡萄酒厂仅有资产 73.7 万元，债务为 159.7 万元，亏损额达 86 万元，资产负债率为 46.1%。法院受理破产案件后，在规定时间内通知债权人，并于 2009 年 1 月 5 日在报上公告要求债权人申报债权，规定 2 月 10 日召开第 1 次债权人会议。债权人会议确认：24 家债权人，各种债务累计 159.7 万元。银行的部分债务是有抵押权的。债权人会议通过：所有财产集体拍卖，全体债权人按比例受偿。该案中债权人会议可以行使哪些职权？

二 基本理论

（一）债权人会议的召集及其职权

1. 债权人会议的召集

债权人会议的召集是由人民法院和债权人会议主席来完成的，根据破产程序所处的不同阶段，债权人会议的召集包括：（1）第一次债权人会议由人民法院召集，自债权申报期限届满之日起 15 日内召开；（2）以后的债权人会议，在人民法院认为必要时，或者管理人、债权人委员会、占债权总额 1/4 以上的债权人向债权人会议主席提议时召开。召开债权人会议，管理人应当提前 15 日通知已知的债权人。

2. 债权人会议的职权

"债权人会议虽然是债权人自治的基本形式，但债权人自治只能在法定的范围内进行活动，这就必然会涉及债权人会议的职权范围问题。"[1] 根据《企业破产法》的规定，债权人会议行使下列职权：（1）核查债权；

---

[1] 王艳梅、孙璐：《中华人民共和国企业破产法》，中山大学出版社 2005 年版，第 39 页。

(2) 申请人民法院更换管理人，审查管理人的费用和报酬；(3) 监督管理人；(4) 选任和更换债权人委员会成员；(5) 决定继续或者停止债务人的营业；(6) 通过重整计划；(7) 通过和解协议；(8) 通过债务人财产的管理方案；(9) 通过破产财产的变价方案；(10) 通过破产财产的分配方案；(11) 人民法院认为应当由债权人会议行使的其他职权。债权人会议应当对所议事项的决议作成会议记录。

概括起来，债权人会议的职权主要涵盖了以下几个方面：(1) 决定破产监督人的设置、选任、撤换其人选；(2) 调查债权；(3) 决定是否继续营业；(4) 讨论通过和解协议；(5) 讨论通过重整计划；(6) 选任、撤换破产管理人人选；(7) 指示破产财产的管理方法；(8) 听取破产管理人等所做的报告；(9) 决议破产财产的处理方案等。

(二) 债权人会议决议及其法律效力

1. 债权人会议决议

根据《企业破产法》规定，债权人会议的决议，由出席会议的有表决权的债权人超过半数通过，并且其所代表的债权额占无财产担保债权总额的1/2以上。但是，本法另有规定的除外。

债权人会议决议的做出方式，主要有三种情况：一是债权额的多数决或绝大多数决；二是债权人数决，三是债权额与债权人数双重标准决。我国《企业破产法》即采用第三种情况。

2. 债权人会议决议的法律效力

根据《企业破产法》规定，债权人会议的决议，对于全体债权人均有约束力。同时，债权人认为债权人会议的决议违反法律规定，损害其利益的，可以自债权人会议做出决议之日起15日内，请求人民法院裁定撤销该决议，责令债权人会议依法重新做出决议。

(三) 债权人委员会

从债权人会议的类别上讲，我国法律规定，在有些情况下，债权人会议可以设立债权人委员会代表全体债权人行使对破产程序的参与权和监督权。债权人委员会由债权人会议选任的债权人代表和一名债务人的职工代表或者工会代表组成。债权人委员会成员不得超过9人。

对于债权人委员会的职权，《企业破产法》规定：债权人委员会行使下列职权：1. 监督债务人财产的管理和处分；2. 监督破产财产分配；

3. 提议召开债权人会议；4. 债权人会议委托的其他职权。

债权人委员会执行职务时，有权要求管理人、债务人的有关人员对其职权范围内的事务作出说明或者提供有关文件。管理人、债务人的有关人员违反本法规定拒绝接受监督的，债权人委员会有权就监督事项请求人民法院作出决定；人民法院应当在5日内作出决定。

三 引例分析

本案中的债权人会议，根据《企业破产法》第61条的规定，可以行使下列职权：（一）核查债权；（二）申请人民法院更换管理人，审查管理人的费用和报酬；（三）监督管理人；（四）选任和更换债权人委员会成员；（五）决定继续或者停止债务人的营业；（六）通过重整计划；（七）通过和解协议；（八）通过债务人财产的管理方案；（九）通过破产财产的变价方案；（十）通过破产财产的分配方案；（十一）人民法院认为应当由债权人会议行使的其他职权。

第六章 破产重整与和解

第一节 破产重整

一 引例

A市宏伟机械有限责任公司由于经营管理不善,不能清偿到期债务,2002年3月20日被债权人申请破产。3月24日人民法院受理了此案。2002年5月24日,破产企业向人民法院申请重整。人民法院经审查认为重整申请符合《企业破产法》的规定,因此裁定债务人重整,并于7月4日予以公告。重整期间,债权人B公司发现江阴市宏伟机械有限责任公司经营状况没有好转,又负了一笔新债。于是B公司就向人民法院提出终止重整计划执行,并请求宣告其破产。重整期间未满,人民法院可否宣告宏伟公司破产?

二 基本理论

(一)重整制度的概念及特点

重整,是指在企业无力偿债的情况下,但又有再生希望时,依照法律规定的程序,避免企业破产,使其获得再生的法律制度①。重整制度,因其主要适用于公司,又称公司更生。对于处在困境之下但可预见到能再建的股份有限公司,继续调整其利害关系人的利益,以谋求企业更生的制度。重整制度的适用范围很广,包括自然人、合伙、公司等各种主体,如美国、法国。但在大多数国家,重整制度仅适用于股份有限公司,如日本、英国。我国台湾地区的"公司法"则规定,重整制度仅适用于公开

---

① 高庆年主编:《经济法律通论》,江苏大学出版社2008年版,第120页。

发行股票或公司债的股份有限公司。

重整制度既注意调整债务人与债权人等利害关系人的关系,又强调对企业维持、重整的各项具体措施。该制度具有以下特点:

1. 当债务人发生破产原因时,或在陷入经济危机、出现支付困难,但尚未发生破产原因时,可开始进行申请。

2. 公司的股东、破产债权人及有物权担保的债权人等利害关系人均参加重整程序,物权担保债权人的权利受到限制,这是与其他制度的重大不同之处之一。

3. 改善企业经营、促进企业更生的措施,形式多样、灵活,且更为实际、有效,不仅可采取延期或减免偿还债务的方式,还可采取核减公司注册资本,发行新的股份,将债权转化为股份等方法,并设立重整管理人负责公司的重整经营。

4. 重整程序的目的在于维持公司之事业,而不必是公司本身,故必要时还可采取解散原有公司,设立第二公司,或与其他公司合并等方法。由于措施有力,此种制度在预防破产、重振企业方面的效用,也较和解与整顿制度更为显著。

(二) 重整申请的提出

债务人尚未进入破产程序时,债务人或债权人可以直接向人民法院申请对债务人进行重整;债权人申请对债务人进行破产清算的,在人民法院受理破产申请后,宣告债务人破产前,债务人或者出资额占债务人注册资本 1/10 以上的出资人,可以向人民法院申请重整。

(三) 重整计划

1. 重整计划的制定与批准

(1) 重整计划的制定

债务人自行管理财产和营业事务的,由债务人制定重整计划草案。管理人负责管理财产和营业事务的,由管理人制定重整计划草案。

债务人或者管理人应当自人民法院裁定债务人重整之日起 6 个月内,同时向人民法院和债权人会议提交重整计划草案。上述规定的期限届满后,经债务人或者管理人请求,有正当理由的,人民法院可以裁定延期 3 个月。

(2) 重整计划的批准

根据《企业破产法》的规定,人民法院应当自收到重整计划草案之日起 30 日内召开债权人会议，对重整计划草案进行表决。出席会议的同一表决组的债权人过半数同意重整计划草案，并且其所代表的债权额占该组债权总额的 2/3 以上的，即为该组通过重整计划草案。债务人或者管理人应当向债权人会议就重整计划草案作出说明，并回答询问。

部分表决组未通过重整计划草案的，债务人或者管理人可以同未通过重整计划草案的表决组协商。该表决组可以在协商后再表决一次。双方协商的结果不得损害其他表决组的利益。

2. 重整计划的执行

重整计划由债务人负责执行，由管理人进行监督。在重整期间，有下列情形之一的，经管理人或者利害关系人请求，人民法院应当裁定终止重整程序，并宣告债务人破产：债务人的经营状况和财产状况继续恶化，缺乏挽救的可能性；债务人有欺诈、恶意减少债务人财产或者其他显著不利于债权人的行为；由于债务人的行为致使管理人无法执行职务。

债务人不能执行或者不执行重整计划的，人民法院经管理人或者利害关系人请求，应当裁定终止重整计划的执行，并宣告债务人破产。

人民法院裁定终止重整计划执行的，债权人在重整计划中作出的债权调整的承诺失去效力。债权人因执行重整计划所受的清偿仍然有效，债权未受清偿的部分作为破产债权。对于已经受偿的债权人，只有在其他同顺位债权人同自己所受的清偿达到同一比例时，才能继续接受分配。

三 引例分析

本案中的重整期间未满，但出现法定情形时，人民法院可以依法宣告重整企业破产。根据《企业破产法》第 93 条规定，债务人不能执行或者不执行重整计划的，人民法院经管理人或者利害关系人请求，应当裁定终止重整计划的执行，并宣告债务人破产。

第二节　破产和解

一　引例

C 市鸿达塑料制造有限责任公司系国有独资公司，2006 年以来，该公司因经营管理不适应市场经济发展，产品技术落后，设备老化等原因，不能清偿到期债务，于 2008 年 4 月被债权人申请破产。人民法院受理此案后，该公司主动向法院提出和解申请，并提出和解协议草案。草案经债权人会议决议通过后，人民法院裁定和解。和解协议履行过程中，债权人 D 公司发现鸿达公司有意降低价格处理资产，不愿执行和解协议，于是向人民法院提出终止和解协议执行，并请求宣告其破产。人民法院能否终止和解协议的执行，宣告鸿达公司破产？

二　基本理论

（一）和解制度概述

1. 破产和解与民事和解的关系

破产程序中的和解是民事和解的一种特殊形式。民事和解一般是指当事人相互协商，一方让步或双方相互让步，达成解决争议协议的活动。根据和解时间的不同，民事和解可分为法律程序外的和解与法律程序中的和解。后者通常须法院或仲裁机构审查批准。破产和解均为法律程序中的和解，其不同于一般民事和解的特殊之处在于，它是一种强制性和解制度，只要债权人会议以法定多数通过和解协议，经法院认可后，不同意和解的少数债权人也要受决议约束，强制其接受和解。这与一般民事和解须各方意见完全一致，有反对者和解就无法成立，或对其不发生效力，是有重大区别的。"《企业破产法》采取了和解分立主义，但在立法形式上是将重整、和解和破产清算规定于一部统一的破产法中。"[①]

2. 破产和解的法律性质

"我国《企业破产法》中所规定的破产和解制度与境外立法基本相当，因而可谓我国最接近于诉讼和解制度的一项法律制度。"[②] 有关破产和解的法律性质如何，存在不同学说。其一为契约说，即将破产程序中的和解视为私法上的一种契约。该说认为，破产和解是由债务人提出要约，债权人会议以决议方式作出承诺而达成的契约，法院的认可，则是契约成立的法定条件。其二为裁判说，即将破产程序中的和解视为法院的一种裁判。该说认为，破产和解是由债务人提出和解申请，债权人会议以决议方

---

① 高庆年主编：《经济法律通论》，江苏大学出版社 2008 年版，第 117 页。
② 范健、王建文：《中华人民共和国企业破产法》，法律出版社 2009 年版，第 227 页。

式表示同意，法院依据法定职权作出认可的司法裁判。其性质应类似于我国民事诉讼中法院依据法定职权作出的民事调解书。其三为混合行为说，亦称结合行为说或特殊行为说，即将破产程序中的和解视为由债务人提出和解申请的行为，债权人会议以决议方式表示同意的行为，以及法院依据法定职权作出认可的行为，三者共同形成的混合行为。混合行为说为目前学术界的通说。

（二）和解的提出与执行

1. 和解的提出

根据《企业破产法》的规定，债务人可以依照本法规定，直接向人民法院申请和解；也可以在人民法院受理破产申请后、宣告债务人破产前，向人民法院申请和解。债务人申请和解，应当提出和解协议草案。从本条规定可以看出，债务人提出和解分破产程序外提出和破产程序中提出两种情形。同时，债务人提出和解应以提出书面的和解协议草案为必要条件。

2. 和解的执行

根据《企业破产法》规定，人民法院经审查认为和解申请符合本法规定的，应当裁定和解，予以公告，并召集债权人会议讨论和解协议草案。债权人会议通过和解协议的决议，由出席会议的有表决权的债权人过半数同意，并且其所代表的债权额占无财产担保债权总额的 2/3 以上。债务人应当按照和解协议规定的条件清偿债务。债权人会议通过和解协议的，由人民法院裁定认可，终止和解程序，并予以公告。管理人应当向债务人移交财产和营业事务，并向人民法院提交执行职务的报告。对债务人的特定财产享有担保权的权利人，自人民法院裁定和解之日起可以行使权利。

但是，如果和解协议草案经债权人会议表决未获得通过，或者已经由债权人会议通过的和解协议未获得人民法院认可的，人民法院应当裁定终止和解程序，并宣告债务人破产。

和解协议的执行过程中，因债务人的欺诈或者其他违法行为而成立的和解协议，人民法院应当裁定无效，并宣告债务人破产。有前款规定情形的，和解债权人因执行和解协议所受的清偿，在其他债权人所受清偿同等比例的范围内，不予返还。

（三）和解协议的法律效力

除中止破产程序外，我国和解协议在实体上的法律效力，可分为对债权人与债务人两个方面。

1. 和解协议对债权人的效力，表现为限制其清偿权利的行使。和解协议生效之前产生的债权人只能按和解协议受偿，不得要求或接受和解协议之外的单独利益，无权提起民事执行程序。但是，有财产担保的债权人不受决议效力约束。如为避免因担保物被执行，而使企业整顿难以进行，债务人应与担保债权人单独达成个别和解。

2. 和解协议对债务人的效力，表现为在一定程度上限制其财产管理与处分权利。首先，债务人必须按照和解协议清偿债务，不得给个别债权人额外利益，但公平地给予全体债权人以同等清偿利益者除外，如对全体债权人均提前清偿等；其次，企业整顿经营及财务状况应受债权人会议的监督，定期向其报告。由于债权人会议是依召集方式活动的非常设机关，闭会期间无常任人员便难以履行对和解整顿程序的监督职能，故许多国家的法律规定在和解程序中设置和解监督人，对债务人的财产经营状况进行监督，其重大经济行为应经和解监督人同意后进行。但在国外，和解监督多限于和解申请提出至和解协议达成的期间，对和解协议成立后企业的整顿情况往往不再干预，债务人在财产管理与处分权利方面的限制也予以取消，故债权人的利益易受损失。

三 引例分析

本案人民法院可以裁定终止和解协议的执行，并宣告债务人破产，根据《企业破产法》第104条规定，债务人不能执行或者不执行和解协议的，人民法院经和解债权人请求，应当裁定终止和解协议的执行，并宣告债务人破产。

第七章 破产清算

第一节 破产宣告

一 引例

斯凯布鲁服装公司,有员工400人,大部分职工具有一定的专业生产技能。迪克公司占地200亩,拥有固定资产原值900万元,其中有原价90万美元的德国进口化纤、纯棉两条自动生产线。近年来,公司连年亏损,亏损额高达700万元,累计负债1500万元,大部分机器被迫停产,职工拿生活费在家待业。2002年11月,公司向市中级人民法院提出破产申请。法院受理后,债权人可以组成债权人会议,讨论通过破产财产的处理和分配方案。经核定斯凯布鲁服装公司实际有23个债权人,申报债权1300万元,其中,有抵押的95万元,劳动保险费9万元,其余债权额1196万元,其中包括职工医药费6万元,应负税款15万元。法院组织有关机关和有关人员成立了破产管理人。经过资产评估显示,固定资产净值84万元,存货150万元,土地使用值170万元。此外,公司实际债权为86万元。经拍卖全部公司资产所得拍卖收入为800万元,货币资金结余4万元。本案应如何履行破产清算程序?

二 基本理论

(一)破产宣告的概念及作出

破产宣告是受理破产案件的法院审查并宣告债务人破产的裁判行为。"破产宣告是法院的司法行为,由此产生一系列的法律后果;只有法院才能作出,其他任何机关、组织或个人均无权进行破产宣告。"[①]

---

① 王艳华主编:《破产法学》,郑州大学出版社2009年版,第284页。

对于破产宣告作出的依据，各国破产法在规定上主要有申请主义与职权主义两种情况。所谓申请主义，是指法院必须依据债权人或债务人的申请，才能受理破产案件，作出破产宣告，无权在无人申请的情况下，自行受理破产案件，作出破产宣告。所谓职权主义，是指法院受理破产案件，作出破产宣告，并不以存在当事人的申请为必备条件，只要债务人发生破产原因，在法律规定的情况下，法院可以依职权受理破产案件，作出破产宣告。当然，也有一些国家的破产立法为协调各方当事人的利益，采用以申请主义为主、以职权主义为辅的原则。我国现行《企业破产法》在破产宣告问题上采取申请主义的原则。

（二）破产宣告程序

根据《企业破产法》第107条规定，人民法院依照本法规定宣告债务人破产的，应当自裁定作出之日起5日内送达债务人和管理人，自裁定作出之日起10日内通知已知债权人，并予以公告。由此可知，人民法院宣告债务人企业破产，应当公开进行，应通知提出破产申请的债权人、债务人到庭，当庭宣布破产裁定。当事人拒不到庭的，不影响裁定的效力。人民法院宣告企业破产的裁定自宣告之日（即当庭将破产裁定宣告送达当事人时）起发生法律效力，破产企业自即日起应当停止生产经营活动，但人民法院或清算组认为确有必要继续生产经营的除外。

人民法院裁定宣告债务人企业破产的同时应发布公告。公告应具有下列内容：1. 破产企业的名称、住所地址；2. 企业亏损、资产负债状况；3. 宣告企业破产的理由和法律根据；4. 宣告企业破产的日期；5. 宣告企业破产后破产企业的财产、账册、文书、资料和印章等的保护。公告应加盖人民法院印章。

（三）破产宣告的法律效力

人民法院作出破产宣告的裁定之后，便产生相应的法律效力。破产宣告的法律效力主要包括对破产人的效力以及对债权人的效力。

1. 对破产人的效力

破产宣告对破产人的效力，主要包括对破产企业身份上的效力，即指企业由债务人变为破产人，应向企业原登记机关进行破产登记，其法人资格已出现法定消灭原因，仅在清算意义上仍然存在；对破产企业财产上的效力，即指债务人成为破产人后，破产企业丧失对企业财产的经营、管理、处分权利,其财产成为破产财产。这些破产财产在破产管理人组成后,由管理人全面接管破产企业,负责破产财产的保管、清理、估价、处理和分配;对破产企业法定代表人的效力,即指作为破产企业的代表,破产企业的法定代表人一方面要承受破产宣告对破产企业产生的种种效力,如丧失其代表破产企业行使的对财产的经营、处分权力等;另一方面因担任企业法定代表人,在个人身份权利等方面也受到破产宣告效力的影响。根据《企业破产法》规定,破产企业法定代表人须承担法定的义务,这包括:在破产宣告后负责保管企业的财产、账册、文书、资料和印章等,并在清算组成立后向其办理移交手续;必须列席债权人会议,回答有关方面的询问;在破产程序终结前,应根据人民法院或者清算组的要求进行工作,不得擅离职守等;对破产企业职工的效力,即指企业被宣告破产后,职工原与企业订立的劳动合同即可依法宣告解除,职工成为失业人员,有权依据国家有关规定领取失业救济金,并有权自谋职业,或者根据有关规定要求国家有关部门安排重新就业;对企业董事、监事或者高级管理人员的效力,即指上述人员违反忠实义务、勤勉义务,致使所在企业破产,自破产程序终结之日起 3 年内不得担任任何企业的董事、监事及高级管理人员职务。

2. 对债权人的效力

破产宣告对债权人的效力,主要体现为除有财产担保的债权人以外,非依破产程序不得行使权利,即不得单独提起对破产财产的民事执行程序,不得单独接受破产人的清偿。我国的《企业破产法》以案件受理为破产程序之开始。破产案件受理后,无财产担保债权人提起的民事执行程序便已经被中止,债务人须在人民法院监督下依法支付正常生产经营所必需的债务,也不能自由清偿债权人。所以,破产宣告的此点效力,在我国对债权人的权利实际影响并不大。此外,破产宣告对债权人的效力还表现为,破产宣告后,未到期的债权一律视为到期,这对债权人的利益影响很大。无财产担保的债权人,在债权视为到期后便有权依破产程序受偿。有财产担保的债权人,在债权视为到期后便有权就担保物行使优先受偿权利。而在此之前,未到期的有财产担保的债权人只能按民事法律规定于到期后行使权利。在未到期的债权因破产宣告而视为到期时,对未到期的利息应当扣除,以保公平。

三 引例分析

本案中的该市中级人民法院应根据《企业破产法》的第 107 条、第 113 条等相关规定履行破产清算程序，具体做法是，人民法院应依法作出裁定：1. 宣告申请人斯凯布鲁服装公司破产还债。2. 破产财产总额为 804 万元。其中资产拍卖收入 800 万元，货币资金结余 4 万元。优先支付的抵押债权为 95 万元。破产费用为 20 万元。除去上述费用外的受偿顺序为：1. 支付的劳动保险费 9 万元；职工医药费 6 万元。2. 支付的税款为 15 万元。3. 供普通债权分配的金额为 754 万元，普通债权额为 1196 万元，清偿率约为 63%。

第二节 破产财产分配与破产程序终结

一 引例

某市被服厂被人民法院宣告破产。管理人对该厂的财产进行了清理，查清该厂目前的资产及负债情况如下：

（一）该厂总资产为 600 万元（变现价值）。1. 厂房三处，价值 200 万元；2. 红旗牌轿车 1 辆、东风牌货车 2 辆，价值 120 万元；3. 存货若干，价值 180 万元；4. 对外债权 100 万元（已清收）。

（二）该厂总负债额为 900 万元。其中税款 320 万元；欠付职工工资及劳动保险费合计 380 万元；银行信用贷款 100 万元；其他普通债权 100 万元。

被服厂在破产还债程序中支付的破产费用为 20 万元。本案中的破产财产应当如何分配？

二 基本理论

（一）破产财产变价与分配

1. 破产财产的变价与分配方案

"破产财产的分配以货币分配为基本方式，所以在破产宣告后，管理人应当及时拟订破产财产变价方案，提交债权人会议讨论。"[①] 随后，管

---

① 王欣新：《中华人民共和国企业破产法》（第二版），中国人民大学出版社 2007 年版，第 388 页。

理人应当及时拟订破产财产分配方案，债权人会议通过破产财产分配方案后，由管理人将该方案提请人民法院裁定认可。破产财产分配方案经人民法院裁定认可后，由管理人执行。

2. 破产财产的分配顺序

根据《企业破产法》的规定，破产财产按照下列顺序进行分配：

(1) 破产财产优先清偿破产费用和共益债务。

破产费用，是指人民法院受理破产申请后，为了破产程序的顺利进行及对债务人财产的管理、变价、分配过程中，必须支付的且用债务人财产优先支付的费用。《企业破产法》规定，人民法院受理破产申请后发生的下列费用为破产费用：破产案件的诉讼费用；管理、变价和分配债务人财产的费用；管理人执行职务的费用、报酬和聘用工作人员的费用。

共益债务，是指人民法院受理破产申请后，管理人为全体债权人的共同利益，管理债务人财产时所负担或产生的债务，以及因债务人财产而产生的，以债务人财产优先支付的债务。

(2) 破产财产在清偿破产费用和共益债务后依照下列顺序清偿：

第一，破产企业所欠职工的工资和医疗、伤残补助、抚恤费用，所欠的应当划入职工个人账户的基本养老保险、基本医疗保险费用，以及法律、行政法规规定应当支付给职工的补偿金。

第二，破产企业欠缴的除前项规定以外的社会保险费用和破产人所欠税款。这里的社会保险是指除基本养老保险、基本医疗保险费用以外的其他社会保险，如失业保险等，如果企业没有依法律规定为职工缴纳，企业破产时职工就享有优先受偿权。破产人所欠税款是破产企业对国家负有的一种法定义务，是一种特殊债务。为确保国家的财政收入，《企业破产法》赋予税收优于普通债权受偿的权利。

第三，普通破产债权。普通债权具体包括以下几种：无财产担保债权、放弃优先受偿权的债权、行使优先权后未能完全受偿的债权部分。

破产财产不足以清偿同一顺序的清偿要求的，按照比例分配。即按照各债权人的债权额在该顺序中占债权总额的比例进行清偿。

(二) 破产程序终结

破产程序的终结，又称破产程序的终止，是指人民法院受理破产案件后，在出现法定事由时，由人民法院依法裁定终结破产程序，结束破产案件的审理。《企业破产法》规定下列情况可终结破产程序：

1. 债务人财产不足以清偿破产费用的，管理人应当提请人民法院终结破产程序。

2. 人民法院受理破产申请后，债务人与全体债权人就债权债务的处理自行达成协议的可以请求人民法院裁定认可，并终结破产程序。

3. 破产人无财产可供分配的，管理人应当请求人民法院裁定终结破产程序。

4. 破产财产分配完毕。《企业破产法》规定管理人在最后分配完结后，应当及时向人民法院提交破产财产分配报告，并提请人民法院裁定终结破产程序。

破产程序的终结必须由人民法院依法作出裁定。人民法院应当自收到管理人终结破产程序的请求之日起15日内作出是否终结破产程序的裁定。裁定终结的，应当予以公告。

管理人应当自破产程序终结之日起10日内，持人民法院终结破产程序的裁定，向破产人的原登记机关办理注销登记。管理人于办理注销登记完毕的次日终止执行职务。但是，存在诉讼或者仲裁未决情况的除外。

三　引例分析

根据我国破产法的相关规定，本案中破产财产应当按照下列顺序进行分配：第一，支付破产费用20万元；第二，支付职工工资380万元；第三，支付税金200万元。因再无盈余，所以剩余税金及银行贷款和普通债权将得不到清偿。

第四编

票据法

第一章 票据法概述

第一节 票据与票据法

一 引例

A公司从B公司购进一批水泥,总价款50万元。水泥运抵后,A公司为B公司签发一张以A公司为出票人和付款人、以B公司为收款人的,3个月后到期的商业承兑汇票。1个月后,B公司从C公司购进木材一批,总价款50万元。B公司就把A公司开的汇票背书转让给C公司用来支付木材款。后来A公司发现该批水泥中有一半质量不合格,双方发生纠纷。汇票到期时,C公司把汇票提交A公司要求付款,A公司拒绝付款,理由是B公司供给的水泥不合格,不同意付款。A公司是否可以拒绝付款?

二 基本理论

(一)票据的概念和特征

1. 票据的概念

票据,有广义和狭义两种理解。前者相当于有价证券,有价证券是代表一定财产权的格式化凭证。① 在此意义上,票据包括汇票、本票、支票、股票、债券、国库券、提单、仓单、车船票等。狭义上的票据则专指票据法所规定的汇票、支票和本票,即出票人依票据法发行的、无条件

---

① "有价证券"一词,源于德国,1861年德国商法典采用,大陆法系许多国家吸纳了这个概念,日本学者将其定义为"表彰具有财产价值的私权之证券",我国从日本引进后广为使用。英美法中无完全相同之概念,美国虽有"流通证券"(Negotiable Instilments)、"商业证券"(Commercial Paper)等词,但含义上却与狭义之票据相近似(参见谢怀栻先生《票据法概论》,法律出版社1990年版,第8—10页)。

支付一定金额或委托他人无条件支付一定金额给收款人或持票人的有价证券。《中华人民共和国票据法》（以下简称《票据法》）第 2 条第 2 款规定："本法所称票据，是指汇票、本票和支票。"可见，《票据法》所指的票据系指狭义上的票据。

2. 票据的特征

（1）票据是金钱债权证券

票据所表示的权利，是票据权利人可以请求票据义务人给付一定金钱的请求权，是债权请求权，而非物权或股东权。并且此项权利是以给付一定数额的金钱为内容的，而非给付其他物或为一定行为。因此说票据是金钱债权证券。

（2）票据是无因证券

所谓无因，是指票据权利仅依据票据法规定的票据行为而发生，不受票据行为发生的基础或原因影响。只要权利人持有票据，就享有票据权利，并可以依票据行使其权利。至于权利人持有票据或取得票据的原因，在所不问。

（3）票据是完全有价证券

票据权利的发生，须做成票据；票据权利的转移，须交付票据；票据权利的行使，须提示票据，并且在票据权利得以实现之后，票据权利人还必须将票据交回给票据债务人。故由此派生出票据的提示性、交付性和交回性三个特征。所以说票据是完全有价证券。

（4）票据是文义证券

票据所创设的一切权利和义务，必须完全地、严格地依据票据上所记载的文字而定，票据记载之外的任何理由、事项或证据都不能作为解释或确定票据权利的根据。即使票据上的记载有文义错误，也要以该记载为准。因此，票据是文义证券。

（5）票据是设权证券

所谓设权证券，是指证券上权利的发生必须首先做成证券，在证券做成之前，证券权利不存在。票据上所表示的权利，是由票据的出票行为创设的，在票据没有做成之前，仅为基础关系上的债权，而非票据权利。仅在票据做成之后，票据债权才发生，所以说票据是设权证券。

(6) 票据是要式证券

票据的做成，必须严格按照票据法规定的方式进行；票据上记载的事项，也必须严格遵循票据法的规定。由于票据活动主要表现为一种票据记载活动，所以如果不按照票据法的规定做成票据或不按照票据法的规定做出票据记载，都会影响票据行为的效力，有时甚至会导致票据无效。

(7) 票据是指示证券

所谓指示证券，是指可以由证券上记载的权利人或该人所指示的人作为权利人行使证券权利的证券。在通常情况下，票据均记载权利人名称，但同时又允许该人通过背书的方式指示他人为新的权利人。因此说票据是指示证券。

(8) 票据是流通证券

票据的一个基本功能就是流通。票据法的种种制度性设计，也都是为了保证票据流通的迅捷和简便。票据上的权利，经过背书或单纯的交付就可以转让给他人，而无须遵循民法关于债权让与的规定。所以说票据是流通证券。

(二) 票据的种类

1. 票据法上的分类

美国现行《统一商法典》将票据分为汇票、支票、存款单和本票四种。德国、日本、法国、瑞士的票据法（债法）以及日内瓦《统一汇票本票法》则将票据仅分为汇票和本票，不包括支票，支票由专门的支票法规定[①]。根据《票据法》第 2 条第 2 款规定，《票据法》上的票据，分为汇票、本票和支票三种。

2. 学理上的分类

(1) 记名式票据、无记名式票据和指示式票据

记名式票据是指在票据上明确记明特定的人为权利人的票据。记名式票据只能以背书方式进行转让。无记名式票据，是指票据上不记载权利人的姓名，或者将权利人记作"持票人"或"来人"等的票据。这种票据，只要持有票据就可以享有和行使票据权利。无记名式票据以单纯交付的方式转让。指示式票据，是指在票据上记载"特定人或其指定之人"为权

[①] 1931 年在日内瓦订立的《统一支票法》。

利人的票据。这种票据应以背书方式转让，出票人、背书人不得作"禁止转让"的记载。

（2）支付票据和信用票据

支付票据就是只能由银行或其他金融机构充当付款人并且仅限于见票即付的票据。这种票据所起到的作用类似于现金，是为了支付上的便利而创设的，如支票。信用票据是指票据金额必须在指定的到期日后才能支付，在票据到期日之前，凭借着出票人的信用可在商事活动中使用、流通的票据，如汇票和本票。

（3）委付票据和自付票据

委付票据，是指出票人不充任票据付款人，而在票据上记载他人为付款人的票据，如汇票和支票。自付票据，是指出票人同时又是付款人，必须对票据无条件付款的票据，如本票。

（三）票据的功能

1. 票据的汇兑功能

票据的汇兑功能，是票据的原始功能。这一功能在汇票上体现得最为明显。现在的汇票已成为异地交易、支付金钱的最佳工具。用汇票送款通常是由送款人向银行缴纳款项，请求发行汇票，银行即做成汇票，委托其送达地的自己银行或交易所，向收款人支付一定的金额，此汇票由送款人领取并寄给收款人，收款人持该汇票去该分行或交易所即可兑取一定的金额。以汇票替代现金输送，安全简便。支票也可以用于异地送金，但本票则很少用于此种目的。

2. 票据的支付功能

票据的支付功能是票据的基本功能，主要体现在支票上，但汇票和本票均具有此种功能。它是票据作为商人货币作用的具体体现。使用票据来代替现金支付，对当事人来讲，可以克服点钞的麻烦，节省计算现金的时间；对国家而言，可减少货币的发行。它大大地节约了货币的使用，减少了流通费用，并且通过债务的相互抵消，简化了结算手续，最终提高了资金使用效率，加速了商品流转。

3. 票据的信用功能

票据的信用功能是票据的核心功能。这一功能主要体现在汇票和本票上。票据当事人可以凭借某人的信用，就未来可取得的金钱作为现在的金钱来使用。如果说票据的汇兑职能克服了金钱支付在空间上的障碍，那么票据的信用职能足以克服金钱支付在时间上的障碍。票据的背书制度客观上增强了票据的信用职能。票据上背书次数越多，说明该票据的信用越强，因为每一次背书的背书人，都对票据权利的实现负担保责任。

4. 票据的流通功能

票据的流通功能，是票据的目的性功能。虽然票据的流通并不具有强制性，并不能完全等同于货币的流通，它只能在愿意接受票据转让的当事人之间流通。票据的各项功能，只有通过其流通性，才能表现出来。票据如果丧失了流通性，就只能停留在一般的债权证书的水平上。

为了发挥票据的流通功能，票据法的诸多制度都是围绕该点设计的。如票据行为的无因性、独立性原则，以背书代替债权的转让通知以及票据付款的形式审查，等等。

（四）票据法

票据法有广义和狭义之分。广义的票据法是指各种有关票据法律规范的总称。广义的票据法除了以"票据法"命名的法律之外，还包括民法上有关有价证券的规定，刑法上有关有价证券伪造、变造的规定，民事诉讼法上有关票据诉讼以及公示催告和除权判决的规定，破产法中票据当事人受破产宣告的规定，公证法中有关票据拒绝承兑证书、拒绝付款证书的规定，等等。狭义的票据法则是指以"票据法"命名的法律及其实施细则等。通常所谓的票据法指的就是狭义上的票据法。

由于历史的原因，早期的票据法只包括汇票、本票。支票的产生和使用是稍后的事情，因而支票往往单独立法。这一模式为国际联盟于 1930 年和 1932 年在日内瓦制定的《统一汇票、本票法》（*Uniform Law on Bills of Exchange and Promissory Notes*）和《统一支票法》（*Uniform Law on Cheques*）所采用。统一法影响到了许多国家和地区。如德国、法国、瑞士以及日本等国家相继都根据公约修正了其自己的票据法和支票法。但是英国和美国两个国家未加入该公约，仍然保留了自己的特色。我国于 1996 年 5 月 10 日，由八届全国人大常委会通过并公布了《票据法》。该法采用"三票合一"的模式，即汇票、本票、支票统一于一部法律。《票据法》的颁行对于规范票据行为，保障票据活动中当事人的合法权益，维护社会主义经济秩序，促进社会主义市场经济的发展具有重要的意义。

三 引例分析

A 公司不可以拒绝付款。票据是无因证券，票据关系虽然需要基于一定的原因关系才能成立，但是票据关系一经成立，就与其原因关系相分离，两者各自独立。只要票据具备票据法上的条件，票据权利就成立，至于票据行为赖以发生的原因关系是否存在和有效，在所不问。原因关系是否存在和有效，对票据关系不发生影响，票据债权人只要持有票据即可行使票据权利。票据债务人不得以原因关系无效为理由，对善意的持票人进行抗辩。本案中，B 公司与 A 公司之间的水泥购销关系是本案汇票的原因关系。汇票开出后，A 公司就与票据持有人产生票据关系。原因关系与票据关系是相互分离的。A 公司提出水泥质量不合格是原因关系有瑕疵。其拒绝付款就是用原因关系来对抗票据关系。但现在汇票已被背书转让，持票人不再是原因关系的当事人，所以 A 公司不得以水泥不合格为由来对抗 C 公司，A 公司必须付款。付款后票据关系消灭，原因关系不消灭，A 公司可根据原因关系的瑕疵请求 B 公司赔偿损失。

第二节 票据关系

一 引例

1996 年 8 月 10 日，甘肃某电器公司与浙江某无线电厂签订了订货合同，商定由无线电厂供应五种型号的"星星"牌音响 800 台，总价款 36 万元，结算方式为银行承兑汇票。合同签订后，该电气公司签发了金额为 36 万元的银行承兑汇票一张，收款人为浙江某无线电厂，并向自己的开户行农行申请了承兑。同年 10 月 6 日，该电气公司收到货物。投放市场后，因该批货物存在严重的质量问题，被甘肃省工商行政管理局扣押封存，该电气公司遂向其所在地基层法院起诉，要求浙江某无线电厂退还货款，赔偿损失，同时申请法院裁定农行暂停支付其申请签发的银行承兑汇票。浙江某无线电厂也不甘示弱，要求自己的开户行建行对汇票进行贴现。建行按操作规程向农行查询后，发出了银行承兑汇票划付报单。同时该无线电厂还向农行发出传真,表示汇票如遭拒付,将向法院起诉农行,请求赔偿损失。[①]

二 基本理论

(一)票据关系

票据关系,是指票据当事人之间基于票据行为所发生的票据权利义务关系。这一定义提示了票据关系的性质:

1. 票据关系是票据权利义务关系

票据关系当事人为票据权利义务而实施票据行为,票据权利义务成为票据关系的内容,因此该法律关系是票据权利义务关系。

票据法上还有所谓"非票据关系",如票据上的正当权利人对于因恶意或重大过失而取得票据的人行使票据返还请求权所发生的关系等,因其不是票据行为所发生,关系之内容也不是票据金钱债权债务,所以不是票据关系,被称为"非票据关系"。

2. 票据关系是票据行为所生权利义务关系

票据行为是票据法规定的能够发生票据关系的法律行为,包括出票、背书、承兑、保证、参加承兑等。票据行为之外的行为,无论其是否合法,票据法上纵有规定,也不能发生票据权利义务,不是发生票据关系的法律事实。

3. 票据关系是与其基础关系相分离的无因性法律关系,具有抽象性

票据关系中,票据债务人负担无条件支付票面金额的义务,自有其原因或说是基础,比如买方为支付价金向卖方出票,银行因出票人在银行有存款而向出票人指定的人无条件付款等,其中的"为支付价金"、"有存款"就是付款的原因或基础,进而言之,买卖关系、存款关系就是票据关系的基础关系。

本来,基础关系同票据关系联系紧密,但是,票据法为鼓励人们使用票据,最大限度地保障票据的安全性、可信度,把票据关系与其基础关系之间的联系一刀切断,使票据关系成为独立于基础关系的法律关系,而且,只要票据关系无瑕疵,基础关系纵然无效,票据权利仍然有效。

---

① 谢冬慧编:《票据法案例评析》,汉语大词典出版社2003年版,第9页。

（二）票据关系的种类

按照票据名称区分，有三种票据关系。

1. 汇票关系

因汇票的出票、背书、保证、承兑等票据行为发生的汇票权利义务关系，是汇票关系。汇票关系最基本的当事人有三方：出票人、持票人、出票人委托的付款人。其中，付款人是第一顺位的债务人，出票人是第二顺位的债务人。票据发生转让时，会增加新的一方当事人，而且，每转让一次，就会增加新的当事人。

2. 本票关系

因本票的出票、背书、保证等票据行为发生的本票权利义务关系，是本票关系。它在当事人方面与汇票不同，基本当事人有两方，即出票人和持票人。出票人为票据债务人亦是付款人。本票的持票人在付款日到来时持票直接请求出票人无条件付款，出票人收回本票，支付票面金额，本票关系消灭。

3. 支票关系

因支票的出票、背书等票据行为发生的票据关系是支票关系。基本当事人有三方：出票人、持票人、出票人委托的付款银行。支票属见票即付的票据，无须承兑，付款银行付款后，凭收回的支票与出票人清结债权债务。

按照发生票据关系的票据行为的不同区分，票据关系可有出票发生的"票据发行关系"，背书发生的"背书转让关系"、"背书设质关系"和"背书委托取款关系"，承兑发生的"承兑关系"以及"保证关系"、"付款关系"等。

（三）票据基础关系

票据基础关系，是票据当事人凭以实施票据行为、发生票据关系的民法上的债权关系。包括票据授受当事人之间原因关系、出票人与付款人之间的资金关系、票据预约关系。

1. 票据原因关系

票据原因是当事人之间授受票据的原因，当事人之间授受票据的原因所形成的权利义务关系，就是票据原因关系。票据原因关系都是民法上的权利义务关系，本身不具票据权利义务之内容。

票据原因关系与票据关系之间，存在着"一般情况下分离，特殊场合中牵连"的关系。一般情况下分离，是指票据关系虽本于原因关系，但为鼓励人们使用票据，保障票据的安全、便捷，票据法认票据为无因证券，票据关系一经成立，就与其原因关系相分离，各自独立存在，原因关系的存在与否、效力如何，对票据关系没有影响。特殊场合中牵连，是指在法律规定的某些事实存在时，票据关系的效力，受票据原因关系的影响。通常，有以下几种情况：

（1）在票据授受的直接当事人之间，票据债务人可根据原因关系，对票据债权人行使抗辩权。例如，买方向卖方签发票据用以付款，卖方受票后不予交货反持票请求付款，此时票据债务人（买方）即可以票据债权人（卖方）不履行原因关系中的债务为抗辩事由，对票据债权人行使抗辩权。

（2）对不法取得票据的持票人，票据债务人得以其取得票据之原因关系有瑕疵进行抗辩。

《票据法》第12条规定，以欺诈、偷盗或者胁迫等手段取得票据的，或者明知有前列情形，出于恶意取得票据的，不得享有票据权利；持票人因重大过失取得不符合本法规定的票据的，也不得享有票据权利。票据债务人对于此类持票人即可行使抗辩权。

（3）持票人在原因关系中无对价或无相当对价而取得票据，不能有优于前手的票据权利。

《票据法》第11条规定，因税收、继承、赠与等无偿取得票据的，所享有的票据权利不得优于其前手的权利。例如，出票人甲签发一张票据给收款人乙，乙又将该票据无偿转让给丙，因丙无对价取得票据，其即继受乙的地位，享有与乙相同的票据权利，甲可以对抗乙之抗辩事由亦可对抗丙。

（4）为了清偿债务而交付票据时，原则上票据债务不履行，原债务不消灭，但如果双方约定票据的交付是代物清偿的不在此限。

2. 票据资金关系

票据资金关系是汇票和支票的出票人与付款人之间存在的金钱、实物、信用关系和其他财产性债权关系。付款人一般不会毫无缘由地接受付款义务，其之所以愿意为出票人付款，可能是出票人在付款人处存有资金，或者付款人对出票人负有财产给付性债务，或者出票人同付款人之间有信用合同关系。此外，付款人也可出于无因管理而行付款，还可因为与出票人之间有交互计算合同、继续供应合同等关系而为付款行为。

资金关系中，出票人和其他供给资金的人称资金义务人。资金关系与票据关系相分离，但在特殊场合亦有相当牵连，对票据关系有一定影响。

(1) 资金关系与票据关系的分离。

①持票人通过出票、背书等票据行为取得的票据权利是一种独立的权利，而不是代替出票人向付款人行使资金关系上的请求权。

②汇票付款人一经承兑汇票，即使其与出票人不存在资金关系或出票人未依约按期提供资金，付款人仍应承担付款责任。

③汇票付款人即使已经从出票人处得到了资金，但其也不因之当然成为汇票债务人，如付款人没有依约承兑或付款，仅构成民法上的违约行为，付款人并不因此承担票据责任。

④出票人不得以其已向付款人提供了足够的资金为由，拒绝持票人向其行使追索权，出票人仍应承担相应的票据责任。

⑤通常而言，即使出票人在没有资金或没有足够资金的情况下签发了票据，只要该票据符合票据法规定的形式要件，其仍为有效票据，持票人仍可以向出票人行使票据权利。

⑥付款人在未收到或未收到足够资金时自愿为出票人支付票据金额的，其付款行为是有效的，此后付款人可以依约向出票人要求补偿，但这不是票据关系。

(2) 资金关系与票据关系的牵连。

①汇票上的付款人若已对该汇票进行了承兑，该承兑人不能以其与出票人间资金关系方面的事由对抗善意持票人，但是当持票人为出票人向其主张票据权利时，承兑人即可以资金关系事由进行抗辩。

②支票的付款人，对出票人存款足以支付或在与出票人信用合同所定数额内的支票，应当无条件支付；若出票人在付款人处无资金关系，付款人有权拒付，由持票人向前手或出票人追索。

3. 票据预约关系

票据预约关系是指当事人之间预先约定使用票据的一种合同关系。原因关系发生时，当事人是否使用票据，使用何种票据，一般要预先约定，并具体商定票据种类、金额、到期日、付款地等，然后再出票，授受票据。

此种关于使用票据的预先约定，与票据行为有关，同票据关系则无涉。换言之，原因关系发生时，因有票据预约，才得为票据行为，有票据行为，才生票据关系。票据预约是民法上的预约合同，依照民法上的债权合同办理，票据法不作规定。票据预约是否成立，票据行为是否按预约实施，对票据关系毫无影响。票据行为实施，票据关系发生，票据预约消灭。

三 引例分析

根据票据法原理，与票据有关的法律关系包括票据基础关系和票据关系。票据基础关系是票据关系产生的前提，受民法调整，一般包括原因关系、资金关系和票据预约关系。票据关系是指由票据行为本身产生的法律关系，它受票据法调整。本案电气公司与无线电厂的订货合同中双方的票据预约关系，电气公司与农行的资金关系均属于票据基础关系。当事各方正是由于相互存在上述票据基础关系开始实施票据行为的动机，并根据这些基础关系的要求进行了相应的票据行为，从而建立了票据关系，该种法律关系一经形成就与产生它的基础关系发生了分离。本案的票据关系是在汇票上签章的当事人之间由票据记载所决定的票据权利义务关系。票面记载表明，该票据的出票人为甘肃某电器公司，收款人为浙江某无线电厂，承兑人和付款人为某农行。各方当事人应当依据票据法的规定行使权利履行义务，由于票据的无因性、文义性，票据当事人不能以票面瑕疵之外的任何事由对抗票据权利人的付款请求，本案产品质量瑕疵不能对抗无线电厂请求付款的权利，承兑人农行一经承兑票据即成为票据上的主债务人，有承担到期无条件付款的义务，其在收到建行发出的划付报单后，应如期履行承兑义务。

第三节　票据行为

一　引例

某甲是某著名大学的一名教授，因专利发明获得了大量收入，银行为其开了支票账户。2002年因家庭生活受到刺激，导致精神失常。2002年4月1日某甲签了一张60万元的转账支票给某房地产公司购买有关房屋，某房地产公司希望有保证人进行保证。某甲找到其朋友某乙保证。房地产公司收受支票后，4月15日以背书的方式将该支票转让给了某租赁公司以支付所欠的建筑机械租金。4月19日某租赁公司持该支票向某现代商城购置计算机设备。4月26日某现代商城通过其开户银行提示付款时，开户银行以超越提示付款期为由作了退票处理。某现代商城只好通知其前手进行追索。在追索的过程中，租赁公司和房地产公司均以有保证人为由推卸自己的责任，保证人某乙以某甲系精神病人，其签发支票无效为由，拒不承担责任。经鉴定，某甲确属精神不正常，属无行为能力人。

二 基本理论

（一）票据行为的概念和特点

票据行为，是指以发生票据权利义务为目的而依照票据法所实施的法律行为。票据行为具有如下几个特点：

1. 要式性

票据行为必须遵循法定的、严格的形式[①]，不允许当事人自主决定或变更，否则不能产生票据法上的效力。首先，任何一种票据行为都必须以书面形式做成，而且每一种票据行为在票据上记载的位置也都是特定的；其次，任何一种票据行为都必须由行为人签名或盖章；最后，各种票据行为都有一定的格式或款式，即必须以一定方式记载一定的内容。

2. 无因性

无因性，也称为"抽象性"，是指票据行为只要具备法律规定的形式即自行产生效力，而不问其基于的原因关系或基础关系存在与否或是否有效。票据行为是依据其自身的要件产生效力的，而不受到基础关系的影响，亦即票据关系与基础关系在法律上是互相分离的。由于票据行为具有这种无因性，因此票据成为一种"无因证券"。

3. 文义性

这是指票据行为的内容完全以票据上记载的文义确定。即使票据上记载的文字与实际情况不符，仍应以文字记载为准，不允许票据当事人以票

[①] 《中华人民共和国票据法》第109条规定，汇票、本票、支票的格式应当统一。票据凭证的格式和印制管理办法，依《票据管理实施办法》第5条和第35条及《支付结算办法》第9条的规定，由中国人民银行统一规定。

据文字以外的事实或证据，来对票据上的文字记载做变更或者补充。

4. 独立性

票据上有数个票据行为的，各个票据行为独立生效，互不影响，一行为的无效，不致使其他有效行为变为无效，有效行为的行为人仍须就票据文义负其责任。《票据法》第6条规定，无民事行为能力人或者限制民事行为能力人在票据上签章的，其签章无效，但是不影响其他签章的效力。《票据法》第14条第2款规定，票据上有伪造、变造的签章，不影响其他真实签章效力。没有代理权而以代理人名义在票据上签章的，应当由签章人承担票据责任；代理人超越代理权限的，应当就其超越权限部分承担票据责任。

（二）票据行为的种类

狭义之票据行为，包含出票、背书、承兑、参加承兑、保证五种。广义之票据行为，除上述五种外，尚有付款、（支票的）划线、参加付款、（本票的）见票、（支票的）保付等行为。票据法上通用狭义，将其他行为称为"准票据行为"。五种票据行为中，出票、背书为各种票据同有行为，承兑、参加承兑是汇票特有行为，保证是汇票、本票都有的行为。

票据法学上将这五种行为分为两类，一类是出票，称"主票据行为"或"基本的票据行为"，它是其他各种票据行为的基点。另一类是其他四种行为，通称"从票据行为"或"附属的票据行为"，它们以出票行为为前提，只能在已经签发的票据上实施。两类票据行为虽有主从之分，但各自独立发生效力。然而，由于出票行为是创造票据的行为，出票行为有效的，票据才有效存在，其他票据才有实施基础。如果出票行为无效，票据即无效，而且这种无效是自始、当然、确定地不产生效力，当事人事后追认也不能改变无效状态，在此情形下，出票后的其他附属的票据行为亦随之无效。

（三）票据行为的性质

1. 契约行为说

该说主张，票据债务人之所以负担票据上的债务，是与票据权利人缔结契约的结果。[①] 此说又分成"单数契约说"和"复数契约说"。前者认

[①] "契约行为说"由德国商法学家杜尔（Thol）提倡。参见张国健《商事法论》，三民书局1980年版，第383页。

为，一个票据行为是一个契约。后者认为票据债务人之所以对各个票据权利人负担票据债务，是因为他对各个票据权利人分别有契约。

2. 单方行为说

此说认为，票据行为，由行为人单方行为而成立，无须合意。出票人、背书人、承兑人等均因自己在票据上的签名这种单方行为，对持票人负担票据义务。单方行为说又分为"发行说"和"创造说"。前者主张，票据行为因票据行为人的单方行为而成立，但是票据行为由行为人在票据上签名和将票据交付受票人这两个要素构成。后者认为，票据行为实为创造票据权利的单方行为，只要在票据上签名，他人取得该票据，就发生票据权利义务关系，至于取得是否善意，不影响票据权利。

单方行为说既无契约行为说的缺点，合理地说明了票据行为人与其直接后手之外的票据权利人的关系，又与"票据行为独立原则"脉络相连，多数学者均主张此说。

（四）票据行为的要件

1. 实质要件

（1）行为人须有民事行为能力

票据行为是一种设定票据权利义务的法律行为，行为人所为票据行为的后果，是为自己设定票据债务，相对方因此取得票据债权，按照民法一般规定，行为能力欠缺者无责任能力，不能为负担义务之行为，所以无行为能力人、限制行为能力人不能为票据行为。

（2）意思表示真实

票据行为之意思表示，原则上适用民法上关于意思表示的一般规定，然而为促进票据的使用和流通，保护善意第三人，票据法注重在外观形式，奉行所谓"表示主义"，[①] 即行为如果具备票据法所规定的形式要件，票据记载事项与真正事实是否相符，对于票据行为的效力不产生影响。从意思表示角度讲，就是以票据上记载的事项为行为人真实意思，除授受票据的直接当事人外，不得以票据记载之外的文字，证明其票据意思。《票

[①] 民法上关于意思表示的一般规定，除性质不适合于票据或票据法另有规定外，均可适用于票据行为。但是，民法上一般法律行为发生于特定当事人之间，重在探求行为人真意，采用意思主义，即以行为人真实意思为准；票据行为，因票据辗转流通于多数人之间，不得不注重票据行为的外观，采取表示主义。

据法》采用的就是"表示主义"。

2. 形式要件

（1）书面

票据为文义证券，因此各种票据行为都必须以书面形式做成才能生效，而且票据法一般对票据用纸也有严格要求。《票据法》第108条第2款规定："票据凭证的格式和印制管理办法，由中国人民银行规定。"有的票据行为须记载在票据正面，有的则必须记载在票据背面，还有的可以记载在票据的粘单上。任何以口头形式所为的票据行为均属无效。

（2）签章

各种票据行为的内容虽然不一，但签章是所有票据行为共同的要件。所有国家的票据法都规定，在票据上签名的，负票据责任。《票据法》第4条也规定，在票据上签章的人，必须按照票据上的记载事项承担票据责任。在票据上签章的意义，在于识别行为人，辨别行为人的真伪，并确定行为人的票据责任。

对于签章的形式，根据《票据法》第7条规定，自然人在票据上的签章，可以是签名，也可以是盖章，还可以是签名加盖章。对于法人和其他使用票据的单位在票据上的签章，第7条第2款规定"为该法人或者该单位的盖章加其法定代表人或者其授权的代理人的签章"。同条第3款规定，无论是作为当事人，还是作为法人或其他单位的法定代表人或授权代理人，凡是在票据上签名的，都应当签署其本名。

（3）记载事项

①绝对必要记载事项，是指票据法规定票据上必须记载，否则就不能使票据生效的事项。包括：A. 票据文句。即表明票据种类、名称的字样。如"汇票"、"本票"、"支票"；B. 无条件支付的委托或承诺；C. 确定的金额；D. 付款人名称①；E. 收款人名称②；F. 出票日期；G. 出票人签章。

②相对必要记载事项，是指票据法规定应当记载，但如果不记载时，法律对此欠缺事项另行推定效果，不致票据无效的事项。相对必要记载事

---

① 本票为已付证券，出票人即为付款人，不必另记这一事项。
② 支票出票时可依第86条之规定不记载该项。《中华人民共和国票据法》第86条第1款："支票上未记载收款人名称的，经出票人授权，可以补记。"

项绝不是可有可无的，如付款日期，如果允许不存在，则持票人行使票据权利请求付款就无时间保障，结果必然对票据债务人有利而于票据债权人有害。为防止损害票据债权人之情况，票据法对不记载这些事项的，作了有利于票据债权人的推定。《票据法》第 23 条第 2 款、第 3 款分别规定："汇票上未记载付款日期的，为见票即付。""汇票上未记载付款地的，付款人的营业场所、住所或者经常居住地为付款地。"

③任意记载事项，是指票据法允许当事人按其意思记载或者不记载，但一经记载亦发生票据上效力的事项。根据《票据法》第 27 条第 2 款，出票人可以在汇票上记载"不得转让"字样，禁止汇票的转让。这里的"不得转让"，就是任意记载事项。第 34 条规定的"背书人在汇票上记载'不得转让'字样，其后手再背书转让的，原背书人对后手的被背书人不承担保证责任"，也属任意记载事项，背书人记载于票据后就发生相应的法律效力。任意记载事项，一般由当事人特别约定，记载于票据后，对直接当事人、第三人均有效。

④禁止记载事项，是指票据法禁止记载于票据上，如果记载了也不发生票据效力或者使票据无效的事项。也称"不得记载事项"。包括"无益记载事项"和"有害记载事项"两种：

第一，"无益记载事项"，是指不发生票据效力的记载事项。如《票据法》第 48 条规定，保证不得附有条件，附有条件的，不影响对汇票的保证责任。票据法对这一类事项，一般使用"不生票据上的效力"、"记载无效"、"视为未记载"等否定性语词，以示不得记载之规制。这一类事项，本身不发生票据上的效力，也不影响票据的效力。

第二，"有害记载事项"，是指使票据无效的记载事项。如《票据法》第 8 条规定，票据金额以中文大写和数码同时记载，二者必须一致，二者不一致的，票据无效。票据法如此规定，旨在告诫人们，不得记载此种事项，一旦因恶意、过失等记载了该事项的，法律则认为票据无效，以维护票据性质不被篡改，并示以警戒。

(4) 交付

票据行为的成立和生效，除应在票据上为合法记载之外，还必须将票据交付对方。如，出票人签发票据后，应将票据交付收款人；背书人在票据背面完成记载事项后，应将票据交付被背书人等。不交付票据的，票据行为尚未完成。票据行为人在票据上完成记载事项，但在交付前票据遗失、被盗等非依票据行为人本意而进入流通时，应区分不同情况，分别对待。对不法取得的直接当事人，规定不能取得票据权利，应向票据行为人负责；对善意取得的第三人，票据债务人仍应负票据责任。这种区别对待，既保护了票据行为人，又充分体现了票据法为使票据"便捷、安全"，促进票据流通的价值取向。

（五）票据行为的代理

1. 概说

票据行为的代理，简称"票据代理"，是指代理人基于被代理人（本人）的授权，在票据上明示本人的名义，记明为本人代理的意思并签章的行为。

《票据法》第5条规定："票据当事人可以委托其代理人在票据上签章，并应当在票据上表明其代理关系。没有代理权而以代理人名义在票据上签章的，应当由签章人承担票据责任；代理人超越代理权限的，应当就其超越权限的部分承担票据责任。"这一规定，确定了票据代理的发生条件、票据代理的记载事项、无权代理和越权代理的法律后果等。

2. 票据代理的发生条件

票据代理的发生，以票据当事人的委托授权为必要条件。无授权的代理，属无权代理。票据代理的委托授权，适用民法上代理权授予的规则，票据法上不作另外规定，只要求载明代理关系。对此种委托和授权，不认为是票据代理的必要记载事项。《票据法》第5条第1款的规定，体现了这一点。

3. 票据代理的记载事项

按照《票据法》规定，票据代理本身必要的记载事项共有两个，票据法学上称之为"票据代理的形式要件"。[①]

（1）表明代理关系的文字

票据代理，适用"显名主义"。代理人应当在票据上载明自己为代理

[①] 部分学者认为，票据代理有三项形式要件：（1）被代理人本人的姓名或名称；（2）代理人的签章；（3）代理意旨。见王保树主编《中国商事法》，人民法院出版社1996年版，第382页；钱玉林：《关于票据代理的两项特别法则》，载《山东法学》1996年第1期；谢石松：《试论票据代理中的法律问题》，载《中国法学》1996年第1期；刘家琛主编：《票据法原理与法律适用》，人民法院出版社1996年版，第80—82页。

人,委托授权人为被代理人,并明示被代理人姓名或名称。

(2) 签章

代理人应当在票据上签章,否则,票据因缺少绝对必要记载事项而无效。代理人签章与票据当事人的签章有不同的效果归属。代理人签章,应就票据载明之"代理人"之文义,负代理制度上的责任,代理行为所设定的票据债务,统归被代理人负担。票据当事人签章,就把自己定位于票据债务人,须依票据文义负担票据之责。

如果票据上仅记载本人的姓名或名称而无代理人的签章,这在理论上叫票据行为的代行。所谓"票据行为的代行",实际上就是代表本人在票据上签名盖章。票据行为的代理与代行不同,前者不仅代表本人签名,而且主要是要根据本人的授权依代理人自己的意志,为本人的利益作出一定的票据行为;后者则仅代表本人在票据上签名或盖章,至于票据上记载的具体事项,代行人可不用关心。① 票据代行是票据代理的一种特殊形态,在有权代行的情况下,与票据代理的法律效果相同;如果为无权代行的话,则构成票据伪造。②

4. 无权代理、越权代理及其法律后果

(1) 无权代理

票据签名者未得本人授权而以本人为被代理人、以自己为代理人所实施的票据行为,是无权代理。无权代理有以下构成要件:

①行为人以代理人名义实施的票据行为,须完全具备票据行为的形式要件,有完备的票据记载,票据有效,否则票据权利义务不发生,签章人、票据上记载的被代理人都无票据责任,自然不产生无权代理问题。

②行为人以代理人名义实施的代理行为,须具备票据代理的形式要件。不具备票据代理形式要件的,不发生票据代理的法律后果,票据债务不能归于签名者之外的其他人,自无无权代理可言。

③行为人无代理权。此为无权代理的关键所在,行为人若有代理权,则属有权代理,无代理权者,才承担无权代理的后果。当就是否无权代理发生争议时,应由代理人举证证明自己有代理权,不能证明者,即为无权

---

① 王小能主编:《中国票据法律制度研究》,北京大学出版社1999年版,第58页。
② 于莹:《中华人民共和国票据法》,高等教育出版社2004年版,第48页。

代理。

（2）越权代理

越权代理，是指有权代理人超越其代理权限进行的票据代理。依民法上广义无权代理，越权代理也是一种无权代理，因为代理人超越代理权限所为票据代理行为，属于无代理权。我国《民法通则》第66条将越权代理与自始没有代理权的代理规定在一起，施以相同的规则。[①]《票据法》第5条第2款规定：代理人超越代理权限的，应当就其超越权限的部分承担票据责任。

三 引例分析

根据我国《民法通则》规定，无民事行为能力人由他的法定代理人代理民事活动，限制民事行为能力人，可以进行与他的精神健康状况相适应的民事活动，其他民事活动由他的法定代理人代理，或者征得他的法定代理人的同意。应该说，无民事行为能力人和限制民事行为能力人的票据行为是无效的，但票据行为彼此之间是各自独立的，如果在一张票据上有众多的票据行为，某一行为的无效不影响其他行为的效力。本案中的某甲经鉴定为无民事行为能力人，其完成的出票行为是无效的。但出票行为的无效不等于票据无效，如果票据的必要记载事项是齐全的，票据依然有效，如果票据上欠缺要项，出票行为无效，票据也无效。本案中的当事人和关系人均未对某甲签发的支票记载事项提出异议，因此应当推定某甲出票无效，但所签支票有效。某甲的出票行为虽然无效，但房地产公司和租赁公司的背书行为都是有效的，它们应该对现代商城承担连带责任。它们以有保证人为由推卸自己的票据责任是不能成立的。某乙进行的保证属民事保证，民事保证的效力受被保证行为的影响，由于某甲的出票行为无效，某乙在此基础上的保证行为也是无效的，某乙无须承担保证责任。

[①]《民法通则》第66条："没有代理权、超越代理权或者代理权终止后的行为，只有经过被代理人的追认，被代理人才承担民事责任。未经追认的行为，由行为人承担民事责任。本人知道他人以本人名义实施民事行为而不作否认表示的，视为同意。"

第四节 票据权利

一 引例

甲、乙、丙均系个体经营者，甲因从乙处进货而拖欠3万余元货款，乙又因借贷而拖欠丙3万元，现离借款到期日还有4个月，乙在骗得甲、丙同意后，决定以汇票结清他们之间的债权债务关系，乙做出票人，甲做付款人，丙做收款人，票据金额3万元，出票后4个月付款。甲与乙之间汇票结算后的尾数使用现金了结，丙拿到汇票后便于流通便找甲进行承兑。此后，丙在从A公司进货时，将汇票背书转让给了A公司。A公司接收汇票时距到期日期还有近3个月，遂又决定用该汇票采购原材料，采购员丁携带已在票据背书栏签有本单位章的汇票外出时不慎丢失，丁将丢失汇票的情况反映给A公司，A公司立即向甲办理了挂失止付手续，但未采取其他措施。该丢失的汇票被戊捡到，戊发现票据背面的最后一次背书未填写被背书人，便喜出望外地签了名，然后持汇票到某电脑公司购置了一台价值3万元的笔记本电脑，并将汇票背书后交给了某电脑公司，某电脑公司未进行票据的转让，现汇票到期，某电脑公司持汇票请求甲付款，甲以汇票已经挂失止付为由拒绝付款。某电脑公司只好追索并对所有前手发出通知，A公司接到通知后提出自己是票据权利人，某电脑公司的票据权利有缺陷，请求返还票据，双方发生争议诉至法院。

二 基本理论

（一）票据权利的意义和特点

票据权利，是指持票人享有的能够请求票据债务人支付票据金额的权利，包括付款请求权和追索权。票据权利有以下几个特点：

1. 票据权利是金钱债权，其标的以票面金额的给付为限。普通债权的标的，可为物品交付、劳务提供、价款或酬金的支付等，而且不同标的的债权，还可发生标的转换现象，如本应支付酬金但无资金的，可以相当交换价值的物品抵债。票据权利，只能以票面金额之给付为标的，绝不可以有任何变通。

2. 票据权利为无因金钱债权。一般金钱债权，如借贷所生借款偿还请求权、价款或酬金给付请求权等，均为有因金钱债权，债务人若能证明债权不存在或无效，虽有借贷合同或买卖、劳务等合同的书面形式，法律也不能强制债务人给付金钱。票据权利则具无因性，只依合法形式之票据，不问票据权利之成因。持票人以票据文义或票据法规定证明自己为票据权利人的，票据债务人须无条件支付票面金额。

3. 票据权利是单纯的金钱给付请求权。一方面，持票人仅得请求票据债务人给付票面金额，不得为其他请求；另一方面，持票人实现票据权利不负任何对价义务，票据债务人单方负担无对价给付的义务。一般的债权，除少数单务之债外，债权人具有对价给付义务，债权人请求债务人给付而自己不按债之内容给付的，债务人得为"对待给付抗辩"。在票据关系中，票据债务人虽有"对票据的抗辩权"、"对特定持票人的抗辩权"，[①] 但不得有"对待给付抗辩权"。

4. 票据权利包括付款请求权和追索权，是二重性权利。持票人有付款请求权，付款请求权不能实现时，可行使追索权。票据法学上，把付款请求权叫做"第一次请求权"，把追索权叫做"第二次请求权"，这两个请求权，是票据权利本身之功能。民法上的一般债权，是一次性的请求权，没有追索权效能。

5. 票据权利与票据一体化，票据权利的行使，以票据提示为唯一必要条件。票据为完全证券、提示证券，自然票据权利有此特点。普通债权是民法赋予一般意定之债或法定之债的权利人的债权，它的行使，以债的存在为要件。

（二）票据法学上对票据权利的分类

票据法理论上，除将票据权利分为付款请求权和追索权之外，还有主票据权利、副票据权利、辅助票据权利的分类。了解这种分类，有助于掌握票据权利的特点。

所谓主票据权利，就是付款请求权。所谓副票据权利，就是追索权和再追索权。而辅助性票据权利，指与支付票面金额的目的直接相关但

---

① "对票据的抗辩权"也叫"对物抗辩权"，是指基于票据本身所存在的事由而发生的抗辩。"对特定持票人的抗辩权"，又叫"对人抗辩权"，是指基于持票人自身或者票据债务人与特定持票人间的关系而产生的抗辩。

起辅助作用的权利。如持票人对参加承兑人、参加付款人的付款请求权等。

(三) 票据权利的取得

1. 原始取得

(1) 发行取得。发行取得是指票据权利人依出票人的出票行为而取得票据权利。出票行为是创设票据权利的票据行为，在此行为之前，当事人之间原无票据权利，出票人将依法做成的票据交付持票人，持票人即初始取得票据权利，所以，因出票行为取得票据的，属于票据权利的原始取得。

(2) 善意取得。善意取得是指票据受让人依照票据法规定的票据转让方式，善意并且无重大过失地从无票据处分权人处取得票据，从而取得票据权利的一种取得方式。善意取得是票据权利取得制度中的特殊规则。按照票据法上票据取得之一般规定，从有票据处分权的人手中按法定转让方式取得票据，才能取得票据权利，且此种取得，为继受取得，取得票据支付相当对价者，取得完整之票据权利，无偿取得票据者，不能享有优于前手持票人的票据权利，也就是说，前手持票人有何种程度、何种状况之票据权利，原封不动地转归无偿受让人。对无处分权而转让票据者，票据法认为是不法处分，不发生合法转让票据的应有效果。然而，此种一般规定，仅适用一般的票据转让情事，对特殊情况，即受让人不知也无从知晓转让人无处分权，支付了相当对价而取得票据的，如果僵化地适用一般规定，势必造成票据使用和流通不安全的影响，使人们不愿接受票据，这就违反了票据立法的宗旨。为解决票据转让中的特殊情况，票据法特别设置"善意取得制度"，保护善意第三人的合法利益，维护票据交易和使用的安全。

善意取得事关当事人利害，票据法对其定有构成要件：

①须受让人从无票据处分权人手中取得票据。如果是从有票据处分权人手中取得票据，属于继受取得票据权利。无处分权人，可为不法取得票据而不享有票据权利的人，如以欺诈、胁迫、偷盗、恶意、重大过失等取得票据者；也可为合法占有票据但没有票据处分权的人，如票据拾得者、票据保管者等。受让人自无处分权人手中取得之票据，须为有效票据，如果票据形式不合法，不产生票据权利，亦无从论及善意取得。

②须依照票据法规定的转让方式取得票据。票据法上规定的票据转让方式，有"背书"、"交付"两种，不同的转让方式，有其不同的适用对象。所谓背书转让方式，即持票人在票据背面或者粘单上记载转让票据之事项并将票据交付受让人，叫做背书转让。记名式票据的转让，应当采取这种方式。《票据法》规定汇票和本票必须记载收款人名称，因此汇票和本票的转让，只能采取这种方式。所谓票据交付，即持票人以转让票据为目的而将票据占有转移给受让人的行为，是票据交付。无记名式票据，适用这种转让方式。《票据法》仅规定支票可为无记名，因此，只有无记名的支票才能适用这种方式。出票人签发支票时记载收款人名称的，不能以此方式转让，须背书转让。

取得票据只有通过背书（连续的背书）或交付的方法，持票人才能受"善意取得"的保护。否则就不能取得票据权利，或虽然取得票据权利，但不适用"善意取得"的规定。前者如从权利人处窃取票据或拾得权利人遗失的票据等；后者如依税收、继承、公司合并、普通债权转让等方法而取得票据。① 此外，如果该背书是禁止背书、期后背书、委托收款背书的，也不适用善意取得的规定。

③取得票据之时须无恶意或重大过失。所谓恶意，是指受让人受让票据时明知出让人无票据处分权而收受的不良心态。所谓重大过失，是指稍加注意即可知晓出让人无票据处分权，但未给予应有之关注而收受票据的心态。恶意或重大过失仅限于取得票据之时，取得票据之后知晓或者应当知晓出让人无处分权的，不构成恶意或重大过失。

④受让人在受让票据时，必须给付相应的对价。给付对价，是指受让人在取得票据时，应当向转让人支付相当于票据金额的金钱或实物。《票据法》第10条第2款规定："票据的取得，必须给付对价，即应当给付票据双方当事人认可的相对应的代价。"第11条规定："因税收、继承、赠与可以依法无偿取得票据的，不受给付对价的限制。但是，所享有的票据权利不得优于其前手的权利。"即是说，当受让人没有给付对价而取得票据时，如果其前手是无票据权利人，受让人就不能适用善意取得制度主张票据权利，此时该受让人亦为无权利人。

---

① 王小能主编：《中国票据法律制度研究》，北京大学出版社1999年版，第73页。

2. 继受取得

继受取得，是指受让人从票据权利人手中以法定方式取得票据，从而取得票据权利。包括因票据权利人背书转让、无记名票据的交付、票据赠与、继承、公司合并等取得票据权利的方式。这种取得，适用法律行为的规则。

（四）票据权利的行使和保全

1. 票据权利的行使

票据权利的行使，是指票据权利人向票据债务人提示票据，请求履行票据债务的行为。

狭义的票据权利行使，指请求付款（行使付款请求权）、进行追索（行使追索权）。广义的票据权利行使，还包括请求承兑、请求定期付款。有学者指出，请求承兑和请求定期付款，不是权利的行使，是行使权利的准备工作。①

2. 票据权利的保全

票据权利的保全，是指票据权利人为防止票据权利丧失所进行的各种行为。票据权利人在一定时间不行使权利，将会导致权利消灭。例如，票据上记载的付款人拒绝承兑，或拒绝付款时，持票人如果不在法定期间内做成拒绝证明，票据权利就会因时效期间届满而消灭。根据《票据法》第17条的规定，持票人对支票出票人的权利，自出票日起6个月不行使的，归于消灭；持票人对前手的追索权，自被拒绝承兑或者被拒绝付款之日起6个月不行使的，归于消灭。为防止票据权利因时效期间届满而消灭，就应当采取必要行为保全票据权利。

保全行为有提示票据、做成拒绝证明、提起诉讼以中断时效，等等。提示票据，是持票人为防止票据权利消灭而向票据债务人出示票据，主张权利。做成拒绝证明，是持票人向票据上记载的承兑人或付款人提示票据请求承兑或请求付款，遭到拒绝时，请求拒绝之人出具拒绝承兑或拒绝付款的书面证明。提起诉讼，是持票人为防止票据权利消灭而请求法院保护。

3. 票据权利行使和保全的处所与时间

《票据法》第16条规定，持票人对票据债务人行使票据权利，或者

---

① 谢怀栻：《票据法概论》，法律出版社1990年版，第62页。

保全票据权利,应当在票据当事人的营业场所和营业时间内进行,票据当事人无营业场所的,应当在其住所进行。

(五)票据权利的消灭

票据权利的消灭,是指票据上的付款请求权或者追索权因法定事由的出现而归消灭。依照《票据法》的规定,票据权利消灭事由主要有:

1. 付款。票据债务人付款之时,持票人将票据交付付款人,票据关系终止,票据权利自然终止。《票据法》第60条规定,付款人依法足额付款后,全体汇票债务人的责任解除。

2. 被追索人清偿票据债务及追索费用。持票人遇有不获承兑、不获付款时,得向其前手或者出票人及其他追索义务人行使追索权,请求偿还票面金额、利息及为追索所支付的费用,被追索人清偿债务后取得票据,原有票据权利即归消灭。这种情况,与付款而使票据权利消灭有所不同。被追索而为清偿之人若为出票人的,票据权利随之消灭;被追索而为清偿之人若是背书人,或者保证人的,为清偿行为而取得票据的背书人、保证人得向其前手行使再追索权,此时票据权利仍未彻底消灭。将这种情况称为"票据权利的相对消灭"。

3. 票据时效期间届满。持票人不行使票据权利的事实持续到票据时效期间届满,其付款请求权或追索权即消灭。

4. 票据记载事项欠缺。《票据法》第18条规定,因票据记载事项欠缺的,丧失票据权利,享有利益返还请求权。此条所称票据记载事项,应为绝对必要记载事项,依《票据法》第22条、第76条、第85条规定,绝对必要记载事项欠缺的,票据无效。

5. 保全手续欠缺。持票人为保全票据权利,应完成保全手续,手续欠缺的,不发生保全效力,票据权利仍行消灭。在此场合,消灭的是追索权。《票据法》第65条规定,持票人不能出示拒绝证明、退票理由书或者未按照规定期限提供其他合法证明的,丧失对其前手的追索权。

除以上事由外,票据毁灭也使票据权利消灭,民法上一般债权消灭的事由如撤销、混同、提存、免除等也可使票据权利消灭。

三 引例分析

票据是一种完全有价证券,一般情况下持有票据且票据记载事项符合票据法的规定，票据背书连续，持票人就享有票据权利。但以欺诈、偷盗或者胁迫等手段取得票据的，或者明知有上述情形出于恶意取得票据的，或持票人因重大过失取得票据的，也不得享有票据权利。本案中，A公司从丙手中取得票据时，票据本身没有缺陷，背书也不存在问题，因此A公司是正当的票据权利人，但其因自己的过错丧失了对票据的占有，尽管其已向承兑人甲挂失止付，但由于没有采取其他较为彻底的补救措施，票据完全有价证券的性质，决定了其在不占有票据，又不能提供具有法律效力的裁定或判决的情况下，不能行使票据权利。本案中的某电脑公司在从戊手中接受票据时，票据本身没有缺陷，票据背书也是连续的，尽管戊的票据是捡来的，背书有伪造的成分在内，但某电脑公司对这一切并不知情，因此应当认定某电脑公司为善意持票人，享有票据权利，不继受戊在票据权利上的缺陷。既然某电脑公司享有票据权利，A公司作为实质上的正当的票据权利人，在二者均受到票据法的平等保护且于法无据的情况下，其请求某电脑公司返还票据是不能成立的。并且根据票据法关于追索权的规定，某电脑公司作为最后的持票人在其付款请求权不能实现的情况下，有权对其所有前手进行追索。

第五节　票据抗辩

一　引例

1995年10月16日，甲公司与乙公司签订了一份空调购销合同。双方约定：由乙公司向甲公司供应空调100台，价款25万元，交货期为10月25日，货款结算后即付3个月的商业承兑汇票。10月24日，甲公司向乙公司签发并承兑商业汇票一张，金额为25万元，到期日为1996年1月24日。11月10日，乙公司持该汇票向S银行申请贴现，S银行审核后同意贴现，向乙公司实付贴现金额23.6万元，乙公司将汇票背书转让给S银行。该商业汇票到期后，S银行持甲公司承兑的汇票提示付款，因该公司银行存款不足而遭退票。S银行于是直接向该公司交涉票款。甲公司以乙公司未履行合同为由不予付款。1996年8月2日，S银行又向其前手乙公司追索票款，亦未果。为此，S银行诉至法院，要求汇票的承兑人甲公司偿还票款25万元及利息；要求乙公司承担连带赔偿责任。甲公司辩称，诉争的商业承兑汇票确系由其签发并经承兑，但是乙公司未履行合同，有骗取票款之嫌，故拒付票款。乙公司辩称，原合同约定的履行期太短，无法按期交货，S银行不能要求其承担连带赔偿责任。[①]

二 基本理论

（一）票据抗辩的意义

所谓票据抗辩，是指票据上记载的债务人提出一定的合法事由对于票据债权人提出的请求予以拒绝的行为。《票据法》第13条第3款规定："本法所称抗辩，是指票据债务人根据本法规定对票据债权人拒绝履行义务的行为。"票据债务人依法享有的这种权利，即为票据抗辩权。

票据抗辩权是与票据权利对立存在的一种权利，权利人是票据债务人，持票人无此种权利；其作用在于对抗持票人，拒绝履行票据债务；它的权源在于票据法的规定，与票据持有无涉；它的行使，以票据法规定的抗辩事由的存在为要件。

（二）票据抗辩的事由

票据抗辩的事由，也就是票据抗辩的原因，是指票据法规定票据债务人可以对票据债权人进行抗辩的各种情形。根据《票据法》的规定，票据抗辩事由可以分为物的抗辩和人的抗辩两种。

1. 物的抗辩

物的抗辩，又称客观的抗辩或绝对抗辩，是票据债务人因票据行为不合法或者票据权利不存在，得对任何持票人行使的抗辩权。物的抗辩根据抗辩权人范围的不同，分为"任何票据债务人可对任何持票人的抗辩权"、"特定票据债务人可对任何持票人的抗辩权"。

（1）任何票据债务人可对任何持票人的抗辩权

凡有下列情事之一的，任何票据债务人得对任何持票人行使抗辩权：①票据上的记载事项不符合票据法的规定。根据《票据法》第4条、第7条、第8条、第9条、第22条、第75条、第84条，记载事项不合法而致无效的票据包括：票据上无签章；票据上的签章不合法定条件；票据金额记载不合法；票据上有不合法之更改；票据上欠缺绝对必要记载事项。

[①] 谢冬慧编著：《票据法案例评析》，汉语大词典出版社2003年版，第35页。

②定期票据未到期。《票据法》第25条规定，票据付款日可以记载为：见票即付；定日付款；出票后定期付款；见票后定期付款。付款日就是票据到期日，票据到期日届至，持票人才能提示票据，请求票据债务人履行票据债务，如果未到票据上记载的到期日，持票人提前行使票据权利，票据债务人自然得以未到期为由，行使其抗辩权。③票据权利已经消灭。有以下三种具体情况：票据权利因票据债务人付款而消灭；票据权利因票面金额的提存而消灭；票据权利因除权判决而消灭。

（2）特定票据债务人可对任何持票人的抗辩权

票据本身有效，但如果其中某一票据行为不合法，受其不利影响的直接当事人依法不负票据责任，并以此作为抗辩事由，对抗任何持票人。不是该不合法行为直接相对人的其他票据债务人，不得主张这种抗辩权。所谓特定票据债务人，就是有效票据上某一不合法行为的直接相对人。

有下列情形之一的，特定的票据债务人得以行使对物抗辩权：①无权代理和越权代理。被代理人得为此抗辩。②签章人为无民事行为能力或限制民事行为能力者。签章人及其法定代理人得为此抗辩。③票据伪造、变造。被伪造人因其签章系伪造，事实上并未签章，故不负票据责任，得以对抗任何持票人。票据上有变造的，在变造前签章，对变造后的文义不负责任，可对抗任何持票人。④票据权利行使和保全手续欠缺。持票人行使追索权而欠缺拒绝证明或退票理由书或其他有效证明的，丧失对其前手的追索权，被追索人得以其追索权因保全手续欠缺而消灭为由，进行抗辩。⑤票据权利因时效期间届满而消灭。付款请求权时效期间届满的，被请求的付款人得对任何持票人行使物的抗辩权；追索权因时效期间届满消灭的，背书人或未因票据受有利益的票据债务人可为抗辩，不受追索。⑥对不得转让的票据背书转让的。持票人将载有"不得转让"字样的票据再转让他人的，第三人持票向原背书人行使权利时，原背书人得依票据上"不得转让"之文义，行使抗辩权。

2. 人的抗辩

人的抗辩，又称主观的抗辩或相对抗辩，是指基于持票人自身或者票据债务人与特定的持票人之间的关系而产生的抗辩。这类抗辩权的特点是，票据债务人仅能对特定的持票人抗辩。一旦发生票据易手，票据债务人即不得以与原应受抗辩的持票人之间的抗辩事由，对抗善意受让票据之人。人的抗辩根据行使抗辩权人的不同,分为"任何票据债务人向特定持票人行使的抗辩"和"特定票据债务人向特定持票人行使的抗辩"。

(1) 任何票据债务人向特定持票人行使的抗辩

有下列条件之一的,任何被请求的票据债务人均可对请求付款的票据债权人抗辩:①票据债权人丧失受偿能力。例如票据债权人受破产宣告,票据债务人即可以其民事权利能力和民事行为能力终止而为抗辩。再如,票据债权被依法冻结,票据债务人也可抗辩。②持票人取得票据欠缺合法形式,不具备受领资格。持票人以合法形式取得票据的,才有形式上的受领资格。[1] 票据法上规定,以背书转让的票据,背书应当连续,持票人以背书的连续,证明其票据权利,能证明者就有形式的受领资格,不能证明者没有形式的受领资格,就不是合法持票人,没有票据权利,被请求的任何票据债务人均得对其抗辩。③持票人不是真正票据权利人,不具备实质的受领资格。例如,拾得未记载收款人名称的空白授权票据,冒填收款人而骗取票面金额的,虽有形式合法的必要记载事项,但持票人并无实质受领资格。对徒有形式上受领资格而无实质受领资格的持票人,任何被请求的票据债务人均可抗辩。

(2) 特定票据债务人向特定持票人行使的抗辩

此类抗辩是基于直接当事人之间的原因关系或者特别约定而产生的抗辩,具体有以下几种情形:①原因关系无效或不成立的抗辩。票据授受的直接当事人之间票据原因关系无效的,授票之票据债务人得向受票之持票人进行人的抗辩。②原因关系非法的抗辩。直接授受票据的当事人之间,如果其原因关系系非法行为,如基于赌博、贩卖毒品等原因签发或转让票据,则该授票的票据债务人对其直接相对人提出的票据权利请求,可以原因关系非法进行抗辩。但该票据债务人对其直接相对人之外的善意持票人,必须依其相应的票据行为承担票据义务。③欠缺对价的抗辩。以有偿行为为原因而授受票据的,取得票据者未给付双方当事人认可的相对应的代价的,授予票据而未获应有代价的票据债务人,得对受票人进行抗辩。

---

[1] 有学者将持票人的受领资格分为形式受领资格和实质受领资格,具备合法取得形式者,为有形式的受领资格,虽无形式上受领资格但通过其他证据证明其是真正的票据权利享有者,为有实质的受领资格。参见刘家琛主编《票据法原理与法律适用》,人民法院出版社1996年版,第154—155页;张龙文:《票据法实务研究》,汉林出版社1976年版,第20—21页。

如甲、乙订立租赁合同，甲向乙授票而为预付租金，乙受票后不提供出租物仍要甲付款，甲对乙可行抗辩。④基于当事人之间特别约定的抗辩。如果直接当事人之间在签发和受领票据时有特别约定（如延期付款），则不履行特别约定的一方如向对方请求行使票据权利，对方可以此特别约定为由，行使抗辩。

（三）票据抗辩权的限制

票据抗辩权的限制，又称"抗辩的切断"，是指票据法规定的票据债务人对特定持票人的权利主张不得抗辩的限制。《票据法》第13条规定："票据债务人不得以自己与出票人或者与持票人的前手之间的抗辩事由，对抗持票人。但是，持票人明知存在抗辩事由而取得票据的除外。"此即抗辩限制的规定。票据抗辩权限制的基本原理，就是将抗辩事由限定在票据债务人与其直接相对人之间，善意受让票据的持票人，不受票据债务人与其直接相对人之间的抗辩事由的影响。

票据抗辩权的限制，仅发生于"人的抗辩"的场合。从"物的抗辩"来说，由于票据权利不存在或者无效，票据债务人得以对任何持票人行使票据抗辩权，因此，票据法对物的抗辩，不加限制。在"人的抗辩"，特定票据债务人对特定持票人进行抗辩，或因直接当事人之间的原因关系无效，或因持票人恶意取得票据，无一不是持票人对票据债务人无合法票据权利的抗辩，他们之间存在直接的个人之间的抗辩事由，自不应限制票据债务人的抗辩。

1. 票据债务人不得以自己与出票人之间的抗辩事由，对抗善意持票人。例如，甲向乙签发汇票一张，委托与其有资金关系的丙为付款人，丙向乙承兑后，甲始终不向丙提供资金，乙于付款到期日请求付款时，丙不得以甲未供给资金而拒绝付款。在此例中，丙与甲因资金关系发生直接当事人之间的抗辩事由，这一抗辩事由，被法律切断而仅在甲、丙之间有效，持票人乙不继受甲的被抗辩事由，丙的抗辩权受到限制。

2. 票据债务人不得以自己与持票人的前手之间的抗辩事由，对抗善意持票人。例如，某甲与某乙订立买卖合同，某甲为支付货款签发本票给某乙，约定2个月后交货，某乙未能及时交货。某乙将本票背书转让给不知情的丙，丙于票据到期日向甲请求付款时，甲不得以乙未交货这一抗辩事由，对抗丙的请求权。

（四）票据抗辩权限制制度的除外规定

《票据法》第13条第1款一方面规定票据债务人不得以自己与出票人或者与持票人的前手之间的抗辩事由，对抗持票人；另一方面又规定持票人明知有抗辩事由而受票者除外。《票据法》第11条规定的无对价取得票据者，不能享有优于其前手的权利，也属票据抗辩权限制的除外情况。由此可见，有下列情事之一的，票据抗辩权不受限制：

1. 持票人明知票据债务人与出票人或者与自己的前手之间有抗辩事由，仍受让票据的。对这种持票人，票据债务人得拒绝其请求而不履行票据债务。这里的明知，是指受让票据时已经知道有抗辩事由，受让票据时不知而其后才知，不构成"明知存在抗辩事由而取得票据"。票据法学上把对这种持票人的抗辩，叫做"知情抗辩"，属于"恶意抗辩"之一种。

2. 持票人无对价取得票据的。无对价取得票据者，继受其前手之权利瑕疵，票据债务人与该持票人前手之间的抗辩事由，不但未被"切断"，反而转移至持票人，故持票人请求付款时，被请求的债务人得以无对价取得为由，行使抗辩权，拒绝其请求。学理上称这种抗辩为"无对价抗辩"。

三　引例分析

上引案例主要涉及票据抗辩问题，票据抗辩是票据债务人根据票据法的规定对票据债权人拒绝履行义务的行为，票据债务人只有在具备法定事由时才可以行使票据抗辩，这些抗辩事由包括：基于票据本身所产生的抗辩事由即物的抗辩，基于当事人之间的特定关系而产生的抗辩事由即人的抗辩。并且票据法还规定了票据抗辩的限制，即票据债务人不能以自己与出票人之间的抗辩事由，也不能以自己与持票人的前手之间的抗辩事由，对持票人进行抗辩。本案中甲公司是票据债务人，持票人是S银行，S银行的前手是乙公司。甲公司不能以自己与持票人S银行的前手乙公司之间的抗辩事由，对S银行进行抗辩。S银行通过贴现，支付了相应的对价，经原持票人乙公司背书后成为新的合法持票人，享有票据权利。S银行在承兑期间提示承兑，甲公司不能以与持票人的前手乙公司的抗辩事由来对抗S银行，其应履行付款责任。

第六节 票据的伪造与变造

一 引例

某甲伪造了一张 150 万元的银行承兑汇票，该汇票以 A 有限责任公司为收款人，以中国工商银行某分行为付款人，汇票的"交易合同号码"栏未填。甲将这张伪造的银行承兑汇票向 A 有限责任公司换取了 110 万元。A 有限责任公司持这张伪造的汇票到中国农业银行某分行申请贴现，中国农业银行某分行没有审查出是伪造汇票，予以贴现 145 万元，A 有限责任公司由此获得收入 35 万元。中国农业银行某分行向中国工商银行某分行提示承兑。中国工商银行某分行在收到汇票后发现，其并没有办理过这笔银行承兑业务，立即向公安局报案。后查明该汇票系伪造的汇票，中国工商银行某分行将汇票退给中国农业银行某分行，拒绝承兑。

二 基本理论

（一）票据的伪造

1. 票据伪造的意义

票据的伪造，是指以获取不法利益为目的，假冒他人或者虚构他人名义在票据上签章，伪为票据行为的违法行为。狭义的票据伪造，指假冒他人名义为出票行为。广义的票据伪造，指假冒他人名义而为的各种票据行为，包括出票、背书、承兑、保证等票据行为的伪造。一般而言，票据伪造系指广义的票据伪造，本书亦同。

2. 票据伪造的构成要件

（1）伪造行为符合票据行为的形式要件。伪造行为本身并不是票据行为，但在外观上符合票据行为的法定形式，如果不具备票据行为的外在形式，就不能构成票据行为，亦无从形成票据伪造。

（2）行为人实施了假冒行为——在票据上签章。假冒他人名义出票或在票据上签章，是票据伪造的前提条件。伪造的具体做法，可以是盗用他人印章，仿制他人印章或制作并无其人之印章而签章等各种假冒手段。

（3）伪造行为人目的是获取不法利益。票据是金钱债券，持有票据能够获得票面金额，伪造的票据因具备合法之形式要件，伪造者可以从付款人处骗取金钱，伪造人实施伪造行为，主观上正是为达到骗取他人财物获得不法利益之目的。如果行为人假冒他人在票据上签章仅是为了教学或者研究的目的，则不构成票据伪造。

3. 票据伪造的法律后果

《票据法》第14条规定：票据上的记载事项应当真实，不得伪造、变造。伪造、变造票据上的签章和其他记载事项的，应当承担法律责任。票据上有伪造、变造的签章的，不影响票据上其他真实签章的效力。据此，票据的伪造对于伪造人、被伪造人、真实签章人及其他人产生不同的法律后果。

（1）伪造人无票据责任，但须负其他法律上的责任。伪造人未在票据上签章，因而不能依票据文义负票据责任。为保护票据当事人合法利益，惩治和防止票据伪造行为，票据法和刑法都规定票据伪造人的法律责任。依照《票据法》第102条、第103条、第106条的规定，伪造人的法律责任，分为刑事责任、行政责任、民事责任。伪造人的民事责任，是侵权赔偿责任，应向善意持票人赔偿。

（2）被伪造人不负票据责任。被伪造之人，未在票据上签章，也未授权别人代理票据行为，自然不应负担票据责任。

（3）票据上真实签章人依票据文义负相应的票据责任。票据上真实签章人，无论其签章在伪造前还是伪造后，都要对票据文义负责。在其被持票人追索而清偿票据债务后，有权要求伪造人赔偿损失。

（4）善意持票人对伪造人有赔偿请求权，对真实签章人有追索权。恶意取得票据者，不能享有票据权利，在出票伪造或签章伪造的场合亦是如此。善意持票人受善意取得制度之特别保护，在票据形式合法的条件下，能够享有票据权利，但是在票据伪造的场合，被伪造人得行使特定债务人的对物抗辩权，善意持票人亦不能幸免。为保护善意持票人，《票据法》上规定：①善意持票人直接从伪造人手中取得伪造的票据的，对伪造人有民法上的赔偿请求权。②善意持票人间接取得伪造的票据的，对真实签章直接前手和其他真实签章前手，得行使追索权。直接从伪造人手中取得伪造票据的真实签章人，在被追索而清偿票据债务后，有权要求伪造人赔偿损失。

（5）付款人依法履行了审查义务而付款的，该付款行为有效；恶意或者有重大过失而付款的，应当承担损失。付款人有审查票据的义务，该项义务分为三个方面：①付款人处存有出票人预留印鉴的，应审查票据上的出票人签章与其预留印鉴是否一致，如一致可排除出票伪造，如不一致就应拒付，否则即构成恶意或者重大过失的付款。②付款人应审查背书是否连续，背书不连续而付款的，构成恶意或者重大过失的付款。③付款人应当审查提示付款人的合法身份证明或者有效证件。请求付款人身份证明或者证件不合法，或者与票据上记载的票据权利人不是同一人的，应当拒绝付款，否则构成恶意或者重大过失付款，自行承担不利后果。

《票据法》第57条第2款中的"恶意"，是指付款人或代理付款人明知持票人采取欺诈、偷盗或胁迫等手段取得票据，或明知接受该票据将对票据债务人的合法权益造成损害而付款的；"重大过失"，是指付款人或代理付款人在付款时对票据疏于审查，或者应当知道付款将对票据债务人的合法权益造成损害而付款的。

4. 票据伪造的举证责任

提出票据伪造主张、请求他人负伪造责任的票据当事人，负担举证责任。

（二）票据的变造

1. 票据变造的意义

票据的变造，是指以获取非法利益为目的，无更改权限之人不法变更票据上除签章之外的其他记载事项的违法行为。例如变更票据金额、付款地、付款日期等。

票据变造有以下特点：（1）行为人是无票据更改权的人。根据《票据法》第9条规定，票据金额、日期、收款人名称，任何人都无权变更，其他记载事项，原记载人有权变更，变更时须在变更处签章证明。原记载人之外的人擅自更改票据上的记载事项的，属无权行为，构成票据的变造。（2）行为人改变的是签章之外的票据记载事项。如果是变更票据上的签章，则构成票据伪造。（3）变造人的目的，不是假冒他人名义，而是意在改变票据文义所表示的票据权利义务，从而获得不法利益，如将票据金额改变加大、将到期日变造提前等。

票据变造的具体方式，可以是改变票据上的记载事项，也可以是涂销票据上的记载事项。但是，票据权利人涂销票据记载事项的，发生抛弃票据上部分权利或者全部权利的效果，不属于票据变造。

2. 票据变造的法律效果

根据《票据法》第14条、第102条、第106条的规定，票据变造发生如下效果：

（1）变造人应当承担法律责任。变造属违反法律的行为，票据法对行为人科以刑事责任、行政责任、民事责任。变造人的刑事责任，依《刑法》有关规定论处，民事责任，则依民法上侵权行为的制度确定。

（2）变造后的票据仍然有效，变造人对变造之后的记载事项负责。《票据法》第14条第3款规定，票据上签章以外的记载事项被变造的，在变造之前的签章人，对原记载事项负责；在变造之后的签章人，对变造之后的记载事项负责。

（3）变造人未签章，不负票据责任，应承担赔偿损失的民事责任。依票据法上"签章者就票据文义负责"的规则，变造人未在票据上签章，不能负担票据责任，但其变造行为给其他票据当事人造成损失的，应由其向受损失的当事人负赔偿责任。

（4）变造前的签章人，对变造前的记载事项负票据责任，不能辨别是在变造前还是变造后签章，视同在变造前签章。

3. 票据变造的举证责任

持票人主张票据债务人是变造后签章，应对其主张负证明责任；票据债务人主张自己是变造前签章，自负其证明责任。

三　引例分析

本案涉及的是票据伪造问题，某甲伪造汇票的收款人、付款人，违反了国家法律的规定，因此该汇票是非法的、无效的，中国工商银行某分行有权拒绝承兑。伪造人既然没有在票据上签名，就没有为票据行为，因而不负票据上的责任。至于在刑法上构成犯罪或者在民法上构成侵权行为是另一个问题。被伪造人既然没有在票据上亲自签名，也不负票据上的责任。但是，如果一张票据上既有伪造的签名又有真实的签名时，依照票据行为独立原则，在票据上有真实签名的人，仍应负责。A有限责任公司持汇票到中国农业银行某分行申请贴现的行为是一种将汇票背书转让给中国农业银行某分行的行为，中国农业银行某分行是被背书人，A 有限责任公司是背书人。因此，中国农业银行某分行作为持票人有权向 A 有限责任公司行使追索权。A 有限责任公司明知该汇票无真实的交易关系和债权债务关系，不经审查收受伪造的商业汇票，进行非法融资交易，获得非法收益，它接受伪造汇票而造成的经济损失，应由其向诈骗者某甲追索。

第七节　票据时效

一　引例

黄尚与蒋良都是万华市的私营企业主，两人素来相识。黄尚在市内有一套豪华套房，计三室一厅，总面积为 168 平方米。黄尚想把它卖掉再买一辆轿车。蒋良早已看中此房，决定购买，于是双方在 1996 年 6 月 8 日签订了房屋买卖协议，约定房屋以 48 万元成交。签约后两人到房管局办理了产权变更手续，蒋良取得了房屋的所有权。6 月 18 日，蒋良签发了一张以黄尚为收款人，金额为 48 万元的支票，出票日期是 6 月 18 日，付款人为蒋良的开户银行万华市交通银行。蒋良在支票上签章后，把支票交给了黄尚。6 月 20 日，黄尚碰见了生意上的另一个朋友龙杰，正巧龙杰想把自己的轿车卖掉，轿车估价 48 万元左右。黄尚于是买下了车，并把蒋良签发的 48 万元的现金支票转让给了龙杰。之后龙杰一直忙于生意，将支票差点忘了。半年过后，1997 年 1 月 3 日，龙杰持现金支票向万华市交通银行提示付款，该银行以现金支票时效已过为由拒付，龙杰只好向蒋良本人索要房款。蒋良不同意，龙杰向法院提起诉讼，要求蒋良付款。[①]

二　基本理论

（一）票据时效的意义

票据时效，是指票据权利人在法定期间内如不行使其票据权利，该权利即行消灭的法律制度。票据权利属于债权，因此有适用时效之必要。又因票据贵在流通，其权利的行使和实现以迅速为宜，为督促权利人及时行

---

① 谢冬慧编著：《票据法案例评析》，汉语大词典出版社 2003 年版，第 63 页。

使票据权利，票据法规定的时效期间，短于民法上的一般时效。

票据权利包括付款请求权和追索权，票据时效自然对这两种权利发生效力。《票据法》第 17 条规定，票据权利在法定的期限内不行使的，归于消灭。可见，我国的票据时效属于消灭时效。根据《票据法》第 17 条和第 18 条的规定，(1) 持票人未在法定期间内行使付款请求权的，付款请求权消灭；未在法定期间内行使追索权的，追索权消灭。(2) 票据权利消灭后，权利人可依法行使利益返还请求权，请求出票人或者承兑人返还其与本应支付的票据金额相当的利益。

(二) 票据时效的期间

1.《票据法》规定的票据时效期间

根据《票据法》的规定，我国票据时效的期间分为三种：2 年的期间、6 个月的期间、3 个月的期间。

(1) 2 年的票据时效期间适用于以下三种情况：①汇票的持票人对出票人的权利。汇票的出票人，对持票人负有保证承兑和保证付款的义务，持票人在汇票得不到承兑或者付款时，在 2 年内对出票人得行使追索权。②汇票的持票人对承兑人的权利。承兑人承兑汇票后，承担到期付款的责任。当不获付款时，持票人在 2 年内对承兑人有追索权。③本票的持票人对出票人的权利。本票是自付证券，出票人在持票人提示见票时，必须承担付款的责任，持票人未按照本票上规定的期限提示见票请求付款的，丧失对其前手的追索权，但在 2 年时效期间内对出票人有追索权。

(2) 6 个月的票据时效期间适用以下两种情况：①支票的持票人对出票人的权利。支票是委托证券，出票人对持票人承担保证从付款人处获得付款的责任，自己并不向持票人负担支付票面金额的义务，因此持票人对出票人无付款请求权。在支票不获付款时，持票人对出票人有追索权。《票据法》第 17 条第 1 款第 2 项所指持票人对支票出票人的权利为追索权，时效期间为出票日起 6 个月。②持票人对前手的追索权。票据以背书转让方式进入流通状态之后，背书人与被背书人之间形成"前手、后手"关系，各国票据法上都规定，前手对后手担保其转让的汇票能够得到承兑和付款，本票和支票能够得到付款，否则后手或持票人对前手得行使追索权。持票人对其前手行使追索权的，应当自被拒绝承兑或者被拒绝付款之日起 6 个月内进行，超过该时效期间追索权消灭。

(3) 3个月的票据时效期间仅适用于再追索权。再追索权,是经票据权利人追索而清偿了票据债务的被追索人,取得票据后向其前手再为追索的权利。再追索权应当自清偿日或者被提起诉讼之日起3个月内行使。

2. 票据时效期间的计算

《票据法》第17条规定,票据权利在下列期限内不行使而消灭:(1)持票人对票据的出票人和承兑人的权利,自票据到期日起2年。见票即付的汇票、本票,自出票日起2年。(2)持票人对支票出票人的权利,自出票日起6个月。(3)持票人对前手的追索权,自被拒绝承兑或者被拒绝付款之日起6个月。(4)持票人对前手的再追索权,自清偿日或者被提起诉讼之日起3个月。该条中的"自票据到期日起"、"自出票日起"、"自被拒绝承兑或者被拒绝付款之日起"、"自清偿日或者被提起诉讼之日起"这几个概念,适用《民法通则》关于计算期间的规定。《民法通则》第154条规定,民法所称的期间按照公历年、月、日、小时计算。规定按照小时计算期间的,从规定时开始计算。规定按照日、月、年计算期间的,开始的当天不算入,从下一天开始计算。据此规定,《票据法》第17条中的期间,应从票据到期日、出票日等的第二天开始计算。

(三)利益返还请求权[①]

1. 利益返还请求权的意义

利益返还请求权,是指当持票人的票据权利因时效完成或者欠缺一定的保全手续而消灭时,该持票人对于因此而获得利益的出票人或者承兑人在其所受利益限度内有请求返还的权利。比如某甲为购买价值10万元的货物向某乙签发一张10万元的支票,某乙接收了此支票并如约履行了其交货义务。后某乙将此支票背书转让给某丙,同时接受某丙相当于10万元的代价。某丙在票据时效期限内没有主张其权利请求付款。按照《票据法》的规定,该支票上的权利因时效期满便消灭了。出票人某甲因此得到了利益但未付出代价,应支付的货款依然存在其支票账户,而持票人某丙则付出了代价但未得到利益,为公平合理起见,一般的票据法规定,出票人应在其所得到的利益限度内,负有返还的义务。

[①] 关于利益返还请求权的性质,学者之间有不同的认识。参见赵威《票据权利研究》,法律出版社1997年版,第242—252页。

这里某甲所负义务显然不是因其所为的票据行为而产生，某丙所享有的利益返还请求权也不是通常持票人都可能享有的权利。票据法之所以如此规定，是因为票据债务人比一般民法上的债务人责任更重，为了使票据债务人早日解脱其责任，票据法规定了较短的消灭时效和很严格的权利保全手续，持票人如果怠于行使和保全权利，就会因时效期满或手续欠缺而丧失其票据权利。但这种规定有时会使票据债务人得到额外的利益，而这种利益恰恰又是持票人所遭受到的损失。票据法为解决这一矛盾，便做出了这种关于利益返还请求权的特别规定。

2. 利益返还请求权的成立要件

根据《票据法》第 18 条和第 56 条的规定，利益返还请求权的成立要件有：

第一，票据上的权利必须曾经有效存在过。这是由于利益返还请求权虽然不属于票据上的权利，但它是因票据而产生的，所以票据上的权利必须曾经有效存在过。如果票据自始就是无效票据，票据权利从未有效存在过，利益返还请求权就无从谈起了。

第二，票据上的权利因超过时效期限或欠缺保全手续而丧失。票据权利丧失是利益返还请求权成立的前提，因为如果票据权利没有丧失，持票人即可直接行使票据权利，而根本没有行使利益返还请求权的必要。

第三，利益返还请求权的权利人是丧失票据权利的持票人。利益返还请求权的义务人是出票人或承兑人。如果票据是汇票，义务人为出票人或承兑人；如果是本票、支票，义务人则仅为出票人。

第四，出票人或承兑人必须因此受益。受益，是指出票人或承兑人因出票或承兑而实际上享受到了利益，而不论这种利益体现为何种形态。利益返还请求权的标的，即为出票人或承兑人因票据权利丧失而实际享有的利益。如果仅有票据权利的丧失，而没有出票人或承兑人因此受益，利益返还请求权无从谈起。

三 引例分析

本案中，涉诉现金支票的出票日期为 1996 年 6 月 18 日，根据票据法有关的规定，持票人龙杰应在 10 日内，也就是 6 月 2 日之前向万华市交通银行提示票据，然而直到第二年的 1 月 3 日，在票据时效过期后，龙杰才向付款人万华市交通银行提示票据。并且也超过了对出票人 6 个月的请求期限。所以龙杰已经丧失了票据权利，只能请求蒋良承担返还其与未支付的票据金额相当的利益，即 48 万元的民事义务。

第八节 票据丧失后的救济

一 引例

某商厦从某制衣有限责任公司购进一批羽绒服装。某商厦向某制衣有限责任公司开具了 100 万元货款的汇票，汇票付款人为工商银行某分行，付款期限为出票后 30 天。某制衣有限责任公司业务员甲拿到汇票后，声称不慎于第五日遗失。某制衣有限责任公司随即向工商银行某分行所在地区人民法院申请公示催告。人民法院接到申请后第二天即受理，并通知了付款人停止支付。第三天发出公告，限利害关系人在公告之日起 3 个月内到人民法院申报。如果没有人申报，人民法院将根据申请人的申请，宣告票据无效。后来乙持汇票到人民法院申报，并声称汇票是用 50 万元从甲手里买的。人民法院接到申报后，裁定终结公示催告程序，并通知某制衣有限责任公司和工商银行某分行。于是，某制衣有限责任公司向人民法院起诉。

二 基本理论

（一）票据丧失的意义

票据丧失，是指持票人非因自己的本意而丧失对票据的占有。如因票据灭失、遗失、被盗、被抢等失去票据占有。票据丧失分为绝对丧失和相对丧失，因票据灭失而失去票据占有的是绝对丧失。因票据被盗、遗失、被抢等失去票据占有的是相对丧失。

（二）我国票据丧失救济制度

根据《票据法》、《民事诉讼法》、《票据管理实施办法》、《支付结算办法》等有关法律、法规和规章等的规定，我国票据丧失救济方法共有三种：

1. 挂失止付

挂失止付，是指失票人将丧失票据的情况通知付款人，接受挂失通知的付款人停止支付所失票据上的款项，防止票据款项被他人取得的一种临时性补救措施。

失票人采取挂失止付方法，必须具备以下条件：（1）所失票据须为票据法准用挂失止付的有效票据。《票据法》第15条规定，票据丧失，失票人可以及时通知票据的付款人挂失止付，但是，未记载付款人或者无法确定付款人及其代理付款人的票据除外。（2）失票人须及时通知票据付款人。失票人采取挂失止付方法不及时，被他人冒领或被善意取得票据者领取票面金额的，不适用挂失止付方法。（3）失票人须按照中国人民银行关于挂失止付的规定，办理挂失止付手续。失票人应及时向付款银行提出书面通知，说明所失票据的情况，包括票据种类、编号、金额、期限、出票人、收款人、失票时间等，按银行的规定填写有关挂失的单证，缴纳挂失手续费等。同时，也要向被请求的银行提供自己的有关证件或者证明。

根据《票据法》第15条第2款规定，收到挂失止付通知的付款人，应当暂停支付。

2. 公示催告

所谓公示催告，既是一种法律程序，又是一种法律制度。从前一种意义上讲，是法院依失票人的申请，以公示的方法，催告票据利害关系人在一定期限内向法院申报权利，如在一定期限内没有申报权利，则产生失权的法律后果的这样一种程序；从后一种意义上讲，则是失票人向法院提出申请，请求宣告票据无效，从而使票据权利与票据义务本身相分离的一种权利救济制度。①

《票据法》第15条第3款规定，失票人应当在通知挂失止付后3日内，也可以在票据丧失后，依法向人民法院申请公示催告。《民事诉讼法》第十八章系统地规定了公示催告程序。

（1）公示催告的适用范围。《民事诉讼法》第195条规定，按照规定可以背书转让的票据持有人，因票据被盗、遗失或者灭失，可以向票据支付地的基层人民法院申请公示催告。

（2）公示催告的管辖法院。依照《民事诉讼法》第195条，票据支付地的基层法院受理公示催告申请，依法公示催告。

---

① 王小能主编：《中国票据法律制度研究》，北京大学出版社1999年版，第154页。

（3）公示催告的效力。公示催告的效力，是指人民法院依法公示催告所产生的效果，主要有以下几点：①预防发生第三人善意取得。②使付款人停止支付，防止冒领和其他损害失票人合法利益现象的发生。《民事诉讼法》第196条、第197条规定，人民法院受理公示催告申请时，应同时通知支付人停止支付，支付人收到人民法院停止支付的通知，应当停止支付，至公示催告程序终结。支付人收到停止支付通知后拒不止付的，在判决后支付人仍应承担支付义务。③催促利害关系人向受理法院申报权利。受理法院发出公告之后，利害关系人应当在公示催告期间向受理法院申报权利。超过法定期限未申报的，人民法院便做出判决，宣告所失票据无效。依据《民事诉讼法》第196条的规定，公示催告的期间，由人民法院根据情况决定，但不得少于60日。有利害关系人申报权利的，人民法院以裁定方式终结公示催告程序，并通知申请人和支付人。申请人或者申报人可以向人民法院起诉。利害关系人因正当理由不能在除权判决之前向人民法院申报的，自知道或者应当知道判决公告之日起1年内，可以向做出判决的人民法院起诉。④失票人依法院的除权判决，不必提示票据而请求付款人付款，付款人应当付款。公示催告期间届满而无利害关系人申报的，申请人应自期间届满的次日起1个月内申请人民法院做出判决，逾期不申请的，法院终结公示催告程序。申请人申请判决的，受理法院依法做出所失票据的除权判决。

3. 诉讼

票据丧失后所发生的票据权利争议，当事人有权向人民法院提起诉讼，由人民法院依法确认票据权利的归属。对此《票据法》第15条第3款有一般性规定，《民事诉讼法》第27条、第199条、第200条有比较具体的规定。

三 引例分析

本案是关于票据丧失后救济措施的案例。根据票据法规定，票据权利人丧失票据后可以依法采取挂失止付、申请公示催告、提起诉讼等救济措施。本案中，某制衣有限责任公司所持有的汇票属于可以背书转让的票据，因汇票遗失，某制衣有限责任公司可以向工商银行某分行所在地的区人民法院申请公示催告。该人民法院受理的当天就通知付款人停止付款，并在第三天发布了限利害关系人3个月内申报的公告,其程序和步骤是合法正确的。乙是持票人,票据被宣告无效与否直接涉及其权利,其有权申报。法院接到乙的申报后,由于票据纠纷难以在催告程序中解决,所以依法裁定终结公示催告程序。但公示催告程序终结并不等于票据纠纷就不解决了,根据我国《民事诉讼法》规定,申请人或申报人可以向人民法院提起诉讼,因此某制衣有限责任公司在公示催告程序终结后,向人民法院起诉是合法正确的。

第二章 汇票

第一节 汇票概述

一 引例

1996年2月,长宁市某建筑工程公司从上田市某钢铁厂购进一批钢材,数量20吨,价款5.6万元。钢材运抵建筑工程公司后,建筑公司到当地开户银行——中国建设银行长宁市分行为钢铁厂开出一张由该银行为出票人、委托上田市分行为付款人,以钢铁厂为收款人的银行汇票一张。1996年3月,钢铁厂拿着这张汇票到本地中国建设银行上田市分行办理转账手续,该银行通过联网查询,发现长宁市某建筑工程公司在中国建设银行长宁市分行所存资金明显不足,故未给该钢铁厂办理转账手续,钢铁厂认为上田市分行与长宁市分行属于同一家银行——中国建设银行,汇票是该家银行开的,就应当承担无条件付款的义务,作为它的代理付款人——上田市分行应当承担票据责任,但是遭到上田市分行的拒绝,于是该钢铁厂以上田市分行为被告将其告上法庭。[①]

二 基本理论

(一)汇票的概念和特点

汇票是出票人签发的,委托付款人在见票时或者在指定日期无条件支付确定的金额给收款人或者持票人的票据。此为《票据法》第19条对汇票所作的定义。汇票作为票据之一种,当然具有票据的一般特征,但汇票也具有相对其他票据而言的独特之处。

---

① 谢冬慧编著:《票据法案例评析》,汉语大词典出版社2003年版,第74页。

1. 汇票是委托他人支付的票据。汇票的出票人不是汇票的付款人，出票人签发汇票必须另行委托他人支付票据金额，因此，汇票是委托证券，在这一点上与支票相同，而与本票不同。

2. 汇票关系中有三个基本当事人，即出票人、付款人和收款人。所谓基本当事人就是汇票一经发行就存在的当事人。出票人就是签发委托付款指示的人，付款人就是接受出票人委托取得付款资格的人，收款人就是从出票人处收受票据，凭此票据享有票据权利的人。

3. 汇票是在指定的到期日无条件支付给持票人一定金额的票据。汇票不仅有即期汇票，还有远期汇票。在远期汇票上都有一定的到期日，这体现了票据的信用职能，所以汇票又称为信用证券。

(二) 汇票当事人

1. 汇票的基本当事人

(1) 汇票的出票人，是指开出汇票的银行和企业。

首先，出票人的资格须符合法律的规定，具有行为能力是签发票据的必要条件，无行为能力者的出票行为由其法定代理人或监护人代理。其次，出票人的身份也构成开出汇票的条件，如银行汇票只能由参加"全国联行往来"的银行签发，一些规模较小的城市商业银行要委托前述银行代理签发银行汇票；商业汇票的出票人只能是企业法人，除此之外的个体工商户、农村承包经营户、个人、未在银行开设账户的法人，均不得成为商业汇票的出票人，在实践中没有企业法人资格者也不能到银行购买商业汇票。其中银行承兑汇票的出票人是买卖合同中的买方，他与银行之间有承兑汇票服务合同关系，银行认为买方的付款能力可靠时，才为其承兑，承兑后的银行便成为主债务人。商业承兑汇票的出票人可以是买卖合同中的卖方，也可以是买方，卖方出票只是提醒买方付款的单方面意思表示，必须经买方承兑后才有票据上的意义。

(2) 汇票的收款人，是指汇票上记载收取票据款项者，任何人都可以是银行汇票的收款人，但不是任何人都可以担当商业汇票的收款人。根据《支付结算办法》的规定，在银行开立账户的法人及其他组织之间必须具有真实的交易关系或债权债务关系，才能使用商业汇票，所以收款人在通常情况下都是买卖合同中的卖方当事人，收款人的名称一旦记载，在任何情况下都不得改变或者修正，如果确有错误，只能由出票人重新签发一张票据，才能行使提示付款的权利。

（3）汇票的付款人，是指履行汇票付款责任者，一般情况下为受托付款人，银行汇票的付款人是参加"全国联行往来"的银行，当其确认该票据是真实时，须无条件地付款；银行承兑汇票的付款人是与买卖合同的买方签订承兑协议的承兑行，在票据到期时无论买方的账户存款足够与否，都得无条件付款，即使以自己的款项支付也不得拒绝付款责任；商业承兑汇票的付款人是买卖合同中的买方，由其开户行受托付款，如果买方账户存款不足，受托付款人不承担付款责任，只是将汇票还给持票人或者通过持票人的开户银行还给持票人而已。

2. 汇票的非基本当事人

（1）被背书人，是指受让票据后取得票据权利者，在票据签发时与票据无关，通过背书受让成为汇票权利人，背书受让包括背书转让、背书质押、背书贴现等三种方式，被背书人可作为背书人再次转让汇票，转让后便丧失权利人的地位，并且成为新的连带债务人。

（2）保证人，是指为了保证收款人或者持票人能够得到付款，而承担担保付款的连带责任者，在签发票据时作保证人是为出票人作担保，在承兑时作保证人是为承兑人作担保，在背书环节作保证人是为背书人作担保，保证人在票据上不记载被保证人时视为对主债务人作保证。由于保证人是在出票后加盟的，所以成为票据的非基本当事人。

（三）汇票的种类

1. 学理上汇票种类划分

（1）即期汇票和远期汇票

按汇票付款时间的不同，汇票可分为即期汇票和远期汇票。即期汇票，即见票即付的汇票，此种汇票以持票人提示日为到期日，持票人持票到付款人处提示付款，付款人见票必须付款的一种汇票。即期汇票权利人可以随时行使自己票据权利，在此之前无须提前通知付款人准备履行义务。远期汇票是指约定一定的期日付款的汇票，可分为定日付款汇票，出票后定期付款汇票，见票后定期付款等三种。①定日付款汇票，也叫定期汇票，是指在票面上明确记载付款日的汇票；②出票后定期付款汇票，也叫计期汇票，是指在出票日后一定日期付款的汇票；③见票后定期付款汇票，也叫注期汇票，是指在见票日后一定日期付款的汇票。

(2) 一般汇票和变式汇票

根据汇票当事人中是否有人兼任两种或两种以上的身份,可将汇票分为一般汇票和变式汇票。一般汇票,是指分别由不同的人担任出票人、收款人和付款人的汇票。变式汇票,是指一人同时兼具出票人、收款人、付款人这三个基本当事人中的两个或两个以上身份的汇票。根据兼具身份的不同,变式汇票又可分为:①指己汇票,又称己受汇票,是指出票人以自己为收款人的汇票,即汇票的出票人和收款人为同一人;②对己汇票,又称己付汇票,是指出票人以自己为付款人的汇票,即汇票的出票人和付款人为同一人;③付受汇票,是指以付款人为收款人的汇票,即汇票的付款人和收款人为同一人;④己受己付汇票,是指出票人以自己为收款人和付款人的汇票,即汇票的出票人、付款人、收款人皆为同一人。

(3) 记名式汇票、指示式汇票与无记名式汇票

根据汇票上记载权利人的方式,可将汇票分为记名式汇票和无记名式汇票。记名式汇票是指在票据上明确记载收款人的姓名或名称的汇票;指示式汇票是指出票人不仅明确记载收款人的姓名或名称,而且附加"或其指定的人"字样的汇票;无记名式汇票是指在票据上不记载收款人的姓名,或仅记载"将票据金额付与来人或持票人"字样的汇票,凡持票人都可以享有票据权利,直接向付款人请求承兑和请求付款的汇票。汇票作此分类是为了交易的方便,记名式汇票和指示式汇票有利于票据的安全,但是在票据流通时可能会稍耽搁时间,以致影响了票据的流通速度和流通次数,我国市场交易活动中常有无记名式汇票和支票,但无记名式汇票不利于持票人行使追索权,其安全性较差,所以我国的票据法没有采纳无记名式汇票方式。

(4) 光单汇票和跟单汇票

根据付款要求是否附带单据可将汇票分为光单汇票和跟单汇票。光单汇票,也称光票是指无须附有其他单据,付款人或承兑人即可付款或承兑的汇票。银行汇票基本上是光单汇票。跟单汇票是指附带货运单据和纳税凭证的汇票。我国国内的汇票均是光单汇票,只是银行承兑汇票在承兑时,应当交验有关买卖合同、增值税发票等单据,以利银行判断该笔业务是否真实可靠,只有真实的交易才能承兑,也只有以真实的交易为基础,承兑申请人届期才有足够的付款能力。在国际贸易中有时当事人约定付款

方式为跟单汇票，跟单汇票的意义是汇票的付款须以有关合同及履行该合同的单据为辅助，证明持票人付款的请求是符合当事人的约定，从而有利于交易和票据的安全。

2. 《票据法》上的汇票种类

（1）银行汇票

银行汇票，是指汇款人将确定的款项交存所选定的银行，由银行签发给汇款人持往异地办理转账结算或提取现金的票据。《支付结算办法》第53条规定，银行汇票是出票银行签发的，由其在见票时按照实际结算金额无条件支付给收款人或者持票人的票据。在银行汇票制度中，银行是票据的出票人，出票的条件是汇款人须将款项预先存在银行，在存款之后或存款的同时通知银行将一定的款项转往指定的地点，银行依约将汇票交给汇款人，后者持票往指定银行或者自己选定的银行办理转账或提取现金。银行汇票一律为记名汇票。

（2）商业汇票

商业汇票，是由出票人签发的，委托付款人在指定日期无条件支付确定的金额给收款人或者持票人的票据。按承兑人的不同，分为商业承兑汇票和银行承兑汇票。

①银行承兑汇票。是指由银行作为承兑人的汇票，其主要内容是买卖合同中的买方出票，由买方自己或者收款人、持票人，向买方的开户银行申请，银行经审查认为该票据的基础原因真实可靠，并且买方的生产经营正常，信用历史记录良好，遂与买方签订承兑协议，并在票据的正面加盖承兑章，银行就成为票据付款的主债务人。承兑协议要求承兑申请人在票据到期日前3日内存入足够的款项，以供付款，如果买方这没有足够的款项付款，银行须无条件地以自己的款项代为付款。汇票由银行承兑，等于买方履行合同付款的义务有银行的信用作担保，收款人或持票人的票据权利便得到比较可靠的保障，是深受卖方欢迎的支付工具。

②商业承兑汇票。是指银行以外的付款人为承兑人的汇票，一般由买卖合同中的买方或者卖方签发，经付款人（买方）承兑，或由付款人签发并承兑的汇票。商业承兑汇票是在买卖合同中由买方自己承兑的一种汇票，根据合同约定买方应当支付价款，商业承兑汇票的承兑是买方自己保证自己信用的行为，银行只承担受托付款的责任，一旦出现买方账户资金

不足支付时，银行就退回票据，持票人的票据权利便不能实现，所以商业承兑汇票是一种信用程度比较低的票据。

三 引例分析

本案例涉及的是银行汇票，在使用汇票的过程中存在局部的瑕疵，即汇票的申请人长宁市某建筑工程公司在中国建设银行长宁市分行所存资金明显不足，违背了"票据的签发、取得和转让，应当遵循诚实信用的原则"。本案例中中国建设银行上田市分行是代理付款行，其与签票行长宁市分行是委托代理关系，实际的付款行是签票行长宁市分行，因为申请汇款人长宁市某建筑工程公司是将款项交付签发银行长宁市分行，因此，作为代理付款人的上田市分行不承担票据责任。

第二节 汇票的出票

一 引例

甲公司向某工商银行申请一张银行承兑汇票，该银行作了必要的审查后受理了这份申请，并依法在票据上签章。甲公司得到这张票据后没有在票据上签章便将该票据直接交付给乙公司作为购货款。乙公司又将此票据背书转让给丙公司以偿债。到了票据上记载的付款日期，丙公司持票向承兑银行请求付款时，该银行以票据无效为理由拒绝付款。

二 基本理论

（一）出票的概念

汇票的出票，又称汇票的发票、签发、发行，是指出票人依照票据法的要求记载汇票所必须记载的事项，签署自己的姓名、加盖单位公章，然后交付给收款人的票据行为。

首先，票据的出票是创设票据的票据行为，在出票之前，没有票据存在，其他票据行为也无从谈起，只有在出票后产生了票据，票据的背书、保证、承兑、付款和追索等行为才得以进行，所以人们将出票行为称为基础票据行为，由出票行为陆续产生之后的各种票据权利义务。

其次，从形式上看，汇票有作成票据和交付票据两项行为构成。作成票据，是指出票人依据票据法的规定，在票据上记载法定内容并签名或盖章的行为。交付票据，则是指出票人依据自己的本意将做成的票据实际交给他人占有的行为。欠缺作成或交付行为中的任何一项，出票行为皆不成立。

第三，从内容而言，汇票的出票表现为一种支付委托，即出票人委托付款人在一定期限内向收款人支付一定票据金额的行为。这种委托只是赋予付款人可以支付一定金额的资格，具有单方行为的性质，并不产生付款人的绝对付款义务。

(二) 出票的记载事项

1. 必要记载事项

(1) 绝对必要记载事项

①表明"汇票"的字样。我国的汇票单据均是统一格式，当事人不得自行印制汇票单据，票据法要求表明"汇票"字样，实际上要求出票人必须使用经中国人民银行备案的由商业银行总行统一印制的汇票单据，分为银行汇票、银行承兑汇票和商业承兑汇票三种，不同种类的汇票代表不同程度的信用，当事人在订立合同协商给付条件时对汇票种类必有所选择，标明汇票字样实际上就是履行合同给付方式的一个表现。

②无条件支付的委托。票据是以信用为基础的支付工具，汇票上记载无条件支付的委托字样是为了使收款人和被背书人得到付款人的承诺。如果汇票上记载有条件的支付，该票据无效，受托付款人不得付款。

③确定的金额。汇票是金钱证券，因此必须记载确定的金钱数额。金额不得采用最高额或最低额的记载方式，也不得采用选择式的记载方式，更不得记载未定金额。根据《票据法》第 8 条规定，票据金额以中文大写和阿拉伯数字同时记载，二者必须一致，二者不一致的，票据无效。

④付款人。付款人是承担票据责任者，是按照汇票命令支付票据金额的人，按汇票种类的不同，付款人有以下三种：①银行汇票的付款人是出票行，通常由其代理行代为付款。②银行承兑汇票的付款人是承兑人，承兑人承兑汇票后就成为该票据的主债务人，对出票人负有无条件付款的责任，即使出票人的账户上没有足够的存款用以支付，承兑行也得根据票据法的规定无条件付款，不得以任何理由拒绝支付。③商业承兑汇票的付款

人是承兑人，也就是买卖合同中的买方，商业承兑汇票的出票人可以是买方，也可以是卖方，但是卖方所出的汇票仅仅是对买方应当付款的一种提示而已，在承兑前并无票据法上的意义，所以商业承兑汇票须经买方承兑然后生效。

⑤收款人。收款人是指收取票据记载款项者，也是汇票的原始权利人。银行汇票的收款人，可由出票行根据申请人的要求填写，也可将应填写事项空白留给持票人将来确定卖方后填写。商业汇票的收款人，通常是买卖合同的卖方。

⑥出票日期。出票日期是指票面上所记载的公历年、月、日，出票日期必须使用中文大写，年份要写四位数，月和日的个位数之前要加写"零"字，不按照规定填写的，银行可以不予受理，银行受理的自行承担由此可能发生的损失后果。

⑦出票人签章。签名或盖章是出票人负担汇票义务的意思表示。出票人在汇票上签名或盖章说明他愿意成为汇票债务人，负有担保承兑和付款的责任。出票人为自然人的，必须以本名签章，不得以化名或笔名签章；出票人为法人的，其签章为法人的票据专用章或法人公章，以及法定代表人或其授权的代理人的个人印章或签名。

（2）相对必要记载事项

①付款日期，是指汇票权利人行使权利和汇票债务人履行义务的日期，即汇票到期日。《票据法》第23条第2款规定："汇票上未记载付款日期的，为见票即付。"

②付款地，是指汇票债务人履行汇票义务的地点。《票据法》第23条第3款规定："汇票上未记载付款地的，付款人营业场所、住所或者经常居住地为付款地。"

③出票地，是指出票人在发行汇票时，形式上所记载的出票地点。《票据法》第23条第4款规定："汇票上未记载出票地的，出票人的营业场所、住所或者经常居住地为出票地。"

2. 任意记载事项

任意记载事项，是指出票人可以自由选择是否记载的事项，但是一经记载，即发生票据法上的效力。《票据法》第27条第2款规定："出票人在汇票上记载'不得转让'字样的，汇票不得转让。"可见，出票人可以自由决定是否在汇票上记载"不得转让"。如果不做记载,汇票效力不因此而受影响;如果做了记载,即发生票据法上的效力,汇票就不得转让了。

3. 不得记载的事项

有些事项,出票人在出票时是不得记载的,否则此项记载无效。如根据《票据法》第 26 条,出票人签发汇票后,即承担保证该汇票承兑和付款的责任。如果出票人违反此项规定,在汇票上记载了"免除担保承兑和免除担保付款",该项记载无效,汇票的效力并不因此受影响。另外有些事项,出票人如果记载的,不仅此项记载本身无效,而且整个汇票也因此无效。例如,如果出票人违反《票据法》第 22 条第 1 款规定,在汇票上记载了附条件的委托付款或不确定的金额,则整个汇票无效。

4. 不产生票据法上效力的记载事项

根据《票据法》第 24 条规定,出票人在汇票上可以记载票据法规定事项以外的其他出票事项,但是这些记载事项不具有汇票上的效力。

(三) 出票的法律效力

1. 对出票人的效力

《票据法》第 26 条规定:"出票人签发汇票后,即承担保证该汇票承兑和付款的责任。出票人在汇票得不到承兑或者付款时,应当向持票人清偿本法第 70 条、第 71 条[①]规定的金额和费用。"可见,出票人必须对其签发的汇票获得承兑和获得付款承担担保责任。

2. 对收款人的效力

出票人作成汇票并将汇票实际交付给收款人后,收款人便取得了汇票上的权利,包括付款请求权和追索权。不过,在付款人会汇票进行承兑之

[①] 《中华人民共和国票据法》第 70 条规定:"持票人行使追索权,可以请求被追索人支付下列金额和费用:(一)被拒绝付款的汇票金额;(二)汇票金额自到期日或者提示付款日起至清偿日止,按照中国人民银行规定的利率计算的利息;(三)取得有关拒绝证明和发出通知的费用。被追索人清偿债务时,持票人应当交出汇票和有关拒绝证明,并出具所收到利息和费用的收据。"第 71 条规定:"被追索人按照前条规定清偿后,可以向其他汇票债务人行使再追索权,请求其他汇票债务人支付下列金额和费用:(一)已清偿的全部金额;(二)前项金额自清偿日起至再追索清偿日止,按照中国人民银行规定的利息计算的利息;(三)发出通知书的费用。行使再追索权的被追索人获得清偿时,应当交出汇票和有关拒绝证明,并出具所收到的利息和费用的收据。"

前，收款人的付款请求权尚处于不确定状态，仅仅是一种期待权。只有在付款人承兑以后，该期待权才成为现实权。

3. 对付款人的效力

出票人的出票行为是单方法律行为，出票行为一旦完成即产生法律效力，而无须由出票人与付款人之间达成合意。一般来说，付款人因出票而取得一种地位或权限，即可以对汇票进行承兑。这即是说，付款人可以对汇票进行承兑，也可以不进行承兑、付款人是否要对汇票进行承兑，取决于其与出票人之间的约定，这一点在汇票上是看不出来的。付款人不对汇票进行承兑的，他就不负任何付款义务。只有在付款人对汇票进行承兑后，才成为汇票的第一债务人，对收款人或持票人负绝对的付款义务。

三 引例分析

本案涉及的汇票为无效票据。根据《票据法》关于汇票出票行为的规定，出票人必须在票据上记载："汇票"字样、无条件支付的委托、确定的金额、付款人名称、收款人名称、出票日期、出票人签章。以上事项欠缺之一者，票据无效。本案中出票人甲公司未在汇票上签章，致该汇票欠缺绝对必要记载事项而成为无效票据。根据票据行为的一般原理，出票行为属于基本的票据行为，承兑行为属于附属的票据行为。如果基本的票据行为无效，附属的票据行为也随之无效，本案中承兑银行可以拒绝付款。

第三节 汇票的背书

一 引例

A 签发了一张汇票给收款人 B，金额为 50 万元，付款人为工商银行某支行，汇票到期日为 2008 年 8 月 1 日。B 取得票据以后，将其背书转让给 C，C 没有背书而是直接交付转让给 D，属于空白背书，D 再背书转让给 B，B 再背书转让给 E，E 再背书转让给 F。F 要求付款银行工商银行某支行付款时，被以背书不具连续性为由拒绝付款。此背书是否具有连续性？

二 基本理论

(一) 背书的概念和特点

背书，是指持票人以转让汇票权利或授予他人一定的汇票权利为目的，在汇票背面或粘单上记载有关事项并签章的票据行为。《票据法》第27条第4款规定："背书是指在票据背面或者粘单上记载有关事项并签章的票据行为。"

由上述定义，背书具有以下几个特点：首先，背书是一种附属的票据行为，必须在基本的票据行为完成后才能进行，即背书只能在已经作成并交付的汇票上才能为之。其次，背书是由持票人所为的票据行为。为背书行为的持票人称背书人，从背书人处接受汇票的人称被背书人。再次，背书是要式行为，必须由背书人在汇票的背面或者粘单上签名或盖章。最后，背书是以转让汇票权利或授予一定的票据权利给他人为目的的票据行为。

票据的转让方式有两种，一种是背书交付，另一种是单纯交付。就汇票而言，单纯交付只适用于无记名汇票和空白背书汇票。由于《票据法》不承认这两种汇票，因此背书是《票据法》规定的唯一一种汇票转让方式。《票据法》第27条第1款和第3款规定，持票人可以将汇票权利转让给他人；持票人行使此项权利时，应当背书并交付汇票。

(二) 背书的种类

1. 转让背书与非转让背书

以背书目的为标准，可将背书分为转让背书和非转让背书。转让背书，是指持票人以转让汇票权利为目的的背书；非转让背书，是指持票人非以转让汇票权利为目的，而是以授予他人一定的汇票权利为目的的背书。转让背书是通常意义上的背书，非转让背书是特殊意义上的背书。

2. 完全背书与空白背书

这是对转让背书的进一步分类。完全背书，是指背书人在汇票背面或粘单上记载背书的意思、被背书人的名称并签章的背书。空白背书，是指背书人不记载被背书人的名称，仅仅由自己签章的背书。《票据法》第30条规定，汇票以背书转让时必须记载被背书人的名称，可见《票据法》不承认汇票的空白背书。

3. 委任背书与设质背书

这是对非转让背书的进一步分类。以委托他人代为收取票款为目的的背书是委任背书，以担保债务而在汇票上设定质权为目的的背书为设质背书。《票据法》第 35 条规定了这两种背书。

(三) 转让背书

1. 完全背书

完全背书，又称记名背书或正式背书。背书是要式行为，必须记载一定的事项，对此《票据法》做了明确规定。

(1) 必要记载事项。《票据法》第 29 条第 1 款规定，"背书由背书人签章并记载背书日期"；第 30 条规定，"汇票以背书转让时必须记载被背书人的名称"。据此，完全背书的必要记载事项包括三项，即背书人的签章、背书日期和被背书人的名称。其中，背书日期属于相对必要记载事项。《票据法》第 29 条第 2 款规定："背书未记载日期的，视为在汇票到期日前背书。"而背书人的签章和被背书人的名称则属于绝对必要记载事项，欠缺任何一项记载事项的，背书行为无效。

(2) 任意记载事项。票据法第 34 条规定："背书人在汇票上记载'不得转让'字样，其后手再背书转让的，原背书人对后手的被背书人不承担保证责任。"背书人是否在汇票上记载"不得转让"，属于任意记载事项。如果背书人不作此项记载，背书效力不因此受影响；但如果作了记载，此项记载便发生票据法上的效力，即在其后手违反记载再背书转让时，原背书人对后手的被背书人不承担保证责任。

(3) 不得记载事项。《票据法》第 33 条第 1 款规定："背书不得附有条件。背书时附有条件的，所付条件不具有汇票上的效力。"第 2 款规定："将汇票金额的一部分转让的背书或者将汇票金额分别转让给二人以上的背书无效。"可见，背书行为具有无条件性和不可分性。这些内容属于背书不得记载事项。其中附条件的背书是无益记载事项，背书人所附条件视为未记载，背书本身则仍属有效；将汇票金额的一部分进行转让或将汇票金额分别转让给多人的背书属于有害记载事项，不仅这些记载本身无效，背书也因此无效。

顾名思义，背书必须在汇票的背面进行，如果汇票凭证不能满足背书记载事项的需要，则可以加附粘单，粘附于票据凭证上。粘单上的第一个记载人，应当在汇票和粘单的粘接处签名或盖章。

2. 空白背书

《票据法》第 30 条规定，汇票以背书转让时必须记载被背书人的名称。因此，在《票据法》上被背书人名称属于背书的绝对必要记载事项，欠缺被背书人名称记载的背书应理解为无效。可见《票据法》不承认空白背书。

3. 转让背书的效力

（1）权利转移效力

转让背书本来就是以转让汇票权利为目的的票据行为，因此背书人的本意便是要移转汇票上的权利。所以，背书成立后汇票上的一切权利便由背书人移转给被背书人，被背书人取代背书人成为汇票权利人。依背书移转的权利，具体包括对付款人的付款请求权，对出票人、背书人以及保证人的追索权等。依背书移转权利时不必通知原债务人，而且被背书人可以取得优先于背书人的权利。权利移转效力是转让背书的主要效力。

（2）权利担保效力

这是指背书人对被背书人及其后手负有担保承兑和担保付款的责任。即是说，如果持票人请求承兑或请求付款遭到拒绝，就可以向背书人行使追索权。《票据法》第 37 条规定："背书人以背书转让汇票后，即承担保证其后手所持汇票承兑和付款的责任。背书人在汇票得不到承兑或者付款时，应当向持票人清偿本法第 70 条、第 71 条规定的金额和费用。"可见，背书的权利担保效力是由票据法直接规定的，与背书人是否具有担保的意思无关，背书人也不得免除其担保责任。此外，背书人不仅对其直接后手承担这种担保责任，而且对全体后手都负有此种担保责任。背书的权利担保效力使汇票作为信用证券的功能得以充分发挥。

（3）权利证明效力

也称资格授予效力，是指持票人所持汇票上的背书只要具有连续性，票据法就推定其为正当的汇票权利人而享有汇票上的一切权利。换言之，如持票人所持汇票上的背书连续，则凭此即可证明持票人享有汇票权利。反过来说，持票人在行使汇票权利时，也应当以背书连续来证明自己是权利人。背书的权利证明效力还体现在：汇票债务人对于背书连续的持票人的付款具有免除责任的效力；如果汇票债务人主张背书连续的持票人不是真正的权利人,应负举证责任。

背书连续是指在票据转让中,转让汇票的背书人与受让汇票的被背书人在汇票上的签章依次前后衔接。可见,背书的连续仅是就形式上而言的,指除第一次背书的背书人为收款人外,第二次被书中的背书人必须是前一次背书中的被背书人,依次前后连接不间断,一直到最后持票人。根据司法解释,连续背书的第一背书人应当是在票据上记载的收款人,最后的票据持票人应当是最后一次背书中的被背书人。

(四)非转让背书

1. 委任背书

委任背书,又称委托取款背书,是指背书人以行使汇票权利为目的,授予被背书人一定代理权限的背书。《票据法》第35条第1款规定:"背书记载'委托收款'字样的,被背书人有权代背书人行使被委托的汇票权利。但是,被背书人不得再以背书转让汇票权利。"委任背书除必须由背书人签章外,还必须记明"委托取款"的字样。

委任背书属于非转让背书,并不以转让权利为目的,因此不发生权利转移效力。汇票权利仍然由背书人享有,被背书人仅取得代理背书人行使汇票权利的权限。被背书人因委任背书取得的代理权,包括汇票上的一切权利,即被背书人不仅可以行使付款请求权,还可以行使追索权。此外,委任背书还产生权利证明效力,只是其证明的权利不是汇票权利,而是代理权。

2. 设质背书

设质背书,又称质押背书、质权背书,是指背书人以在汇票权利上设定质权为目的所进行的背书。《票据法》第35条第2款规定:"汇票可以设定质押;质押时应当以背书记载'质押'字样。被背书人依法实现其质权时,可以行使汇票权利。"设质背书除必须由背书人签章外,还必须记明"质押"或"设质"的文句。如果出质人在汇票上只记载了"质押"等字样而未在汇票上签章,或者出质人未在汇票或粘单上记载"质押"等字样,而另行签订质押合同、质押条款,则都不构成票据质押。

设质背书的法律效力主要体现为质权设定效力。被背书人经设质背书即取得汇票质权,有权行使汇票上的权利,收取汇票金额。由于汇票是无因证券,因此即使被担保的债权未界清偿期,被背书人也可提示付款;如遭拒绝，被背书人也有权行使追索权。此外，设质背书也具有权利证明效力，不过它仅证明被背书人享有质权而非汇票权利而已。

三 引例分析

票据背书的连续性是指票据上转让票据的背书人与受让票据的被背书人在票据上的签章具有不间断性。即在票据上第一次背书的人应当是票据上记载的收款人，自第二次背书起，每一次背书的背书人必须是上一次背书的被背书人，最后的持票人必须是最后一次背书的被背书人。一张特定的票据，可能在很多当事人之间流转，持票人如果是依背书取得票据，连续的背书方能证明其为票据权利人，如果票据上的背书是不连续的，就证明票据在流通过程中可能发生了意外，该票据可能被盗、被抢或者遗失。这时该票据若再继续转让，会引起更多的问题。本案中该汇票转让的顺序是

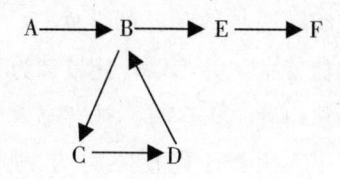

```
A ──→ B ──→ E ──→ F
       ↑↓
       C ──→ D
```

在 C 与 D 之间的转让，没有背书，《票据法》对空白背书均不予承认。若数次背书中存在因不具备形式要件而背书无效的，则应认定该汇票的背书为不连续。但如果将数次背书中的无效背书除去后，其余背书连续时，其背书仍应认定为连续背书。所以，我们可以将无效背书除去，简化地看成 A→B→E→F 之间的转让，该票据之背书仍应认定为连续。

第四节 汇票的承兑

一 引例

A 公司与 B 公司于某年 3 月 12 日签订了一份购销合同，A 公司卖给 B 公司一批电脑，交货期为 4 月 1 日，合同总价款为 250 万元，约定以银行承兑汇票结算。B 公司应当在合同签订后开出汇票，两个月后付款。B 公司在合同签订后开出汇票，并且在自己的开户银行某工商银行申请承

兑。该银行承兑,承兑日期为6月1日。汇票承兑以后,B公司将汇票交给A公司。A公司拿到汇票以后,为了马上得到资金,立即向自己的开户银行某农业银行申请贴现。农业银行向工商银行查询,答复"承兑真实,有效"。于是,某农业银行办理了贴现,将200万元贴现款转到A公司的账户上。后A公司货源出现问题,无货可以提供。B公司得知A公司根本没有货物,也没有准备继续履行合同的意思,B公司立即通知某工商银行,合同有欺诈嫌疑,要求拒绝承兑。工商银行又通知农业银行,以该承兑汇票所依据的合同是欺诈合同,合同无效承兑也无效,拒绝对该汇票付款。贴现银行即农业银行声称经查询,工商银行确认"承兑真实,有效",所以承兑银行即工商银行必须承担到期付款义务。双方协商未果,起诉到法院。

二　基本理论

（一）承兑的概念和意义

承兑,是指汇票付款人在汇票上明确表示在汇票到期日支付汇票金额的一种附属票据行为。《票据法》第38条规定:"承兑是指汇票付款人承诺在汇票到期日支付汇票金额的票据行为。"

具体说来,承兑的概念包括以下几个要素:首先,承兑与背书一样,是一种附属票据行为,它以存在有效的出票行为为前提。其次,承兑是指汇票付款人所为的票据行为,其他票据（本票、支票）的付款人不可能为承兑行为,因此承兑是汇票特有的一项制度。再次,承兑是汇票付款人表示愿意在汇票到期日支付汇票金额的行为,一经其承兑,承兑人就成为汇票上的主债务人。最后,承兑是要式行为,必须由付款人在汇票正面记载一定事项并签章。

承兑的意义在于确定汇票上的权利义务关系。汇票是出票人委托付款人支付汇票金额给收款人的票据。与民法意义上的委托合同不同,这里所说的委托,是一种指示或命令,是出票人所为的单方法律行为。付款人可以接受这种委托,也可以不接受这种委托,付款人甚至可能根本不知道有这种委托。因此,出票人的委托行为不能拘束付款人,亦即付款人并不因出票人的委托行为而承担付款义务。所以在汇票承兑以前,付款人的付款义务是不确定的。就收款人方面而言,他虽然取得了汇票,但由于出票人的出票行为不能拘束付款人，付款人并不一定付款，因此收款人的汇票权利仅仅是一种期待权。汇票是一种典型的信用证券，从出票日至到期日往往有一段时间，如果说这段时间中汇票上的权利义务关系都处于不确定状态，汇票的流通必然受到不利影响。票据法设立承兑制度，正是为了使付款人的汇票义务、收款人的权利得以确定。

（二）承兑的记载事项

1. 必要记载事项

《票据法》第42条规定："付款人承兑汇票的，应当在汇票正面记载'承兑'字样和承兑日期并签章；见票后定期付款的汇票，应当在承兑时记载付款日期。"可见，承兑的必要记载事项有签章、承兑文句和承兑日期三项。

承兑有正式承兑和略式承兑之分。在正式承兑中，须由付款人在汇票上明确记载承兑文句并签章；在略式承兑中，则仅由付款人签章而无其他记载。由此，正式承兑的绝对必要记载事项包括付款人签章和承兑文句；而略式承兑的绝对必要记载事项只有一项，即付款人的签章。《票据法》虽未规定略式承兑，但一般认为应承认此种承兑方式。只要付款人在汇票正面签名或盖章，虽未在票面上记载其他文义，也应视为承兑。

一般情况下，承兑日期是相对必要记载事项。根据《票据法》第42条第2款和第41条第1款规定，汇票上未记载承兑日期的，以持票人提示承兑之日起的第三日，即付款人3日承兑期的最后一日，为承兑日期。但是，在见票后定期付款的汇票中，由于承兑日期关系着汇票到期日的确定和计算，因此付款人必须记载承兑日期，所以在见票后定期付款的汇票，承兑日期属于绝对必要记载事项。

2. 不得记载事项

付款人在承兑时，不得记载与汇票的性质或承兑的特性相违背的事项。例如，《票据法》第43条规定："付款人承兑汇票，不得附有条件；承兑附有条件的，视为拒绝承兑。"

（三）承兑的程序

1. 提示承兑

（1）提示承兑的概念和意义

提示承兑，是指持票人向付款人出示汇票，并要求付款人承诺付款的行为。① 提示承兑本身不是票据行为，而是承兑行为的前提和必要手续。为提示承兑的行为人称为提示人，付款人称为被提示人。

（2）提示承兑的期间

①无须提示承兑的汇票。《票据法》第40条第3款规定："见票即付的汇票无须提示承兑。"根据《支付结算办法》的规定，银行汇票均为见票即付，因而不进行承兑。

②可以提示承兑的汇票。根据《票据法》第39条第1款规定，定日付款的汇票和出票后定期付款的汇票，持票人应当在汇票到期日前向付款人提示承兑。这就是说，在汇票出票日起至到期日这段时间里，持票人可以随时向付款人提示承兑。

③应当提示承兑的汇票。见票后定期付款的汇票的持票人应当提示承兑。因为见票后定期付款的汇票，只有确定了见票日，才能确定到期日，而所谓见票日，即持票人向付款人提示承兑的时间，因此对见票后定期付款的汇票来说，提示承兑至关重要。《票据法》第40条第1款规定："见票后定期付款的汇票，持票人应当自出票日起一个月内向付款人提示承兑。"

根据《票据法》第40条第2款规定，如果持票人未按照规定期限向付款人提示承兑，即丧失对其前手的追索权。但是，持票人丧失对其前手的追索权，并不包括对出票人的追索权。

2. 承兑和拒绝承兑

《票据法》第41条第1款规定："付款人对向其提示承兑的汇票，应当自收到提示承兑的汇票之日起三日内承兑或者拒绝承兑。"付款人在3天考虑期限届满后，既不表示承兑，也不表示拒绝承兑的，应视为拒绝承兑。如果付款人同意承兑，就应当在汇票正面记载"承兑"字样，并签名或盖章。

3. 汇票的回单与交换

持票人向付款人提示承兑时，必须将汇票临时交给付款人。在付款人

---

① 我国多年来的实践表明，银行承兑汇票基本上都由出票人申请承兑，极少发生收款人或持票人向银行申请承兑的情况。持票人提示承兑的情况是票据法的传统规定，多发生在国外的票据行为中。

决定是否对汇票承兑的考虑时间内，汇票由付款人占有。《票据法》第41条第2款规定："付款人收到持票人提示承兑的汇票时，应当向持票人签发收到汇票的回单。回单上应当记明汇票提示承兑日期并签章。"付款人在汇票正面记载完"承兑"字样后，应当立即将汇票交还给持票人。

（四）承兑的效力

付款人承兑汇票并将汇票交还给持票人后，承兑立即发生法律效力，对付款人、持票人、出票人和背书人均发生一定的效力。

1. 对付款人的效力

《票据法》第44条规定："付款人承兑汇票后，应当承担到期付款的责任。"付款人一经承兑汇票，就成为承兑人，对汇票债务承担第一性的或主要的责任。

（1）付款人一经承兑，即承担到期付款的责任，即使承兑人与出票人之间并不存在事实上的资金关系，承兑人也不能以此为由对抗持票人。付款人的这种票据责任具有绝对性，除非汇票权利因时效届满而消灭，否则不受其他因素的影响，特别是不受付款人是否已从出票人处接受资金的影响。

（2）付款人一经承兑，须承担最终的追索责任。汇票上的其他债务人如出票人、背书人、保证人等因被追索或主动清偿了汇票债务而取得汇票时，均有权对承兑人行使再追索权。

（3）在持票人未按期提示付款时，即使其对背书人、保证人等的追索权因未按期提示付款而丧失，持票人仍有权对承兑人主张权利。

2. 对持票人的效力

付款人承兑汇票之前，持票人所享有的付款请求权仅为一种期待权，是不确定的，不一定能够实现。付款人一经承兑，则持票人的付款请求权成为现实的权利。

3. 对出票人和背书人的效力

付款人承兑后，出票人和背书人都免于受到由于票据被拒绝承兑而引起的期前追索。

三 引例分析

汇票承兑是指，汇票付款人明确表示于到期日支付汇票金额的一种票据行为，也就是表示愿意承担票据义务的行为。汇票一经付款人承兑，承兑人即负有支付票据金额的义务而成为汇票的主债务人。无论出票人，或者是任何背书人有没有付款能力，承兑人都必须首先承担付款义务。票据是无因证券，票据上的法律关系只是单纯的金钱支付关系，权利人享有票据权利只以持有票据为必要，至于这种支付关系的原因或者说权利人取得票据的原因均可不问，即使这种原因关系无效，对票据关系也不发生影响，持有票据的人行使权利时，无须证明其取得证券的原因。所以本案中工商银行不可以以购销合同有欺诈嫌疑，合同应该属于无效合同为由，主张该银行承兑汇票无效，免除自己的付款责任。某工商银行承兑汇票以后，应当承担无条件付款之责任。农业银行因为贴现行为成为该汇票的正当权利人，有权要求工商银行付款。本案中关于合同的纠纷，应该另案处理。

第五节　汇票的保证

一　引例

1996年4月20日，光华贸易公司开出一份以佳乐有限公司为付款人的汇票，交给收款人福达公司，该汇票为见票后定期付款。经福达公司提示承兑后，佳乐公司于1996年4月28日承兑该汇票。由于在汇票上记载有"保证"字样并签章，但未记载被保证人及保证日期，有其他证据证明利民有限公司为光华贸易公司提供担保，并于1996年4月25日进行保证事项的记载。后来，因汇票付款问题起纠纷，收款人福达公司将付款人佳乐有限公司和利民有限公司告上法庭，要求其承担相关责任。[①]

二　基本理论

（一）保证的概念和分类

汇票保证，是指汇票除主债务人及连带债务人以外的第三人以承担无条件付款为目的，在汇票上签章及记载必要事项的票据行为，其中担保汇票付款者称为保证人，被担保的汇票债务人称被保证人，汇票保证以担保汇票付款增强信用为目的，有利于保障交易安全。

[①] 谢冬慧编著：《票据法案例评析》，汉语大词典出版社2003年版，第181页。

汇票保证有全部保证和部分保证、单独保证和共同保证、正式保证和略式保证之分。全部保证，是指保证人就汇票全部金额进行保证；部分保证，是指保证人仅就汇票的部分金额进行保证。《票据法》仅承认全部保证，不承认部分保证。单独保证，是指仅有一人作为保证人进行的保证；共同保证，是指由两个或者两个以上保证人就同一汇票债务所进行的保证。《票据法》既承认单独保证，也承认共同保证。《票据法》第51条明文规定："保证人为两人以上的，保证人之间承担连带责任。"正式保证，是指保证人在汇票上签章的同时，还记载"保证"字样的保证；略式保证，是指仅有保证人签章而没有记载"保证"字样的保证。《票据法》仅规定了正式保证。

(二) 保证的意义和当事人

1. 保证的意义

汇票保证旨在对特定汇票债务人履行其债务提供担保。在仅有汇票出票人及付款人尚不足以确立汇票信用，即尚不足以保证到期支付汇票金额的情况下，汇票债务到期能否履行处于一种不确定状态。如果由汇票债务人以外的第三人对汇票债务的按期履行予以保证，就可以增强汇票的信用，确保持票人实现其汇票权利。

2. 保证的当事人

汇票保证的当事人是保证人和被保证人。《票据法》第45条第2款规定："保证人由汇票债务人以外的他人担当。"可见，《票据法》对汇票保证人的资格并无实质限制。票据保证人的资格限制应适用我国《担保法》的有关规定，根据《担保法》的规定，国家机关、以公益为目的的事业单位、社会团体、企业法人的分支机构和职能部门作为票据保证人的，票据保证应属无效，但经国务院批准为使用外国政府或者国际经济组织贷款进行转贷，国家机关提供票据保证的，以及企业法人的分支机构在法人书面授权范围内提供票据保证的应具有法律效力。①

---

① 我国《担保法》第7条："具有代为清偿债务能力的法人、其他组织或者公民，可以作保证人。"第8条："国家机关不得为保证人，但经国务院批准为使用外国政府或者国际经济组织贷款进行转贷的除外。"第9条："学校、幼儿园、医院等以公益为目的的事业单位、社会团体不得为保证人。"第10条："企业法人的分支机构、职能部门不得为保证人。企业法人的分支机构有法人书面授权的，可以在授权范围内提供保证。"

（三）保证的记载事项

汇票保证是要式票据行为，根据《票据法》第46条规定，保证人必须在汇票或者粘单上记载下列事项：

1. 表明"保证"的字样；
2. 保证人名称和住所；
3. 被保证人的名称；
4. 保证日期；
5. 保证人签章。

在这些记载事项中，保证人签章、保证文句和被保证人名称属于必要记载事项。其中，保证人签章和保证文句是绝对必要记载事项，被保证人名称属相对必要记载事项。根据《票据法》第47条第1款规定，保证人在汇票或粘单上未记载被保证人名称的，已承兑的汇票，承兑人为被保证人，未承兑的汇票，出票人为被保证人。此外，保证人的名称和住所、保证日期也是相对必要记载事项。根据《票据法》第47条第2款，保证人在汇票或者粘单上未记载保证日期的，出票日期为保证日期。《票据法》第48条规定："保证不得附有条件，附有条件的，不影响对汇票承担的保证责任。"这属于不得记载事项的无益记载事项。

（四）保证的效力

1. 保证人的责任

保证人为汇票保证后，必须承担相应的票据责任。首先，保证人负有与被保证人完全相同的票据责任。《票据法》第50条规定，保证人应当与被保证人对持票人承担连带责任。汇票到期后得不到付款的，持票人有权向保证人请求付款，保证人应当足额付款。其次，保证人独立承担保证责任。保证人承担的保证责任独立于被保证的票据债务，被保证的票据债务即使无效，也不影响保证责任的成立。最后，共同保证人对被保证人的票据债务承担连带责任。《票据法》第51条规定："保证人为二人以上的，保证人之间承担连带责任。"

2. 保证人的权利

保证人履行了保证义务，清偿汇票债务后，便可取得汇票持票人的地位，向汇票上的其他有关债务人行使追索权。《票据法》第52条规定："保证人清偿汇票债务后，可以行使持票人对被保证人及其前手的追索权。"

三 引例分析

本案中，明显涉及票据保证记载事项问题，首先，绝对必要记载事项中记载有"保证"字样，但缺少保证人签章，导致票据保证无效；其次，相对必要记载事项中，未记载被保证人及保证日期，该汇票已经承兑，可以推定承兑人佳乐有限公司为被保证人，保证日期为出票日，即1996年4月20日。当然，由于保证无效，仍按照汇票承兑规则，由承兑人佳乐有限公司承担付款责任。

第六节 汇票的付款

一 引例

2003年4月1日，甲公司与该市乙公司订立了一份购销合同。合同约定：由甲公司供给乙公司煤炭一批，价值人民币128万元。4月2日，乙公司签发了一张以其开户银行为付款人、以甲公司为收款人、票面金额为128万元、见票后30天付款的商业汇票，并将汇票交付甲公司。4月27日，甲公司持该汇票向乙公司的开户银行提示承兑，该银行经审查后同意承兑，在汇票上作了相应的记载后，交还甲公司。5月3日，甲公司财务室被盗，由于当日为假日，财务室无人值班，故直至5月8日财务室工作人员上班时，才发现财务室被盗，并向公安机关报案。经查明，除被盗走现金5万余元外，另有汇票、支票13张失窃，票面总金额约396万元，其中包括该已经承兑的汇票。8日下午，甲公司将汇票被盗的情况通知乙公司的开户银行。该银行告知甲公司，汇票已于上午经人向其提示付款，并已足额支付，对此银行不承担责任。经多次交涉无果，甲公司以该银行为被告向法院起诉，以银行审查有过错为由要求其承担付款责任。

二 基本理论

（一）付款的概念

付款，是债务人将票面金额无条件付给持票人的票据行为，是持票人实现经济利益的行为，在法律上付款是消灭票据法律关系的事实，主债务人的义务就此结束，在票据上留有签章的所有连带债务人的义务也随之结束，所以付款是票据的终结行为，《票据法》第60条规定："付款人依法足额付款后，全体汇票债务人的责任解除。"

（二）付款的程序

1. 付款提示

所谓付款提示，是指持票人向付款人或代理付款人实际出示汇票，以请求其付款的行为。付款提示是持票人行使其付款请求权的必要前提，也是付款人支付汇票金额的必经程序。

付款提示的当事人，一方为提示人，另一方为被提示人。提示人包括持票人和受托提示付款人。被提示人包括付款人、付款人委托的付款银行以及票据交换中心。

对于付款提示的期间，见票即付的汇票，自出票日起1个月内向付款人提示付款；定日付款、出票后定期付款或者见票后定期付款的汇票，自到期日起10日内向承兑人提示付款。其中定日付款的汇票付款期限自出票日起计算，并在汇票上记载具体的到期日；出票后定期付款的汇票付款期限自出票日起按月计算，并在汇票上记载；见票后定期付款的汇票付款期限自承兑或拒绝承兑日起按月计算，并在汇票上记载，拒绝承兑日是指持票人可以凭票行使追索权的计算时间。

2. 实际付款

《票据法》第54条规定："持票人依照前条规定提示付款的，付款人必须在当日足额付款。"可见，《票据法》采用付款人即时足额付款原则，不允许付款人延期付款、部分付款。付款的标的物在通常情况下是人民币。如果汇票金额是以外币计价的，按照付款日的市场汇价，以人民币支付。汇票的当事人对汇票支付的货币种类另有约定的，从其约定。

《票据法》第57条第1款规定：付款人及其代理付款人付款时，应当审查汇票背书的连续，并审查提示付款人的合法身份证明或有效证件。由此可知，付款人或代理付款人在付款时，原则上仅需审查背书是否连续等汇票形式上的要件，并审查提示付款人的合法身份证明，对诸如背书的真伪、持票人是否为真正权利人等实质性要件则一般没有审查义务。当然，如果付款人在付款时有恶意或重大过失，则其所为的付款行为不能使自己免责，而且还须自行承担责任。根据《最高人民法院关于审理票据纠纷若干问题的规定》第 70 条的规定，付款人或者代理付款人有下列情形之一的，应当自行承担责任：第一，未依照《票据法》第 57 条的规定对提示付款人的合法身份证明或者有效证件以及汇票背书的连续性履行审查义务而错误付款的；第二，公示催告期间对公示催告的票据付款的；第三，收到人民法院的止付通知后付款的；第四，其他以恶意或者重大过失付款的。

3. 交回汇票

汇票是交回证券，付款人付款后，持票人应将汇票交给付款人。《票据法》第 55 条规定："持票人获得付款的，应当在汇票上签收，并将汇票交给付款人。持票人委托银行收款的，受委托的银行将代收的汇票金额转账收入持票人账户，视同签收。"

（三）付款的效力

《票据法》第 60 条规定："付款人依法足额付款后，全体汇票债务人的责任解除。"付款人按照汇票记载的文义，及时足额支付汇票金额后，汇票法律关系全部归于消灭，付款人和全体汇票债务人的票据责任因此而解除。

三 引例分析

乙公司的开户银行在审查票据，支付款项的过程中有过错，应承担法律责任。这涉及汇票到期日的计算。乙公司签发的汇票属见票后定期付款的汇票。故汇票起算日应以见票之日，即提示承兑之日为准，而不是以出票日为起算日。承兑之日为 4 月 27 日，银行在 5 月 8 日付款属到期日前付款。根据《票据法》第 58 条的规定，对定日付款、出票后定期付款或者见票后定期付款的汇票，付款人在到期日前付款的，由付款人自行承担所产生的责任，所以该银行应承担法律责任。

第七节 汇票的追索权

一 引例

A 纺织有限责任公司与 B 服装有限责任公司签订了一份合同。A 纺织有限责任公司出售给 B 服装有限责任公司 40 万元的布料。B 服装有限责任公司向 A 纺织有限责任公司出具了一张以工商银行某分行为承兑人的银行承兑汇票,该汇票记载事项完全符合票据法的要求。A 纺织有限责任公司将汇票贴现给建设银行某分行。后建设银行某分行向承兑行工商银行某分行提示付款时,遭到拒付。理由是:B 服装有限责任公司来函告知,因布料存在瑕疵,该汇票不能解付,请协助退回汇票。建行某分行认为其因为汇票贴现成为该汇票的善意持有人,购销合同纠纷不影响自己的票据权利。于是起诉至法院,向 A 纺织有限责任公司进行追索。

二 基本理论

(一)追索权的概念和种类

汇票追索权,是指持票人在汇票到期不获付款或期前不获承兑或有其他法定原因时,在依法行使或保全了汇票权利后,向其前手请求偿还汇票金额、利息及其他法定款项的一种票据权利。汇票追索权是汇票上的第二次权利,是为补充汇票上的第一次权利即付款请求权而设立的。持票人只有在行使第一次权利未获实现时才能行使第二次权利。如果持票人的付款请求权得以实现,则追索权随之消灭。

根据持票人行使追索权的不同时间,可将追索权分为期前追索和到期追索。前者是指在汇票上所载到期日界至之前持票人所行使的追索权。后者是指在汇票到期时,持票人因不获付款而行使的追索权。

根据行使追索权的不同,可将追索权分为最初追索权和再追索权。前者是指最后持票人在提示承兑或提示付款遭到拒绝或有其他法定原因时,所行使的追索权;后者是指向追索权人清偿了最初追索金额后所获得并行使的追索权。

(二)汇票追索权的当事人

追索权的当事人为追索权人和被追索人。追索权人,包括最后持票人和已为清偿的汇票债务人。最后持票人是汇票上唯一的债权人,在其所持汇票于期前不获承兑或有其他法定原因无从请求承兑或到期不获付款时,他有权行使追索权。其他汇票债务人被持票人追索而清偿债务后,享有与持票人同一权利,可以向自己的前手行使再追索权。《票据法》第 68 条第 3 款规定:"持票人对汇票债务人中的一人或者数人已经进行追索的,对其他汇票债务人仍可以行使追索权。被追索人清偿债务后,与持票人享有同一权利。"

被追索人,是指追索权人行使追索权所针对的义务人,包括出票人、背书人和其他债务人。《票据法》第61条第1款规定:"汇票到期被拒绝付款的,持票人可以对背书人、出票人以及汇票的其他债务人行使追索权。"

(三) 追索权的要件

1. 实质要件

(1) 到期追索的实质要件

持票人在汇票到期日后行使追索权的法定原因是汇票到期被拒绝付款。《票据法》第61条第1款规定:"汇票到期被拒绝付款的,持票人可以对背书人、出票人以及汇票的其他债务人行使追索权。"实务中持票人在票据到期日不获付款,主要有两种情况:其一,票据付款人、承兑人或代理付款人拒绝按汇票文义进行付款。如以持票人未履行原因债务拒付,以账户资金不足为由拒付等。其二,客观上无法实现付款。如票据上记载的付款场所不存在、付款人不存在或者下落不明等。

(2) 期前追索的实质要件

根据《票据法》第61条第2款规定,发生下列情形之一时,持票人也可以在汇票到期日前行使追索权:

①汇票被拒绝承兑。被拒绝承兑的汇票必须是形式上符合票据法规定,没有缺少必要的记载事项,以及持票人的票据身份没有缺陷。汇票被拒绝承兑主要发生在银行承兑汇票,银行对信用不可靠的出票人拒绝承担付款担保,商业承兑汇票在实践中罕有不承兑就交付汇票的情况,所以此类汇票也就罕有被拒绝承兑的情况。②承兑人或付款人具有死亡、逃匿情形的。③承兑人或付款人被依法宣告破产的,或者因违法被责令终止业务活动的。

2. 形式要件

(1) 遵期提示承兑或提示付款

票据法对于提示承兑的期限和提示付款的期限都作了明确规定,持票人应当依照这些规定遵期提示承兑或提示付款,若持票人未按照票据法规定提示承兑和提示付款的,原则上丧失对其前手的追索权。当然如果在提示承兑或提示付款之前,发生付款人或者承兑人死亡、逃匿或者被宣告破产等原因时，自然无须提示承兑或者提示付款。

(2) 作成拒绝证明

所谓拒绝证明，是指票据法规定的，对持票人依法提示承兑或提示付款而被拒绝，或无法提示承兑或提示付款这一事实具有证据效力的文字证明。

作成拒绝证明，就是为了证明持票人已为提示而未获承兑或未获付款，或因其他法定原因无从提示的客观事实，为持票人行使追索权铺平道路。《票据法》第62条第1款规定："持票人行使追索权时，应当提供被拒绝承兑或者被拒绝付款的有关证明。"如果持票人不能出示拒绝证明或其他合法证明，则丧失对其前手的追索权。

拒绝证明包括两种形式：一是（狭义的）拒绝证明，二是退票理由书。《票据法》第62条第2款规定，持票人提示承兑或者提示付款被拒绝的，有权要求承兑人或付款人出具拒绝证明或者退票理由书。《票据法》将作成拒绝证明或出具退票理由书规定为承兑人或付款人的一项义务，《票据法》第62条第2款规定："未出具拒绝证明或者退票理由书的，应当承担由此产生的民事责任。"

在有些情况下，可以用其他证明文件来代替拒绝证明。如果持票人因承兑人或付款人死亡、逃匿或者其他原因而不能取得拒绝证明，则可以依法取得其他有关证明。其他有关证明包括：①人民法院出具的宣告承兑人、付款人失踪或者死亡的证明、法律文书；②公安机关出具的承兑人、付款人逃匿或者下落不明的证明；③医院或者有关单位出具的承兑人、付款人死亡的证明；④公证机关出具的具有拒绝证明效力的文书。此外，根据《票据法》第64条规定，如果承兑人或付款人被人民法院依法宣告破产，或者因违法被责令终止业务活动，则人民法院的有关司法文书或有关行政机关的处罚决定也具有拒绝证明的效力。

(3) 拒绝事由的通知

拒绝事由的通知，也称追索通知，是指持票人为向其前手行使追索权而事先将汇票不获承兑或不获付款的事实告知其前手的行为。将拒绝事由通知前手，可以使前手知道汇票的承兑或付款遭拒绝的事实，明确其担保汇票承兑和付款的责任业已发生。因此，将拒绝事由通知前手亦是持票人行使追索权的一项形式要件。

《票据法》第 66 条第 1 款规定:"持票人应当自收到被拒绝承兑或者被拒绝付款的有关证明之日起 3 日内,将被拒绝事由书面通知其前手;其前手应当自收到通知之日起 3 日内书面通知其再前手。出票人也可以同时向各汇票债务人发出书面通知。"因延期通知给其前手或者出票人造成损失的,由没有按照规定期限通知的汇票当事人,承担对该损失的赔偿责任,但是所赔偿的金额以汇票金额为限。

(四)追索权的效力

1. 对人效力

(1) 对追索权人的效力

持票人行使追索权,必须确定被追索人。《票据法》为了保障持票人的追索权能够得到实现,赋予持票人选择追索权、变更追索权和代位追索权。《票据法》第 68 条第 1 款规定,汇票的出票人、背书人、承兑人和保证人对持票人承担连带责任。

选择追索权,又称飞跃追索权,是指持票人在行使追索权时,可以根据自己的意思,自由选择其前手债务人为被追索人。《票据法》第 68 条第 2 款规定,持票人可以不按照汇票债务人的先后顺序,对其中任何一人、数人或者全体行使追索权。

变更追索权,也称转向追索权,是指持票人即使已经对汇票债务人中的一人或数人行使追索权,只要汇票上还存在其他未被追索的债务人,持票人仍可以对这些债务人行使追索权。《票据法》第 68 条第 3 款规定,持票人对汇票债务人中的一人或者数人已经进行追索的,对其他汇票债务人仍可以行使追索权。

代位追索权,是指被追索人对持票人已为清偿后,与持票人享有同一权利,可以对其前手债务人行使追索权。此时的追索权即为代位追索权。《票据法》第 68 条第 3 款规定,被追索人清偿债务后,与持票人享有同一权利。

(2) 对被追索人的效力

持票人行使追索权,对被追索人产生以下两方面的效力:一是汇票出票人、背书人、承兑人和保证人对持票人承担连带责任;二是被追索人清偿汇票债务后,与持票人享有同一权利,即被追索人在清偿了汇票债务后,可取得持票人的追索权,对其前手进行追索。

2. 对物效力

追索权的对物效力表现为一定的追索金额，包括最初追索金额和再追索金额。最初追索金额，是指持票人向汇票债务人行使追索权请求支付的金额，一般包括汇票金额、法定利息和追索费用三部分。《票据法》第70条规定："持票人行使追索权，可以请求被追索人支付下列金额和费用：(1) 被拒绝付款的汇票金额；(2) 汇票金额自到期日或者提示付款日起至清偿日止，按照中国人民银行规定的利率计算的利息；(3) 取得有关拒绝证明和发出通知书的费用。"再追索金额，是指偿还义务人行使再追索权时要求其前手清偿的金额，一般也包括三部分，即已经清偿的追索金额、法定利息和再追索费用。

三 引例分析

本案中的建行某分行是因为汇票贴现成为该汇票的善意持有人，购销合同纠纷不影响自己的票据权利。汇票是无因证券的一种，票据上的法律关系只是单纯的金钱支付关系，权利人享有票据权利只以持有票据为必要，至于这种支付关系的原因或者说权利人取得票据的原因均可不问，即使这种原因关系无效，对票据关系也不发生影响。持有票据的人行使权利时无须证明其取得票据的原因。票据关系虽以非票据关系为基础而成立，但一经成立便与非票据关系相脱离，不受非票据关系的影响，在这里不能因为布料存在瑕疵而拒绝付款。建行某分行在其付款请求权不能实现时，可以依法向其前手即 A 纺织有限责任公司和 B 服装有限责任公司进行追索。根据票据法原理，汇票上的所有债务人对持票人均负有担保付款的责任，持票人可根据自身的便利，不受债务人承担债务先后顺序的限制，在债务人中任意选择追索对象，并且可以分别或同时就两个或两个以上的债务人进行追索。

第三章 本票

第一节 本票概述

一 引例

1995年某省西平市阜安建筑有限公司（下称阜安公司）承接了一项大型房屋建设项目，为购置建筑材料，与西平市第三建材公司（下称建材公司）磋商，于同年11月5日签订了建筑材料购销合同。双方约定：建材公司于1996年2月5日将建筑材料送至阜安公司，阜安公司以向建材公司交付银行本票的形式结清22万元货款。

1995年11月15日，阜安公司委派职员到其开户银行某银行西平市支行北苑办事处（下称银行北苑办事处）填写了票面额为22万元的银行本票申请书，并将14万元交存银行北苑办事处受理申请后，发现阜安公司交存的备付款不足22万元，即要求阜安公司补足剩余款项8万元。阜安公司一时之间不能补足款项，遂通过其和信贷主管的私人关系，得到了银行北苑办事处的许可。双方书面约定：银行北苑办事处为阜安公司签发银行本票，阜安公司须于1996年2月3日前将剩余8万元备付款交至银行北苑办事处。在阜安公司未补足备付款前其不得使用该本票。双方在协议上签字加盖公章后，银行北苑办事处于1996年1月5日为阜安公司签发了银行本票，票面记载收款人为建材公司，本票到期日为1996年2月3日。

1996年2月5日，建材公司依约将建筑材料送至阜安公司，即向建材公司来人交付了银行本票。当天下午，建材公司来人将该票送至银行北苑办事处请求付款，银行北苑办事处则称阜安公司未能在1996年2月3日前将申请签发本票的剩余8万元备付款交至银行，故阜安公司使用该本票系违约行为。银行北苑办事处只能支付建材公司14万元，剩余8万元由于阜安公司的过错不能支付,故建材公司应要求阜安公司自行承担。建材公司几次索要无果,遂于 1996 年 2 月 10 日以银行北苑办事处为被告诉至法院,要求银行北苑办事处立即支付本票金额 22 万元。建材公司称本票是银行北苑办事处开出的,就应由其在见票后无条件支付票款,其与阜安公司的纠纷与建材公司无关。经查建材公司陈述属实。①

二 基本理论

（一）本票的概念和特点

本票,是指出票人签发的,承诺自己在见票时无条件支付确定的金额给持票人的票据。本票作为票据的一种,也具有票据的共同属性和特点,同时又有自身特有的性质和表征,区别于汇票和支票。

1. 本票是自付证券

本票由出票人承担付款责任,基本法律关系的当事人仅为出票人和持票人两方。本票的付款人就是出票人。本票之"本",即为"付款人是出票人本人"之义。

2. 本票以出票人为当然的主债务人

本票出票人对持票人负无条件的付款责任。本票出票人的付款责任,为绝对责任。到期不付款者,持票人得请求法院强制执行。《票据法》一方面在本票的定义中指明了出票人的付款,是无条件支付;另一方面在第 74 条规定出票人必须"保证支付",在第 77 条规定,出票人在持票人提示见票时,"必须承担付款的责任"。

3. 本票为预约支付证券

本票的出票人,承诺于到期日由自己无条件支付票据金额,属于一种"预约支付",因此本票是预约支付证券。

4. 本票是无须承兑但有见票的票据

本票均不需承兑,但见票后定期付款的本票,以"见票"为必要程序。《票据法》第 79 条规定,本票的持票人未按照规定的期限提示见票的,丧失对出票人以外的前手的追索权。

所谓"见票",是指本票的出票人因持票人按规定的期限提示本票,

---

① 谢冬慧编著:《票据法案例评析》,汉语大词典出版社 2003 年版,第 248 页。

请求确定付款日期,在本票上签名并记载见票文义和时间的行为,它是本票特有的一种现象。汇票虽然也有见票后定期付款的汇票种类,但它通过提示承兑的程序,有效地确定票据付款日,不必为见票手续。本票无承兑程序,以见票来确定付款日期。支票是见票即付的票据,自无须见票后另定付款日,不存在见票程序。

5. 本票的出票人仅负付款责任而无承兑担保责任

本票无须承兑,出票人即没有承兑担保责任。

6. 本票的背书人负担保付款责任

本票依背书转让的,背书人对被背书人负有担保付款的责任,持票人到期不获付款时,具备权利保全手续的,对前手得行使追索权。

(三)本票的种类

1. 票据法学上对本票的分类

(1)记名式本票、指示式本票和无记名式本票

这是按照本票上是否记载本票权利人名称所作的分类。记名式本票,是指在本票上明确记载收款人名称或者姓名的本票,持票人转让记名式本票应当采用背书的方式。无记名式本票,是指在本票上没有记载收款人名称、姓名或者记载为"持票人"、"来人"字样的本票,持票人转让无记名本票时,只需单纯交付即可。指示式本票,是指在本票上除了记载收款人名称或者姓名外,还附加记载"或其指定的人"字样的本票,出票人签发指示式本票,不得禁止持票人背书转让。

(2)即期本票和远期本票

根据本票上记载的到期日方式的不同,可以将本票分为即期本票和远期本票。即期本票即见票即付的本票,持票人自出票日起可随时请求付款,出票人应当无条件地支付本票金额。远期本票是指持票人只能在本票所载到期日到来时才能请求付款的本票,这种本票又分为定日付款的本票、出票后定期付款的本票和见票后定期付款的本票。根据《票据法》规定,我国的本票仅限于见票即付的本票。

(3)银行本票和商业本票

这是根据出票人的身份不同所作的分类。银行本票是指出票人为银行的本票。商业本票是指除银行以外的其他企业、事业、机关、团体等单位签发的本票。

2. 我国票据制度中的本票种类

《票据法》第 73 条规定，本法所称本票，是指银行本票。从而排除了商业本票。第 76 条规定，本票必须记载收款人名称，未记载的，本票无效，否定了无记名式本票。因此，我国票据制度中的本票，必须是"记名式银行本票"。

（1）银行本票的意义

银行本票是银行签发的，承诺自己在见票时无条件支付确定的金额给收款人或者持票人的票据。银行本票和商业本票的区别之一，是前者以银行的信用，后者以银行之外的出票人的信用，作为票据的担保。

（2）银行本票的种类

①定额银行本票，即预先固定金额并记载于票面的银行本票。按《支付结算办法》的规定，定额银行本票面额分别为 1000 元、5000 元、10000 元和 50000 元。

②不定额银行本票，即票面上没有预先记载的金额，而由出票人根据双方当事人的约定签发。这种本票，金额起点为 100 元，无上限。银行本票又可以根据用途分为银行转账本票和银行现金本票。前者仅用于转账，后者既可用于支取现金，也可用于转账。银行本票的付款期为 2 个月。

三 引例分析

本案涉及银行本票纠纷，银行北苑办事处与建材公司之间属于银行本票法律关系，银行北苑办事处为银行本票的出票人和付款人，建材公司为收款人，阜安公司不是银行本票的当事人，只是银行本票的申请人，其与银行北苑办事处之间的书面协议只在它们之间产生约束力，不能对抗第三人建材公司。本案中建材公司合法取得面额为 22 万元的银行本票，是合法持票人，有权在票据到期时取得票款，出票人银行北苑办事处同时作为银行本票的付款人，在见票后必须无条件支付票款。

第二节 本票的出票与见票

一 引例

1997 年 1 月 20 日，滨海某装饰工程公司与该城市某建材理石厂签订了建材理石购销合同。合同约定：某建材理石厂在3月底前供应装饰工程公司各种型号理石共计1550平方米；货款总额32.75万元；验收标准按建材理石厂提供的样品；产品自提，不包装；货款在交货后10日内以本票形式结算。3月27日，装饰工程公司从建材理石厂提取各种型号理石共计1550平方米，3月29日，装饰工程公司向自己的开户行中国建设银行滨海支行申请开出一张面额为32.75万元的银行本票，并将该本票交付给了建材理石厂。由于建材理石厂购买滨海机械设备厂的机械设备，货款32.8万元已到期尚未给付，建材理石厂于是于1997年4月1日，将装饰工程公司给的本票背书转让给了机械设备厂，但是机械设备厂受票后迟迟未到银行请求付款，直到6月2日，机械设备厂的财务人员才持票到中国建设银行滨海支行请求付款，中国建设银行滨海支行经过审查发现该本票已超过法定2个月的付款期限，于是拒绝付款。机械设备厂在取款未成的情况下，前去找建材理石厂，要求建材理石厂付款，遭拒绝。最后机械设备厂将建材理石厂和中国建设银行滨海支行一起告上法庭，要求它们共同承担付款责任。①

二 基本理论

（一）出票

本票的出票，是指银行根据单位或者个人的申请，依照法律的规定签发，并将票据交付给收款人的票据行为。《票据法》规定的本票系指银行本票，不认可商业本票，所以我国本票的出票人为经中国人民银行批准办理本票业务的银行机构，银行之外的法人、自然人均不得签发本票。本票的出票和汇票的出票一样，也分为两个环节：一是出票人依照票据法的规定作成本票，即在本票凭证上记载有关记载事项并签章；二是将作成的本票交付收款人。

1. 出票的记载事项

（1）绝对必要记载事项

《票据法》第75条规定，本票必须记载下列事项：①表明"本票"的字样；②无条件支付的承诺；③确定的金额；④收款人名称；⑤出票日

---

① 谢冬慧编著：《票据法案例评析》，汉语大词典出版社2003年版，第267页。

期；⑥出票人签章。缺少任何一项的，本票无效。

（2）相对必要记载事项

依《票据法》第76条的规定，本票的相对必要记载事项有二：一是付款地，二是出票地。本票上未记载付款地的，出票人的营业场所为付款地。本票上未记载出票地的，出票人的营业场所为出票地。

（3）任意记载事项

本票上可以记载《票据法》第75条、第76条规定的事项之外和其他出票事项。

（4）不得记载的事项

出票人不得在本票上记载任何限制票据权利或有害票据权利的事项，如有记载，该记载无效，视为未记载。

（5）本票到期日

《票据法》未把本票到期日规定为本票的必要记载事项，根据第77条和第78条规定，本票自出票日起，付款期限最长不得超过2个月。本票的出票人在持票人提示见票时，必须承担付款的责任。据此可知，本票的持票人自出票日起，至出票日后2个月的期限内，随时可以向出票人提示见票，请求付款，而出票人则须于见票时予以付款。显而易见，银行本票是"见票即付"的票据，《票据法》仅认可这一种本票到期日。

2. 出票的效力

本票出票行为的效力，主要表现为：出票人因出票行为，对持票人负担了直接付款、无条件付款的票据责任；持票人取得本票权利，对出票人享有付款请求权和追索权。

（二）见票

1. 见票的含义

见票，是指本票的出票人，因持票人的提示，为确定见票后定期付款本票的到期日，在本票上记载见票字样及日期，并且签名的行为。

2. 见票的效力

见票的效力表现在两个方面：一是确定到期日，二是保全追索权。持票人提示见票，出票人可能予以"签见"，也可能拒绝。签见的，发生到期日确定之效果；拒绝的，持票人得在规定的期限内作成拒绝证书，以便行使追索权，如果持票人未在规定期限内提示见票，则丧失对前手的追索权。

3. 《票据法》上见票的含义和效力

《票据法》上只有见票即付的银行本票，没有见票后定期付款的本票，本无"见票制度"可言，但该法第73条、第77条、第79条均有"见票"字样，为准确理解其含义，辨析如下：

(1) "见票"二字，有两种意义

①指票据债务人经持票人提示票据，验看审查票据的行为。如持票人向付款人提示"见票即付"的票据，请求付款，付款人见票即应足额付款。此处之"见票"，即属这种意义。

②特指见票后定期付款的本票的出票人，经持票人提示本票请求确定到期日，验看审查本票，在本票上"签见"，签名并载明见票日期，然后将本票交还持票人的行为。这种意义上的见票，既是一种"见票程序"，又是一种"见票制度"，为本票所特有，并且是"见票后定期付款的本票"所仅有。

(2)《票据法》中的"见票"，是指请求付款，没有确定本票到期日的作用。《票据法》仅认可"见票即付"的本票，持票人向出票人提示本票，就是请求付款，因其为见票即付，不需要见票程序来确定到期日。因此，可以将上述三个条文中的"见票"，理解为持票人请求付款。

(三) 汇票有关规定对本票的适用

《票据法》第80条规定，本票的背书、保证、付款行为和追索权的行使，除本章规定外，适用本法第2章有关汇票的规定。本票的出票行为，除本章规定外，适用本法第24条关于汇票的规定。

三 引例分析

本案中，银行本票的出票人和付款人均为滨海建设分行，建材理石厂为本票的背书人，最后的持票人为机械设备厂。票据记载全面，背书合法。并且背书行为适用汇票的规定，没有特殊规定，所以机械设备厂理应在自出票日4月1日起2个月内，即在6月1日前向滨海建设分行提示付款，但是机械设备厂却忽视了，存在一定的过错，应当承担延迟取款的责任。至于建材理石厂和滨海建设分行是否共同承担付款责任，根据票据法规定，当持票人未在法定期限内提示付款，其前手的背书人则不再承担保证该本票付款的责任，但是出票人仍然不能免除付款的责任，所以中国建设银行滨海支行应向机械设备厂支付本票票款，建材理石厂可以免除付款责任，机械设备厂也应当承担延迟提款责任。

第四章 支票

第一节 支票概述

一 引例

某年3月5日,某甲持被告A食品公司遗失的一张填有食品专用的转账支票至原告B服务公司处,要求原告B服务公司予以调取现金。原告B服务公司未审核支票来源及来人身份证件,就支付给某甲现金人民币2万元并收取支票金额7‰人民币140元手续费。某甲收款后留下了一张现金收条。同月29日,原告将该支票解入银行,银行以账户存款不足为由而退票,原告B服务公司寻找某甲没有着落。同时被告A食品公司收到银行退票,并被处罚款,方知所遗失的转账支票被他人冒用。原告B服务公司催款未果,于是诉至法院,要求被告A食品公司支付支票金额2万元。

二 基本理论

(一)支票的概念和特点

根据《票据法》第81条,支票是指出票人签发的,委托办理支票存款业务的银行或者其他金融机构在见票时无条件支付确定的金额给收款人或者持票人的票据。

支票的经济职能主要在于支付功能,即可以克服使用现金在空间上的障碍。而汇票和本票除了具有支付职能外,还有信用功能,即可以克服使用现金在时间上的困难。世界上许多国家将汇票和本票共同立法,而对支票单独进行立法,这主要是考虑支票和汇票、本票相比具有较多的特殊性。但也有部分国家更多考虑了汇票、本票和支票的共同性而将三者进行统一立法，我国及我国台湾地区即采此种立法方式。

支票作为票据之一种，与汇票、本票一样也是完全有价证券，具有无因性、设权性、文义性、要式性、流通性等特征，这些特征与汇票、本票一样。此外支票还具有不同于汇票、本票的特点：

1. 支票的付款人是特定的，只限于银行等法定金融机构。根据《票据法》规定，能够成为支票付款人的仅限于办理支票存款业务的银行和其他法定金融机构。而根据《支付结算办法》规定，支票付款人仅仅是办理支票存款业务的银行。无论是哪种规定，都要求支票付款人特定，除了银行以外，可以成为支票付款人的金融机构主要是办理支票存款业务的信用合作社。

2. 支票是见票即付的票据。《票据法》和《支付结算办法》都规定，支票是"见票时无条件支付确定金额给收款人或者持票人的票据"。支票只有即期支票而无远期支票是世界通例，汇票和本票在国际上都有远期汇票和远期本票（我国只有即期本票）。《票据法》第90条规定，支票限于见票即付，不得另行记载付款日期。另行记载付款日期的，该记载无效。

（二）支票的种类

1. 记名支票、无记名支票和指示式支票

这是按照对收款人记载方式的不同所作的分类。记载收款人名称的，是记名支票，不记载收款人名称的，是无记名支票。支票上除了记载收款人名称以外，还附加记载"或其指定人"的就是指示式支票。

2. 普通支票、现金支票、转账支票

这是按照支票支付方式的不同所进行的划分。现金支票是只能用于支取现金的支票。转账支票是只能用于转账，不能支取现金的支票。既可支取现金，又可转账的，是普通支票。

3. 一般支票和变式支票

按照支票当事人有无资格兼充，将支票分为一般支票和变式支票。

一般支票，是出票人委托自己的存款银行或其他金融机构于见票时向持票人无条件支付票面金额的支票。它的当事人为三方，没有身兼两种当事人资格的现象。

变式支票，是指有当事人兼充两种当事人资格的支票。包括以下三种：（1）指己支票，即出票人记载自己为收款人的支票。（2）对己支票，即出票人载明自己为付款人的支票。(3) 受付支票，即出票人以付款人为收款人的支票。《票据法》第 86 条第 3 款认可了"指己支票"。

此外，在一些票据法上，还规定了其他的支票种类。主要有保付支票、划线支票。

保付支票，是付款人在支票上为保证付款之记载，负担绝对付款责任的支票。《美国统一商法典》承认保付支票，该法第 3—411 条第 1 款规定，对支票的保付即承兑。在持票人获得保付时，出票人及所有前手背书人均解除责任。可见，保付支票以付款人为唯一债务人。

划线支票，是指出票人、背书人、持票人在支票正面画两条平行线，将收款人限定于银行、其他金融机构或他们的客户的支票，也叫做平行线支票。

划线支票共有两种形式：(1) 普通划线支票，其形式为，在支票正面画两条平行线，两线之间不记载文字或记载"银行"二字。这种支票，付款人只能向银行付款或向银行的客户付款。(2) 特别划线支票，即在两条平行线之间记载特定银行名称的支票。这种支票，付款人只能向平行线内记载的银行付款。

划线支票较一般支票更具安全性，而特别划线支票，比普通划线支票的安全性更大。

三 引例分析

本案涉诉的是转账支票，原告 B 服务公司获取该支票时，虽然给付了相当的代价，但违反了《票据法》等有关规定，明知支票使用用途不符，转账支票只能用于转账，不得支取现金。并且在未审查支票持有人身份的情况下，为获取 140 元手续费，以现金换取转账支票，也就是为转账支票支付了现金而不是转账，原告 B 服务公司的行为存在重大过失，是造成他人冒用该支票的主要原因。《票据法》第 83 条第 3 款规定："转账支票只能用于转账，不得支取现金。"被告遗失支票，负有保管不善的责任，而且支票遗失后未及时采取办理挂失止付、公示催告等弥补手续，其责任是明显的。最后法院判决由被告承担支票金额 20% 即 4000 元的责任，并将之偿付原告。

第二节　支票的出票及付款

一　引例

甲公司和乙公司签订了一份购销合同。甲公司卖给乙公司价值 20 万元的水果，乙公司以空白转账支票的方式支付货款。9 月 22 日货物发出，乙公司验收合格后向甲公司签发了一张注明"限额 20 万元"的空白转账支票。同年 10 月 5 日，甲公司与丙公司签订了一份购销合同。甲公司购买丙公司 30 万元包装纸箱，遂将上述空白转账支票补记 30 万元金额后背书转让给了丙公司。10 月 20 日，丙公司向当地工商银行分行提示付款，银行拒付，理由是：票面写有限额 20 万元，而提示的票据票面金额为 30 万元，超过了限额。丙公司遂向出票人乙公司行使追索权。乙公司认为自己出票时已经注明该空白转账支票限额 20 万元，所以只能承担 20 万元的责任，对超过部分不承担责任。丙公司又向甲公司行使追索权，甲公司认为尽管金额是自己补记的，但支票是乙公司签发的，应由乙公司承担付款责任。丙公司只得起诉至法院。

二　基本理论

（一）出票的意义、条件和效力

1. 出票的意义

支票的出票，是指在银行或者其他金融机构开立支票存款账户的人，依照票据法的规定作成支票并交付给收款人的票据行为。

2. 出票的条件

（1）出票人须在办理支票存款业务的银行或者其他金融机构开立支票存款账户。

（2）出票人与其委托付款人之间有资金关系。

（3）出票人须按照票据法有关规定，作成支票。

首先，出票人应正确选用支票种类，意在支取现金的，应选用"现金支票"，为了转账支付的，应签发"转账支票"，以免因选用有误，影响支票的使用目的。

其次，出票人须按规定记载支票的必须记载事项，《票据法》第 84

条规定了支票的六项绝对必要记载事项，缺少其中之一的，支票无效。但支票金额可授权持票人补记。

最后，出票时的签名、签章，必须与出票人在委托付款人处预留的本名的签名式样和印鉴相符合，不符者付款人有权拒付。

3. 出票的效力

（1）对收款人或者说是持票人，发生取得票据权利的效果。

（2）对出票人，发生担保付款责任。

（3）对付款人，发生依支票文义付款的权限。

（二）支票的记载事项

1. 绝对必要记载事项

（1）表明"支票"的字样；（2）无条件支付的委托；（3）确定的金额；（4）付款人名称；（5）出票日期；（6）出票人签章。

2. 相对必要记载事项

《票据法》第86条规定了支票的三个相对必要记载事项，即收款人名称、付款地、出票地。

《票据法》允许出票时不记载收款人名称，签发无记名支票，第86条第1款规定，支票上未记载收款人名称的，经出票人授权，"可以"补记。收款人名称成为支票的相对必要记载事项，支票上不记载的，推定持票人为收款人。

3. 可以记载但不生票据上效力的记载事项

支票上可以记载《票据法》第84条、第85条规定的事项以外的其他出票事项，但是这种记载事项不具有支票上的效力。

4. 不得记载的事项

凡有悖支票性质和有害支票权利的事项，均不得记载于支票上。若有此种记载，皆为无效记载。《票据法》第90条特别规定，支票限于见票即付，不得另行记载付款日期。另行记载付款日期的，该记载无效。

（三）空白授权票据的出票

1. 空白授权票据的意义

空白授权票据，是指出票人签名于票据之上，将票据其他应记载事项的一部或者全部，授权持票人补充的票据。

2. 空白授权票据的效力

（1）持票人获得补充权。持票人的补充权是形成权，持票人有权以自己认为适当的文义加以补充。依照与出票人的约定补充的，自无争议。出票人对补充记载事项有异议的，不得对抗补充后的善意持票人。对越权补充者，则有权要求赔偿损失，但应负举证责任。

（2）票据债务人不得以票据有补充记载而对抗持票人，补充记载事项的票据效力与完全出票相同。

（3）未补充完整的票据，不具票据效力。不发生效力的空白授权票据，持票人不能行使票据权利，也不存在权利保全、公示催告和除权判决等问题。失票人可以挂失止付方式保护自己。失票人对不法占有空白授权票据的人，有民法上的原物返还请求权。

（4）票据债务人对恶意或重大过失取得越权补充的票据的持票人，可行使抗辩权。

（四）支票的付款

支票的付款，是指付款人根据持票人的请求向其支付支票金额，以消灭支票关系的行为。持票人请求付款时，必须为付款提示。《票据法》第90条规定，支票的持票人应当自出票日起10日内提示付款；异地使用的支票，其提示付款的期限由中国人民银行另行规定。超过提示付款期限的，付款人可以不予付款；付款人不予付款的，出票人仍应当对持票人承担票据责任。

由于支票是见票即付的票据，因此持票人在提示期限内提示付款时，付款人应当立即付款。《票据法》第89条第2款规定，出票人在付款人处的存款足以支付支票金额时，付款人应当在当日足额付款。

付款人在支付支票金额前，应当审查支票背书的连续，并审查提示付款人的合法身份证明或有效证件。并且还必须对支票上的签名或印鉴是否与预留签名和印鉴相符进行审查。《票据法》第92条规定，付款人依法支付支票金额的，对出票人不再承担受委托付款的责任，对持票人不再承担付款的责任。但是，付款人以恶意或者重大过失付款的除外。

（五）汇票有关规定对支票的适用

《票据法》第93条规定，支票的背书、付款行为和追索权的行使，除本章规定外，适用本法第二章有关汇票的规定。支票的出票行为，除本章规定外，适用本法第 24 条、第 26 条关于汇票的规定。

三 引例分析

本案主要涉及空白支票问题。根据《票据法》规定，"确定金额"是支票绝对必要记载事项，空白支票可以授权补记。只要支票被补记成为完全票据，就依据票据上记载的金额发生《票据法》上的效力，支票的合法持有人有权主张票据权利。本案中支票上注明"限额 20 万元"的限制，在《票据法》上是没有法律依据的。所以银行审查票据合格后，应当足额付款。支票票面金额 30 万元已经超过了限额，出票人可以依据民法有关规定，追究补记人甲公司的法律责任。

第 五 编

证券法

第一章 证券法概述

第一节 证券与证券市场概述

一 引例

现在经济发展迅速,媒体中的财经节目越来越多,其中有很多节目以"证券"为主题,如"证券交易时间"。在这种节目中,多是介绍股票、公司债券、基金、期货。但是证券只包括股票、公司债券、基金和期货吗?真正的证券包括哪些内容呢?《中华人民共和国证券法》(以下简称《证券法》)调整的是哪些证券的发行和交易活动?

二 基本理论

(一)证券概述

1. 证券的含义和特征

证券是对各类经济权益凭证的统称,按其记载内容持有人有权取得相应的权益。从一般意义上来说,证券是指以证明或设定权利为目的而形成的书面凭证,它表明证券持有人或第三者有权取得该证券记载的特定权益,或证明其已发生过的行为。证券有广义和狭义之分。广义的证券通常指资本证券(如股票、公司债券、基金凭证等)、财物证券(如货运单、提单等)和货币证券(如支票、汇票、本票等)。狭义的证券仅指资本证券。股票、公司债券以及国务院依法认定的其他证券是我国证券法中规定的证券。其他证券主要包括投资基金凭证、非公司企业债券、国家政府债券等。[①]

---

① 万国华:《证券法学》,中国民主法制出版社2005年版,第11页。

一般来说，证券具有两个方面的基本特征：法律特征和书面特征。前者指证券的出现、存在、使用以及所包含的特定内容都由法律规定并受法律保护和规制；后者指证券一般应采用书面形式，并要遵循法律规定的一定格式。

2. 证券的票面要素

证券的票面要素包括四个方面：第一，持有人，即谁持有证券；第二，证券标的物，即证券票面上所记载的特定的具体内容，表明了持有人权利所指向的特定对象；第三，标的物价值，即证券标的物的价值的大小；第四，权利，即持有该证券的人所拥有的权利。

3. 证券的分类

证券根据不同的标准，可以分为不同的种类，以下是证券的四种分类：

（1）无价证券和有价证券，根据证券持有人能否取得收益，可以将证券分为无价证券和有价证券。

具体来说，无价证券是指持券人或第三者不能通过证券本身取得一定收益的证券，如借据、收据、保险单、提单、供应证和购物券等。有价证券是指票面上标有金额，代表一定财产所有权或特定债权，可以为持有人带来收益的证券。

除非另有说明，本书中使用的"证券"一词专指有价证券。

（2）财务证券、货币证券和资本证券

根据具体记载内容的不同，证券可以分为财务证券、货币证券和资本证券。

财务证券是对特定的商品拥有索取权的凭证，如货物提单、货运单、栈单等。货币证券是对货币拥有索取权的凭证，如支票、汇票、期票、本票等。作为有价证券的主要形式的资本证券，是证明资本所有权以及享有索取一定的收益分配权利的凭证，如债券、股票等。狭义的有价证券通常指的是资本证券。

（3）政府证券、金融证券和公司证券

根据不同的发行主体，可以将证券分为政府证券、金融证券和公司证券。

政府证券即是公债券，是指为筹集资金，由国家和地方政府财政部门以政府名义发行的证券，包括国债和地方政府债券。金融证券是指以筹集经营资金为目的，由银行、保险公司、信用社、投资公司等金融机构发行的承诺在一定时期内按约还本付息的债务凭证，包括金融债券、大额可转让存单等。公司证券是指公司、企业等经济法人为筹集投资资金或发生与筹集投资资金直接相关的行为而发行的证券，主要有股票、公司债券和商业票据等。

（4）上市证券和非上市证券

根据是否上市发行，证券可分为上市证券和非上市证券。

上市证券又称挂牌证券，是指证券主管机关批准的，在证券交易所注册登记并获得在交易所内进行公开买卖资格的证券。非上市证券也称非挂牌证券、场外证券，是指没有申请上市或尚不符合在证券交易所挂牌交易条件的证券。

4. 证券的特性

证券具有以下几个方面的特性：

（1）产权性

证券的产权性是指有价证券记载着特定的财产权内容，代表了一定的财产所有权，持有证券就意味着对财产享有占有、使用、收益及处置的权利。在现代经济中，财产权利和证券紧密相连，融为一体，证券已成为财产权利的一种常见表现形式。证券持有人虽然在事实上并不占有实际财产，但是凭借持有证券，可以享有财产所有权或债权。

（2）收益性

证券的收益性是指通过持有证券本身能够获得一定数额的收益，这是投资者让渡资本使用权的回报。证券代表了对一定数额的特定资产的所有权，而资产作为一种特殊价值，逐利性使其在社会经济运行中不断运动以便不断增值，最终取得高于原始投入价值的价值。享有资产所有权的投资者持有了证券也就同时拥有获得相关资产增值收益的权利，因此，证券本身就具有收益性，而不依赖于其他条件。利息收入、红利收入和买卖证券的差价表现为有价证券的收益。收益的多少通常取决于该资产增值数额和证券市场的供求情况。[①]

---

① 万国华：《证券法学》，中国民主法制出版社 2005 年版，第 12 页。

(3) 流通性

证券的流通性又称变现性,是指证券持有人可以灵活地转让证券换取现金。流通性是证券的生命力的源泉。流通性保证了证券持有人能随时把证券转变为现金,而且还使持有人能够根据自己的偏好选择持有何种种类的证券。证券的流通是通过承兑、贴现、交易实现的。

(4) 风险性

证券的风险性是指证券持有者面临着不能实现预期投资收益,甚至损失本金的可能。这是由未来经济状况的不确定性所决定的。在现有的社会生产条件下,未来经济的发展变化有些可以被投资者所预测,有些则无法预测,因此,投资者不能决定其所持有的证券将来能否取得收益和能取得多少收益,从而使持有证券具有一定的风险。

(二) 证券市场概述

1. 证券市场的含义

证券市场是指证券发行和买卖的场所。从证券市场的功能和机制上理解,实质上证券市场是投资者和筹资者通过竞争决定证券价格的场所。在这个市场上,资金供求双方不需要通过中介而直接接触,市场法规对竞价和交易行为进行约束,具有很高的市场效率和很强的竞争性。这就保证在价值规律的基础上形成证券价格,并促进了资金的合理流向。

证券作为书面证明,体现了一种经济关系,即资金供需双方在证券买卖中形成的借贷关系。证券市场则可以表示为这类经济关系的总和。国家、企业、个人等各种投资主体参与其中,在这里交换传递各种信息,各种经济机会在这里被创造出来,代表不同利益的各种力量和各方面因素在这里汇集,由此形成的证券市场为证券所代表的经济关系提供经济和法律上的保障和支持。

综上所述,证券市场就是提供有效的竞争来买卖证券的场所,是证券体现的各种经济关系的总和。

2. 证券市场的分类

按照不同的标准,可以对证券市场进行不同的分类,以下介绍三种分类方式:

(1) 按照职能不同,证券市场可以分为发行市场和流通市场

证券发行市场又称为一级市场或初级市场,是为筹集资金,证券发行

人按照法律规定和发行程序，发售新证券给投资者的市场。证券发行一般是通过证券经营机构进行，有时也由发行者和投资者直接进行。证券流通市场又称为二级市场或次级市场，是已发行证券的交易场所。证券的交易和转让在投资者之间不断地进行，于是产生了证券流通市场。正是通过证券流通市场，各类证券才得以顺利流通，并形成公开、合理的价格，最终实现货币资本和证券资本的相互转化。

证券发行市场和流通市场不是相互分离的，而是相互联系、相互影响的。发行市场是流通市场存在的基础和前提，流通市场的规模取决于发行市场的规模，并影响着流通市场的成交价格。而流通市场的交易规模和成交价格，又决定和影响着发行市场的规模、发行时机和发行价格等。二者相互契合，构成证券市场不可分割相互依存的有机整体。

（2）按照交易对象的不同，证券市场可以分为股票市场、债券市场和基金市场

股票市场是以股票为发行和交易对象的市场，属于长期资本市场。按功能不同股票市场还可以划分为发行市场和流通市场。发行市场是通过发行股票筹资的手段，使资金向资本转化的场所。流通市场的功能表现为：在为股票持有者提供随时变现的机会的同时，又提供投资机会给新的股票投资者。

债券市场是发行和买卖债券的场所。与股票市场相同，也可以分为发行市场和流通市场。债券发行市场是债券发行人初次出售新债券、筹集资金的场所。债券流通市场则是已发行债券转让的场所，它给投资者提供了债券变现的场所，从而实现了债券的流动。

基金市场是基金证券发行和流通的市场。允许在证券交易所挂牌交易的是封闭式基金，而开放式基金只能以申购赎回的形式同基金管理公司进行交割。

（3）按照市场组织形式的不同，证券市场可以分为场内交易市场和场外交易市场

场内交易市场是由证券交易所组织的集中交易市场，有固定的交易场所和交易时间，交易对象为符合有关法规的上市证券，交易者为会员证券公司及特定的经纪人和证券商，一般投资者只能通过证券经纪商进行证券买卖。证券交易所制定各种规则，对证券商和投资者的交易活动

进行监管,以保证证券交易活动正常、持续、高效进行。同时,交易所还为投资者提供各种服务,如上市公司资料、财务状况、交易报价、股利分配等。在多数国家,场内交易市场是最重要的证券交易市场。

场外交易市场又称为柜台交易市场或店头交易市场,指在交易所外进行证券交易的市场。场外交易市场通常没有固定的交易场所,是一种分散的、无形的市场,通过先进的电子交易网络和技术连接起来,交易时间也比较灵活。其交易对象以非上市证券为主,也包括一部分上市证券。投资者既可以委托证券经纪商进行买卖,也可以直接与证券自营商交易。美国的纳斯达克市场(NASDAQ)就是典型的场外交易市场。

3. 与一般商品市场相比,证券市场的特征有以下四个方面的不同:
(1) 交易对象和交易目的不同

一般商品市场的交易对象是实物商品,交易的目的在于获得和实现商品的使用价值。证券市场上的交易对象则是股票、债券、基金等各种以证券形式存在的金融商品,人们在证券市场中进行交易的目的是获得红利、利息,以及通过买卖证券而实现的差价收入。

(2) 决定价格的因素不同

在一般商品市场上,商品价格作为商品价值的货币表现,价格取决于商品价值和市场供求关系,而价值的大小取决于生产商品所需要的社会必要劳动时间。在证券市场上,各种证券自身没有价值,市场利息率和证券收益率决定其价格,同时证券价格也受市场供求关系、发行人的信用级别、财务状况、宏观政治经济环境、投资者的心理等方面的因素的影响。

(3) 市场流动性和风险不同

一般商品市场上的商品价格对各种市场影响因素变化的反应较慢,价格波动小,市场流动性比较稳定。相对而言,证券市场对各种影响因素的变化有十分敏感的反应,证券价格波动很大,相对商品市场交易风险要大得多,证券的标准化交易形式也大大增强了市场流动性。[1]

(4) 市场的功能和作用不同

一般商品市场上的商品通过满足人们的某种特定需要,来实现实物资

---

[1] 范健、王建文:《商法》(第二版),高等教育出版社 2005 年版,第 219 页。

本的流通。证券市场上的证券是一种虚拟资本，证券的流通担负着多重市场职能。对于筹资者来说，可以筹集资金；对于投资者来说，可以为闲置资金带来收益和赚取差价；对于整个社会来说，它有利于实现社会资源的有效配置和使用效率，增加社会财富。

4. 在金融市场体系中证券市场的地位

作为现代金融体系的重要组成部分，证券市场在整个金融市场体系中占有非常重要的地位。从金融市场的功能看，证券市场通过证券信用的方式实现资金融通，通过证券的买卖活动引导资金流动，优化资源配置，推动经济增长，提高经济运行效率。从金融市场的运行看，金融市场体系的其他组成部分都与证券市场密切相关。其作用具体表现如下：

第一，证券市场与货币市场密切相关。证券市场参与者是货币市场上的资金需求者。证券的发行通常要有证券经营机构的垫款，垫款所需要的资金通常依赖于货币市场的资金供给。当证券市场上买卖兴旺、证券价格上涨时，又需要更多的资金来辅助交易的完成，引起货币市场上的资金需求增长，利率上升。

第二，长期信贷的资金来源依赖于证券市场。在资本市场内部，长期信贷市场的发展主要依赖于证券市场。金融机构的长期信贷资金在很大程度上是通过总证券市场来筹集的，如金融机构通过证券市场发行股票筹集资本金、发行金融债券筹集信贷资金等。

第三，任何金融机构的业务都直接或间接与证券市场相关，而且证券金融机构与非证券金融机构在业务上有很多交叉。

三 引例分析

证券不只包括股票、公司债券、基金和期货。证券有广义和狭义之分。广义的证券通常指资本证券（如股票、公司债券、基金凭证等）、财物证券（如货运单、提单等）和货币证券（如支票、汇票、本票等）。狭义的证券仅指资本证券。股票、公司债券以及国务院依法认定的其他证券是我国证券法中规定的证券。其他证券主要包括投资基金凭证、非公司企业债券、国家政府债券等。《证券法》调整在我国境内从事股票、公司债券和国务院依法认定的其他证券的发行和交易活动。

第二节 证券法概述

一 引例

甲利用乙、丙、丁的个人账户组成账户组申买"四维控股"14500500股,撤单10340000股,成交1674292股,在一天之内利用该账户组多次进行申买申卖,其频繁大量的申买申卖行为并不是以实际成交为目的,而是为了影响其他投资者对该只股票的供求关系和价格走势的正确判断,从而使"四维控股"在众人的跟进买入中价格快速升高,而甲再卖出股票时获得利益。甲的这种行为违背了《证券法》的哪项基本原则?

二 基本理论

(一)证券法的概念

1. 证券法的概念

证券法有广义和狭义之分。广义的证券法是指调整因证券的发行、交易、管理、监督及其他相关活动而产生的社会关系的法律规范的总称;狭义的证券法专指《证券法》。1998年12月29日第九届全国人民代表大会常务委员会第六次会议通过了《证券法》,2004年8月28日第十届全国人民代表大会常务委员会第十一次会议通过了《关于修改〈中华人民共和国证券法〉的决定》,2005年10月27日第十届全国人民代表大会常务委员会第十八次会议通过了重新修订《证券法》的决议,自2006年1月1日起施行。《证券法》主要调整四类关系:证券发行关系;证券交易关系;证券管理、监督关系;因证券的其他相关活动而产生的关系。

2. 证券法的特征

(1)社会性

从证券法的调整对象看,证券法是确立了证券市场诸行为主体如发行人证券经营机构、证券专业服务机构、证券交易场所之间发生的各种权利义务关系的一部大法,其核心是保护社会公众投资者的合法利益和社会公共利益,为千万个投资者提供安全感和投资信心,以繁荣证券投资,促进国民经济健康发展。因此,证券法往往兼具公法和私法的双重特征,它既为证券市场主体行为提供自律空间，又强调国家的监管强制性。它既包含了许多证券交易过程中的私法（商事）性的规范、规则（如对各种证券违法行为损害赔偿），又对上市公司的设立、证券发行、交易、证券业的监督作出许多强制规定。它既是公司法律制度的延伸和发展，又是金融法律调控、干预的重要补充和深化。

（2）综合性

从证券法的调整手段看，证券法律责任制度构成证券法的基石，它综合地运用了民事制裁、行政处罚以及刑事制裁等法律手段对证券违规违法犯罪行为（统称证券市场越轨行为）加以防范和惩治，如强制信息披露、禁止内幕交易、禁止操纵市场、禁止证券欺诈等，体现了证券法运用多种法律手段齐抓共惩的法治精神。

（3）技术性

从证券法的规范形式看，证券法是关于证券发行交易的操作规程，是实用的法律技术规范，尤其是现代信息技术如互联网在证券的发行与交易方面的成功运用为现代化证券业提供了新动力，使技术专业色彩更为浓厚。因此，制定一部既立足本国证券业现实，又充分考虑到与国际有关立法接轨的良法，必然要体现证券专业技术特征，这也真正实现了证券市场的安全、高效、有序，并与证券业国际化、全球化接轨。

2. 证券法的定位及作用

（1）定位

证券法的定位指证券法属于什么部门法，在与各法律部门组成的法律体系中处于什么地位，以及与相邻法的关系如何。关于这一问题有诸多主张[1]。

① "证券法商法系"说

一般认为，证券法规范的是证券买卖行为，其标的物为证券商品，各种违法行为的后果是损害赔偿，这些具有私法性质，故主张证券法属于民商法上的特别法，将证券法纳入商法系列予以研究。

② "证券法经济法系"说

证券法的核心恰恰是既要保证市场效率，也要保护投资者利益，这就

---

[1] 范健、王建文：《商法》（第二版），高等教育出版社2005年版，第231页。

需要用公法和私法的手段来共同调整，具体规范也是民事的、行政的、刑事的综合运用，因此理论界一般认为证券法体现了公法、私法融合的特征，从而具有相对独立于民商法或行政法的地位，故有人主张将其列入经济法的体系来加以探讨。

③ "证券法社会法"说

但也有学者提出新论，证券法已突破传统公、私法部门之界说，应属于以社会利益为本位的社会法，属于独立于公法和私法之外的新型法律。

我们认为证券法具有社会性、综合性、技术性等特征，具有"商法公法化"之特性，属现代商法之范畴，是作为我国社会主义市场经济法律体系中一个相对独立的规范证券市场的根本大法而存在的。这里应多分析一下与公司法、金融法的关系。

一方面，证券法与公司法如现代股份经济的两个轮子，共同奠定了我国现代企业制度的基本法律框架。公司法规范各类公司的设立、变更、组织、经营、解散、清算等活动，其中自然有公司证券的募集、发行及资金运用等问题，与证券法调整范围有所相似，但这并不表明证券法与公司法具有从属关系，而是互为补充的。不过在立法上，欧洲一些国家只在公司法中规定证券发行、证券商设立等事项，并无专门的证券法，证券交易活动由证券交易所的规则自律管理；而美国、日本等国都在公司法之外另设证券法（或证券交易法）。

另一方面，证券法与金融法的关系也较特别，金融法是对调整资金融通关系的法律规范的统称，从此意义上讲，证券法理应属于金融法，而金融法本身是由各类分支法构成的，其中有着重体现国家管理意志的银行法、外汇法，也有主要反映平等主体之间商事活动关系的票据法、保险法、信托法。证券法与它们只是相邻关系。从内容上，证券法涉及证券市场上的资金管理、涉外证券活动等领域，与银行法、外汇法密切相关。

总之，证券法是调整证券活动的专门法律规范，但它又与民商法、行政法、经济法、刑法乃至诉讼法的一些规范相关联，这些法律部门的相关法律规范与专门的证券法律规范一起，共同调整着证券活动关系。

作为独立的证券法律制度，其渊源包括了国家立法机关的法律、行政法规、部门规章和国务院证券主管部门的有关规定，以及证券行业的规范章程。

(2) 证券法的作用

证券法是证券市场运作的基础,是证券监管部门规范市场、惩治违法行为的重要工具,它的主要作用表现在以下几方面。

①减少交易成本、加快资本流通

证券法作为公共产品,规定了证券如何上市、挂牌交易及退市的庞大繁细的规则,为实物形态的财产权利标准化评估和量化分割转化成证券上的权利,促进其顺畅、安全、高效地转让和流通,提供了法制化轨道,从而减少了私人交易的摩擦、不必要的缔约费用和监督执行的成本,从而为激励股市投资,提高证券市场运行效率奠定基础。

②预防惩治证券违规违法犯罪行为,防范市场风险

证券法的主要内容在于规范一、二级证券市场主体的行为,杜绝不良证券的上市交易,强调证券市场参与者自我约束、防范,确立市场主体与市场监管之间的法律关系,促进证券交易公开、公平、公正,规范证券市场化,维护证券市场的正常秩序和健康运行。证券法律制度体系中严格完整的法律责任制度有助于揭露、惩治和抑制形形色色的证券越轨行为(违规违法犯罪行为),通过惩处内幕交易、操纵行情、证券欺诈等行为,保证证券市场参与者之间公平的行业竞争,培养投资者的信心,保护广大弱小投资者的合法利益,使证券市场不法行为的危害和人为风险减小到最低限度。

③提升资本市场的国际竞争力,保护投资者利益

在全球经济一体化趋势下,哪里的投资环境好,资本就会流向哪里。《证券法》的颁布实施,必将更有利于国际融资、外商投资,进一步扩大资本市场容量,加速资产重组,促进社会资源的合理配置,并且为提高资本市场的国际竞争力与保障国民经济稳定健康发展,提供优良安全的法治环境。

(二) 证券法的宗旨和基本原则

1. 证券法的宗旨

所谓证券法的宗旨是指制定证券法的意图和目的,也揭示了证券法的基本任务。各国证券法大多开宗明义地规定了证券法的宗旨。如日本1998年的《证券交易法》首条便载明了该法出台的宗旨,该法第1条规定:"本法律,以为了促进国民经济的正常运行和保护投资者权益,使有价证券的发行、买卖及其他交易公正进行,并且使有价证券顺利流通为目

的。"2006年日本通过了修改证券交易法的两项重要法律,将证券交易法更名为《金融商品交易法》,并且《金融商品交易法》增加了一项立法目的:"力图通过资本市场功能发挥来形成金融商品的公正价格"。韩国的《证券交易法》规定:"本法旨在通过维护证券广泛的和有条不紊的流通,通过保护投资者进行公平的保险、购买、销售或其他证券交易,促进国民经济发展。"美国1986年的《证券法》也规定其宗旨是保护投资者并保证政府证券的公平、正当和流动性的市场。可见,各国证券立法都强调"保护投资者利益"、"保障证券有效运行市场"以及"发展国民经济"这三位一体的证券法宗旨。

《证券法》(2005年)借鉴了发达国家立法经验并结合我国实践,在第1条中规定:"为了规范证券发行和交易行为,保护投资者的合法权益,维护社会经济秩序和社会公共利益,促进社会主义市场经济的发展,制定本法。"由此看来,《证券法》的宗旨包括三个方面。首先,"规范证券发行和交易行为"是《证券法》的直接目的和任务,因为对证券发行和交易行为的规范,建设一个完善、健全、有效的证券市场,是保护投资者的前提,也是发展国民经济的基础。其次,"保护投资者的合法权益",是《证券法》的实质性目的和任务,这也是《证券法》之所以创设的根本原因,因为培养投资者的信心,保护投资者的利益,提高投资者的积极性是市场繁荣、经济可持续性发展的必备条件。最后,"维护社会经济秩序和社会公共利益,促进社会主义市场经济的发展",是证券法的崇高目标,而这一目标的实现,又依赖于"规范证券发行和交易行为"和"保护投资者的合法权益"的相互兼顾,共同完成。虽然在不同时期会在某一目的任务方面有所侧重,但强调保护投资者的合法权益永远是证券市场发展的基石,作为我国证券业规范和发展的根本大法——《证券法》应全面实践其宗旨。[①]

2. 证券法的基本原则

(1) 证券法基本原则确立的意义

证券法的基本原则贯穿于证券法始终,是观察和处理证券问题的基本尺度,集中反映了证券交易、发行等经济活动和经济关系中以及证券监管

[①] 叶林:《证券法教程》,法律出版社2005年版,第35页。

过程中的基本要求，也是证券立法、司法工作应遵循的基本准则，具有统率性、纲领性、指导性。而一些制度及具体规则是关于某一方面、某一环节、某一领域的基本规定，较法律原则更具体、特殊。一般认为证券法的原则比法律制度、规则更普遍、抽象，但又不比证券法的宗旨，证券法的原则是宗旨的贯彻和反映。研究证券法的原则对证券立法、执法，开展证券法学研究都有重要价值。

（2）证券法基本原则确立之争议

关于如何确定证券法的原则，一般有学理和立法上的两种归纳路线。前者代表性的有"三原则说"，即仅公开、公正、公平三项；有根据它应具备基本性和独特性两个特征，提出"四原则说"，即强制公开原则、禁止欺诈原则、防范风险原则、提高效率原则；也有主张"三公"原则再加诚信、效率（和安全）的"五原则说"，此说提出较早、影响颇大；还有主张综合性的九原则说，即民商法上的"自愿、有偿、诚实信用"原则加任何法律必备的守法原则，再加具有经济法属性的四大原则（如保护投资者利益原则、分业经营分业管理原则、政府统一监管和自律性管理相结合原则），再加已转化成经济法内容的"三公"原则，此外证券法颁布前的教科书中也有将计划性原则、核准性原则列入进来等等；后者路线基本以证券法的总则来概括，我们倾向于此，其理在于法律认识论与实在法的本体论相统一。

《证券法》确立的基本原则有：（1）公开、公平、公正原则；（2）自愿有偿、诚实信用原则；（3）证券发行、交易活动的合法性原则；（4）分业经营分业管理原则；（5）政府统一监管和自律性管理相结合原则；（6）依法审计监督原则。

（3）证券法基本原则

① "三公"原则

证券法"三公"原则，即公开、公平、公正原则，是证券法律制度最基本的原则，证券市场需求必然的产物，由证券立法宗旨所决定。

首先，公开原则是其核心，是杜绝证券市场舞弊行为的有力手段。公开原则具体反映在信息公开制度上。信息公开制度又叫信息披露制度，它包括："发行公开"；"持续公开"；发行人以外的公开义务，如公司的内幕人员、证券商、投资顾问，以及证券交易所的公开义务，以及公司收购中收购人（投资者）公开义务等。

美国法官布兰迪斯的一句名言是："阳光是最好的防腐剂，灯光是最有效的警察。"这可以说是公开原则的哲学根据，因为证券作为一种非实物的特殊商品，证券投资者只有在了解发行者的财务、经营和信用状况的情况下，才能判断其有无投资价值。这一理念是对传统"买者自慎"规则的补充和发展，是强调"卖者审慎"的信条，这一信条有助于防止发行公司的过分包装，使一些原本拟发行股票的经营业绩不佳的公司受到"众目睽睽的审视"监督而退缩，有利于投资者进行投资判断和证券监管机关的有效监管，杜绝"暗箱操作"、"内幕交易"等证券欺诈行为的发生。

其次，公平原则是指在证券市场上，证券交易活动的当事人的法律地位是平等的，不仅指小户、散户投资者和大户、机构投资者之间的地位是平等的，而且任何股民与证券商之间，证券商与交易所之间的法律地位也是平等的。其合法权益应受到公平保护，不能因投资数额的多寡、交易量的大小、居住地的不同而存在差别。在证券交易所内，本地会员和外地会员的权利和义务应当相同，让市场主体在相同的法律地位和条件下公平竞争。国家的法律和交易所的规则对每一个投资者和会员均具有同等的约束力，每一个投资者和交易所会员都有同等的竞争权利和竞争机会。

最后，公正原则是证券执法及证券监管中应体现出的正义、平等的哲学理念，是法官和执法者所应当具有的品质，它意味着司法机关应平等地对待争议双方的当事人或各方当事人，不偏袒任何人，对所有的人平等和公正地适用法律，也意味着证券监督管理机关和证券自律机构应公正地对待争议双方，公平处理证券纠纷与争议。

上述"三公"原则是有机统一的，公开原则是基本点，是实现公平、公正的前提和保障，而公平、公正的实现又是公开原则的目的和归宿。"三公"原则是整个证券法律制度的灵魂和精髓，《证券法》中充分的信息公开制度和禁止证券欺诈制度是对"三公"原则的具体体现。

②平等、自愿、有偿、诚实信用的原则

《证券法》第4条规定，证券发行、交易活动的当事人具有平等的法律地位，应当遵守自愿、有偿、诚实信用的原则。这一原则是一般私法原则在证券法中的体现。

平等，是指参与证券发行和交易活动的当事人享有独立的法律人格，在具体的发行、交易关系中地位平等，能够独立地作出自己的意思表示，其合法权益受到法律的平等保护。平等，既包括自然人之间的平等，法人之间的平等，也包括自然人和法人之间的平等。

自愿，是指当事人按照自己的意愿参与证券的发行和交易活动，依法行使自己的民事权利，任何人不得非法干涉。由于证券发行、交易活动的当事人在发行和交易活动中具有平等的法律地位，因此，当事人是否参加或参加何种证券发行、交易活动应完全根据自己的判断和真实意思表示。证券发行和交易的内容必须与当事人的真实意思相吻合。在他人的欺骗、威吓和胁迫下所进行的证券发行和交易活动，都将因违反自愿原则而无效。当然，自愿原则要以遵守国家法律法规和不得损害他人的合法权益为前提。

有偿，是指从事证券发行和交易的当事人应当按照价值规律的要求进行等价交换。证券发行、交易活动的当事人在法律上的平等地位，反映在经济利益上就是有偿交换。除法律、行政法规另有规定或合同另有约定之外，取得他人的证券或获得他人在证券发行、交易活动中提供的服务，必须向对方支付相应的价款或酬金。任何人不得无偿占有、剥夺他人的证券权益。

诚实，即不欺不骗；信用，即遵守诺言，履行约定，从而取得他人对自己的信任。诚实信用原则，是商业道德法律化的体现。证券发行、交易活动的当事人应当遵守这一原则。任何弄虚作假，隐瞒、遗漏真实情况，误导性行为，以及违背承诺的行为都是违反诚实信用原则的，应当承担相应的法律责任。①

③证券交易合法性原则

证券发行与交易的合法性原则，又称遵守法律和禁止欺诈原则。《证券法》（2005年）第5条规定："证券发行、交易活动，必须遵守法律、行政法规。"同时，"禁止欺诈、内幕交易和操纵证券交易市场的行为"。它包括以下几层意思：

其一，证券发行、交易活动必须遵守法律，主要是遵守《证券法》、

---

① 叶林：《证券法教程》，法律出版社2005年版，第36页。

《公司法》等具体规定。《证券法》是调整证券市场的根本大法，它规范了证券活动的基本原则和一系列保障证券发行、交易活动公开、公平、公正进行的制度，为证券活动基本行为准则。

《公司法》是规范公司组织、行为的法律，《公司法》从微观角度即从公司股份发行资格、发行原则、发行方式、股份转让、股票上市以及发行债券的资格、债券交易方式等方面对证券发行作了详细规定，因此，证券发行、交易活动也理应遵守《公司法》的规定。

其二，证券发行、交易活动涉及其他法律调整范围的，如证券发行、交易行为应当遵循民法通则的原则性规定；触犯刑法应适用其规定追究刑事责任；证券交易印花税的征收应适用税法的有关规定等。

其三，证券发行、交易活动必须遵守行政法规。关于证券发行、交易活动的具体程序、办法、细则，在法律规定下，通常要由行政法规进一步规制。这些行政法规、规范在证券发行和交易活动中也应得到贯彻并遵守。目前，我国已颁行的有关证券发行、交易活动的行政法规主要有《股票发行与交易管理暂行条例》等行政法规和规定，也应遵守。

此外，证券发行与交易活动还应当遵守规章和其他规范性文件。主要是：原国务院有关部门制定的有关股票、公司债券发行与交易的规章，如《证券交易所管理办法》、《禁止证券欺诈行为暂行规定》等，中国证监会和沪、深两个交易所制定的规范性文件等。

其四，证券活动中禁止欺诈、内幕交易和操纵证券交易市场的行为。参见《证券法》（2005年）第3章第4节对"禁止的交易行为"所作的规定。

④分业经营、分业管理原则

所谓分业经营、分业管理是指在金融市场体系中证券业、银行业、信托业、保险业实行分业经营、分业管理。

其一，关于证券业与银行业的分业经营、分业管理。

银行等金融机构是否可以从事证券业务，历来存有两种观点。一是以美、英、日等国为代表的"分业主义"；二是以德国等欧陆国家为代表的"合业主义"。美国为"分业主义"之典型，采用"分业主义"，禁止银行从事包销和买卖私人债券、股票业务，其直接动因是为克服1929年至1933年的金融"大危机"，而以德国为代表的欧陆国家实行的是"全能银行制度",采"合业主义",德国银行可从事广泛的金融业务,除信贷、存款、支付清算等商业银行业务外,还可全面从事证券业务,包括包销、代销新发行的有价证券,自行或代理买卖有价证券,以及清算与过户业务。

"分业"与"合业"主义各有利弊,20世纪80年代以后,西方金融界掀起了自由化浪潮,随着新技术和金融创新的迅速发展,银行业和证券业的业务界限日渐模糊,采"分业主义"的许多国家如美、英、日等国也开始放松了对分业管理的有关规定,银行业和证券业出现了重新融合的趋势。①

我国证券市场初创伊始实行的是证券与银行合业经营、合业管理。当时,国内绝大多数证券经营机构都是由银行全资或控股设立的,这对我国证券业早期的建立和发展起了积极作用。然而随后几年的实践中,银行证券业务合业经营引发了许多问题,因此,我国1995年通过的《中华人民共和国商业银行法》第43条明确规定:"商业银行在中华人民共和国境内不得从事信托投资和股票业务,不得投资于非自用不动产。商业银行在中华人民共和国境内不得向非银行金融机构和企业投资。"该法奠定了我国银行业务与证券业务分业经营、分业管理的法律基础。1997年上半年,一些机构从各种途径违规拆入银行信贷资金用于新股申购和股票炒作,造成沪、深股市大幅飙升,投机盛行,广大中小投资者的利益受到严重损害。在此情况下,中国人民银行下发了《关于禁止银行资金违规流入股票市场的通知》、《关于各商业银行停止在证券交易所回购及现券交易的通知》,这些举措对于杜绝银行信贷资金进入股市投机,切实贯彻执行银行法确立的银行、证券两业分离制度,起了促进作用。

因此,综合西方证券发展经验和我国的实践探索,《证券法》(2005年)第6条明确规定,证券业和银行业、证券公司与银行机构分别设立。但增加了"国家另有规定的除外",为以后走向混业经营模式开辟了道路。

其二,证券业与信托业分业经营、分业管理。

证券业与信托业分业经营、分业管理,是指禁止证券公司与信托公司之间业务混合操作。

---

① 沈四宝:《公司法与证券法论丛》,对外经济贸易大学出版社2005年版,第132页。

自 1979 年中国人民银行成立信托部和建立中国国际信托投资公司以来，我国信托业已发展成为国家整个金融业的重要组成部分。信托业的发展，对于弥补我国传统银行信用的不足，筹集外资，盘活社会闲散资金等发挥了重要作用。但由于信托公司的功能地位不确定，业务范围不明确，信托立法滞后，偏离了以发挥中长期金融功能和财产管理功能为主的信托本业。因此，2001 年 4 月我国颁布的《信托法》，把信托投资公司规范为真正从事"受人之托、代人理财"业务的非银行金融机构，也确立了证券业与信托业分业管理的体制，与《证券法》相衔接。

其三，证券业与保险业分业经营、分业管理。

所谓证券业与保险业分业经营、分业管理，是指禁止证券公司与保险业务混合操作。

我国 1995 年《保险法》第 104 条规定："保险公司的资金运用必须遵循稳健、安全性原则，并保证资产的保值增值。保险公司的资金不得用于设立证券经营机构和向企业投资。"由此，我国已确立了证券业与保险业分业经营、分业管理的制度。2009 年《保险法》修订后的第 8 条与第 106 条都沿袭了此一原则。但该法第 8 条增加了"国家另有规定的除外"，为混业经营留下了空间。

总之，我国现行金融法制下为降低银行、信托、保险资金运营的风险，仍是实行证券业与银行业、信托业、保险业分业经营、分业管理，但也为以后混业经营、管理的规范化打开了缺口。

⑤依法进行审计监督原则

《证券法》（2005 年）第 9 条规定："国家审计机构对证券交易所、证券公司、证券登记结算机构、证券监督管理机构，依法进行审计监督。"

这一原则要求国家审计机关对证券交易所、证券公司、证券登记结算机构、证券监督管理机构依法进行审计监督，其法律依据主要是《审计法》及有关规定，其审计范围应当属于审计法规定的资产负债和损益审计。

《审计法》确立的资产负债、损益审计，是指审计机关依法对国有企业、国有资产主导企业以及国有金融机构在一定时期内拥有的资产，承担的负债以及经营成果及其分配的真实、合法和效益进行审计，以监督国有资产的安全、完整和保值增值，鉴定、评价企业的财务状况与经营成果，提供投资者、债权人、政府及其他关系人所需要的财务会计、经济信息。资产负债和损益审计的目的是全面真实地反映企业的财务状况和经营成果，维护企业资产的安全完整、保值增值，满足投资者、债权人及其他关系人对企业财务信息的需要，促进企业改善经营管理，优化资源配置，提高资产保值增值能力，维护投资者和债权人的合法权益。

对证券业有关机构的审计监督，是加强金融监管的重要一环，对于鉴定和评估证券行业有关机构的资产、负债及经营状况等具有重要作用，也为发现和查处违规违法行为提供了手段和方法。譬如：1988年国家审计署对证券业的审计是卓有成效的。为促进整顿证券市场秩序、加强管理、规范经营发挥了积极作用，对于促进证券业健康发展意义深远。

⑥政府集中统一管理与自律性管理相结合的原则

首先，证券市场应加强政府集中统一监督管理。

一方面，证券市场参与者多、投机性强、敏感度高，是一个高风险的市场，而且证券风险突发性强、影响面广、传导速度快，因此，必须有一个强有力的专门监管机构进行监管，以便及时发现和处理各种异常情况，有效防范和化解风险。

另一方面，证券市场存在多个利益主体，筹资人与投资人、上市公司与股东、证券经营机构与客户等之间有着各自不同的利益，存在着种种矛盾和冲突，也需要通过监管机构的集中统一监管，规范各市场主体的行为，维护市场正常秩序。

各国证券市场的发展经验表明，证券市场健康发展需要一个统一、权威、高效的监管机构对市场实行统一监管。美国政府在1929年经济危机后采取的重要措施之一就是成立了证券交易委员会，对证券发行、证券交易、证券经营机构等进行集中统一监管，此后，美国证券市场得到长足的发展。日本在经历了股市丑闻和泡沫经济严重打击之后，于1992年成立了相对独立的证券交易监管委员会，并从1996年开始再次酝酿改革证券监管体制，进一步走向集中统一监管。英国也正尝试强化现有监管部门权力，加强对证券市场的集中统一监管。香港证券市场也是在经历股灾之后，建立了高度集中的监管体制，市场才得到长期健康的发展。

《证券法》（2005年）总结了近年证券市场在市场规范化建设及监管

体制下取得的成就,吸取了他国证券监管的经验,在第 7 条中明文规定:"国务院证券监督管理机构依法对全国证券市场实行集中统一监督管理。国务院证券监督管理机构根据需要可以设立派出机构,按照授权履行监督管理职责",从而有利于促进全国统一证券市场的形成,消除证券市场中条块分割、地方分割、部门分割的不合理现象,也更有利于对证券市场实施统一监管,处理、化解市场风险问题。其次,在国家实行集中统一监管的同时,必须与自律性管理结合起来,充分发挥全国证券业协会和地方性的证券业协会的自律作用,加强证券经营机构如证券公司、证券登记结算机构及其他证券中介服务机构的内部监管,这样真正构筑起我国规范与发展证券业的有效的法律监管网络,以共同维护和促进证券市场的健康发展。

(三)证券法之调整范围

对证券法的调整范围一直有两种不同意见。

一种意见主张,证券法的调整范围应当广一些,其调整范围应当包括所有证券(也含其衍生品种)。既调整证券发行关系,也调整证券交易关系以及其他相关关系。证券法应当称为统辖公司法和其他证券法律、法规的基本法,各类证券活动首先以证券法为准,将其他法律、法规中对证券发行、交易的规范都纳入证券法中。

另一种意见认为,证券法的调整范围以较窄为宜。其主要理由是:我国制定证券法,其调整范围不能从"证券法"的名称概念和"证券"的学术名词概念出发,而应当从我国证券市场的实际情况和现实条件出发,对目前适合我国需要的、有条件规定的证券种类加以规定,并与现行的《公司法》、有关证券管理的行政法规相链接,还要考虑与以后制定的其他法律相协调。因此,我国证券法所调整的证券关系是股票、公司债券等证券的交易关系,对于其发行关系在公司法已作规定的基础上,根据实践中的新情况作出补充性规范。至于证券法调整的证券法种类,又有三种不同意见:一种主张只规定股票;另一种主张规定股票和公司债券;第三种意见则主张应考虑立法的前瞻性,除了股票和公司债券,还可以规定"国务院依法认定的其他证券"。《证券法》最终采纳的后一种意见及后一种意见的第三种意见。就证券法的调整范围而言,由于各国的国情不同,市场经济的发展程度不同,尤其是证券市场的发展程度不同,证券法的调整范围亦有不同，存在着宽窄之差别，从世界大多数国家的证券立法来看，证券法的调整范围就其种类而言，一般范围较广。美国《证券法》的调整范围最广，而《证券法》的调整范围较窄。虽然法条行文采取列举和归纳相结合的方式，但列举品种过少，归纳的涵盖面也过于狭窄，不利于适应证券市场的长远发展。实践也证明，证券法的调整范围宜宽不宜窄。

三　引例分析

甲的行为违背了公平原则，《证券法》第5条规定："证券的发行、交易活动，必须遵守法律、行政法规；禁止欺诈、内幕交易和操纵证券市场的行为。"

公平原则是指在证券发行和证券交易中双方当事人的法律地位平等，法律待遇平等，法律保护平等，所有市场参与者的机会平等。在本案例中，甲的行为使其他投资人在对市场信息认识不平等的条件下进行交易，违背了公平原则。

第二章　证券主体法律制度

第一节　证券市场主体法律制度

一　引例

出生于1994年的张某对股票十分感兴趣,认为炒股赚钱很快。2011年8月,他想亲自试一试炒股,于是偷偷将家中的存款提出10000元,在某证券交易所建立了股东账户。没想到在几次交易后,张某不但未赚分文,反将10000元的本钱赔光。此事被其父母知晓后,要求证券交易所返还本金。证券交易所表示,股票买卖,本来就有赔有赚,不能进行赔偿。张某的父母遂向法院提起诉讼,请求返还本金。

二　基本理论

(一) 证券交易所

1. 证券交易所的性质与组织形式

(1) 证券交易所性质

证券交易所是为证券集中交易提供场所和设施,组织和监督证券交易,实行自律管理的法人。

(2) 证券交易所的组织形式

证券交易所的两种组织形式:

①会员制。

②公司制。

上海证券交易所、深圳证券交易所均采用会员制的组织形式。

2. 证券交易所的设立和解散

我国证券交易所的设立采用特许制。根据《证券法》的规定,证券交易所的设立和解散,由国务院决定。

3. 证券交易所的职能

(1) 提供证券交易的场所和设施。

(2) 审核上市申请与安排证券上市。

(3) 对证券交易进行监管。

①制定证券交易及管理规则。

②实时监控。

③公开证券交易信息。

④技术性停牌和临时性停市。

(4) 对会员进行监管。

(5) 对上市公司进行监管。

①暂停上市。

②恢复上市。

③终止上市。

(二) 证券公司

1. 证券公司的概念

证券公司是指依照我国《公司法》和《证券法》之规定所设立的经营证券业务的有限责任公司或者股份有限公司。

2. 证券公司的设立

(1) 设立条件

设立证券公司,下列条件应当具备:

①有符合法律、行政法规规定的公司章程。

②主要股东具有持续盈利能力,信誉良好,最近3年无重大违法违规记录,净资产不低于人民币2亿元。

③有符合法定的注册资本。

所谓法定注册资本是指:其一,证券公司从事证券经纪、证券投资咨询、证券交易、证券投资活动有关的财务顾问业务的,注册资本最低限额为人民币5000万元。其二,证券公司从事证券承销与保荐、证券自营、证券资产管理、其他证券业务之一的,注册资本最低限额为人民币1亿元。其三,证券公司从事证券承销与保荐、证券自营、证券资产管理、其他证券业务两项以上的,注册资本最低限额为人民币5亿元。证券公司的注册资本应当是实缴资本。国务院证券监督管理机构根据审慎监管原则和各项业务的风险程度，可以调整注册资本最低限额，但不得少于上述规定的限额。

④董事、监事、高级管理人员具备任职资格，从业人员具有证券从业资格。

⑤有完善的风险管理与内部控制制度。

⑥有合格的经营场所和业务设施。

⑦符合法律、行政法规规定和经国务院批准的国务院证券监督管理机构规定的其他条件。

(2) 设立审批

设立证券公司，必须经国务院证券监督管理机构审查批准。未经国务院证券监督管理机构批准，任何单位和个人不得经营证券业务。

3. 证券公司的管理

(1) 证券从业人员任职管理

证券公司的董事、监事、高级管理人员，应当正直诚实，品行良好，熟悉证券法律、行政法规，具有履行职责所需的经营管理能力，并在任职前取得国务院证券监督管理机构核准的任职资格。

有《公司法》第147条规定的情形或者下列情形之一的，不得担任证券公司的董事、监事、高级管理人员：因违法行为或者违纪行为被解除职务的证券交易所、证券登记结算机构的负责人或者证券公司的董事、监事、高级管理人员，自被解除职务之日起未逾5年；因违法行为或者违纪行为被撤销资格的律师、注册会计师，或者投资咨询机构、财务顾问机构、资信评级机构、资产评估机构、验证机构的专业人员，自被撤销资格之日起未逾5年。

因违法行为或者违纪行为被开除的证券交易所、证券登记结算机构、证券服务机构、证券公司的从业人员和被开除的国家机关工作人员，不得被招聘为证券公司的从业人员。

国家机关工作人员和法律、行政法规规定的禁止在公司中兼职的其他人员，不得在证券公司中兼任职务。

(2) 证券公司之风险管理制度

①交易风险准备金制度。

证券公司从每年的税后利润中提取交易风险准备金，用于弥补证券交易的损失，其提取的具体比例由国务院证券监督管理机构规定。

②证券公司偿债能力保障制度。

③证券投资者保护基金制度。

国家设立证券投资者保护基金。证券投资者保护基金由证券公司缴纳的资金及其他依法筹集的资金组成,其筹集、管理和使用的具体办法由国务院规定。

(3) 证券公司之分业操作规则

证券公司必须分开办理证券经纪业务、证券承销业务、证券自营业务和证券资产管理业务,不得混合操作。

(4) 证券公司之禁止行为

①证券公司不得将客户的交易、结算资金和证券归入其自有财产。

②证券公司的自营业务必须以自己的名义进行,不得假借他人名义或者以个人名义进行。证券公司的自营业务必须使用自有资金和依法筹集的资金。证券公司不得将其自营账户借给他人使用。

③证券公司办理经纪业务,不得接受客户的全权委托而决定证券买卖、选择证券种类、决定买卖数量或者买卖价格。

④证券公司不得以任何方式对客户证券买卖的收益或者赔偿证券买卖的损失作出承诺。

⑤证券公司及其从业人员不得未经过其依法设立的营业场所私下接受客户委托买卖证券。

(三) 证券登记结算机构

1. 证券登记结算机构的概念

证券登记结算机构是为证券交易提供集中登记、存管与结算服务,不以营利为目的的法人。

2. 证券登记结算机构的设立制度

(1) 设立审批设立证券登记结算机构必须经国务院证券监督管理机构批准

(2) 设立条件设立证券登记结算机构,应当具备下列条件:

①自有资金不少于人民币2亿元;

②具有证券登记、存管和结算服务所必需的场所和设施;

③主要管理人员和从业人员必须具有证券从业资格;

④国务院证券监督管理机构规定的其他条件。

3. 证券登记结算机构之职能

①设立证券账户、结算账户；

②证券的存管和过户；

③证券持有人名册登记；

④证券交易所上市证券交易的清算和交收；

⑤受发行人的委托派发证券权益；

⑥办理与上述业务有关的查询；

⑦国务院证券监督管理机构批准的其他业务。

（四）证券服务机构

1. 证券服务机构之概念

证券服务机构是指从事投资咨询、财务顾问、资信评级、资产评估、会计事务等证券服务业务的经国务院证券监督管理机构和有关主管部门批准的专门机构。

2. 证券服务机构的义务与责任

证券服务机构为证券的发行、上市、交易等证券业务活动制作、出具审计报告、资产评估报告、财务顾问报告、资信评级报告或者法律意见书等文件时，应当勤勉尽责，核查和验证所依据的文件资料内容的真实性、准确性、完整性。其制作、出具的文件有虚假记载、误导性陈述或者重大遗漏，给他人造成损失的，应当与发行人、上市公司承担连带赔偿责任，但是能够证明自己没有过错的除外。

3. 投资咨询机构及其从业人员的禁止行为

（1）代理委托人从事证券投资；

（2）与委托人约定分享证券投资收益或者分担证券投资损失；

（3）买卖本咨询机构提供服务的上市公司股票；

（4）利用传播媒介或者通过其他方式提供、传播虚假或者误导投资者的信息；

（5）法律、行政法规禁止的其他行为。

有上述行为之一，给投资者造成损失的，依法承担赔偿责任。

（五）证券业协会

1. 证券业协会的性质与组织机构

证券业协会是证券业的自律性组织，是社会团体法人。证券公司应当加入证券业协会。全体会员组成的会员大会为证券业协会的权力机构。证券业协会设理事会,依章程的规定选举产生理事会成员。

2. 证券业协会的具体职责

(1) 教育和组织会员遵守证券法律、行政法规。

(2) 依法维护会员的合法权益,向证券监督管理机构反映会员的建议和要求。

(3) 收集整理证券信息,为会员提供服务。

(4) 制定会员应遵守的规则,组织会员单位的从业人员的业务培训,开展会员间的业务交流。

(5) 对会员之间、会员与客户之间发生的证券业务纠纷进行调解。

(6) 组织会员就证券业的发展、运作及有关内容进行研究。

(7) 监督、检查会员行为,对违反法律、行政法规或者协会章程的,按照规定给予纪律处分。

(8) 证券业协会规定的其他职责。

三 引例分析

根据我国《民法通则》第12条规定,十周岁以上的未成年人是限制民事行为能力人,可以进行与他的年龄、智力相适应的民事活动;其他民事活动由他的法定代理人代理,或者征得他的法定代理人的同意。在本案中,张某属于限制行为能力人,只能进行与其年龄、智力相适应的民事活动,对于从事股票交易这种复杂的民事活动,显然与张某的年龄和智力水平不相适应,应当由他的法定代理人代理,或者在征得其法定代理人的同意后进行。

我国《民法通则》第58条规定:"下列民事行为无效:(一)无民事行为能力人实施的;(二)限制民事行为能力人依法不能独立实施的……无效的民事行为,从行为开始起就没有法律约束力。"《合同法》第9条规定:"当事人订立合同,应当具有相应的民事权利能力和民事行为能力。"从以上规定可知,本案中证券交易所与张某建立的股票买卖关系是无效的民事法律关系。根据《民法通则》第61条规定,民事行为被确认无效后,当事人因该行为而取得的财产,应当返还给受损失的一方。因此,证券交易所应当返还张某所受损失10000元。

第二节　证券监管法律制度

一　引例

甲股份有限公司（以下简称甲公司）在1994年2月经省证券委员会批准，于1994年9月成立，甲公司总股本为15000万股，其中内部职工股375万股，占总股本的2.5%，但公司实际募集的内部职工股已经占总股本的14.8%，违反了《定向募集公司内部职工股管理规定》中关于定向募集股份有限公司的内部职工认购的股份的总额不得超过公司股份的2.5%的规定。1996年3月，该公司被该省确立为上市预选企业，但未获准公开发行股票及上市。原省证管办以该省证券委员会的名义，于1996年4月出具虚假文件，将某公司定向募集股份的批准时间改为1994年1月，对股本总额和股本结构也作了相应调整，使其符合公开发行上市的要求。根据《证券法》规定，证监会应当如何处理？

二　基本理论

（一）证券监管的法律概述

1. 界定

证券监管，即证券市场监督管理，理论上的含义有多个层面。

首先，从静态角度出发，分为广义和狭义。在广义上，证券监管可以包括一切有关资本形成、资本分配以及资本流动的政府性的成文或不成文之法律、规章与惯例。具体包括与证券发行、交易有关的证券法律制度与公司法律制定、政府对资本的直接控制与分配，外汇管理与分配，与证券投资相关的税收制度与政策，政府贷款及保证计划等。狭义上，指有关证券发行及交易市场及其直接参与者及提供其他有关服务的政府性的成文或不成文之规范。

其次，从动态来看，也有广义与狭义之说。证券监管广义上包括了国家有关机关（如审计机关、财税机关）的监督管理行为。如《证券法》第9条规定了国家审计机关对包括证券监督管理机构在内的证券市场各组织依法进行审计监督。狭义上的证券监管特指专门的证券监管机构的审核、许可、调控、指导、监督、检查等行政活动。基于此，证券监管在日本又称证券行政。此外,学界一般也把自律组织的监管包括在内。

2. 意义

证券市场监督管理,在整个证券法律制度体系中占有核心地位,起着重要的作用。从根本上说,证券法律制度的基本问题,就是证券市场管理问题。证券市场监管的主要目的是保护投资人利益,督促证券交易机构依法经营,禁止违法交易行为的出现,防止个别垄断企业操纵和扰乱证券市场,以维持证券市场的安全、有序、高效。

3. 证券监管所要达到的目标

(1) 确保证券市场的健全和公平有序,为证券活动参与者提供一个优良而充满活力的市场环境。维护一个健全和公平的证券市场,应该是证券监管的基本目标。但监管工作不能影响证券市场的运作和发展,这是对证券市场监管的基本要求,只有这样,才能提高市场参与者的信心,吸引更多人进入证券市场。

(2) 保障投资者的利益。要成为一个运行良好的市场。基本条件之一便是让所有投资者的利益都能得到充分的保障。监管机构应尽可能确保那些发售股票的人士均能遵守统一的财务、法律及运作规定,而且投资者拥有平等的机会得到所需资料,以作出审慎的投资决定。当然,监管机构并不确保投资者避免错误的或鲁莽的决定。

(3) 促进证券市场的健康发展。市场监管与自然市场力量之间存在着一个因果关系,监管机构政策和行动对市场参与者和市场本身所带来的直接和间接的冲击必须慎重地对待。良好的市场监管应该是充分监管而不能过度监管,监管的前提是能鼓励和推动市场的发展。

4. 证券监管的原则

(1) 核心任务是保护投资者利益

在证券市场中,投资者作为证券市场的基础和支柱,其重要性不言自明。没有投资者,证券市场的基本功能就难以实现。因此,证券市场得以存在和发展的基本保证是投资者对证券市场的信心。只有能够真正保护投资者利益的市场,才能给投资者以安全感和投资信心,市场才能得到长久发展。

(2) "三公"原则

①公开原则

对于证券监管而言,信息的公开化、透明化是公开原则的要求。通常,公开原则包括两个方面:一方面是有关证券信息的初期披露和持续披露;另一方面是监管者制定的或作出的关涉证券市场和投资者利益的所有规章、规定、通知和意见等,均应及时、完善地向社会和投资者公布,监管者履行监管职权的程序和活动应向社会和投资者公开。

②公平原则

证券市场的公平原则要求证券发行、交易活动中的所有参与者都有平等的法律地位,没有高低贵贱之分,同样服从监管,各自的合法权益能够得到公平的保护。

③公正原则

公正原则要求监管者制定的规章、政策应给社会和投资者提供平等的规范和保护;监管者在查处和追究市场违规行为时,应准确地适用法律;监管者执行和解释法律,应严格按照法律的本意和宗旨。

(3) 效率原则

考虑到证券监管本身的成本等因素,为避免道德风险和逆向选择,证券监管机构的监管应遵循效率原则。证券市场的效率表现在两个方面:一是证券市场可以形成能够正确地反映业绩的均衡价格;二是能够按照均衡价格迅速成交,不需烦琐的手续。在此原则要求下,应当对证券监管机构的权责进行科学和合理的明确界定,从而消除证券市场的失灵,实现证券市场的可持续、稳定发展。

(二) 证券监管机构

1. 证券监督管理机构之界定及设立必要性

证券监督管理机构是由国家或政府组建成立的,代表国家对证券市场进行统筹管理的机构。它包括独立的专门的证券主管机关和隶属于其他部门的证券管理机关。证券管理机关是证券市场发展到一定阶段的产物。证券活动具有风险性和投机性,在无严格约束的情况下,会像一匹践踏商品交易基本准则的脱缰野马,使证券市场上出现操纵行情、内幕交易、欺诈客户等违法犯罪行为,严重干扰破坏社会经济生活。因此,国家必须严加监管,这是证券市场良性运作的必然要求。从各国管理证券市场的立法实践来看,大多数国家,特别是实行集中立法监管模式的国家,一般都专门设立了权威的证券管理机关,通过立法赋予其权限、明确其职责,对证券市场依法实行监管。

2. 我国证券监督管理机构的职责范围

《证券法》中规定国务院证券监督管理机构依法对全国证券市场实行集中统一监督管理。我国目前的"证券监督管理机构"是中国证券监督管理委员会，它是国务院直属事业单位，设在北京，内设18个职能部门，1个稽查总队，3个中心以及股票发行审核委员会，其还在省、自治区、直辖市和计划单列市设立36个证券监管局，以及上海、深圳证券监管专员办事处。

依据有关法律、法规，中国证监会在对证券市场实施监督管理中履行下列职责：

（1）研究和拟定证券市场的方针政策、发展规划；起草证券市场的有关法律、法规，提出制定和修改的建议；制定有关证券市场监管的规章、规则和办法。

（2）垂直领导全国证券监管机构，对证券市场实行集中统一监管；管理有关证券公司的领导班子和领导成员。

（3）监管股票、可转换债券、证券公司债券和国务院确定由证监会负责的债券及其他证券的发行、上市、交易、托管和结算；监管证券投资基金活动；批准企业债券的上市；监管上市国债和企业债券的交易活动。

（4）监管上市公司及其按法律法规必须履行有关义务的股东的证券市场行为。

（5）管理证券交易所；按规定管理证券交易所的高级管理人员；归口管理证券业协会。

（6）监管证券投资基金管理公司、证券登记结算公司、证券期货投资咨询机构、证券资信评级机构；审批基金托管机构的资格并监管其基金托管业务；制定有关机构高级管理人员任职资格的管理办法并组织实施；指导中国证券业协会开展证券从业人员资格管理工作。

（7）监管境内企业直接或间接到境外发行股票、上市以及在境外上市的公司到境外发行可转换债券；监管境内证券经营机构到境外设立证券机构；监管境外机构到境内设立证券机构、从事证券业务。

（8）监管证券信息传播活动，负责证券市场的统计与信息资源管理。

（9）会同有关部门审批会计师事务所、资产评估机构及其成员从事证券中介业务的资格，并监管律师事务所、律师及有资格的会计师事务所、资产评估机构及其成员从事证券相关业务的活动。

（10）依法对证券违法违规行为进行调查、处罚。

（11）归口管理证券行业的对外交往和国际合作事务。

（12）承办国务院交办的其他事项。

3. 证券监督管理机构的监管执法措施

《证券法》规定了证监会六项重要的监管职权，监管职权是证券会实现有效监管的重要保障。

（1）现场检查权

对证券发行人、上市公司、证券公司、证券投资基金管理公司、证券服务机构、证券交易所、证券登记结算机构的现场检查权。

（2）调查取证权

（3）询问权

要求当事人以及与被调查事件有关的单位和个人就与被调查事件有关的事项作出说明的权力。

（4）查阅、复制和封存权

可以查阅、复制和封存与被调查事件有关的财产权登记、通信记录等资料；查阅、复制和封存当事人以及与被调查事件有关的单位和个人的证券交易记录、登记过户记录、财务会计资料及其他相关文件和资料；查阅、复制和封存当事人以及与被调查事件有关的单位和个人的资金账户、证券账户和银行账户；对可能被转移、隐匿或者毁损的文件和资料，可以予以封存。

（5）冻结和查封权

证监会对有证据证明已经或者可能转移或者隐匿违法资金、证券等涉案财产或者隐匿、伪造、毁损重要证据的，经国务院证券监督管理机构主要负责人批准，可以冻结或者查封。

（6）限制买卖权

在调查操纵证券市场、内幕交易等重大证券违法行为时，经国务院证券监督管理机构主要负责人批准，可以限制被调查事件当事人的证券买卖，但限制的期限不得超过15个交易日；案情复杂的，可以延长15个交易日。

上述权利有些是2005年修订的《证券法》中新增的，包括：①冻结权和查封权。在 1999 年的《证券法》中规定的是对相关违法行为,"可以申请司法机关予以冻结"。新法将原本只能由司法机关执行的权力赋予了证监会,这种"准司法权"的授予加大了证监会的查处力度,提高了执行的效率。②现场检查权和限制买卖权。③提出了加强跨境监督管理。

4. 证券监督管理机构及其工作人员的行为准则

(1) 证券监管机构工作人员依法履行职责,并负有保密的义务。即,证券监管机构的工作人员进行监督检查或者调查时,应依法进行,出示工作证件,并对知悉的有关单位和个人的商业秘密负有保密的义务。

(2) 国家证券监督管理工作人员必须忠于职守,依法、公正、廉洁。证券业作为一个高风险、高收益性的新兴行业,对证券市场实行监管的工作人员必须忠于职守,依法办事,公正廉洁,不得利用自己职务之便牟取不正当利益。这也是证券法"三公"原则在证券监管过程中的又一体现。

(3) 证券监督管理机构应公开其依法制定的规章、规则和监督管理工作制度,对调查结果,以及依据调查结果对证券违法行为作出的处罚决定,也应当公开。这是证券监督管理机构贯彻"依法行政"的具体要求,与我国行政法及行政处罚法上的有关规定相衔接,有助于法制统一性和权威性。

(4) 证券监督管理机构依法履行职责,发现证券违法行为涉嫌犯罪的,应当及时移送司法机关处理。证券违法行为破坏、危害证券市场的健康发展,如果情节严重构成犯罪的,必须依法追究刑事责任。证券监督管理机构履行职责时发现有犯罪嫌疑的,负有将案件移送司法机关处理的法定义务,不得包庇、纵容,擅自以"行"(行政处罚)代"刑"(刑事制裁)。

(5) 国务院证券监督工作人员不得兼任被监管机构的职务。这是关于证券监管工作人员负有"不得兼职"义务的规定,我国证券法律制度确立了证券工作人员不得从事证券交易等证券市场禁入制度,当然禁止监管人员在被监管机构中兼职,这样从回避制度上保证监管执法公正、廉洁。

此外,对于被监管的机构和个人而言,负有"配合监管"的义务。依《证券交易法》(2005 年)第 183 条规定:"国务院证券监督管理机构依法履行职责,被检查、调查的单位和个人应当配合,如实提供有关文件和资料，不得拒绝、阻碍和隐瞒。"

三 引例分析

根据《证券法》第 178 条规定："国务院证券监督管理机构依法对证券市场实行监督管理，维护证券市场秩序，保障其合法运行。"在本案例中，原某省证管办出具虚假文件，违背了证券监管目的和原则，应对其进行通报批评，并对相关责任人给予行政处罚。

第三章 证券发行与承销制度

第一节 证券发行

一 引例

甲上市公司(以下简称"甲公司")因为重大重组,拟向控股股东A企业等8个特定对象(均为甲公司的前10名股东)以非公开的方式发行股票10000万股。中国证监会于2007年7月受理了甲公司的申报材料,在该申报材料中披露了以下相关信息:①发行价格拟订为定价基准日前20个交易日中该公司股票均价的80%。②控股股东A企业在这次发行中所认购的股份,自发行结束之日起12个月后才可以转让。③甲公司2006年度的财务报表被注册会计师出具了一份无法表示意见的审计报告。④2003年甲公司增发新股所募集的资金30000万元被控股股东A企业占用,至今尚未偿还。⑤2007年3月,甲公司现任董事陈某在任期内因违规抛售所持甲公司股票而被上海证券交易所公开谴责。2005年3月,甲公司现任董事会秘书张某因违规行为受到中国证监会的行政处罚。⑥本次发行由甲公司自行销售。

要求:(1)根据本案例要点①所提示的内容,甲公司拟订的发行价格是否符合中国证监会的有关规定?说明理由。(2)根据本案例要点②所提示的内容,控股股东A企业认购股份的转让时间是否符合中国证监会的有关规定?说明理由。(3)根据本题要点③所提示的内容,甲公司2006年度的财务报表被注册会计师出具了无法表示意见的审计报告,是否对本次非公开发行的批准构成实质性障碍?说明理由。(4)根据本题要点④所提示的内容,甲公司募集资金被控股股东A企业占用的事实是否对本次非公开发行的批准构成实质性障碍?说明理由。(5)根据本案例要点⑤所提示的内容，董事陈某、董事会秘书张某的行为是否对本次非公开发行的批准构成实质性障碍？说明理由。（6）根据本案例要点⑥所提示的内容，发行方式是否符合中国证监会的有关规定？说明理由。

二　基本理论

（一）证券发行概述

1. 证券发行的概念

证券发行，有广义和狭义之分。广义的证券发行是指以筹集资金为目的，符合发行条件的商业组织或政府组织（发行人），按照法律规定的条件和程序向社会投资者出售代表一定权利的资本证券以获取所需资金的直接融资行为。本质上是证券发行市场（一级市场）上的交易行为，包括证券发行人向不特定的社会公众发出要约（招股说明书），公开招募资金；证券投资者接受要约，承诺出资购买证券，并缴付出资的行为。[1] 狭义的证券发行是指证券发行人在所需资金募集后，做成证券并交付投资者受领的单方行为。本节所称证券发行是指广义的证券发行。

2. 证券发行的分类

依据不同标准，可以对证券发行进行不同的分类。

（1）依证券发行价格与证券票面金额是否相同，证券发行可分为平价发行、折价发行、溢价发行和中间价发行

按票面记载金额发行证券，为平价发行（或称面额发行）；票面记载金额低于发行证券，为折价发行；超过票面金额发行证券，为溢价发行；按票面金额和市场价的中间价格发行证券，为中间价发行。

我国法律禁止以折价方式发行股票，旨在保障公司资本充实；溢价发行方式通常仅在股票发行中适用，溢价款将列为公司资本公积金；中间价发行通常于配股发行时使用。

（2）依证券发行对象的范围不同，证券发行可分为公开发行和非公开发行

公开发行又称公募发行，是指发行人通过证券经营机构向发行人以外的不特定的社会公众发行证券的行为。

---

[1] 侯水平：《证券法律责任》，法律出版社2005年版，第132页。

非公开发行又称私募发行，是指证券发行人向一定范围的特定对象发行证券的行为。这种情况下的投资者，范围较小且一般具有较高的风险识别能力，所以，法律对私募发行的条件和程序的规定往往较公募发行宽松、简单，有关证券发行的主要内容可由当事人协商确定。

（3）依是否由证券承销机构为标准。证券发行可分为直接发行和间接发行

直接发行是指证券发行人直接向投资者发行证券，不需借助证券承销机构。间接发行则是指证券发行人与证券承销机构签订承销协议（代销或包销），委托承销机构代为发行证券。

（4）以股票发行时公司是否存在为标准，证券发行可分为设立发行和新股发行

设立发行是指为成立股份公司而进行的股票发行，旨在完成股份公司的设立，若发行失败，有可能导致公司不能设立。

新股发行又称增资发行，是增加已有公司的资本总额或改变其股本结构为目的而发行新股。新股发行成功失败与否，公司的主体资格的存废不受其影响，仅导致公司股本总额或者结构的变动。

（5）依证券发行是否借助于证券交易所系统分为上网发行和网下发行

上网发行是指证券发行人和主承销商利用证券交易所的交易系统，由主承销商作为唯一卖方发行证券的发行方式。网下发行是指证券发行人和主承销商不利用证券交易所的交易系统，自主公开发行证券的发行方式。

（二）证券发行核准制度

1. 证券发行审核的一般种类

由于证券发行涉及证券投资者的利益保护、资本资源及相应资源的配置、证券市场秩序的稳定等一国资本市场的基础，所以各国政府都对证券发行的条件和程序做了严格的规定，并对证券发行实施程度不同的审核制度。目前，证券发行注册制和证券发行核准制是世界上证券发行审核制度的两种主要形式。

（1）证券发行注册制度

证券发行注册制又称形式审查制，是指发行人充分、客观地把发行人及发行证券的信息资料（如：证券发行人的经营状况、财务报告、发

行价格的拟定、发行数额分配计划等）向国家证券监管机构出示并申请发行，经国家证券监管机构实施形式要件审查并合格后予以注册，即可公开发行的审核制度。这种审核制度强调发行信息公开，实行的是形式审查原则，但并不保证发行人资质优良、发行价格适当等。审核程序简便、利于风险企业筹资和提高投资人的投资判断力是其显著优点。证券发行注册制度市场化程度较高。美国和日本是实行注册制最具代表性的国家。

（2）证券发行核准制

证券发行核准制，又称实质审查制，是指证券的发行即应充分公开证券和发行公司的真实状况，而且国家证券监管机构还应于事实公开前，对预定发行证券的性质、价值加以判断，以确定该证券是否可以发行。实质审查的内容一般包括：发行人的营业性质，管理人员的资格能力，发行人的资本机构是否健全合理，公开的信息资料是否充分、真实，发行所得的报酬是否合理，发行人有无合理的成功机会以及各类证券投资者的权利是否得到保障等等。① 这种审核制度的优点在于获准发行的证券有较良好的投资保障，可以防止不良证券进入市场，但其缺点是国家证券监管机构负荷过重，不利于培育成熟的投资人，不利于发展新兴事业。目前，法国、瑞士等欧陆国家及东南亚、菲律宾等新兴市场国家实行这种制度。

2. 中国证券发行审核制度

随着我国市场经济体制的发展，2005年我国修订的《证券法》第10条明确规定："公开发行证券，必须符合法律、行政法规规定的条件，并依法报经国务院证券监督管理机构或者国务院授权的部门核准；未经依法核准，任何单位或个人不得公开发行证券。"这明确规定了我国对所有证券的发行均实行核准制。

从现状来看，证券发行核准制是从我国国情出发的证券发行制度。我国的证券市场起步时间不长，个人投资者所占市场比例很高，他们的投资具有很大的盲目性，承受市场风险的能力十分有限。另外，我国的证券监管法律体制尚不健全，缺乏事后救济手段。在此种情况下，如实行注册制，必然造成证券发行者鱼龙混杂，妨碍证券市场的健康发展。

---

① 盛学军：《欧盟证券法研究》，法律出版社2005年版，第64页。

(三) 证券发行的条件

1. 股票发行条件

股票发行必须满足一定条件。不同情况下的股票发行所需条件也不同。

(1) 设立股份有限公司时公开发行股票的条件

设立股份有限公司公开发行股票应当符合《中华人民共和国公司法》（以下简称《公司法》）规定的条件和经国务院批准的国务院证券监督管理机构规定的其他文件。根据《公司法》的规定，新设立股份有限公司公开发行股票应具备以下条件：①股份有限公司的生产经营符合国家的产业政策；②发行的普通股限于一种，同股同权；③发起人认购的股本数额不少于公司拟发行的股本总额的35%；④在公司拟发行的股本总额中，发起人认购的部分不少于人民币3000万元，但国家另有规定的除外；⑤向社会公众发行的部分不少于公司拟发行股本总额的25%，其中公司职工认购的股本数额不得超过拟向社会公众发行的股本总额的10%，公司拟发行的股本总额超过人民币4亿元的，证监会按规定可酌情降低向社会公众发行部分的比例，但最低不得少于公司拟发行股本总额的15%；⑥发起人在近3年内没有重大违法行为；⑦证券委规定的其他条件。

(2) 发行新股的条件

新股发行除应当具备股票设立发行的条件外，还必须符合有关增资发行的特殊条件：①前一次发行的股份已经募足，并间隔1年以上；②公司在最近3年内连续盈利，并可向股东支付股利；③公司最近3年内财务会计文件无虚假记载，从前一次公司公开发行股票至本次申请期间没有重大违法行为；④公司预期利润率可达同期银行存款利率；⑤前一次公开发行股票所得资金的使用与其招股说明书相同，并且资金使用效益良好。

2. 公司债券发行的条件

公开发行公司债券，应当符合下列条件：①股份有限公司的净资产不低于人民币3000万元，有限责任公司的净资产不低于人民币6000万元；②累积债券余额不超过公司净资产的40%；③最近3年可分配利润足以支付公司债券1年的利息；④筹集的资金投向符合国家产业政策；⑤债券的利率不超过国务院限定的利率水平；⑥国务院规定的其他条件。

公开发行公司债券筹集的资金，必须用于核准的用途，不得用于弥补亏损和非生产性支出，不得用于股票、房地产和期货买卖等与本企业生产经营无关的风险性投资。若用于固定资产投资，还须经有关部门批准。

公司有下列情形之一的，不得再次公开发行公司债券：①前一次公开发行的公司债券尚未募足；②对已公开发行的公司债券或者其他债务有违约或者延迟支付本息的事实，仍处于继续状态；③违反本法规定，改变公开发行公司债券所募资金的用途。

此外，上市公司发行可转换为股票的公司债券，应当符合《证券法》关于公开发行公司债券、公开发行股票的条件，并报国务院证券监督管理机构核准。中国证监会于2006年5月6日发布的《上市公司证券发行管理办法》，就可转换为股票的公司债券的发行条件进行了明确规定。

（四）证券发行的程序

1. 作出发行证券之决议

发行人发行证券一般先由其董事会就有关发行事项作出决议，并提请股东大会批准。

2. 向证券发行核准机关提出发行申请

发行人应按照规定制作和报送证券发行申请文件。

3. 依法核准申请

按《证券法》规定："公开发行证券，必须符合规定的条件，并依法报经国务院证券监督管理机构或国务院授权的部门核准；未经依法核准，任何单位和个人不得公开发行证券。"为此，国务院证券监督管理机构设发行审核委员会，依法审核股票发行申请。2006年5月9日，中国证监会发布的《发行审核委员会办法》就发行审核委员会的具体组成、人员任期、工作程序等作了详细规定。

国务院证券监督管理机构依照法定条件负责核准股票发行申请。核准程序应当公开，依法接受监督。参与核准股票发行申请的人员，不得与发行申请单位有利害关系；不得接受发行申请单位的馈赠；不得持有所核准的发行申请的股票；不得私下与发行申请单位进行接触。国务院授权的部门对公司债券申请的核准，参照此规定执行。

4. 公开发行信息。

证券发行申请经核准后，发行人应当依照规定在证券公开发行前，公告公开发行募集文件，并将该文件置备于指定场所供公众查阅。发行证券的信息依法公开前，任何知情人不得公开或者泄露该信息。发行人不得在公告公开发行募集文件前发行证券。

5. 撤销核准决定

国务院证券监督管理机构或国务院授权的部门对已作出的核准证券发行的决定，发现不符合法定条件或法定程序，尚未发行证券的，应当予以撤销，停止发行。已经发行尚未上市的，撤销发行核准决定，发行人应按发行价加算银行同期存款利息返还证券持有人；保荐人应当与发行人承担连带责任，但是能够证明自己没有过错的除外；发行人的控股股东、实际控制人有过错的，应当与发行人承担连带责任。

6. 签订承销协议，进行证券销售

发行人向不特定对象发行的证券，法律、行政法规规定应由证券公司承销（包括代销或包销）的，发行人应当同证券公司签订承销协议。

7. 备案

公开发行股票，代销、包销期限届满，发行人应当在规定的期限内将股票发行情况报国务院证券监督管理机构备案。

三　引例分析

（1）发行价格不符合规定。根据规定，上市公司非公开发行股票时，发行价格不低于定价基准日前20个交易日公司股票均价的90%。

（2）控股股东A企业认购股份的转让时间不符合规定。根据规定，上市公司非公开发行股票时，控股股东、实际控制人及其控制的企业认购的股份，36个月内不得转让。

（3）不构成实质性障碍。根据规定，上市公司最近1年及最近一期财务报表被注册会计师出具保留意见、否定意见或无法表示意见的审计报告，不得非公开发行股票；但是，本次发行涉及重大重组的除外。在本题中，甲公司因重大重组非公开发行股票，尽管2006年度的财务报表被注册会计师出具了无法表示意见的审计报告，但不影响其发行。

（4）构成实质性障碍。根据规定，上市公司的权益被控股股东或实际控制人严重损害且尚未消除的，不得非公开发行股票。

（5）董事陈某、董事会秘书张某的行为对本次非公开发行的批准构成实质性障碍。根据规定，上市公司现任董事、高级管理人员最近36个月内受到过中国证监会的行政处罚,或者最近12个月内受到过证券交易所公开谴责的,不得非公开发行股票。

(6) 发行方式符合规定。根据规定,非公开发行股票,发行对象均属于原前10名股东的,可以由上市公司自行销售。

第二节 证券承销

一 引例

甲股份有限公司(以下简称甲公司)注册资本2.2亿元,甲公司曾与乙证券股份有限公司(以下简称乙证券公司)签订新股发行承销协议,约定:乙证券公司包销甲公司2200万股,每股面值10元,承销期为55天,承销协议还约定,在承销股票过程中,若由于发行股票的资料的真实性、准确性、完整性以及其他由于承销方过错而引起的法律责任应由承销方承担。乙证券公司在承销甲公司的股票过程中发现甲公司招股说明书以及与其有关宣传资料中有重大遗漏,乙证券公司发现后停止了承销活动。并与甲公司协商,希望重新制作招股说明书及宣传资料,并发出要约。这次停止销售股票活动和重新制作发行宣传资料共造成损失人民币48万元。双方就该48万元损失的承担问题无法达成一致意见而闹上法庭。

二 基本理论

(一) 证券承销的概念、方式、资格和协议

1. 证券承销之概念

证券承销(Underwriting of Securities)是指证券公司等证券经营机构受发行人委托,依照承销协议包销或者代销发行人所发行的股票和债券,并依照法律和合同收取一定比例承销费(佣金)的活动。证券承销是证券间接发行时所采用的发行方式。

2. 证券承销的方式

证券承销方式分为证券代销和证券包销。证券代销是指证券经营机构代理发行人发售证券,在承销期结束后,将未售出的证券全部退还给发行人的承销方式。证券包销是指证券经营机构将发行人的证券按照协议全部

购入或者在承销期结束后将售后剩余证券全部自行购入的承销方式。证券包销的发行风险归属于证券经营机构，是我国目前证券承销所采用的主要承销方式，不仅适用于股票发行，也适用于公司债券的发行。证券包销分为全额包销和余额包销两种形式。全额包销是指证券经营机构以自己拥有的资产一次性全部买进证券发行人发行的证券，再以唯一的销售者身份，以市场价格向公众发售的销售方式。余额包销是指证券经营机构在承销期结束时将售后剩余证券全部自行购入的承销方式。①

在法律上，证券代销和证券包销的主要区别在于：在代销方式里，发行人与证券承销机构之间是一种委托代理关系，证券经营机构不承担证券销售不出去的风险，它只是根据发行人委托的发行价格销售证券后收取承销费。而在包销方式里，证券经营机构是未售出证券的独立购买人。发行人与证券承销机构之间是一种买卖关系，证券经营机构承担证券销售不出去的风险。发行成功后，证券经营机构根据发行人的筹资总额收取承销费。由于包销风险比代销大，因此，成功包销的收益往往较高。

3. 证券承销资格限制

证券公司、资产管理公司等证券经营机构从事证券承销业务，需按规定取得承销业务资格。承销业务资格分为承销商资格和主承销商资格。证券经营机构履行保荐职责，应当依照有关规定注册登记为保荐机构。保荐机构负责证券发行的主承销工作，依法对公开发行（包括首次公开发行股票和上市公司发行新股、可转换公司债券）募集文件进行核查，向中国证监会出具保荐意见。从事B股承销业务，必须另外取得中国证监会核准的B股承销业务资格。海外证券经营机构欲担任B股主承销商、副主承销商和国际事务协调人的，也须向中国证监会申请业务资格。经审查符合条件的，中国证监会将颁发资格证书；经审查不符合条件的，中国证监会不予颁发资格证书，并且半年内不再受理其申请。从事企业债券承销业务、直接面向广大投资者发行企业债券的金融机构有证券公司、信托投资公司和政策性银行。在全国银行间债券市场上从事企业债券承销业务的机构有证券公司、信托投资公司、政策性银行和保险公司。

---

① 盛学军：《欧盟证券法研究》，法律出版社2005年版，第71页。

4. 证券承销协议

发行人应与作为主承销商的证券公司签订代销或包销协议。

(1) 证券主承销协议的具体内容。证券主承销协议是指证券公司等证券经营机构担任主承销商或联合主承销商承销证券时，与发行人签订的包销或者代销协议。主承销协议的条款分为必备性条款和任意性条款。根据《证券法》的规定，主承销协议的必备条款包括：①当事人的名称、住所及法定代表人的姓名；②包销、代销证券的种类、数量、金额及发行价格。其中的股票发行价格采用溢价发行的，其发行价格由发行人与承销的证券公司协商确定，报中国证监会核准；③包销、代销的期限及起止日期，其中的承销期不得超过90日；④包销、代销的付款方式及日期；⑤包销、代销的费用和结算办法；⑥违约责任；⑦中国证监会规定的其他事项。

(2) 证券主承销协议的特征。

从上述主承销协议的必备条款可知，我国的证券主承销协议有如下特征：

①主体具有特定性。主体的特定性是指证券承销协议主体的一方为经过核准或审批的证券发行人，另一方为具有证券承销业务资格的综合性证券公司、资产管理公司等证券经营机构。

②客体具有特定性。客体的特定性是指承销协议的客体是依法核准或审批公开发行的股票和债券。

③证券承销协议须采用书面形式。证券承销协议须采用书面形式而不能采用口头形式。在实务上，承销协议是证券发行送审文件的组成部分。

④承销协议主要内容具有法定性。承销协议的一些条款如发行价格、承销期限以及包销、代销的费用等内容必须遵循《证券法》、《公司法》和中国证监会的规定。

⑤承销协议的生效以证券获准发行为条件。就一般协议而言，协议双方签订即为生效。但是，由于承销协议约定的承销事项受制于中国证监会或国家发改委的决定，因此，主承销协议的生效是以证券获准发行为生效条件。此外，主承销商依据主承销协议可与其他一家或一家以上承销机构签订承销证券的承销团协议。根据《证券法》第32条规定，向社会公开发行的证券票面总值超过人民币5000万元的，应由承销团承销，即由两个以上的证券经营机构组成承销团。承销团应当由主承销商参与的证券公

司等证券经营机构组成。参与承销团的承销机构应当与主承销商签订承销团协议,明确各自的权利、义务和责任。

(二) 证券承销的法定义务

为规范证券公司等证券经营机构的证券承销行为,《证券法》及中国证监会规定了一系列证券承销机构必须遵守的义务性要求。这其中主要有:

1. 禁止不正当竞争手段招揽承销业务

证券发行人有权自主选择承销的证券公司。证券公司不得以不正当手段承揽业务。例如,未取得资格证书或在资格证书失效后从事或变相从事承销业务;以欺骗或其他不正当手段获得承销业务资格;不按规定标准收取佣金;不当许诺;诋毁同行;借助行政干预;向发行人允诺在其证券上市后维持其证券价格;给有关当事人回扣等。①

2. 不得事先预留所承销证券的义务

证券公司在代销、包销期内,对所代销、包销的证券应当保证先行出售给认购人,证券公司不得为本公司事先预留代销的证券和预先购入并留存所承销的证券。例如,以包销方式承销证券时,证券公司不得用如下方式为取得证券故意使证券在承销期结束时有剩余:(1) 故意囤积或截留;(2) 缩短承销期;(3) 减少销售网点。

3. 保证公开发行证券募集文件的真实性、准确性和完整性的义务

作为承销商的证券公司等证券经营机构,应当核查公开发行证券募集文件的真实性、准确性、完整性;发现含有虚假记载、误导性陈述或者重大遗漏的,不得进行销售活动;已经销售的,必须立即停止销售活动,并采取纠正措施。

4. 及时承销备案的义务

证券公司包销证券的,应当在包销期满后的 15 日内,将包销情况报国务院证券监督管理机构备案。证券公司代销证券的,应当在代销期满后 15 日内,与发行人共同将证券代销情况报国务院证券监管机构备案。

(三) 证券承销费用之义务

证券发行人按照有关规定向承销机构支付承销费用。承销费用一般根

---

① 赵万一:《证券法学》,中国法制出版社 2006 年版,第 82 页。

据证券发行规模确定，发行的规模越大，承销费用总额越高。目前，收取股票、可转换公司债券承销费的标准是：在包销方式里，收取包销费用（佣金）为包销股票（可转换债券）总金额的 1.5%—3%，在代销方式里，收取代销费用（佣金）为实际售出股票（可转换债券）总金额的 0.5%—1.5%。公司债券（企业债券）承销费的收费标准是：在包销方式里，包销机构收取的包销佣金为包销债券总金额的 0.8%—2.5%；在代销方式里，代销机构收取的佣金为实际售出债券总金额的 0.5%—2%。

三 引例分析

证券公司与发行人是合同关系，根据《证券法》规定，证券公司应当依法承销发行人向社会公开发行的证券。证券公司是代替发行人向社会销售证券的，是联系发行人与投资者的中间环节，所以它和发行人一样有向社会发布真实信息的义务。因此，乙证券公司应当停止承销活动，同时依据合同乙证券公司也应承担相应的责任。

法院经审理认为，对于文件有重大遗漏造成的 48 万元损失，应当由乙证券公司和甲公司共同承担责任。其中甲公司应承担主要责任，负担损失的绝大部分，证券公司承担次要责任，负担损失的一部分。具体数额为甲公司承担 40 万元，乙证券公司承担 8 万元。

第四章 证券上市与交易法律制度

第一节 证券上市

一 引例

一个上市公司被证券交易所决定暂停其股票上市交易,给出了以下原因:①公司股本总额、股权分布等发生变化不再具备上市条件;②公司不按照规定公开其财务状况,或者对财务会计报告作虚假记载,可能误导投资者;③公司有重大违法行为;④公司解散或者被宣告破产。这些原因中有哪些是不正确的?

二 基本理论

(一) 证券上市的概念

证券上市是指发行人依法发行的证券在证券交易所挂牌公开交易的全部过程。证券一旦获准在证券交易所上市交易,就成为上市证券,主要包括股票、债券等。对于上市的股票或公司债券来说,其对应的发行人被称为上市公司。证券上市是使已发行在外的证券具有更强的流通性的有效手段。

证券发行与证券上市不同。证券发行目的在于募集资金,确立发行人与投资者之间的股权关系,在证券一级市场的范畴内。证券上市则在于通过特定证券交易所,实现资本的流动,并形成持有人与新的投资者之间的股权交易关系,属于证券二级市场的范畴。

(二) 证券上市的条件和程序

不同种类的证券上市的条件不同,所遵循的法定程序也不同。

1. 股票上市的条件和程序

(1) 股票上市的条件

根据《证券法》第 50 条规定,股份有限公司申请股票上市必须符合下列条件：①股票经国务院证券监督管理机构核准已公开发行；②公司股本总额不少于人民币 3000 万元；③公开发行的股份达到公司股份总数的 25% 以上，如果公司股本总额超过人民币 4 亿元的，公开发行股份的比例为 10% 以上；④公司最近 3 年无重大违法行为，财务会计报告无虚假记载。证券交易所可以规定高于前款规定的上市条件，并报国务院证券监督管理机构批准。[1]

(2) 股票上市的程序

①上市申请

根据《证券法》第 52 条的规定，申请股票上市交易，应当向证券交易所报送下列文件：上市报告书、申请股票上市的股东大会决议、公司章程、营业执照、依法经会计师事务所审计的公司最近 3 年的财务会计报告、法律意见书和上市保荐书、最近一次的招股说明书、证券交易所上市规则规定的其他文件。

②上市核准

中国证监会对申请材料审核后，决定是否批准。

③安排上市

股票上市交易申请经中国证监会核准后，其发行人应当向证券交易所提交核准文件和上市申请文件。证券交易所应当自接到文件之日起 6 个月内，安排该股票上市交易。至于上市的具体时间由证券交易所根据证券市场的状况，在法定的期限内，自主安排。

④上市公告

股票上市交易申请经证券交易所同意后，上市公司应当在上市交易的 5 日前公告经核准的股票上市的有关文件，并将该文件置备于指定场所供公众查阅。

2. 债券上市的条件和程序

(1) 公司债券上市的条件

根据《证券法》第 57 条规定，公司申请其公司债券上市交易必须符合下列条件：①公司债券的期限为 1 年以上；②公司债券实际发行额不少于人民币 5000 万元；③公司申请债券上市时仍符合法定的公司债权发行

---

[1] 赵万一：《证券法学》，中国法制出版社 2006 年版，第 84 页。

条件。

(2) 公司债券上市的程序

①上市申请

根据《证券法》第58条规定,申请公司债券上市交易,应当向证券交易所报送下列文件:上市报告书;申请公司债券上市的董事会决议;公司章程;公司营业执照;公司债券募集办法;公司债券的实际发行数额;证券交易所上市规则规定的其他文件。申请可转换为股票的公司债券上市交易,还应当报送保荐人出具的上市保荐书。

②上市核准

中国证监会对申请材料审核后,决定是否批准。

③安排上市

债券上市交易申请经中国证监会核准后,其发行人应当向证券交易所提交核准文件和上市申请文件。证券交易所应当自接到文件之日起3个月内,安排债券上市交易。

④上市公告

债券上市交易申请经证券交易所同意后,上市公司应当在上市交易的5日前公告经核准的上市债券的有关文件,并将该文件置备于指定场所供公众查阅。

3. 证券上市的暂停和终止

在出现某些特定情况时,证券必须暂停或终止上市。

(1) 股票上市交易的暂停和终止

①股票上市交易的暂停

上市公司有下列情形之一的,证券交易所决定暂停其股票上市交易:第一,公司股本总额、股权分布等发生变化不再具备上市条件;第二,公司不按照规定,公开其财务状况,或者对财务会计报告作虚假记载,可能误导投资者;第三,公司有重大违法行为;第四,公司最近3年连续亏损;第五,证券交易所上市规则规定的其他情形。

②股票上市交易的终止

上市公司有下列情形之一的,由证券交易所决定终止其股票上市交易:第一,公司股本总额、股权分布等发生变化不再具备上市条件,在证券交易所规定的期限内仍不能达到上市条件;第二,公司不按照规定公开其财务状况，或者对财务会计报告作虚假记载，且拒绝纠正；第三，公司最近3年连续亏损，在其后1个年度内未能恢复盈利；第四，公司解散或者被宣告破产；第五，证券交易所上市规则规定的其他情形。

(2) 公司债券上市交易的暂停和终止

①公司债券上市交易的暂停

公司债券上市交易后，公司有下列情形之一的，由证券交易所决定暂停其公司债券上市交易：第一，公司有重大违法行为；第二，公司情况发生重大变化，不符合公司债券上市条件；第三，发行公司债券所募集的资金不按照核准的用途使用；第四，未按照公司债券募集办法履行义务；第五，公司最近两年连续亏损。

②公司债券上市交易的终止

公司有前条第一项、第四项所列情形之一经查实后果严重的，或者有前条第二项、第三项、第五项所列情形之一，在限期内未能消除的，由证券交易所决定终止其公司债券上市交易。公司解散或被宣告破产的，由证券交易所终止其公司债券上市交易。对证券交易所作出的不予上市、暂停上市、终止上市决定不服的，可以向证券交易所设立的复核机构申请复核。

三 引例分析

《证券法》中规定：上市公司有下列情形之一的，证券交易所决定暂停其股票上市交易：①公司股本总额、股权分布等发生变化不再具备上市条件；②公司不按照规定公开其财务状况，或者对财务会计报告作虚假记载，可能误导投资者；③公司有重大违法行为；④公司最近3年连续亏损；⑤证券交易所上市规则规定的其他情形。

上市公司有下列情形之一的，由证券交易所决定终止其股票上市交易：①公司股本总额、股权分布等发生变化不再具备上市条件，在证券交易所规定的期限内仍不能达到上市条件；②公司不按照规定公开其财务状况，或者对财务会计报告作虚假记载，且拒绝纠正；③公司最近3年连续亏损，在其后1个年度内未能恢复盈利；④公司解散或者被宣告破产；⑤证券交易所上市规则规定的其他情形。

由此可知第四个原因是不正确的，第四个原因是股票上市交易的终止原因，而非暂停股票交易的原因。

第二节 证券交易

一 引例

中国证监会于2007年8月受理了甲上市公司（以下简称"甲公司"）申请配股的申报材料，在该申报材料中披露了以下相关信息：①截至2007年6月30日，甲公司（非金融类企业）的股本总额为15000万股（每股面值为人民币1元，下同）。甲公司拟定以该股本为基数，按10：4的比例进行配股，即配股6000万股。将所募集资金的20%作为委托理财，80%作为新生产线的投资。②甲公司2004年、2005年和2006年扣除非经常性损益前的净利润分别为4400万元、3200万元和3400万元，2004年、2005年和2006年扣除非经常性损益后的净利润分别为3100万元、2900万元和2300万元。③甲公司2005年度的财务报表被注册会计师出具了无法表示意见的审计报告。④甲公司最近3年以现金或股票方式累计分配的利润为最近3年的年均可分配利润的18%。⑤2006年10月，甲公司在未经股东大会审议通过的情况下，为其控股股东的一个3000万元的银行贷款提供了担保。2007年4月，甲公司因董事会在公告中作误导性陈述而受到证券交易所的公开谴责。⑥2006年11月，甲公司现任董事陈某在任期内因违规抛售所持甲公司股票而被上海证券交易所公开谴责。2005年7月，甲公司现任董事会秘书张某因违规行为而受到中国证监会的行政处罚。⑦本次配股是采用代销方式进行发行。代销期限届满，原股东认购股票的数量未达到拟配售数量90%时，甲公司应按照发行价返还已认购的股东并加算银行同期存款利息。

（1）根据要点①所提示的内容，甲公司的配股数额、募集资金用途是否符合中国证监会规定的配股条件？说明理由。（2）根据要点②所提示的内容，甲公司最近3个会计年度的盈利能力是否符合中国证监会规定的配股条件？说明理由。（3）根据要点③所提示的内容，甲公司的财务报表被注册会计师出具了无法表示意见的审计报告，是否对本次配股的批准构成实质性障碍？说明理由。（4）根据要点④所提示的内容，甲公司最近3年的利润分配情况是否符合中国证监会规定的配股条件？说明理由。（5）根据要点⑤所提示的内容，甲公司为其控股股东提供担保和甲公司被证券交易所公开谴责是否对本次配股的批准构成实质性障碍？说明理由。（6）根据要点⑥所提示的内容，董事陈某、董事会秘书张某的行为是否对本次配股的批准构成实质性障碍？说明理由。（7）根据要点⑦所提示的内容，甲公司配股的承销方案是否符合中国证监会有关配股的规定？说明理由。

二　基本理论

（一）证券交易程序

证券交易程序是指投资者在证券市场中买卖证券的具体步骤。证券交易程序具有极强的技术性和操作性，其科学化、规范化和合理化程度保证了证券交易的公平、迅捷与安全，它保障了证券交易各方当事人权益的实现，也是证券法公开、公平、公正原则实现的程序保障。①

我国上市证券交易在证券交易所中通过集中交易方式的进行，其交易程序主要包括：开户、委托、成交、清算与交割、过户等步骤。

1. 证券交易账户的开立

证券交易的第一步程序是开立证券交易账户，简称开户，办理开户手续是进行证券交易的前提条件和步骤。依据我国现行证券交易制度，证券投资者开立的账户分为证券账户和资金账户。

证券账户是用于存储投资者已经购买或待售的证券。在开设证券账户时首先进行名册登记，名册登记分为个人名册登记和法人名册登记两种。个人名册登记应载明登记日期和委托人的基本情况、联系方式，并留存印鉴或签名样式。如有委托代理人，委托人须留存其书面授权书。

法人名册登记应提供法人证明，并载明法定代表人及证券交易执行人的基本情况、留存法定代表人授权证券交易执行人的书面授权书。在名册登记同时，选择开设证券账户。证券账户分为上海证券交易所 A 股证券账户、B 股证券账户和深圳证券交易所 A 股证券账户、B 股证券账户，分别用于买卖上海证券交易所和深圳证券交易所挂牌的 A 股与 B 股证券。

---

① 吕富强：《信息披露的法律透视》，人民法院出版社 2000 年版，第 67 页。

由于我国证券市场存在两种不同的证券市场,即 A 股市场和 B 股市场,A 股证券账户和 B 股证券账户的开户条件有所不同。A 股证券账户开户申请人必须是中国公民或者法人,以及经证券监管机构认定核准的境外合格机构投资者。B 股证券账户的开户申请人为外国法人或自然人以及我国香港、澳门和台湾地区的法人及自然人。2001 年 2 月 22 日,B 股市场对境内居民个人开放。

资金账户主要用于存储投资者的投资资金和卖出股票后收回的价金。开立资金账户的最低资金限额,由证券公司规定。

2. 委托手续的办理

投资者在选择证券公司开立证券账户和资金账户时,需与证券公司签订《指定交易协议书》和《委托交易协议书》,与证券公司建立证券托管与交易代理关系。

由于我国实行指定交易制度,投资者只能在一家证券公司开立一个资金账户,其证券账户中的证券,由开立资金账户的证券公司托管,证券公司根据证券交易所及登记结算公司传送的指定交易证券账户的证券余额,为委托人即证券投资者建立明细账,用于进行相关证券的结算过户。在指定交易期间,证券买卖均需通过该证券公司代理。同时指定交易可以申请撤销。

目前我国证券交易的委托方式有电话委托、刷卡委托、热键自助委托、网上委托等方式。投资者可以对上市委托方式进行选择,一旦选择某种委托方式,需与证券公司签订相应的委托协议。

3. 委托指令的竞价与成交

投资者在完成开户与委托代理手续后,在资金账户上存入资金的次日,即可下达委托指令,进行证券交易。委托指令的竞价,按照价格优先、时间优先的竞价原则进行。所有报价均通过证券交易所电脑系统自动撮合成交,完成买卖。

证券的竞价分为集合竞价和连续竞价两个阶段。每个交易日上午 9:15 至 9:25,交易所主机撮合系统对接受的全部有效委托进行一次集中撮合处理的过程称为集合竞价。在集合竞价之后,对投资者申报的委托进行逐笔连续撮合处理的过程称为连续竞价。一经成交,即向证券公司发出通知。

4. 证券的清算与交割

证券清算是指每日交易终止后，成交的各方证券商根据成交单，互相抵消同种证券的买卖数量与金额，然后再计算出应交割的证券与价款净额，再通过清算公司确定每位证券商应收或应付的净额。证券交割是买卖双方交付给对方证券和价款的过程。由于实行无纸化电脑操作和证券集中保管，办理交割时，由清算机构通过证券集中保管库存账户划转完成。目前上交所和深交所对 A 股和 B 股均实行 T+1 交割方式。

由于投资者的股份和资金的清算交割是由证券商的营业部代理完成的，证券公司营业部电脑系统根据接受的清算数据，自动为客户进行股份过户和增减资金。投资者办理清算与交割手续实际上就是到证券公司营业部柜台打印领取交割单，检查并确认资金和股份的交收情况。接受投资者委托办理证券交易的证券商都是证券交易所的会员，会员不得以投资者违约为由，不履行清算交收义务。会员间的清算交收业务由交易所指定的登记结算机构负责办理。清算交收的具体规则，依照登记结算机构的规定执行。

5. 证券的登记过户

证券登记过户是指证券由转让人转移到证券受让人进行登记的过程。上市的记名证券的过户由证券登记结算公司通过电脑统一办理。

（二）证券交易种类

在证券业发达的国家与地区的交易所中，存在着各种各样的交易方式。按照不同的标准分类，证券交易方式可以分为三种类型：一是以时间为标准划分的现货交易与期货交易；二是以是否有选择权为标准划分的期权交易与非期权交易；三是以有无保证金为标准划分的保证金交易与普通交易。上述三种主要分类与证券、股票指数和利率进行不同组合，便出现了多种证券交易种类，如现货证券交易、利率选择权交易、股票选择权交易、股票指数交易、利率期货交易、股票指数期货交易、利率期货选择权交易、股票指数期货选择权交易、保证金交易等。美国的证券市场比较发达，许多种交易方式都允许在交易所使用。《证券法》修改之前，我国只允许现货交易一种方式。随着我国证券市场的发展，迫切需要增加新的证券交易方式和种类。新修订的《证券法》，适应我国证券市场不断发展的需要，对证券交易方式和种类的限制大大放宽。这里简要介绍一些主要的证券交易种类与方式。

1. 股票期权交易

股票期权交易又称股票选择权交易，股票期权交易是证券期权交易的一种，是指证券交易当事人为获得证券市场波动带来的利益，约定在一定期限内，以特定的价格买进或卖出约定的证券，或者放弃买进或卖出约定的证券的交易。证券期权交易依交易的方向不同，分为看涨期权、看跌期权和双向期权交易。股票期权交易的期限有3个月、6个月和9个月不同档次。选择权合约的价格称保险费，由当事人双方商定。

2. 股票指数期货交易

股票指数期货交易是证券期货交易的一种。证券期货交易是指证券交易双方在签订的证券期货合约中约定，在该合约规定的日期以约定的价格进行清算交割的证券交易方式。

股票指数期货交易是一种目的在于减少市场股票交易风险的保值交易方式。股票的指数是指以一定日期为基期，统计交易所有代表性的若干种股票的成交额加权计算为100，而后根据每日股市成交额的增长或减少计算出的即期变化指标。股票指数期货的价格是：股票指数点数与每点指数的固定价格的乘积。投资者买进或拥有某种股票，为了保值可卖出该种股票指数期货，卖出的期货的总价值与买进的股票总价值大体相等，当在预计的未来时间内，该种股票价格下降时，其指数也相应下降，指数期货的原价减去未来价格的差额，可以弥补股票价格下跌的损失。

3. 保证金交易

保证金交易也称信用交易，是指一部分现金或证券由客户支出，另一部分现金或证券由向经纪人借贷来进行的证券交易。这种交易的风险较大，同时获得的盈利也比其他交易方式高。保证金证券交易的特点是，客户可以用较少的钱，买进较多的股票，也可以在拥有较少股票，甚至没有股票的情况下，卖出较多的股票，使客户在承担较大风险的情况下，有可能得到较多的利益。保证金证券交易主要有两种，一是保证金买空交易，又称证券融资交易；二是保证金卖空交易，又称融券交易。我国新修订的《证券法》已允许融资融券交易。

（三）证券交易的强制性规定

从证券交易规则的强制性程度看，分为任意性规则和强制性规则。证券法上所确认的交易规则多为强制性规则。根据《证券法》及相关法律法规的规定，证券交易的强制性规则主要有以下方面的内容。[①]

1. 规制证券交易标的物

为规范证券市场的交易行为，防止证券欺诈，维护金融秩序，《证券法》第 37 条规定："证券交易当事人依法买卖的证券，必须是依法发行并交付的证券。非依法发行的证券，不得买卖。"这一规定表明，并非任何证券都可以进行交易，证券交易当事人依法买卖的证券必须符合两项条件，即依法发行和依法已交付。

（1）证券必须是依法发行的。依法发行的证券是指依照证券法及其他有关法律、行政法规规定的条件，并依法报经国务院证券监督管理机构或者国务院授权的部门核准，公开发行或者非公开发行的证券。只有依法发行的证券，才能作为证券交易的标的物。凡未依法经过核准，未依照法定程序，擅自公开发行的证券，以及未按照法律法规的规定向特定对象非公开发行的证券，不得进行买卖。

（2）证券必须已经依法交付。依法已交付的证券是指发行人依法将已发行的证券转移至购买人的证券。证券发行后，并不一定立即交付给证券购买人。例如，根据我国《公司法》第 133 条的规定，股份有限公司登记成立前不得向股东交付股票。因此，即使已经依法发行的证券，未交付的，亦不得进行买卖。

所谓已交付证券，如果是纸面形式的证券，是指已由发行人交给证券购买人实际持有的证券。如果是电子形式的证券，是指有关电子系统已登记在证券购买人名下的证券。

2. 规制证券交易场所

《证券法》第 39 条规定："依法公开发行的股票、公司债券及其他证券，应当在依法设立的证券交易所上市交易或者在国务院批准的其他证券交易场所转让。"这一规定，属于场内交易的限制性规定。由于公开发行的证券涉及的人数众多，影响的范围较广，为了保护投资者的合法权益，维护证券市场的秩序和社会公共利益，证券法规定，依法公开发行的证券，应当在依法设立的证券交易所上市交易或者在国务院批准的其他证券

[①] 吕富强：《信息披露的法律透视》，人民法院出版社 2000 年版，第 70 页。

交易场所转让。与原《证券法》规定的"应当在证券交易所挂牌交易"相比，新修订的《证券法》增加了"在国务院批准的其他证券交易场所转让"的规定，实际上是放宽了对交易场所的限制。我国证券市场发展之初，市场发育不成熟，层次少，形式单一。随着我国证券市场的发展，已经退出主板交易市场的摘牌公司股票需要一个转让的场所，而大量公开发行的非上市公司证券也需要一个合法的交易场所，这就迫切需要建立多层次的证券市场，新《证券法》的这一规定为我国建立多层次的资本市场提供了法律保障。

3. 规制证券交易方式

证券交易方式关系到证券交易的公平与效率，采用何种交易方式，对参与证券交易的各方当事人能否得到公平的交易机会与公平的交易价格是至关重要的。证券交易方式既要体现证券法的公平原则，又要体现证券法的效率与安全原则。新修订的《证券法》第40条规定："证券在证券交易所上市交易，应当采用公开的集中交易方式或者国务院证券监督管理机构批准的其他方式。"集中交易方式是指在集中交易市场以竞价交易的方式进行的交易。集中竞价又称集合竞价，是指所有参与证券买卖的各方当事人，在证券交易所内公开报价，按照价格优先、时间优先的原则，连续竞价撮合成交的交易。在我国，证券交易所内还有大宗交易方式，大宗交易是指单笔交易规模远大于市场平均单笔交易量的交易。大宗交易由买卖双方达成一致，经交易所确认后成交。大宗交易的成交价格，由买卖双方在当日集中竞价交易中已成交的最高价和最低价之间确定。该证券当日无成交价格的，以前一日收盘价为成交价。原《证券法》仅规定了集中竞价交易方式，新修订的《证券法》适应证券市场交易方式多样化的需要，放宽了对证券交易方式的限制。证券交易所采用集中交易方式以外的其他方式进行证券交易的，必须经国务院证券监督管理机构批准。

4. 规制证券交易种类

与原《证券法》的规定相比，新修订的《证券法》大大放宽了对证券交易种类的限制。例如，《证券法》第42条规定："证券交易以现货和国务院规定的其他方式进行交易。"在此，增加了"国务院规定的其他方式"，删除了原《证券法》中的第36条，即"证券公司不得从事向客户融资或者融券的证券交易活动"的规定。但同时增加了第142条的规定，"证券公司为客户买卖证券提供融资融券服务，应当按照国务院的规定并经国务院证券监督管理机构批准。"这些都属于我国2005年《证券法》的重大修改之处。原《证券法》第35条和第36条的规定，是与我国证券市场起步阶段的发展水平相适应的，有助于维护证券市场的稳定性，控制和防范证券交易风险。但是随着我国证券市场的发展，证券市场固有的矛盾日益突出，由于证券交易方式仅限于现货交易，证券市场只有助涨机制，没有助跌机制，形成证券市场的暴涨暴跌，对于投资者来说没有避险工具。信用交易的禁止虽然有助于防范交易风险的扩大，但同时也抑制了市场交易的活跃程度。新修订的《证券法》适应我国证券市场发展的需要，为证券期货交易以及证券信用交易等证券交易种类与方式的发展提供了法律空间。当然，从证券监管的角度看，《证券法》第42条的规定，是具有强制性的。证券交易以其他方式进行的，必须是国务院规定的方式，即任何人不得擅自以国务院没有规定的方式进行证券交易。[1]

5. 规制特定主体证券转让期限

《证券法》第38条规定："依法发行的股票、公司债券及其他证券，法律对其转让期限有限制性规定的，在限定的期限内不得买卖。"根据《公司法》和《证券法》的有关规定，下列特定主体所持证券在规定期限内，禁止转让或买卖。

(1) 对发起人转让本公司股份的限制，《公司法》第142条第1款规定："发起人持有的本公司股份，自公司成立之日起一年内不得转让。公司公开发行股份前已发行的股份，自公司股票在证券交易所上市交易之日起一年内不得转让。"由于公司发起人不仅是公司的主要控股股东和经营管理的主要执行者，还是公司未来经营业绩的预测分析者，并对其预测承担一定责任。对发起人转让股份设立一定的限制期限，可以将发起人利益与其他股东利益和公司利益结合为一体，并促使发起人对公司的发起和经营认真负责。新修订的《公司法》对发起人所持本公司股份转让的限制期限，从3年缩减为1年。

(2) 对股东转让公开发行前的股份的限制。根据《公司法》第142

---

[1] 王京、滕必炎：《证券法比较研究》，中国人民公安大学出版社2004年版，第104页。

条第1款规定,公司公开发行股份前已发行的股份,自公司股票在证券交易所上市交易之日起一年内不得转让。因为公司公开发行股份前的股东,其地位类似于发起人,所以,为保护广大公众投资者的利益,对其所持有的公司公开发行股份前的股份转让,需要有一定期限的限制。

(3)对公司董事、监事、高级管理人员转让所持本公司股份的限制。《公司法》第142条第2款规定:"公司董事、监事、高级管理人员应当向公司申报所持有的本公司的股份及其变动情况,在任职期间每年转让的股份不得超过其所持有本公司股份总数的百分之二十五;所持本公司股份自公司股票上市交易之日起一年内不得转让。上述人员离职后半年内,不得转让其所持有的本公司股份。公司章程可以对公司董事、监事、高级管理人员转让其所持有的本公司股份作出其他限制性规定。"公司高级管理人员掌管着公司的经营与管理,是公司事务的实际掌管人。对公司的经营状况最为了解,如果允许其在任职期间随意转让股份,可能会增大高级管理者与公司利益之间的冲突,还可能会产生内幕交易,因此,对公司高级管理人员转让股份加以适当的限制是十分必要的。

6. 规制短线交易

对短线交易的限制,实质是对上市公司董事、监事、高级管理人员和大股东买卖所持本公司股份的限制,目的是防止内幕交易。《证券法》第47条规定:"上市公司董事、监事、高级管理人员、持有上市公司股份百分之五以上的股东,将其持有的该公司的股票在买入后六个月内卖出,或者在卖出后六个月内又买入,由此所得收益归该公司所有,公司董事会应当收回其所得收益。但是,证券公司因包销购入售后剩余股票而持有百分之五以上股份的,卖出该股票不受六个月时间限制。"

持有一个股份有限公司已发行的股份5%的股东,实际上属于大股东,其在公司中处于有利的特殊地位,对公司的经营状况的了解,具有一般的投资者所无法比拟的资讯优势,依据公司法的基本理论,公司大股东对其他股东负有信赖义务,不能利用其特殊身份所掌握的公司内幕信息牟取私利,因此,对大股东买卖股票作出限制是十分妥当的。同时,对上市公司董事、监事、高级管理人员、持有上市公司股份百分之五以上的股东实施的短线交易进行限制,亦有利于防范和减少以操纵市场为目的虚假收购行为。

7. 规制特定主体买卖股票

(1) 证券服务机构和人员买卖股票的限制规定。《证券法》第45条规定:"为股票发行出具审计报告、资产评估报告或者法律意见书等文件的证券服务机构和人员,在该股票承销期内和期满后六个月内,不得买卖该种股票。除前款规定外,为上市公司出具审计报告、资产评估报告或者法律意见书等文件的证券服务机构和人员,自接受上市公司委托之日起至上述文件公开后五日内,不得买卖该种股票。"该规定是对从事证券业中介服务的专业机构及其人员买卖相关股票的限制。因为这些专业机构及其人员对为其提供中介服务的上市公司的有关情况比较了解,有可能利用其所知悉的内幕信息进行内幕交易。上述规定的目的是为了防止证券服务机构及其人员利用其业务后信息优势参与股票交易而损害其他投资者利益。①

(2) 收购公司的投资者买卖股票的限制规定。《证券法》第86条规定:"通过证券交易所的证券交易,投资者持有或者通过协议、其他安排与他人共同持有一个上市公司已发行的股份达到百分之五时,应当在该事实发生之日起三日内,向国务院证券监督管理机构、证券交易所作出书面报告,通知该上市公司,并予公告;在上述期限内,不得再行买卖该上市公司的股票。投资者持有或者通过协议、其他安排与他人共同持有一个上市公司已发行的股份达到百分之五后,其所持该上市公司已发行的股份比例每增加或者减少百分之五,应当依照前款规定进行报告和公告。在报告期限内和作出报告、公告后二日内,不得再行买卖该上市公司的股票。"上述规定的目的,在于防止假借收购以操纵证券交易市场的行为,保护中小投资者的利益。

8. 对法定人员持股与买卖股票规制规定

《证券法》第43条对下列人员作为法定人员在任职期内或者法定限期内持有股票和买卖股票的有关限制如下:

(1) 证券服务机构的从业人员,包括证券交易所、证券公司、证券登记结算机构从业人员;

(2) 证券监管机构的工作人员,包括证监会和证券业协会的工作

---

① 王京、滕必炎:《证券法比较研究》,中国人民公安大学出版社2004年版,第105页。

人员；

（3）法律、行政法规禁止参与股票交易的其他人员，如国家公务员、检察官、法官等。

上列人员在任职期限内或法定限期内，不得直接持有、买卖股票；也不得以化名、借他人名义持有、买卖股票；任何人在成为上列人员时，其原已持有的股票，不能继续持有，必须依法转让，否则成为非法持券。无论是购买或赠与方式获得的证券，还是其他方式获得的证券，均属被禁止之列。

证券法限制上列人员在一定期限内持有、买卖股票，一方面是因为在任职期间有机会获得内幕信息，如允许其持有、买卖股票容易产生内幕交易；另一方面上列人员均须履行其相应的职责，如允许其持有、买卖股票，将影响其职责的履行。

9. 对国有企业和国有资产控股的企业买卖股票的规制

与原《证券法》的规定相比，新修订的《证券法》对国有企业和国有资产控股的企业买卖上市交易的股票，从禁止到有条件允许。新修订的《证券法》废除了原《证券法》第76条关于"国有企业和国有资产控股的企业，不得炒作上市交易的股票"的规定，新增加了第83条的规定："国有企业和国有资产控股的企业买卖上市交易的股票，必须遵守国家有关规定。"这是我国2005年《证券法》的重大修改之处。这一修改，考虑到国有企业虽然具有一定的特殊性，但作为企业是一个独立的法律主体，拥有独立的法人财产权和经营自主权，完全禁止国有企业和国有资产控股的企业买卖上市交易的股票，既不利于国有企业和国有资产控股的企业实现经营自主权，也不利于国有资产的流通和保值、增值。所以，应当允许国有企业和国有资产控股的企业在遵守法律、法规规定的前提下买卖上市交易的股票。

此外，证券交易的强制性规则还有保密规则、收费规则等，此处不再一一阐释。

三 引例分析

（1）①配股数额不符合规定。根据规定，上市公司拟配售股份数量不能超过本次配售股份前股本总额的30%。在本案例中，甲公司的配股数额（6000万股）超过了配股前股本总额（15000万股）的30%。②募集资金用途不符合规定。根据规定，除金融类企业外，配股的募集资金使用项目不得为委托理财等财务性投资。

（2）盈利能力不符合规定。根据规定，上市公司配股的，最近3个会计年度应连续盈利，扣除非经常性损益后的净利润与扣除前的净利润相比，以低者作为计算依据。在本案例中，甲公司2006年扣除非经常性损益后的净利润为-1300万元，不符合最近3个会计年度连续盈利的配股条件。

（3）甲公司的财务报表被注册会计师出具了无法表示意见的审计报告，构成本次配股批准的实质性障碍。根据规定，上市公司最近3年及最近一期财务报表被注册会计师出具保留意见、否定意见或无法表示意见的审计报告时，不得配股。

（4）甲公司最近3年的利润分配情况不符合配股条件。根据规定，上市公司配股的，最近3年以现金或股票方式累计分配的利润不少于最近3年实现的年均可分配利润的20%。在本案例中，甲公司最近3年以现金、股票方式累计分配的利润仅为最近3年年均可分配利润的18%。

（5）①甲公司为其控股股东提供的担保，构成本次配股批准的实质性障碍。根据规定，上市公司配股的，最近12个月内不能存在违规对外提供担保的行为。在本案例中，甲公司2006年10月未经股东大会审议通过，为其控股股东提供担保，属于违规担保，且发生在申请配股的最近12个月内，因此，该事项构成本次配股批准的实质性障碍。②甲公司被证券交易所公开谴责，构成本次配股批准的实质性障碍。根据规定，上市公司最近12个月内受到过证券交易所的公开谴责，不得配股。

（6）①董事陈某的行为对本次配股的批准构成实质性障碍。根据规定，上市公司现任董事、监事和高级管理人员最近12个月内受到过证券交易所公开谴责的，不得配股。②董事会秘书张某的行为对本次配股的批准构成实质性障碍。根据规定，上市公司现任董事、监事和高级管理人员最近36个月内受到过中国证监会行政处罚的，不得配股。

（7）承销方案不符合规定。根据规定，配股应采用代销方式，代销期限届满，原股东认购股票的数量未达到拟配售数量70%（而非甲公司计划的90%）的，发行人应当按照发行价并加算银行同期存款利息返还已经认购的股东。

第三节 信息披露

一 引例

中国证监会在组织对 A 上市公司（以下简称 A 公司）进行例行检查时，发现该公司存在下列事实：①A 公司是由 B 国有企业（以下简称 B 企业）经批准于 1997 年 7 月独家发起，向社会公开发行股票，以募集方式设立的股份有限公司。A 公司申请公开发行股票时拟订的募集资金投向包括投资人民币 3000 万元新建一条化工生产线。在上市后，董事会通过决议将原用于该项目的资金用于补充流动资金。②A 公司根据有关规定向公司职工发行了 500 万股公司职工股。甲会计师事务所在查验公司提供的公司职工股股东名单后，就认购公司职工股的股款出具了验资报告。A 公司在其公告的上市公告书中称，公司职工股股款已经全部到位。后经查实，公司职工股股款未完全到位。③2001 年 10 月 18 日，A 公司决定投资收购一家生物医药开发公司，该收购行为完成后，将使 A 公司经营范围发生重大变化。在上述信息披露之前，B 企业购入 A 公司流通股票，并于该信息披露后售出，赢利 1000 万元人民币。

（1）根据要点①所述内容，A 公司改变募集资金投向的程序是否符合法律规定？说明理由。（2）根据要点②所述内容，根据《证券法》的规定，A 公司及甲会计师事务所有何违法之处？说明应承担的法律责任。（3）根据要点③所述内容，根据《证券法》的规定，B 企业有何违法之处？说明应承担的法律责任。

二 基本理论

（一）信息披露概述

1. 信息披露制度的概念

信息披露制度，又称信息公开制度，是指证券发行人以及证券法规定的其他负有信息披露义务的主体，依照法定的方式和要求，将与证券发行和证券交易有关的可能影响证券投资者投资判断的信息予以公开的一种证券法律制度。信息披露制度是"三公"原则中"公开原则"的具体要求和反映，也是证券监管的一项重要内容。信息披露制度的目的在于维护证券交易的安全与公平,维护投资者的利益,维持证券市场的稳定与秩序。①

2. 信息披露的基本要求

信息披露的基本要求就是信息披露的有效标准。《证券法》第 63 条规定,"发行人,上市公司依法披露的信息,必须真实,准确、完整,不得有虚假记载、误导性陈述或者重大遗漏。"信息披露的基本要求可以分为实质性要求和形式性要求。前者包括真实性、准确性、完整性、及时性,后者包括规范性、易得性和易解性。

(1) 信息披露的实质性要求

①信息披露必须具备真实性

真实性要求信息披露义务人所披露的信息必须符合客观实际,不得含有任何虚假的成分。信息披露的最根本也是最重要的要求就是真实性,在信息披露要求中居于第一位。

②信息披露必须具备准确性

准确性要求信息披露义务人所公告的信息资料必须准确无误,不得存在模糊不清的语言使公众对所公开的信息产生误解,也不得作误导性陈述。准确性要求实际上包含两方面内容,一是所披露信息的内容要准确,二是披露信息时在语言表达方式上要言尽其义,不得使人误解。在判断披露信息的语言是否容易致人误解时,实践中应当以一般投资者的正常理解能力作为评判标准。

③信息披露必须具备完整性

完整性又称全面性或充分性,它要求信息披露义务人必须将能够影响证券市场价格的信息以及投资者作出投资决策所必需的信息全部予以公开,不得有任何隐瞒或重大遗漏。在披露某一具体信息时,必须对其所有方面进行全面、充分的揭示,不仅要披露对公司股价有利的信息,更要披露对股价不利的种种潜在的或现实的风险因素。如果信息披露义务人在披露时有所侧重、隐瞒、遗漏,导致投资者无法得到有关投资决策的全面信息,即便已经公开的各个信息具有个别的真实性,也会在已公开信息总体上造成整体的虚假性。

---

① 万国华:《证券法学》,中国民主法制出版社 2005 年版,第 76 页。

④信息披露必须具备及时性

及时性又称时效性，它要求信息披露义务人必须依照法律规定的时限及时公开各种需要披露的信息，以确保公众投资者可以根据最新信息及时调整自己的投资策略，同时防止内幕交易等证券违法行为的发生。如果影响证券市场价格的重要信息，在其发生相当长时间后才得以公开，则该信息作为投资判断依据的价值就不复存在。①

（2）信息披露的形式性要求

①信息披露应具备规范性

规范性要求信息披露义务人必须按照法律规定和证券监管部门制定的统一的内容和格式标准制作并公布信息披露文件。

②信息披露应具备易解性

易解性要求公开披露信息从陈述方式到语言使用上都应当尽量做到浅显易懂，运用术语不能过于专业化而阻碍一般投资者的理解、掌握和运用。易解性要求表明信息披露的目的不仅仅是公开信息，更在于传达信息，使投资者能真正理解信息，最终有效运用信息。

③信息披露应具备易得性

易得性要求公开披露的信息必须容易为一般公众投资者所获取。

（二）初次信息披露

初次信息披露主要包括首次公开发行股票和公司债券的信息披露。发行的证券品种不同，所承担的信息披露不同。

1. 首次公开发行股票信息披露准则

在首次公开发行股票并申请上市时，公司披露的文件主要包括：（1）招股说明书及其附录和备查文件；（2）招股说明书摘要；（3）发行公告；（4）上市公告书。

2. 公司债券发行与上市的信息披露

目前，公司债券发行人等相关主体根据《公司法》、《证券法》、国务院1993年8月发布的《企业债券管理条例》规定和国家发改委的基本要求，编制公开发行企业债券（或公司债券）申报材料。下面我们结合《公司法》、《证券法》等规定分析公司债券发行与上市的信息披露制度。

---

① 叶林：《证券法教程》，法律出版社2005年版，第71页。

（1）公告公司债券募集办法。公司债券募集办法是公司债券的发行人依据有关规定的要求制作的，记载与公司债券发行相关的实质性重大信息的一种法律文件。

（2）公告公司债券上市文件。根据《证券法》第59条的规定，公司债券上市交易申请经证券交易所审核同意后，签订上市协议的公司应当在规定的期限内公告公司债券上市文件及有关文件，并将其申请文件置备于指定场所供公众查阅。

（三）持续信息披露

1. 持续信息披露概念与特征

持续信息披露（Continual Disclosure of Information），又称持续信息公开，是指发行人、上市公司、公司主要股东等信息披露义务人在证券上市交易后，依照《证券法》、《公司法》等法律、法规和证券监督管理机构的有关规定向社会公众继续公开一切与证券交易和证券价格有关的重要信息的行为。依照《证券法》第63条的规定，发行人、上市公司依法披露的信息，必须真实、准确、完整，不得有虚假记载、误导性陈述或者重大遗漏。①

在证券上市交易后，信息披露义务人承担持续性信息披露义务。这一制度有如下特点：

（1）持续信息披露义务是信息披露义务人法定的强制性义务。《证券法》在"证券交易"一章专列"持续信息公开"一节作为义务性规范予以规定，这说明持续信息披露义务是信息披露义务人法定的强制性义务。它是公司规范运作的重要组成部分。

（2）应披露信息的种类和范围是由法律规定的。上市公司的哪些信息应当披露，是由法律直接规定的。上市公司违反规定，拒绝披露或披露不符合法律要求，要承担行政责任、民事责任甚至刑事责任。

（3）应披露的信息范围越来越广。证券投资具有很高的风险性，投资者有权得到与该种证券有关的法定应予披露的各种信息。如上市公司的经营状况、财务状况、股权结构变化及收购计划等，这些信息对于投资者判断该种证券的投资价值和风险是必要的。

---

① 李飞：《中华人民共和国证券法（修订）释义》，法律出版社2005年版，第119页。

（4）持续信息披露逐渐成为完整的系统性制度。

（5）持续信息披露与证券上市交易的一致性。持续信息披露是指证券持续挂牌交易期间所进行的信息披露行为，这一期间一般与证券作为上市证券相伴而生，即只要它是上市证券，与该证券有关的信息披露义务人就要自始至终依法履行信息披露义务。

2. 上市公司再融资的持续信息披露

（1）增发申请过程中的信息披露

①公告董事会决议。

②公告召开股东大会的通知。召开股东大会的通知应当于股东大会开会20日前公告。

③公告股东大会决议。股东大会通过本次发行议案后，公司应当在两个工作日内公布股东大会决议，公告中应当载明"该方案尚须报中国证券监督管理委员会核准"的字样。

（2）增发新股过程中的信息披露

增发新股过程中的信息披露，是指发行人从刊登招股意向书开始直到股票上市为止，通过证监会指定报刊向社会公众发布的有关发行、定价及上市情况的各项公告。

（3）上市公司发行新股《招股说明书》的编制和披露。

（4）上市公司发行可转换公司债券的信息披露

根据《上市公司发行可转换公司债券实施办法》，发行人应及时披露任何对投资可转换公司债券有重大影响的信息。可转换债券的信息披露文件包括发行前的董事会和股东大会公告、募集说明书、上市公告书以及持续的信息披露文件（包括定期报告、临时报告等）。发行人应及时披露任何对投资可转换债券有重大影响的任何信息。可转换债券募集说明书、上市公告书应按中国证监会的有关规定编制和披露。

三　引例分析

（1）A公司改变募集资金投向的程序不符合规定。根据有关规定，上市公司改变原定募集资金投向应当由股东大会批准，董事会无权作出决定。

（2）首先，A公司的违法行为属于在上市公告书中作虚假陈述。根据有关规定，应当由证券监督管理机构责令改正，对发行人处以 30 万元以上 60 万元以下的罚款；对直接负责的主管人员和其他直接责任人员给予警告，并处以 3 万元以上 30 万元以下的罚款；构成犯罪的，依法追究其刑事责任。其次，会计师事务所的违法行为属于出具虚假的验资报告。根据有关规定，为证券的发行、上市出具审计报告、资产评估报告或者法律意见书的专业机构，就其所应负责的内容弄虚作假的，没收违法所得，并处以违法所得 1 倍以上 5 倍以下的罚款，并由有关主管部门责令该机构停业，吊销直接责任人员的资格证书。造成损失的，承担连带赔偿责任。构成犯罪的，依法追究其刑事责任。

（3）B 企业买卖 A 公司股票属于利用内幕信息进行股票交易。根据有关规定，没收违法所得，并处以违法所得 1 倍以上 5 倍以下或者非法买卖的证券等值以下的罚款。构成犯罪的，依法追究其刑事责任。

第四节 上市公司收购

一 引例

张某要收购一个上市公司 6% 的股份，收购一个月后才向证监会、证券交易所报告，并且在此期间，没有通知该上市公司。

（1）张某的行为有哪些不妥之处？（2）如果他收购该公司 30% 的股份后，还要继续收购时，他应当如何做？

二 基本理论

（一）上市公司收购的概念和方式

1. 上市公司收购的定义

上市公司收购是指投资者为控股或兼并特定上市公司，依法定程序公开收购该公司已经发行上市的股份的活动。上市公司收购是证券交易的纵深发展，一个上市公司收购案例将涉及公司控制权转移、资本结构和组织机构变化以及公司经营战略的调整，会导致有限经济资源的重新配置，并可能导致证券市场的震荡，因此，为保护广大股东利益，并维护证券市场的安全和稳定，必须加强对上市公司收购的法律规制。[①]

[①] 范健、王建文：《商法》（第二版），高等教育出版社 2005 年版，第 275 页。

2. 上市公司收购的方式

按照证券法的规定，上市公司收购有要约收购和协议收购两种方式。要约收购就是指收购方通过公开的方式向目标公司股东发出收购要约，以特定的价格在较短的时间内购买目标公司股东手中的股份的行为；协议收购是指收购人通过私下订立合同的方式购买目标公司股份的收购。以协议方式收购上市公司时，达成协议后，收购人必须在3日内将该收购协议向国务院证券监督管理机构及证券交易所作出书面报告，并予公告。在公告前不得履行收购协议。但无论采取哪一种收购形式，只要达到了强制要约收购的界限，就应当履行强制要约收购的义务。

（二）上市公司收购的程序和规则

1. 对持股情况进行报告和公告

通过证券交易所的证券交易，投资者持有或者通过协议、其他安排与他人共同持有一个上市公司已发行的股份达到5%时，应当在该事实发生之日起3日内，向国务院证券监督管理机构、证券交易所作出书面报告，通知该上市公司，并予公告；在上述期限内，不得再行买卖该上市公司的股票。

投资者持有或者通过协议、其他安排与他人共同持有一个上市公司已发行的股份达到5%后，其所持该上市公司已发行的股份比例每增加或者减少5%，应当依照前款规定进行报告和公告。在报告期限内和作出报告、公告后2日内，不得再行买卖该上市公司的股票。

2. 订立并发出收购要约

通过证券交易所的证券交易，投资者持有或者通过协议、其他安排与他人共同持有一个上市公司已发行的股份达到30%时，继续进行收购的，应当依法向该上市公司所有股东发出收购上市公司全部或者部分股份的要约。收购上市公司部分股份的收购要约应当约定，被收购公司股东承诺出售的股份数额超过预定收购的股份数额的，收购人按比例进行收购。

依照规定发出收购要约，收购人必须事先向国务院证券监督管理机构报送上市公司收购报告书，并应将公司收购报告书同时提交证券交易所。收购人在依照规定报送上市公司收购报告书之日起15日后，公告其收购要约。收购要约的期限不得少于30日，并不得超过60日。在收购要约的有效期限内，收购人不得撤回其收购要约；收购人需要变更收购要约中的事项的，必须事先向国务院证券监督管理机构及证券交易所提出报告，经获准后，予以公告。采取要约收购方式的，收购人在收购期限内，不得卖出被收购公司的股票，也不得采取要约规定以外的形式和超出要约的条件买入被收购公司的股票。

3. 终止上市交易和应当收购的情形

终止上市交易是指根据证券法的规定，收购要约的期限届满，被收购公司股权分布不符合上市条件的，该上市公司的股票应当由证券交易所依法终止上市交易；其余仍持有被收购公司股票的股东，有权向收购人以收购要约的同等条件出售其股票，收购人应当收购。收购行为完成后，被收购公司不再具备股份有限公司条件的，应当依法变更企业形式。

4. 报告和公告收购情况收购上市公司的行为结束后，收购人应当在15日内将收购情况报告国务院证券监督管理机构和证券交易所，并予公告。

三 引例分析

(1)《证券法》第86条规定："通过证券交易所的证券交易，投资者持有或者通过协议、其他安排与他人共同持有一个上市公司已发行的股份达到5%时，应当在该事实发生之日起3日内，向国务院证券监督管理机构、证券交易所作出书面报告，通知该上市公司，并予公告；在上述期限内，不得再行买卖该上市公司的股票。

投资者持有或者通过协议、其他安排与他人共同持有一个上市公司已发行的股份达到5%后，其所持该上市公司已发行的股份比例每增加或者减少5%，应当依照前款规定进行报告和公告。在报告期限内和作出报告、公告后2日内，不得再行买卖该上市公司的股票。"

由此可知，当张某持有一个上市公司已发行的股份达到6%时，应当在该事实发生之日起3日内，向国务院证券监督管理机构、证券交易所作出书面报告，通知该上市公司，并予公告。

(2) 当张某持有该上市公司已发行的股份达到30%时，如果希望继续进行收购，应当依法向该上市公司所有股东发出收购上市公司全部或者部分股份的要约。

第五章 证券违法行为与法律责任

第一节 证券违法行为概述

一 引例

甲股份有限公司为了扩大生产规模,决定以发行新股的方式募集资金,在董事会草拟的方案中有以下几点内容:

(1) 本次发行的新股面值5300万元,全部向社会募集;

(2) 委托四方证券有限公司,由其独家代销,代销期为95日;

(3) 为了使发行工作能够顺利进行,准备送证券管理机构和证券交易所的相关人员2万股;

(4) 由于股本扩张,公司的预期利润率要比银行存款的利率低0.3%。

其中有哪些不妥之处?

二 基本理论

(一) 证券违法行为的概念

证券违法行为是承担证券法律责任的前提。但是,要对证券违法行为的含义作出全面和准确的概括却是非常困难的。我们认为,证券违法行为是指行为人在证券的发行、上市、交易、监管及其他相关活动中,违反国家证券法律所实施的破坏证券市场秩序、损害投资者利益的行为。

证券违法行为是违法行为在证券市场领域中的一种具体表现,具有行为和违法性两个要素。其中,证券违法中的"行为"包括作为和不作为两种形式。作为的违法行为,是指行为人违反法律规定的不作为义务而为之,如操纵市场行为;不作为的违法行为,是指行为人违反法律规定的作为义务而不为之，如虚假陈述中的重大遗漏。其次，证券违法中的"违法性"则是指违反了广义上的证券法律法规。

（二）证券违法行为的法律特征

根据我国法律规定，证券违法行为具有以下法律特征：

1. 证券违法行为的主体特定，为具有广泛性且行为人往往是精通证券知识的专业人员。证券违法行为的主体既包括自然人，也包括法人和其他组织；既包括证券发行、上市和交易的当事人，也包括为证券发行、上市和交易提供服务的当事人；既包括一般的证券市场主体，也包括监管机构及其工作人员。同时，由于证券市场是专业化水平很高的市场，每一个环节和程序都非常复杂，不熟悉证券业务的人很难实施证券违法行为，所以证券违法行为人往往具有较高的智力水平和文化程度。

2. 证券违法行为的受害人数量众多且具有无意识性和不特定性。证券市场违法行为人冒险从事各种违法行为往往会损害众多投资者的利益，如在招股说明书存在虚假陈述等场合，依赖招股说明书认购股份因而受到损害的投资者，其数量往往是巨大的。同时，在绝大多数证券违法行为中，被害的投资者都具有不确定性且被害意识相对薄弱，而这又加大了控制和预防证券违法行为的难度。

3. 证券违法行为所涉金额非常巨大，严重危害社会稳定和经济秩序。证券市场是一个全国性、高度网络化和直接融资的市场，当今证券交易都采用全国联网的电脑撮合买卖委托，巨额资金能在以秒计的时间内变成证券，这些特点都使得证券市场违法行为极易波及全国，造成严重危害的后果。

（三）证券违法行为的种类

证券违法行为是总括性的称呼，其具体表现形式多种多样。按照不同的标准或从不同的角度，可以对证券违法行为进行不同的分类。

1. 根据行为社会危害性的严重程度划分，证券违法行为可以区分为证券犯罪行为和一般证券违法行为。其中，前者是指违反证券刑事法律规定，应予以刑事惩罚的严重证券违法行为，即证券刑事违法行为；后者仅指行为的性质、情节、后果及社会危害程度未达到证券犯罪的程度，只应受行政处罚或应承担民事责任的一般证券违法行为，即证券民事违法行为和证券行政违法行为。

2. 根据证券违法行为所发生的具体领域，证券违法行为可以分为证券交易违法行为、证券服务违法行为和证券监管违法行为。其中，证券交易违法行为是指发生于证券发行、上市和交易过程中的违法行为；证券服务违法行为是指发生于证券服务领域或证券服务关系中的证券违法行为；证券监管违法行为则是发生于监管过程或者监管关系之中的证券违法行为。这种划分为我们揭示了证券违法行为在证券市场不同领域的分布状况。

3. 根据证券违法行为本身的特点和重要性，证券违法行为可以分为证券交易违法行为和其他证券违法行为。前者主要包括虚假陈述、内幕交易、操纵市场、欺诈客户等证券交易违法行为；后者则主要是指发行与承销中的违法行为、公司上市与交易中的违法行为以及公司收购中的违法行为。其中，证券交易违法行为（如虚假陈述、内幕交易、操纵市场、欺诈客户）一般又称为不公平证券交易行为或不正当证券交易行为，通常是各国证券立法的规制重点，也是本章着重关注的内容。

三 引例分析

（1）委托一个证券有限公司独家代销的行为是错误的，根据《证券法》的规定："向社会公开发行的证券票面总额超过人民币 5000 万元的，应当由承销团承销，承销团应当由主承销和参与承销的证券公司组成"；

（2）承销期为 95 日是错误的，《证券法》规定，证券的代销包销期最长期不得超过 90 日；

（3）向证券管理机构和证券交易所的相关人员送 2 万股的行为是错误的，《证券法》规定，证券交易所、证券管理机构的工作人员，在任期或法定期限内不得直接或化名借他人名义持有、买卖股票，也不能收受他人赠与的股票；

（4）公司预期利润率比银行同期存款利润率低，违背了《公司法》中发行新股的要求：即新股的预期利润率不得低于相同期限内银行存款利率的要求。

第二节 虚假陈述及其法律责任

一 引例

2002年5月中国证监会在对银广夏的行政处罚决定书中认定，公司自1998年至2001年期间累计虚增利润77156.70万元，其中：1998年虚增1776.10万元，由于其主要控股子公司天津广夏1998年及之前年度的财务资料丢失，利润真实性无法确定；1999年虚增17781.86万元，实际亏损5003.20万元；2000年虚增56704.74万元，实际亏损14940.10万元；2001年1—6月虚增894万元，实际亏损2557.10万元。从原料购进到生产、销售、出口等环节，公司伪造了全部单据，包括销售合同和发票、银行票据、海关出口报关单和所得税免税文件。2001年9月后，因涉及银广夏利润造假案，深圳中天勤这家审计最多上市公司财务报表的会计师事务所实际上已经解体。财政部亦于9月初宣布，拟吊销签字注册会计师刘加荣、徐林文的注册会计师资格；吊销中天勤会计师事务所的执业资格，并会同证监会吊销其证券、期货相关业务许可证，同时，将追究中天勤会计师事务所负责人的责任。

上面的案例是否属于《证券法》中规定的证券市场的虚假陈述？为什么？

二 基本理论

（一）虚假陈述概述

1. 虚假陈述的概念

虚假陈述的概念最早起源于英国普通法的合同法和侵权法中。证券法吸纳了传统普通法中的基本观念和理论，使之与证券法独特的监管目的相融合，比较完善地形成了英国式的虚假陈述制度。英国1986年的《金融服务法》详细规定了对证券市场虚假陈述的监管。美国1933年的《证券法》对证券的不实陈述作了最早的规定。

在我国，虚假陈述最早见于1993年的《禁止证券欺诈行为暂行办法》第11条，而现行《证券法》第63条对虚假陈述行为也作出了相关规制。此外，《证券法》第69条还规定了虚假陈述致使投资者在证券交易中遭受损失的民事责任。那么,何谓虚假陈述?学术界对此无统一定义。

根据 2002 年 12 月 26 日最高人民法院通过的《关于审理证券市场因虚假陈述引发的民事赔偿案件的若干规定》,我们认为,所谓证券市场中的虚假陈述,是指信息披露义务人违反证券法律规定,在证券发行或者交易过程中,对重大事件作出违背事实真相的虚假记载、误导性陈述,或者在披露信息时发生重大遗漏、不正当披露信息的行为。

在理解虚假陈述的概念时,我们应当注意,证券法上的虚假陈述不同于民法上的虚假陈述,它是一种特殊的行为,不限于行为人故意作出某种不符合事实真相的积极意思表示,而是泛指各种违反信息披露义务的行为,既包括故意的虚假记载和误导性陈述,也包括过失,甚至包括意外发生的误导性陈述和重大遗漏或不当披露。

2. 虚假陈述在法律上的特征

从上述虚假陈述的概念中,我们可以总结出虚假陈述具有以下法律特征:

(1) 虚假陈述的实施主体是特定义务人,即该行为的主体是依照信息披露制度承担信息披露义务的机构和个人。根据最高人民法院相关司法解释,所谓"特定义务主体",主要包括发起人、控股股东等实际控制人;证券发行人或上市公司及负有责任的董事、监事和经理等高级管理人员;证券承销商及负有责任的董事、监事和经理等高级管理人员;证券上市推荐人及负有责任的董事、监事和经理等高级管理人员;会计师事务所、律师事务所、资产评估机构等专业中介服务机构及其直接责任人;其他作出虚假陈述的机构或者自然人。所以,不负有披露义务的人所实施的虚假记载、误导性陈述或者重大遗漏和不正当披露行为,尽管可能构成其他证券违法行为,但不构成虚假陈述。

(2) 虚假陈述是一种特殊的行为状态,虚假记载、误导性陈述、重大遗漏以及其他虚假陈述行为是其主要表现。从字义上讲,虚假陈述仅指行为人采取作为形式或者积极方式,作出背离事实真相的陈述和记载,如捏造或虚构某种情形,将并不存在的情形称为客观存在。但在广义上,虚假陈述也包括以不作为方式作出的虚假陈述,如遗漏行为,即对于依法应作陈述和记载的事项,未作记载和陈述。

(3) 虚假陈述在信息披露文件上呈现,所披露的信息是对重大事实的虚假陈述,即可能对上市公司股票交易价格产生较大影响而投资者尚未得知的事件。对于与证券发行、交易有关的事实,信息披露义务人应及时地按规定的文件和格式向社会公众进行披露。在提交或公布的法定信息披露文件中作出与事实不符的虚假记载、误导性陈述、遗漏或者不正当披露等,均构成虚假陈述。

(二)虚假陈述行为的分类及区分意义

1. 按照行为主体进行的分类

按照行为主体,虚假陈述可以分为证券发行人虚假陈述、证券公司虚假陈述、中介机构虚假陈述以及其他主体的虚假陈述。其中,各类虚假陈述中最重要的类型是证券发行人虚假陈述,这类主体包括发起人、控股股东等实际控制人、证券发行人或上市公司及其董事、监事和经理等高级管理人员;而其他机构的虚假陈述则主要指证券交易所、证券公司、证券登记结算机构、证券交易服务机构、社会中介机构及其从业人员、证券业协会、证券监督管理机构及其工作人员在证券交易活动中作出的虚假陈述或者信息误导。

此种分类区分了行为主体在信息披露上承担的义务范围,如证券发行人、承销的证券公司、中介机构的信息披露范围依次狭窄,也表明不同行为主体承担法律责任的主观态度有所区别。相对而言,证券发行人应承担严格责任,而证券公司及其他专业机构则承担过错责任。

2. 按照行为阶段进行的分类

依照虚假陈述行为发生的阶段,可以将虚假陈述分为证券发行虚假陈述和证券交易虚假陈述。其中,证券发行虚假陈述是指信息披露义务人在证券发行过程中作出的虚假陈述,主要形式表现为在招股说明书或其他募集文件中作出有违真实、准确和完整的陈述;证券交易中的虚假陈述则是指信息披露义务人在证券交易中作出的虚假陈述,典型的是在年度报告、中期报告和临时报告等信息披露文件中作出的虚假陈述。

3. 按照虚假陈述的内容进行的分类

最高人民法院根据虚假陈述内容对证券价格的影响不同,将虚假陈述行为区分为诱多性的虚假陈述和诱空性的虚假陈述。所谓诱多性的虚假陈述是指虚假陈述者故意违背事实真相发布虚假的利多消息,或者隐瞒实质性的利空消息不予公布或者不及时公布,使得投资者在股价处于相对高位时进行投资追涨的行为。而诱空性的虚假陈述是指虚假陈述者发布虚假的消极利空消息，或者隐瞒实质性的利好消息不予公布或者迟延公布，使得投资者在股价向下运行或相对低位时卖出股票，在虚假陈述被揭露或者被更正后股价上涨而投资者遭受损失的行为。

区分这两类虚假陈述的意义在于投资者在这两种不同情形下受到损失的方式不同。在诱多性虚假陈述下，投资者是因为在虚假陈述实施之后受骗买入股票而遭受损失；在诱空性虚假陈述下，投资者是因为在虚假陈述实施之后受骗卖出股票而遭受损失。在最高人民法院的上述司法解释中，只对诱多性虚假陈述的受害投资者作出了因果关系推定等规定，没有规定诱空性虚假陈述。

(三) 虚假陈述行为的具体形态

从字面意义上讲，虚假陈述似乎仅限于内容不实的陈述，但在现实生活中，虚假陈述的表现形式却非常复杂。从我国现行《证券法》的规定来看，按照虚假陈述的性质划分，虚假陈述主要包括以下几类：

1. 虚假记载

虚假记载是指信息披露义务人在披露信息时，将客观不存在的事实在信息披露文件中予以记载的行为，也就是说，在信息披露文件中作出与事实真相不符的记载。其特点：行为人作出了公开陈述；公开陈述的信息中含有不真实内容；虚假信息可能或者已经影响投资者的投资决策。虚假记载通常属于义务人基于过错而实施的积极行为且大多发生在财务报表中。例如，虚构主营业务收入和巨额利润，或者持续披露文件记载了没有发生的交易和财务数据。

2. 误导性陈述

误导性陈述是指行为人在信息披露文件中或者通过媒体，作出使投资人对其投资行为发生错误判断并产生重大影响的陈述。换而言之，误导性陈述是指在信息披露文件中对某一事项进行了披露，但由于语言、文字等表示方式存在欠缺而容易使人误解，致使投资者无法获得清晰、准确的认识。误导性陈述的类型主要有：(1) 语义模糊歧义型，该陈述使公众有不同的理解；(2) 语义难以理解型，该陈述语句晦涩难懂，一般投资者难以理解；(3) 半真陈述型或部分遗漏型，该陈述没有陈述事实全部情况，遗漏了相关条件，可能误导投资者。此外，在实践中虚假记载和误导性陈述有时难以分清，我们认为，前者多侧重于事实本身上的虚假，而后者则偏重主观上使人产生有多种理解的误会。

3. 重大遗漏

重大遗漏是指信息披露义务人在信息披露文件中，未将应当记载的事项完全记载或者仅部分予以记载。重大遗漏是一种消极的不作为的虚假陈述行为。根据信息披露义务人的主观状态，重大遗漏既包括出于主观故意而未予记载的情形，也包括由于过失未加记载的情形。例如，上市公司招股说明书或者其他募集文件未记载被提起的较重大的诉讼或者记载不充分，都有可能按照重大遗漏来对待；根据遗漏内容的多少，重大遗漏又可分为完全遗漏和部分遗漏。其中，完全遗漏易于判断，对应披露的信息全部未予披露构成重大遗漏。对于部分遗漏，由于其既可以作为重大遗漏陈述的一种，也可以作为误导性陈述的一种，故要根据遗漏的内容本身和披露信息的上下环境加以判断。

4. 其他虚假陈述

其他虚假陈述是指以其他方式进行的虚假陈述，主要包括不正当披露。所谓不正当披露，是指信息披露义务人未在适当期限内或者未以法定方式公开披露应当披露的信息。对于不正当披露的规定，具体可以分为两类：其一，不适时披露，即信息披露义务人没有依照法律规定的期限进行披露，包括提前披露与延迟披露；其二，方式不正当的披露，即没有依照法律规定的方式进行披露，如中国证监会对于各类信息披露文件都有严格的形式要求。不论是哪种类型的不正当披露，都会使得投资者不能及时掌握影响投资者决策的信息并据此把握投资机会，使得信息丧失了时效性，因此，本质上不正当披露属于虚假陈述。

证券市场中虚假陈述情况非常复杂。从《证券法》保护投资者利益的宗旨考虑，划分具体形态主要目的在于说明虚假陈述存在多种表现形式及其可能引起法律后果的轻重，而不在于确定各种虚假陈述的构成条件。在绝大多数情形下，信息披露义务人在信息披露文件中对重大事件的披露不真实，都可以归入到某类具体形态之中。同样，某个虚假陈述可能同时属于不同的具体形态。

三 引例分析

关于银广夏的案例是《证券法》中关于证券市场的虚假陈述，所谓证券市场中的虚假陈述,是指信息披露义务人违反证券法律规定,在证券发行或者交易过程中,对重大事件作出违背事实真相的虚假记载、误导性陈述,或者在披露信息时发生重大遗漏、不正当披露信息的行为。在本案例中,深圳中天勤会计事务所作为发行过程中的中介机构,违背事实真相做出具有误导性的虚假记录,已经符合《证券法》中的有关规定。

第三节 内幕交易及其法律责任

一 引例

在 A 财经杂志中有证券评析专栏,该专栏对各种证券的表现给予评价,这种评价相当准确,所以对投资者的投资行为有很大的影响。经常会出现专栏评价积极的股票价格会上扬,而专栏评价消极的股票价格会下跌,而且这种价格的变化是合理的。出版 A 杂志的出版社内部规定,证券评析专栏中的信息在杂志出版前内容不得对外泄露、牟利。甲是该杂志社的工作人员,他在工作期间将未刊登的证券评论内容透露给证券经纪人乙,再由乙根据所获得的信息在证券市场上买卖股票,从而获得利益。依据《证券法》甲和乙的行为是否构成内幕交易的行为?

二 基本理论

(一)内幕交易的基础理论

1. 内幕交易的概念及特征

内幕交易是一种最古老、最典型的证券违法行为。它又被称为"内部人交易"、"内线交易"或者"知情人交易",是指掌握证券交易内幕信息的人员或者非法获取内幕信息的其他人员,利用内幕信息进行的证券交易活动。内幕交易行为几乎与证券市场一样古老,随着证券市场在国家经济和国民生活中的地位越来越重要,人们对内幕交易的态度从最初的容忍转向谴责,并最终由国家通过立法进行管制。

内幕交易具有以下特征:

(1)内幕交易的行为主体由法律规定。内幕交易的行为主体是知悉证券交易内幕消息的知情人和非法获取内幕消息的其他人员。其中,内幕消息的知情人一般是因为其特殊的地位或雇佣关系可以接触到内幕信息,即其合法地知悉该内幕信息,如公司的董事、监事、经理等高级管理人员;非法获取内幕消息的其他人员是指通过不正当的方式或途径获取内幕信息的人员,如以窃听、盗取、收买、贿赂等非法方式获得。

(2) 内幕交易具有多样的信息利用方式。内幕交易行为既包括行为人利用内幕信息买入或者卖出证券,向他人泄露内幕信息或者建议他人买卖该证券;也包括利用非法手段获取内幕信息,并利用内幕信息为自己或建议他人买入卖出与内幕信息有关的证券的行为。

(3) 获取利益或者减少损失是内幕交易的目的。如果行为人进行内幕交易行为不是为了获取利益或者减少损失,则不属于内幕交易。例如,上市公司收购本公司股份的行为,只是为了让职工持有本公司股份,从而调动员工的工作热情,而不是为了获取利益或者减少经济损失,所以该种行为不属于禁止的内幕交易行为。

2. 内幕交易禁止与否之争

1909 年,Strong vs. Repide 案在美国联邦最高法院审理,引起了人们对内幕交易行为的关注。此后,虽然禁止内幕交易已经成为世界各国的普遍做法,但关于是否禁止内幕交易,在学术界是一个热门的讨论话题。

赞成内幕交易的学者认为,证券市场内幕交易存在一定的合理性,不应该在立法上禁止内幕交易。其主要理由有:(1) 在市场经济中,利用市场信息追求商业利润是每一个市场参与者的基本权利,承受决策失误所造成的损失也是每一个市场参与者所必须面临的市场风险。任何依赖信息的市场均存在内幕交易,因而对证券市场内幕交易大加指责,是不了解市场规律的表现;(2) 内幕交易是补偿企业管理人员的有效途径,因为内幕交易回报直接且迅速,允许内幕交易带给管理人员额外补偿,比其他激励机制更加有效;(3) 禁止内幕交易花费巨大且收效甚微,实际操作困难,管理成本超过法律约束所带来的收益,得不偿失。

反对内幕交易的人士则认为,禁止内幕交易的理由主要有:(1) 内幕交易损害其他投资者的利益并使其丧失对证券市场的信心。内幕人员基于对内幕信息的占有获得信息资源优势,在与一般投资者交易时,必然具有更多的获利避损的机会,而与其为相反交易的投资者则难免受损。这意味着大众投资者实际上和从事内幕交易者处于不对等的地位,违反了证券市场中的公平原则,使得投资者丧失对证券市场的信心。(2) 内幕交易影响了信息获取和资源配置的效率，从而损害了证券市场的有效性。内幕交易人为了尽可能地利用内幕信息从事内幕交易谋利，往往会阻碍重要信息的披露，从而使市场交易者由于信息缺乏而影响其商业决策的正确性，并妨害证券市场价格的准确性。（3）从宏观角度而言，内幕交易最终将对证券市场总体造成危害，扰乱证券市场秩序乃至国民经济秩序。因为对一国的经济发展来说，股票价格指数是否客观、真实至关重要。如果内幕交易横行，将导致股票价格指数失去时效性和真实性；如果证券市场所反映的信息有误，将给国家宏观经济决策带来负面影响。

证券市场是一个有着无数变量的函数，没有唯一的正解。学者对内幕交易的辩论无疑有利于推动对证券市场的进一步了解。经过激励的辩论，大多数学者和社会公众认为，内幕交易违反了公平原则，存在诸多危害。因此，各国证券法律对内幕交易均加以禁止。

3. 内幕交易在我国的规制

在我国，自证券市场建立时起，内幕交易就已经出现并伴随着证券市场的成长历程而不时地兴风作浪。从形式上看，内幕交易与正常交易基本相同，但由于内幕人员利用内幕信息资源优势从事交易行为牟取暴利，有悖于证券市场公平、公正、公开的原则，不仅会影响信息获取和资源配置的效率，严重损害一般投资者的合法权益，而且从宏观角度讲，内幕交易可能使大众投资者把证券市场看做是内幕交易者获利的陷阱，从而对证券投资和证券市场的存在望而却步，最终扰乱整个证券市场秩序。因此，内幕交易历来都是《证券法》规制的重点。

我国1993年颁布的《禁止证券欺诈行为暂行办法》即把内幕交易视为重要的证券欺诈行为而予以禁止。2005年修改后的《证券法》又对禁止内幕交易制度作了进一步的充实，不仅扩大了内幕交易的范围，明确规定禁止非法获取内幕信息的人利用内幕信息从事证券交易活动，而且增加了民事赔偿责任的条款，规定内幕交易行为给投资者造成损失的，行为人依法承担赔偿责任。

（二）内幕交易的构成要素

内幕交易行为手法复杂，具有隐蔽性，对其进行界定有相当大的难度。实践中，通过对内幕人员、内幕信息和内幕交易的行为类型这三个核心要素进行准确界定来定义内幕交易，进而对其加以规制。

1. 内幕人员的界定

内幕人员也叫"内幕人"或者"知情人",是指掌握内幕信息并负有不得利用、泄露该内幕信息义务的人。对于内幕人员的确定,一般是以是否知悉证券市场上尚未公开的信息为标准,不限于公司内部人员,还包括公司外部的由于工作性质或所任职务而知悉内幕信息的人员。所以,无论是直接知晓还是间接知晓内幕信息的人,也无论是合法知晓还是违法知晓内幕信息的人,凡是事实上知悉内幕信息的人,都可以构成内幕交易中的知情人。

对于内幕人员的范围和分类,世界各个国家和地区的规定不一样。欧共体、英法等国家主要将内幕人员分为第一内幕人(primary insider)和第二内幕人(secondary insider)。美国将内幕人员分为公司内幕人交易者(corporate insider)、内幕人泄密人(insider tipper)和非内幕消息受领人(non. Inside tripper)。台湾地区学者将内幕人士分为公司内幕人、准内幕人和消息受领人。

从我国现行《证券法》第74条的规定来看,证券交易内幕信息的知情人主要包括:(1)发行人的董事、监事、高级管理人员;(2)持有公司5%以上股份的股东及其董事、监事、高级管理人员,公司的实际控制人及其董事、监事、高级管理人员;(3)发行人控股的公司及其董事、监事、高级管理人员;(4)由于所任公司职务可以获取公司有关内幕信息的人员;(5)证券监督管理机构工作人员以及由于法定职责对证券的发行、交易进行管理的其他人员;(6)保荐人、承销的证券公司、证券交易所、证券登记结算机构、证券服务机构的有关人员;(7)国务院证券监督管理机构规定的其他人。此外,根据《证券法》第73条的规定,非法知情人由于事实上占有了内幕信息,完全有可能利用内幕信息从事证券交易,因而是一种特殊的知情人。

2. 内幕信息的界定

根据《证券法》第75条第1款的规定,内幕交易中的内幕信息是指在证券交易活动中,涉及公司经营、财务或者对该公司证券的市场价格有重大影响的尚未公开的信息。从这一概念中,我们可以看出,内幕信息具有以下两个重要特征:

(1)内幕信息是尚未公开的信息(undisclosed information)。所谓未公开信息，就是投资公众尚未获取或者经合法渠道无法获得的信息。根据《证券法》的相关规定，信息是否公开主要以是否公告为准，既未在国务院证券监督管理机构指定的媒体发布，也未将其置备于公司住所、证券交易所，供社会公众查阅的信息则属于尚未公开信息。

（2）内幕信息应当具有价格敏感性（price sensitivity）。所谓价格敏感性是指某种信息一旦在证券市场上公布后，便很可能对公司证券的市场价格产生重大影响。这类信息可以分为两大类：一类是涉及公司的经营、财务状况的信息。这类信息是投资者判断公司发展前景、确定公司所发行证券的投资价值，来作出投资决策的必要依据；另一类是对公司证券的市场价格有重大影响的信息。这类信息从投资者的角度来看，对他们的投资决定有重要影响，从市场的角度来看，该信息如被普遍知晓，有可能使公司证券的价格产生重大波动。

现行《证券法》第75条第2款对内幕信息的具体类别作出了以下规定：①本法第67条第2款所列重大事件；②公司分配股利或者增资的计划；③公司股权结构的重大变化；④公司债务担保的重大变更；⑤公司营业用主要资产的抵押、出售或者报废一次超过该资产的30%；⑥公司的董事、监事、高级管理人员的行为可能依法承担重大损害赔偿责任；⑦上市公司收购的有关方案；⑧国务院证券监督管理机构认定的对证券交易价格有显著影响的其他重要信息。

3. 内幕交易行为的界定

《证券法》第76条第1款规定："证券交易内幕信息的知情人和非法获取内幕信息的人，在内幕信息公开前，不得买卖该公司的证券，或者泄露该信息，或者建议他人买卖该证券。"从这一规定来看，内幕交易行为的表现方式主要有"证券买卖"、"泄露内幕信息"和"建议他人买卖证券"三类。

（1）证券买卖。内幕交易中的证券买卖是指知情人在内幕信息公开前，利用所知悉的内幕信息，买进或者卖出证券的行为。这是最典型，也是最传统的内幕交易行为。需注意的是，在内幕交易中，交易同样由买卖双方构成，但内幕交易具有单向性，即只有知情人一方具有内幕交易的条件和目的。交易相对人并非知情人，他们不仅不能成为内幕交易的主体，而且在法律上往往被视为内幕交易的受害人。

（2）泄露内幕信息。它是指负有保密义务的知情人在内幕信息公开前非依法律让知情人以外的他人知道了内幕信息。从本质上来讲，泄露内幕信息并不是交易，但在实践中，由于它往往引发他人的内幕交易或者造成市场的混乱，影响交易秩序，并且通常泄露信息的人都能直接或者间接获利，故立法上也将其作为内幕交易的一种较为特殊的表现形态。

（3）建议他人买卖证券。知情人并没有自行从事证券买卖，也没有直接向他人讲述内幕信息的内容，而是根据内幕信息与证券价格的关系建议他人购买或者出售相关证券的行为构成此种类型的内幕交易行为。在认定建议他人买卖证券时，需要注意以下两种情形：①如果受建议人没有接受建议或者尚未来得及进行交易时，从立法精神来看，出现这种情况也不影响建议他人买卖证券的构成，只是可以将该情形作为一种决定其法律责任时的情节；②如果受建议人按建议进行了交易，则知情人构成建议他人买卖证券，而受建议人则可因非法获取内幕信息构成内幕交易。

目前纵观《证券法》条文，对于内幕信息、内幕人员等主要概念的界定并未明晰，且缺乏有关内幕交易民事责任、激励公众监督制度的相关规定。在体制上，证券业自律组织残缺不全且管理薄弱。这就要求我们在完善我国证券内幕交易法律制度时，应进一步明确禁止内幕交易的法制精神，尽快建立和完善我国证券内幕交易民事诉讼和有关上市公司、基金公司的自律机制，以切实保护投资者利益，促进证券市场的健康发展。

三 引例分析

根据《证券法》第69条的规定：发行人、上市公司公告的招股说明书、公司债券募集办法、财务会计报告、上市报告文件、年度报告、中期报告、临时报告以及其他信息披露资料，有虚假记载、误导性陈述或者重大遗漏，致使投资者在证券交易中遭受损失的，发行人、上市公司应当承担赔偿责任；发行人、上市公司的董事、监事、高级管理人员和其他直接责任人员以及保荐人、承销的证券公司，应当与发行人、上市公司承担连带赔偿责任，但是能够证明自己没有过错的除外；发行人、上市公司的控股股东、实际控制人有过错的，应当与发行人、上市公司承担连带赔偿责任。甲和乙的行为不构成内幕交易行为。甲所利用的信息是股评家根据已经公开的相关证券市场中的信息进行归纳整理，得出的意见，并不是《证券法》中所说的内部消息。但是该杂志社可以根据内部规定，向甲和乙追究责任。

第四节　操纵市场及其法律责任

一　引例

甲集团股份有限公司（以下简称甲公司），在某日上交所临收市时通过六个个人账户，以连续交易和不断地申买申卖拉动它已经购买的股票的价格，操纵市场，使当天该只股票价格在收盘时大幅上涨。在第二天，甲公司在开盘时，将其所有的该只股票全部出售，从中得利536万元。本案中甲公司行为，是《证券法》中给定的那一种违法行为？

二　基本理论

（一）操纵市场的概念及特征

我国现行《证券法》并未对操纵市场行为给出明确定义。但理论上可以将操纵市场行为界定为任何组织或个人为牟取不正当利益或转嫁风险，利用资金、信息、持股等优势或者滥用职权影响证券交易价格或证券交易量，诱使投资者买卖证券，扰乱证券市场秩序、侵害投资者权益的行为。操纵市场行为的实质在于通过制造虚假的交易行情，故意使其他投资者作出错误的投资判断，操纵者因此而获得投资收益或避免损失。[①]

操纵市场行为是一种典型的证券欺诈行为。它首先表现为一种证券交易行为。所以，单纯的散布虚假信息和单纯的职务行为都不构成操纵市场。同时，它又有别于正常的证券交易而必须考虑行为人的交易目的，即为了牟取不正当的投资收益或者不正当地规避或转嫁风险。其次，操纵市场是一种故意行为。若行为人不知道自己所实施的是操纵市场的行为或者虽然在客观上实施了但行为人不具有上述目的的，均不构成操纵市场。最后，操纵市场也是一种人为影响证券价格的行为。客观上，操纵市场其实就是操纵证券的市场价格，通过这种影响使证券价格的走势符合操纵者的

---

① 侯水平：《证券法律责任》，法律出版社2005年版，第123页。

预期，以达到其牟利或避险的目的。

（二）操纵市场与相关概念的区别

1. 与安定操作的区分

安定操作（Stabilization）是指为了便于证券发行或者募集资金，在证券市场连续买卖有价证券，以钉住、固定或安定证券价格的行为。安定操作具有两面性，一方面，它在证券供应量大幅度增加的情况下，能够有效缓解证券价格的波动，推动证券的募集或卖出；另一方面，如果滥用安定操作，很可能产生操纵市场的后果，因为安定操作是一种人为地控制证券价格，引导他人购买证券的行为。

由于安定操作具有消极和积极的作用，加上从不同的角度看待问题，各国立法对安定操作的态度也不一样，如美国对安定操作采取比较谨慎的态度，有限度地承认安定操作的合法性，我国尚未承认安定操作。我们认为，对于这样一种利弊参半的行为应该谨慎运用。

2. 与股份回购的区分

股份回购是指公司买回自己已经对外发行的股份。对公司股份回购予以禁止或者限制的一个重要原因就是可能产生股价操纵。公司大量回购自己股份，不管其动机如何，必然会造成股价上涨，助长市场投机，极易产生操纵市场行为。但同时，股份回购在规划企业财务、防御收购、推行员工激励计划、引导股价等方面能够发挥积极功能。所以，近年来许多国家和地区纷纷放宽和缓和公司回购股份的限制。

3. 与虚假陈述和内幕交易的区分

操纵市场具有不同于虚假陈述和内幕交易的一些特点，如操纵市场是一种积极行为，不作为一般不能构成操纵市场；操纵市场是一种故意行为，即操纵行为人预见到操纵行为会影响证券交易价格而诱使他人进行交易；操纵市场还具有明确的目的性，即抬高或压低证券的交易价格，诱使他人买卖证券。

（三）操纵市场行为的类型

操纵市场行为的表现形式复杂多样，不同国家、不同历史时期的证券立法所规定的具体行为样态也不相同。我国证券立法对操纵市场行为的规定前后也不尽相同。根据现行《证券法》第77条的规定，操纵市场主要包括以下四种行为形态：

1. 连续买卖

连续买卖，也称为连续交易操纵（manipulation by actual purchases），是指为了抬高、压低、维持证券交易价格或者证券交易量，行为人连续高价买入或者连续低价卖出某种证券的市场行为。我国现行《证券法》强调行为人"集中资金优势、持股优势或者利用信息优势"而进行的连续买卖。根据参加人数的不同，连续买卖分为单独连续买卖和联合连续买卖，前者是某一行为人单独实施的连续买卖，后者则是多人联合实施的连续买卖。①

连续买卖的构成要件：（1）主体是证券市场的参与者，包括投资者个人或机构、上市公司、证券公司等，不论是买方还是卖方，不论是自行炒作还是委托证券经纪商炒作；（2）客观上，行为人利用其优势地位进行了连续交易行为（理论上交易次数至少应当有两次），且在事实上引起了一定的价格变动；（3）主观方面行为人有恶意，具有诱使他人买卖证券的意图。

此外，应注意的是，与不转移证券所有权的虚买虚卖行为不同，连续买卖因发生证券权利转移，故属于真实买卖。

2. 串通相互买卖

串通相互买卖，在国外也称为合谋或者相对委托（matched orders），是指两个以上的行为人事先达成约定，一方按照约定的时间和价格等卖出某种证券，他方在该时间内以对应价格买入该种证券，以影响证券交易价格或者证券交易量的行为。根据目前证券市场采取的集中竞价交易规则，投资者无论买进或者卖出证券，都无法选择对方当事人。但若行为人事先就证券的交易时间、价格和方式达成一致约定，证券卖方就有可能实质性地将证券卖给特定的买方，证券买方也可能实质性地取得卖方卖出的证券，其实质是以协议定价替代了集中竞价，从而背离了集中竞价规则，故成为法律禁止的证券交易行为。

认定行为人实施了串通相互买卖时，要注意以下几点：（1）必须以实际存在的双方或多方当事人为前提，且当事人之间不存在控制与被控制关系，否则一般应认定为冲洗买卖。（2）当事人之间须有串通的行为，

---

① 沈四宝主编：《公司法与证券法论丛》，对外经济贸易大学出版社 2005 年版，第 145 页。

即主观上有实施相互买卖的共同故意，都是意图影响证券交易价格和交易量以诱使他人买卖证券；客观上约定一方出售证券、另一方购买该证券并且约定了买卖的时间、价格和方式。（3）一般来说，只要行为人双方达成同一营业日内买卖某种证券的约定，且此约定依照交易规则能够实现，即可构成相互买卖。

3. 冲洗买卖

所谓冲洗买卖，是以自己为交易对象，进行不转移所有权的自买自卖，影响证券交易价格或者证券交易量，实践中又称洗售、洗筹、对倒、对敲、虚售。冲洗买卖的核心，是某一行为人为影响证券交易价格或证券交易量，自己同时充当证券买卖的双方。

现行《证券法》第77条第1款第3项将冲洗买卖或者自买自卖定义为"在自己实际控制的账户之间进行证券交易"，这一规定与旧《证券法》相比更为清晰。

在我国，投资者从事证券交易必须以真实姓名或者名称开立证券账户，并以该证券账户从事证券买卖。同时，投资者只能开立一个证券账户，不可能获准同时开立两个或者多个证券账户。但如果行为人实际控制着两个或者多个证券账户，并通过这些证券账户进行证券买卖，就构成冲洗买卖。冲洗买卖的构成要素如下：

第一，冲洗买卖的核心是证券账户的实际控制权。以下证券账户属于行为人实质控制的账户：行为人自己的账户、信托账户、全权委托账户、关联人账户、盗用账户。

第二，冲洗买卖在法律上发生证券权利的转移，但没有发生证券权利的事实转让。在证券法上，证券所有权转移有形式转移和实质转移两种含义。在一般意义上，证券所有权转移是以办理完毕过户登记作为识别标准。如果证券成交后未办理过户登记手续的，应视为证券所有权未发生转移。但在认定是否构成操纵市场时，所有权转移系采取实质意义的所有权转移。即使证券成交并完成过户登记手续，如果出卖人实质性地掌管着买受人的账户，对该账户内的证券有处置权力，就视为"未转移所有权"。

冲洗买卖主要有三种方法：第一种是交易双方同时委托同一经纪商，于证券交易所相互申报买进卖出，并作相互应买应卖，其间并无证券或款项交割行为。第二种是投资者分别下达预先配好的委托给两位经纪商，由一经纪商买进，另一经纪商卖出，所有权未发生实质性转移。第三种是由一方卖出一定数量的股票，由预先安排的同伙配合买进，继而退还给卖出者，取回价款。

4. 散布谣言或不实资料之操纵市场

散布谣言或不实资料进行操纵的目的是，通过散布谣言或虚假信息来吸引投资者买卖某一证券，并维持到操纵者将其持股完全售出时为止，再使之下跌。散布谣言或不实资料之操纵市场的客观表现为行为人散布谣言或不实数据。

关于谣言和不实数据的含义，从《证券法》、《股票发行与交易管理暂行条例》、《禁止证券欺诈暂行办法》的规定来看，谣言应是指虚假信息和误导信息，强调的是客观性和真实性。同时，谣言和不实数据应是重要的，只有重要的谣言和不实数据才能影响投资者的决策，从而导致证券市场的证券交易价格或交易量发生变化。其中的散布，是指扩散传布于众，包括一次扩散传布于众，于不特定人、多数人或特定之多数人以及一次传布于一人。最后，根据《证券法》第78条的规定，"禁止国家工作人员、传播媒介从业人员和有关人员编造、传播虚假信息，扰乱证券市场。禁止证券交易所、证券公司、证券登记结算机构、证券服务机构及其从业人员，证券业协会、证券监督管理机构及其工作人员，在证券交易活动中作出虚假陈述或者信息误导。各种传播媒介传播证券市场信息必须真实、客观，禁止误导"。从以上规定可以看出我国法律没有明确扰乱证券市场的含义。散布谣言或不实资料之操纵市场的主观要件为使人产生交易良好的假象，影响证券交易价格或交易量的意图和目的。

例如，某人未具证券投资分析人员资格，亦未获准经营证券投资顾问事业，竟成立"教授工作室"招收会员，传授股市分析技术，并为客户提供个股走势分析，其中甚多强烈影响投资人买卖之言论，例如某种股票"已达非常危险区，11月7日后，主力与中实户将大量卖出，散户将大量买进，属于飞蛾扑火现象"。法院认为："如此臆测之词，显属虚伪不实……此种煽动性或警告性之言词，一经散布，耳语相传，其影响之巨无可计算，足以影响投资人买卖该股票之决定，复参我股票交易集中市场对于消息面之脆弱性，此种流言之散布，足生影响该股交易价格之危险"。

三 引例分析

《证券法》第 71 条规定了操纵证券市场的三种行为:

(1) 通过单独或者合谋,集中资金优势、持股优势或者利用信息优势联合或者连续买卖,操纵证券交易价格。

(2) 与他人串通,以事先约定的时间、价格和方式相互进行证券交易,或者以自己为交易对象,进行不转移所有权的自买自卖,影响证券交易价格或者证券交易量。

(3) 以其他方式操纵证券市场的行为。

本案中,甲公司利用有大量资金的优势,采用《证券法》第 71 条规定的操纵证券市场的方法牟取利益。这种扰乱正常证券市场的行为,就是操纵证券市场的证券欺诈行为。

第五节 欺诈客户及其法律责任

一 引例

某证券公司为了多收取佣金,多次诱导股民,引诱其多次进行股票交易。另外,证券公司还自行利用客户的资金进行多次买卖。一次,其客户之一的甲发现其账户上的佣金额度与实际买卖状况有很大的差距,心生疑惑,在向证券公司查询后,便向法院提起诉讼,要求证券公司退还多收的佣金。在本案中,证券公司的行为是否构成欺诈客户,为什么?

二 基本理论

(一) 欺诈客户的概念、特征和方式

1. 欺诈客户的概念

欺诈客户 (Fraud on the customer) 是指行为人利用其证券经纪人 (或受托人、管理人或代理人) 地位,故意隐瞒或者故意作出虚假陈述而企图由此获取经济利益或不忠实履行职责,致使客户作出错误的意思表示,从而损害客户利益的行为。

在我国，欺诈客户有广义和狭义两种立法。在广义上，我国《禁止证券欺诈行为暂行办法》第10条列举了10种欺诈客户的行为：(1) 证券经营机构将自营业务和代理业务混合操作；(2) 证券经营机构违背被代理人的指令为其买卖证券；(3) 证券经营机构不按国家有关法规和证券交易场所业务规则处理证券买卖委托；(4) 证券经营机构不在规定时间内向被代理人提供证券买卖书面确认书；(5) 证券登记、清算机构不按国家有关法规和本机构业务规则办理清算、交割、过户、登记手续等；(6) 证券登记、清算机构擅自将顾客委托保管的证券用作抵押；(7) 证券经营机构以多获取佣金为目的，诱导顾客进行不必要的证券买卖，或者在客户的账户上翻炒证券；(8) 发行人或者发行人代理人将证券出售给投资者时未向其提供招募说明；(9) 证券经营机构保证客户的交易收益或者允诺赔偿客户投资损失；(10) 其他违背客户真实意思，损害客户利益的行为。

在狭义上，欺诈客户则仅指证券公司及其从业人员在证券交易中违反客户真实意思，损害客户利益的行为。它是指《证券法》第79条规定的7种行为：(1) 违背客户的委托为其买卖证券；(2) 不在规定时间内向客户提供交易的书面确认文件；(3) 挪用客户所委托买卖的证券或者客户账户上的资金；(4) 未经客户的委托，擅自为客户买卖证券，或者假借客户的名义买卖证券；(5) 为牟取佣金收入，诱使客户进行不必要的证券买卖；(6) 利用传播媒介或者通过其他方式提供、传播虚假或者误导投资者的信息；(7) 其他违背客户真实意思表示，损害客户利益的行为。在本节里，欺诈客户多指证券公司在证券交易中的行为。

2. 欺诈客户的特征

(1) 在主观心态上，欺诈客户为一种故意行为。因此，过失不构成欺诈客户行为。

(2) 行为主体十分广泛。根据上述介绍，广、狭两义欺诈客户的行为人范围不仅包括证券公司及其工作人员，而且还包括证券发行人、证券登记结算机构乃至证券服务机构。

(3) 行为发生阶段的广泛性。欺诈客户的行为不仅可以发生在证券发行过程中，也可以发生在证券交易过程中。《禁止证券欺诈行为暂行办法》规定了欺诈客户的10种行为，《证券法》规定了7类欺诈客户行为。

尽管二者之规定有所交叉甚至重叠，但范围广泛可对欺诈客户者"一网打尽"。

3. 欺诈客户行为的主要方式

（1）混合操作。所谓混合操作是指综合类证券公司将其自营业务与经纪业务混合操作。在证券交易中，证券公司既是投资者的被委托人，又是投资者的相对人，在混合操作中，证券公司以双重身份从事同一证券交易，使自己处于利益冲突之中，这极易使证券公司为了自己的利益而损害委托人（客户）的利益。因此，《证券法》第136条规定："证券公司应当建立健全内部控制制度，采取有效隔离措施，防范公司与客户之间、不同客户之间的利益冲突。证券公司必须将其证券经纪业务、证券承销业务、证券自营业务和证券资产管理业务分开办理，不得混合操作。"为避免混合操作，证券公司的自营业务和经纪业务应当分离，即自营业务和经纪业务应当人员分离、资金分离和账户分离，实行分账管理。

（2）违背指令。违背指令是指证券公司违背客户的交易指令为其买入或卖出证券。在证券交易中，禁止证券公司及其从业人员违背客户的委托为其买卖证券。对于证券公司超出委托范围买卖证券的，除非事后经客户进行追认，否则超出委托范围买卖证券的结果应由证券公司承担，由此给客户造成的损失应当由证券公司承担赔偿责任。

（3）不当劝诱。不当劝诱是指证券公司利用欺骗或误导性手段诱导客户进行证券交易。在证券营销活动中，证券公司可以对投资者进行投资劝导或提出投资建议，但应属正当范围，其所提供的信息应当客观、真实，禁止提供虚假或误导性的信息，否则即构成不当劝诱。

（4）过量交易。过量交易是指证券公司以多获取佣金为目的，诱导客户进行徒劳无益的证券交易，或者在客户的账户上翻炒证券的行为。区分过量和适当的主要界限有：①买卖证券的决定是否由客户本人作出，客户的交易决定是否因证券公司的诱导而作出；②"不必要的证券买卖"的认定标准应结合主、客观状况，主观上证券公司有谋取佣金的目的，客观上客户受到了不应有的损失。

（5）其他欺诈客户的行为。除上述行为外，欺诈客户的行为还有：不在规定时间内向客户提供交易的书面确认为文件；挪用客户所委托买卖的证券或者客户账户上的资金；利用传播媒介或者通过其他方式提供、传播虚假或者误导投资者的信息；假借客户的名义买卖证券等。

(二) 欺诈客户的法律责任

1. 欺诈客户的民事责任在《证券法》第 79 条第 2 款中规定："欺诈客户行为给客户造成损失的，行为人应当依法承担赔偿责任"；第 210 条规定："证券公司违背客户的委托买卖证券、办理交易事项，或者违背客户真实意思表示，办理交易以外的其他事项的，责令改正，处以 1 万元以上 10 万元以下的罚款。给客户造成损失的，依法承担赔偿责任。"依此，证券公司对客户欺诈赔偿责任的构成要件如下：

(1) 证券公司主观上须有欺诈的故意。证券公司主观上的故意是指明知其行为会造成对被欺诈人（客户）损害却仍然实施该行为，或者放纵加害结果的发生。

(2) 证券公司客观上须有违法行为。证券投资者在某一证券公司处办理开户手续后，即与证券公司之间形成证券交易的概括委托关系。因此，证券公司违背客户委托办理交易事项以及违背真实意思办理其他事项，如混合操作、不当劝诱等，均属于违法、违约行为。

(3) 损害事实。民事赔偿须以请求权人遭受利益损害为前提。因此，客户遭受证券公司损害才可赔偿，无损害则无赔偿。在计算赔偿额时，客户除可请求因证券公司行为而遭受的实际损失（如账户资金的减少）外，还有权就可得利益请求赔偿。如证券公司未执行投资者发出的委托指令，致使投资者未能实现可得利益，也应予赔偿。

(4) 因果关系。在法律上，客户所受损害须由证券公司欺诈行为所致，即证券公司欺诈行为与客户的损害之间应当具有必然的因果关系。

2. 欺诈客户的行政责任

《证券法》第 210 条、第 211 条、第 212 条和第 220 条规定了证券公司欺诈客户应承担如下行政责任：

(1) 罚款。证券公司违背客户的委托买卖证券，办理交易事项，或者违背客户真实意思表示，办理交易以外的其他事项，处以 1 万元以上 10 万元以下的罚款。

(2) 责令改正、没收违法所得、罚款、关闭或者吊销责任人员的从业资格证书。证券公司、证券登记结算机构挪用客户的资金或者证券，或者未经客户的委托，擅自为客户买卖证券的，责令改正，没收违法所得，并处以违法所得1倍以上5倍以下的罚款;没有违法所得或者违法所得不足10万元的,处以10万元以上60万元以下的罚款;情节严重的,责令关闭或者撤销相关业务许可。对直接负责的主管人员和其他直接责任人员给予警告,撤销任职资格或者证券从业资格,并处以3万元以上30万元以下的罚款。证券公司办理经纪业务,接受客户的全权委托买卖证券的,或者证券公司对客户买卖证券的收益或者赔偿证券买卖的损失作出承诺的,责令改正,没收违法所得,并处以5万元以上20万元以下的罚款,可以暂停或者撤销相关业务许可。对直接负责的主管人员和其他直接责任人员给予警告,并处以3万元以上10万元以下的罚款,可以撤销任职资格或者证券从业资格。

(3) 罚款、撤销相关证券业务许可和任职资格、从业资格。证券公司对其证券经纪业务、证券承销业务、证券自营业务、证券资产管理业务,不依法分开办理,混合操作的,责令改正,没收违法所得,并处以30万元以上60万元以下的罚款;情节严重的,撤销相关业务许可。对直接负责的主管人员和其他直接责任人员给予警告,并处以3万元以上10万元以下的罚款;情节严重的,撤销任职资格或者证券从业资格。

3. 欺诈客户的刑事责任

欺诈客户的刑事责任体现在我国《刑法》第181条规定的诱骗投资者买卖证券罪,根据规定,编造并且传播影响证券交易的虚假信息,扰乱证券交易市场,造成严重后果的,处5年以下有期徒刑或者拘役,并处或者单处1万元以上10万元以下罚金。

证券交易所、证券公司的从业人员,证券业协会或者证券管理部门的工作人员,故意提供虚假信息或者伪造、变造、销毁交易记录,诱骗投资者买卖证券,造成严重后果的,处5年以下有期徒刑或者拘役,并处或者单处1万元以上10万元以下罚金;情节特别恶劣的,处5年以上10年以下有期徒刑,并处2万元以上20万元以下罚金。

单位犯前两款罪的,对单位判处罚金,并对其直接负责的主管人员和其他直接责任人员,处5年以下有期徒刑或者拘役。

三 引例分析

证券公司与客户之间是委托合同关系,在履行合同时应当遵循诚实信用原则，根据《公司法》第79条的规定，本案中，该证券公司为了增加佣金收入而诱使客户进行不必要的交易，甚至还擅自使用客户的资金进行多次买卖，已经构成欺诈客户的行为，应当承担相应的法律责任。

第六编

保险法

第一章 保险法概述

第一节 保险与保险法

一 引例

2007年10月19日下午4点钟左右，黄某在厨房准备烧老鸭汤。黄某自称，就在他准备用菜刀切鸭子的脊梁骨的时候，顿感尿急，而此时，手机铃声也响起。为了腾出手接电话，早点切好手头上的鸭子，于是黄某加快了下刀的速度并加大了力度。可没有想到的是，他突然看见了鸭子上有血，紧接着他感到手部一阵麻痛，这才发现左手大拇指和食指已被切下。住院治疗后，黄某向1个月前曾投保的2家保险公司申请理赔。在核实时，他的手指缺损却被发现诸多疑点：（1）事发前一个月，黄某在3家保险公司购买过为期一年的意外伤害保险。投保人是自己，受益人是家人。其中，两份保险单已经生效，最高理赔额度高达299万元。可就在一个月后就发生了断指事件，根据保险条款规定，黄某可获得理赔金为总保险额的15%，即448500元。（2）理赔金恰够还抵押贷款。黄某曾通过抵押房产，从银行获得一笔45万元的消费贷款，还款日期是2008年1月。这45万元最后被他用于生意和炒股，到他出事时，账户只剩下300元。（3）投保时候刻意避开调查。黄某在其中一家保险公司投保了99万元的意外伤害险，而保额满100万元就要做一个生存调查。据市公安局损伤伤残鉴定中心的法医鉴定，黄某的左手残指与离断部分有组织缺失，左手食指残端有两个创面，该伤势一刀不能形成。断指的形成不能简单归结为"切"，确切地说是"砍击"形成。法院认为，通过双方的质证，黄某在投保后骗取保险理赔金的证据确凿，鉴于黄某系骗保未遂，可比照既遂犯从轻处罚。法院遂作出对黄某有罪的判决。①

二 基本理论

（一）可保危险

谈到保险的问题我们不能忽略一个前提，那就是危险的存在。保险业一直贯穿的真理就是"无危险即无保险"，也就是说，在危险存在的场合我们才有探讨保险的必要，如此看来，危险与保险它们是不可分割的一个整体。

那么什么是危险呢？所谓的危险，"是指意外事故或者不可抗力所致损失发生的未来不确定的客观状态。"② 并不是所有的危险都可以成为保险的对象，保险意义上的危险，比一般意义的危险范围小一些，"指的是保险人可接受承保的危险，或者可向保险人转移的危险，我们又称为可保危险。"③ 它具有以下特征：

1. 客观性。从总体上而言，危险在一定时空中总会随机地发生，无法人为排除。它的存在并不随着我们意识发生变化，不管我们是否察觉到它的存在，它总是以不同的形态存在于客观世界中。

2. 未来性。可保危险必须是未来可能发生的危险，具体来说应该是在保险合同订立之后发生的危险。如果已经发生了，或者正在发生，这就不是我们所探讨的危险，而直接转化成为了现实的损失。

3. 纯粹性。只能存在遭受损失的可能，不能因为危险而存在任何获利的可能，因此商业投资危险就不是纯粹危险，也不能成为可保危险。

4. 不确定性。也就是说风险在特定的时间空间中，是否发生，何时发生，何地发生，以何种形式发生都是不确定的，并且一旦发生所造成的损失程度也是难以估量的。

需要注意的是，它同风险的客观性并不矛盾，只是分析的角度不同，危险客观存在，但是不一定发生，这样我们才需要购买保险以填补一旦危险发生造成的损失。同时有了危险发生的不确定性我们才需要根据这种不

---

① 罗忠敏主编：《新保险法案例精析》，中国法制出版社 2009 年版，第 159—160 页。
② 徐卫东主编：《保险法学》，科学出版社 2004 年版，第 3 页。
③ 樊启荣：《中华人民共和国保险法》，高等教育出版社 2010 年版，第 11 页。

确定性存在的概率计算各种不同危险应该收取的保费。针对个体而言，存在两重含义：首先，具有发生的可能性，完全没有发生可能的不行，例如给已经去世的人购买健康保险。其次，发生的时间、空间、损失范围及程度不能事先确定。例如人要生病，这是一定的，但是会不会在参加保险的这段时间里生病，生病的种类是不是在保险规定的范围之内，这都是不确定的，因此说生病对于个体而言也成为一种偶然的危险，而并不是一种必然了。

5. 重大损失可能性。保险业的诞生源于人们对重大损失较低的承受能力，为了分散危险，填补损害，防止这种重大损失危害个人乃至社会的正常生产生活，保险业应运而生。如果仅仅是很微小的损失就不需要通过保险来分担风险，可以用其他的方法来处理危险，这样比较符合效率的要求。

6. 非故意危险。也有人称为危险的意外性，它包括两层含义：首先，危险的发生或者损失的产生并非源于投保人或者被保险人的行为。其次，危险的发生是当事人不可预见的。对个体而言，如果能够预知到危险的发生，那么这种危险就带有必然性，也就不是我们所说的可保危险。

提到意外性，我们不得不探讨另外一个问题就是道德危险。所谓道德危险是指由投保人、被保险人或者受益人为了获取保险金而故意的作为或不作为所致损失发生或扩大损失的可能性。虽然我们叫这种危险为道德危险，但事实上这种危险行为恰恰是不道德的一种体现，即使危险最后造成了严重的损失，但保险人却并不需要对损害的发生进行相应的填补。① 例如当事人实施故意行为杀害被保险人骗取保金；对自己不需要的房子进行故意的破坏行为，或者遭遇了火灾为了获得更多保险金故意不救火使得损失扩大的行为。如果对这些行为进行进一步划分，它包括积极促成保险危险发生的行为，以及疏于救护扩大损失的行为。这些行为与保险形成的初衷并不相符，相反是对社会资源的一种浪费，严重的还出现犯罪行为，因此保险法也会对这样的行为制定相应的规制措施，以减少甚至避免此类情况的发生。具体的规制措施有以下几点：

---

① 樊启荣：《中华人民共和国保险法》，高等教育出版社 2010 年版，第 13 页。

(1) 对故意行为所致的危险，保险人不负保险给付的义务

根据《中华人民共和国保险法》（以下简称《保险法》）第27条第二款规定，投保人、被保险人故意制造保险事故的，保险人有权解除合同，不承担赔偿或者给付保险金的责任；除本法第43条规定外，不退还保险费。第43条规定，投保人、受益人故意造成被保险人死亡、伤残或者疾病的，保险人不承担给付保险金的责任。第44条规定，以被保险人死亡为给付保险金条件的合同，自合同成立或者合同效力恢复之日起二年内，被保险人自杀的，保险人不承担给付保险金的责任，但被保险人自杀时为无民事行为能力人的除外。保险人依照前款规定不承担给付保险金责任的，应当按照合同约定退还保险单的现金价值。第45条规定，因被保险人故意犯罪或者抗拒依法采取的刑事强制措施导致其伤残或者死亡的，保险人不承担给付保险金的责任。投保人已交足二年以上保险费的，保险人应当按照合同约定退还保险单的现金价值。

(2) 保险法使投保人或者被保险人负有一定义务以控制危险

①保险事故发生前的防险义务

当事人还要对自己的保险标的负有防护的义务，并不是说有了保险我们就可以高枕无忧了，保险之后仍然需要当事人尽到注意义务，一旦标的情况发生变化，还要通知保险人，以便采取相应的措施，一旦发现保险事故的发生是由于当事人的疏忽造成的，那么当事人对于损失也负有相应的责任。我国《保险法》第51条规定，被保险人应当遵守国家有关消防、安全、生产操作、劳动保护等方面的规定，维护保险标的的安全。

②保险事故发生后的减损义务

为减少损失，保险法要求义务人在保险事故发生之后，须履行对保险标的施救的义务。我国《保险法》第57条规定，保险事故发生时，被保险人有责任尽力采取必要的措施，防止或者减少损失。

③保险法赋予保险人对保险标的危险状况的勘查权以控制危险

保险人有权勘查保险标的的实际情况以确保保险标的与投保时处于同一状态，《保险法》第51条规定，保险人可以按照合同约定对保险标的的安全状况进行检查，及时向投保人、被保险人提出消除不安全因素和隐患的书面建议。投保人、被保险人未按照约定履行其对保险标的的安全应尽责任的，保险人有权要求增加保险费或者解除合同。保险人为维护保险

标的的安全，经被保险人同意，可以采取安全预防措施。

（二）保险

1. 保险的概念与构成

"保险有广义和狭义之分，广义的保险包括社会保险、商业保险和合作保险；而狭义的保险仅指商业保险。"① 我们这里探讨的保险就是商业保险。我国《保险法》第 2 条规定，本法所称保险，是指投保人根据合同约定，向保险人支付保险费，保险人对于合同约定的可能发生的事故因其发生所造成的财产损失承担赔偿保险金责任，或者当被保险人死亡、伤残、疾病或者达到合同约定的年龄、期限等条件时承担给付保险金责任的商业保险行为。

保险的构成要件：

（1）存在可保危险

保险合同中必须存在危险，没有危险也就没有保险，并且这种危险只能是可保危险，如果只是其他的危险，或者没有同一性，或者不是重大损失危险，或者已经发生，都不是我们所要探讨的保险中的危险，因此，不存在可保危险的就不存在保险。

（2）可保危险的同一性

即危险相同，就是说参加一种保险的这些可保危险都为同类危险，他们面临的是相同或者相似的危险。这样便于计算危险发生的概率进而制定保险费的收取标准。如果没有相同的危险发生作为基础，就无法制定相应的保险服务。一般而言，一种保险合同只承保同种类的危险，但是有时候一个合同中也会出现多个保险服务，例如海上保险有一切险的规定，它的责任范围不仅包括平安险和水渍险，还包括货物在运输过程中，因各种外来原因所造成的保险货物的损失。这并不是说否定了保险的同一性，而是随着社会的发展产生的一种保险服务的变形。从实质上讲，它产生的基础仍然是同一可保危险，只是通过不同的统计计算，分别制定保险赔率跟保险费的收取，然后混合在一个合同之中，形成了多个服务项目的保险合同，由此可见，即使是这样的保险合同仍然是建立在保险危险同一性基础之上的。

（3）损失的补偿性

这是保险存在的核心。保险产生的基础是分担风险弥补损失，因此保

---

① 徐卫东主编：《保险法学》，科学出版社 2004 年版，第 13 页。

险的补偿只能使其恢复到损失发生前的经济状况,不能超越这种状况,不能因为保险而获得额外的受益,并且,这种补偿只能是利益的补偿,不是实物的替换、原物的返还,因为一些特定物的损毁是没有办法获得修复的,而且保险公司也没有那样的能力进行物的恢复原状,这样增加了其开展业务的难度,因此,只是进行金钱的补偿。

(4) 保险有偿性

这是保险目的得以实现的途径。保险建立的基础是损失补偿,并且通常而言这种损失都是巨大的,但是补偿的来源并不是保险公司自身资金,它不是福利机构,也没有那么多资金来源,因此,这就需要集合社会资金保障保险的运转,所以说,保险是有偿性的,体现在保险费的缴纳上面。同时我们要清楚,保险的有偿性并不仅仅拘泥于分摊份额的名称上,我们可以叫它保险费,同时很多会员制团体中的损失补偿来源于会员所缴纳的会费,这也构成一般意义上的保险。因此保险有偿性具有灵活性。

(5) 以互助共济为基础

保险是一种风险分担机制,它以我为人人,人人为我作为指导思想,以集合危险,分散损失为基本原理,所以团体的存在才能实现保险存在的目的。集合多数人的经济能力,用以补偿少数人的损失,这才能实现保险的社会效益。

2. 保险的分类

依据不同的划分标准,保险有不同的分类。

(1) 人身保险和财产保险

依据保险标的的不同,可分为人身保险和财产保险。

人身保险则是以人的生命和身体为保险标的的保险。以人的生存、年老、疾病、伤残、死亡等作为保险事故承担保险责任的一种保险。主要包括人寿保险、健康保险和意外伤害保险。

财产保险是以财产及与之相关的利益为保险标的的保险。早期的财产保险仅指对有形财产的保险,随着经济的发展社会的进步,财产保险的范围也随之扩大,从原来的有形财产扩大到了无形的财产性利益的领域。由此,财产保险主要包括财产损失保险、责任保险、信用保险等。[1]

---

[1] 温世扬主编:《中华人民共和国保险法》,法律出版社 2003 年版,第 14 页。

(2) 自愿保险和强制保险

依据保险实施的方式进行分类，可分为自愿保险和强制保险。

自愿保险也称为任意保险，是指投保人与保险人在平等自愿的基础上订立合同形成的保险关系。对于投保与否、保险金额的大小、保险期限的长短均由当事人自由协商，法律不进行强制性规定。商业保险绝大部分都是自愿保险。

强制保险也称为法定保险，是指依照法律的规定而强制实施的保险。这一类的保险多涉及公共利益，为了保障公众利益，保护公有财产而实施的保险，主要适用于交通工具责任、产品责任、公共责任、雇工责任等领域。强制保险又可划分成两种实现形式：一种是自动发生效力的强制保险。即无论投保人是否投保均在投保人和保险人之间发生保险的效力。另一种是经投保人投保才发生效力的强制保险。这类保险必须履行一定的投保程序，只有履行之后才能发生效力，但是对于是否投保这个问题，法律有强制规定，当事人不能进行选择。

(3) 原保险和再保险

依据保险人承担责任的次序进行分类，可分为原保险和再保险。

原保险指保险人对保险人或者受益人承担直接的、原始的赔偿或者给付责任的保险。

再保险是指保险人将其承担的保险业务，以承保形式部分转移给其他保险人而进行的保险。这样做的目的在于保险人将自己承担的风险进行了二次转移，提高经营的稳定性。

(三) 保险法

1. 保险法的概念和特征

保险法的含义包括广义和狭义两种。

广义保险法，是指以保险关系为调整对象的一切法律规范的总称，包括保险公法与保险私法。保险公法系关于调整保险关系的公法规范，如保险监管法与社会保险法。保险私法，系调整民商事领域的保险关系的法律规范，如保险合同法、保险组织法。

狭义保险法仅指保险私法，即保险合同法与保险组织法，系关于保险的私法关系的法律规范的总称，不包括保险公法。我们所称的保险法，是调整商业保险关系的公法规范与私法规范的总体，即包括调整保险合同关系的法律规范、保险公司关系的法律规范和国家对保险人、保险中介人的组织及其行为进行监管的法律规范。

保险法的特征：

(1) 保险法具有广泛的社会性。保险是以集合群体力量分散个体风险的一种社会运作模式，如果欠缺了社会性，那么保险就无法起到分散风险的作用，同时保险的发展也为保障社会的安全、生产的稳定起到了推动性的作用。虽然保险公司也是营利性的经济组织，保险行为也是商行为的一种，但是在保险行业中，这种商行为的营利性特征与保险的社会公益性并存，也就是说保险法所规制的行为已经不仅仅是一种单纯的营利性行为，更多地体现了社会公益行为的属性。

(2) 保险法具有强制性与任意性相结合的特点。保险法中的保险行为主要还是平等自愿的商行为，但是，基于保险法的社会性考虑，它的态度是较为复杂的，既不是无所约束全部自治，也不是强制调整完全排斥自治，而是以平等自愿、意思自治为基本原则，大部分的规范为任意性规范，供当事人进行自由选择，仅对涉及公共利益的法律规范赋予强制性的特征。

(3) 保险法是技术性法。在保险关系中，保险业能够维持风险与收益的平衡是通过对风险的评估与概率计算实现的。因此，在保险法中，一般都有关于保险费率厘定、承保风险的选择程序、保险事故损失的计算、保险赔款的计算等规定，这种计算较为复杂，并且技术性强，所以通常不允许当事人进行选择，法律强制发生相应效力。

2. 保险法的主要内容

(1) 保险合同法。这部分为各国保险法的核心内容，主要是对保险当事人双方权利义务的规定，包括保险合同的定义分类、保险合同的主体客体、保险合同的原则、保险利益、保险合同的订立履行及解释、保险合同的变更、转让、解除和终止等。我国保险法对保险合同的总则、财产保险和人身保险都作了具体的规定。

(2) 保险特别法。它是针对保险合同法来说的，指除了保险合同法之外的规范于民商法中的有关保险的条文。最典型的就是海商法中对于海上保险的规定。

(3) 保险业法。也叫做保险业监督法，是国家对保险业进行监督和管理的一种强制法。主要内容是有关保险组织的设立、经营、管理、监督和解散的规定。我国保险业法主要由《保险管理暂行规定》和《保险法》第三、四、五、六章组成。

三 引例分析

本案是一起自残的骗赔案件，这种类型的骗赔案最为常见的是在意外伤害保险中，意外伤害险的保险标的是人的身体，被保险人死亡或者身体受到伤害均属于保险责任范围内。只要给被保险人身体造成一定的残疾，就可以获得巨额赔付。并且意外伤害保险索赔不需要出示死亡证明、户口注销证明、火化证明等审查严格的凭证，只要提供意外伤害或者意外残疾证明，就可以获得赔付。对于骗赔案不予赔偿的理由在于可保风险必须是纯风险，是一种只有损失可能而无获利机会的不确定性，其风险的发生超出了投保人的控制范围，且与投保人的任何行为无关，其立法本意是为了避免保险中的道德风险，防止保险制度的滥用，维护社会公共秩序和善良风俗。本案中，鉴定机构认定黄某的伤残并不是刀切而是砍击形成的，加上保险公司调查出的诸多疑点，可以证明，黄某系自残，有骗保的目的，因而依据保险合同约定的免责条款，保险公司不给付保险金。[①]

第二节 保险法的基本原则

一 引例

魏女士于 2000 年 8 月 25 日在平安人寿为自己投保长期寿险，并为其配偶附加了意外伤害及意外医疗保险，年缴保费 872 元，其中包括其配偶附加险年缴保费 63 元。2001 年 6 月 28 日魏女士与其丈夫办理离婚手续，解除婚姻关系，至今仍单身。魏女士于 2001 年 8 月和 2002 年 8 月分别缴纳第二期和第三期保费各 872 元。2003 年 8 月，魏女士对其配偶的附加意外伤害及意外医疗保险责任提出疑问，经咨询公司理赔人员，被告知：自 2001 年 6 月 28 日其与原配偶婚姻关系解除之后，因其对原配偶不再具有保险利益，所以其为原配偶投保的附加意外伤害和意外医疗保险至

---

① 罗忠敏主编：《新保险法案例精析》，中国法制出版社 2009 年版，第 160—162 页。

2001年8月24日到期后保险公司已不承担保险责任。那么对于这份保险合同的效力将如何判断?①

二 基本理论

保险法的基本原则是指贯穿于保险法律、法规、规章以及保险法律活动中的指导思想和方针。它是制定、解释、执行和研究保险法的出发点和根据。保险法的基本原则包括：最大诚信原则、损失补偿原则、保险利益原则和近因原则。

(一) 最大诚信原则

所谓诚实信用，指的是任何一方当事人对他方不得隐瞒欺诈，必须善意全面地履行自己的义务，这也是民事活动应该遵循的基本原则之一。而作为保险活动，它与一般的民事活动相比具有一定的特殊性，这种特殊性主要体现在保险合同是一种射幸合同，保险事故的发生与否在订立合同之时并不能确定，而保险人对于风险的评估很大程度取决于投保人的告知和保证，如果仅以一般的诚信来进行要求很容易使保险人作出错误的判断，这也使得保险法对诚实信用原则提出了更高的要求，即最大诚信原则。保险法上最大诚信原则的含义是：保险合同的双方当事人在保险合同的订立和履行过程中，必须以最大的诚意，履行自己的义务，互不欺骗和隐瞒，恪守合同的约定，否则保险合同无效。② 而最大诚信原则并不仅是对投保人的要求，同样也体现在对保险人的要求，因此在保险立法上具体表现为以下制度：对投保人方表现为投保人的缔约告知义务和保证制度；对保险人方表现为保险人的说明义务、弃权与禁止反言制度。

1. 告知

告知义务是指投保人在订立保险合同时，应当将有关保险标的的信息向保险人做出如实告知的义务。《保险法》第16条规定，"订立保险合同，保险人就保险标的或者被保险人的有关情况提出询问的，投保人应当如实告知。投保人故意或者因重大过失未履行前款规定的如实告知义务，

---

① 于海纯、傅春燕编著：《新保险法案例评析》，对外经济贸易大学出版社2009年版，第15—16页。
② 温世扬主编：《中华人民共和国保险法》，法律出版社2003年版，第38页。

足以影响保险人决定是否同意承保或者提高保险费率的，保险人有权解除合同。前款规定的合同解除权，自保险人知道有解除事由之日起，超过三十日不行使而消灭。自合同成立之日起超过两年的，保险人不得解除合同；发生保险事故的，保险人应当承担赔偿或者给付保险金的责任。投保人故意不履行如实告知义务的，保险人对于合同解除前发生的保险事故，不承担赔偿或者给付保险金的责任，并不退还保险费。投保人因重大过失未履行如实告知义务，对保险事故的发生有严重影响的，保险人对于合同解除前发生的保险事故，不承担赔偿或者给付保险金的责任，但应当退还保险费。保险人在合同订立时已经知道投保人未如实告知的，保险人不得解除合同；发生保险事故的，保险人应当承担赔偿或者给付保险金的责任。保险事故是指保险合同约定的保险责任范围内的事故。"也就是说从告知的时间来看，应该在订立合同之时进行告知，即告知义务应为先合同义务而非合同义务；从告知义务的性质来看，法律直接规定必须进行告知，这就对告知义务进行了强制性规定，是一种法定义务；而对于违反告知义务的后果则对故意未告知和重大过失未告知采取了不同的态度，差别待遇，这种差别主要体现在是否退还保险费的问题上。

对于告知的主体，我国保险法里明确规定的是投保人，但是对于投保人与被保险人不为同一人时被保险人是否也应当负有告知义务则存在一定的争议。日本、韩国、美国的一些州在这一问题上就采取了扩张的态度，即如果投保人并不为被保险人时被保险人也负有告知的义务，以此来保护保险人的利益，防止投保人不了解保险标的状况时发生的告知不周全的情形。

保险法的告知义务是被动性义务，保险人没有询问的事项，投保人或被保险人不负告知义务。而海商法的告知义务是主动性义务，无论保险人是否询问，被保险人都应该承担如实告知的义务。[①]

对于告知的范围，并不是所有的关于保险标的的信息都需要进行告知，主要的告知事项有以下几种：首先是足以使保险危险增加的事实；其次是为特殊动机而投保的，有关此动机的事实；再次是表明保险危险特殊性质的事实；最后是显示投保人在某方面非正常的事实。

---

① 马宁主编：《保险法理论与实务》，中国政法大学出版社 2010 年版，第 30—31 页。

"一般情况下，以下事项不属于投保人需要告知的范围：

第一，保险人已经知道或在通常的业务活动中应当知道的事项。

第二，保险人应当知道但因自己的重大过失而未知的事项。

第三，保险人申明不需要告知的事项。

第四，保险风险降低的情况。"①

2. 保证

保险活动中的保证是指投保人或者被保险人对保险人承诺某些事项的作为或不作为以及某种事态存在或不存在。这种保证不同于债权中的保证，并不是对履行能力的一种担保，而是对于保险中某些事实的肯定和许诺。事实上，投保人的保证是保险人承保的一个先决条件，如果投保人不作保证，则对于这一险别的保险，保险人是不会进行承保的，或者通过改变保险费率的方式对保险合同的内容进行调整。

从保证的形式上看，保证分为明示保证和默示保证。明示保证是指投保人或被保险人在保险单或者其附件中明确记载的，构成保险合同组成部分的保证条款和其他保证事项。默示保证是指根据习惯认为投保人或被保险人应当保证的事项，它无须事前在保险合同中作出明确的承诺。默示保证主要存在于海上保险中，通常包括：保证具有适航能力；保证不绕航；保证航程具有合法性等。这些事项虽未在保险合同中明确规定但是按照海上保险惯例，双方应绝对遵守。默示保证与明示保证具有同等的法律效力。

从内容上看，保证又分为确认保证和承诺保证。确认保证是指投保人对过去或现在某一特定事项存在或不存在的保证。承诺保证是指投保人或被保险人对将来某一特定事项的作为或不作为的保证。违反确认保证，保险合同自始无效；违反承诺保证，则自违反之日起保险合同归于无效。②

虽然保证和告知都是最大诚信原则对投保人的要求，也是对保险人风险控制的一种保障，但是它们之间还存在很大的差异的。首先，它们存在的形式和性质不同。保证是保险合同的组成部分，除默示保证之外都以合同条款的形式存在于保险合同之中；而告知义务则是先合同义务，即发生

---

① 樊启荣：《中华人民共和国保险法》，高等教育出版社2010年版，第42页。
② 同上书，第43页。

于合同订立之前,并且告知的内容也并不构成合同的内容。其次,它们的目的也不同。保证的目的在于控制危险,防止危险在订立合同之后发生扩大产生不利于保险人的后果;而告知则是为了使保险人对危险有正确的认识和评估,以确定是否承保并确定保险费率,是一种合同内容公平性的体现。再次,它们的重要性不同。保证在法律推定上是重要的,任何违反将导致保险合同无效;而告知事项须由保险人证明其为重要事项,且只有因过错违反才可以成为解除保险合同的依据。

3. 保险人的说明义务

对于保险人来说,最大诚信原则对他的要求则主要体现在保险人的说明义务、弃权和禁止反言上。

说明义务,是指订立保险合同时保险人应当向投保人说明保险合同条款内容的义务。

《保险法》第 17 条规定,订立保险合同,采用保险人提供的格式条款的,保险人向投保人提供的投保单应当附格式条款,保险人应当向投保人说明合同的内容。对保险合同中免除保险人责任的条款,保险人在订立合同时应当在投保单、保险单或者其他保险凭证上作出足以引起投保人注意的提示,并对该条款的内容以书面或者口头形式向投保人作出明确说明;未作提示或者明确说明的,该条款不产生效力。

就保险人而言,订立保险合同,保险人应当向投保人说明保险合同的条款内容。说明义务是诚实信用原则的具体体现。由于保险合同条款由保险人事先拟定,投保人没有机会参与合同条款的拟定和协商,加之保险合同条款具有较强的专业性,投保人不容易了解其真实含义,容易对保险条款发生误解,所以有必要要求保险人对保险合同条款加以说明。对于保险合同中规定的保险人责任免除的条款,如果保险人在订立保险合同时未向投保人明确说明的,该条款不产生效力。

在《保险法》修订以前,司法实务中出现很大一部分纠纷都集中在对说明义务的不同理解上,特别是对免责条款的说明义务的履行方式或标准的理解存在分歧。保险人通常认为,在保险单中以不同的字体将免责条款予以印刷,就可以认为其已经履行了说明义务。至多需要在投保人对有关事项进行问询时进行解释。与此对应的是投保人、被保险人通常认为,保险人对免责条款的说明义务应包括两部分:以包括用不同字体印刷在内的方式提醒投保人注意免责条款，以及以口头或者书面方式对免责条款主动进行解释。分歧在于解释义务到底是主动义务还是被动义务。在《保险法》修改之后，这一问题有了明确答案，即解释义务被规定为保险人的主动义务。如果保险人不主动对免责条款进行解释，那么此免责条款将不对投保人和被保险人发生效力。[①]

4. 弃权

弃权是指保险合同的当事人故意抛弃其在保险合同中的有关权利。这些权利主要是针对合同的解除权和抗辩权弃权而言的。主体通常是保险人，该制度也主要是用于约束保险人的。

构成弃权要具备两个条件：一是保险人须有弃权的意思表示。这种意思表示可以是明示的也可以是默示的。明示弃权比较好判断，默示弃权通常通过保险人的行为得以推知，如保险人收受投保人逾期缴付的保险费，即可认为保险人放弃合同解除权和相关抗辩权。保险事故发生后，保险人明知有拒绝赔付的抗辩权，仍然寄送损失证明表，要求投保人提出损失证明的，即可认为保险人默示放弃抗辩权。保险人明知投保人的损失证明有瑕疵，仍然无条件予以接受，即可视为保险人放弃瑕疵抗辩权。保险人接受投保人、被保险人或受益人对保险事故的逾期通知可视为保险人放弃逾期通知抗辩权。保险人基于无效保险合同而主张权利的，则可视为保险人放弃基于无效合同产生的抗辩权。保险人明知投保人违反约定义务而保持沉默的，除非保险人有为意思表示的义务或者其沉默对被保险人显失公平，一般不发生弃权的法律后果。不管弃权的方式如何，这种意思表示只有到达保险合同对方当事人时才发生相应的法律后果。二是保险人必须知道或者应当知道权利的存在。如果并不知道权利的存在则并不会发生弃权的法律后果。

弃权的法律后果主要体现在保险人丧失了放弃的相关权利，在投保人、被保险人、受益人有相关违约行为时，保险人不得再主张已放弃的合同解除权或抗辩权。但是弃权的结果具有针对性，并不能因为一项权利的消失，而认定因为其他原因而产生的抗辩权和解除权也相应消失。我国《保险法》第16条第6款规定，保险人在合同订立时已经知道投保人未

[①] 马宁主编：《保险法理论与实务》，中国政法大学出版社2010年版，第35—36页。

如实告知的情况的，保险人不得解除合同；发生保险事故的，保险人应当承担赔偿或者给付保险金的责任。

5. 禁止反言

禁止反言是指保险人如果抛弃了他在合同中的某项权利，则在将来也不得再向他方主张这种权利。这一原则主要是对保险人进行约束，以使善意信赖保险人行为或意思表示而投保的人，于保险事故发生时其依合同所享有的权利不致落空。适用禁止反言的法律后果是保险人不得以投保人或被保险人违反约定义务为由而主张保险合同无效、解除保险合同或对投保人、被保险人、受益人进行抗辩。

(二) 损失补偿原则

损失补偿，是指当保险事故发生使被保险人遭受损失时，保险人必须在责任范围内对其所遭受的实际损失进行补偿。损失补偿是保险法的基本原则，也是保险制度，尤其是财产保险制度的真正价值所在。保险的目的在于使受到损失的人恢复到未受损失之前的状态，而不在于使其因此而获得赢利，因此我国保险法规定，保险金额不得超过保险价值，超过保险价值的超过部分无效。

损失补偿原则的含义主要可以归纳为两点：一是"有损失，有赔偿"，即投保人或者被保险人只有受到约定的保险事故所造成的损失，才能获得补偿；在保险期间，即使发生了保险事故，但如果投保人或被保险人并没有遭受到损失的话，也无权要求保险人进行赔偿；二是"损失多少，赔偿多少"，即保险人所作的补偿恰好能使保险标的恢复到保险事故发生之前的状况，投保人或者被保险人不得获得多于或者少于损失的补偿。

财产保险中保险人所作补偿数额实际取决于两个因素：一是实际损失额；二是保险金额。保险金额又受保险价值的限制。保险金额是保险合同双方当事人约定的保险人于保险事故发生后应给付保险金的限额，它是保险人据以计算保险费的基础，在财产保险合同中，保险金额应依保险价值确定，是保险人承担保险责任的最高限额。我国《保险法》第55条规定，投保人和保险人约定保险标的的保险价值并在合同中载明的，保险标的发生损失时，以约定的保险价值为赔偿计算标准。投保人和保险人未约定保险标的的保险价值的，保险标的发生损失时，以保险事故发生时保险标的的实际价值为赔偿计算标准。保险金额不得超过保险价值。超过保价值的，超过部分无效，保险人应当退还相应的保险费。保险金额低于保险价值的，除合同另有约定外，保险人按照保险金额与保险价值的比例承担赔偿保险金的责任。

损失补偿的范围主要包括：一是保险事故发生时，保险标的的实际损失。在财产保险中，最高赔偿额以保险标的的保险金额为限。二是合理费用。是在保险事故发生后，被保险人为防止或者减少保险标的的损失所支付的必要的、合理的费用和相关诉讼费用。我国《保险法》第57条第2款规定，保险事故发生后，被保险人为防止或者减少保险标的的损失所支付的必要的、合理的费用，由保险人承担；保险人所承担的费用数额在保险标的损失赔偿金额以外另行计算，最高不超过保险金额的数额。第66条规定，责任保险的被保险人因给第三者造成损害的保险事故而被提起仲裁或者诉讼的，被保险人支付的仲裁或者诉讼费用以及其他必要的、合理的费用，除合同另有约定外，由保险人承担。三是其他费用。主要指为了确定保险责任范围内的损失所支付的受损标的的检验、估价、出售等所需的费用。《保险法》第64条规定，保险人、被保险人为查明和确定保险事故的性质、原因和保险标的的损失程度所支付的必要的、合理的费用，由保险人承担。至于损失补偿的方法，则主要是现金赔付。应该注意的是，保险标的本身损失，应该与合理费用和其他费用分别计算，保险标的的损失赔偿金额以保险金额为限，除此以外的费用支出的最高限额不得超过保险金额。补偿的方式主要有现金赔付、修理、更换和重置，在我国以现金赔付为主。

(三) 保险利益原则

1. 保险利益的概念、意义及构成要件

保险利益，又称可保利益，是指投保人或被保险人对保险标的具有的法律上承认的利益，即在保险事故发生时，可能遭受的损失或失去的利益。保险利益是保险合同成立的前提，如果投保人对保险标的不具有保险利益，则保险合同无效。我国《保险法》第12条规定，人身保险的投保人在保险合同订立时，对被保险人应当具有保险利益。财产保险的被保险人在保险事故发生时，对保险标的应当具有保险利益。人身保险是以人的寿命和身体为保险标的的保险。财产保险是以财产及其有关利益为保险标的的保险。被保险人是指其财产或者人身受保险合同保障，享有保险金请求权的人。投保人可以为被保险人。保险利益是指投保人或者被保险人对保险标的具有的法律上承认的利益。

保险利益原则的意义：一是防止赌博。保险的目的在于填补被保险人因为保险事故而造成的损失，没有损失自然不能获得相应的补偿。如果允许不具有保险利益的人将别人的财产或者人身进行投保，一旦发生事故则可以获得额外的收获，那么保险就会变成单纯的赌博，保险存在的价值也丧失了，因此以保险利益控制赌博行为的发生是保险利益原则存在的意义之一。二是防止道德危险的发生。如果不以保险利益进行限制，而允许以他人的财产和人身进行投保，很容易发生为了追求保险金给付而积极制造保险事故。三是限制财产保险的赔偿程度。投保人的保险标的遭受损失，要求进行经济补偿的最高金额不得超过投保人在损失标的上的全部保险利益，如果不坚持这一原则，则会发生投保人超额保险，诱发道德危险。[①]

保险利益的构成一般应当具有以下要件：首先，保险利益必须是法律认可的利益。对于不符合法律规定而取得的利益和违反善良风俗而取得的利益，不能成为保险标的，投保人或被保险人对其没有保险利益。其次，保险利益必须是经济上的利益。保险的目的是对被保险人遭受的经济上的损失进行补偿，而并不是消除危险，并且也无法做到填补所有的损失，只能在经济上进行一定的填补。例如感情上受到的伤害，伤残带来的精神痛苦，这些都不是经济上的损失，不能获得保险人的补偿。最后，保险利益必须是确定的利益。保险利益应当具备确定性，是指投保人或被保险人对保险标的所具有的利害关系，已经确定或者可以确定的，才能构成具有保险利益。这种确定是客观上的确定而非当事人的主观臆断。

2. 人身保险的保险利益

人身保险的保险利益，是指投保人对于被保险人的生命或身体所具有的利害关系。相对于财产保险的保险利益来说，人身保险利益更为复杂一些，它并不体现为一种直接的经济关系，也不能以金钱进行衡量，并且在是否存在保险利益的认定上也存在诸多的判断原则，一种是利益原则，另一种是同意原则，还有一种是利益与同意兼顾的原则。

所谓利益原则，是指投保人以他人的身体或寿命投保的，是否具有保

[①] 马宁主编：《保险法理论与实务》，中国政法大学出版社2010年版，第60—61页。

险利益,以投保人和被保险人相互间是否存在金钱上的利害关系或者其他私人相互间的利害关系为判断依据,有利害关系则有保险利益。美国、比利时、荷兰等国的法律采用这种原则。

所谓同意原则,是指投保人以他人的身体或寿命投保的,是否具有保险利益,以投保人是否已经取得被保险人的同意为判断依据,而不论投保人与被保险人之间有无利害关系;投保人征得被保险人同意订立保险合同的,即对被保险人有保险利益。大陆法系的主要国家如德国、法国、瑞士、日本等国的法律采用这种原则。

所谓利益与同意兼顾原则,是指投保人以他人的身体或寿命投保的,是否具有保险利益,或者以投保人与被保险人相互间是否存在金钱或其他利害关系,或者以投保人是否已经取得被保险人的同意为判断依据;投保人与被保险人相互间有金钱或其他利害关系的,投保人对被保险人有保险利益;投保人与被保险人相互间没有利害关系,但投保人征得被保险人同意订立保险合同的,投保人对被保险人有保险利益。《保险法》采用这种原则,《保险法》第31条规定:"投保人对下列人员具有保险利益:(一)本人;(二)配偶、子女、父母;(三)前项以外与投保人有抚养、赡养或者扶养关系的家庭其他成员、近亲属;(四)与投保人有劳动关系的劳动者。除前款规定外,被保险人同意投保人为其订立合同的,视为投保人对被保险人具有保险利益。订立合同时,投保人对被保险人不具有保险利益的,合同无效。"

人身保险的保险利益与财产保险的保险利益存在的时间有所不同,为了防止道德危险的发生,避免发生不必要的伤亡事件,必须限制投保人的资格,防止没有保险利益的投保人以他人的身体和寿命进行投保。另外,人身保险跟财产保险一个比较大的差异在于功能上的分化,在人身保险领域,虽然仍以补偿损失为主要功能,但由此而衍生的长期储蓄投资的功能也不能忽视,如果保险合同存续期间因为丧失保险利益就判定合同无效,对于投保人来说剥夺了其以保险作为投资手段的权利,极易导致不公平的结果。因此对于发生保险事故时投保人是否具有保险利益我们在所不问。

3. 财产保险的保险利益

财产保险的保险利益是指投保人对保险标的所具有的、为法律认可的经济利益。财产保险利益来源于各种有形的财产和无形的权益。在财产保险中，财产的所有人、经营管理人、抵押权人、质权人、财产受托人或保管人对保险标的都具有保险利益。而合同的当事人对基于合同而产生的利益也享有保险利益。虽然以上各种权利人对保险标的均享有保险利益，但是对保险标的所享有的保险利益却并不完全一致，财产的所有权人所享有的保险利益是最完全、最充分的，其他权利人的保险利益往往受到限制，并依据对保险标的所负责任和风险的不同而有所差异。

一般来说，投保人或者被保险人具有下列情形之一的，可以认定为有保险利益存在：

（1）对财产标的具有所有权或者其他物权等。凡是对财产享有法律上的权利，无论是所有权，还是抵押权、留置权、经营权等其他物权，也不论此种权利是现在有的还是将来的，都可以定为有保险利益。

（2）对财产标的物依法或者依约定占有、使用或保管。此时，占有或者保管标的物的占有使用人或者保管人对财产标的物的毁损灭失依法或者依约也具有经济上的利害关系，应认定当事人有保险利益，可以对占有、使用、保管的标的物进行投保。

（3）基于合同关系产生的利益。当事人根据彼此之间的合同约定，需要承担财产损失的风险时，则对该财产具有保险利益。

（4）法律责任。自然人或法人依法对他人承担的赔偿责任也是一种保险利益。当事人可以将其可能对他人负有的法律责任进行投保，此时认为他对其法律责任负有保险利益。

（5）期待利益。包括消极的期待利益和积极的期待利益。消极的期待利益指基于现有利益而期待某种责任不发生的利益，主要针对责任保险而言。积极期待利益指当事人对于其现有的财产或者事业的安全而可获得的利益，如利润利益、营业收入、租金收入等。[1]

因为财产可能在不同人之间发生流转或者权利状态的变化，这也决定着权利人对保险标的享有的保险利益并不全是永远存在的，那么任何时候对保险标的具有保险利益都可以成为投保人吗？答案是否定的，也就是说只有在法律规定的时间内享有保险利益的才能够进行投保。对于财产保险

---

[1] 于海纯、傅春燕编著：《新保险法案例评析》，对外经济贸易大学出版社2009年版，第8页。

合同来说，并不需要从投保开始到保险事故的发生为止这段时间必须持续享有保险利益，根据国际惯例，只要在发生保险事故之时具有保险利益即可，这主要是基于方便权利流转的考虑。由于财产保险的主要目的在于填补被保险人所遭受的损害，保险利益原则要求被保险人在发生保险事故时对保险标的具有保险利益就足够了。我国《保险法》第12条第2款规定，财产保险的被保险人在保险事故发生时，对保险标的应当具有保险利益。所以，一般来说，在财产保险合同订立时，不要求投保人对保险标的具有保险利益；在保险事故发生时，被保险人对保险标的必须具有保险利益。如果保险利益在保险合同订立时存在，但在保险事故发生时已经丧失，则投保人或被保险人对保险标的已无利害关系，保险合同即应失效。

（四）近因原则

导致保险事故发生的原因可能不止一个，那么如果有些原因是在保险范畴之内的，而有些却不在，我们该如何认定保险人应否承担责任呢？这就涉及近因原则的适用。所谓近因是指引起一连串事件发生，并由此导致事件结果的能动的、起决定作用的因素。由此我们可以看出，作为近因，它未必是离结果最近的因素，也就是说时间上的远近并不是判断近因的标准，而判断的标准则在于原因对结果发生的作用上，只有最直接、最有效、起关键作用的原因才是近因。而近因原则所起到的作用则是界定了保险人在何种情况下才对发生的损失承担保险责任。即只有在导致损失的近因属于保险事故时，保险人才承担保险责任，如果导致损失的近因属于保险合同的除外风险或未保风险，则保险人不承担保险责任。

在保险实务中，近因原则的运用可以分成以下几种情形：一是单一原因造成的损失，如造成损失的原因只有一个，而该原因又是保险人承担的风险，即为损失的近因，保险人应承担赔偿责任；反之则不承担责任。二是数种原因造成的损失即多因一果。若造成保险标的损失的原因有数个，则应分具体情形来确定近因：

1. 多种原因同时发生。如同时发生的危险事故均属保险责任，则保险人应赔偿所有损失，反之则可拒赔。如同时发生的原因既有保险事故又有除外责任，那么保险人的责任就要根据损失能否划分来决定。如能分开则承担保险事故造成的损失；如不能区分保险事故和除外责任则不承担赔偿责任。

2. 多种原因连续发生。如损失的发生为两个以上原因所致，并且各原因之间的因果链未中断，则最先发生并造成一连串事故的原因即为近因。只要前因在承保责任范围以内，后因是前因导致的必然结果或合理的连续或属于前因自然延长的结果，保险人都承担赔偿责任，而不论后因是在承保责任范围以内还是属于除外责任。但如果前因是除外风险或未保风险，而后因却是承保风险，后因是前因的必然结果，则保险人不承担赔偿责任。

3. 多种原因间断发生。在一连串连续发生的原因中，有一个新出现的而又完全独立的原因介入导致损失，即前因与后因之间不相关联，后因不是前因的合理延续，也不是前因自然延长的结果，这种情况的处理原则与单一原因处理原则相同。若新的独立原因（后因）为承保风险，保险人承担保险责任；反之则不承担损失赔偿或给付责任。[1]

三　引例分析

在此案中，由于魏女士为其配偶附加的是一年期短期保险，每次续保均应根据《保险法》关于保险利益原则的规定判断投保人与被保险人之间是否具有保险利益关系，从而判定保险合同的效力。所以，在 2001 年 6 月 28 日双方离婚之后，魏女士便不再对其原配偶有保险利益，2001 年后为其配偶附加的合同无效。但由于 2000 年 8 月 25 日魏女士投保时对其原配偶具有保险利益，所以保险公司对其原配偶的保险责任要在 2001 年 8 月 24 日终止，这之后保险公司不再对魏女士的原配偶承担保险责任，但如果这期间魏女士再婚，则保险公司对其新配偶承担保险责任。[2]

---

[1] 黄健雄、陈玉玲主编：《中华人民共和国保险法》，厦门大学出版社 2007 年版，第 28—29 页。

[2] 于海纯、傅春燕编著：《新保险法案例评析》，对外经济贸易大学出版社 2009 年版，第 18 页。

第二章 保险合同总论

第一节 保险合同概述

一 引例

1996年3月,某厂45岁的机关干部龚某因患胃癌(亲属因害怕其情绪波动,未将真实病情告诉本人)住院治疗,手术后出院,并正常参加工作。8月24日,龚某经同志吴某推荐,与之一同到保险公司投保了简身险,办妥有关手续。填写投保单时没有申报住院和身患癌症的事实。1997年5月,龚某旧病复发,经医治无效死亡。龚某的妻子以指定受益人的身份,到保险公司请求给付保险金。保险公司在审查提交有关的证明时,发现龚某的死亡病史上,载明其曾患癌症并动过手术,于是拒绝给付保险金。龚妻以丈夫不知自己患何种病并未违反告知义务为由抗辩,双方因此发生纠纷。对于此案该如何处理?假如此事发生在美国,情况又该如何?假如被保险人是让别人代其体检又该如何处理?

二 基本理论

(一)保险合同的概念和特征

我国《保险法》第10条规定,保险合同是投保人与保险人约定保险权利义务关系的协议。具体而言,它是指投保人与保险人约定,投保人向保险人缴付约定的保险费,由保险人对约定的保险事故发生所造成的损失负赔偿责任或者约定的保险期满之后负给付保险金责任的协议。

虽然保险合同也是一种合同,具有大多数合同的共同特征,在没有保险法特殊规定的前提下也适用合同法的一般规定,但是作为商法中独立的部门法,这决定了保险合同还有着区别于一般合同的明显特征。

保险合同的特征主要有：

1. 保险合同是双务合同

当事人互负对待给付义务的合同就是双务合同。

对于保险合同是不是双务合同这一问题，出现了金钱给付说和义务承担说两种不同的观点。主张金钱给付说的学者认为保险人的给付义务是附有停止条件的保险金给付义务。当保险危险并没有发生的时候保险人并没有支付给投保人或者被保险人保险金，那么就是说此时保险人没有承担保险义务，因此保险合同有时候就是单务合同，它只是体现了投保人缴纳保险金单方的义务。只有保险人支付保险金的时候才是承担保险义务的表现。而主张义务承担说的学者认为，保险人并非只是保险事故发生时才负给付保险金义务，而是在整个保险期间，保险人均有危险承担的义务。危险承担的义务表现为：一方面，若不发生保险事故，权利人免于精神上或物质上的担忧，为此的殚精竭虑因而省却；另一方面，若发生保险事故，则负有给付保险金的义务，以填补因此所受有形之财产损失。从时间上来说，于保险期间开始后，依保险合同权利人即具有保险金给付的期待权，只是此时危险承担处于隐性阶段，而当保险事故发生时，危险承担才由隐性阶段进入实现阶段，表现为期待权的实现。

金钱给付说只是从金钱给付的角度解释了保险金的给付行为，却并没有揭示保险的本质，因此对于为什么当保险合同被解除时，保险人只是返还投保人保险合同解除之后的保险费而不是返还全部的保险费这样的问题无法解释。所以说这一学说存在一定的片面性，而义务承担学说却恰恰是对保险意义的本质分析，也成为保险法领域的通说。①

2. 保险合同是有偿合同

保险合同是强制性的有偿合同，给付保险费是投保人必须履行的义务，在保险合同中，无给付保险费约定或者约定免除给付保险费义务的，保险合同无效。也就是说，即使保险人免除了投保人交付保费的义务也不能成为赠与合同，而会被认定为无效合同，自始不发生效力。强制保险合同有偿性的目的即在于收取保险费从而使其转化成为承担风险的保障，如果保险人不收取费用，只是当保险事故来临之时支付保险金，那么这种经

---

① 温世扬主编：《中华人民共和国保险法》，法律出版社 2003 年版，第 50 页。

营是难以为继的，也无法使正常的保险活动得以运作。因此保险费的收取并不是完全为了营利，而是为了维持保险活动正常进行的基础。

3. 保险合同是最大诚信合同

民法的原则之一就是诚实信用，但是我们这里所说的保险合同中的最大诚信则是更加严格的要求，因为：

（1）保险费的确定跟保险标的的情况是直接相关的，如果危险比较大，保费就高，相反亦然，并且保险标的的情况只有被保险人或者投保人最为清楚，如果不加以告知，保险人是很难知晓的，也就是说保险人要想确定比较公平的保险费只能要求被保险人如实告知，这是保险合同公平的基础。

（2）保险中很多保险合同一旦订立经过一段时间（如健康保险和人寿保险），或者一旦风险开始（如海上保险），保险人不能随意终止保险合同，如果投保人或者保险人不将有关情况如实告知保险人，或者误导保险人签订了不公平的合同使用了较低的保费，不给予保险人适当的救济是不公平的。

在一般情况下，如果被保险人违反最大诚信原则，无论是发生在损失之前还是损失之后，即使所发生的损失或造成损失的原因与违反最大诚信原则无关，保险人均有权自被保险人违反最大诚信义务之时起解除保险合同。由此可见，最大诚信原则是保险法的基本原则之一，而保险合同作为保险法调整的最主要内容，也具有最大诚信这样的明显的特征。

4. 保险合同是不要式合同

对于保险合同是要式合同还是不要式合同这一问题，学界一直争论不休，本人认为，从保险法的相关规定来看，保险合同应为不要式合同。我国《保险法》第13条规定："投保人提出保险要求，经保险人同意承保，保险合同成立。保险人应当及时向投保人签发保险单或者其他保险凭证。保险单或者其他保险凭证应当载明当事人双方约定的合同内容。当事人也可以约定采用其他书面形式载明合同内容。依法成立的保险合同，自成立时生效。投保人和保险人可以对合同的效力约定附条件或者附期限。"也就是说，法律并没有要求保险合同的订立采取怎样的形式，只要是达成了协议，那么不管书面还是口头的都应该认为保险合同成立，至于保险单以及其他的保险凭证的签发并不是保险合同成立的要件，恰恰是合同成立的结果。因此，不管是合同法还是保险法都没有对保险合同的成立形式进行要求，这也就意味着保险合同是不要式合同。

法律对保险合同不要式性的承认也体现了对投保人利益的保护，当投保人已经缴纳了保险费但是并没有正式签发保单的时候，保险合同仍然被视为成立的。如果保险合同是要式合同，那么如果在缴纳保险费之后签发保险单之前发生事故，保险公司将不承担保险责任，对投保人是不公平的，因此立法便偏重保护了投保人的利益。

5. 保险合同是诺成合同

我国《保险法》第14条规定："保险合同成立后，投保人按照约定交付保险费；保险人按照约定的时间开始承担保险责任。"也就是说保险合同的成立是从保险人与投保人达成协议时开始的，并不以是否缴纳保费作为成立合同的开始，因此，保险费的缴纳只是保险合同的权利义务内容并不是判断保险合同是否成立的要件。

6. 保险合同是附和合同

由于当代保险事业的复杂化，投保人数的众多，保险人在客观上不可能与投保人进行单独、个别的协商来确定保险合同的条款，这就出现了保险合同的附和性，即由保险人事先将合同的大部分条款拟定好，投保人只有全部接受或者全部拒绝的权利，而没有与保险人进行具体协商的余地。这种合同的出现一方面提高了保险合同订立的效率性，但是另一方面也使投保人陷入了非常被动的境地，因此，需要通过对格式合同内容进行控制，从而保护投保人的利益。

《保险法》第17条规定："订立保险合同，采用保险人提供的格式条款的，保险人向投保人提供的投保单应当附格式条款，保险人应当向投保人说明合同的内容。对保险合同中免除保险人责任的条款，保险人在订立合同时应当在投保单、保险单或者其他保险凭证上作出足以引起投保人注意的提示，并对该条款的内容以书面或者口头形式向投保人作出明确说明；未作提示或者明确说明的，该条款不产生效力。"《保险法》第30条规定："采用保险人提供的格式条款订立的保险合同，保险人与投保人、被保险人或者受益人对合同条款有争议的，应当按照通常理解予以解释。对合同条款有两种以上解释的，人民法院或者仲裁机构应当作出有利于被保险人和受益人的解释。"《保险法》第136条规定："关系社会公众利益的保险险种、依法实行强制保险的险种和新开发的人寿保险险种等的保险条款和保险费率,应当报国务院保险监督管理机构批准。国务院保险监督管理机构审批时,应当遵循保护社会公众利益和防止不正当竞争的原则。其他保险险种的保险条款和保险费率,应当报保险监督管理机构备案。"这些条款分别从立法、司法以及行政监督的角度对保险合同中的格式条款进行相应的控制,起到平衡双方当事人的利益,维护合同的公平性的作用。

7. 保险合同是射幸合同

射幸合同是指合同成立时,当事人的给付义务内容不能确定,须视将来不确定事实发生与否或发生迟早而定的合同。保险合同所承保的可保危险的最主要的特征就在于危险发生的不确定性,这是构成保险的前提,而这种不确定是否会发生的危险直接决定着保险人是否需要在保险期间承担给付保险金的义务。在保险期间内如果发生了保险事故,那么作为保险人就需要向被保险人支付保险金,而保险金的数额在绝大多数情况下都会大大超过保险费的数额;如果在保险期间内并没有发生保险事故,保险人则不需要支付保险金,也就是说投保人缴纳的保险费不会带来任何额外的收益。可见,保险合同是一种典型的射幸合同。

(二) 保险合同的分类

1. 人身保险合同与财产保险合同

根据保险标的性质不同可以将保险合同分为人身保险合同和财产保险合同。

人身保险合同,指以人的生命或身体为保险标的的保险合同。根据《保险法》第95条规定:"人身保险合同,包括人寿保险合同、健康保险合同、意外伤害保险合同等。"

财产保险合同,指以财产及其有关利益为保险标的的保险合同。根据《保险法》第95条的规定:"财产保险合同,包括财产损失保险合同、责任保险合同、信用保险合同、保证保险合同等。"

对保险合同中财产保险合同与人身保险合同的区分意义在于:

(1) 保险标的不同

从这两种保险合同的概念界定上可以看出,它们所针对的保险标的是不同的,财产保险合同以财产及其相关利益作为保险标的,而人身保险合同则是以人的身体或生命作为保险标的,这是它们最根本的区别。

(2) 损失填补原则适用与否不同

损失补偿原则是当保险事故发生时，被保险人从保险人所得到的赔偿应正好填补被保险人因保险事故所造成的保险金额范围内的损失。

在保险事故发生后，被保险人有权利要求保险人按合同给予补偿，保险人则有义务向被保险人对其损失进行补偿。通过保险补偿，使被保险人的保险标的在经济上恢复到受损前的状态，不允许被保险人因损失而获得额外的利益。由此引申出一系列的原则，包括代位求偿和委付原则，重复保险分摊原则等。

可见只有财产保险合同才适用损失填补原则，因为财产的价值比较容易估量，发生损害时实际损失也是容易计算的，因此还是有适用损失填补原则的空间的。而人身保险则不同，它完全不能适用损失填补原则，人身保险合同是以人的生命或者身体为保险标的的，而人的生命健康是不能用金钱估量的，那么发生保险事故时候损害的具体损失也是很难计算的，因此一般都是规定一定的支付金额，一旦发生保险事故，按照当初约定的金额进行定额给付，所以说人寿保险一般适用支付原则。

(3) 保险价值的概念是否适用不同

保险价值是指财产保险中的保险标的的价格，又称为保险价额。人身保险的标的包括人的生命和健康，无法估量价格，因此不能用保险价值来计算，也就不存在保险价值。因此，对于保险价值这一概念而言，在人身保险合同中是不能适用的。

(4) 保险利益的判断方法不同

财产保险合同的保险利益，是可以用金钱衡量的经济利益，包括现有利益，期待利益和责任利益。人身保险合同的利益是基于特定利害关系的，包括身份上的，经济上的利害关系，多为不能用金钱衡量的关系。同时对于不同合同下的保险利益的判断时间也是不同的，在财产保险合同中，在保险事故发生时有保险利益的存在即可，而人身保险合同中，须在保险合同订立之时即具有保险利益。

(5) 保险费的交付及返还不同

对于财产保险合同的保险人来说，投保人交付的保险费是保险人承担危险所应获得的对价，拖欠到期保险费的行为可以通过诉讼的方式请求投保人支付。但是对于人身保险合同来说，情况较为复杂，这类保险合同的目的已经不单纯是风险分担,还包括储蓄和投资,虽然投保人可能拖欠保险费,但是基于保险单可能存在一定的现金价值,所以《保险法》第60条规定:"保险人对人身保险的保险费,不得用诉讼方式要求投保人支付。"

如果保险合同发生解除或者终止的情况,保险人应当向投保人返还保险费,但是对于人身保险合同来说,如果投保人已经交足两年以上的保险费,则保险人退还的就不是保险费而是保险单的现金价值。

(6) 对保险人营业范围的影响不同

我国《保险法》以保险标的的不同划分,将保险业的营业范围划分为财产保险业务和人身保险业务,不得兼营,经营财产保险业务的保险公司经保险监督管理机构核定,可以经营短期健康保险业务和意外伤害保险业务。

2. 定值保险合同和不定值保险合同

根据保险标的的保险价值确定与否,保险合同可分为定值保险合同和不定值保险合同。

定值保险合同,"是指双方当事人在缔约时,已经事先确定保险标的的价值,并载于合同中,作为保险标的于保险事故发生时的价值的保险合同。"[1] 定值保险合同成立之后,一旦发生保险事故,则双方就按照在保险合同中已经记载的保险标的的价值进行相应的赔偿。如果发生的是全损则直接按照保险金额进行赔偿,如果仅是部分损失则按照损害部分占全部保险标的的比例进行赔偿,而无须再对损失进行重新评估。它的优点在于便于赔偿金额的确定,简化理赔的环节,有利于合同的正常履行。一般定值保险合同经常应用于不容易确定保险标的价值的保险合同中,例如古董、字画等,另外在海上保险、内陆货物运输保险中,由于不同时间地点价值不同,也适用定值保险合同。

不定值保险合同,"是指保险标的的价值在保险合同订立时并未约定,须保险事故发生后,再评估保险事故发生时保险标的的价值的保险合同。"[2] 在财产保险合同中,保险的目的是补偿因保险事故而带来的损失,正确地测算损失这是体现合同公平性的重要途径。而不定值保险合同采用

---

[1] 徐卫东主编:《保险法学》,科学出版社 2004 年版,第 54 页。
[2] 同上书,第 55 页。

的确定保险价值的方式更能贴近保险标的的真实损失,这对于实现保险的目的是非常关键的。

3. 补偿性保险合同与给付性保险合同

根据设立保险合同的目的、功能的不同,保险合同又可分为补偿性保险合同和给付性保险合同。

补偿性保险合同,又称为评价保险合同,其设立的目的在于补偿被保险人因保险事故所遭受的经济损失,即保险事故发生时,由保险人对被保险人所受损失进行评定,并在保险合同确定的保险金额范围内予以补偿。目的在于弥补被保险人因保险事故的发生而遭受到的实际损失。财产保险合同都属于补偿性保险合同,而人身保险合同中的健康保险和意外伤害保险也具有补偿性合同的特点。

给付性保险合同,指当事人双方预先约定一定数额的保险金额,于保险事故发生(或约定期限届满)时,保险人按该保险金额给付保险金,既不得增减,也不须重新计算的保险合同。属于非补偿性保险合同,绝大多数人身保险合同为给付性保险合同。人的健康和生命是不能估量的,被保险人所遭受的人身伤害客观上是不能获得真正补偿的。由于人身保险合同中保险人给付的金额是固定的,所以又被称为定额保险合同。

4. 单保险合同与复保险合同

根据是否以同一保险标的、保险利益、保险事故,在同一保险期间,与两个以上的保险人分别订立两个以上的保险合同为标准划分为单保险合同和复保险合同。

单保险合同,指投保人对某一保险标的,基于某一保险利益,就某一保险事故与某一保险人订立的保险合同。

复保险合同,指投保人对于同一保险标的,基于同一保险利益,以同一保险事故,在同一或者重叠的保险期间内分别与两个以上的保险人订立两个以上的保险合同,且保险金额总和超过保险价值的保险。

由于财产保险的目的是填补遭受到的损失,因此如果是以填补损失为目的出现的重复保险,法律是认可的,但是如果重复保险之后发生了保险金额超过保险价值的情况,那么支持这种重复保险就会发生被保险人通过保险获得额外利益的情形,会引发道德危险和赌博行为,因此对于财产保险合同中的重复保险问题,法律是有严格限制的。而人身保险合同是一种给付性而非补偿性合同,并且没有保险价值对保险金额进行约束,因此只要投保人能够负担相应的保险费,那么法律是允许投保人进行重复保险的行为的。

5. 原保险合同与再保险合同

根据保险人所负保险责任的次序可将保险合同分为原保险合同和再保险合同。

原保险合同,又称为第一次保险合同,指在两个以上相互牵连的保险合同中,由投保人与保险人订立的保险合同为原保险合同。原保险合同是相对于再保险合同而引出的一个概念,是一个理论上的概念。

再保险合同,又称为二次保险合同、分保合同,是指再保险人与原保险人约定,将原保险人承担的部分保险给付义务转而由再保险人承担所达成的协议。分出保险给付义务的保险人为原保险人,又称为分出人,接受原保险人分出的给付义务的保险人为再保险人,又称为分入人。再保险合同在财产保险中较为常见,而在人身保险合同中则比较少见。

原保险合同和再保险合同的关系在于它们既相互依存又各自独立,原保险合同是再保险合同存在和生效的前提和基础,并随其效力的改变而改变。同时这两个合同的当事人以及合同内容又存在差异,主要体现在再保险人不得向原保险合同的投保人请求交付保险费;原保险合同的被保险人(受益人)对再保险人不享有保险金给付请求权;原保险人不得以再保险人不履行给付保险金义务为由拒绝履行或者迟延履行其对被保险人(受益人)的给付保险金的义务。

三 引例分析

本案被保险人投保之前患有严重疾病并接受过住院及手术治疗,但因家属和医师的善意隐瞒,被保险人并不清楚自己患有何种疾病,导致在投保时未予告知。仔细推敲这种特殊情况,保险人是有正当理由拒绝赔偿的。因为根据保险法的一般理论保险合同是最大诚信合同,需要投保人对自己的情况如实告知,告知义务要求告知内容是对事实的陈述,而非准确地阐明观点。它并不苛刻地要求投保人的告知完全准确无误,只要在投保人认知范围内他尽可能地履行这项义务即可。被保险人在投保时可能对自己的健康状况有一个准确了解(患某种疾病),也可能不清楚自己究竟患何种疾病。在前一种情况下，投保人对自己患何种疾病的陈述必须是一种观点的陈述。在本例中，龚某不知自己已患有胃癌，仅从他未声名自己已患胃癌的角度看，并不算违反告知义务。但是，龚某对自己几个月前住过院，动过手术的事实（这一事实对保险人来说无疑是很重要的）是不可能不知道的，他却没有加以说明，问题的关键恰恰在这里。也就是说，在被保险人确不清楚自己到底患何种病的情况下，倘若他对病情做了感知性陈述，尽管这种陈述不一定与事实相符（如患有胃癌，家属等善意地告诉他得的是胃病，他申明患过胃病），他在义务履行上是绝对无瑕疵的，但是如果他隐瞒或虚假陈述了就医或治疗等方面的事实，则犯有未适当告知重要事实的过错，应当承担违反告知义务的不利后果。保险人因此获得抗辩权，拒绝给付保险金，并视故意和过失的动机不同，决定是否退还保费。

第二节　保险合同的主体

一　引例

2005年4月25日，某农工商公司与某商品贸易公司签订了一份鱼粉贸易合同，约定由买方农工商公司投保海洋货物运输险，由于种种原因无法在国内投保该险种，买方农工商公司遂委托卖方商品贸易公司代为投保。7月21日，商品贸易公司依据农工商公司的授权委托及其所确认的各项投保内容，向某保险公司投保了海洋货物运输保险，保险单上的投保人为商品贸易公司，被保险人为农工商公司。8月10日，货船顺利抵达卸货港，保险公司要求农工商公司支付保险费，农工商公司以自己不是投保人为由拒绝支付。农工商公司认为，保险合同的当事人是保险人和投保人。保险合同的缴费义务应当是投保人商品贸易公司，而非被保险人农工商公司，保险公司只能向贸易公司请求支付保险费。商品贸易公司则认为，保险合同的当事人是保险人和被保险人，保险合同的另一方当事人是被保险人即农工商公司。[①] 那么保险公司应向谁请求支付保险费？谁是保险合同的当事人？

---

① 罗忠敏主编：《新保险法案例精析》，中国法制出版社2009年版，第34—35页。

二、基本理论

保险合同作为民事法律关系的一种也需要有主体的存在。相对而言,保险合同的主体比一般合同的主体更为复杂,包括保险合同的当事人、保险合同的关系人以及保险合同的辅助人。

(一) 保险合同的当事人

保险合同当事人,"是指订立保险合同,享有保险合同权利,承担保险合同义务的人,包括投保人和保险人。"[1] 它具有以下特征:首先,保险合同当事人签订合同是以自己的名义进行的,也就是说只有订立合同的当事人才是保险合同的当事人。以此来区别于保险代理人、经纪人等。其次,保险合同的当事人是受到保险合同内容直接约束的人,一旦保险合同生效,那么合同中订立的权利和义务条款直接成为合同双方履行的依据。

1. 保险人

根据《保险法》第10条规定,保险人是指与投保人订立保险合同,并按照合同约定承担赔偿或者给付保险金责任的保险公司。在世界各国,为了增强保险公司承担责任的能力,通常都会要求保险人为法人,且以股份制为其常见的组织形式,任何自然人和非法人单位组织都不能经营保险业。依法设立的保险公司只能在核准的法定业务范围内开展保险业务,擅自设立保险公司或非法从事保险业务活动,或超出核定业务范围从事保险业务的,均属违法行为。

"保险人具有以下特征:

(1) 保险人仅指从事保险业务的保险公司,其资格的取得必须符合法律的严格规定。

(2) 保险人有权收取保险费。

(3) 保险人有履行承担赔偿或者给付保险金的义务。"[2]

2. 投保人

投保人又称为要保人,是指与保险人订立保险合同,并依约交付保险费的人。投保人与被保险人可以为同一人,也可以是被保险人以外的其他

---

[1] 邹海林:《保险法教程》,首都经济贸易大学出版社2002年版,第47页。
[2] 丁凤楚:《保险法——理论·实务·案例》,立信会计出版社2008年版,第64页。

人。可以为自然人也可以为法人。

它具有以下特征：首先，投保人必须具有相应的权利能力和行为能力，如果投保人为完全无行为能力人或者限制行为能力人，除非经过其法定代理人或者监护人的代理或同意，否则签订的保险合同无效。因为投保行为也是一种民事行为，也需要具有民事行为需要具备的一般条件即权利能力和行为能力，只有这样才能使订立合同的行为成为有效的民事行为。其次，投保人对保险标的必须具有保险利益，否则保险合同无效。前面谈到过对于保险法来说保险利益原则是其基本原则之一，只有符合保险利益原则的要求才能成为有效的保险合同，以防止道德危险的发生和赌博行为的出现。最后，投保人须承担支付保险费的义务。不论投保人是为自己的利益还是为他人的利益进行了投保，都需要向保险人支付约定的保险费，否则的话就是对义务的违反，需要承担违约责任。

（二）保险合同的关系人

一般合同的当事人都是为自己的利益而订立合同，而保险合同则不同，它既可以是为自己的利益而订立的，还可以是为他人的利益订立，因此就出现了保险合同的关系人。保险合同的关系人，是指因保险合同的成立而享有合同所生的利益或者承担某些义务的人，包括被保险人和受益人。

1. 被保险人

被保险人是指其财产或者人身受保险合同保障，享有保险金请求权的人，投保人可以为被保险人。在财产保险中，被保险人系指保险事故发生时，享有保险金请求权，并有权受领保险金给付之人；在人身保险中，被保险人则指保险事故发生的对象。

它的特征如下：首先，被保险人是保险事故发生时受到损失的人。保险的目的在于填补损失，而被保险人作为享有保险金请求权的人也应该是真正受到损失之人，因此，被保险人一定是保险事故发生时实际损害的人。其次，被保险人是享有保险金给付请求权的人。当然在财产保险和人身保险中，因为发生的保险事故造成的损失形式不同，也直接导致享有保险金给付请求权的主体有所不同。在财产保险中，发生保险事故通常只是对被保险人的财物造成伤害而被保险人则可以自己行使保险金给付请求权，但是在人身保险中却并不相同，因为人身保险合同通常以被保险人的生命或身体作为保险标的，一旦发生保险事故，被保险人有可能因为丧失生命而无法主张保险金给付请求权，此时只能由保险合同中的受益人取得保险金。

2. 受益人

受益人，也称保险金受领人，是指由投保人或被保险人于保险合同中指定的，在保险事故发生后，享有保险金给付请求权的人。

受益人的资格没有严格的限制，不管是否具备行为能力都可以成为受益人，受益人享有的权利为受益权，这种权利从其性质上来看是一种固有的权利，而并非继受权利，因此当被保险人死亡时，受益人并非基于继承的关系才得到保险金给付的，而是直接基于受益权获得保险金。另外，受益人并非在任何保险合同中都会存在，例如在财产保险合同中，这类保险的目的在于损害的填补，被保险人才是受到损害的人，所以保险金给付请求权应该由被保险人来行使，因此不会出现受益人。在人身保险合同中，因为受到损害的是被保险人，但是以死亡为给付条件的保险事故发生之后，被保险人已经死亡，不能成为受益人，因此就需要指定受益人，此时才有受益人存在的必要。

（三）保险合同的辅助人

保险合同的辅助人，是指对保险合同的订立、履行起到辅助作用的人，包括保险代理人、保险经纪人等。他们虽然并不直接的享有保险合同带来的利益，但是却以其专门知识对合同的订立和履行起着至关重要的作用。

1. 保险代理人

《保险法》第117条规定，保险代理人是根据保险人的委托，向保险人收取佣金，并在保险人授权的范围内代为办理保险业务的机构或者个人。保险代理人是保险人的代理人，代理保险人办理保险业务。与一般代理相类似，保险代理人进行的代理行为其结果由保险人承担，对于由其代理签订的保险合同内的权利义务与保险代理人无关。保险代理人的代理行为是保险人委托授权的结果，而且仅能在授权的权限范围之内从事代理活动。同时保险代理人享有向保险人收取代理手续费作为其报酬的权利。

保险代理人在我国可以分为以下几类：

（1）专业代理人。专业代理人是指专门从事保险代理业务的保险代理公司。我国法律规定，保险代理公司的组织形式主要为有限责任公司，其设立条件为：实收货币资本金不得低于50万元；具有符合规定的公司章程；拥有至少30名持有"保险代理人资格证书"的代理人员；具有符合任职资格的高级管理人员；具有符合要求的营业场所。

（2）兼业代理人。兼业代理人是指受保险人的委托，在从事自身业务的同时，指定专人为保险人代办保险业务的单位。兼业代理人必须符合以下条件：具有法人资格或经法人代表授权；从事保险代理业务的人员必须具有"保险代理人资格证书"；有符合规定的营业场所；必须持有"经营保险代理业务许可证"。

（3）个人代理人。个人代理人是指根据保险人的委托，向保险人收取代理手续费（佣金），并在保险人授权范围内代为办理保险业务的个人。个人在取得"保险代理人资格证书"后必须与保险人签订保险代理合同，或者受聘于保险代理公司并领取"保险代理人资格证书"后才能开展保险代理业务。

在办理保险业务过程中，保险代理人不得从事以下行为：欺骗保险人、投保人、被保险人或者受益人；隐瞒与保险合同有关的重要情况；阻碍投保人履行本法规定的如实告知义务，或者诱导其不履行本法规定的如实告知义务；承诺向投保人、被保险人或者受益人给予保险合同规定以外的其他利益；利用行政权力、职务或者职业便利以及其他不正当手段强迫、引诱或者限制投保人订立保险合同；伪造、擅自变更保险合同，或者为保险合同当事人提供虚假证明材料；挪用、截留、侵占保险费或者保险金；利用业务便利为其他机构或者个人谋取不正当利益；串通投保人、被保险人或者受益人，骗取保险金；泄露在业务活动中知悉的保险人、投保人、被保险人的商业秘密。

2. 保险经纪人

保险经纪人是指基于投保人的利益，为投保人与保险人订立保险合同提供中介服务，并依法收取佣金的机构。

保险经纪人与保险代理人的区别：

（1）保险经纪人是基于投保人的利益，与保险人或其代理人订立保险合同。而保险代理人则是根据保险人的委托而代为办理保险业务的。

（2）保险经纪人依法收取佣金，既可以向投保人收取，也可以向保险公司收取，而保险代理只能向保险公司收取代理手续费。

（3）保险经纪人只能是机构，保险代理人可以是法人、非法人组织，也可以是自然人。两者的组织形式不同。

（4）保险经纪人以自己的名义为保险经纪行为，并独立承担其法律后果。保险代理人以保险人的名义进行保险代理业务，其行为的后果亦由本人（作为被代理人的保险人）承担。

保险经纪人分为原保险经纪人和再保险经纪人。原保险经纪人是指与投保人签订委托合同，基于投保人和被保险人的利益，为投保人与保险人订立保险合同提供中介服务，并按约定收取中介费用的保险经纪人。再保险经纪人是指与原保险人签订委托合同，基于原保险人的利益，为原保险人与再保险人安排再保险业务提供中介服务，并按约定收取中介费用的保险经纪人。

设立保险经纪公司所应具备的条件：具有符合法律规定的股东或发起人；有符合法律规定的公司章程；注册资本不得低于人民币 1000 万元的实收货币；有符合法律规定的公司名称、组织机构和住所；持有《保险经纪从业人员资格证书》的经纪人员不得低于员工人数的 1/2；具有符合中国保险监督管理委员会任职资格管理规定的高级管理人员；法律、行政法规要求具备的其他条件。

三　引例分析

《海商法》第 216 条规定："海上保险合同，是指保险人按照约定，对被保险人遭受保险事故造成保险标的的损失和产生的责任负责赔偿，而依据相关规定，被保险人只能是涉外买卖关系中的一方当事人，由买卖双方来购买保险。"根据《保险法》的规定："保险合同的当事人为投保人和保险人，投保人有缴纳保险费的义务。"本案中，保险单记载的投保人为某商品贸易公司，所以缴纳保险费的应该是商品贸易公司。从上述两个条款来看，似乎《保险法》和《海商法》对海上保险合同的当事人的规定不同，但事实上，《海商法》虽然规定海上保险合同是在保险人和被保险人之间缔结的，但同时还指出被保险人有支付保险费的义务，也即该被保险人是为自己的利益投保，投保人和被保险人合二为一。这种被保险人显然不是我们理解的被保险人，而是具有了投保人的性质，即《海商法》

的被保险人和《保险法》的投保人的内涵一致。因此,两法并无冲突。本案中,商品贸易公司和农工商公司之间是委托合同关系与保险合同有关系,但在法律上却是两层独立的法律关系。因此,依据保险合同中的约定,作为投保人一方的商品贸易公司应该承担交付保险费的义务。①

第三节 保险合同的订立

一 引例

2001年11月,姚某与保险公司签订了人身意外伤害保险合同,合同约定被保险人为姚某,受益人为姚某之父,保险期限自2001年11月20日零时起至2004年11月19日24时止。合同约定"被保险人系违法犯罪行为致死"为免责事由。2003年7月,姚某伙同梁某在一居民区偷回一辆自行车,所得赃款没有分给梁某,梁某因此怀恨在心。8月,姚某伙同他人再次偷回一辆自行车,恰好碰上梁某,梁某向姚某索要赃款时与姚某发生争执,继而殴打,最后姚某被梁某伤害致死。事后,姚某之父到保险公司要求理赔,而保险公司认为姚某属于违法犯罪才导致死亡,因此拒绝承担赔偿责任。双方为此发生争议。姚父遂起诉至人民法院,请求法院判令保险公司按照保险合同的约定偿付意外伤害保险金及意外伤害医疗保险金。合同中的免责事由应如何理解?保险人能否以免责事由来主张免除给付保险金的义务?

二 基本理论

（一）保险合同的订立程序

保险合同也是合同的一种,因此在订立合同的程序中也是遵循着要约、承诺这一规律进行的。

保险合同订立中的要约人是投保人,他通过填写特定保险人提供的投保单向保险人发出投保的邀请。投保单通常情况下是保险人所提供,条款均为固定,投保人按照条款上的要求填写投保单,交付给保险人即完成投保行为。

但是也有学者认为保险人发放投保单的行为是要约,投保人填写保险

---

① 罗忠敏主编:《新保险法案例精析》,中国法制出版社2009年版,第35—36页。

单的行为就是承诺。到底投保行为是要约还是要约邀请？通说认为发放保险单的行为不能认为是要约行为。理由如下：首先，该行为不符合要约的构成要件。一个有效的要约必须内容具体确定，但是投保单的内容不能达到此标准，仅仅有投保单的内容不能确定投保人以及保险人的主要权利义务。其次，将发放投保单的行为定义为要约不利于保护保险人的利益，会使保险人与投保人的利益失衡。如果将发放投保单作为要约，就等于剥夺了保险人对风险的鉴别和评估权，不符合保险经营的原则。最后，投保人填写投保单的行为符合要约的构成要件。由于保险合同是格式合同，保险合同的条款都是由保险人事先拟定并记载在投保单上面的，在保险人履行说明义务之后，投保人填写保险单时就意味着投保人将一个已经确认的，内容具体明确的意思表示提交给保险人，因此，投保人填写保险单的行为就是订立保险合同的要约。[1]

我们认为投保仅体现一种投保人的单方的意思表示，只有投保行为的情况下是不能形成保险合同的。因此，订立保险合同的下一个程序就是承诺。在保险合同中，保险人为承诺人，即当投保人将投保单交付给保险人时，保险人对投保单的内容以及投保人的身份资格进行审核，然后在投保单上签字盖章进行承诺。对投保单的承诺行为既可以由保险人自己做出，也可以由保险人的代理人做出，它们的效力是相同的。承诺行为一旦做出，保险合同即告成立。

(二) 保险合同的形式和凭证

《保险法》第 13 条规定，投保人提出保险要求，经保险人同意承保，保险合同成立。保险人应当及时向投保人签发保险单或者其他保险凭证。也就是说我们遵循的仍然是保险合同不要式性这一特点，并没有严格的限制保险合同存在的形式。但是，在保险实践中，为了明确保险合同的内容，确定保险合同主体的权利义务，通常情况下是以书面的形式来订立保险合同的，而其他形式比较少见。订立合同的书面凭证主要有投保单、暂保单、保险单和保险凭证等。

1. 投保单

投保单，又称为要保书、投保书，是指投保人向保险人申请订立保险

---

[1] 马宁主编：《保险法理论与实务》，中国政法大学出版社 2010 年版，第 108 页。

合同的意思表示。它通常为保险公司拟定统一印发，由投保人按照条款进行如实填写的保险单据。保险人需要根据投保人填写投保单的情况对投保的风险进行评估，从而决定是否承保以及保险费率的高低。投保单是保险人判断风险的最主要依据，当然它并不是保险合同，因为它仅是投保人一方的意思表示，但是一旦保险人承保，那么它将作为保险合同的一部分而存在，也起到提示合同内容的作用，如果保险单出现了遗漏而投保单中却明确记载，这样的条款与保险单条款具有同样的效力。投保人在填写投保单的时候要谨遵最大诚信原则，即如实地填写投保单上的条款，这些条款可以看做是保险人对投保人进行的书面询问，一旦发现欺诈或者隐瞒的情况，则构成了对告知义务的违反，依照保险法的规定，保险人可以解除合同，或者不承担赔偿责任或者不给付保险金。

投保单的法律意义：

（1）投保单所载内容是投保人发出的书面保险要约，对投保人具有约束力。

（2）投保单上所载内容经保险人承诺后，即成为保险合同的一部分，其真实与否直接关系合同的效力。

2. 暂保单

暂保单，又称为临时保险单、临时保险书，是指保险人或者其代理人在正式保险单签发之前出具给被保险人的临时保险凭证。它的条款内容较为简单，通常仅有被保险人的姓名、承保危险的种类、保险标的等重要事项，而在暂保单上没有出现的其他重要条款则通常以保险单为准。它的存在期限比较短，通常在财产保险当中最多仅为30天，一旦超过有效期或者正式签发了保险单，则暂保单即失去效力。在暂保单有限期内，如果保险标的发生保险事故造成了损失，除非有特别约定，保险人应当按照正式保险单记载的权利义务对被保险人进行赔偿，即暂保单的效力与正式保险单相同。但是在人身保险合同中却很少使用暂保单。

通常在下列情形中使用暂保单：

（1）由于保险公司的分支机构受到经营权限的限制，在总公司核准前先向投保人出具暂保单。

（2）由于保险人方面的原因，如正式保险单需由计算机统一处理，或者不能确定保险条件是否符合承保标准，保险人原则上先予以承保而签发暂保单。

(3) 由于保险代理人或者保险经纪人方面的原因，如保险代理人招揽到保险业务而尚未办理保险单之前可签发暂保单。保险经纪人也可以签发暂保单，但按常规，其所签发的暂保单对保险人没有约束力。

(4) 保险单是出口贸易结汇的必备文件之一，在尚未出具保险单和保险凭证之前，可先出具暂保单，以资证明出口货物已经办理保险，并以此作为出口结汇的凭证之一。①

3. 保险单

保险单，又称为保单、保险证券，是指保险人与投保人之间订立的保险合同的正式书面凭证，由保险人制作、签章并交付给投保人。从内容上看，保险单包括了投保单、暂保单上的基本内容，因为其记载的合同内容最为全面具体，因此通常情况下保险单是保险合同的各种书面凭证中最能体现保险合同全部的权利义务的一种凭证。当然，保险单不能等同于保险合同，它仅仅是保险合同书面的凭证之一，对保险合同的作用起记载和证明的作用。当保险单与投保单内容不一致时该如何处理呢？我们要具体情况具体分析，要看它们的内容是存在冲突还是互有补充，如果是前者，那么保险合同以保险单的记载为准，如果是后者，则按照规定最为详尽的内容为准。

4. 保险凭证

保险凭证，又称为小保单，是指保险人向投保人签发的，以证明保险合同已经订立或者保险单已经签发的文件。它是一种简化的保单，与保险单具有同样的效力。它的适用范围包括：(1) 在货物运输保险中，根据预约保险合同，由保险人向被保险人签发保险凭证，以记载保险标的、保险金额、航程等事项。(2) 在汽车保险中，保险凭证的签发可以证明被保险人依法参加了汽车险和第三人责任险。保险凭证携带方便，便于接受检查。(3) 在团体保险中，保险人所出具的保险单，按照惯例由该团体的负责人保管，而对参加保险的团体成员，则签发保险凭证，作为其参加保险的证明。

---

① 黄健雄、陈玉玲主编：《中华人民共和国保险法》，厦门大学出版社 2007 年版，第 41 页。

以上四种是比较常见的保险单证的形式，需要注意的是，在保险合同的订立过程中，因为保险合同是诺成合同，它的成立与保险费的交付没有必然的联系，也就是说保险合同并不以保险费的交付作为特别的成立要件，而缴纳保险费仅是投保人在成立了保险合同之后需要履行的合同义务。如果在合同成立之后，投保人交费之前发生了保险事故，保险人不得以未缴纳保险费作为拒绝给付保险金的抗辩事由。

另外，由于保险合同是不要式合同，法律规定只要是当事人达成了意思表示的一致保险合同即成立，因此是否已经签发了保险单证并不会影响保险合同的成立。同交付保险费一样，签发保险单证也仅是保险人在合同成立之后的一项义务而并不是影响合同是否成立的特殊成立要件。

(三) 保险合同条款

保险合同的条款也就是保险合同的内容，起到确定保险合同当事人的权利和义务的作用。主要分为基本条款和特约条款。

1. 基本条款

基本条款是指保险人依照法律的规定，根据不同的险种，事先拟定保险合同必须明确记载的条款。

主要包括以下条款：

(1) 当事人的姓名和住所

当事人姓名和住所的确定是保险合同履行的前提，起到确定当事人进行保险活动的资格，也便于履行纠纷的解决。通常情况下由于投保单是由保险人统一印制的，因此重点体现在投保人身份住所的确定，如果保险合同中还涉及其他保险关系人的话，那么对于被保险人或者受益人的姓名和住所也要详细地记载于保险合同当中。

(2) 保险标的

保险标的，是指作为保险对象的财产及其有关利益和责任，或人的寿命和身体。明确了保险标的就可以判断投保人是否对保险标的具有保险利益，保险人所需要承担责任的范围。保险标的以合同中的约定为准，没有约定的或者明确排除的都不是保险标的，保险人不承担保险责任。

(3) 保险责任

保险责任，是指保险单上载明的危险发生造成保险标的损失或约定人身保险事故发生或期限届满时，保险人所承担的赔偿或给付责任。通常分为基本责任和特约责任两部分。基本责任主要针对基本险,包括单一险、综合险和一切险。特别责任是针对特别险或特保危险而言的,是指保险人承担的由当事人特别约定的保险责任,原则上都是单一险责任。

(4) 责任免除

责任免除,又称为除外责任,是指依照法律或者保险合同的约定,保险人不承担保险责任的范围。责任免除主要是对保险人责任范围的一种限制,由于保险合同是附和合同,可能会造成保险人利用自己的优势无限扩大责任免除的范围。因此,我国《保险法》第18条规定,保险合同中规定有关于保险人责任免除条款的,保险人在订立保险合同时应当向投保人明确说明,未明确说明的,该条款不产生效力。责任免除条款主要包括的内容有以下几种:被保险人的故意行为所致的损失,物品的自然损耗、本身的缺陷和自然特性,因战争或罢工所造成的损失,核辐射造成的损失等。

(5) 保险期间和保险责任的开始时间

保险期间,又称为保险期限、承保期间,是指保险人依约承担保险责任的期限。保险期间可以为一定的时间段,也可以是一定事件的始末。保险人仅对在保险期间发生的保险事故造成的损失承担责任。保险责任的开始时间,是指从某一确定的时刻起,保险人开始承担保险责任的时间。

通常情况下保险责任的开始时间跟合同的生效时间一致,但是如果当事人约定了另外的保险责任开始时间,那么这种约定是有效的,以约定开始的时间为准。

(6) 保险金额

保险金额,又称保额,是指投保人就保险标的向保险人实际投保的金额,也是保险人给付保险金的最高限额。保险金额只是保险事故发生时被保险人可获得的最高的赔偿金额,并不是在所有情况下被保险人获得的保险金给付额都等于保险金额,并且保险金给付额只能小于或者等于保险金额。

(7) 保险费及支付办法

保险费,也称为保费,是指投保人向保险人交付的作为保险人承担保险责任的对价的金钱。保险合同中必须有关于保险费缴纳的条款,否则保险合同无效,这是保险合同有偿性的需要。保险费的高低与保险人承保的风险大小相关,风险越大保险费越高。保险费的支付通常有两种方式,一种是一次性支付,另外一种是分期支付,保险合同的当事人可以在合同中加以约定。没有约定的，按照一次性支付处理。

（8）保险金赔偿或给付办法

保险金，是指合同约定的保险事故发生或者合同约定的期限届满时，保险人所应给付的款额。保险金赔偿或给付办法是对保险金赔偿或给付的方式和标准进行的规定，投保险别不同，具体方法也会有所不同。

（9）违约责任和争议处理

违约责任，是指保险合同当事人违反合同约定所应当承担的不利法律后果。保险合同的当事人对保险合同出现争议时可以通过协商、仲裁或者诉讼的方式进行解决。

（10）订立合同的年、月、日

这一条款标志着保险合同的成立时间，它直接关系着投保人是否享有保险利益、保险危险是否发生或者消灭、保险费的缴纳期限以及保险合同生效时间等重要问题。

2. 特约条款

特约条款，是指保险人与投保人双方在已经拟定的基本条款的基础上，为满足各自的特殊需要而约定的合同内容。起到补充基本条款的作用，是对特殊需要的满足。

主要包括以下几种形式：

（1）附加条款，是指保险合同当事人在合同基本条款的基础上，约定的补充条款，是为增加或限制基本条款所做的补充。当附加条款与基本条款发生冲突时，附加条款的效力优先于基本条款。

（2）协会条款，是指同业组织之间经协商一致而制定的保险合同条款，专指伦敦保险人协会协商一致拟定的保险合同条款。主要包括船舶和货物运输的海上保险合同条款。

（3）保证条款，是指投保人对特定事项予以担保的条款，即保证为或不为一定行为，或保证某种事项存在或不存在。如果投保人违反了保证条款，则保险人可以解除保险合同或者拒绝承担保险责任。

三　引例分析

保险公司作为格式条款的制定者，其在保险法律关系中处于优势地位。为保护不特定多数投保人的利益，法律规定保险公司必须对保险合同中的免责条款向投保人作出说明，否则该条款无效，保险公司不得据此免责。保险公司应对其是否尽到告知义务负有举证责任。既然法律规定保险公司负有说明的义务，在诉讼中保险公司当然应对义务的履行承担举证责任。投保人在接受保险公司服务时，对与其利益密切相关的免责条款享有知情权。保险人应当在订立保险合同时，明确告知合同中其可以免责的条款，并加以说明，特别是一些技术性很强的专业问题，更应当加以解释。《保险法》规定保险人在订立保险合同时应当向投保人说明免责条款的立法目的在于：保险合同属于格式合同，其条款由保险人事先拟定，投保人在保险合同中处于弱势地位。为了保护投保人的合法利益，法律强制规定保险人的说明义务，如其未履行说明义务，则保险人免责条款不产生法律效力，保险人不能依该条款免责。从实践来看，法院在处理保险纠纷案件中，双方当事人往往就说明义务是否履行各执一词，人民法院或者仲裁机关应当作出有利于被保险人和受益人的解释。此案，免责条款无效，保险公司不能免责。

第四节　保险合同的有效与生效

一　引例

2004年2月，新疆兵团奎屯垦区蒋某向甲保险公司投保了家庭财产保险及附加盗窃险，保险合同约定保险金额为5万元，保险期限为2004年2月26日零时起至2008年2月25日24时止。5月，蒋某所在公司又为每名职工在乙保险公司投保了家庭财产保险及附加盗窃险，每人的保险金额为5万元，期限为2004年7月7日零时起至2007年7月6日24时止。甲乙两家保险公司都分别向蒋某出具了保险单。2006年3月，蒋某下班回家后，发现家中被盗，蒋某便立刻向公安机关报案，并同时通知了两家保险公司。经公安机关现场勘查后认定，蒋某被盗物品价值5万元。因公安机关一直未能破案，蒋某便向两家保险公司提出各赔偿5万元的要求。但两家保险公司都以蒋某重复投保，造成保险合同无效为由拒绝赔偿。蒋某起诉至法院。[①] 那么蒋某的两份保险合同的效力到底如何，能否

---

① 罗忠敏主编：《新保险法案例精析》，中国法制出版社2009年版，第118—119页。

获得赔偿？如能，赔偿的金额是多少？

二 基本理论

（一）保险合同的一般有效要件

1. 主体适格

就保险人而言，根据我国保险法的规定，保险人必须是按照《公司法》规定成立的法人，并且同一保险人不能同时兼营财产保险和人身保险双重业务；但是，经营财产保险业务的保险公司经国务院保险监督管理机构核定，可以经营短期健康保险业务和意外伤害保险业务。保险公司的业务范围由国务院保险监督管理机构依法核定。保险公司只能在被核定的业务范围内从事保险经营活动。

对于投保人来说，可以为自然人也可以为法人。投保人应该具有完全行为能力才能进行投保，但是对于经过代理人或者监护人同意或追认的完全无行为能力或者限制行为能力人也可以成为投保人。

2. 意思表示自愿真实

与民法中的其他合同一样，保险合同也需要意思表示自愿真实，如果发生欺诈、胁迫、乘人之危等情况则根据合同法的有关规定发生合同无效或者可撤销的法律后果。

3. 内容合法

保险合同的内容合法主要包括目的合法、标的合法、条件合法等。

（二）保险合同的特殊有效要件

1. 保险利益

投保人投保的前提必须对保险标的享有保险利益，这是保险法明确规定的，如果没有保险利益，那么保险合同无效。因此，保险利益是保险合同有效要件之一。

2. 缴纳保险费的约定

保险合同是有偿合同，保险的存在是以保险人具备有效承担风险的能力为前提的，而保险费的缴纳恰恰是这一能力的保障，因此保险人不能以免除保险费的方式赠与保险合同。如果没有对缴纳保险费的约定，则保险合同无效。当然，需要注意的是，保险费缴纳的约定与缴纳保险费的行为是两个概念，即只要保险合同中有对保险费的约定，至于是否投保人实际进行了缴纳我们不需要考虑,这是保险合同的履行问题而不是效力判断。

3. 超额保险

所谓超额保险,是指保险金额超过保险价值的保险。从当事人的主观心态分析,超额保险可分为两类:一是善意超额保险;二是恶意超额保险。

各国立法在对待超额保险的问题上多采取区分善恶意的态度,即对善意超额保险通例认为应该认定超过部分无效,而保险价值范围内的合同有效。① 而我国《保险法》第55条规定,保险金额不得超过保险价值。超过保险价值的,超过的部分无效,保险人应当退还相应的保险费。可见,并没有区分善意还是恶意,而是采取等同的态度,这很容易对恶意超额保险造成一定的纵容。因此,对待恶意超额保险应该采取更为严厉的态度,即在恶意超额保险中,如果一方为恶意,则赋予善意一方当事人合同解除权,如果双方当事人均为恶意,则保险合同全部无效。

4. 复保险

我国《保险法》第56条规定,重复保险的各保险人赔偿保险金的总和不得超过保险价值。除合同另有约定外,各保险人按照其保险金额与保险金额总和的比例承担赔偿保险金的责任。也就是说并没有区分善意复保险还是恶意复保险,都采取了比例分担的态度,但是如果投保人是恶意进行的复保险,那么仅仅采取这样的态度会助长其进行复保险的投机心理,不利于保险活动的开展,因此应该区别对待,判定恶意复保险合同无效。

5. 死亡保险

死亡保险,是指以被保险人的生命为保险标的,在保险有效期限内,以被保险人的死亡为保险人给付保险金条件的保险。由于死亡保险关系到被保险人的生命安全,为了避免道德危险的发生,法律对这类合同规定了特殊的有效要件。

(1) 被保险人不是无行为能力人。我国《保险法》第33条规定,投保人不得为无民事行为能力人投保以死亡为给付保险金条件的人身保险,保险人也不得承保。父母为其未成年子女投保的人身保险,不受前款规定

---

① 温世扬主编:《中华人民共和国保险法》,法律出版社2003年版,第97页。

限制。但是，因被保险人死亡给付的保险金总和不得超过国务院保险监督管理机构规定的限额。也就是说如果被保险人是无行为能力人，则所订立的保险合同无效。之所以出现这样的法律规定也是从保护无行为能力人的角度出发的，他们无法判断订立合同是否对自己造成危险，无法评估投保人或者受益人的行为，如果允许为他们订立保险合同则是将他们置于更加危险的境地，因此合同无效。当然，也有例外，父母可以为其未成年子女投保人身险，基于最亲密的血缘关系，我们通常认为父母不会对子女造成危害，所以应允许他们做对子女有益的事，但是，要控制保险金额，防止过高的收益引发道德危险。

（2）经过被保险人的同意及认可。《保险法》第34条规定，以死亡为给付保险金条件的合同，未经被保险人同意并认可保险金额的，合同无效。这样由被保险人自己来评估风险，如果投保行为不至于对他的生命健康造成威胁，那么就同意投保行为，如果认为这样会将自己置于更大的危险之中，则进行拒绝。这种对被保险人的尊重，还可以防止赌博行为的发生，避免违反保险活动的目的。

（三）保险合同的生效

通常情况下保险合同成立即生效，但是如果保险人和投保人在合同中约定了生效时间或者生效条件则依据约定发生效力。

所谓生效条件，又称延缓条件、停止条件，是指决定合同效力发生与否的条件。附生效条件的合同，虽已成立，但尚未生效，其效力处于停止状态。在效力停止期间，当事人享有期待利益。

所谓附期限法律行为，是以将来确定的期限的届至为附款，作为决定法律行为效力发生或消灭的依据，包括附始期法律行为和附终期法律行为。

三　引例分析

本案涉及的关键问题就是，这两份保险合同是否构成重复保险，以及重复保险的法律后果。依据保险法的规定，本案中，责任事故发生时，蒋某与甲乙两个财产保险公司分别签订的家庭财产保险合同均有效，构成了重复保险。我国承认重复保险的法律效力，在法律后果上采取了比例责任的立法例，《保险法》第56条规定，重复保险的各保险人赔偿保险金的总和不得超过保险价值。除合同另有约定外，各保险人按照其保险金额与保险金额总和的比例承担赔偿保险金的责任。本案中，甲保险公司与乙保险公司应按照其保险金额与保险金额的总和的比例承担赔偿责任，共同赔偿蒋某实际损失5万元，由于两家保险公司平等承担责任，应分别赔偿蒋某经济损失2.5万元。并且，依据《保险法》第56条规定，重复保险的投保人可以就保险金额总和超过保险价值的部分，请求各保险人按比例返还保险费。因此，如果蒋某财产的保险价值不超过5万元，蒋某有权就5万元超过保险价值的部分，请求各保险公司按比例返还保险费。①

第五节　保险合同的履行

一　引例

2002年5月，华某与保险公司签订了保险投保书，该投保书指定华某为被保险人，华某母亲为受益人，主合同基本保险金额为35万元，附加合同中规定了附加长期意外伤害保险，其基本保险金额为27万元；首期保险费共计7936元。华某缴费后保险公司随即安排华某于当月21日进行体检。5月21日下午，华某在指定医院完成了体检。22日下午，华某在购物时与他人发生口角，进而动手打架，结果华某被打成重伤，经医院抢救无效后死亡。事后，华某母亲向保险公司提出索赔申请。保险公司经调查后向华某母亲做出答复：在事故发生时，保险公司尚未同意承保，也没有开具保单，即保险公司还没有做出同意承保的意思表示，因此拒绝赔付。华某母亲认为华某已经缴纳了保险费，并且体检已经完成，这就表明双方的保险合同已经成立，保险公司应当按照合同约定承担保险责任。双方为此发生纠纷。华某母亲遂起诉至人民法院，请求法院判令保险公司按照合同约定赔付附加合同的保险金。保险合同是否成立生效？华某之母能否获得保险公司的赔偿？华某交付的费用性质如何？能否看做履行合同义务的保险费？

---

① 罗忠敏主编：《新保险法案例精析》，中国法制出版社2009年版，第119—120页。

二 基本理论

（一）投保人的义务

1. 交付保险费的义务

前面谈到，保险合同是强制性的有偿合同，不能以赠与的方式免除投保人交付保险费的义务。《保险法》第14条规定，保险合同成立后，投保人按照约定交付保险费；保险人按照约定的时间开始承担保险责任。所以保险费的交付是投保人最主要的义务之一。交付保险费的方式一般有两种，一种是一次性交付，财产保险合同一般是一次性交付的。《保险法》第36条规定："合同约定分期支付保险费，投保人支付首期保险费后，除合同另有约定外，投保人自保险人催告之日起超过30日未支付当期保险费，或者超过约定的期限60日未支付当期保险费的，合同效力中止，或者由保险人按照合同约定的条件减少保险金额。被保险人在前款规定期限内发生保险事故的，保险人应当按照合同约定给付保险金，但可以扣减欠交的保险费。"如果投保人没有依照合同的规定交付保险费，则保险人可以通过诉讼的方式进行主张。而人寿保险合同，具有保险时间长、保险费较高的特点，也就决定了人寿保险合同多为分期交付的方式缴纳保险费。同时，人寿保险合同具有储蓄和投资的作用，所以投保一定时间的保险合同具有现金价值，因此，保险人不能以诉讼的方式来主张保险费的交付。至于保险费的金额，虽然由合同直接加以规定，但并不意味着它是固定不变的，在特殊情况下，可能因为承保的危险发生变化也会增加或者减少保费。

2. 维护保险标的安全的义务

维护保险标的安全的义务，也称为防险义务，是指保险合同订立之后，投保人不得因已经投保而放任保险事故的发生，而应尽最大努力防止保险事故的发生。《保险法》第51条规定："被保险人应当遵守国家有关消防、安全、生产操作、劳动保护等方面的规定，维护保险标的的安全。保险人可以按照合同约定对保险标的的安全状况进行检查，及时向投保人、被保险人提出消除不安全因素和隐患的书面建议。投保人、被保险人未按照约定履行其对保险标的的安全应尽责任的，保险人有权要求增加保险费或者解除合同。保险人为维护保险标的的安全，经被保险人同意，可以采取安全预防措施。"同样，在人身保险合同中投保人或被保险人对保险标的的安全也要进行维护。《保险法》第43条、第44条、第45条规定，投保人故意造成被保险人死亡、伤残或者疾病的，保险人不承担给付保险金的责任。受益人故意造成被保险人死亡或者伤残的，或者故意杀害被保险人未遂的，丧失受益权。以被保险人死亡为给付保险金条件的合同，自合同成立或者合同效力恢复之日起二年内，被保险人自杀的，保险人不承担给付保险金的责任，但被保险人自杀时为无民事行为能力人的除外。保险人依照前款规定不承担给付保险金责任的，应当按照合同约定退还保险单的现金价值。因被保险人故意犯罪或者抗拒依法采取的刑事强制措施导致其伤残或者死亡的，保险人不承担给付保险金的责任。投保人已交足二年以上保险费的，保险人应当按照合同约定退还保险单的现金价值。

3. 危险增加的通知义务

《保险法》第52条规定，在合同有效期内，保险标的的危险程度显著增加的，被保险人应当按照合同约定及时通知保险人，保险人可以按照合同约定增加保险费或者解除合同。保险人解除合同的，应当将已收取的保险费，按照合同约定扣除自保险责任开始之日起至合同解除之日止应收的部分后，退还投保人。被保险人未履行前款规定的通知义务的，因保险标的的危险程度显著增加而发生的保险事故，保险人不承担赔偿保险金的责任。我们知道为了维护合同的公平性，保险费的收取是基于承保风险的大小而确定的，一旦保险标的的危险有所增加，势必使得保险人处于不利的境地，为了防止这种有失公平的情况发生，法律上规定了投保人和被保险人的危险增加的通知义务，为保险人提供了重新评估风险的机会，从而决定如何确定保险费。并不是只要有危险的增加就都需要进行通知，对这危险增加还要具体分析。在订立合同时已经预见到的危险的增加可以看做合理范围之内的增加，是保险人在评估风险时已经纳入计算范围内的增加，因此这种正常发展下的增加不在通知范围之内。而对于订立保险合同时未曾预料到的风险的增加则是额外的风险负担，应该进行通知。

从立法层面上来说，《保险法》第52条规定了危险增加通知义务人履行义务后对保险人的法律后果，但从操作的层面上来分析则显得简单有余而涵盖性不足。危险增加的情况很复杂，有些是由于当事人的原因而导致的，有些则是由于不可归责于当事人的原因而发生的，那么如果都要义务人进行通知的话加重了义务人的负担,对义务人来说也是不公平的,而我国保险法中却并没有对此问题进行具体的分析,似乎有欠妥当。①

4. 出险通知义务

《保险法》第 21 条规定:"投保人、被保险人或者受益人知道保险事故发生后,应当及时通知保险人。故意或者因重大过失未及时通知,致使保险事故的性质、原因、损失程度等难以确定的,保险人对无法确定的部分,不承担赔偿或者给付保险金的责任,但保险人通过其他途径已经及时知道或者应当及时知道保险事故发生的除外。"这就是出险通知义务。

那么对于"及时"该如何理解呢?我们认为这涉及一个最大诚信的问题,也就是说应该在保险事故发生之后以可能达到的最快速度通知保险人,以便保险人能够有足够充裕的时间和便利的条件对保险事故造成的损失进行调查和评估,防止流失很多能够确定损害原因及范围的重要数据和线索。一般而言,有两种立法例:一种规定具体的时间段,即保险事故发生之后多长时间之内进行通知;另外一种则是没有具体时间的要求,而是以诸如"迅速"、"从速"等字眼进行规定。前者的优点在于便于双方当事人判断是否正确履行了出险通知的义务,缺点是不能具体情况具体分析,基于通知的难易程度不同,对于时间段长短不好把握。后者虽然较为灵活但却不利于准确判断这些词语的客观标准,操作中容易出现争议。在保险实践当中,多数都是由保险人和投保人在合同中明确写明一个时间段,确定出险通知义务履行的期限。

特殊情况下投保人可以不负通知义务,这些情况是:保险人已经知道保险事故的发生;依照通常的注意义务,保险人应当知道保险事故已经发生;保险人声明不必通知的保险事故。

5. 出险施救义务

《保险法》第 57 条规定,保险事故发生时,被保险人有责任尽力采取必要的措施,防止或者减少损失。保险事故发生后,被保险人为防止或者减少保险标的的损失所支付的必要的、合理的费用,由保险人承担;保险人所承担的费用数额在保险标的损失赔偿金额以外另行计算,最高不超过保险金额的数额。必要的施救行为可以减少损失的发生,也减轻了保险

---

① 樊启荣:《中华人民共和国保险法》,高等教育出版社 2010 年版,第 82 页。

人的赔偿责任，是兼顾了保险人和被保险人双方利益的行为，应该提倡。但是施救行为势必要增加被保险人的投入，如果不在成本支出方面给予一定的补偿则会打击被保险人施救的积极性，所以法律规定，对于施救发生的合理的必要的费用可以向保险人进行主张。

如果被保险人违反此义务，则保险人对因此而增加或者扩大的损失不承担赔偿责任。

(二) 保险人的义务

1. 签发保险单证的义务

《保险法》第13条规定，投保人提出保险要求，经保险人同意承保，保险合同成立。保险人应当及时向投保人签发保险单或者其他保险凭证。因此，向投保人签发保险单证则是保险合同成立之后保险人所应承担的义务。

保险单证具有证明保险合同存在的作用，并且能够明确地记载合同中的具体权利义务，是保险合同在履行过程中的重要凭证，如果不及时签发保险单证，则保险合同的内容就无法证实，可能会发生当事人对合同内容的争议，不利于合同的履行，所以，保险人要及时签发单证。

2. 承担赔偿责任和给付保险金的义务

这是保险人最主要的义务，也是保险活动进行的真正意义所在。保险人的主要责任范围包括基本责任、特约责任和除外责任。基本责任主要有：因不可抗力或不可预料的事故所致的损害；因投保人或被保险人的过失所致的损失；被保险人的受雇人、所有物或者动物所致的损失；被保险人因履行道德上的义务所致的损害。特约责任是双方协商同意的对基本责任范围的扩展。而除外责任则是保险人对保险标的的损失不承担的责任。

对于赔偿和给付的金额不同的保险合同有所不同，对于财产保险则是根据保险价值决定的保险金额的大小进行相应的赔偿，全损的按照保险金额赔偿，部分损失的按照损失所占比例与保险金额相乘之后的所得进行赔偿。在人身保险当中，则是按照双方约定的给付保险金的数额进行确定。除了保险金的给付之外，对于一些费用，保险人也需要进行相应的支付，包括施救费用、诉讼或者仲裁费用的支出以及为确定和查明保险事故的性质、原因和保险标的损失程度所支付的必要费用。

3. 保密义务

由于保险合同是最大诚信合同，投保人对自己的信息以及被保险人、受益人的信息都做了详细的说明，如果保险人将这些信息泄露出去，对于投保人来说是非常危险的，因此依据诚实信用原则，保险人或者再保险接受人对在办理保险业务中知道的投保人、被保险人、受益人或者再保险分出人的业务和财产情况及个人隐私，负有保密的义务。这种义务并不是保险合同中约定的义务，而是基于法律规定的法定义务，是附随义务。[1]

（三）保险合同的索赔和理赔

索赔和理赔是保险合同履行中非常重要的环节。

1. 索赔

索赔是指被保险人或受益人在保险事故发生造成保险标的损失后，按照保险合同条款的约定，向保险人提出要求支付保险金的法律行为。《保险法》第 26 条规定，人寿保险以外的其他保险的被保险人或者受益人，向保险人请求赔偿或者给付保险金的诉讼时效期间为两年，自其知道或者应当知道保险事故发生之日起计算。人寿保险的被保险人或者受益人向保险人请求给付保险金的诉讼时效期间为五年，自其知道或者应当知道保险事故发生之日起计算。

索赔的步骤主要为：

（1）出险通知。保险事故发生后，投保人、被保险人或者受益人应该及时地通知被保险人事故发生的大概情况，以便保险人能够及时准确地对损失进行勘察和评估。

（2）采取合理的施救措施。事故发生之后，被保险人、受益人有义务采取合理的措施尽量减少事故对保险标的所造成的损失。

（3）接受检验。在保险事故发生后，被保险人应该对发生的现场进行保护，配合相关人员进行相应的查验。

（4）提供索赔单证。索赔单证包括：保险合同、保险单或者保险凭证的正本；已支付保险费的凭证；账册、收据、发票、装箱单、运输合同等有关保险财产的原始单据；被保险人的身份证明材料，包括身份证、工作证和户口簿等；保险事故原因证明及损害结果证明；索赔清单。

---

[1] 温世扬主编：《中华人民共和国保险法》，法律出版社 2003 年版，第 130 页。

(5) 领取保险金或赔偿金。

(6) 开具权益转让书。当涉及第三人责任时,保险人通过被保险人开具的权益转让书可以将被保险人的权益转让过来。

2. 理赔

理赔是指保险人依据保险合同、审查保险责任并处理保险赔偿的行为。主要程序有:

(1) 立案检验和现场查勘。保险人接到通知以后应该立刻查验索赔单证,予以立案并及时到现场进行勘验,查明损失。

(2) 审核责任。审核的主要内容包括:保险合同的合法性和有效性;根据近因原则审查导致保险标的损害的原因,确认是否属于保险事故;被保险人是否及时施救;是否存在对保险事故承担损害赔偿责任的第三人。

(3) 核算损失并支付保险金。《保险法》第25条规定,保险人自收到赔偿或者给付保险金的请求和有关证明、资料之日起六十日内,对其赔偿或者给付保险金的数额不能确定的,应当根据已有证明和资料可以确定的数额先予支付;保险人最终确定赔偿或者给付保险金的数额后,应当支付相应的差额。

(4) 损余处理。《保险法》第59条规定,保险事故发生后,保险人已支付了全部保险金额,并且保险金额相当于保险价值的,受损保险标的的全部权利归于保险人;保险金额低于保险价值的,保险人按照保险金额与保险价值的比例取得受损保险标的的部分权利。

(5) 代位追偿。如果保险标的的损失应归责于第三人的话,在保险人已经向被保险人支付了保险金的情况下即在赔偿金额的范围内对第三人享有代位追偿权。

三 引例分析

保险合同没有成立生效。合同需要双方的意思表示的一致才能成立,而保险公司在华某没有获得体检结果的时候并没有进行承保,所以合同还没有成立。既然保险合同没有成立,也就不会生效,那么保险公司不承担保险责任,因此华某的母亲不能获得赔偿。根据国际惯例,投保人在向保险人发出投保申请的时候就要预交保险费,但是保险人在没有同意承保的情况下,预交的保险费并不能成为正式保险费。在保险人没有同意承保之前的这段时间内,保险人和被保险人形成了债权债务关系。可以转化为保费,也可以最终不成立保险合同而退还给投保人。

第六节 保险合同的变动

一 引例

2004年9月28日,驾驶员任某就其驾驶的一辆桑塔纳轿车投保第三者综合责任险和车损险,向某保险公司缴纳保险费2275元,该保险公司出具了保险卡,保险期限为2004年9月28日至2005年9月27日。2005年1月,桑塔纳轿车的主人龙某把车子转让给了陈某。2005年2月,陈某在驾驶车辆时发生交通事故,造成经济损失3222.40元。投保人任某申请理赔,保险公司进行了赔付。2005年7月间,陈某驾驶这辆车再次发生交通事故,经保险公司核实定损为42478.90元。当任某再次申请赔付时,保险公司拒绝了,理由是车辆所有权人发生了变更,却没有依据保险法的规定告知保险公司。那么保险公司应否对任某的损失进行赔偿?[①]

二 基本理论

(一)保险合同的变更

保险合同的变更,是指保险合同依法成立之后,未履行完毕之前,发生的保险合同的主体以及除保险标的以外的保险合同内容的变化。如果保险标的发生了变化,则丧失了与原合同的同一性,不是我们探讨的保险合同的变更,而是原合同的解除和新合同的成立。

保险合同的变更包括两种形式:

1. 保险合同主体的变更

保险合同主体的变更通常不包括保险人的变化。保险合同主体的变更其实就是保险合同的转让。这种变更主要是由保险标的的所有权发生流转而引发的。包括两种形式:一种是必须经过保险人同意的变更。即没有经过保险人同意的,保险合同变更不发生法律效力,仍然按照原合同内容生

---

① 于海纯、傅春燕编著:《新保险法案例评析》,对外经济贸易大学出版社2009年版,第11页。

效。另外一种是无须经过保险人同意,投保人可以自由变更的情况。如海上货物运输合同经被保险人背书即可转让。我国《保险法》第49条规定,保险标的转让的,保险标的的受让人承继被保险人的权利和义务。保险标的转让的,被保险人或者受让人应当及时通知保险人,但货物运输保险合同和另有约定的合同除外。因保险标的转让导致危险程度显著增加的,保险人自收到前款规定的通知之日起三十日内,可以按照合同约定增加保险费或者解除合同。保险人解除合同的,应当将已收取的保险费,按照合同约定扣除自保险责任开始之日起至合同解除之日止应收的部分后,退还投保人。被保险人、受让人未履行本条第二款规定的通知义务的,因转让导致保险标的的危险程度显著增加而发生的保险事故,保险人不承担赔偿保险金的责任。

2. 保险合同内容的变更

这类变更通常表现为,保险标的、财产数量的增减品种、价值、存放地点的变化,或者货物运输合同中航程的变化、船期的变化,以及保险期限、保险金额的变更等。保险合同内容的变更必须得到保险人的同意才能发生效力。当然也有例外,《保险法》第59条规定,保险事故发生后,保险人已支付了全部保险金额,并且保险金额等于保险价值的,受损保险标的的全部权利归于保险人;保险金额低于保险价值的,保险人按照保险金额与保险价值的比例取得受损保险标的的部分权利。也就是说在这种情况下法律直接规定对合同内容进行变更。

(二) 保险合同的解除

保险合同的解除,是指保险合同生效后,在有效期届满之前,当事人依法提前终止保险合同的法律行为。并不是所有的保险合同当事人都可以任意解除合同,只有投保人才能享有这样的解除权,而作为保险人,法律禁止其行使任意解除权。这样规定的原因在于,保险合同是投保人为了保障自己的保险利益而订立的,他有权选择正确的保险人来保障自己的利益,因此法律赋予他选择保险人的权利,让其享有任意解除的权利。但是对于保险人来说,一旦保险合同订立,投保人的保险标的的风险就转移给了保险人,如果保险人任意解除合同势必造成保险标的处于无保障的状态,投保人不得不重新寻找保险人并订立合同。如果在这期间发生了保险事故,则对投保人来说是不公平的,所以从保障投保人的角度出发剥夺了保险人的任意解除权。

依据我国保险法的规定，保险人有权解除合同的情形有：

1. 投保人故意或者存在重大过失，不履行如实告知义务的，足以影响保险人决定是否同意承保或者提高保险费率的，保险人有权解除保险合同。（《保险法》第 16 条第 2 款）

2. 被保险人或者受益人在未发生保险事故的情况下，谎称发生了保险事故，向保险人提出赔偿或者给付保险金请求的，保险人有权解除保险合同，并不退还保险费。（《保险法》第 27 条第 1 款）

3. 投保人、被保险人或者受益人故意制造保险事故的，保险人有权解除保险合同，不承担赔偿或者给付保险金的责任，除《保险法》第 43 条关于人寿保险特定条款外，也不退还保险费。（《保险法》第 27 条第 2 款）

4. 投保人、被保险人未按照约定履行其对保险标的安全应尽责任的，保险人有权要求增加保险费或者解除合同。（《保险法》第 51 条第 3 款）

5. 在合同有效期内，保险标的危险程度增加的，被保险人按照合同约定应当及时通知保险人，保险人有权要求增加保险费或者解除合同。（《保险法》第 52 条第 1 款）

6. 保险标的发生部分损失，保险人履行赔偿义务后，在法定期限内，保险人可以解除合同。（《保险法》第 58 条第 1 款）

7. 投保人申报的被保险人年龄不真实，并且其真实年龄不符合合同约定的年龄限制的，保险人可以解除合同，并按照保险合同的约定，向投保人退还保单的现金价值，但是合同自成立之日起逾两年的除外。（《保险法》第 32 条第 1 款）

8. 人身保险合同约定分期支付保险费的，在产生保险合同效力中止时，自合同效力中止之日起两年内双方未达成效力恢复协议的，保险人有权解除合同。（《保险法》第 37 条第 1 款）[1]

不过，在特殊合同中，投保人也不享有任意解除权，如《保险法》第 50 条规定："货物运输保险合同和运输工具航程保险合同，保险责任开始后，合同当事人不得解除合同。"

---

[1] 黄健雄、陈玉玲主编：《中华人民共和国保险法》，厦门大学出版社 2007 年版，第 52 页。

虽然法律赋予投保人任意解除合同的权利，但是如果行使此权利则需要付出相应的代价，《保险法》第54条规定："保险责任开始前，投保人要求解除合同的，应当按照合同约定向保险人支付手续费，保险人应当退还保险费。保险责任开始后，投保人要求解除合同的，保险人应当将已收取的保险费，按照合同约定扣除自保险责任开始之日起至合同解除之日止应收的部分后，退还给投保人。"保险合同的解除类型有两种：

1. 法定解除

法定解除是指因法律规定的原因出现时，保险合同当事人一方依法行使解除权，消灭已经生效的保险合同关系。

主要情形有：投保人违反如实告知义务；被保险人或者受益人骗取保险金给付；投保人、被保险人或受益人故意制造保险事故；违反危险增加通知义务；投保人或被保险人违反维护标的安全的义务；人身保险合同中误报年龄且超过年龄限制的；效力中止的人身保险合同逾期未复效的。

2. 约定解除

约定解除是指双方当事人依据合同所约定的解除合同的条件解除合同。只要是合同中约定的解除条件成立，任何一方均可以行使解除权。这种解除权的行使是一种单方法律行为，不需要经过对方当事人的同意直接发生解除合同的法律效力。

（三）保险合同的终止

保险合同的终止，又称为保险合同的消灭，是指保险合同的效力永久性地停止，使得保险合同约定的当事人权利义务归于消灭。

它具有以下特征：

1. 一旦终止的事由出现，则在法律上当然发生合同消灭的法律后果而无须当事人主张。

2. 保险合同的终止具有永久性。没有因为一些条件的具备或者成熟重新恢复原有效力的可能性。

3. 保险合同的终止一般不具有溯及既往的效力。合同的终止仅向将来发生效力，对于已经进行的给付无须恢复原状。

保险合同终止的事由：因期限届满而终止；因保险人履行了赔偿或者给付保险金的义务而终止；因保险合同的解除而终止；因保险标的发生部分损失而终止；因保险标的的灭失而终止。

三 引例分析

本案中，任某因是保险标的汽车的驾驶员，使用并保管汽车，对汽车毁损灭失依法或者依约也具有经济上的利害关系，因此在其投保时对保险车辆有保险利益。但是由于汽车的车主龙某将汽车转让给刘某，任某已不再是该车的驾驶员，对车辆已无保险利益，根据保险法的规定，保险标的受让人刘某承继其权利义务，成为被保险人。然而双方并未将此事告知保险人，法律规定，在此情况下对于因转让导致保险标的的危险程度显著增加而发生的保险事故，保险人不承担赔偿保险金的责任。但是仅仅是车辆所有人的变更并不会导致危险程度显著增加，因此，虽然双方并未履行保险标的转让的告知义务，保险人仍然要承担赔偿保险金的责任，但是拥有保险金赔偿请求权的人是刘某而非任某。[①]

[①] 于海纯、傅春燕编著：《新保险法案例评析》，对外经济贸易大学出版社2009年版，第13页。

第三章　人身保险合同

第一节　人身保险合同概述

一　引例

陈甲之父陈乙于1997年5月23日在保险公司投保，险种为简易人身保险，合同约定疾病死亡保险金额为500元，意外伤害死亡、疾病保险金额为4000元，受益人：陈乙。1999年8月22日，陈乙到本县毛堂乡信用社取钱途中摔倒，伤及头部，感觉头痛，吃饭时又饮酒二两，头痛加重，夜晚八九点钟被发现昏倒在地，家人将其送至医院治疗。经诊断为脑出血，进行紧急治疗，当月27日出院，回家后3日死亡。经法医鉴定，陈乙是在受伤引诱下发生脑出血及饮酒加快出血量。2001年7月，陈甲才得知父亲投有简易人身保险，于当月3日申请给付保险金，保险公司以陈乙死于疾病只同意支付500元保险金，双方争执不下，陈甲诉至法院。被保险人是否属于意外伤害死亡。①

二　基本理论

（一）人身保险合同的概念和特征

人身保险合同是指投保人根据合同约定，向保险人支付保险费，保险人按照约定当被保险人死亡、伤残、疾病或者达到合同约定的年龄、期限时承担赔偿或者给付保险金责任的保险合同。根据《保险法》第95条的规定，人身保险业务，包括人寿保险、健康保险、意外伤害保险等保险业务。也就是说人身保险合同包括人寿保险合同、健康保险合同和意外伤害

---

① 石慧荣主编：《保险法学》，武汉大学出版社2009年版，第108页。

保险合同三部分内容。其实，对于人身保险合同，不同国家对于其涵盖的范围也有不同的规定，主要争议在于伤害险和健康险是否应该涵盖在内。有学者认为由于伤害险和健康险发生保险事故之后，多数情况下对于被保险人的补偿可以根据治疗的费用，以及治疗期间额外增加的支出和减少的收益进行确定，因此可以适用损害补偿原则，这与一般的财产保险合同有相似之处，但与一般的人身保险合同存在一定的背离，所以这部分应该额外进行规定，而不应该规定在人身保险合同之中。但是根据我国保险法的规定可以看出，我们采取的态度仍然是将其纳入了人身保险合同的范畴，主要关注的还是保险标的的同向性。

人身保险合同的保险标的是人的身体或者生命，以此区别于财产保险合同，因此具有显著的特征，它的主要特征表现为：

1. 人身保险合同保险标的的特殊性。人身保险合同以被保险人的身体或者生命作为保险标的，因此要求被保险人必须是具有生命的自然人，法人或者非法人组织不能成为被保险人。另外，作为被保险人还需要处于存活状态，尚未出生的胎儿和已经死亡的人是不能成为被保险人的。

2. 人身保险合同的投保人和被保险人一般具有特定身份关系。人身保险合同中的投保人对被保险人也需要具有保险利益，而我们在判断他们之间是否存在保险利益的时候通常的判断标准就是特定的身份关系。《保险法》第31条规定，投保人对下列人员具有保险利益：（一）本人；（二）配偶、子女、父母；（三）前项以外与投保人有抚养、赡养或者扶养关系的家庭其他成员、近亲属；（四）与投保人有劳动关系的劳动者。除前款规定外，被保险人同意投保人为其订立合同的，视为投保人对被保险人具有保险利益。订立合同时，投保人对被保险人不具有保险利益的，合同无效。由此可以看出，除了被保险人同意投保人订立保险合同的情况外，其他能够作为投保人的人必须与被保险人具有特定的身份关系。这样规定的原因在于防止发生投保人为了追求保险金给付积极追求保险事故的发生，损害被保险人的利益，而对身份关系的规定则以血缘限制了这种道德危险发生的几率，防止赌博行为的发生。

3. 保险金的定额给付性。因为人身保险合同的保险标的是人的身体或者生命，对于这种特殊的保险标的无法用金钱来衡量它的价值，因此不能以保险价值和保险金额的关系来确定发生保险事故时应该进行赔偿的范围。也就是说在人身保险合同中是不能够以补偿原则来进行保险金计算的。通常情况下，投保人与保险人通过协商确定一个固定的数额作为保险金给付的定额，一旦发生保险事故，保险人给付固定数额的保险金即完成其保险责任。因此在人身保险合同中，不会发生超额保险的情况。

4. 人身保险合同的长期性。由于人身保险合同通常是对人的生命健康进行保护，因此这类合同多是长期的合同，尤其人寿保险合同保险期限有的甚至延续几十年，这与短期的财产保险合同区别比较明显。

5. 人身保险合同的储蓄性。人身保险合同存在的意义已经不仅仅局限于损害填补了，而是具有了一定的储蓄性，目的是当自己年老或者丧失劳动力时能够通过保险来获得经济上的保障，或者当被保险人死亡之后为他的亲属提供抚养、赡养的经济来源。因此在人身保险合同中，投保人缴纳的保险费可以划分为两部分：一部分是作为损害填补支出的危险保险费；另一部分则是作为储蓄保险金给付的储蓄保险费。

6. 人身保险合同中的人寿保险合同保险费不能通过诉讼的方式请求支付。投保人缴纳保险费是其应该承担的主要义务，通常情况下由于人寿保险合同多为长期合同，因此多为分期缴付的支付方式。如果投保人不按照合同的约定交付保险费，保险人可以中止人身保险合同，也可以行使合同的解除权，但是不得以诉讼的方式强制投保人交付保险费。

7. 人身保险合同不适用代位求偿权。保险代位制度的出现是为了防止被保险人最终获得额外的利益，因此它的工作原理在于损害和补偿之间的可计算性，在财产保险合同中总是有其适用的余地。而在人身保险合同中，因为人的生命和身体是无法用金钱加以衡量的，对于遭受到的损害也不能通过货币加以计算，因此不存在获得额外收益的可能，因此，当发生人身保险合同中规定的保险事故时，投保人既可以向保险人请求承担保险金给付的责任，也不丧失向真正责任人请求赔偿的权利。

（二）人身保险合同的分类

1. 人寿保险合同、健康保险合同与意外伤害保险合同

根据保障的危险不同，人身保险合同可以分为人寿保险合同、健康保险合同与意外伤害保险合同。

（1）人寿保险合同，是指以人的寿命为保险标的，以被保险人生存、死亡或者生存死亡两全为保险金给付条件的保险合同。

它的特征主要为：首先，人寿保险合同是定额保险合同。因为人寿保险合同以人的生存或者死亡作为给付保险金的条件，而人的生命并没有固定的价值，因此通常只能在订立保险合同时由当事人进行约定，以固定金额作为保险金给付的数额。这里的固定金额并不是对生命价值的实际反映，因此也不会出现超额保险的问题。其次，人寿保险合同是长期性的保险合同。由于人寿保险合同保障的是在一定期限内人的生存或者死亡，如果期限过短则不能体现合同对被保险人的保障，因此，这类合同通常期限较长，多为几年甚至几十年的长期合同。再次，人寿保险合同在一定条件下具有现金价值。在财产保险合同中，交付的保险费全部是保险人承担保险责任的对价，而在人寿保险合同中，保险费分为两部分，一部分是保险人承担危险的对价，另一部分则是作为储蓄金而存在的。人一生不同时刻所面临的死亡的风险也是不同的，通常年轻时的风险比较低而随着年龄的增长而逐渐加大，很多保险费的收取并没有区分年龄，而是将全部的保险费分摊到每年，使得每年的保险费大致相同，这就会出现一定时期保险费交付和保险人承担风险不相符的可能，而这段时期积累下来的保险费就可以转化为现金价值存在于保险单之中。当然，作为储蓄金形式存在的保险费也应该以现金的价值存在于保险单中，作为保险合同解除时应该返还给投保人的价值。

人寿保险合同又可以分为死亡保险合同、生存保险合同、生死两全保险合同和年金保险合同。

死亡保险合同，是指以被保险人在保险期限内的死亡为保险事故，保险人负责给付保险金的保险合同。可根据保险期限的不同分为定期保险合同和终身保险合同。这类保险因为以被保险人的死亡为保险事故，因此对于道德危险的防范也最为严格，主要体现在除了父母为其未成年子女进行的投保之外，其他人不得为无民事行为能力的人进行投保。如果为正常人投保还需要经过被保险人的书面同意，并认可保险金额，否则保险合同也是无效的。

生存保险合同，是指以被保险人在保险期限内的生存为保险事故，被保险人生存到保险期限届满时，保险人按照合同的约定给付保险金的保险合同。如果被保险人并没有生存到保险期限届满，而是在此期间死亡，则保险人不承担给付保险金的责任，保险合同失效。

生死两全保险合同，又称为混合保险合同，是指被保险人不论在保险期限内因保险事故死亡，还是生存到保险期届满时，均可领取约定的保险金的保险合同。① 生死两全保险，原则上是以死亡保险为基础对保险金的给付附以生存条件，或者以生存保险为基础对保险金的给付附以死亡条件。这种保险更为周全，既可以保证今后生活的经济来源，又可以保证死亡后由其抚养或者赡养的亲属的经济来源。

年金保险合同，是指在被保险人生存期间，每年给付一定金额的生存保险合同。这种保险的价值更倾向于老年人的养老，适合较大年龄的人群养老目的的实现。年金保险合同又分为终身年金保险合同、定期年金保险合同、即期年金保险合同和延期年金保险合同。

(2) 健康保险合同，又称为疾病保险合同，是指双方当事人约定，投保人向保险人缴纳保险费，当被保险人由于疾病、分娩以及由于疾病或者分娩致残或者失去劳动能力时，由保险人给付保险金的保险合同。这类保险合同具有一定的补偿性，以填补医疗费用为限，但是由于其保险标的仍为人的身体健康，并且在疾病或者分娩导致伤残或者死亡事故发生时，保险人给付的保险金数额又具有定额给付的性质，所以仍旧将其归类于人身保险合同之中。根据保险事故发生后保险人补偿内容的不同，又可将健康保险合同分为：医疗费给付保险合同、工资收入保险合同、营业收入保险合同、残疾或死亡保险合同。

(3) 意外伤害保险合同，又称为伤害保险合同，是指投保人和保险人约定，在被保险人遭受意外伤害或者由此致残、死亡时，由保险人依照约定向被保险人或者受益人给付保险金的保险合同。对于意外伤害保险合同来说，意外伤害是指被保险人因为不可预料或者不可抗力所致的人体天然部分的伤害，只有外在的伤害才能构成保险事故，如果是被保险人内在原因，例如疾病而导致的伤残或者死亡则不在保险事故范围之内。由于这类保险承保的也是对人体的损害，无法对保险标的价值进行评估，因此，意外伤害保险合同通常也具有定额给付的特征。同时这类合同也不能适用保险代位制度，源于其保险标的的无价性。

其除外责任主要包括：被保险人自杀行为所致伤亡；被保险人在违法

---

① 马宁主编：《保险法理论与实务》，中国政法大学出版社2010年版，第261页。

犯罪中所受意外伤害；疾病；被保险人在其故意制造事端挑起的斗殴行为中所受意外伤害；被保险人在吸食、注射毒品过程中发生的意外伤害；酗酒；不必要的冒险行为。

意外伤害保险合同主要包括普通伤害保险合同、特种意外伤害保险合同、团体意外伤害保险合同、学生意外伤害保险合同和职业伤害保险合同。

普通意外伤害保险合同，又称为一般伤害保险合同，是指单个自然人为被保险人时，在保险期间内发生意外伤害保险事故，保险人依照约定，向被保险人或者受益人给付保险金的保险合同。

特种意外伤害保险合同，是指以某种特殊原因造成的意外伤害为保险责任范围，或者以人的某一器官、某一部位为保险标的的保险合同。包括交通事故意外伤害保险合同、旅行意外伤害保险合同、电梯乘客意外伤害保险合同。交通事故意外伤害保险合同，是指保险人对被保险人因为交通事故所遭受的意外伤害承担保险责任的保险合同。旅行意外伤害保险合同，是指以被保险人在旅行期间所发生的意外伤害事故为保险责任范围而成立的保险合同。电梯乘客意外伤害保险合同，是指电梯乘客因搭乘电梯发生意外事故而致伤残或者死亡，由保险人承担给付保险金责任的人身保险合同。

团体意外伤害保险合同，是指以社会组织为投保人，以该组织的全体在职人员为被保险人，以被保险人因意外伤害事故所造成的人身伤害、残疾、死亡为保险责任范围的意外伤害保险合同。

学生意外伤害保险合同，又称为学生团体平安保险合同，是指以学生作为被保险人，在其因意外伤害而导致残疾或者死亡时，由保险人给付保险金的一种人身保险合同。

职业伤害保险合同，是指投保人向保险人交付保险费，在被保险人因为执行职务所受意外伤害致其伤残而暂时或者永久丧失劳动能力时，保险人以给付保险金补偿被保险人的医疗费用和工资收入的保险合同。

2. 团体人身保险合同和个人人身保险合同

依据投保方式的不同，可将人身保险合同分为团体人身保险合同和个人人身保险合同。

（1）团体人身保险合同，是指以某一单位内全体或者大多数成员为被保险人，所订立的保险合同。

（2）个人人身保险合同，是指以单个自然人为被保险人所订立的人身保险合同，这是最为常见的保险合同形态。

3. 分配型人身保险合同和非分配型人身保险合同

依据被保险人是否参加保险人的利益分配，人身保险合同可分为分配型人身保险合同和非分配型人身保险合同。

（1）分配型人身保险合同，也称为分红保险单，是指被保险人不仅可以在发生保险事故时获得约定的保险金，还可以参加保险人的红利分配。

（2）非分配型人身保险合同，又称为不分红保险单，是指被保险人只能在发生保险事故时获得约定的保险金，而不能参加保险人的红利分配。

三 引例分析

本案中的简易保险合同是意外伤害保险和健康保险的联合合同。关键的问题是确定被保险人是否因意外而死亡。所谓意外伤害是指非人所能预料的原因造成的伤害，这种伤害具有偶然性、外来性和急剧性的特征。在本案中，陈乙的死亡完全由于摔倒造成的，所以符合意外伤害的特征，因此保险公司应该给付4000元保险金。[①]

第二节　人身保险合同的当事人和关系人

一 引例

2001年7月，甲公司以本公司全体职工为被保险人，向保险公司集体投保了简易人身保险，保险期限自2001年7月19日零时起至2003年7月18日24时止，保险金额为每人3200元。双方同时约定，该简易人身保险的受益人为甲公司。合同签订后，甲公司即向保险公司支付了保险费。之后，甲公司在公司全体职工代表大会上，将其集体投保简易人身保险的事项通报了全体职工，但是没有告诉职工甲公司为受益人的情况。

---

① 石慧荣主编：《保险法学》，武汉大学出版社2009年版，第108页。

2002年5月，甲公司组织职工乘客车到郊外春游，在回公司途中客车发生了交通事故，结果傅某等10名职工当场死亡。事后，傅某等职工的家属要求保险公司对其损失承担赔偿责任，但保险公司声称甲公司已经领取了傅某等10名职工的简易人身保险金。家属于是向甲公司追偿保险金，而甲公司以自己为人身保险受益人为由拒绝了家属的请求。家属遂起诉至人民法院，请求法院判令甲公司和保险公司向其支付保险金。此保险合同中的受益人到底是谁？保险公司应该向谁支付保险金？

二 基本理论

（一）人身保险合同的当事人

1. 投保人

由于人身保险合同是以人的身体或者生命作为保险标的的，因此对于投保人的资格有着严格的限制，投保人必须对保险标的享有保险利益，而保险标的是被保险人的身体或者生命，与被保险人不能分开，因此投保人应该对被保险人具有保险利益。

在我国法律的规定中，投保人主要有以下几种：

首先，投保人对本人具有保险利益。人对自己的身体和生命具有相应的权利，因此，投保人以自己的身体和生命进行投保是理所当然应该承认的。

其次，配偶、子女、父母之间享有保险利益。法律赋予他们之间特定的义务，如抚养和赡养的义务，如果一方发生死亡或者伤残必然会加重对方的负担，从这个角度看，他们之间是有保险利益的存在的。因此，在配偶、子女、父母之间可以互为投保人和被保险人。

再次，除配偶、子女、父母之外的存在抚养、扶养和赡养关系的其他家庭成员或者近亲属之间互有保险利益。这里需要强调，并不是近亲属当然地享有保险利益，还需要他们之间形成事实上的抚养、扶养或者赡养关系，因为只有在这样的前提之下，近亲属的死亡或者伤残才会构成对另外一方经济上的负担。主要包括，有负担能力的祖父母、外祖父母，对于父母已经死亡或父母无力抚养的未成年的孙子女、外孙子女，有抚养的义务。有负担能力的孙子女、外孙子女，对于子女已经死亡或子女无力赡养的祖父母、外祖父母，有赡养的义务。有负担能力的兄、姐，对于父母已经死亡或父母无力抚养的未成年的弟、妹,有抚养的义务。由兄、姐抚养长大的有负担能力的弟、妹,对于既缺乏劳动能力又缺乏生活来源的兄、姐,有扶养的义务。此外,对公婆、岳父母尽了主要赡养义务的丧偶儿媳、丧偶女婿与公婆、岳父母之间也存在赡养关系。

复次,与投保人有劳动关系的劳动者,依照法律也认为投保人对其具有保险利益。虽然有工伤保险为工伤劳动者提供保障,但工伤保险赔付的范围和限额都有限,不能完全补偿工伤劳动者的损失,作为用人单位对工伤保险不能赔付的部分仍应承担赔偿责任,故很多用人单位为那些经常出差或风险较大岗位的职工另行购买了意外险,当然有的企业把为员工购买商业保险作为企业的福利形式,以激励员工更多地为企业创造价值。用人单位为员工购买人身保险,就可以直接把自己作为投保人,而无须劳动者同意或签字,简便了操作程序。这一修改也是对用人单位为职工购买人身保险当然主要是意外保险和疾病保险的一种鼓励和认可。为了防止单位作为投保人为本单位职工投保之后却以单位作为受益人,剥夺被保险人的利益,《保险法》第39条还规定,投保人指定受益人时须经被保险人同意。投保人为与其有劳动关系的劳动者投保人身保险,不得指定被保险人及其近亲属以外的人为受益人。

最后,经过被保险人同意,投保人对被保险人享有保险利益。鉴于被保险人对于投保人进行投保的行为有一定的评估,经过考虑之后,如果这种投保行为会对自己的生命或者安全产生不良的影响的话,被保险人自然不会同意投保行为,如果恰恰相反,那么被保险人才会同意,所以,既然被保险人允许了这种情况的发生就证明,一般情况下发生道德风险或者赌博行为的可能性会比较低,这也正是我们对投保人资格进行限制的目的,所以当被保险人同意时,可以认为投保人与被保险人之间存在保险利益。[①]

2. 保险人

人身保险中的保险人,保险法有明确的规定,从事财产保险业务和从事人身保险业务的保险公司不能两项业务兼营,但是对于经营财产保险业务的保险公司经过保险监督管理机构的核定,可以经营短期健康保险业务

---

① 参见樊启荣著《中华人民共和国保险法》,高等教育出版社2010年版,第52—55页。

和意外伤害保险业务。以防止以人身保险获得的资金积累填补财产保险上的损害补偿。

(二) 人身保险合同的关系人

1. 被保险人

人身保险合同中的被保险人，在发生保险合同约定的保险事故或者符合给付保险金的条件时，除非保险合同另行约定了受益人，享有请求保险人给付约定的保险金的权利；被保险人死亡的，保险人应当向其法定继承人给付保险金。

并不是所有的人都能成为被保险人，除父母为未成年子女投保的人身保险之外，不能为无民事行为能力人投保死亡保险，以防止诱发道德危险。

被保险人对于保险合同的成立以及受益人的确定具有决定性意义。除了与被保险人有法定的近亲属关系的投保人可以为被保险人投保外，其他人想要投保必须经过被保险人的同意，如果投保的是以死亡为给付条件的人身险，则不论何种关系（除去父母为自己投保）均要经过被保险人的同意，对于受益人的人选可以由被保险人直接指定，或者由投保人指定经被保险人同意才生效，也就是说被保险人起到了决定受益人的决定性作用。

2. 受益人

受益人是指人身保险合同中被保险人或投保人指定的享有保险金请求权的人。这个概念仅在人身保险合同中才有存在的意义，尤其在死亡保险中，如果被保险人死亡则被保险人无法作为损害承担者来领取保险金，如果没有指定受益人则保险就无意义，在财产保险中则无此困扰，因为财产的损害并不影响作为实际受到损失的被保险人领取保险赔偿的行为，因此，通常情况下财产保险中的受益人角色都由被保险人来扮演。

《保险法》第40条规定，被保险人或者投保人可以指定一人或者数人为受益人。受益人为数人的，被保险人或者投保人可以确定受益顺序和受益份额；未确定受益份额的，受益人按照相等份额享有受益权。

从保险法理论的角度来看，受益人分为指定受益人和法定受益人。指定受益人是指受益人由被保险人或者投保人所指定。这是最基本也是最常见的一种受益人的产生方式，体现了法律对当事人意志的尊重。被保险人可以指定受益人，投保人也可以指定，但是其指定必须经过被保险人的同意才能生效。指定受益人又可以分为原始指定受益人和后继受益人。前者指最初指定的受益人，后者指保险单注明的在原始受益人死亡后行使受益权的受益人。法定受益人，是指法律规定的受益人，通常为被保险人的法定继承人。

受益人享有的受益权是一种原始权利而非继受权利，是保险合同直接赋予的权利并不是通过继承死亡者的财产而获得的，因此需要注意的是，在被保险人死亡时，受益人获得的保险金给付不需要对被保险人生前的债务进行清偿，也无须缴纳遗产税，因为这种权利并不是继承权，不需要通过继承的程序得以实现，是一种直接的权利。同时，受益人获得的给付也不是被保险人的遗产，而是基于保险合同而产生的利益，即使被保险人没有任何遗产可供继承，也不会影响受益人从保险人处获得保险金的给付。受益权是一种期待的权利，只有保险事故发生才能转化成现实的财产。受益人对受益权的行使以保险事故发生时，受益人尚未死亡为前提，如果受益人先于被保险人死亡，则投保人或者被保险人要对受益人进行重新的指定，而受益权不能通过继承的方式由受益人的继承人获得。我国保险法规定，如果在保险事故发生之时没有重新指定受益人的话，那么保险金则由被保险人的法定继承人来继承。

有人认为这一规定恰恰说明我国法律承认法定受益人这一概念，因为当没有指定受益人时，根据法律的规定直接由被保险人的继承人领取保险金，但事实上这与法定受益人存在很大的差异。首先，我国保险法当中并没有对法定受益人作出规定，也就是说法定受益人并不是我国保险法当中的概念，所以，被保险人的继承人取得保险金是因为他为继承人而不是因为他为受益人。其次，如果将继承人解释为法定受益人，那么法定受益人指定受益人受领的都应该是保险金，应该没有什么本质上的区别，但我国保险法在对待二者的态度上却明显不同：对指定受益人受领的保险金未将其作为遗产对待，跟其他受益人一样，作为一般的保险金对待，而对法定受益人受领的保险金则明确规定为遗产。如果规定为遗产，则应按照继承法的规定适用继承原则，在进行继承之前要对被继承人的债务进行清理，剩余部分才进行继承，如果有遗产税法，则应依法缴纳遗产税。可见，《保险法》第64条规定的并非是法定受益人，而是将保险金作为被保险人的遗产进行了继承而已。但是，作为保险金的给付与一般的遗产继承存在很明显的差异，我们说死亡保险其实受益的一定是被保险人的身后人，保险金给付行为一定发生在被保险人死亡之后，那么作为被保险人是不能以主体的身份再享有此项权利的，此时的保险金不能作为被保险人死亡时遗留的个人合法财产。如果保险金不是被保险人的遗产，那么自然也不能进行继承，保险法的规定就存在一定的问题，因为继承权和受益权的行使存在太大的差异，例如继承权行使时必须清偿被继承人生前债务，而受益权行使则不用，因此，混淆了继承权与受益权，这是我国保险法的欠缺之处。应该将继承权还原为法定受益权，由被保险人的继承人享有此受益权而非继承权，这样才更加符合保险的本意，也更能体现对受益人的保护。

保险合同中的受益人也可以进行变更，但是对于变更受益人的程序有着严格的限制，我国《保险法》第41条规定，被保险人或者投保人可以变更受益人并书面通知保险人。保险人收到变更受益人的书面通知后，应当在保险单上或其他保险凭证上批注或者附贴批单。投保人变更受益人时须经被保险人同意。虽然法律上规定被保险人和投保人都有权变更受益人，但是从变更的程序来看，最终享有变更权的其实只有被保险人而已，因为投保人的变更需要经过被保险人的同意才能发生变更的效力，这主要也是从尊重被保险人利益的角度出发的，让被保险人对变更之后的受益人进行风险的评估，防止变更了受益人之后增加道德危险发生的可能。同时，变更受益人虽然不需要经过保险人的同意，但是为了最后给付保险金时能够正确履行，还是需要将变更内容书面通知保险人。保险人通过对保险单进行批注将变更后的受益人以书面的形式确定下来，发生保险事故时能够明确履行对象，这有利于合同的履行。

那么如果出现被保险人和受益人在同一事件中死亡，不能确定死亡顺序的，保险金应该如何给付呢？一般认为保险合同是为了保护被保险人的利益而存在的，被保险人用自己的身体和生命作为保险标的，理应得到最大限度的保护，而受益人一旦死亡，那么即使其获得了保险金，这笔财产也会基于继承而转移到其他人的身上，既然都不是本人获得财产，那么从优先保护被保险人的角度出发则应该推定受益人先死亡而被保险人后死亡，由被保险人的继承人来继承保险金。因此，我国《保险法》第42条第2款规定，受益人与被保险人在同一事件中死亡，且不能确定死亡先后顺序的，推定受益人死亡在先。

三　引例分析

本案争议的焦点是在人身保险合同中，投保人未经被保险人同意擅自指定自己为受益人是否有效。对此，有两种不同意见：一种意见认为，甲公司与保险公司签订的集体投保简易人身保险合同有效，但其中双方约定的受益人为投保人条款，因甲公司指定自己为受益人时未经被保险人傅某等职工同意而无效，所以保险公司应当向被保险人的法定继承人给付保险金。而甲公司所得保险金没有法律依据，属于不当得利，应当予以返还。另一种意见认为，甲公司与保险公司签订的简易人身保险合同，系双方当事人的真实意思表示，该合同合法有效。合同中约定受益人为甲公司，此约定经双方协商一致，也是合法有效的。因此，在保险事故发生后，甲公司有权以受益人的身份受领保险公司支付的保险金。本案中，甲公司与保险公司签订了简易人身保险合同，合同约定本公司全体职工为被保险人，但是，甲公司作为投保人，未经被保险人全体职工的同意，便擅自指定自己为受益人的行为是无效的。甲公司与保险公司签订的人身保险合同的其他内容仍然具有法律约束力，仅仅是指定受益人的条款不发生效力，不能因为甲公司未经被保险人的同意指定自己为受益人而认定保险合同无效。因此合同视为未约定受益人，按照我国《保险法》第 42 条规定，被保险人死亡后，有下列情形之一的，保险金作为被保险人的遗产，由保险人依照《中华人民共和国继承法》的规定履行给付保险金的义务：（一）没有指定受益人，或者受益人指定不明无法确定的；（二）受益人先于被保险人死亡，没有其他受益人的；（三）受益人依法丧失受益权或者放弃受益权，没有其他受益人的。受益人与被保险人在同一事件中死亡，且不能确定死亡先后顺序的，推定受益人死亡在先。所以保险公司应该将保险金交付给被保险人的法定继承人即死者家属。

第三节　人身保险合同的主要条款

一　引例

2001 年 7 月，章某与保险公司签订了一份简易人身保险合同，合同约定投保人和被保险人为章某，保险人为保险公司，保险期间自2001年7月4日零时起至2006年7月3日24时止。在投保单"年龄"一栏，章某故意将自己的年龄67岁写成64岁。2003年4月，章某在上街买菜时发生交通事故，经医院抢救无效后死亡。事后，章某家属持章某单位开出的介绍信和保险单向保险公司申领保险金。保险公司经过调查发现，被保险人章某投保时所填写的年龄与其户口簿上所登记的不一致，投保单上所填写的64岁显然是不真实的，章某在投保时是67岁，已经超出了简易人身保险条款规定的最高投保年龄65岁。于是，保险公司以投保人章某未履行如实告知义务为由，拒绝承担保险责任。双方为此发生纠纷。章某家属遂起诉至人民法院，请求法院判令保险公司对损失承担保险责任。保险公司是否应该支付保险金？

二 基本理论

（一）不可抗辩条款

"人身保险的不可抗辩条款是指保险人不得以投保人在订立人身保险时就被保险人的有关情况误告或者隐瞒事实为由，主张该合同无效从而拒绝给付保险金。"[①] 即如果超过了特约的期间保险人没有主张合同解除或者拒绝赔偿，则以后不得再行主张。

由于保险合同是最大诚信合同，而人身保险合同更是如此，因为很多保险标的也就是人的身体健康只有被保险人自己才能知晓，如果刻意隐瞒的话保险人很难发现，对于风险的评估造成很大的影响。为此，法律规定，投保人对于被保险人的身体状况、年龄等内容应该进行如实告知，如果恶意隐瞒则保险人既不需要承担保险责任，也不需要退还保险费，这是对违反如实告知义务的惩罚。如果仅是由于过失而未进行告知，则只有此过失严重到足以影响保险合同的订立时保险人才不承担保险责任，但仍可退还保险费。可见，如实告知对于保险人来说是判断是否订立保险合同的最重要的评估依据。由于人身保险合同有着长期性的特点，有些保险合同会延续几十年，如果仅就订立合同时存在的瑕疵就赋予保险人随时主张解除合同的权利对于被保险人是非常不公平的，这会使得保险合同长期处于

[①] 樊启荣：《中华人民共和国保险法》，高等教育出版社2010年版，第79页。

不稳定的状态之下。受益人或者被保险人很有可能因为投保人在投保时的疏忽或者刻意的隐瞒，而总是处于权利不保的状态之下，这对于他们来说是非常不公平的，因此，限制保险人解除权的行使是非常重要的。所以对于保险人行使解除权从时间上进行了限制，经过了这段时间就不得再行主张解除权的行使。

这个特约的时间通常为两年，保险合同成立经过两年之后，即使订立合同时投保人没有如实告知，合同也变成不可争议的事实，保险人不得再提出抗辩或者争议，并且不能解除合同，如果发生了保险事故保险人仍然需要承担保险责任。

这一条款主要出现在人寿保险合同中和健康保险合同中，因为意外伤害的保险合同通常保险期限较短，所以一般没有这一条款。《保险法》第16条第2、3款规定，投保人故意或者因重大过失未履行前款规定如实告知义务，足以影响保险人决定是否同意承保或者提高保险费率的，保险人有权解除合同。前款规定的合同解除权，自保险人知道有解除事由之日起，超过三十日不行使而消灭。自合同成立之日起超过二年的，保险人不得解除合同；发生保险事故的，保险人应当承担赔偿或者给付保险金的责任。

（二）年龄误告条款

"人身保险的年龄误告条款是指投保人在投保时错误地申报了被保险人的年龄，导致被保险人的申报年龄和实际年龄不符。"[①] 在人身保险合同中，人的生命和健康是决定保险人是否承保或者保险费率高低的关键，而年龄，直接反映人的健康以及死亡的风险，它是保险人衡量承保风险的重要因素，所以对于保险人来说，投保人对被保险人年龄的如实陈述至关重要。那么一旦发生了投保人故意隐瞒被保险人的真实年龄，或者因为疏忽进行了错误的告知该如何处理呢？这就需要具体问题具体分析了。

首先，在保险合同中存在不可抗辩条款，那么虽然存在因故意或者过失对年龄进行了虚假的陈述，但是只要经过了两年的争议期间，保险合同的条款就变成了不可争议的事实，保险人不能够再向投保人提出解除合同，所以在年龄误告的情况下也应当适用，即《保险法》第32条第1款

[①] 樊启荣：《中华人民共和国保险法》，高等教育出版社2010年版，第80页。

规定，投保人申报的被保险人年龄不真实，并且其真实年龄不符合合同约定的年龄限制的，保险人可以解除合同，并按照合同约定退还保险单的现金价值。保险人行使合同解除权，适用本法第 16 条第 3 款、第 6 款的规定。

其次，对于没有经过两年争议期的情况，还要区分被保险人真实年龄是否符合保险合同的投保条件做进一步的分析。人身保险合同对年龄的要求较高，通常不同的合同会有不同的年龄限制，以死亡给付责任为主的人寿保险合同，一般要求被保险人在投保时的年龄必须低于 65 岁；以成年人为承保对象的人寿保险，一般要求被保险人在投保时的年龄必须满 16 岁或 18 岁；以少年儿童为承保对象的人寿保险，一般要求被保险人在投保时的年龄必须满一周岁。

如果真实年龄高于保险合同规定的可以投保的最高年龄限制，那么保险人只能解除合同，因为年龄只能是增长的，除非修改保险合同的年龄限制，否则被保险人永远不可能符合年龄限制，因此只能解除合同。如果被保险人在投保时的年龄低于投保年龄的最低限制，则可以通过推迟保险合同生效的方式，待被保险人年龄符合条件时保险合同再生效，但是一旦在此期间发生保险事故，保险人不承担赔偿责任。当然除此之外保险人也可以解除保险合同。

虽然发生了误告年龄的事实，但是如果被保险人的真实年龄符合投保条件的话，那么问题就会集中在保险费的缴纳上面，而不再考虑保险人是否需要解除保险合同了。如果投保人误告年龄致使交付的保险费比实际应当交付的保险费多的话，根据《保险法》第 54 条的规定，投保人申报的被保险人年龄不真实，致使投保人实付保险费多于应付保险费的，保险人应当将多收的保险费退还投保人。在保险实践中，对于多交付的保险费，保险人在退还中并不支付利息，原因在于，对于误告的事实，投保人更应该承担其过错而造成的利息损失，而不应该由没有过错的保险人来承担，因此不返还利息部分。而对于因年龄误告致使投保人交付的保险费少于应该缴纳的保险费时，保险人有权要求投保人补交保险费，或者按照比例承担给付保险金责任。对于补交部分保险费的利息，实践中看，投保人应该进行支付，如前面所说，由其过错导致保险人的利息损失，也应该由其承担责任。为了公平起见，对于保险事故发生之前发现的年龄误告，通常要求其补交保险费,而对于保险事故发生之后才发现年龄误告的,则不再要求投保人补交保险费,而是保险人按照比例支付保险金。主要体现的是对保险人的保护,也是对无过错的当事人的一种保护。如果相反地,从保护投保人的角度出发,则会助长投保人虚假告知的行为,不利于保险活动的安全开展。

(三) 宽限期条款

宽限期条款,是指在人身保险合同中订立的,如果投保人没有在约定的时间内缴纳保险费,保险人应当给予投保人一定的时间宽限去缴纳保险费的条款。

由于人身保险合同多是长期合同,采取分期缴付保险费的较多,那么在缴纳保险费的过程中很容易出现投保人因为遗忘,或者一时间经济情况不佳而导致没有按时交付保险费的情况发生,如果一味地判定投保人违约从而解除保险合同的话,对于投保人来说是不公平的,而对保险人来说也会降低续保率,不利于其业务的开展,所以法律规定,在合同条款中应该有宽限期条款的存在,作为投保人交付保险费的缓冲,避免频繁地发生解除保险合同的情况,对双方当事人均有利。宽限期产生的方式主要有两种,一种是通过合同约定的方式在保险合同条款中明确约定,另一种方式法律直接规定,如果合同当事人没有在合同中约定宽限期的话,那么依照保险法的规定,合同约定分期支付保险费,投保人支付首期保险费后,除合同另有约定外,投保人自保险人催告之日起超过三十日未支付当期保险费,或者超过约定的期限六十日未支付当期保险费的,合同效力中止,或者由保险人按照合同约定的条件减少保险金额。也就是说法定的宽限期为60天,在宽限期内发生了保险事故,保险人依然要承担保险责任。

如果经过了宽限期还没有交付保险费,那么可能会产生两种后果,一是保险合同效力中止,另一种是保险人减少保险金额。发生保险合同效力中止的情况,在中止期间即使发生了保险事故,保险人也不需要承担保险责任,除非发生复效的情况,保险合同才继续有效。而对于减少保险金额的情况要以合同中有此约定为限,如果没有约定,那么保险人不能擅自降低保险金额,只能按照合同的规定,保险合同中止。

(四) 复效条款

复效条款,是指在人身保险合同中约定的,保险合同效力中止时,经保险人同意后，保险合同的效力得以恢复的条款。

前面介绍过，当经过了宽限期而投保人依然不交付保险费时，保险合同的效力中止，但是这种中止并不是绝对的，它不同于合同的终止，是一种暂时性的停止，还有恢复的可能，这种恢复就是复效。保险合同效力中止的情况主要是未交付保险费，如果在复效期内交付了保险费，经过保险人的同意保险合同恢复效力。《保险法》第37条规定，合同效力依照本法第36条规定中止的，经保险人与投保人协商并达成协议，在投保人补交保险费后，合同效力恢复。但是，自合同效力中止之日起满二年双方未达成协议的，保险人有权解除合同。从这条规定我们可以看出，即使补交了保险费也并不一定会发生复效的法律后果。首先要经过保险人的重新审核评估，同意复效的才有恢复效力的可能，其次还需要在合同效力中止两年内补交保险费，如果经过两年，保险人就有解除合同的权利，一旦解除了合同，合同就不能够发生复效。当然，如果经过两年保险人没有行使解除合同的权利，那么合同也依然有复效的可能。

（五）不丧失价值条款

不丧失价值条款，是指投保人在缴纳保险费满两年后，投保人请求退保时，保险单所具有的现金价值并不因此而丧失的条款。在人身保险合同中，保险更具有一种储蓄的性质，因此会在保险单上累积一定价值，这部分价值是基于投保行为而产生的，因此对此类利益的享有是投保人应有的权利。主要包括以下几部分的来源，首先是在平均保费下产生的多交的保险费，以前谈到过，不同年龄风险不同，年轻时的风险应低于老年，因此在平均保险费的情况下会出现早期多交出来的保险费，这一部分累积成为保险单价值的一部分；其次还有保险费产生的利息，基于保险费超交部分的利息收益应当归投保人所有，因此这一部分的收益也作为保险单价值的一部分；最后还有生存者利益，也就是通过投保而为保险事故发生后的生存者预留的利益，也就是保险的最终收益。以上三部分组成了保险单价值的主要内容，投保人可以通过最有利于自己的方式来支配这部分价值，即使其不愿继续合同有效而选择退保，保险人也不能将这部分利益据为己有。《保险法》第47条规定，投保人解除合同的，保险人应当自收到解除合同通知之日起三十日内，按照合同约定退还保险单的现金价值。

对于这部分利益，投保人可以通过下列方式满足其需要：首先，解除合同，直接领取保险单的现金价值；其次，以保险单的现金价值一次性交清保险费，而将原保险合同转换为保险条件相同但保险金额降低的保险合同；再次，以保险单的现金价值出质，向保险人借款；最后，投保人可以以保险单的现金价值一次性交清保险费而将原保险合同转换为保险金额不变，但保险期间缩短的保险合同。

（六）垫付保险费条款

"垫付保险费条款，又称为自动垫交保险费条款，是指投保人如果在宽限期内未交付保险费，除非投保人有相反的声明，保险人得在保险单的现金价值中自动扣除一定金额用以抵交保险费，使合同继续有效，直到累计垫交的数额达到保险单上现金价值的数额为止。"[1] 如果此时投保人仍然不交付保险费则保险合同效力终止。

联系前面介绍的内容，只有当保险单上存在现金价值时，这一条款才会产生作用，直到垫付到保险单上再无现金价值时为止。在垫付保险费期间，保险合同依然有效，如果发生保险事故保险人仍然需要承担保险责任。

（七）保单贷款条款

"保单贷款条款，又称为保险质押贷款条款，是指在人身保险合同中约定，保险费交付满一定期间具有现金价值之后，投保人可凭保险单上的现金价值为质向保险人申请贷款。其贷款的数额连同利息不得超过该保险单上的现金价值，并在约定的期限内偿还，若贷款本息达到保单上现金价值的数额时，合同效力终止。"[2]

既然保险单具有现金价值，那么投保人就可以以有利于自己的方式加以利用，这种利用可以是以权利出质的方式向保险人进行贷款，以解决其短期资金周转困难的问题，对于投保人来说是非常有利的资金来源，同时还可以继续维系原有的保险合同，既保障了自己的利益，也充分有效地利用了保险单的现金价值。对于保险人来说，虽然贷款给投保人具有一定的风险，但是投保人也以其保单的现金价值进行了出质，从一定程度上担保了投保人的清偿能力，即使其不能清偿，保险人也可以收回保单现金价值

---

[1] 徐卫东主编：《保险法学》，科学出版社2004年版，第286页。
[2] 同上书，第286—287页。

的方式收回贷款，比较安全。另外，对于提高续保率也有一定的作用，投保人遇到的资金困难多是暂时性的，一旦困难解决了，就会恢复原有的经济能力，归还贷款，对于原有的保单的继续维持也起到了一定的保障作用。最后，保险人还能从贷款中获取利息收益，也是其经营利润的来源之一。所以，对于投保人和保险人来说，用保单进行贷款都是有利的事情。

以保险合同为质押担保的贷款不能按期清偿时，保险合同的现金价值即为清偿贷款质押物按法定程序归保险人所有。保险人给付保险金的债务与质押贷款人清偿贷款的债务抵消。如果贷款本息超过了保单上的现金价值，保险人向保单持有人发出归还贷款期限的通知，届时如还未归还贷款，保险合同即行终止。合同终止后，无论是否发生保险事故，投保人都不能通过偿还贷款本息恢复其效力；合同终止后，保险人须注销保险合同，向投保人或被保险人发出终止合同的书面通知。

（八）自杀条款

自杀条款，是指人身保险中约定的，被保险人在投保一定期间内自杀的，保险人可以免责，仅退还保险单的现金价值，但经过法定期间后自杀的，保险人要承担保险责任给付保险金的条款。[①]

自杀是一种自我行为，当被保险人自杀导致死亡时，如果由保险人承担保险责任，则会增加承保的风险，保险人在衡量死亡危险的时候通常是以自然死亡或者意外事故死亡进行评估的，从而得出危险发生的几率，以此来确定保险费率的高低，而自杀这种行为导致的死亡则是一种故意行为，如果将其也纳入危险衡量之中，就会极大地提高风险发生的几率，保险人为了控制经营成本也会相应地提高保险费率，这样对于其他投保人来说就会增加保险费的支出，是非常不公平的，也会导致保险经营的困难。为了防止这种情况的发生，将自杀排除在保险事故之外是合理的。同时这种风险也是道德风险的一种体现，被保险人故意进行投保然后以自杀的方式使受益人获得保险金，如果允许这种行为的存在，对保险人来说非常不公平，也增加了其经营的风险和成本，同时与保险存在的目的，也就是填补因意外而导致的损失，极其不符。因此为了防止自杀骗取保险金的情况发生，我国《保险法》第44条规定，以被保险人死亡为给付保险金条件

[①] 参见徐卫东主编《保险法学》，科学出版社2004年版，第288页。

的合同，自合同成立或者合同效力恢复之日起二年内，被保险人自杀的，保险人不承担给付保险金的责任，但被保险人自杀时为无民事行为能力人的除外。保险人依照前款规定不承担给付保险金责任的，应当按照合同约定退还保险单的现金价值。

当然被保险人自杀发生后，保险人不需要承担给付保险金的义务，但是对于保险单上具有的现金价值保险人还是需要退还的，因为这部分的利益是基于投保行为而产生的固有利益，并不是对保险事故的赔偿，因此应该进行返还。

保险合同成立已经满两年，被保险人自杀时，保险人是需要承担保险责任的，此时保险人要支付给受益人相应的保险金。为什么对待保险合同成立时间的不同会有两种结果呢，主要是考虑到一般人对于自杀行为的规划都不会是长期的，精心准备两年才进行的自杀少之又少，对这种情况下的受益人进行给付既体现了人性的关怀，又实现了对道德风险的控制，因此并无不当。

还有一种例外就是无行为能力人的被保险人自杀，不管自杀行为发生在保险合同成立两年以内还是以后，保险人都需要承担给付保险金的义务。自杀条款的存在是为了防止道德危险发生而导致的对保险人的不公平，但是无行为能力人并不具有辨认自己行为的认知能力，也就不能用道德危险来加以限制，即使出现了自杀行为也不能代表其发生了道德危险，基于对弱势群体的保护，反而应该对无行为能力人的自杀行为予以额外的承认，因此保险法也明确了这一观点，即自杀时为无行为能力人，保险人需要给付保险金。

需要注意的是，这一条款在保险合同复效时存在不同的计算方式，虽然我们强调保险合同的复效是对原保险合同效力的一种延续或者继续，但是在自杀时间的计算上并不当然地对原保险成立时间及复效后时间进行相加，而是在复效之后对成立时间进行重新的计算，目的在于有效控制因复效之后萌生自杀念头的被保险人的道德风险。

这一条款仅适用于以死亡为给付条件的人身保险合同，不适用于意外伤害保险合同，原因在于，意外伤害承保的是因意外事故而导致的损失，这与自杀行为的性质不符，自然不能作为保险事故进行赔偿，所以在意外伤害保险合同中，不管自杀行为发生在保险合同成立之后的什么时间，是否已经满两年,保险人都不需要对自杀行为进行保险金给付。

(九)战争条款

战争条款,"是指在人身保险合同有效期间,如果被保险人因战争或者军事行动死亡或者残废,保险人不承担给付保险金的责任的条款。"①

由于战争会导致大量的人员伤亡和财产损失,所以多数保险合同都会将战争作为除外责任不予赔偿,如果否定这种做法,直接的结果就是一旦战争爆发将会有大量的军人投保,这对于保险人来说风险太大,不可能承担,对于保险业来说也将是毁灭性的,因此战争条款的存在是合理的。但是并不是只要发生战争,不论什么样的死亡都不予赔偿,对于被保险人的死亡要区分情况分别对待。只有当被保险人的死亡与战争有着最直接的因果关系时,才能适用战争条款不给付保险金。对于如何判定直接因果关系,通常存在两种标准:一种是身份标准,即如果被保险人是以军人的身份在战争中出现了死亡或者伤残的情况,保险人不承担保险金给付的义务。也就是说并不分析被保险人死亡的原因是否是基于战争,只要他是军人的身份,在战争期间死亡或者伤残就不会获得保险金支付。这一标准的好处在于对除外责任比较容易划分,即只要判断身份就可以得出是否赔偿的结论,简单易行,但是缺点也同样明显,对于并不是因为战争而发生的伤亡却不能获得赔偿,有失公平;另一种标准是结果标准,即只要是因为战争而发生的伤亡,不管比保险人的身份如何,军人也好平民也罢,保险人均不负责赔偿。除此之外的伤亡,保险人均不能免除其责任。这一标准并不关注被保险人的身份,而是从最直接的死亡原因上进行分析,更为合理,对于保护被保险人的利益来说更加公平。我国保险实践中采用的就是结果标准。

三 引例分析

《中国人民保险公司简易人身保险条款》第1条规定:"凡16周岁以上65周岁以下、身体健康、能正常劳动或工作的人,均可参加本保险。"简易人身保险条款规定的最高投保年龄为65岁,但投保时章某已经67岁,如果章某如实履行告知义务,则章某和保险公司之间的保险关系将不

---

① 温世扬主编:《中华人民共和国保险法》,法律出版社2003年版,第368页。

会成立。但是，章某在投保时的真实年龄不符合所投保险种的年龄限制范围，由于章某误告的年龄符合年龄限制范围，保险公司已经签发了保险单，那么发现年龄误告后，应当如何处理呢？自人身保险合同成立之日起两年内，如果发现投保人在投保时误告被保险人年龄，并且被保险人在投保时的年龄不符合投保条件，那么保险人可以采取以下两种处理方法：一是解除合同；二是推迟生效。本案中，因为章某已经超过65岁。因此，不可能推迟生效，只能解除合同。根据《保险法》第32条第1款的规定，投保人申报的被保险人年龄不真实，并且其真实年龄不符合合同约定的年龄限制的，保险人可以解除合同，并按照合同约定退还保险单的现金价值。本案中，保险公司在解除保险合同后，应向章某家属退还保险单的现金价值。

第四章 财产保险合同

第一节 财产保险合同概述

一 引例

2007年5月9日,陈某与渤海财产保险股份有限公司签订机动车辆保险合同一份,以陈某所有的宝来轿车为保险标的投保车辆损失险,保险金额为约定的110500元,保险期间为2007年5月9日零时起至2008年5月8日24时止,合同所附保险条款对车辆损失赔偿的计算方法和折旧率作了明确的约定。2008年3月15日晚,陈某驾驶投保车辆宝来轿车因避让同方向前方行驶的车辆,致车辆冲向路基引起着火,造成整车烧完的交通事故,经公安局交通警察认定,陈某承担事故损失的100%责任。事故发生后陈某就该保险赔偿事宜多次跟保险公司协商解决,要求保险公司按照保险合同约定赔付因保险事故造成的损失110500元。保险公司认为,只能按照投保车辆折旧后的实际价值进行赔付。那么应当依据什么标准对陈某的损失进行赔偿呢?[1]

二 基本理论

(一) 财产保险合同的概念和特征

财产保险合同是保险合同中非常重要的内容,财产保险合同是以财产及其有关利益为保险标的的保险合同。财产保险合同可以以有形财产作为保险标的,也可以以无形财产作为保险合同的标的,如责任保险合同、信

---

[1] 马宁主编:《保险法理论与实务》,中国政法大学出版社2010年版,第313页。

用保险合同等。① 因为财产保险以动产、不动产以及财产利益作为保险标的，因此又叫做为物保险、产物保险、损失保险合同、损害保险合同，从它与人身保险合同的区别上看，也称为非寿险合同。

财产保险合同的特征主要有以下几点：

1. 财产保险合同的保险标的为财产或财产利益。这是财产保险合同区别于人身保险合同最重要的一点。人身保险合同则以人的身体或者寿命作为保险标的，仅以人的死亡或者生存，或者健康受损作为保险事故的发生，明显区别于财产保险中的财产损失。而保险法中对于财产保险标的的范围做了描述，《保险法》第95条规定，财产保险业务，包括财产损失保险、责任保险、信用保险、保证保险等保险业务。也就是财产保险分为广义的财产保险和狭义的财产保险。狭义的财产保险是指保险标的仅为有形财产。这里的财产指的是广义的财产，既包括有形的财产如交通工具、生产资料、建筑物等，又包括无形的财产如责任、信用、保证等。当然，并不是所有的财产或者财产利益都可以成为财产保险合同的保险标的，法律规定禁止成为保险标的的财产或者利益就不能成为财产保险合同的标的，否则保险合同无效，如法律不允许个人拥有的财产如毒品、枪支等不能成为保险合同的标的。

2. 财产保险合同是典型的损失补偿合同。《保险法》第55条规定，保险金额不得超过保险价值。超过保险价值的，超过部分无效，保险人应当退还相应的保险费。也就是说保险合同存在的目的在于对发生损失的当事人进行财产上的补偿，使得被保险人的经济状态恢复到未发生保险事故之前，这就需要仅对保险事故造成的实际损失进行计算，仅对损失部分进行相应的补偿。如果补偿超过了保险标的上发生的实际损失，则被保险人就可以从中获得额外的利益，这恰恰是对保险合同补偿性的一种否定，也极易引发道德危险和赌博行为，因此，在财产保险合同中，这种补偿性是财产保险合同最关键的特征之一。它包括两层含义：发生在财产保险合同中的损失补偿仅是一种利益上的补偿，并不是实物替换的补偿，并不能起到恢复原状的作用；另外，这种补偿仅能恢复到原有的经济状况而不能超过这种状况获得额外的收益。

---

① 温世扬主编：《中华人民共和国保险法》，法律出版社2003年版，第183页。

3. 财产保险合同实行保险责任限定原则。所谓保险责任限定是指保险人的赔偿以保险合同约定的保险金额为限，超过合同约定的保险金额的损失，保险人不负责赔偿。虽然财产保险合同是合同的一种，通过双方当事人的协商达成意思表示一致而订立，但是对于保险金额的多少并不是完全取决于当事人的意愿，法律有明确限制。当事人仅能在保险价值的范围之内设定保险金额，超过保险金额的部分法律认定为无效。

4. 财产保险合同中实行财产代位原则。在财产保险合同中，如果保险标的的损失是由第三人的过错所致，那么保险人在履行保险义务之后，有权在其保险赔偿责任的限度内向负有赔偿义务的第三人行使代位追偿的权利。这一原则的产生源自保险合同的补偿性原则，如果被保险人既可以向保险人主张权利，又可以向有过错而导致损失的第三人主张权利，势必会出现被保险人获得双重利益的情况，这与我们所坚持的补偿性原则存在冲突，也会引起道德风险的增加。同时，如果被保险人为了方便仅向保险人追究责任，放任过错第三人的话对保险人又不公平。所以赋予保险人向第三人进行追偿的权利既体现了补偿性原则，又体现了自己责任自己承担的民法原则，体现公平原则在保险法律关系中的适用。

（二）财产保险合同的分类

1. 财产损失保险合同、责任保险合同、信用保险合同

财产保险合同依据保险标的不同，可以分为财产损失保险合同、责任保险合同、信用保险合同和保证保险合同。《保险法》第95条规定，财产保险业务，包括财产损失保险、责任保险、信用保险、保证保险等保险业务。

财产损失保险合同是指投保人以其所有或者经营管理的财产，或者相关财产利益为保险标的，向保险人支付保险费，由保险人承担保险标的毁损、灭失风险的保险合同。

责任保险合同是指以被保险人依法对第三人所负的民事损害赔偿责任为保险标的的财产保险合同。也就是保险人代替被保险人向第三人承担应由该被保险人承担的民事责任。主要形式包括：第三者责任保险、公众责任保险、产品责任保险、雇主责任保险和职业责任保险等险种。

信用保险合同是指以第三人对被保险人的付款能力或者信用为保险标

的而成立的保险合同，当其不能清偿或者不能不为清偿时，由保险人向被保险人负责赔偿。主要包括出口信用保险合同、投资信用保险合同、商业信用保险合同。

保证保险合同是指由作为保证人的保险人为作为被保证人的被保险人向权利人提供担保的一种形式，如果由于被保险人的作为或不作为不履行合同义务，致使权利人遭受经济损失，保险人向被保险人或受益人承担赔偿责任的保险合同。

2. 个人财产保险合同和企业经营财产保险合同

这种分类是以保险合同中投保人的不同进行的划分。

个人财产保险合同是指以个人或家庭所有、占有、保管或租赁的财产为保险标的所订立的财产保险合同。

企业经营财产保险合同是指以企业所有或者经营管理的财产为保险标的所订立的财产保险合同。

3. 自愿财产保险合同和强制财产保险合同

依据投保人投保的意愿，财产保险合同可分为自愿财产保险合同和强制财产保险合同。

自愿财产保险合同是指投保人订立合同是在自愿的基础上进行的。大多数的财产保险合同都是自愿订立的，投保人可以依据自己的意愿对是否投保，投保多少等内容享有自由选择的权利。

强制财产保险合同是指根据国家法律和行政法规的规定必须参加保险的财产保险合同。这类保险主要涉及对社会公共利益有影响的领域，为了防止对社会秩序的破坏对公众利益造成损害，必须进行保险，如机动车第三人责任险。这类保险不能单凭投保人的意愿决定是否投保，而是直接由法律或者法规进行了规定，当事人没有选择的权利。

4. 火灾保险合同、运输保险合同、工程保险合同、农业保险合同

财产保险合同根据保险标的所涉及的不同行业可以分为火灾保险合同、运输保险合同、工程保险合同、农业保险合同。

火灾保险合同，又称为火灾合同，是指以存放或坐落于固定场所范围内，并处于相对静止状态的各种有形财产及其有关利益为保险标的，所订立的保险合同。

运输保险合同，是指为承保运输过程因自然灾害或意外事件所造成的

损失而订立的保险合同。

工程保险合同，是指以在建中的各种工程项目的风险损失为承保对象而订立的保险合同。

农业保险合同，又称为两业保险合同，是指农业生产就其从事种植业和养殖业生产过程中可能遭遇的自然灾害或意外事故而订立的保险合同。

（三）几种主要财产保险合同

1. 火灾保险合同

（1）火灾保险合同概念

火灾保险合同，又称为火灾合同，是指以存放或坐落于固定场所范围内，并处于相对静止状态的各种有形财产及其有关利益为保险标的，所订立的保险合同。虽然在名称上我们叫火灾保险合同，但随着保险业的发展和经济的需要，火灾保险的范围已经有所扩大，除了将火灾之外，闪电雷击、暴风雨、洪水、地震、爆炸等都被纳入了承保危险之中。常用来指普通财产保险，主要包括的险种有：企业经营财产保险、家庭财产保险、家庭财产两全险、农民房屋保险、个体工商户财产保险、爆炸保险、设备租赁业务保险、财产一切险等。

（2）承保范围

火灾险的保险标的较为广泛，但并不是所有的财产都可以投保火灾险的，包括：市场价格变化较大或无固定价格的稀有、珍贵财产，如金银、首饰、珠宝、钻石、玉器、古币、古书、古玩、古画、邮票、艺术品、稀有金属等；堤堰、水闸、铁路、道路、涵洞、桥梁、码头；矿井、矿坑内的设备和物资。这些财产保险金额难以确定，风险较大，除非当事人特别约定，否则不属于可保财产。而对于价值无法评估或者没有评估的客观标准、损失率难以预测、道德危险较大的物品不予承保，如未经开发属于原始形态的土地、矿藏、矿井、矿坑、森林、水产资源等；没有价值依据以及无法鉴定价值的票证、有价证券、文件账册、图表、技术资料、电脑资料等；枪支弹药、违章建筑、危险建筑。行政责任、刑事责任也不可以成为承保风险，因为保险主要目的是填补损失，而这种损失只能是民事领域，对于行政责任或者刑事责任，由于它们的性质不适用于保险，不能通过给付保险金或者赔偿的方式进行填补，因此对于它们不能承保。

(3) 保险责任范围

火灾险的保险责任范围主要包括三部分内容，一是基本责任，二是特约责任，三是免责事项。

基本责任则包括火灾、自然灾害和意外事故三个方面。

①火灾。作为火灾险中的保险事故火灾需要具备以下条件：首先，需要有火的存在，有燃烧、灼热和火焰的发生；其次，这种火的存在需要是意外的、偶然的、超出日常生产、生活用火范围的非正常性的存在；最后，这种火的存在还需要是失去控制的异常的火，而且带来了一定的经济损失。

②自然灾害。主要指不能预见、不能避免、不能克服的客观情况。包括雷电、暴风、暴雨、洪水、台风、龙卷风、雪灾、雹灾、冰凌、泥石流、崖崩、突发性滑坡、地面塌陷等。当然是否构成灾害必须是有关部门进行的认定，并不以当事人自身的直观感觉加以判断。

③意外事故。是指损害结果的发生，不是行为人出于故意或者过失，而是由不能抗拒或者不能预见的原因引起的事件。包括爆炸、空中运行物体坠落和被保险人拥有财产所有权的自用供电、供水、供气设备因保险事故遭受破坏，引起的停电、停水、停气。

爆炸是指由火和热造成气体膨胀导致的破坏现象，分为物理性爆炸和化学性爆炸。对于保险与火灾而言，有时候是火灾引起了爆炸，而有时则是爆炸引起火灾，不同的情况发生的保险责任也不相同。一般情况下，如果是火灾引起的爆炸，那么由此产生的损失属于承保范围；如果是爆炸引起了火灾，而火灾保险合同中却并没有将爆炸列为承保风险时，该火灾不被认为是承保火灾，遭受到的损失不能获得保险人的赔偿。

空中运行物体坠落也是火灾保险中的意外事故。如吊车、缆车在运行中发生的坠落，飞机等航空器、人造卫星坠落、陨石坠落等。工人进行开凿或者爆破而造成的土石方溅射也在此范围之内。

被保险人拥有财产所有权的自用供电、供水、供气设备因保险事故遭受破坏，引起停电、停水、停气而造成保险标的的直接损失，也在保险人的承保范围之内。直接损失的主要范围包括，依靠电、水、气进行正常运转的机器设备因"三停"而导致的自身的损坏或者报废，以及储存在机器设备之中的储存物的损失。

保险人的特约责任主要是在基本责任的基础上为了投保人的需要而特别附加的保险范围，通常也会增加相应的保险费。这对于投保人个性化需要的满足是一种较为灵活的方式。如果扩大基本责任的范围在一些投保人无须保险的范围上会加重投保人的负担，而如果缩小基本责任范围则会造成因为投保不周全而导致的损失不予赔偿的情况，增加投保人的负担。因此采用这种基本责任加特约责任的方式是个性化服务的体现，对双方当事人都是比较有利的。常见的附加险有：盗窃险、橱窗玻璃意外险、露堆财产损失险、矿下财产损失险、企业停工损失险等。需要注意的是，这里提到的盗窃与刑法当中的盗窃并不完全一致，它是指除被保险人及其家属以外的人，为占有他人财物，侵入保险财产处所秘密窃取或者强行夺取财产的行为。可见它所规定的盗窃的范围要比刑法中的盗窃大得多，首先，我们并不需要考虑是否构成犯罪的限度，不管偷盗多少财物都可以判断为盗窃；其次，除了秘密窃取行为之外，公开的抢夺行为也被列入了盗窃之中；最后，也有比刑法中盗窃范围小的层面，即保险中只探讨被保险人及其家属以外的人进行的盗窃行为，而对于被保险人本人及其亲属所进行的盗窃行为并没有在这一险种中涵盖，所以也是对盗窃行为认定标准的提高，缩小了盗窃的范围。所以我们在理解作为附加险中的盗窃行为时要进行认真区别。

保险人的除外责任主要包括：①战争、敌对行为、军事行动、武装冲突、罢工、暴动；②核反应、核子辐射和放射性污染；③被保险人的故意行为；④堆放在露天或者罩棚下的保险财产以及罩棚本身，由于暴风、暴雨造成的损失；⑤保险财产本身缺陷、保管不善而导致的损坏、变质、霉烂、受潮、虫咬以及自然磨损与正常损耗；⑥保险财产遭受保险责任内的灾害或者事故引起停工、停业的损失以及各种间接损失；⑦其他不属于保险责任范围内的损失和费用。

(4) 火灾保险的赔偿

火灾保险事故发生之后也要进行相应的赔偿程序，主要为：事故发生后，投保人或者被保险人应该及时通知保险人进行现场勘察和损失的评估及计算，按要求填写损失清单，提交火灾状况报告、起火原因证明和赔偿申请及保险人要求提交的其他文件或证据。保险人收到出险通知及索赔申请后，经审核符合赔偿条件的，应在法定期限内予以赔偿。

2. 运输保险合同

运输保险合同是指承保在运输过程中因自然灾害和意外事故所造成财产损失的保险合同，分为货物运输保险合同与运输工具保险合同。

（1）货物运输保险合同

货物运输保险合同，是指保险人以投保人在运输过程中的各种货物为保险标的，对这些货物因自然灾害和意外事故所致损失承担责任的保险合同。

主要特征有：

①保险标的必须处于运动状态。这一特点区别于一般的财产保险，而一般财产保险则要求财物处于静止的状态。

②保险责任范围广泛。一般的财产保险通常仅对直接损失及合理费用支付承担责任，而货物运输保险还包括货物运输过程中的装卸损失、碰撞损失、盗窃、提货不着损失、破碎、渗漏、包装破裂以及应分摊的共同海损和费用等。

③保险标的通常由承运人管理。这类保险合同中的保险标的并不直接处于被保险人的掌控之下，而是在承运人的管理之中，因此，保险标的的风险与承运人有直接关系，这也是保险人在评估风险时需要参考的必要因素。

④保险期限的航程性。一般保险合同的保险期限都是明确一定的时间段，通常以年月日的方式记载保险合同的起止时间，而货物运输保险合同则是根据货物的运输航程作为保险期限的，通常以货物从发货人仓库起运时为保险责任开始时间，以货物运到收货人仓库为终止。

⑤通常采用定值保险的方式。由于运输的货物通常涉及多个地区，如果发生保险事故按照各地的市场价格进行评估会导致不同地域的市场价格出现差异，为了防止在理赔时出现保险价值的争议，事先约定保险价值，事后无须进行再次评估，能够起到妥善解决保险事故，减少理赔环节等作用。

货物运输合同的保险责任范围：

①基本险责任范围。包括因火灾、爆炸、雷电、冰雹、暴风、洪水、海啸、地震、地陷、崖崩、滑坡、泥石流所造成的损失；因运输工具发生火灾、爆炸、碰撞造成的损失，以及运输工具在危难中进行卸载所造成的

损失和支付的合理费用;在装货、卸货或转载时,发生意外事故造成的保险货物的损失;利用船舶运输时,因船舶搁浅、触礁、倾覆、沉没或遇到码头坍塌所造成的保险运输货物的损失;利用火车、汽车、人力及畜力、板车运输时,因车辆倾覆、出轨、隧道、码头坍塌及桥梁突然坍塌,人力、畜力的失足所造成的损失;利用飞机运输时,因飞机遭受碰撞、坠落、失踪(三个月以上)、在危难中发生卸载,以及遭遇恶劣气候或其他危难事故实施抛弃行为所造成保险货物的损失;保险事故发生过程中,在采取必要施救时,纷乱中使保险货物遭受碰破散失、雨淋、水渍或盗窃所致的损失;发生保险责任事故中,因施救和保护、整理受损货物支出的必要的合理费用。

②附加或特约责任。附加或特约责任分为一切险、单独附加险、综合险和特别附加险。一切险包括偷窃、提货不着、淡水雨淋、短量、混杂、玷污、渗漏、碰损、破碎、串味、受潮受热、勾损、包装破裂、锈损等内容。

货物运输保险合同的赔偿程序主要有:首先是检验。被保险人应该在规定的期限内向保险人申请对受损货物进行检验。双方对检验的结果认可之后作为进行保险赔偿的依据。其次是索赔。被保险人在规定的时间内向保险公司提交相关的索赔单据,提起索赔。最后是理赔。保险人接到索赔申请之后,对索赔单据进行审核,通过对保险标的进行评估计算赔偿额,并向被保险人支付保险金。

(2)运输工具保险合同

运输工具保险合同,是指投保人与保险人订立的,以运输工具(包括机动车、船舶、飞机等)作为保险标的的财产保险合同。国内运输工具保险合同的险种主要有:国内船舶保险、国内渔船保险、机动车辆保险及第三者责任保险、铁路车辆保险、国内航线飞机及第三者责任保险、国际航线飞机保险、飞机试飞保险、卫星保险及第三者责任保险等。

它的特点包括以下几点:

①保险标的的特定性。顾名思义,运输工具保险合同就是以运输工具作为保险标的的,因此,只要符合条件的运输工具都可以成为保险合同的保险标的。

②被保险人具有相对广泛性。不单运输工具的所有权人可以成为被保

险人,它的驾驶人或使用人都可以以被保险人的身份参与到保险中来。

③保险责任的相对广泛性。运输工具保险合同不单对运输工具因保险事故遭受的损害承担责任,对于被保险人因运输工具造成他人损害而承担的责任也在保险责任的范围之内。

④赔偿方式相对灵活。在一般财产保险中,发生保险事故之后,保险人多以支付保险金的方式承担责任,而在运输工具保险合同中,如果保险标的具有可修复的可能和必要时则以修理的方式进行责任的承担。主要原因在于交通工具的价值比较大,如果单纯以给付保险金的方式承担责任势必造成财物的浪费,也增加了被保险人的不便,如果加以修理能够恢复发生事故之前的状况,这对双方都有利,因此以修理的方式承担责任在这种合同中比较多见。

3. 责任保险合同

(1) 责任保险合同的概念和特点

《保险法》第65条规定,责任保险是指以被保险人对第三者依法应负的赔偿责任为保险标的的保险。这里提到的民事赔偿责任主要包括侵权责任和合同责任,在保险实践中有以下4种形式:公众责任保险、产品责任保险、雇主责任保险和职业责任保险。

特点表现为以下几个方面:

①保险标的的特殊性。一般的财产保险合同的保险标的多是有形的财产,而责任保险合同的保险标的则为被保险人因过失对第三人所承担的民事赔偿责任。这种保险从表面上看体现的是对第三人利益的保障,能够及时地对第三人进行经济上的补偿,客观上避免了因被保险人无力承担责任而导致第三人受到的损害。但是从保险合同的作用原理和存在的目的来看,更多体现的是对被保险人的解放,被保险人通过保险合同使得自己所承担的风险明显转移给了保险人,即使发生了责任事故,保险人也会依据保险合同的约定代替责任人承担赔偿责任。所以说,这类保险合同主观上仍然是对被保险人的保护,只是客观上起到了保障第三人利益的作用。当然,社会上存在的强制责任保险,则更多体现了对社会秩序的一种维护,法律法规通过规定的方式强制当事人投保责任保险,这样不论是主观上,还是客观上都是法律对社会秩序的一种稳定,对公共利益的维护,而并不是投保人自己的选择,所以强制性责任保险的存在更多体现了对第三人的

保护，这与自愿责任保险存在一定的不同之处。

②保险标的必须是法律上的赔偿责任。"首先，这种赔偿责任只能是法律上规定的赔偿责任，基于道义的道德而产生的责任不在赔偿的范围之内，不能作为保险人承担替代责任的基础。另外，这种责任必须是民事赔偿责任，而不能是刑事责任或者行政责任。如果出现的责任是刑事责任或者行政责任则只能由被保险人自己承担，保险公司不能代替承担。这种责任只能是过失责任或法定的无过失责任，如果是故意造成的他人损害，保险人不承担赔偿责任。"① 这是因为一旦故意行为都能够由保险人代替承担责任，会引发道德风险，增加被保险人和第三人相互勾结共同损害保险人利益的行为的发生。

③保险金额具有限定性。我们知道，保险金额的确定标准是保险价值，有形的财产的保险价值比较好判断，通过市场价格以及折旧大多都能进行准确的评估，但是责任保险的保险标的比较特殊是责任，这种责任还必须是没有发生的，仅具有潜在发生危险的责任，未来是否会发生，责任的大小都是无法评估的，因此以保险价值来决定保险金额的途径似乎行不通，只能通过约定保险金额的最高限额来确定保险人承担赔偿的数额。

④赔付的替代性。责任保险的目的在于，发生责任事故之后保险人代替被保险人向第三人承担责任，除了法律规定不能转移或者替代的责任之外都能够成为责任保险的承保风险。

（2）赔偿条件及赔偿额

责任保险合同的赔偿条件主要包括：首先，被保险人对第三人应当依法承担民事赔偿责任，这是保险人承担赔偿责任的前提。由于承担保险责任必须存在现实的损害，而保险人承担责任也需要有现实的责任的存在，而这种责任的来源则是第三人因为被保险人的过失行为而造成的现实的损害，只有第三人存在损害才能探讨被保险人的赔偿责任，才能构成保险人的赔偿责任。所以究其根本，第三人的现实损害是保险人承担保险责任的前提。其次，仅有责任的存在还不够，还需要有第三人对被保险人要求责任承担的请求。如果第三人并没有要求责任人承担责任，那么作为保险

---

① 温世扬主编：《中华人民共和国保险法》，法律出版社2003年版，第251页。

人，也没有必要对第三人承担赔偿责任，可以看做是对责任人责任的免除，既然责任人不需要承担责任，那么保险人自然也无须承担责任。同时，第三人对被保险人的主张也是保险人确定赔偿金给付对象的一种途径，如果不主张，可能会出现无法确定赔偿对象的情况，所以要求第三人要现实地对被保险人主张权利。

那么赔偿的金额如何确定呢？确定的标准因财产损害赔偿责任和人身损害赔偿责任而有所不同。在确定财产损害赔偿责任时则以实际造成的财产的损害程度和市场价格为基础，在不超过保险金额的最高限额的范围内由保险人承担赔偿责任。而在人身损害赔偿中，实际支出的相关费用，如医疗费、丧葬费、误工费、看护费、营养费等，这些内容比较容易确定，除此之外还有一些比较主观的东西较难把握，如精神损失。为了解决这个问题，最高人民法院颁布了《关于确定民事侵权精神损害赔偿的若干问题的解释》，对确定精神损害赔偿的范围起到指导性作用。

对于最终责任的确定，保险人对被保险人赔偿责任的确定还需要经过以下途径进行确定：一是法院对被保险人应赔偿金额的判决；二是有关当局裁定被保险人应赔偿的金额；三是被保险人与受害人达成的赔偿协议经保险人同意应对受害人支付的赔偿金额。① 为了防止被保险人与受害人勾结骗取被保险人的赔偿，只有在保险人的监督之下达成的协议才具有客观性，这样有利于保护保险人的利益。

(3) 责任保险合同责任范围

保险人承担的赔偿，包括两部分内容：一部分是被保险人对第三人承担的损害赔偿责任；另一部分是因赔偿纠纷引起的由被保险人支付的诉讼、律师费用以及其他事先经保险人同意支付的费用，如鉴定费、损失评估费等。

除外责任主要包括：战争、军事行动、罢工造成的损害；核事故造成的损害；被保险人故意行为造成的损害；被保险人所有、占有、适用或租赁的财产，或由被保险人照顾、看管或控制的财产损失；被保险人家属、雇员的人身伤害或财产损失（雇主责任保险除外）；被保险人的契约责任。

---

① 温世扬主编：《中华人民共和国保险法》，法律出版社 2003 年版，第 253 页。

4. 信用保险合同

(1) 信用保险合同的概念和特征

"信用保险合同是指以信用交易中债务人的信用为保险标的，当被保险人的信用贷款或者信用售货所产生的债权未获如约履行而使被保险人遭受损失时，由保险人承担赔偿责任的保险合同。"① 主要包括出口信用保险合同、投资信用保险合同、商业信用保险合同。

主要特征有：

①主要以被保险人的信用贷款或信用赊销为对象而订立的合同。当被保险人不能获得第三人对其进行的清偿时，保险人要对其进行赔偿。

②信用保险合同中的投保人只能是信用贷款合同或者信用赊销合同中的权利人。作为清偿义务人的第三人不能成为投保人，理由在于，一旦其不能清偿则保险人会代替其进行清偿，这会助长清偿人怠于清偿的情绪，增加道德风险，不利于对保险人利益的保护。同时，由于权利人无法获得清偿存在实际损失，这部分的利益可以作为保险利益而存在，义务人却不存在这种保险利益，所以从保险的基本原则上看，只能以权利人作为投保人。

③在信用保险合同中，投保人与被保险人仅能为同一人。

④信用保险合同中，保险标的是被保险人在信用贷款或信用赊销中因义务人不能如约履行债务而遭受的损失。

⑤在信用保险合同中，为了防止滥用贷款或赊销，被保险人必须自行承担一部分风险。

(2) 信用保险合同的种类

①出口信用保险合同

"出口信用保险合同，是指出口商与保险人签订的，在出口商因债务人不履行合同债务而遭受损失时，保险人给予经济补偿的财产保险合同。"②

投保出口信用保险可以给企业带来的利益包括：出口贸易收汇有安全保障。出口信用保险在企业出口贸易损失发生时给予经济补偿，维护出口

---

① 马宁主编：《保险法理论与实务》，中国政法大学出版社2010年版，第416页。
② 同上书，第417页。

企业和银行权益，避免呆坏账发生，保证出口企业和银行业务稳健运行；有出口信用保险保障，出口商可以放心地采用更灵活的结算方式，开拓新市场，扩大业务量，从而使企业市场竞争能力更强，开拓国际贸易市场更大胆；出口信用保险可以为企业获得出口信贷融资提供便利。资金短缺、融资困难是企业共同的难题，在投保出口信用保险后，收汇风险显著降低，融资银行才愿意提供资金融通；得到更多的买家信息，获得买方资信调查及其他相关服务。出口信用保险有利于出口商获得多方面的信息咨询服务，加强信用风险管理，事先避免和防范损失发生；有助于企业自身信用等级和信用管理水平的提高。

②投资信用保险合同

投资信用保险合同，又称为政治风险保险合同，是指投保人（主要指海外投资商）向保险人所在国投资经营，因政治原因造成经济损失，由保险人负赔偿责任的一种责任保险合同。

③国内商业信用保险合同

国内商业信用保险合同，是指国内的商品出卖人因买受人的信用危险，致使货款无法收回时，由保险人依约定给予赔偿的一种信用保险合同。主要包括贷款信用保险合同和消费信用保险合同。

(3) 信用保险合同的保险范围

主要包括商业信用危险责任和政治危险责任。商业信用危险主要有：买方无力偿付债务；买方收货后超过付款期一定期限以上仍未支付货款；非被保险人违约，买方拒绝收货及付款。政治危险主要有：战争、类似战争行为、叛乱、罢工及暴动；政府有关部门的征收或没收；政府有关部门汇兑限制，使被保险人不能将按投资合同规定应属被保险人所有并可汇出的汇款汇出。

信用保险合同的除外责任因险种的不同而有所不同。

在出口信用保险中，除外责任包括：应由货物运输保险或其他保险承担的损失；由于汇率变更引起的损失；由于被保险人或代表他的任何人违反合同或不遵守法律引起的损失；在将货物交付承运前，由于买方根本违约或预期违约，被保险人已有权解除或中止合同，仍向其出口货物而发生的损失；在交付货物时，由于买方没有遵守所在国法律、法令等，因而未得到进口许可而引起的损失；由于被保险人或买方的代理人或被保险人的承运人或任何有关的银行或金融机构破产、欺诈、违约或其他行为引起的损失。

在投资风险保险中，除外责任包括：被保险人的投资项目受损后引发的被保险人其他一切商业损失；被保险人或其代理人违反投资协议，或者故意的违法行为导致政府有关部门的征用或没收而造成的损失；政府有关部门对汇出汇款期限有明确规定，由于被保险人没有按照规定汇出汇款而造成的损失；原子弹、氢弹等核武器造成的损失；投资合同范围以外的任何其他财产被征用、没收等造成的损失。

三 引例分析

在本案中，陈某与保险公司签订的财产保险合同中约定了保险金额，没有明确投保财产宝来轿车的价值，因此该保险合同属于不定值保险合同。不定值保险合同的保险人承担赔偿责任的最高限额为合同约定的保险金额，如果保险标的的实际价值低于保险金额，则依照实际损失计算。陈某在保险事故发生导致保险标的全损后，要求保险人按照合同约定的保险金额支付赔偿金，保险人认为应当依据保险合同的条款在计算折旧后依照事故发生时投保车辆的实际价值进行赔付。显然，由于陈某与保险人订立的是不定值保险合同，虽然合同约定了保险金额，但该金额并非保险事故发生时保险标的物的实际价值。依据损失填补原则，财产保险的保险人只对被保险人的实际损失承担赔偿责任。本案例中的保险标的为机动车，其价值一直处于贬损之中，因此保险事故发生后应当对其进行估价，然后由保险人按照保险标的的实际价值进行赔付。[1]

第二节 财产保险合同的主要内容

一 引例

2005年8月29日，重庆市某旅游船有限公司所有的"银河某号"轮，载客由宜昌发航开往重庆。9月1日，该轮行至笑滩时不慎触礁，整个船体搁置在鳝鱼尾礁石上。后经打捞机构实地勘测后，认为该轮损坏严

---

[1] 马宁主编：《保险法理论与实务》，中国政法大学出版社2010年版，第313页。

重，无修复价值，旅游公司只好对该轮进行了解体打捞。此前旅游公司曾经向某保险公司对该轮进行投保，保险范围为"沿海内河一切险"，双方在保险单中约定该轮保险价值为2200万元，保险金额亦为2200万元。事故发生后，保险公司没有及时赔付原告损失，旅游公司于2006年2月向某海事法院提起诉讼，要求被告支付2200万元保险金，并赔偿因逾期支付保险金所产生的损失。该院委托一会计师事务所对该轮发生保险事故当日的市场价值进行了评估，认定该轮出险当时市场实际价值为1305.08万元，出险日应有的保护性解体后残值评估值为242.91万元。旅游公司认为，该轮自2003年开始一直在该保险公司处投保，保险价值以及保险金额均为2200万元，保险公司一直未对2200万元的保险价值提出异议，同时也是一直按照2200万元收取相应的保险费。保险标的发生全损后，应按约定赔偿的保险价值和保险金额赔偿。保险公司认为，该轮的实际价值远远没有2200万元，那么保单中约定的2200万元的保险价值超过其实际价值的部分就因为违背了保险利益原则自始无效，保险金额最多只能以其出险时的实际价值即1305.08万元为限。那么保险公司赔付的保险金应该是多少？[①]

二 基本理论

(一) 保险标的

保险标的是指作为保险对象的财产及其有关利益或者人的寿命和身体。在财产保险合同中，对保险标的界定有两种学说：一种学说认为财产保险合同的标的是与财产相关的保险利益，主要表现在保险产生的目的在于保障当事人在发生保险事故之后能够获得相关的赔偿以恢复到原来的经济状况，也就是说获得的补偿是一种经济的补偿但并非对原物的恢复，所以认为关注的是财产利益而非财产本身。另一种学说认为财产保险合同的标的是财产本身，主要表现为发生保险事故之后，保险人总是尽可能地先以恢复原状的方法来考虑补偿方式，如果不能恢复原状才以经济补偿的方式承担保险责任，这说明保险关注的焦点还是财物本身而非保险利益。我们说这两种观点虽然都有各自的理论支撑，但都存在一定的片面性，现代

[①] 罗忠敏主编：《新保险法案例精析》，中国法制出版社2009年版，第120—121页。

保险已经突破了对财产的依赖，对于相关的财产利益也有保险存在的意义，如责任保险、信用保险等，因此，对于财产保险合同的保险标的，通说认为既包括财产本身也包括与之相关的利益。

并不是所有的财产都可以作为保险标的而存在的，在财产保险领域，必须具备两个条件，一个是在经济上可以计算的，只有可以计算才能认定保险人应该承担的责任范围，才能够进行补偿；另一个条件是可以用货币来进行补偿，货币补偿往往是保险人不能恢复原状而采取的最后手段，如果不能以货币进行补偿则使得保险人无法承担责任，所以要求必须能够以货币进行补偿。

1. 财产保险标的内容

（1）可保财产。凡是为被保险人所有，或替他人保管，或与他人共有而由被保险人负责的财产，都可作为可保财产。可保财产还分为一般可保财产和特约可保财产。所谓一般可保财产是指通常情况下保险人同意承保，能够普遍成为保险标的的财产。这类财产一般表现为：企事业单位的房屋、建筑物及附属装修设备、建造中的房屋与建筑物、机器设备、交通运输工具及设备、通信器材、工具、仪器、生产用具、产成品或库存商品、半成品、原材料及其他材料、特种储备商品、管理用具与低值易耗品，个人的房屋、家具、电器用品等生活材料，以及汽车、飞机、轮船等。特约可保财产，是指经过投保人与保险人的特别约定，保险人同意承保的特别财产。这类财产并不当然地出现在保险合同的承保范围内，而是需要投保人与保险人特殊的约定才能够进行承保的，一般多为市场价格变化较大或者无固定价格的、稀有、珍贵的财产。因为这类财产价值较难确定，所以需要双方进行特别的约定才能成为保险标的，也就是说并不是不能确定，而是需要经过商议才能确定，如果是无法确定价值的，那么这类财产就不能作为承保的标的，也就不能成为可保财产。特约可保财产主要包括：金银、首饰、珠宝、钻石、玉器、古币、古书、古玩、古画、邮票、艺术品、稀有金属等。

（2）预期利益。主要包括因现有利益而产生的期待利益和因合同而产生的利益。前者主要内容包括所有权利益、占有利益、股权利益和担保利益等。而后者出现在租赁合同、买卖合同、建筑合同当中。

（3）责任利益。也叫做消极利益，是指免除因事故的发生而增加的额外支出。责任利益以民事赔偿责任为限，行政责任、刑事责任不在责任利益的范围之内。另外这里的责任利益指的是依法应当承担的责任，并非与我们平时所称的责任范围等同，例如道德责任就不在责任保险的范畴之内。

2. 保险标的的转让后果

财产流通是经济领域中的普遍现象，那么一旦发生作为保险标的的财产的转移，我们该如何判断已经生效的原有保险合同的效力呢？基于保险法的基本原则即保险利益原则的考虑，在财产保险中，保险事故发生时投保人应该对保险标的具有保险利益，否则保险合同无效，那么一旦发生了财产的转移投保人不再享有对财产的保险利益，此时如果保险合同仍然有效则是对保险利益原则的违反，应该予以纠正，所以这种情况下一般会发生投保人通知保险人保险标的的转让情况，保险人同意继续承保，则由标的受让人成为保险合同的投保人，保险合同依法转让，否则保险合同解除。当然也有例外的情况，即不需要保险人的同意直接发生保险合同转让的情形，如在货物运输保险合同中，只要转让人之间达成了意思表示的一致即发生保险合同转让的法律后果，而无须保险人的同意。正如《保险法》第49条规定，保险标的转让的，保险标的的受让人承继被保险人的权利和义务。保险标的的转让的，被保险人或者受让人应当及时通知保险人，但货物运输保险合同和另有约定的合同除外。因保险标的的转让导致危险程度显著增加的，保险人自收到前款规定的通知之日起三十日内，可以按照合同约定增加保险费或者解除合同。保险人解除合同的，应当将已收取的保险费，按照合同约定扣除自保险责任开始之日起至合同解除之日止应收的部分后，退还投保人。被保险人、受让人未履行本条第二款规定的通知义务的，因转让导致保险标的的危险程度显著增加而发生的保险事故，保险人不承担赔偿保险金的责任。

（二）保险价值

保险价值，又称为保险价额，是指当事人订立保险合同时所约定的保险标的的价值，或者在保险事故发生时，保险标的所具有的实际价值。这一条款仅在财产保险合同中存在，人身保险合同中没有此条款。保险价值是确定保险金额的前提，保险金额不能超过保险价值。

根据保险价值是在保险合同订立时确定还是保险事故发生时确定可将

保险合同分为定值保险合同和不定值保险合同。前者的优点在于无须在发生保险事故时再去测定遭受的损失，而是以事先评估的保险标的的价值进行计算，得出保险人应该赔偿的范围，这样减少了理赔的环节，减少了在理赔过程中可能会出现的保险人和被保险人对损失评估的分歧，更适合那些难于计算损失的保险合同。不定值保险合同的优点在于能够确切反映保险事故发生时保险标的遭受到的实际损害，避免发生多赔或者少赔的情况，更能体现保险的补偿性原则。可见两种保险价值条款的存在形式各有优势，通常在财产保险合同中采用不定值保险合同的形式，防止超额获得赔偿的情况出现。

对于保险价值的确定，通常以客观标准为主，以主观标准为辅的标准，即有市场价格的按照市场价格进行确定，如果没有市场价格，或者市场价格波动较大的，由双方当事人进行约定，从而确定保险价值。

在确定保险金额时，保险价值具有决定性的意义，保险法规定，保险金额不能超过保险价值，否则超过部分的保险合同无效。

(三) 保险金额

保险金额，又称保额，是指投保人就保险标的向保险人实际投保的金额，也是保险人给付保险金的最高限额。保险金额只是保险事故发生时被保险人可获得的最高的赔偿金额，并不是在所有情况下被保险人获得的保险金给付额都等于保险金额，并且保险金给付额只能小于或者等于保险金额。同时，它还起到决定保险费的作用，保险费数额的确定与保险金额的大小密不可分，通常情况下保险金额越高保险费越高，反之亦然。

根据保险金额和保险价值之间的关系，保险分为足额保险、不足额保险和超额保险。

1. 足额保险。所谓足额保险，又称为全额保险、全部保险、等值保险，是指保险金额等于保险价值的保险。当发生保险事故时，被保险人能够获得最周全的保障，他能够通过保险人的赔偿恢复到事故发生之前的经济状况。

2. 不足额保险。所谓不足额保险，又称为低额保险、部分保险，是指保险金额低于保险价值的保险。当发生保险事故时，被保险人仅能就保险金额与保险价值之间的比例获得相应的赔偿，而不能获得完全的赔偿，但同时，因为保险人保险责任的降低，通常情况下保险费相对于足额保险来说也有所降低。

3. 超额保险。所谓超额保险，是指保险金额大于保险价值的保险。《保险法》第55条规定，保险金额不得超过保险价值。超过保险价值的，超过部分无效，保险人应当退还相应的保险费。那么为什么会发生超额保险的情况呢？主要有以下几种情况：(1) 投保人对于自己的保险标的的价值没有准确的客观的认知，导致其过高估计保险价值，在不定值保险合同中就会出现善意超额的情况。(2) 投保人追求发生保险事故后的额外获得的赔偿，故意进行超额保险合同的订立，即为恶意超额。(3) 因为市场价格的波动而导致保险标的价值的降低，从而使保险金额超过了保险价值，这是基于客观条件的变化而引起的超额保险的情况。(4) 还有可能是保险人为了获得高额的保费，恶意承保超额保险的情况。可见在以上四种情况下，依据保险合同的当事人主观心态的不同，可分为善意超额保险和恶意超额保险。但是从我国法律规定来看，并未因不同的主观心态而进行不同的法律评价，这种立法是不可取的，不利于对道德危险的控制和对善意投保人的保护。

而在财产保险合同中，还有一类比较特殊的保险，就是责任保险合同，这类保险并不是以有形的财产作为保险标的存在，而是将可能发生的向第三人承担的民事赔偿责任作为保险合同的标的，因为责任是否发生，以及发生后造成的结果都无法评估，因此责任保险中的保险金额的确定并不以保险价值为标准，而是基于当事人之间的协商确定。因此这类保险一般不存在超额保险的问题。当然了，因为其不存在保险价值这一概念，因此也就不能用定额、足额、超额这些概念对其进行分类。

需要注意的是保险价值和保险金额这两个概念虽然有很大的联系，但是区别也是非常明显的：首先，保险金额是保险人对被保险人支付的最高赔偿额，而保险价值则是保险标的所具有的价值；其次，保险价值条款并不必须存在于保险合同之中，而在人身保险中则不存在保险价值条款，保险金额则是保险合同中必须存在的条款，无论财产保险还是人身保险；最后，保险金额是在保险合同订立之时就被确定下来的，而保险价值则是可以选择，既可以保险合同订立之时确定，还可以在保险事故发生之时才得以确定。

(四) 保险责任

保险责任，是指保险单上载明的危险发生造成保险标的损失或约定人身保险事故发生或期限届满时，保险人所承担的赔偿或给付责任。在财产保险合同中，保险责任主要包括因自然灾害所造成的损失、因意外事故所造成的损失和其他保险危险造成的损失。

1. 因自然灾害所造成的损失。自然灾害是指不能预见、不能避免并不能克服的客观情况。主要包括：雷电、暴风、暴雨、龙卷风、洪水、海啸、地震、地陷、崖崩、雪灾、雹灾、冰凌、泥石流等自然现象而导致的损失。

2. 因意外事故而导致的损失。损害结果的发生不是因为行为人的故意或者过失而造成的，而是由于不能抗拒或者不能预见的原因所引起的事故。在财产保险中主要是指火灾、爆炸、飞行物体及其他空中运行物坠落等意外事故所造成的损失。

3. 其他保险危险造成的损失。通常是指停电、停水、停气所致保险财产损失。

(五) 除外责任

除外责任，是指依照法律或者保险合同的约定，保险人不承担保险责任的范围。

保险合同中的除外责任所起到的作用有以下几点：明确保险责任的范围，可以避免不必要的争议；有助于防范道德危险，排除故意出险的可能；减少不同险种保险责任的重叠，降低投保人负担；便于对某些特殊风险作特殊处理；保持合理的保险费率。[①]

财产保险合同当中常见的除外责任主要有：自然耗损、战争或者敌对行为、被保险人的故意违法行为、已经发生的保险事故、急于防损而扩大的损失等。

三　引例分析

本案中，旅游公司的轮船在保险事故发生时的保险价值为1305.08万元，而保险金额为2200万元，保险金额超过保险价值近900万元，显然

---

① 参见马宁主编《保险法理论与实务》，中国政法大学出版社2010年版，第319页。

属于超额保险。《保险法》第 55 条第 3 款规定，保险金额不得超过保险价值。超过保险价值的，超过部分无效，保险人应当退还相应的保险费。据此，本案中超过保险价值部分的近 900 万元无效，有效的保险金额为 1305.08 万元。与原《保险法》相比，本条款增加了保险人退还保险费的义务，从而平衡了投保人与保险人之间的利益，避免保险人在部分保险金额无效的情况下获得不当利益。因此保险公司应该退还近 900 万元保险金额相应的保险费。从实务来看，在恶意导致超额保险的情况下，仅仅认定超过部分无效，达不到惩戒恶意超额保险的效果，区分善意和恶意来规范超额保险行为将更利于法律的完善。[①]

第三节　财产保险合同中的代位制度

一　引例

1999 年 7 月 8 日，B 建筑公司与 C 卷烟厂签订了建筑工程施工合同，建筑公司承建卷烟厂办公楼加层接楼（将原四层增建为六层）工程。根据设计要求，需将原办公楼三层以上的砌体拆除，然后再建。1999 年 7 月 12 日 11 时 10 分，建筑公司工人在拆除办公楼房顶时，违章吸烟，将未熄灭的烟头掉入防寒层中，引燃可燃物而引发火灾。公安消防大队做出的火灾事故责任书认定：B 建筑公司负有直接火灾责任。火灾烧损电话交换机一套、办公楼四楼 630 平方米、空调一台。经消防部门核定及价值部门鉴定，烧损财物的实际价值为：电话交换机 212000 元、办公楼 19212 元、空调 5440 元，共计烧损财物价值 236652 元。1998 年 9 月 20 日，C 卷烟厂与 A 保险公司签订财产保险合同，卷烟厂以原值加 30% 将该厂固定资产投保，保险期限为一年。在保险期间，卷烟厂办公楼发生火灾。火灾发生后，卷烟厂向保险公司要求损失赔偿，1999 年 10 月 28 日，A 保险公司根据保险合同，按原值和重置价向卷烟厂赔款 1087523.40 元。保险公司向建筑公司提出赔款 1087523.40 元，建筑公司不同意赔偿，保险公司诉至法院。被告建筑公司辩称：我公司在承建卷烟厂办公楼加层接楼工程中，因拆除四楼房顶时，我公司工人违章吸烟，引起火灾，烧损电话交

[①] 罗忠敏主编：《新保险法案例精析》，中国法制出版社 2009 年版，第 123 页。

换机一套，烧损办公楼 630 平方米。根据建筑设计要求，办公楼三层以上的墙体及房顶是需要拆除的。墙体拆除后没有价值，所以未造成损失。另外，保险公司没有按照规定进行理赔，要求我公司赔偿依据不足，我公司没有向保险公司赔偿的义务。① 那么，保险公司能够向建筑公司主张的赔偿金额到底应该是多少？

二 基本理论

（一）保险代位制度概述

保险代位权，是指在财产保险中，保险人在承担了保险责任之后所享有的、代位行使被保险人对造成保险标的的损害而负有赔偿责任的第三人的求偿权的权利。这一权利是基于财产保险的补偿性原则而产生的，为了防止被保险人因双重赔偿而获得不当得利，因此在人身保险中并不适用，它是财产保险合同中所特有的一项制度。

《保险法》第 59 条规定，保险事故发生后，保险人已支付了全部保险金额，并且保险金额相等于保险价值的，受损保险标的的全部权利归于保险人；保险金额低于保险价值的，保险人按照保险金额与保险价值的比例取得受损保险标的的部分权利。第 60 条规定，因第三者对保险标的的损害而造成保险事故的，保险人自向被保险人赔偿保险金之日起，在赔偿金额范围内代位行使被保险人对第三者请求赔偿的权利。保险代位权主要包括两方面内容：一方面是权利代位，是指保险人取得被保险人拥有的对第三人的权利；另一方面是物上代位，是指保险人赔偿全部损失后的残余物，如果没有作价在保险赔款中扣除，保险人对该物享有所有权。

确定保险代位制度的目的在于，贯彻保险法中的补偿性原则，即保险仅就受到的实际损失进行补偿，不能因为保险使得被保险人获得额外的收获。另外一个目的在于对公共利益的维护。虽然保险人会对被保险人承担责任，填补被保险人受到的实际损失，但是，如果不去追究第三人的责任则是对这种行为的放任，因此赋予保险人代位的权利就是使得支付了保险赔偿的保险人能够通过对最终责任人的追究获得相应的补偿，避免不必要

---

① 于海纯、傅春燕编著：《新保险法案例评析》，对外经济贸易大学出版社 2009 年版，第 37—38 页。

支出的发生，另外也能对真正责任人进行限制，使其真正承担最终的不利后果。同时，责任人也应该为自己的过错承担责任，这是公平性原则的体现。

(二) 保险代位权的取得

保险代位权取得在不同国家有不同的立法例。大多数国家对代位权的取得采取的态度是当然代位主义，即只要保险人向被保险人进行了赔偿，保险人就自动地获得了代位求偿权，而无须被保险人额外的转让行为。这种取得代位权的方式虽然能够更为周全地保护保险人的利益，使其第一时间就可以获得向真正责任人行使权利的机会，同时也免除了很多程序上的麻烦，效率性很强，但是它也存在一定的缺陷，对于权利何时发生了转移，如果权利只是发生了部分转移，那么转移的部分如何界定，这些问题对于第三人来说是很难确定的，也对他向保险人承担责任造成了障碍，因此存在一定的弊端。而另外一种立法例是请求代位主义，即保险人向被保险人赔偿后，并不能取得代位权，还须被保险人将自己享有的权利转移给此保险人的行为。这种立法例避免了当然代位主义的缺陷，但是在效率上受到了一定的影响。

从我国保险法的相关规定上分析，我国采取的是当然代位主义，但是在实践中，保险人在赔偿时往往要求被保险人签发赔款收据和权益转让书，虽然这些证据并不影响代位权的取得，但是从实际效果上来看，却起到了明确第三人的责任范围，明确代位时间的作用，是对当然代位主义有效的修正。

(三) 保险代位权的行使

1. 行使的条件

(1) 第三人对保险标的的损害负有责任。

(2) 保险人向被保险人进行了保险赔偿或者给付。

代位权存在的意义是防止被保险人既向保险人主张保险赔偿，又向第三人主张损害赔偿，从而获得双份的赔偿，违反了保险存在的意义和价值。但是如果没有在保险人处获得赔偿就剥夺被保险人向真正责任人主张权利的资格，这会造成被保险人权利的损害，因此，只有当保险人已经向被保险人支付了相应的保险金时，才能够行使代位权。

(3) 保险人行使代位权以给付的保险金为限。也就是说保险人只能在给付保险金的范围内获得行使代位权的资格，超过部分无权行使。前面提到过，保险人享有代位权是基于保险的补偿性原则考虑的，防止在保险人赔偿范围内被保险人获得双倍的收入，但是如果规定只要保险人进行了赔付，不管赔付范围大小都剥夺被保险人向真正责任人主张权利的资格，这很显然是对被保险人权利的侵害，因此，保险人也仅能在自己承担保险责任的范围内行使代位权，体现的是对被保险人权利的保护。具体包括以下几种情况：一是当第三人造成保险标的损失时，如果第三人已经根据法律的相关规定对被保险人进行了全部赔偿，那么因为被保险人已经获得了补偿，不存在损失，就不能再向保险人要求赔偿损失。保险人没有支付保险金，因此也就不能取得代位权。二是如果第三人仅对一部分损失进行了赔偿，那么保险人对于被保险人仅就未获得赔偿的部分给付保险金。因此保险人取得的代位权也就仅限于保险人向被保险人支付的保险金范围。三是在不足额保险的情况下，虽然保险人可能按照保险金额承担了给付保险金的责任，但是因为不足额保险仅是就部分损失进行了赔偿，对于保险金额以外的损失，保险人不能获得代位权，而被保险人却有权对这部分权利享有请求权。

2. 代位权行使的名义

代位权的取得从权利状态上来讲，其实就是债权转移的过程，即将被保险人对第三人主张损害赔偿的权利转移给保险人，从而使保险人取得向第三人主张权利的资格。因此在行使代位权的时候，保险人实际上是对自己拥有的权利的一种行使，并不是代替被保险人行使，因此应该以被保险人自己的名义来行使此权利。

由于代位权是保险人依法取得的法定性权利，因此在保险人行使此权利时不需要被保险人的同意，此时的权利是一种独立的权利，在诉讼中也享有独立的诉讼地位。

3. 被保险人的义务

虽然我们说保险人享有的代位权是一种独立的权利，不需要经过被保险人的同意就可以依据保险人自己的意志而行使，但是为了保险人行使权利的方便，法律还是规定了被保险人的义务以协助保险人权利的顺利实现。《保险法》第48条规定，在保险人向第三者行使代位请求赔偿权利时，被保险人应当向保险人提供必要的文件和其所知道的有关情况。

(1) 被保险人不得损害保险人的代位权

因为保险人享有的代位权来源于被保险人向第三人主张的损害赔偿请求权，如果被保险人放弃了这一请求权，对于被保险人来说即使承担了保险责任也不能取得代位权，因此为了防止保险人的利益受到损害，《保险法》第61条规定，保险事故发生后，保险人未赔偿保险金之前，被保险人放弃对第三者的请求赔偿的权利的，保险人不承担赔偿保险金的责任。当然这里所说的保险人不承担赔偿保险金的责任仅就被保险人放弃权利的范围内发生效力，而对于被保险人没有放弃的对第三人的权利，保险人仍然要承担保险责任。

另外，保险法还规定，由于被保险人的故意或者重大过失致使保险人不能行使代位请求赔偿的权利的，保险人可以相应扣减保险赔偿金。扣减的数额应当相当于被保险人过失导致的被保险人代位权不能行使的部分。

如果被保险人在保险人已经承担了保险责任之后放弃对第三人的权利，该放弃行为无效，因为保险人代位权的取得依据——当然代位主义，一旦其承担了赔偿责任就当然地获得了代位权，而被保险人的权利则因为保险人的代位而丧失，因此他所为的放弃行为是无效的法律行为，对第三人不发生免除责任的法律后果。

(2) 被保险人的协助义务

首先，需要被保险人对保险人提供必要的文件，凡是与第三人造成损害有关的文件，都应该提供给保险人，便于保险人向第三人主张权利。除了这些能够证明保险人享有向第三人主张权利的文件之外，被保险人还应该向保险人出具权利转让证书，便于保险人行使赔偿请求权。

其次，需要被保险人向保险人提供其知道的有关情况。凡是与保险事故的发生以及第三人承担责任的相关情况都应该由被保险人向保险人进行说明并提供相应的文件，如果发生保险代位权的诉讼时，经保险人要求，被保险人有出庭作证的义务。

(四) 保险代位权适用限制

1. 保险代位权适用范围的限制

保险代位权是基于保险法的补偿性原则而产生的，目的在于防止被保险人依据保险合同向保险人主张承担保险责任的同时又依据侵权等事实向第三人主张损害赔偿，从而获得双倍的赔偿。那么在人身保险合同中就不存在这个问题，因为人身保险合同以人的生命和身体作为保险标的，因此无法衡量其具体价值，也就不能判定是否存在额外赔偿的问题，所以在人身保险合同中不存在保险代位权，即使被保险人获得了双方的赔偿，这种赔偿依然是合法的。所以保险代位制度仅在财产保险合同中才有存在的必要。

在财产保险合同中存在代位权问题，但是代位的范围还要依据不同的情况具体分析，只有在保险人已经进行了保险金给付的范围之内保险人才享有代位权，除此之外保险人无权享有。如果保险人基于代位权向第三人进行追偿获得的金额大于其已经向被保险人支付的保险金时，应该将超过部分返还给被保险人，而不能据为己有。

2. 保险代位权适用对象的限制

《保险法》第 62 条规定，除被保险人的家庭成员或者其组成人员故意造成本法第 60 条第 1 款规定的保险事故以外，保险人不得对被保险人的家庭成员或者其组成人员行使代位请求赔偿的权利。这里所指的家庭成员主要是作为自然人的被保险人的配偶、子女、父母以及与被保险人有抚养、赡养或者扶养关系的人。被保险人的组成人员包括作为法人或者其他组织的被保险人的内部工作人员。

为什么要排除对这些人行使代位权呢？主要是将他们作为一个利益共同体来看待，如果被保险人从保险人处获得了赔偿，但却因为保险人对其家庭成员的追偿而返还此赔偿，从一定意义上讲没有实现保险存在的价值，被保险人的利益还是受到了损害，因此在进行追偿的时候要对被保险人的家庭成员和组成人员进行排除，以避免被保险人无法获得赔偿的情况发生。

但是并不是说所有的情况下都要排除保险人对家庭成员或者组成人员行使代位权。家庭成员或者组成人员故意造成的保险标的的损失，保险人仍然可以行使代位权，对其进行追偿。

三 引例分析

本案中，火灾发生后，保险公司依据保险合同向卷烟厂赔款 1087523.40 元，依据法律规定，取得对第三者的代位求偿权，可以自己的名义向建筑公司提出索赔。但是索赔的金额应该在第三者向被保险人应支付的损害赔偿金额之内，并在其向被保险人支付的赔偿金额范围内。经消防部门核定和物价部门鉴定，应该由建筑公司赔偿的金额为 236652 元，因此，保险公司只能以此金额请求建筑公司赔偿。①

---

① 于海纯、傅春燕编著：《新保险法案例评析》，对外经济贸易大学出版社 2009 年版，第 40 页。

第七编

海商法

第一章 海商法概述

第一节 海商法的概念及调整对象

一 引例

韩国"釜山轮"货船在中国青岛港触碰码头,码头方多次致函(每隔两三个月一次)要求船方赔偿损失,船方未予积极反应,无奈之下码头方在船舶触碰码头之后的第25个月向船方提起诉讼,船方辩称起诉已过2年诉讼时效,请求法院驳回码头方的诉讼请求。该案应如何处理?

二 基本理论

(一)海商法的概念

海商法是一个独立的部门法,各国法律规定及学者们对海商法的概念界定不尽相同。比如英美海商法学者认为,"海商法是调整船舶与航运人通常使用的术语",法国学者认为"海商法调整商业性航海活动";我国台湾海商法学者则把海商法概括为"以海上商事为规范对象的一种商事法"。我国法学界一般认为,"海商法是调整海上运输关系和船舶关系的法律规范的总称"。

海商法有广义和狭义之分。广义的海商法,通常是指一国的海运及海事立法的总称。狭义的海商法往往仅指一国的海商法典,或者是指一国的属于民法特别法或其他具有商法性质的有关海运或商事单行法规的总称。

(二)海商法的调整对象

根据《中华人民共和国海商法》(以下简称《海商法》)的规定,《海商法》调整的对象是下述两大方面的社会关系:

1. 运输中发生的特定社会关系

这方面包括：有关海上运输的合同关系、海上侵权关系、海上特殊风险产生的社会关系。

2. 与船舶有关的特定的社会关系

这方面具体包括：船舶的法律地位、船舶物权、船舶安全、船舶管理等社会关系。

（三）海商法的特征

基于海商法的特殊调整对象，可以将海商法的特征总结为以下三个方面[①]：

1. 涉外性

各国的海商法虽然属于国内法，但其规定却主要调整涉外法律关系。主要表现在：一方面，海商法所调整的法律关系大多涉及不同国家或地区的自然人、法人或其他组织等主体，其效力不仅及于本国海域还及于外国海域，其适用的客体不仅及于本国船舶还可及于外国船舶；另一方面，从海商法的形式渊源上看，其不仅包括国内法，还包括国际条约和国际航运惯例，具有较强的国际性。

2. 技术性

海商法中有关船舶和海上运输的法律规定多涉及船舶、航海、船员、货运管理、物流等专业知识。比如在船舶方面会涉及船舶的适航性、安全技术条件及管理船舶等；在航海方面会涉及船舶驾驶、航线制定、气象报告和航海图文资料整理等；在货运方面会涉及货物的特性、装卸、保管和照料等，这些专业知识都与海商法密切相关，构成海商法规定中的特殊部分。

3. 特殊性

基于海上运输和海上其他业务的活动的特殊海上风险，海商法规定了一些其他法律都没有确立的特有法律制度，比如船舶优先权制度、海难救助制度、共同海损制度、海事赔偿责任限制制度等，这些特殊的法律制度是为适应海上运输的特殊风险性而在实践中逐渐形成的，是海商法体系中的特有的重要组成部分。

[①] 司玉琢主编：《海商法》（第二版），法律出版社2007年版，第4—5页。

三 引例分析

本案应当支持船方的抗辩请求,驳回原告方的诉讼请求。因为双方因船舶触碰码头而产生的关系属于《海商法》第 1 条规定的"船舶关系",因此《海商法》第 267 条的规定可以适用,即单方致函要求赔偿不能导致时效中断。

第二节 海商法的产生与发展

海商法起源于古老的地中海,是在习惯法基础上逐渐形成的一个古老的法律部门,其形成有一个漫长的历史发展过程。系统的海商法典则诞生于近代,而在现代,海商法的统一化趋势日益明显。

一 资本主义国家的海商法

近代海商法典的产生始于欧美等海运发达国家,至于亚非拉等广大发展中国家则是后来引进的,中国亦如此。因此在论述中国海商法的产生和发展之前有必要首先介绍资本主义国家的海商法。

(一)大陆法系

法国路易十四于 1681 年颁布的《海事条例》率先把海商法纳入国内法。该条例不仅内容广泛,而且自成体系,是欧洲第一部综合性海商法典,成为各国海事立法的蓝本。1807 年拿破仑制定《法国商法典》时,将海事条例第二编、第三编的内容收入,成为商法典的海商编,这就是法国的海商法。后来德国、日本也都纷纷效仿,使海商法成为商法的一个组成部分。

(二)英美法系

英国一向以航海习惯和海商判例为依据,但自 19 世纪以来,由于英国有庞大的商船队,故也制定了许多成文法典。如 1854 年的商船法几经修订以至今日,1906 年《海商保险法》,1924 年和 1971 年《海上货运法》等。美国未颁布海商法典,只是在习惯法之外,制定了某些单行法规。如 1893 年的《哈特法》、1915 年的《海员法》、1936 年的《商船法》和《海上货运法》等。

二 中国的海商立法

据现有史料表明,尽管我国在唐、宋、明时期的航运贸易十分发达,却没有留下可供后人资鉴的海商立法。清朝时期,在未及颁行的《大清商律》(草案)中,规定有"海船篇"。后来的国民党政府以上述"海船篇"为蓝本,经修改加工,在1929年颁布了《中华民国海商法》,1930年又颁布了《船舶法》和《船舶登记法》。这些法律至今仍在我国台湾地区实施。

中华人民共和国成立后,在1952年起,我国就成立了海商法起草委员会,拟定了《海商法》草案。"十年动乱"期间,草案被束之高阁。1979年后,起草工作重新进行,终于在1992年11月7日,《海商法》经七届人大第二十八次常委会通过,并于1993年7月1日起实施。

三 现代海商法的国际统一化趋势

随着各国航运制度的建立和完善,海事立法却越来越国内化,从而导致了各国海商法在形式上和内容上的不统一,这给国际航运带来很多不便。因此,从20世纪末以来,各国航运界要求采取措施,消除各国海商法的差异,国际海事委员会(CMI)也致力于有关海商法的国际公约与规则制定与协调事务。该委员会为海商法的统一先后制定了《1910年船舶碰撞公约》、《1910年救助公约》、《1924年海牙规则》、《1968年维斯比规则》等多部具有国际影响力的公约。2008年12月11日,联合国第六十三届大会第六十七次全体会议审议通过了联合国国际贸易法委员会(UNCITRAL)历时六年制定的《联合国全程或部分国际海上货物运输合同公约》,即《鹿特丹规则》。该公约的制定旨在取代目前国际上适用的1924年《海牙规则》、1968年《维斯比规则》及1978年《汉堡规则》三大国际海运公约,从而实现国际海上货运规则的实质性统一。海商法的国际性统一已经成为大趋势,但同时这也将成为海商法发展所面临的一个更富有挑战性的新课题。

第二章 船舶和船员

第一节 船舶

一 引例

某轮船所有人拖欠船员的工资,在船舶进入某港口时又拖欠港务费,该船舶所有人向银行贷款时办理了抵押该轮的手续并进行了登记,在发生了工资和港务费的债项后,该轮遇难。为救该轮又发生了一笔救助费。问该轮船的各债权人应如何受偿?

二 基础理论

(一)船舶的概念及法律地位

1. 船舶的概念

船舶的概念有广义和狭义之分。广义的船舶概念,是基于人们的习惯,对于日常生活中经常使用的水上浮动工具的统称,也可以包括航行于一切水域上的各种类型的船艇。狭义的船舶概念是基于法律的规定,对于特定法律所适用的船舶下的定义。无论是在法学理论上,还是在司法实践中,凡是调整船舶关系的不同法律或法规,其立法宗旨、法律属性和调整对象均有不同,各法规定的船舶概念亦必然有所区别,通常不能混淆适用。

《海商法》有关船舶概念的规定,仅适用于海上运输关系和船舶关系所涉及的船舶,也属于狭义的概念。根据该法的规定,船舶是指海船及其海上移动式装置,但不包括用于军事的、政府公务的船舶和20总吨以下的小型船艇。应该注意的是,虽然《海商法》给船舶下了一个定义,但是海商法的各章所适用的船舶是有差别的。

2. 船舶的法律地位

(1) 船舶是具有人格化属性的物

根据我国法律,包括船舶在内的任何物,只能作为法律关系的客体,但在法律上亦赋予船舶以人格化的属性,主要表现为以下方面:

①船舶要有名称。为区别不同的船舶,每一船舶同自然人、法人等法律关系主体一样,都应具有自己的名称。船舶名称需要登记,也不能重名,并且必须标在船体的醒目位置。

②船舶应有国籍。"船舶国籍是指船舶所有人按照某一国家的船舶登记规定在该国进行登记,取得国籍证书,并悬挂该国规定的旗帜而受该国管辖的法律隶属关系。"① 船舶均应依法登记,并取得船舶国籍。具有我国国籍的船舶,有权悬挂我国国旗航行,并有在我国港口间从事沿海运输和拖航作业的专营权。船舶国籍是区分本国船和外国船的法律依据。

③船舶必须有船籍港。如同人要有住所一样,船舶所有人应为船舶确定适当的船籍港。明确船籍港,对于确定海事诉讼管辖权,具有重要意义。

(2) 船舶是按不动产物处理的动产

凡是具有自由移动其位置,而不至于改变其性质、功能、形态或者损毁其价值的物,在民法上均视为动产物。船舶虽然是动产物,但在法律上却被当做不动产物来处理。一般动产物权的取得、设定、变更及丧失,以占有为公示的方法,无须登记,占有即具有公信力。依《海商法》规定,船舶所有权、抵押权和光船租赁的取得、设定、变更及丧失,比照不动产,以登记为对抗要件,未经登记的不得对抗第三人。此外《海商法》还规定,船舶抵押权和船舶优先权的设定均不须转移占有标的物,这也是比照不动产物的规则处理船舶担保物权的例子。

(3) 船舶具有合成物的属性

构成船舶的若干单一物,如船舶、船机、属具(指锚、锚链、海图等),一旦组合成船舶,则在法律上是失去了原有的独立性,具有合成物的性质。在法律上,上述各单一物不应同船舶相分离,否则就失去了使用船舶的意义,这是基于航行的必要和船舶本身的功能作出的规定。因此,《海商法》上的船舶又被看成是由若干单一物组成的合成物。

---

① 贾林青:《海商法》(第三版),中国人民大学出版社2008年版,第46页。

此外，有的海上保险企业出于商业目的的考虑，把船舶、船机或属具依其不同的使用功能和价值，给予分别或单项承保，但此种做法只是行业习惯，并不影响船舶在海商法上具有合成物的属性。

（二）船舶所有权

船舶所有权是指船舶所有人对其船舶所享有的依法占有、使用、收益及处分的权利。我国船舶除主要为国家所有外，还有集体所有、个人所有及中外合资经营企业所有等。国家所有的船舶由国家授予具有法人资格的国有企业经营。船舶所有权依法受到国家的保护。

1. 船舶所有权的范围

船舶是由船体、桅樯、轮机、甲板、船舱等部分以及属具构成的结合物。这些都是船舶所有权的范围。由于船舶设备和船舶的属具种类很多，对于哪些是船舶的组成部分，哪些不是，有时也很难截然划分，因此在实践中，一般认为除米、菜、油、盐等伙食给养品外，凡是航行上及营业上必需的一切设备和属具，都属船舶所有权范围。

2. 船舶所有权的取得

船舶所有权的取得，按取得原因的不同，包括原始取得和继受取得两种。原始取得是根据法律的规定直接取得所有权。船舶的原始取得主要是建造。当新船建成，即可按《船舶登记条例》规定进行所有权登记。此外，国家还可以通过没收、捕获等形式原始取得船舶。继受取得是通过某种法律行为从原所有人处取得所有权。主要通过买卖、继承、委付、赠与等形式取得。根据《海商法》的规定，无论通过哪种形式取得，均需签订书面合同，并经登记机关进行所有权登记，才能产生法律效力，否则不得对抗第三人。从物权法层面上讲，船舶所有权的公示效力采用的"登记对抗主义"，"依此主义，当事人一旦形成物权变动的意思表示，即生物权变动的法律效果，只是在未依法进行公示前，不具有社会的公信力，不能对抗善意第三人，善意第三人可以当事人没有进行公示为由，而否认其物权变动的效果。"[①]

3. 船舶所有权消灭

船舶所有权可以基于以下事实而消灭：

---

① 梁慧星主编：《中国物权法研究》，法律出版社1998年版，第195—196页。

(1) 船舶所有权的转让。主要包括买卖与赠与。通过转让，一方取得所有权，他方则丧失所有权。这种消灭称为相对消灭。

(2) 船舶灭失。如船舶沉没大海，无法打捞，或发生推定全损委付的情形，以及船舶拆解等。这种消灭称为绝对消灭。有的学者主张船舶失踪和船舶灭失一样，也是船舶所有权消灭的一种原因。我们认为，这种主张是错误的。尽管《海商法》规定，船舶失踪视为实际全损，但是船舶失踪并不表明船舶确已灭失，仅仅是说明船舶杳无音讯达到一定时间，而且失踪的船舶仍有可能返回。因此，船舶失踪不能构成船舶所有权消灭的原因，否则船舶所有人的合法权益就得不到充分保障。

(3) 所有人抛弃船舶。但船舶遇难时船长命令"弃船"，不能视为船东抛弃船舶所有权，这只是暂时放弃占有，与船舶所有权无关。

(4) 船舶所有权主体消亡。如：船东本人死亡，或法人船东破产或依法撤销等，船舶所有权自然也就归于消灭。

(5) 因国家行政、司法机关依法征用、征购而消灭。

船舶所有权消灭也需向登记机关进行注销登记。

(三) 船舶抵押权

船舶抵押权是指船舶抵押权人对于抵押人提供的用做自身债务担保的船舶，在抵押人不履行债务时，依法可以拍卖被抵押船舶并从拍卖所得价款中优先受偿的权利。船舶抵押权的设定主要是基于：一，使船方在继续维持船舶营运的同时，融得足够的资金；二，为债权人提供了可靠的物质保障。因而船舶抵押权制度为当今各海运国家广泛采用。

1. 船舶抵押权的设定

船舶抵押权的设定，以船舶所有权为前提，只有船舶所有人或受其委托之人才能设定。此外，对于共有船舶而言，在设定船舶抵押权时，还须由持有 2/3 以上份额的船舶共有人的同意才能设定，但是经全部船舶共有人协商一致变更设定船舶抵押权的除外。

船舶抵押权的标的物主要是营运中的船舶，但为鼓励造船和航运业，建造中的船舶也可以抵押。此外，对同一船舶可以设定两个以上抵押权。

根据《海商法》规定，在设定船舶抵押权时，应当签订书面的船舶抵押合同。在设定抵押权的程序上，应当由设定船舶抵押权的当事人（抵押权人和抵押人）向船舶登记机关申请办理船舶抵押权的登记；非经船舶抵押登记的，不能对抗善意的第三人。据此，设定抵押权必须签订书面合同。但登记并非必备条件，不登记只是不能对抗第三人而已，在当事人之间并非无效。另外，根据《海商法》规定，对于建造中的船舶也可以设定抵押登记，建筑中船舶设定抵押权时，应当同时将船舶建造合同向船舶登记机关进行提交。

2. 船舶抵押权的效力

船舶抵押权的效力主要表现在以下几方面：

（1）船舶共有人设定的抵押权，不因船舶共有权的分割而受影响。

（2）未经抵押权人同意，抵押人不得将被抵押船舶转让给他人。而且船舶抵押权具有追溯力，不因船舶所有人的变更而受影响。

（3）被抵押船舶的主债权发生转移时，船舶抵押权同时也发生转移。

（4）对于在同一艘船舶上同时设定的两个以上抵押权时，其抵押权的受偿顺序应以抵押登记的先后顺序为准。抵押权人在依法行使优先受偿权时，应当按照设定抵押时的登记先后顺序依次受偿。如果是同时登记设定的抵押权，则应按同一顺序受偿。《海商法》的规定与1967年《统一船舶优先权和抵押权若干规定的国际公约》是一致的。

（5）被抵押船舶灭失、抵押权随之消灭。在民法理论中，此种船舶抵押权的消灭属于绝对消灭，即"为特定抵押物上的某一抵押权不复存在"[①]，与此相对应的抵押权的相对消灭，即权利主体的更迭，而抵押权仍然存在，其实质上属于抵押权转移的范畴。

（四）船舶优先权

船舶优先权是指《海商法》第22条规定的海事请求人，有权向船舶的所有人、船舶经营人以及光船的承租人提出法律规定的海事请求权利主张，要求对船舶享有优先受偿的权利。船舶优先权并不因船舶所有权的转让而消灭。优先权具有担保的作用，依法律规定而产生，当事人不得约定。通说认为船舶优先权属于法定担保物权，但在英国的多数判例中，船舶优先权却被认为是一种程序性的权利。"英国这一做法与外国海事法院将船舶优先权当做一种实体权利，进而适用其准据法的大趋势，形成了强

---

① 许明月：《抵押权制度研究》，法律出版社1998年版，第399页。

烈的反差。"①

1. 船舶优先权的范围

并非一切海事请求都具有船舶优先权，只有法律规定之项目才具有这种权利。依照《海商法》规定，具有船舶优先权的各项海事请求包括下列几项：

（1）船长、船员和在船上工作的其他在编人员根据劳动法律、行政法规或者劳动合同所产生的工资、其他劳动报酬、船员遣返费用和社会保险费用的给付请求。

（2）在船舶营运中发生的人身伤亡的赔偿请求。

（3）船舶吨税、引航费、港务费和其他港口规费的缴付请求。

（4）海难救助的救助款项的给付请求。

（5）船舶在营运中因侵权行为产生的财产赔偿请求。但载运2000吨以上的散装货油的船舶，持有有效的证书，证明已经进行油污损害民事责任保险或者具有相应的财务保证的，对其造成的油污损害的赔偿请求除外。

因行使上述优先权产生的诉讼费用，保存、拍卖船舶及分配船舶价款产生的费用，以及为海事请求人的共同利益而支付的其他费用，应当从船舶拍卖所得价款中优先拨付。

2. 船舶优先权的受偿顺序

根据《海商法》的规定，船舶优先权受偿顺序遵循以下原则：

（1）上述所列各项海事请求，依照顺序受偿。

（2）海难救助的救助款项的给付请求后于前三项发生的，应当先于前三项受偿。因为海难救助是保全船舶，使其他海事请求人的请求权得以受偿的前提，故应列在其他海事请求权之前。如果海难救助中有两个以上的海事请求，那么后发生的优先受偿。因为如果没有后发生的海难救助行为，前一救助行为便无法实现。这就是所谓的"后债优先受偿"的原则。

（3）上述所列第（1）、（2）、（3）、（5）项中有两个以上海事请求的，不分先后，同时受偿；不足受偿的，按照比例受偿。

我国关于船舶优先权受偿顺序的规定与1976年公约基本上是一致的。

---

① D. R. Thomas, Maritime Liens, London Steven & Son, 1980, p. 23.

3. 船舶抵押权、船舶优先权及船舶留置权之间的优先序位

船舶留置权是指船舶的建造人、船舶维修人在合同另一方不履行合同债务时,有权留置所建造或维修的船舶,并有权对依法拍卖的被留置船舶优先受偿的权利。对于船舶抵押权、优先权及留置权的优先受偿序位问题,海商法的规定,当船舶优先权、船舶留置权和船舶抵押权并存时,其受偿顺序是:先优先权,次留置权,最后是抵押权。

4. 船舶优先权的消灭

根据《海商法》的规定,船舶优先权的消灭是由于以下的原因所致:

(1) 对于法律规定的享有船舶优先权的海事请求,在船舶优先权产生之日起满1年不行使。

(2) 船舶经法院强制出售。这就是说,在法院支持的公开拍卖中的承受人,获得的是一艘没有任何债务的船舶,它可以此物权对抗任何第三者,包括船舶优先权受偿者。

(3) 船舶灭失。船舶的灭失是指船舶实质意义上的灭失。船舶的易主,船公司易名、改组及船舶国籍变更、船舶所有人破产等不是实质意义上的灭失。

(4) 转让船舶的受让人依法向法院公告转让船舶之日起满60日,船舶优先权人不行使优先权的。

三 引例分析

根据《海商法》规定,拖欠船员工资、拖欠港务费及救助费用的海事请求依法享有船舶优先权,因此此三种债权的受偿顺序优于享有船舶抵押权的银行贷款。根据第22条的规定,船员工资和港务费分列船舶优先权受偿顺序的第(1)、(3)项,救助费用列第(4)项,但救助费用的海事请求,后于第(1)项至第(3)项发生的,应当先于第(1)项至第(3)项受偿。因此,该轮船的各债权人受偿顺序应为救助费用、船员工资、港务费,最后是银行贷款。

第二节 船员

一 引例

A劳务公司与B船务公司签订了《聘用船员合同》,其中约定A公司

提供适合远洋航运要求的全套船员，在 B 公司的"海星"轮上工作。B 公司提供安全、适航船舶。船员聘期 1 年，报酬包括船员工资、伙食费、管理费。如 B 公司单方解除合同，则合同履行不足 6 个月的，B 公司将赔偿 2 个月的船员报酬。合同履行 3 个月后，B 公司以船况差，各保险公司不予承保为由，欲拍卖船舶，并要求单方解除《聘用船员合同》。A 公司要求 B 公司承担违约责任，但 B 公司以船舶不适航为由提出自行终止合同，并认为不存在违约责任问题。A 公司为此诉至法院，该案应如何处理？

二 基本理论

（一）船员的概念

《海商法》规定，船员是指包括船长在内的船上一切任职人员。根据该法的规定，船员应具备以下三个条件：

1. 须有法定资格。只有持有相应的适任证书的人，才能担任船长、驾驶员、轮机长、轮机员、报务员等船员职务。按照我国法律规定，中国籍船员从事海上航行的，还应当持有我国港务监督机关颁发的海员证和有关证书。此外，中国籍船舶的船长、驾驶员、轮机长、轮机员、报务员，应当由我国公民担任，其他船员确需要外国公民担任的，应经国家交通部门批准。

2. 受海商企业的聘用或雇佣。只有经海商企业聘用或雇佣，成为海商企业的职员或雇员的人，才能成为船员。那些虽然具有法定资格，但海商企业未对其加以聘用或雇佣的人，不能成为船员，当然不能享受船员的权利和履行船员的职责。

3. 任职在船上。海商企业的职员或雇员种类很多，并不都属于船员。船员必须是任职于船上的职员或雇员，如船舶的修理人、代理人虽然为船舶服务，但不在船上任职；旅客虽然在船上，但不在船上工作，因而都不是船员，不具有船员的权利和义务。

（二）船长的职责

船长是指受船舶所有人雇佣或聘用，主管船上一切事务的人。根据中国远洋运输总公司制定的《远洋船员职务规则》和《海商法》的规定，船长的职责可概括为下述六个方面：

1. 负责船舶的管理和驾驶

(1) 船长负责船舶管理和驾驶以完成客货运输任务；

(2) 船员、旅客及其他在船人员应当遵守并执行船长根据职责发布的命令。

2. 负责全船的安全和秩序

(1) 船长对船舶以及在船人员、文件、邮件、货物和其他财产，应当采取必要措施，防止其遭受伤害和损害。

(2) 任何在船人员，其行为构成对船上人员和财产安全的严重威胁时，船长应予制止，必要时有权将其禁闭。

(3) 船长应当在船舶发生海难事故并危及船上的人员安全和财产安全时，领导并指挥船员、旅客及其他在船人员进行抢救。当船舶发生沉没等不可避免的毁灭情形时，船长有权决定弃船，但是应向船舶所有人报告弃船决定并取得船舶所有人的批准，紧急情况除外。船长决定弃船时，应当首先安排旅客离船，然后允许船员离船，最后船长再离船。船长最后离船之前，应当尽力安排船员抢救航海日志、无线电台日志、机航日志、本航次使用过的海图、油类记录簿、文件以及贵重物品、邮件以及现金等物品。

3. 负责制作海损、污染事故报告书

当船舶在海上发生海难海损事故或者油污污染事故时，船长应当负责指挥船员采取一切可能的措施进行施救，尽可能减少因事故所造成的损失，同时，船长还必须制作海事事故或者油污污染事故报告书，详细说明事故情况，报送船舶到达最早的中国港务监督部门。事故报告书的有效性应当由两名在船的船员或旅客予以证明。

4. 救助海上的人命和遇难船

船舶在航行中收到呼救信号或者发现海上有人遭遇生命危险，只要对本船没有严重危险，应尽力救助。

5. 对船方、货方的代理权

船长可以作为船舶所有人代表，签发提单，可代表船东和货主订立救助、引水、拖带、临时修理等合同。

6. 代表国家行使行政、司法权

(1) 刑事方面，当船舶上发生刑事犯罪案件时，船长有权采取必要的强制措施对涉嫌犯罪的人员采取禁闭或其他措施，同时应当对证据进行保全，防止犯罪证据被销毁或伪造。船长应当制作犯罪案件的案情报告，由两名以上在船人员签字证实，待上岸后连同犯罪嫌疑人一同移交当地司法机关处理。

（2）民事方面，代表国家办理出生死亡登记，并妥善处理后事。船长应当将在船上发生的出生和死亡事实记录于航海日志中，由两名以上在船人员作证。对于已经死亡的人员，船长还应负责制作死亡证明，清理死亡者的遗物，并暂由船长负责保管死者遗物，待上岸后交由死者家属。尸体无法保管的，船长有权决定按照航海惯例，为死者举行海葬，并在死亡证明书上予以证明。

如果船长在航行过程中死亡或出现不能进行履行职务的状况，应当由船舶上职位最高的船员暂时代理船长指挥船舶进行完成本航次，并及时通知船舶的所有人，待上岸后由船东重新指定新的船长。

三 引例分析

本案 B 公司不能以船况差，拍卖船舶为由，主张"海星"轮不适航，因此不能构成自行终止《聘用船员合同》的理由。B 公司解除合同的行为属于单方解除合同的违约行为，应当承担合同约定的违约责任。

第三章 海上运输合同

第一节 海上运输合同概述

一 引例

南洋货运公司委托 EOC 船舶有限公司承运一个集装箱的棉花到日本东京，应南洋公司的要求，EOC 公司在装船时签发了以"顺德外贸公司"为托运人的提单。货到目的港后，因运费问题，EOC 公司与南洋公司发生纠纷，并最终诉至海事法院。南洋公司在诉讼中辩称，南洋公司仅是代为向 EOC 公司办理托运棉花的公司，南洋公司作为货运公司，其实是该集装箱棉花的陆上承运人，并非海上运输的托运人，真正的托运人已经明确记载在提单当中，即顺德外贸公司，因此不应被认定为托运人。问该案当如何认定真正的托运人？

二 基本理论

海上商事活动包括海上运输、海上贸易和海事保险等。但是，无论是海上贸易还是海上保险，都是在海上运输逐渐发达的基础上才产生和发展起来的。所以，海上运输是最基本的，也是最重要的一种海上商事活动。在海商法所调整的各种法律关系中，因海上运输所产生的法律关系为其主要调整对象。

（一）海上运输的概念

所谓海上运输，是指以海洋为通径，以船舶为运送工具，将货物或旅客从一港口运送至另一港口的一种海上商事活动。其种类依其运送的客体划分，可分为海上货物运输和海上旅客运输两种。其中，最发达和最具有商业性的是海上货物运输。

(二) 海上运输合同的概念和种类

海上运输合同就是海上运输当事人以营利为目的,通过意思表示来明确相互权利义务关系的协议。如同海上运输区分为海上货物运输和海上旅客运输一样,《海商法》中的海上运输合同,也分为海上货物运输合同和海上旅客运输合同两种。

(三) 有关海上货物运输的国家公约

在海上货物运输中,承运人和托运人或收货人的利害关系在一定程度上是对立统一的。为了协调这种利害关系,统一海运提单的效力,国际上先后缔结了《统一提单的若干法律规定的国际公约》(1924年),简称《海牙规则》;《修改海牙规则的议定书》(1968年),简称《维斯比规则》;《联合国海上货物运输公约》(1978年),简称《汉堡规则》。上述三个公约已分别于1931年、1977年和1993年生效。且已经为世界上一部分国家所采用,尤其是《海牙规则》,采用的国家已达50多个。我国虽未参加上述公约,但《海商法》第四章海上货物运输合同却是以《海牙—维斯比规则》(经过1968年议定书修改后的《海牙规则》,称为《海牙—维斯比规则》)为主要依据,同时还吸收了《汉堡规则》的部分内容。2008年12月11日,联合国第六十三届大会第六十七次全体会议审议通过了联合国国际贸易法委员会(UNCITRAL)历时六年制定的《联合国全程或部分国际海上货物运输合同公约》,即《鹿特丹规则》。该公约的制定旨在取代目前国际上适用的《海牙规则》、《海牙—维斯比规则》及《汉堡规则》三大国际海运公约,从而力争实现国际海上货运规则的实质性统一。

(四) 有关海上旅客运输的国际公约

随着海运事业的发展,海上旅客运输也发展起来。但是,各国法律的规定并无相同。这不但会损害旅客的利益,而且还会不可避免地发生法律冲突。为了使海上旅客运输的法律规定趋于统一,1957年10月10日在布鲁塞尔召开的第十届海洋会议上制定了《统一海上旅客运输某些规则的国际公约》(1957年)。但由于公约规定的人身伤亡赔偿责任限额较低,一直未能生效。国际海事委员会于1969年又草拟了一个公约草案,联合国政府间海事协商组织在此基础上制定了《海上旅客及其行李运输雅典公约》(1974年,简称《雅典公约》)。该公约已于1987年4月28日生效,参加国有美国、英国、利比里亚、西班牙和波兰等十几个国家。我国第八届全国人民代表大会常务委员会第六次会议，于1994年3月5日通过了关于中华人民共和国加入1974年《海上旅客及其行李运输雅典公约》和1974年《海上旅客及其行李运输雅典公约的1976年议定书》的决定。

三　引例分析

根据《海商法》第42条之规定，海上货物运输中的托运人包括两种情况：一是与承运人签订海上货物运输合同的人，即缔约托运人；二是将货物交付给承运人的人，即发货人。但在有些海上货物运输情况下，从表面上看会出现缔约托运人与发货人均存在的情况，这就需要识别谁是真正的托运人。本案中，南洋公司虽然是将货物交付给承运人的人，但其只是货物的陆上运输公司，并非货物的合法权属人，更重要的是承运人签发的提单中已经明确承认并记载托运人为顺德公司（提单是海上货物运输合同的证明），因此顺德公司可以被认定为是与承运人签订合同的缔约托运人。所以，本案的真正托运人应为顺德公司。

第二节　海上货物运输合同

一　引例

中国甲公司与美国乙公司于2005年10月签订了购买4500吨化肥的合同，由某航运公司的"NICEWAY"号将该批货物从美国的新奥尔良港运至大连。"NICEWAY"号在途中遇小雨，因货舱舱盖不严使部分货物湿损。甲公司在中国法院起诉该航运公司，要求其承担货损赔偿责任，该案应如何处理？

二　基础理论

（一）海上货物运输合同的概念

《海商法》规定：海上货物运输合同是指，承运人收取运费，负责将托运人托运的货物经海路由一港运至另一港的合同。

一般地说，狭义的海上货物运输合同可以分为海上杂货运输合同（或称班轮运输合同）和航次租船合同。上述概念是指海上杂货运输合同，对于航次租船合同的概念，《海商法》另有规定。此外，在我国还有水路货物运输合同和国际海上货物运输合同之分，两者分别由不同的法律调整，本节所指的系后一种专门由《海商法》调整的合同。

海上货物运输合同的当事人主要包括承运人和托运人两种，在合同的履行过程中还会涉及收货人，其虽然不是海上货物运输合同的当事人，但在通过提单形式完成海上运输中，收货人仍然要受到提单（海上货物运输合同的证明）内容的约束。从这个层面上讲，海上货物运输合同具有涉他性。承运人是指本人或委托他人以本人名义与托运人订立海上货物运输合同的人。在国际海上货物运输中与有船承运人（即通常意义上的承运人）概念相对应的，还有无船承运人，所谓无船承运人"是指不经营船舶的公共承运人，即本身不经营船舶，但以承运人身份提供班轮运输服务的人"①；托运人是指本人或委托他人以本人名义，或委托他人为本人与承运人订立海上货物运输合同，或将货物交给与海上货物运输合同有关的承运人的人。这里值得注意的是，根据现行法规定的托运人概念，托运人中实际上包括了发货人的概念，且在同一次海上运输过程中，可能会出现缔约托运人与发货人同时出现的情况。

（二）海上货物运输合同订立与解除

1. 海上货物运输合同的订立

海上货物运输合同一般体现为书面形式，但是也可以采取口头、数据电文等其他形式，但这些情况下承托双方最终也会以书面形式对合同内容进行确认。提单是一种由承运人印制的固定格式单据，正反面都印有提单条款，而且仅由承运人签章的特殊书面形式。

2. 海上货物运输合同的法律效力

海上货物运输合同成立并依法生效后，双方应按合同规定履行各自的义务。但是，如果该合同以及作为运输合同证明的提单或者其他运输单证中的部分内容有违现行法律规定的，则为无效，但其他条款仍然有效。

3. 海上货物运输合同的解除

海上货物运输合同除因合同的一般原因而解除外，还因海商法上的原因而解除。

---

① 司玉琢主编：《海商法》（第二版），法律出版社2007年版，第93页。

（1）任意解除。根据《海商法》的规定，船舶在开航前，托运人可以随时解除海上货物运输合同，但必须承担一半的运费作为损失赔偿。如果货物已经装船，则托运人还必须承担货物的装卸费用。如果货物已经装船开航，则实际上排除了他们对海上货物运输合同单方解除的现实性。

（2）法定解除。由于不可抗力或其他不可预见的意外情况所致的海上货物运输合同不能履行的，在船舶开航之前，承运人或者托运人中的任何一方均可解除合同。不可抗力或者其他不能归责于承、托双方的原因主要有：①因军事行动，船舶或货物有被捕获或劫夺的危险；②装货港或卸货港被宣告封锁；③由于与双方无关的原因，装货港发生罢工或船舶被扣留了；④船舶被征用；⑤货物被禁止从装货港输出或者向卸货港输入；⑥因台风等自然原因，船舶不能起航或到达目的港。

（三）承运人和托运人的责任和权利

《海商法》对承运人与托运人在履行海上货物运输合同方面的基本权利和义务作了具体规定。

1. 承运人的责任和权利

（1）承运人的责任

①提供适航船舶，承运人在开航前和开航当时，应谨慎处理，使船舶处于适航状态。所谓适航就是指：在船舶方面，它的构造、坚固性、设备等对于海上的一般风险具有航海安全能力；在船员方面，应配足定额船员，包括技术人员；在货舱方面，仓位应处于能够接受、保管和运输的状态。但是经过谨慎处理，因仍未发现的船舶潜在缺陷即隐蔽瑕疵，而使船舶不能适航的，承运人不负任何责任。

②谨慎而妥善地保管好货物。包括装载、搬移、积载、运输、保管、照料和卸载等。

③不得绕航。承运人有义务按照规定的或者习惯上的运输航线将货物运至安全的目的地，在当前航次中不得因故意或过失进行绕航航行。所谓航次是指合同航次或提单航次，即从装货港至卸货港的整个航程①。但是如果船舶是为了救助或者企图救助存在海上人身和财产安全的船只而采取

---

① 在英国，确立这种解释的权威性判例是 1962 年的"Makedonia"轮案。参见［1962］Lloyd's Rep. 316.

的绕航行为,则被视为正当行为。

④在约定的时间内和约定的卸货港交货,若迟延交付,除法律规定的免责情形外,承运人应负赔偿责任。

关于承运人承担上述责任的期限,《海商法》改变了传统海商法将承运人的责任限制在"钩到钩"之间的规定,根据不同情况,分别采用《海牙规则》和《汉堡规则》的有关规定,使承运人的责任更公平合理。具体做法是承运人对集装箱货物和非集装箱货物采取了两种不同的责任期间方式:①对于集装箱货物,其责任期间是从承运人收到货物到交付给收货人的全部期间即《汉堡规则》的"港到港"或"从收货到交货"期间。②对于非集装箱货物,是从货物装上承运人的船舶到卸下船舶,即从"装到卸"的期间。但是对于非集装箱货物而言,承运人与托运人之间仍可对货物装船前和卸船后所承担的责任达成任何协议。

有关承运人的归责原则在《海牙规则》和《海牙—维斯比规则》中采取的是不完全过失责任原则,即承运人可因船长、船员及引航员在驾驶或管理船舶中的过失而免责,同时对于由于非承运人本人的过失所致的火灾仍可免责,这里值得注意的是,即使是因船长、船员及引航员的过失所致的火灾,只要受损一方不能证明该火灾中承运人有过失,则承运人即可免责。在《汉堡规则》中采用的则是完全过失责任原则,即承运人对船长、船员及其他受雇人员的过失行为造成的货物丢失或损坏,均须负责。《海商法》采用的是不完全过失责任原则。

(2)承运人的基本权利

①按合同规定收取运费、杂费以及为托运人支付的其他费用。

②按合同规定收取滞期费。

③在未收到运费、共同海损分摊,滞期费和承运人为托运人支付的其他费用之前,承运人对货物有留置权。

④按法律或者合同规定享有免除赔偿责任和责任限制的权利。

《海商法》规定的免责条款有:(一)船长、船员、引航员或者承运人的其他受雇人在驾驶船舶或者管理船舶中的过失;(二)火灾,但是由于承运人本人的过失所造成的除外;(三)天灾,海上或者其他可航水域的危险或者意外事故;(四)战争或者武装冲突;(五)政府或者主管部门的行为、检疫限制或者司法扣押；（六）罢工、停工或者劳动受到限制；（七）在海上救助或者企图救助人命或者财产；（八）托运人、货物所有人或者他们的代理人的行为；（九）货物的自然特性或者固有缺陷；（十）货物包装不良或者标志欠缺、不清；（十一）经谨慎处理仍未发现的船舶潜在缺陷；（十二）非由于承运人或者承运人的受雇人、代理人的过失造成的其他原因。承运人依照前款规定免除赔偿责任的，除第（二）项规定的原因外，应当负举证责任。

根据《海商法》的规定，承运人对于在海上货物运输中承担的赔偿责任享有责任限制，这种责任限制被称为"单位责任限制"，其只能发生在基于海上货物运输合同或提单关系中的承运人赔偿责任问题上，值得注意的是，"单位责任限制"与《海商法》第11章规定的"海事赔偿责任限制"属于两种不同的制度。就"单位责任限制"而言，承运人对货物的灭失或者损坏的赔偿限额，按照货物件数或者其他货运单位数计算，每件或者每个其他货运单位为666.67个计算单位（即特别提款权，以下同），或者按照货物毛重计算，每公斤为2个计算单位，以二者中赔偿限额较高的为准，但是当事人另有约定高于法律规定的责任限制的除外。

（3）承运人单位责任限制的丧失

如果货物的灭失、损坏或者迟延交付是由于承运人的故意或者明知可能造成损失而轻率地作为或者不作为造成的，承运人不得援用限制责任的规定。

2. 托运人的责任和权利

（1）托运人的主要责任

①妥善包装，保证提供或申报货物品名、标志、件数、重量或体积等的正确性，否则应承担由此对承运人造成的损失。托运危险货物，还应做出危险的标志和标签，并应以书面的方式将有关事项告知承运人。否则，如果承运人在海上运输中因危险货物原因所致的损害，托运人应当承担相应的赔偿责任。

②办理货物运输所需要的各项手续，并将各单证提交承运人，否则因此而发生的费用及损失均由托运人负担。

③按照约定支付运费及其他费用。

（2）托运人的基本权利

①按合同约定取得货物装船舱位，并在装船后有权取得提单，凭此在

到达港提货。

②按合同规定收取速遣费。即如果货物在规定的时间内提前完成了装卸货任务，承运人就应支付给托运人速遣费。

③在承运人不履行合同因而造成货损或对托运人造成损失时，托运人有权要求承运人给予赔偿。其诉讼时效为1年，自承运人将货物交付给托运人或者应当交付给托运人之日起计算。

三 引例分析

本案承运人因管理船舶过失致使甲公司货损，根据《海商法》第57条规定，因船长、船员、引航员或者承运人的其他受雇人在驾驶船舶或者管理船舶中的过失导致货物发生的灭失或者损坏的，承运人不负赔偿责任。但是，承运人应对其所主张的免责事由承担举证责任。

第三节 提单

一 引例

中国甲公司与美国乙公司于2008年10月2日以FOB天津价格条件签订了从中国向美国出口一批纽约唐人街华人所需春节用品的合同，乙公司通过银行开出信用证，规定的装船日期为2008年12月10—31日天津装运。乙公司所订船舶在来天津的途中与他船相碰，经修理于2009年1月20日才完成装船。甲公司在出具保函的情况下换取了承运人签发的注明2008年12月31日装船的提单。船舶延迟到达目的港纽约，造成收货人丙公司与一系列需方签订的供货合同均延迟履行，并导致一些需方公司向丙公司提出了索赔。丙公司赔偿了需方索赔要求后，转而向承运人提出了索赔。对于该案应如何处理？

二 基本理论

（一）提单的概念及法律性质

按照《海商法》的定义，提单是指用以证明海上货物运输合同和货物已经由承运人接收或者装船，以及承运人保证据以交付货物的单证。根据该项法律规定，提单是在托运人将货物交给承运人接管或由承运人装至船上后，应托运人的要求，由承运人、船长或承运人的代理人签发的。提单中载明的向记名人交付货物，或者向提单持有人交付货物的条款，构成承运人据以交付货物的保证。提单一般具有下述法律性质：

1. 提单是承运人和托运人之间订立货物运输合同的证明

在班轮运输中，承运人在托运人交货过程中已就运费的支付、货物的运送等事项达成了协议。而提单仅仅是运输合同存在的一种证明，它本身并不包括运输合同的全部内容，但对收货人或提单的受让人而言，提单就是承运人与收货人或提单受让人或持有人之间的运输合同。至于在租船运输中签发的提单，对承租人而言，它仅仅只是一份货物的收据或凭证，承租人与船东之间的权利义务应依据租船合同的规定。

2. 提单是承运人向托运人出具的货物收据

托运人将货物交给承运人，承运人收到货物或已把货物装上船后，在提单上签字交与托运人，说明已收到托运人的货物，这就是提单的收据作用。如果提单上的不准确记载是由于托运人申报不实所致，承运人只能向托运人要求赔偿，而不能以此为理由对抗提单持有人。

3. 提单是货物的所有权凭证

按照商业提单惯例，谁占有提单，谁就有权提取货物。一般情况下，承运人只认提单不认人，即使提单持有人不是真正的收货人，承运人向其交付货物也不需要负任何责任。在英国，关于提单的作用，被解释为"Document of Title"，是指货物的占有和控制的凭证，其转让产生货物占有的转移的后果，并可以产生货物的所有权转移的后果[①]。因此，提单又是货物的所有权凭证。

近年来，也有海商法学者对提单的所有权凭证属性提出过质疑，有人认为提单的属性不仅包括所有权凭证，而且还包括担保物权（权利质权）等物权属性，有人更是提出提单不具有物权凭证属性的功能，而是一种债权凭证。但学界较为普遍的观点仍认为提单具有物权凭证的法律属性。

（二）提单的种类

按照不同的标准，提单可划分为不同的种类。通常的划分标准有以下三种：

---

① 杨良宜：《提单及其付运单证》，中国政法大学出版社2001年版，第6—7页。

1. 以收货人抬头为标准

即以提单正面收货人一栏中采用不同记名形式填写收货人为标准，提单可分为：

（1）记名提单。记名提单是指托运人在承运人签发的提单中的收货人一栏明确记载收货人的提单。对于记名提单而言，承运人只能依照提单上载明的收货人名称将货物交给记名的收货人。记名提单除可从托运人转至记名的收货人之外，不能向其他人转让，但在有的国家这种提单在特定场合也可以转让。由于这种提单的流转性较差，限制了提单的融资作用，实践中仅为运送特殊货物时采用。

（2）指示提单。是指按指示人的指示交货的提单。又可分为记名指示提单和不记名指示提单。记名指示提单在收货人一栏内载明"由××指示"或"进口方银行指示"等。不记名指示提单，是在收货人一栏内只记载"凭指示"字样，一般视为托运人指示。但无论有何人指示，承运人只应按指示人的指示，向被指示人交付货物。指示提单可通过记名背书或空白背书的方式转让，以实现提单的流通性。这种转让的方式在国际货物买卖关系中得到普遍应用。

（3）无记名提单。又称空白提单，是指在提单收货人一栏内，不写明具体的收货人而日后凭单取货的提单。这种提单在收货人一栏内通常仅填写"交持有人"的字样，承运人有义务仅向提单的持有人交货，即见单交货。不记名提单是可转让提单，转让时无须背书，只要将提单交付受让人即可。由于这种提单风险太大，目前在国际贸易中很少使用。

2. 以货物是否已装船为标准

按此种标准，提单可分为：

（1）已装船提单。是指货物装船后由承运人签发的提单。承运人一经签发这种提单，就确认了货物已装在船上。已装船提单注有船名，通常还注明装船日期，表明货物已经在该日期装上该船舶。国际货物买卖合同和跟单信用证付款方式，一般均要求卖方提供已装船提单。

（2）收货待运提单。是指承运人在接受托运人的货物后，在装船前，应托运人的要求签发的提单。承运人一经签发这种提单，只能证明其已实际占有了货物，而不能说明货物已装到船上。收货待运提单没有船名和装船日期的记载，而且即使承运人收到的待运货物，日后不是装在双方在订舱时预订的船舶上，只要收货待运提单上没有相反的规定，承运人对于收货人通常不承担违约责任。因此，国际货物买卖中卖方一般不接受这种提单。但是货物实际装船后，托运人可以凭收货待运提单换取已装船提单，或者应托运人的请求，由承运人在收货待运提单上加注承运船舶的名称和装船的日期，由此将收货待运提单转换成已装船提单。

3. 以有无批注为标准

以提单有无批注为标准，可分为：

（1）清洁提单。是指承运人在其签发的提单上未对货物的外表状况作出任何不良标注的提单。清洁提单的签发表明货物外表状态良好。但外表状态良好仅指承运人凭肉眼所能观察到的货物状态良好，并不排除货物内在的瑕疵或其他肉眼无法看到的缺陷。清洁提单在国际货物买卖关系中非常重要，如在跟单信用证付款方式下，卖方只有向银行提交清洁提单才能顺利结汇，取得货物。

（2）不清洁提单。是指承运人在提单上对货物外表状态做出不良批注的提单。如果承运人发现或者怀疑提单项下的货物名称、数量、标志、体积或者重量等情况与实际情况不符时，可以在提单上将上述不符的情况批注在提单上，或者记载承运人怀疑的情况或者记载无法核实的情况，此类提单便成为不清洁提单。承运人在目的港交货时，对于提单的损害，只要不超过批注的范围便可免除责任。国际货物买卖合同的卖方，一般都拒绝接受不清洁提单。因此在货物外表状态不良的情况下，托运人一般多通过向承运人出具保函，保证对由此可能给承运人造成的损失承担责任后，才能避免承运人签发不清洁提单。

（三）提单的内容及主要条款

目前，世界上从事国际货物运输的各航运公司几乎都有自己的提单，但在格式和内容上大同小异，现以《海商法》的规定以及中国远洋运输公司的提单为主要依据，简述其主要内容和条款。

提单分为正反两方面，正面规定船名、航次、承运人、托运人、收货人、起运地、目的地、货名、件数有关货物运输的事项；背面规定承运人和托运人双方的权利义务等条款。

1. 提单的内容

我国和其他国家一样，对提单内容一般无强制性规定，提单所规定的内容也不构成提单有效性的条件。提单的主要内容如下：

（1）船名。此项记载的意义在于：承运人或船东是否以约定船舶投入运输。否则，托运人或承运人有权解除合同。其次，一旦发生纠纷，法院应当事人的申请采取财产保全措施时，有确定的客体。

（2）承运人。承运人是运输合同的当事人，在提单上记载其名称，以便收货人明白谁是合同上承运人。

（3）托运人。托运人是货物运输合同的另一方当事人，其记载的必要性不言而喻。而且在不记名指示提单中，托运人更是不可缺少。

（4）收货人。在提单分类时已说明提单上收货人名称分为记名、不记名和指示三种。此处不再重复。

（5）装货港、卸货港、联运提单的转运港。它们是确定海上运输服务的必要项目，同时又对运输合同的法律适用的法院管辖权有很大影响。

（6）货物品名、标志、包装或件数、重量或体积。这一项目的内容由托运人提供，并应保证正确无误，否则要承担责任。

（7）运费支付方式即规定运费是预付还是到付。

（8）提单签发日期、地点和分数。提单签发日期一般以装船日期为准。签发地点，应与装船地点一致。提单一般签发正本 3 份，副本若干份。收货人凭提单正本中任何一份提货，其余正本提单作废。副本提单是依承运人或托运人需要制作的，份数不限，仅具有参考作用，不能作为提货凭证或者背书转让。

（9）承运人或者代表的签字。提单多由船长或承运人的代理人签字，无论是前者还是后者签发的提单，均对承运人有拘束力。

2. 提单背面的主要条款

提单背面条款，主要不违背适用于提单的强制性国际公约或国内法规，并与承运人或托运人事先达成的协议不相抵触，便是承运人和托运人之间海上货物运输合同内容的证明。当提单转移至第三者收货人或者提单受让人时，这些条款是确定承运人与收货人或者提单受让人之间权利义务关系的依据。虽然各种提单背面条款多少不一，但最主要的是下列条款：

（1）首要条款

其内容主要是规定所适用的法律。即提单中指明其受某一国际公约或某一国内法规制的条款。根据《海商法》规定,国际海上货物运输合同的当事人可以选择合同适用的法律。这就是说,选择何种法律作为合同的准据法,可由当事人自行决定。

(2) 管辖权条款

即指出受理提单纠纷的法院。各国的船东或承运人总是希望由其本国法院行使管辖权,所以几乎所有海运提单的背面条款都有这样的规定:一切由提单引起的纠纷由船东所在国的法院行使管辖权。如我国中远公司提单的管辖权条款就规定由"中华人民共和国的法院解决或在中华人民共和国仲裁"。但是许多收货人仍坚持向提单管辖权条款规定之外的法院提起诉讼,这就涉及提单管辖权条款的效力问题。有的国家尊重这一条款,如德国、荷兰;较多国家以本国管辖权或诉讼不方便为由,拒绝接受管辖权条款。我国目前对此条款倾向于采取对等原则。

(3) 承运人责任条款

承运人责任条款主要规定了承运人的责任范围、承运人对货物灭失或损坏的责任及豁免。一般来说,如果国家制定有约束承运人运输责任的立法或者《海牙规则》或《海牙—维斯比规则》的缔约国,因为在主要条款中已明确法律适用问题,故无须再规定承运人责任条款。

三 引例分析

本案承运人签发的提单属于倒签提单。承运人应当赔偿收货人丙公司的损失。倒签提单是海上货物运输合同关系中,承运人所采取的一种不正当行为。它是指提单的签发日期早于货物装船完毕日期的一种提单。倒签提单情况的发生,是因为货物装船完毕的日期已经或者可能超过信用证规定的装船期限,为使装船日期符合信用证的规定以便结汇,承运人应托运人之请求(通常是由托运人出具保函),在提单上倒填装船日期。由于提单签发的日期应视为装船完毕日期的举证资料,若超过期限,则视为违约,买方可以索赔,因此,承运人须承担因倒签提单行为而引起的一切风险。故当承运人倒签提单给收货人造成损失时,收货人应向承运人要求赔偿。

第四节 海上旅客运输合同

一 引例

2002年8月,烟台某大学组织学生乘轮船去天津参观,并与A旅行社签订了《海上旅客运输合同》,由"吉祥号"轮船承担旅客运输。船舶出航不久,某学生因不适应船舶运输而晕船,不慎从二层甲板跌到一层甲板上,致使腿部骨折。对于该学生的受伤事实应如何认定?

二 基本理论

(一)海上旅客运输合同的概念

海上旅客运输合同,是指承运人以适合运送旅客的船舶经海路将旅客及其行李从一港运至另一港,由旅客支付票款的合同。

海上旅客运输合同除具有与海上货物运输合同相同的特点外,还具有以下特点:

1. 旅客既是合同的主体,又是承运人履行运送义务的对象;
2. 旅客运输合同以客票为订立合同的证明,国际海运客票同航空机票一样也是记名客票,不能任意转让,只供旅客本人使用,沿海客运使用不记名客票,在乘船前为有价证券,可以转让。

(二)海上旅客运输的法律规定

海上旅客运输合同常常以客票上所印制的条款为其重要组成部分,除此之外,尚有承运人所制定和颁布的各种"须知"或规章。所有这些均由承运人制定,旅客不能选择适用,故有的法学著作称海上旅客运输合同为典型的"附合契约"。为确保合同的公平和旅客的安全,各国的立法中均对合同的运用和解释给予必要的干预。《海商法》第五章规定了有关海上旅客运输的强制性条款和限制性条款,归纳起来,包括以下内容:

1. 承运人的权利和义务

(1)承运人的基本义务和责任

①提供适航船舶并使其保持适航状态。客运船舶不仅开航当时须适航,而且在航程任何时候甚至发生海损事故后都要使之保持适航状态,承运人才算尽到安全运送旅客的责任。

②海上旅客运输合同的承运人责任期间是自旅客登上船开始到离开船为止，该责任期间属于旅客人身及其自带行李的财产责任期间。对于旅客自带行李以外的其他财产，其责任期间自旅客将该财产交付承运人时起至承运人将该财产交还给旅客时止。

③承运人对旅客人员伤亡和行李损失的赔偿责任采取1974年《雅典公约》的做法。由于下列原因之一引起旅客及其行李在运送期间内发生伤亡或灭失、损坏的，承运人应负责赔偿：一是承运人或其受雇人、代理人的过失；二是船舶沉没、碰撞、搁浅、爆炸、火灾或者船舶的缺陷，除非承运人能够证明旅客人员伤亡和行李损失不是由于上述原因所致的，否则应当承担赔偿责任。对于第一种情况适用推定过失原则，无过失的举证责任由承运人承担，与《海牙规则》相比，上述原则无疑加重了承运人的责任。

对于下列原因引起的旅客人员伤亡及行李毁损，承运人不负责任，但承运人应负举证责任：军事行动或不可抗力；旅客本身的原因或过失。

（2）承运人的权利

①运费请求权和留置权。按规定收取客票票款和行李托运费，并对未付行李费的行李有留置权。

②处置权。承运人有权对无票乘船或越级乘船旅客按规定加收票款，如遭拒绝，船长可以在适当地点令其离船。

③责任限制。承运人对旅客人身伤亡和行李损坏，有权享受责任限制，除非经证明伤亡和损坏是由于承运人或其受雇人、代理人的故意造成的，或明知可以造成这种损害而毫不在意地作为或不作为引起。关于限制的数额，我国港口之间的海上旅客运输，由国务院交通主管部门制定，我国与外国（或地区）之间的海上旅客运输，《海商法》基本上采用了1974年《雅典公约》的规定。即：第一，旅客人身伤亡的，每名旅客不超过4666计算单位；第二，旅客自带行李灭失或损坏的，每名旅客不超过833计算单位；第三，旅客车辆包括该车辆所载行李灭失或损坏的，每一车辆不超过3333计算单位；第四，旅客其他行李灭失或损坏的，每名旅客不超过1200计算单位。对旅客车辆及车辆以外的其他行李的损失，承运人和旅客可以约定免赔额，但是对每一车辆损失的免赔额不得超过117计算单位，对每名旅客的车辆以外的其他行李损失的免赔额不得超过

13 计算单位，否则约定无效。有关我国港口间的海上旅客运输中承运人的责任限额，由交通部制定的部门规章来规定和调整①。

2. 旅客的权利和义务

旅客的主要权利是凭票乘船。如在登、离船期间和船上发生人身伤亡或行李毁损，有权按规定向承运人索赔，时效期间为两年。

旅客的主要义务是按合同规定付清票款、行李费，遵守客船秩序和服从船长的管理，不得在行李和随身携带的物品中夹带危险品、违禁品等，否则应对由此引起的损失承担法律责任。

三 引例分析

本案中该学生因自身原因不慎受伤，具有主观上的过失，根据《海商法》第 151 条规定，经承运人证明，旅客的人身伤亡或者行李的灭失、损坏，是由于旅客本人的过失或者旅客和承运人的共同过失造成的，可以免除或者相应减轻承运人的赔偿责任。因此，本案承运人对学生的受伤行为不负赔偿责任。

---

① 参见自 1994 年 1 月 1 日起实施的《中华人民共和国海商法港口间海上旅客运输赔偿责任限额规定》。

第四章 船舶租用与海上拖航合同

第一节 船舶租用合同

一 引例

"太子号"轮于 2006 年 3 月 1 日在德国汉堡港交付给承租人使用，2007 年 3 月 5 日在中国上海港交还给船舶所有人，租用时间超过了租船合同规定的 10 个月的租用期。由于市场租金率上涨，船舶所有人要求承租人按本应还船时的市场租金率支付超期租船期间的租金，根据《海商法》的规定，此案中，超期还船，租金应如何计算？

二 基础理论

船舶租用合同，是指船舶出租人向承租人提供约定的，由出租人配备船员或者不配备船员的船舶，由承租人在约定的期间内按照约定用途使用，并支付租金的合同。船舶租用合同有两类，即定期租船合同和光船租赁合同两种形式。

（一）定期租船合同

1. 定期租船合同的概念

定期租船合同，又称期租合同，是指由船舶的出租人为船舶配备船员，由承租人按照约定的用途承租并使用船舶，由承租人支付租船租金的合同。定期租船合同具有三个特点：一是由船舶的出租人雇佣并配备船员，负责管理和驾驶船舶；二是由船舶的承租人负责营运和调度船舶，并由承租人承担营运费用；三是租金按租用船舶时间长短计算。

定期租船合同一般为格式合同。国际上通行的租船合同主要包括以下几种：

(1)"波尔的姆"租约,全称是《统一定期租船合同》。该租船合同是由波罗的海国际航运公会制定的,最早的租约始于1909年。该合同的内容有利于船舶出租人,在早期的海上运输过程中,在一定程度上促进了海上航运业的发展。

(2)"土产格式"租约,全称《定期租船合同》。该租船合同是1913年由美国纽约土产交易所制定的,后经1921年、1931年、1946年、1981年和1993年五次修订,该合同在内容上比较公平地体现了船舶出租人与承租人的利益,适用范围也比较广泛。

(3)"中租1980"租约,全称《定期租船合同》,由中国租船公司制定。此格式较多地维护承租人的利益。

2. 定期租船合同的主要内容

(1)船东(出租人)、承租人的名称和地址。

(2)船舶规定和营运资料。包括船名、船籍、船级、吨位、容积、船速、燃料消耗等内容。

(3)航区和用途。承租人应当在约定航区内的安全港口或地点从事约定的海上运输,并应保证船舶用于运输约定的合法货物。

(4)租期。租期时间长短不限,从出租人在交船港交船时起算。但在订立合同时,常在期间加"约"字,因为严格要求承租人在租期届满当天还船往往是不现实的。一般来说,只要承租人对最后一次航次的安排是合理的,即使该航次未能在租期届满时行使完全程,也不能视为违约。但是承运人应当按照实际租期支付租金,超期的租金应当按照市场价格计算。

(5)交船与还船。①交船。出租人应按合同约定的交船日把船舶驶往指定的港口交给承租人使用,并应做到谨慎处理,使船舶适航。②还船。承租人须按照接船时同样的状态还船,但是船舶本身的自然磨损除外。

(6)租金及其支付。租金以船舶载重吨位规定费率,按时间计收。一般以月为单位,按月预付。若最后一个月使用的时间不足一个月,预付租金按比例退还。如果承租人不能按期支付租金,出租人有权收回船舶并对船上货物享有留置权。

(7)其他有关事项。如船舶的转租、使用、费用分担等其他有关事项。一般而言，船舶可以转租，但须及时通知出租人，且应对出租人负责。在船舶的使用和安排方面，船长既接受出租人（船东）的指示驾驶和管理船舶，又须按承租人的指令从事营运。费用分担一般作如下划分：出租人提供船员的工资、伙食、给养、船舶保险费和修理费、船用物料和其他备用品等；承租人提供还船港口的灯塔费、船舶吨税、燃料、锅炉用淡水、港口费、引航费、拖轮费、代理费、平舱费、理货费等其他一切与营运有关的费用。

（二）光船租赁合同

1. 光船租赁合同的概念

光船租赁合同，又称光租合同，船舶的出租人不为船舶配备船员，由承租人自行配备船员并按照约定的用途承租并使用船舶，由承租人支付租船租金的合同。同期租合同一样，光船租赁合同也应采用书面形式。目前，国际上应用较为广泛的光租合同是1974年由波罗的海国际航运公会制定《标准光船租赁合同》。租约代号"贝尔康"。它具有A/B两种格式，分别称为"贝尔康A"和"贝尔康B"，后者用于通过抵押融资的新建船舶的租赁。上述两种具体格式的第三部分，均是关于船舶租购的规定，供双方当事人协议选用。如这部分规定被选用，合同即为船舶租购合同。上述格式已被日本航运交易所文件委员会和英国航运公会文件委员会所采纳。

尽管光船租赁也是定期的，但与期租合同有明显的区别。期租合同虽具有租赁性质，但船舶依然由船东（出租人）控制，是一种不完全的租赁合同；而光船租赁合同中的船东必须将船舶交由承租人控制和掌握，承租人应自行指派船长及船员，并负责安排船舶的营运活动，它是一种真正的财产租赁合同。根据我国《船舶登记条例》的规定，光船租赁应向船舶登记机关办理登记，否则不得对抗第三人①。

2. 光船租赁合同的主要内容

光船租赁合同的内容，有的与期租合同相同，如写明承租人、出租人的名称；出租人提供船舶规范和营运资料，并向承租人提供适航的船舶。承租人应当合理使用船舶，并按合同约定的航行区域和港口从事海上运

---

① 《船舶登记条例》第六章具体规定了向船舶登记机关办理光船租赁登记的地点、主体、条件以及程序。

输。并保证船舶用于运输约定的合法的货物；承租人还船时，船舶应与接管时状态相同等。以下仅就光船租赁合同的特别规定加以说明。

（1）船舶检验。交还船时，出租人和承租人各自指定检验人员对船舶的状况进行检验。交船检验费用和时间损失由出租人负责。反之，还船时由承租人承担。

（2）船舶的保养和维修。在租赁期间，承租人负责船舶的保养和维修。

（3）租金及其他费用。承租人应按约定支付租金，并承担全部航行费用。如船上所需的给养、工资、船舶所需要的燃料和物料、船舶保险费、维修保养费等。

（4）船舶抵押、转租。在光租合同履行期间，承租人对船舶的抵押享有干预权，即非经承租人的书面同意，出租人无权对光租船舶设定抵押权。同时，承租人在未取得出租人书面同意的情况下，也不能单方将光租船舶再以光租方式进行转租。

（5）船舶所有权归属。一般来说，租赁期限届满后，承租人应将船舶交还出租人。但是，对于承租双方订有船舶租购合同或者在光租合同中订有租购条款的，则属于合同法中的融资租赁合同范畴，此时的承租人若按照约定付清租购租金时，即可依照合同约定取得船舶的所有权。

三 引例分析

本案承租人应按 2007 年 1 月 1 日租用期届满时的市场租金率支付超期租金。根据《海商法》第 143 条，超期期间，市场的租金率高于合同约定的租金率，承租人应当按照市场租金率支付租金。故承租人应按超期时的市场租金率支付，而不应按还船时的市场租金率支付。

第二节　海上拖航合同

一　引例

香港井川航运公司与华威船舶服务有限公司就"TOWCON"国际远洋货轮海上拖航事宜签订了《海上拖航合同》。根据合同约定，拖航时因任何一方的过失所导致的损失，责任方均可得以豁免责任。合同履行中，华威公司的拖航人员因操作失误造成"TOWCON"轮船损。为此，香港井川航运公司将华威船舶服务有限公司诉至法院，要求该公司承担船舶损失，但华威公司答辩称，根据"TOWCON"轮拖航合同中约定，华威公司应予免责，该案应如何处理？

二　基本理论

（一）海上拖航合同概述

1. 海上拖航合同的概念

海上拖航合同，又称海上拖带合同，是指承拖方用拖轮将被拖物经海路从一地拖至另一地，而由被拖方支付拖航费的合同。

所谓海上拖航，也即海上拖带，主要有三种形式：拖拉、顶推和傍拖。拖拉是指拖航以"拖船在前，被拖物在后"的方式进行，当被拖物有数个时，形成一列式拖带；顶推方式是指"被拖物在前，拖船在后"的方式，拖船用自己的船首顶住被拖物的尾部，推动被拖物前进；傍拖是拖船与被拖物并靠在一起，带好系缆进行拖带。无论用哪种方式，拖带都是用拖轮提供拖力，将被拖物拖带至约定地点，这是拖带合同的主要内容和特点。所谓被拖物，是指船舶和其他可漂浮的物体。

海上拖航因作业地区不同而分为港区拖带、沿海拖带和远洋拖带三种。根据《海商法》的规定，在港区内对船舶提供的拖轮服务不适用该法关于海上拖航合同的规定。因此，本章所指的拖带是指沿海拖带和远洋拖带。

2. 海上拖航合同与海上货物运输合同、救助合同的区别

海上拖航合同是一种独立的合同形式，它既不同于海上货物运输合同，又不同于救助合同。

（1）海上拖航合同与海上货物运输合同的区别

海上货物运输合同的目的是，用适航的船舶经海路由一个港口向另一个港口运输货物。而拖航合同的目的是提供拖力。所以前者的承运人要对货物在运输过程中的灭失、损坏、短缺负责，后者的拖方一般不对被拖对象的完整性负责。

（2）海上拖航合同与救助合同的区别

海上拖带，既可以为无动力的船或浮动物体提供拖力服务，进行一般

的海上拖带作业，也可以作为对遇难船的一种救助手段使用。在实践中，海上拖航合同与救助合同容易混淆。但是，二者的目的是不同的，海上拖航合同的目的在于拖带，而救助合同的目的在于救助。因此，区别两种合同的主要标准是，被拖物是否遇难，并处于危险或危险威胁之中。当遇难船（物）处于危险之中急需借助外力由他船拖带出险境，此时的拖带只是救助行为的一种方式，因此，双方当事人就应签订救助合同。如果被拖物并未遭遇任何危险，只是需要拖轮在港区协助移泊，则被拖方应明确签订拖带合同，以防拖方于提供拖带服务后索取救助报酬。由于拖带应得的报酬与救助的报酬相差悬殊，因此确定拖带作业的性质，对签约具有决定性意义。

（二）海上拖航合同双方当事人的权利和义务

1. 承拖方的主要义务和权利

（1）承拖方的主要义务

①承拖方应当尽到谨慎合理的注意义务，保证拖轮在起拖前和起拖时处于适航的状态。

②承拖方应按照合同条件完成拖带作业，但是下列情况除外：

第一，由于不可抗力或不可归责于任何一方的意外事件致使拖轮在起拖前无法履行拖航合同的，任何一方有权解除本合同并不负赔偿责任。已经收取的拖航费用应予返还。

第二，拖航合同履行过程中，因不可抗力或不可归责于任何一方的意外事件致使拖轮无法到达约定的目的港时，承拖方有权选择距离目的港最近的地点或拖轮船舶认为安全的港口将被拖物交付给被拖方，即视为合同已经适当全面地履行。

（2）承拖方的主要权利

承拖方在完成拖航任务后，有权收取报酬或其他合理费用。被拖方未按约定支付的，承拖方对被拖方有留置权。

2. 被拖方的主要义务

（1）谨慎处理使被拖物处于适拖状态。

（2）支付拖航费和其他合理费用。

（三）海上拖航中的损害赔偿责任

拖带作业中常发生人身伤亡和财产损失。这种损失有时发生在合同双方当事人之间，属于合同内责任；有时发生在合同当事人与受损害的第三者之间，属于合同外责任或侵权行为责任。

1. 合同内责任

双方有约定的，按合同约定承担责任，双方如无约定，则按不完全过失责任原则处理。

根据《海商法》的规定，由于过失所致的承拖双方中的任何一方所遭受到的损失，应由过失方承担赔偿责任，若双方均有过错的，应当按照过错的比例承担赔偿责任。但是承拖方的归责原则是不完全过失原则，即承拖方及其代理人、受雇人（船长、船员等）在驾驶和管理船舶中因过失所致的损失，以及拖轮在从事海上救助或者企图救助人身或者财产损失中所致的损失，依法可以免除其赔偿责任。

2. 合同外责任

由于拖航所致的第三人的人身伤亡或者财产损失，应由承拖双方共同对第三人的损失承担连带责任。对第三人赔偿后，责任超出任何一方的赔偿范围的，拖航合同的当事人内部之间可以进行追偿。

三 引例分析

本案华威公司不应承担船损责任。根据《海商法》第162条第2款、第3款规定，于海上拖航合同有特别约定承拖方免责时，该约定效力优于海商法的规定，因此华威公司有权基于拖航合同的约定免除"TOWCON"轮的船损责任。

第五章　船舶碰撞

第一节　船舶碰撞概述

一　引例

因中国舟山港区内海域有雾，"兴隆"轮与"诺亚"轮相撞。经勘查发现，"诺亚"轮在航行过程中，因不了解港区航道状况，又未聘请引水员引航，贸然靠近主航道左侧行船而与"兴隆"轮相碰。"兴隆"轮虽然按照航道内规定航行，但在能见度不良的情况下在港内高速航行，遇到"诺亚"轮后未能及时避让，导致两船相碰。问此次船舶碰撞的责任应当如何划分？

二　基本理论

（一）船舶碰撞的概念

船舶碰撞是指船舶在海上或者与海相通的可航水域发生接船造成损失的事故。这里使用的"船舶"一词，是指海商法中广义的各种船舶。

船舶碰撞具有以下几个特征：

1. 必须是船舶之间的碰撞，其中至少一方是海船。即碰撞是海船与海船，或海船与其他任何非用于军事的或政府公务的船艇。因此，船舶与码头、桥墩、灯塔、浮筒以及其他水上或水下固定物体相撞，都不属于船舶碰撞的范围。

2. 船舶碰撞包括直接碰撞或间接碰撞。直接碰撞是指船舶之间发生接触的碰撞；间接碰撞是指船舶之间虽未实际接触但已造成损害的情况。如船舶违章超速行驶，掀起巨大波浪以致他船沉没或受损，根据《海商法》的规定，间接碰撞适用"船舶碰撞"的规定。

3. 必须有损害事实。船舶碰撞的结果要使一方或几方发生损害。如果任何一方都没有损害，就不产生损害赔偿问题，也不构成海商法上所讲的船舶碰撞。

（二）船舶碰撞的原因及其责任

船舶碰撞事故发生的原因很多，原因不同当事人所应承担的损害赔偿责任也不相同。因此，查明船舶碰撞事故发生的原因，是分担责任的重要前提。船舶碰撞事故大致可以归纳为以下三种原因：

1. 无过失的船舶碰撞。这类情况是指因不可抗力或原因不明造成的碰撞，如"天灾"所引起的碰撞。发生此类碰撞时，损害由受害方自负。这一规定与1910年《碰撞公约》和各国海商法的规定是一致的。

2. 因一方的过失原因而引发的船舶碰撞。根据过错责任的归责原则，由过失方承担赔偿责任。

3. 互有过失的船舶碰撞。大多数船舶碰撞都属于两船互有过失的。发生此类碰撞时，对船舶及其货物的损失，各船舶按照过失程度的比例负赔偿责任。这种"过失比例原则"早在1910年就在国际公约中被确立了下来①。若因互有过失造成的碰撞导致第三人人身伤亡时，各碰撞船舶应当对人身伤亡负连带赔偿责任。任何一方赔偿超过其应承担比例的，有权向其他有过失的船舶追偿。因此，对物的损害赔偿与对人的损害赔偿原则及法律适用是不同的，互有过错的碰撞船舶应根据过错比例分别对物的受损方承担赔偿责任。

（三）船舶碰撞的国际公约

由于各国海商法对船舶碰撞的有关规定不一致，导致了法律冲突。为了谋求统一，国际社会先后制定了四个有关船舶碰撞的重要公约，即1910年《统一船舶碰撞若干法律规定的国际公约》，1952年《统一船舶碰撞或其他航行事故中刑事管辖权方面若干规定的国际公约》和1972年《国际海上避碰规则》。《民事管辖权公约》和《刑事管辖权公约》因参加国甚少，对航运界影响不大。我们仅对1910年《碰撞公约》和1972年《避碰规则》作一简要介绍。

1. 1910年《碰撞公约》

该公约于1910年9月23日，在比利时布鲁塞尔举行的第三次海洋法

---

① 参见《1910年碰撞公约》第4条。

外交会议上通过，自 1913 年 3 月 1 日起生效。其主要内容如下：

（1）适用范围

根据公约第 1 条和第 11 条规定，公约仅适用于海船之间，海船与内河船之间发生的碰撞，不适用于军事舰艇或专门用于公务的政府船舶。

（2）船舶碰撞责任的原则

公约最突出的特点就是根据实际情况客观地划分了船舶责任界限，确立了按过失程度分担责任的原则。对于造成第三者人身伤亡的，有过失的船舶负有连带责任。

（3）诉讼时效

公约规定，碰撞损害赔偿请求权的时效为 2 年，从事故发生之日起算。有关人身伤亡赔偿权，时效为 1 年，自给付全部赔偿金额之日起算。

（4）碰撞后的救助责任

公约第 8 条规定，两船发生碰撞后，如果本船上人命没有危险时，应尽力救助他船。如违反这一规定，应负刑事责任。

公约是有关碰撞船舶方面最重要的国际公约，得到许多国家的承认和接受，不少国家根据公约的原则制定了自己相应的国内法。我国虽不是公约的参加国，但是《海商法》确立的损害赔偿原则与该公约的规定是一致的。

2. 1972 年《避碰规则》

目前，国际上普遍采用的 1972 年《避碰规则》是在伦敦制定的。其主要内容是关于避碰船舶技术方面的规定，并不涉及因碰撞而产生的责任问题，但在船舶发生碰撞后，则是认定双方过失责任的依据。

1972 年《避碰规则》于 1977 年 7 月 15 日生效，已有 77 个国家参加，我国于 1980 年 1 月 7 日加入该规则，但对该规则关于非机动船舶的规定作了保留，即我国的非机动船舶发生的碰撞，不适用《避碰规则》。

三　引例分析

本案中，"诺亚"轮在不了解港区航道状况下，不聘请引水员引航，贸然靠近主航道左侧行船，行为违反了 1972 年《国际海上避碰规则》的规定，应当承担两船相碰的主要责任。而"兴隆"轮虽然按照航道内规定航行，但在能见度不良的情况下高速航行，导致避让不及时，应当承担船舶碰撞的次要责任。因此，这是一起双方互有过失的船舶碰撞案件。

第二节 船舶碰撞的损害赔偿

一 引例

一艘拖带驳船的拖轮与一艘货轮在我国领海相撞，由于事故发生时海上大雾弥漫，事故原因无法查明，对此事故的处理应如何处理？

二 基本理论

船舶碰撞的损害赔偿，不仅包括船舶本身的损害赔偿，还包括船上所载货物、财产以及船上旅客和船员的人身伤亡的损害赔偿。

（一）船舶的损害赔偿

1. 船舶全损的赔偿

船舶全损包括实际全损和推定全损。实际全损是指船舶完全毁损。碰撞后估计其修理费用将超过船舶本身价值的，该船应推定为全损，按全损处理。

船舶全损的赔偿，包括碰撞发生之前船舶的实际价值和期待运费。船舶的价值一般按碰撞发生地市价计算。在市场价格难以确定的情况下，则以船舶原价减去折旧费。

2. 船舶部分损害的赔偿

船舶部分损害是指碰撞所造成的船舶局部毁坏。其损害赔偿包括受害船舶实际费用支出和停航期间的利润损失。实际费用主要有：修理、检查费用、救助、拖带费用、共同海损费用及其理算费用、各种代理费用等。

（二）货物和其他物品的损害

货物如系全部灭失，理赔通常以目的港市价为准。如目的港无市价，则按起运地货物的成本加装船费、保险费和以完成航程运费来计算。若货物仅为部分损坏，则按目的地的完好价格减去受损后的价格之差额来计算。应予注意的是，船方对货物的损害赔偿，一般不包括对本船所载货物的赔偿，仅对他船所在货物的损失，按过错比例承担赔偿责任。因为，《海商法》规定，因船长、船员、引航员在驾驶和管理船舶中的疏忽或过失造成本船所载货物的损失，船方可以免责。其他物品则按实际价格和数量予以赔偿。

此外，无论船舶损害还是货物损害，其赔偿责任均要受到法律对海事赔偿责任限制，对此《海商法》规定，根据碰撞船舶的"吨位"来确定责任方有权援引赔偿责任限制数量。总的来说，300 总吨至 500 总吨的船舶，其赔偿责任限额为 167000 个计算单位，500 总吨以上的，500 总吨至 30000 总吨的部分，每增加 1 吨，赔偿额度增加 167 个计算单位；30001 总吨至 70000 总吨的部分，每增加 1 吨，赔偿额度增加 125 个计算单位；超过 70000 总吨的部分，每增加 1 吨，赔偿额度增加 83 个计算单位。

（三）人身伤亡的损害赔偿

这方面的损害赔偿，一般仅限于能以金钱计算的损害，例如医疗费、生活补助费、抚恤费、因伤害丧失的工资和丧葬费等。《海商法》对人身伤亡也有海事赔偿责任限制规定，根据碰撞船舶的"吨位"来确定责任方有权援引赔偿责任限制数量。总的来说，300 总吨至 500 总吨的船舶，其赔偿责任限额为 333000 个计算单位，500 总吨以上的，500 总吨至 30000 总吨的部分，每增加 1 吨，赔偿额度增加 500 个计算单位；30001 总吨至 70000 总吨的部分，每增加 1 吨，赔偿额度增加 333 个计算单位；超过 70000 总吨的部分，每增加 1 吨，赔偿额度增加 167 个计算单位。但是船方对其受雇人的损害赔偿无权享受责任限制，而依有关调整劳务合同的法律进行赔偿。

船舶赔偿是一种侵权行为，应及时有效地予以解决。为此，《海商法》规定，有关船舶碰撞的请求权，时效期间为 2 年，自碰撞事故发生之日起计算，但追偿请求权的诉讼时效为 1 年，自当事人连带支付损害赔偿之日起计算。

三 引例分析

本案双方相互不负赔偿责任。根据《海商法》第 167 条规定，船舶发生碰撞，是由于不可抗力或者其他不能归责于任何一方的原因或者无法查明的原因造成的，碰撞各方互相不负赔偿责任。

第六章 海难救助

第一节 海难救助概述

一 引例

"蓝鑫"轮在中国广州港停靠卸货时发生意外火灾，港区公安机关接到报警后迅速组织消防车前往救火，同时"迅天"救助公司（企业法人）也接到公安机关配合救助的通知并派船参与救助，火被扑灭后，"蓝鑫"轮船货获救价值达640万元人民币。事后，"迅天"公司向"蓝鑫"轮所在船公司主张救助费用，但船公司认为"迅天"公司是在接到港区公安机关的消防应急指令行事的，因此应当属于履行消防义务，不得主张救助报酬。本案"迅天"公司是否有权主张救助报酬？

二 基础理论

（一）海难救助的概念

海难救助又称海上救助，是指在海上或者与海相通的可航水域，由外来力量对遇险船舶和其他财产进行救助的行为。对于施救一方而言，可以是专门从事救助的海上救助船舶，也可以是海难发生时参与救助的过往船只或附近船只。救助取得效果者，有权请求一定的救助报酬。

海难救助是海商法中所特有的制度，其目的是为了鼓励人们对遇难船舶和其他财产进行及时有效的救助。施救方在救助取得成果后，即有权向被救助方请求救助报酬，即"无效果无报酬"原则。但是，随着近年来海上油类运输及船舶油污污染事故的发生，海洋环境遭受巨大的威胁，同时由于受油类救助难度大、成功率低等因素的影响，为鼓励对油污污染事故实施救助，保护海洋环境，国际上已经普遍接受对此类救助进行"特别补偿",并允许救助合同中约定"特别补偿条款"(SCOPIC条款),即有条件地承认在无效果的情况下,救助方仍可得到补偿。

关于海难救助属于何种性质,学界的观点不一,总结起来主要包括:无因管理说、准契约说、不当得利说等[①]。

(二)海难救助的种类

海难救助有多种方式,常见的救助方式有下述几种:

1. 救助拖带。即对遇难船舶进行拖带、引航,将其拖至安全地点。
2. 搁浅救助。使用各种方法使搁浅船舶脱离搁浅区域也属海上救助。
3. 救火。这是一种典型的海上救助。包括扑灭船上的火灾、协助起火船舶扑灭火灾、抢救船上人命及财产;或船上火势过大无法扑灭时,把失火船舶拖出港外以免火势蔓延到其他船舶和码头仓库等。
4. 打捞沉船和其他财产。这种打捞包括全部打捞和部分打捞。
5. 抢救正在沉没或失去控制的船舶。
6. 提供船员和供给。向遇难船舶提供船员,或向遇难船舶提供工具、设备或燃料等,也是一种重要的海上救助措施。
7. 守候救助。救助方根据遇险船的要求,守候在遇险船附近,一旦需要立即进行施救,也是一种海上救助。

(三)海难救助的国际公约

1. 1910年《救助公约》

海上救助的原则虽已被各国海商法所采纳,但由于各国的某些具体规定不尽相同,因而常发生争议。为此,国际海事委员会草拟了海上船舶救助统一规则,以谋求各国法律的统一。该公约草案于1910年9月23日在布鲁塞尔召开的第三次海洋法外交会议上通过,简称1910年《救助公约》。该公约共19个条款,主要内容为:

(1)关于"无效果无报酬"原则的确定;

(2)可以宣告救助协议无效或变更该协议的情况;

(3)救助人命的人道主义原则;

(4)救助报酬确定原则;

(5)诉讼时效的规定。

---

① [日]田中诚二:《海商法》,日本劲草书房1976年版,第317页。

公约已于1913年3月1日起生效。它是国际海商法领域中最成功的国际公约之一，为统一各国有关海上救助的法律与实践起到了重要作用。我国尚未加入该公约，但中国海事仲裁委员会制定的救助合同格式内容与该公约的精神是一致的。《海商法》也吸收了该公约的很多内容。

2. 1989年《国际救助公约》

1910年《救助公约》距今已有80多年的历史，虽然它所奠定的基本原则今天仍然适用，但公约的有些内容已明显不适合现代航运业发展的需要。原来海上救助主要是对海上遇难的船舶、人命和财产进行救助，而近几十年来，对超级油轮的救助和防止海洋污染等问题，引起了全世界的密切关注，从而使传统的海上救助原则受到了挑战。为此，国际海事委员会受联合国海事协商组织的委托，在1989年4月15—28日召开的外交大会上审议并通过了1989年《国际救助公约》。

该公约在尽可能保持现行救助制度相对稳定的基础上，充分考虑了救助油轮和防止海洋污染等问题，规定如果对污染环境的船舶或其所载货物进行救助时，救助人在没有过失但未能获得成功的情况下，救助人仍有权向船舶所有人索取相当于救助费用的特别补偿，如果救助人成功地进行了救助，救助人有权索取等多的特别补偿，但不得超过救助费用的2倍。

我国是1989年《国际救助公约》的缔约国，1993年12月29日，经第12届全国人民代表大会第五次会议批准，我国正式加入了该公约，但对公约第30条第a、b两项作了保留。a项规定的内容为："救助作业发生在内陆水域，而且涉及的所有船舶均为内陆水域航行的船舶。"b项规定的内容为："救助作业发生在内陆水域，而且不涉及船舶。"这表明我国对海难救助的范围不想扩大到上述范围，作此保留，就弥补了《海商法》未作明确规定的缺憾。

三 引例分析

本案"迅天"公司作为企业法人，有独立经营和收益的性质。其参与海难救助虽然是接到港区公安机关的指令行事，但也必须经过"蓝鑫"轮船舶所有人的认可，否则无权参与救助。"迅天"的施救行为本身不是履行消防以外的行为，因为其不是行政主体，不具有行政法意义。作为企业法人，"迅天"的海上施救行为已经构成海商法意义上的海难救助，因此其有权主张"蓝鑫"轮支付救助报酬。

第二节　救助报酬及救助合同

一　引例

2003年5月,"华顶山"轮在海上着火后按照海事局的指示驶到(原告所属的)厦门东渡港集装箱码头靠泊并进行抢救。在灭火抢救过程中,船舶沉没,集装箱漂出海面;后经上海救捞局对沉船进行起浮作业,并签订了打捞合同,港口方给予协助。同时,港口方单独进行抢救回收集装箱等作业,船舶被起浮成功,部分集装箱被救上岸。港口方与船方、货方之间没有签订任何合同,港口方因此事后向船方和货方分别索赔救助报酬,同时向船方索赔码头损失,并留置了船上货物(包括集装箱)、扣押船舶、留置舱盖板,随后将船货双方诉至法院,请求索赔救助报酬。该案应如何处理?

二　基本理论

(一)请求救助报酬的条件

救助人能否有权获得救助报酬,取决于该救助行为是否有效。有效的海难救助行为必须符合以下四个条件:

1. 被救对象属于法律规定的海难救助的标的

《海商法》规定的救助对象包括海上及与海相通的可航水域遇险的船舶和其他财产。

这里的"船舶"包括海商法所称的船舶,同时也包括被救助的其他非军用船舶或者政府公务船舶,可见被救助船舶不限于我国《海商法》上规定船舶范畴。其他财产则是指包括运费在内的其他财产。这里值得注意的是,在海上救助人命不得请求救助报酬。

2. 被救助船舶或其他财产处于危险之中

这种危险必须是实际存在的,而不是人们的主观臆断,或仅带有可能性,或在救助当时已经过去的危险。它既包括迫在眉睫、亟待救援的危险,也包括不是立即发生的但可以预见到的危险。

3. 救助必须是自愿的

救助报酬请求人必须在船舶和财产开始遭遇危险的时候没有救助的义

务。凡有义务进行救助的，均无权请求获得救助报酬。

4. 救助必须取得一定效果

有效果是指遇难船舶或者其他财产全部或部分得救。这一"无效果无报酬"的海上救助法律的基本原则，早已为救助公约和各国法律所普遍接受。根据这一原则，只进行了救助，但没有取得任何效果，是无权请求救助报酬的。但是，对构成环境污染损害危险的船舶或者船上货物进行的救助，以及其他法律另有规定或者合同另有约定的除外。

总之，只要符合上述四个条件，救助人就可以请求救助报酬，而无论救助双方船舶是否属于同一船舶所有人。

但是，根据《海商法》的规定，凡属下列情况者，不得请求救助报酬：

1. 为履行包括拖航合同在内的服务合同的义务，而实施的救助性行为，但提供合同义务以外的劳务的行为可以请求报酬。

2. 经被救助船舶的所有人、船长明确而合理地拒绝后，仍然提供救助的。

若船舶所有人或船长态度暧昧或意思表示不清，即非"明确"，遇难船舶已处于非借助他方力量才能获救的危险之中而仍拒绝救助，也非"合理"。在此种情势下，被拒绝者出于好意仍给予救助的，救助有效时仍可请求救助报酬。

（二）救助报酬的确定

现代的海上救助大多是根据救助合同进行的，救助报酬的金额通常已在谈判之时载入合同。原则上，获救财产的价值越高，救助报酬的金额也就越高，反之亦然。但海上救助大多是在紧急情况下进行的，被救助人迫于当时的困境，与救助人约定的报酬往往有失公允。因此，当事人在救助成功后可以对约定的报酬金额提出异议。这时，双方当事人可重新商定一个合理数额，或者由法院或仲裁机构作出裁定。但救助报酬不得超过船舶和其他财产的获救价值。依据《海商法》的规定，救助报酬的确定，主要基于对以下因素的考虑：

1. 船舶和其他财产的获救价值；

2. 救助方在防止或减少环境污染损害方面的技能和努力；

3. 救助方的救助成效；

4. 危险的性质和程度；

5. 救助方在救助船舶、其他财产和人命方面的技能和努力；
6. 救助方所用的时间、支出的费用和遭受的损失；
7. 救助方或救助设备所冒的责任风险和其他风险；
8. 救助方提供救助服务的及时性；
9. 用于救助作业的船舶和其他设备的可用性和使用情况；
10. 救助设备的备用状况、效能和设备的价值。

《海商法》在坚持"无效果无报酬"原则的前提下，特别强调救助人在防止或减轻环境污染损害方面的技能和努力，而且该法还规定在救助船货的同时，又防止或减少了污染损害的情况下，救助报酬要比单纯的财产救助高，可以取得特别补偿，但救助报酬也以船舶和其他财产的获救价值为限。在确定救助报酬时还应注意一个问题：由于救助方的过失致使救助作业成为必需或者更加困难的，或者有其他不诚实行为时，应当取消或者减少向救助方支付的救助款项。

（三）救助报酬的取得

1. 救助报酬的支付

根据《海商法》的规定，救助报酬根据船舶和其他财产的获救价值比例，由船舶所有人或货物所有人分别承担。救助方可以请求被救助方提供相应的担保，以保证自身救助报酬的实现。如果救助方的救助报酬不能得以实现的，救助方有权留置救助上来的财产，并有权依法拍卖被救财产，以确保救助报酬的实现。

2. 救助报酬的分配

如果有多个救助人进行救助，则产生救助报酬的分配问题。各救助方可以协商确定救助报酬的分配问题，协商不成的，则应提交仲裁或通过诉讼的方式予以解决。根据国际公法的有关规定，在救助过程中，对人命的救助不得主张救助报酬[①]。因为海上救人生命是任何人应尽的道德义务，不发生报酬问题。这也是国际通行做法。

《海商法》规定，有关海难救助的请求权，时效期间为 2 年，自救助作业终止之日起算。这一规定与 1910 年《救助公约》的规定是一致的。

---

① 对人命的救助，英国法律承认有报酬请求权，但国际公约、《中华人民共和国海商法》以及日本、德国等国的商法中原则上不承认有报酬请求权，除非救助财产的同时也救了人命。

（四）救助合同的订立及内容

海上救助可分为两种：一是一般救助。即救助人在他船遇难时未与被救助人订立救助合同而自愿实施的救助；二是合同救助。即根据救助双方达成的书面或口头协议而进行的救助。本节主要介绍救助合同的有关内容。

1. 救助合同的订立

《海商法》规定，在发生海难事故后，救助方就海难救助及救助报酬等事宜与被救助方达成的协议，就是救助合同。救助合同须经救助双方意思表示一致方可成立，依法成立救助合同自成立时生效。基于海难救助的紧迫性，被救助方的船长有权代表船舶的所有人与救助方签订救助合同。至于采用何种形式订立合同。法律未明确规定，一般来说，书面、口头形式均可。但实践中一般多采用书面形式。目前的海上救助工作大部分由专业的救助公司承担，专业救捞公司备有各种事先印制的合同格式，供被救助方选择。

2. 救助双方的主要义务

《海商法》规定了救助双方的主要义务，具体内容如下：

（1）救助方的义务

①谨慎处理对被救助方的船舶和其他财产的施救行为；

②在救助过程中尽量避免或减少对海洋环境的损害；

③接受被救助方的合理要求，允许其他救助方参加救助。

（2）被救助方的义务

①尽量避免或减少因救助所致的海洋环境损害；

②积极配合救助方进行施救；

③及时足额的支付救助报酬的义务。

3. 救助合同的变更

一般情况下，合同一经订立即发生法律效力，救助双方应当遵守合同约定行事，但基于法律规定的情况，经救助方或被救方申请，人民法院或仲裁机构可以依法变更救助合同，其主要包括两种情况：一是救助合同内容显失公平的；二是有关救助报酬的约定明显高于或低于救助方实际提供的救助服务的。

（五）"无效果无报酬"合同

在救助合同中以"无效果无报酬"的救助合同最为广泛采用。中国海事仲裁委员会也备制了"无效果无报酬"救助合同格式，主要内容有：

1. 救助标的和移交获救财产的地点；

2. 遇险船舶应配合救助并允许救助人合理使用船上的机器、锚、链等设备和物料；

3. 救助完成后，获救财产的所有人应当及时提供适当的担保，在提供担保以前，不得移走获救财产；

4. 不能就获救报酬的数额达成协议时，规定了仲裁的地点、仲裁机构和仲裁程序。

三 引例分析

本案中港口方虽未与船方、货方签订书面的救助合同，但成功地参与了救助作业，并遭受较大经济损失，从而使得该船最终成功起浮并获救，因此构成海难救助法律关系。根据《海商法》的相关规定，港口方可以采取留置货物、扣押船舶等保全措施，并有权获得救助报酬索赔。

第七章　共同海损

第一节　共同海损概述

一　引例

"海盛"轮承载A公司货物从加拿大的蒙特利尔港出发，驶往中国上海港。中途船舶停靠日本的横滨港进行补给，在驶出该港时，因航道水位较浅而搁浅于航道内，经查验发现，搁浅的船体位置是首部和尾部，如不进行处理可能导致船身被压裂而造成船货更大的损失。因此，该轮船长决定卸下船上所载部分A公司货物以减少船的重量。船体浮起后，船长命令尽速驶离该地，并最终到达目的港。本案中的A公司货损是否构成共同海损？

二　基本理论

（一）共同海损的概念

在海上航行中、船舶、货物和其他财产等遇到海上风险而造成的损失成为海损。海损就其损失的后果可以分为单独海损和共同海损。

所谓共同海损是指在同一海上航程中，船舶、货物和其他财产遭遇共同危险，为了共同安全，有意而合理地采取措施所直接造成的特殊牺牲和支付的特殊费用。

单独海损则是海上风险直接导致的，不能列入共同海损的船舶或货物的损失。

共同海损不同于单独海损。其一，损失发生的原因不同。共同海损是为了船货的共同安全而有意采取合理措施造成的；而单独海损则是由于海上风险直接引起的损失。其二，损失的责任不同。共同海损由获救的收益方分摊，也就是说即使共同海损是因一方过失所导致的，该方仍有权请求其他收益方共同分摊共同海损费用；而单独海损则由责任方或受损方自己承担损失责任。

（二）共同海损的构成要件

1. 船货双方必须处于共同的现实危险中

形成共同海损的危险是船货双方共同面临的、各方对此有共同的利害关系。若不及时采取措施，则船货均有可能受到损失或者灭失，而不仅仅是某一方的利益可能受到损害。危险是现实的，过去发生的危险，或主观臆断的危险，都不能成为共同海损的危险。

2. 采取的措施必须是有意的和合理的

共同海损必须是船长或船员面临共同危险，明知采取必要措施会产生牺牲和费用，但是为了避免更大的海损事故发生，不得不为之者，即为"有意的"；并且，此种措施的采取符合以最小的牺牲换取船舶和货物最大保全的原则，即为"合理的"。在航程中发生的牺牲、费用或损失，是否可以列为共同海损，则主要看其是否为此种有意的和合理的措施所引起。

3. 作出的牺牲和支付的费用必须是特殊的

在非正常的情况下，为了船货的共同安全，船方在履行应尽义务之外，采取特殊措施引起的损失或费用，成为特殊海损，其中包括特殊牺牲和特殊费用。在共同海损制度中，只有特殊海损才可以列为共同海损，船方正常履行义务带来的利益减损，不能作为共同海损。

4. 所采取的措施必须有效果

共同海损的分摊是以获救财产的价值为基础的，财产所有人的财产若未因共同海损行为得到保全，表明其从未从中获益，也就不能要求其分摊损失。因此，船方采取的措施只有达到了使船货摆脱危险的目的，即已取得效果，方能成立共同海损。

三 引例分析

本案中船舶搁浅的事实已经对船舶和货物造成了共同的危险，船长做出卸下 A 公司货物的决定也是为了船方与货方的共同安全，同时船长做出的卸货决定是有意义而合理的措施，因此 A 公司所遭受的货损应当被认定为共同海损。

第二节　共同海损的牺牲与费用及分摊

一　引例

2001年6月，某国远洋运输公司所属"顺发"号货轮装载中国宁波甲公司、中国香港乙公司、泰国丙、丁公司四家公司的货物从宁波驶往洛杉矶。航行至夏威夷附近遇到大风浪，船舶随时都有倾覆的可能，不得已船长命令抛弃装在舱面上的宁波甲公司、泰国丙公司的货物，船舶勉强渡过难关。但船舶出现了故障，为了安全，该船驶入夏威夷港口进行维修。维修过程中，支付港口费、维修费若干美元，因修船而卸货，造成数万元损失。船修好后"顺发"号继续驶往洛杉矶。几天后，该船在公海上与一日本船舶相撞，两船都受到损害。"顺发"号上中国香港乙公司的货物也受损失。后当"顺发"号返回宁波时，各方当事人发生争议并向宁波海事法院提起诉讼。本案中哪些损失属于共同海损？

二　基本理论

（一）共同海损的牺牲

共同海损牺牲是指由共同海损措施所直接造成的船舶或货物或者其他财产在形态上的灭失或者损坏。其表现形式多种多样，但其归纳起来主要有船舶、货物和运费的牺牲。

1. 船舶的牺牲

船舶的牺牲是指在抢救船舶、货物和其他财产过程中对船舶造成的部分损失。它包括船体、船机和属具的牺牲。

2. 货物的牺牲

货物的牺牲包括抛货、湿损和落失三种。

（1）抛弃货物。共同海损制度最初是由抛弃货物发展起来的，此种情况虽然在现代海运已不多见，但鉴于海上情况的复杂性，仍有保留的必要。但对于舱面货物的损失能否算货物牺牲，《海商法》没有明文规定。我们认为如果抛弃的是根据航运习惯装在舱面上，则此项货物的牺牲应列为共同海损牺牲。

(2) 货物湿损。船舶遭遇意外事故后,在抢救船舶和货物过程中,货物被涌入或渗入火场的海水浸湿,或在灭火的过程中被火烧的货物受到水湿而引起的损失等,均属共同海损牺牲。

(3) 货物的落失和其他损害。船舶搁浅后,为使船舶起浮躲进避难港做临时修理而将货物卸载、搬运、保管。转船货重装时,一部分货物落入海中或受到其他损失,属于共同海损牺牲。

其他财产的牺牲与货物的牺牲大致相同。

《海商法》规定,未申报的货物或者谎报的货物所遭受的特殊牺牲,不得列入共同海损。

3. 运费的牺牲

这里所说的运费专指"到付运费"。当船上所载货物受到牺牲而不可能运抵目的港时,承运人自然也就收不到运费。这种牺牲由承运人负担,显失公平,故应列入共同海损,由收益方共同分摊。

(二) 共同海损的费用

共同海损费用是采取共同海损措施实施时所支付的额外费用。它与共同海损牺牲的区别在于:共同海损牺牲是船舶或货物本身的灭失和损坏,而共同海损费用不牵涉船舶和货物的实际损失。这些费用主要包括以下几项:

1. 救助报酬

参与航海事业中的关系方由于救助而发生的费用,不论此种救助是否根据合同进行,只要救助活动的目的是为了使同一海上航程中的财产免于遇难,便应列入共同海损受偿。

2. 避难港费用

根据《海商法》规定,遇难船舶为了完成本航次驶入避难港,在避难港内所发生港口费、修理费、劳务费,以及燃料、补给、货物的装卸等各项费用,均可纳入到共同海损费用当中。

3. 代替费用

代替费用是指船舶遭受意外事故时,为了共同利益和安全,船方为节省原应列入共同海损的费用而支出的另一笔较小的额外费用。代替费用本身虽然不直接具备共同海损费用的条件,但是支付了该项费用,却可以节省或避免一项或几项应列入共同海损的费用,这样的费用是为各受益方欢迎的。因此，该项费用可以列入共同海损。

（三）共同海损的分摊

共同海损的分摊，是指由海损理算人按照理算规则，确定各受益方的分摊价值以及应分摊的共同海损数额。

1. 共同海损的分摊人

各受益方均有义务分摊共同海损，共同海损的分摊人包括以下三种：

（1）船舶所有人。作为受益方，船舶所有人应当分摊共同海损。分摊时不仅船舶被保存的部分，而且为共同海损所牺牲的部分，也应计算在分摊价值内。

（2）货物所有人。货物所有人通常是托运人或收货人，不仅被保存货物的所有人应分摊海损，就是被共同海损行为所牺牲的货物所有人，也一样要分摊。否则，使被牺牲货物所有人得到全额赔偿而毫无损失，显然有悖于共同海损制度的宗旨。

（3）运费取得人。只有从事海上运输营业的人方能取得运费，运费取得人通常为船舶所有人，但是在船舶租赁场合，则船舶承租人为运费取得人。不仅被保存的运费要分摊共同海损，被牺牲的运费亦应参与分摊。

上述分摊人，可以约定共同海损的理算规则，没有约定的，则使用《海商法》的有关规定。

2. 分摊价值的计算

（1）船舶共同海损分摊价值，按照船舶在航程终止时的实际价值，加上共同海损牺牲的金额计算，或者按照船舶在航程终止时的完好价值，减去不属于共同海损的损失金额计算。

（2）货物共同海损分摊价值，按照装船时货物的价值加运费再加保险费，减去承运人承担风险的运费和不属于共同海损的损失金额计算；在抵达目的港之前货物已经被出售的，按照净得的出售金额，再加上共同海损的金额进行计算。但不正当地以低于实际价值作为申报价值的货物为分摊价值，应该按照货物实际价值计算；未申报的货物或谎报的货物，亦应参加共同海损分摊。

（3）运费共同海损分摊价值，按照承运人有权收取的运费，减去在共同海损事故发生后为完成本航次而支付的营运费用，再加上共同海损牺牲的费用进行计算。对旅客的行李和个人物品，免除分摊共同海损的义务。

3. 共同海损分摊金额的确定

共同海损分摊金额，是指因共同海损行为而受益的船舶所有人、货物所有人和运费取得人应该分摊的共同海损金额。《海商法》规定，共同海损应当由受益方按照各自的分摊价值的比例分摊。实践中，具体的确定方法是，先以共同海损损失总额除以共同海损分摊价值的总额，再乘以百分之百，得出共同海损的百分率，即可得出受益各方的分摊金额。

经利益关系人申请，各分摊方应就分摊金额提供共同海损担保。"因为共同海损往往在卸货港宣布，如果不采取一定的保证措施，待船方放行货物以后，一旦货方拒绝分摊共同海损，则船方的利益就得不到保障。"[1] 共同海损担保主要是保证金的形式，该保证金由海损理算人暂行保管，保证金的使用不影响各分摊方应当承担的分摊责任。

三 引例分析

本案中，应予列入共同海损范畴的损失包括宁波甲公司的货损、泰国丙公司的货损以及修船期间所付费用及卸载货物的损失。因为根据《海商法》第 193 条、第 194 条。中国香港乙公司的货损属于单独海损，即不是为了船货共同安全而有意地采取合理的措施而造成的损失。

---

[1] 邢海宝：《海商法教程》，中国人民大学出版社 2008 年版，第 422 页。

第八章 海事赔偿责任限制

第一节 海事赔偿责任限制概述

一 引例

香港富通公司所属的"富通"轮在中国广州黄埔港码头装运货物时,因船员操作吊杆复位失控导致该轮船体倾斜,将停靠在其左舷边的"新海"轮压沉。事故发生后,富通公司随即就事故引起的非人身伤亡海事提出赔偿请求,向当地海事法院提出海事赔偿责任限制申请,请求按照该轮总吨位2021吨计算赔偿限额。富通公司的申请是否符合法律规定?

二 基本理论

(一)海事赔偿责任限制的概念

海事赔偿责任限制制度是发生重大海损事故时,对事故负有责任的船舶所有人、救助人或其他人对海事赔偿请求人的赔偿请求依法申请限制在一定额度内的法律制度。这是海商法中特有的赔偿制度。"海事赔偿责任限制最初是为保护船舶所有人的利益而设立的,故有些国家称为船舶所有人责任限制。"[1] 海事赔偿责任限制是海事责任方在发生重大海损事故时,基于法律的规定,对自己应负的海事赔偿承担有限责任的法律制度。因此,从本质上讲海事赔偿责任限制是一种有限责任制度。

(二)海事赔偿责任限制的法律属性

有关海事赔偿责任限制的法律属性,一直是个有争议的问题。学界主要有抗辩权之说和形成权之说两个观点。目前,国内立法界以民事抗辩权

---

[1] 范健主编:《商法》(第三版),高等教育出版社2007年版,第598页。

来界定海事赔偿责任限制的法律属性。国际上，有关责任限制的公约对此问题则采取了回避的态度。本书认为海事赔偿责任限制是形成权。形成权是单方意思表示，即可变动行为人与相对人之间的法律关系的权利。形成权的行使本身并不产生对权利人的利益，其意义在于通过形成权人单方的行为，发生、变更或者消灭特定的民事法律关系，从而使自己免受损失（比如因欺诈行使的撤销权）或者保护他人的利益（比如效力待定合同中的追认权）。形成权的设立是基于法律的直接规定（比如法定的合同解除权、合同撤销权），但因其以单方意思表示导致与他方之间的法律关系变动，因此也要受到法律的限制。海事赔偿责任限制具有形成权的属性特征。责任限制的权利主张以责任人的单方意志为之，能够产生限制自身责任、避免自身损失以及消灭对方债权的目的，同时要受到法律限制。值得注意的是，海事赔偿责任限制之所以属于形成权，其社会基础在于法律只有赋予责任人以形成权属性的责任限制权，即允许责任人依单方意志变更海事赔偿法律关系，才能达到保护和鼓励海上运输业发展的立法目的。仅就这一点而言，抗辩权并不具备。

（三）海事赔偿责任限制的国际公约

有关海事赔偿责任限制的国际公约起初仅是针对船舶所有人制定的。1924年制定了《关于统一海运船舶所有人责任限制若干法律规定的国际公约》。1957年的第10届海事法外交大会又通过了《船舶所有人责任限制的国际公约》。随后，国际海事组织又通过了《1976年海事赔偿责任限制公约》，该公约正式"使船东责任限制制度演变为今天的海事赔偿责任限制制度"[①]。其中《1957年船舶所有人责任限制的国际公约》及《1976年海事赔偿责任限制公约》均已生效。

三 引例分析

本案中富通公司的申请符合《海商法》关于海事赔偿责任限制的规定。首先富通公司属于船舶所有人，具备提出海事赔偿责任限制的主体资格，其次对"新海"轮所造成损失属于财产性损失，按照《海商法》第207条第1款的规定，属于享有赔偿责任限制的限制性债权，因此根据

---

① 贾林青：《海商法》（第三版），中国人民大学出版社2008年版，第311页。

《海商法》第 204 条的规定，富通公司有权申请海事赔偿责任限制。

第二节 海事赔偿责任限制的主要内容

一 引例

甲公司所属的"金成山"轮，从事国际航线运输，2004 年 10 月，该轮由中国舟山港驶出时，与日本船舶"九莲山"轮发生碰撞事故，"九莲山"沉没于该港主航道上，所载货物部分落水。乙保险公司承保的"九莲山"轮集装箱货物灭失。随后，甲公司就其在本次事故产生或可能产生的非人身伤亡的赔偿请求，向海事法院申请设立海事赔偿责任限制基金。乙公司赔偿承保范围内的货款损失后，认为甲公司无权请求设立责任限制基金，双方发生争议，并诉至法院。该案应如何处理？

二 基本理论

（一）海事赔偿责任限制的主体

传统上，只有船舶所有人才有权请求责任限制，因此责任限制制度被称为"船舶所有人责任限制制度"。但随着航运的发展，船舶的经营管理模式越来越复杂，承担航运风险和对船舶负责任的人也越来越多，已经不限于船舶所有人。根据《海商法》规定，我国海事赔偿责任限制的主体包括以下四类：一是船舶所有人，包括船舶经营人和船舶承租人；二是救助人；三是船舶所有人和救助人对其行为、过失负有责任的人，这主要指的是船长、船员和其他受雇人员；四是对海事赔偿请求承担责任的责任保险人。

（二）限制性债权和非限制性债权

1. 限制性债权

以下海事赔偿请求，无论赔偿责任的基础有何不同，均可请求责任限制，因此被称为"限制性债权"：

（1）船上发生的或者与船舶营运、救助作业直接相关的人身伤亡或者财产的灭失、损坏，包括对港口工程、港池、航道和助航设施造成的损坏，以及由此引起的相应损失的赔偿请求；

（2）海上货物运输因迟延交付或者旅客及其行李运输因延迟到达造

成损失的赔偿请求;

(3) 与船舶营运或者救助作业直接相关的,侵犯非合同权利的行为造成其他损失的赔偿请求;

(4) 责任人以外的其他人,为避免或者减少责任人按照法律规定可限制赔偿责任的损失而采取措施的赔偿请求,以及因此项措施造成进一步损失的赔偿请求。

以上请求无论提出的方式有何不同,都可以限制赔偿责任。但第(4)项涉及责任人以合同约定支付的报酬,责任人的支付责任不得援用本条赔偿责任限制的规定。

2. 非限制性债权

以下海事赔偿请求不适用责任限制,因此被称为"非限制性债权":

(1) 对救助款项或者共同海损分摊的请求;

(2) 我国参加的国际油污损害民事责任公约规定的油污损害的赔偿请求;

(3) 我国参加的国际核能损害责任限制公约规定的核能损害的赔偿请求;

(4) 核动力船舶造成的核能损害的赔偿请求;

(5) 船舶所有人或者救助人的受雇人提出的赔偿请求,如果根据调整劳务合同的法律,船舶所有人或者救助人对该类赔偿请求无权限制赔偿责任,或者该项法律作了高于海商法规定的赔偿限额的规定。

3. 海事赔偿责任限制的丧失

责任主体并非在任何情况下都能享受责任限制。经证明,引起赔偿请求的损失是由于责任人的故意或者明知可能造成损失而轻率地作为或者不作为造成的,责任人无权请求责任限制。

(三) 海事赔偿责任限额

1. 关于人身伤亡的赔偿请求

(1) 总吨位 300 吨至 500 吨的船舶,赔偿限额为 333000 计算单位;

(2) 总吨位超过 500 吨的船舶,500 吨以下部分适用本项第 1 目的规定,500 吨以上的部分,应当增加下列数额:

501 吨至 3000 吨的部分,每吨增加 500 计算单位;

3001 吨至 30000 吨的部分,每吨增加 333 计算单位;

30001 吨至 70000 吨的部分，每吨增加 250 计算单位；

超过 70000 吨的部分，每吨增加 167 计算单位。

2. 关于非人身伤亡的赔偿请求

（1）总吨位 300 吨至 500 吨的船舶，赔偿限额为 167000 计算单位；

（2）总吨位超过 500 吨的船舶，500 吨以下部分适用本项第 1 目的规定，500 吨以上的部分，应当增加下列数额：

501 吨至 30000 吨的部分，每吨增加 167 计算单位；

30001 吨至 70000 吨的部分，每吨增加 125 计算单位；

超过 70000 吨的部分，每吨增加 83 计算单位。

（四）单位责任限制与海事赔偿责任限制

在海上货物运输合同法和旅客运输合同法中，都有关于承运人责任限制制度或称单位责任限制制度的规定。承运人责任限制制度与海事赔偿责任限制制度虽然名称相似，但却是两种不同的责任限制制度。承运人的责任限制是承运人针对某件或某单位货物的最高赔偿额，或对每位旅客或每件行李的最高赔偿额。而海事赔偿责任限制则是责任限制主体针对某次事故引起的全部赔偿请求的最高赔偿限额。二者在限制主体、限制数额、责任限制丧失的条件以及适用情况等方面都有许多不同。不过，这两种责任限制制度也可能同时起作用。

（五）海事赔偿责任限制基金

海事赔偿责任人在初步被认定有责任时，如果希望在被追究责任时可以限制赔偿责任，就可以向有管辖权的法院申请设立责任限制基金。这笔基金是根据责任限制的计算方法算出的对人身伤亡和非人身伤亡的赔偿限额的总和，加上从事故发生引起责任之日起到基金设立之日止的利息。它可以用现金，也可以用法院认可的担保方式缴付，专门用以支付海事赔偿责任限制的金额。

责任限制基金设立后，向任何责任人提出海事赔偿请求的人，不得向责任人主张任何财产权利。如果有关责任人的船舶或者其他财产已经被采取扣押等诉讼保全措施的，责任人有权要求法院下令释放扣押财产。

责任人申请责任限制和设立责任限制基金，都不表明其对责任的承认，经过法院审理后，如果查明责任人不应承担责任，则基金应该退还给责任人。

三 引例分析

本案是就甲公司是否享有海事赔偿责任限制权而引发的争议。根据《海商法》第 207 条第 1 款规定，在船上发生的或者与船舶营运、救助作业直接相关的人身伤亡或者财产的灭失、损坏，包括对港口工程、港池、航道和助航设施造成的损坏，以及由此引起的相应损失的赔偿请求属于限制性债权，可以享受责任限制，除非有《海商法》第 209 条规定情形，即经证明，引起赔偿请求的损失是由于责任人的故意或者明知可能造成损失而轻率地作为或者不作为造成的，责任人无权依照本章规定限制赔偿责任。在本案中，甲公司并未有《海商法》第 209 条规定之情形，因此有权享受海事赔偿责任限制。

第九章 海上保险法

第一节 海上保险法概述

一 引例

A公司向盛大船舶公司订舱，委托该公司托运货物，装货地点中国连云港。货物于5月10日装船，5月12日开航。5月13日，A公司业务人员与保险公司商谈货物保险事宜，并称船舶已经开航，为满足买方客户要求，A公司请求保险公司将保险单倒签至5月9日，保险公司同意了A公司的要求。5月14日10时该轮沉没。5月15日，A公司以货物灭失为由提出索赔。但保险公司以A公司保险单签订日期与实际日期不符为由拒绝赔付。本案中的保险人应否承担保险责任？

二 基本理论

（一）海上保险的概念

海上保险，是保险人与被保险人之间基于海上保险合同的约定，由被保险人向保险人支付保险金，而保险人对保险事故发生所造成的被保险人财产损失承担保险赔偿责任的制度。

（二）海上保险的种类

在海上保险中，根据可保利益种类的不同，保险也有不同的种类。这些可保利益，既可作为保险合同的单独对象投保，也可以与其他可保利益一起订立保险合同。根据《海商法》第十二章的规定和海上保险的实践，海上保险通常可以分为以下几种类型：

1. 船舶保险

船舶保险是一种基本的海上保险。船舶包括船体、船机和属具。在我国，各航运公司向保险公司投保船舶保险时，是将船体、船机及属具作为一个整体同时投保的。这里的船舶既包括营运中的船舶，也包括正在修造中的各种船舶。

船舶保险以保险的期限分，可分为定期船舶险和航程险；以承保的范围分，可分为船舶全损险和综合险；经合同双方当事人协商，船舶保险的投保人还可以加保船舶附加险，如船舶战争险等。

2. 货物保险

货物保险是海上保险中数量最大也是最繁杂的一项保险。货物保险依货主投保范围的不同，可分为平安险、水渍险和一切险。

3. 运费和其他期得利益保险

运费支付条件分为预付运费和到付运费两种，习惯上，无论货物是否运达目的地，预付运费一般不予退还，故承运人一般对预付运费无可保利益，这一部分运费或由货主单独投保，或直接作为货价的一部分投保。而到付运费面临航程中的风险，承运人可以就其投保航程险，保险人则通常是只保全损。

其他期得利益保险包括船舶租金、旅客票款、货物预期利润、船员的工资和其他报酬的保险。它们分别由各受益人安排保险，或单独投保，或列入其他保险标的的保险合同中。

4. 责任保险

责任保险是以发生事故所产生的各种责任为保险标的的保险。此种责任主要包括船东、货主和其他利害关系人对第三人的赔偿责任和保险人于海上保险合同上对原保险人的赔偿责任，以及再保险。

(三) 海上保险法的历史沿革

现代意义上的海上保险始于 14 世纪的意大利。15 世纪，随着资本主义海上贸易的发展，海上保险法逐步形成。19 世纪的欧洲主要海运国家都把海上保险列为海商法的重要组成部分或制定单行法规。其中，英国的海上保险业和海上保险法律制度最为发达。旧中国，海上保险业由私人资本家经营，且大多数被外资控制。新中国成立后，国家对保险市场进行了整顿和改造，1949 年 10 月 10 日，中国人民保险公司成立，开始经营国内外各种保险业务，包括海上保险。至 20 世纪 70 年代，中国人民保险公司相继制定了《中国人民保险公司船舶保险条款》、《中国人民保险公司海洋运输货物战争条款》等一系列保险条款。1983年9月1日，国务院颁布了《中华人民共和国海商法财产保险合同条例》。1993年7月1日生效的《海商法》和1995年10月1日生效的《保险法》，标志着我国海上保险法已趋于完善。

三 引例分析

本案中保险单的签订日期与实际日期不符，表明保险公司的保险责任期间已经扩大。但该约定基于保险双方的自愿，不存在欺诈、胁迫等情形，因此应当对保险双方具有法律效力。所以保险公司应该对5月9日以来的货物损失承担保险责任。

第二节 海上保险合同

一 引例

A公司从中国青岛港运2000吨饲料到美国纽约，该货物由B保险公司承保，2009年3月1日，B公司人员在A公司的《货物出口承运登记单》上加盖了保险印章，A公司也缴纳了全部保费，但双方并未签订正式的书面保险合同，3月6日，货物在运输途中遭遇连天大雨，部分货物因雨淋受损达38万元。3月10日，B保险公司才向A公司出具《国际海上货物运输保险单》，4月19日该船抵达目的港后，A公司发现货损情况并向B保险公司提出索赔请求，但B公司认为货损发生在出具保险单之前，因此以保险合同未成立为由，拒绝承担保险责任。该案应如何处理？

二 基本理论

（一）海上保险合同的概念

根据《海商法》规定，海上保险合同，是指保险人按照约定，对投保人遭受保险事故造成的保险标的的损失和产生的责任负责赔偿，而由被保险人支付保险费的合同。所谓保险事故是指海上保险合同约定的保险人承保范围之内的海上事故，包括发生在内河航运或陆上运输的事故。

海上保险合同从性质上讲，是一种补偿性的合同，属于财产保险合同的范畴,因此,被保险人对保险标的必须具有各种合法的利害关系,即保险利益。否则,所签的合同无效。《海商法》有关海上保险合同的规定,除保险法律关系的基本原则为强制性规定外,其他内容基本上为任意性规范,法律之适用仅以无合同约定者为限。

(二)海上保险合同的主要内容

根据《海商法》的规定,海上保险合同的内容,主要包括下列事项:

1. 保险人名称;
2. 被保险人名称;
3. 保险标的;
4. 保险价值;
5. 保险金额;
6. 保险责任和除外责任;
7. 保险期间;
8. 保险费。

保险价值是指被保险人投保的财产的实际价值。保险金额是保险人对保险标的的最高赔偿限额。由于保险标的本身的损失,不可能超过它的保险价值,所以,保险金额也不得超过保险价值。如果两者一致,称为"全额保险",标的物发生全损时,保险人要按照保险金额赔偿被保险人。如果保险人只投保保险价值的一部分,则称为"不足额保险",标的物发生全损时,保险人仅按被保险人投保的金额赔偿损失。

保险标的的保险价值由投保人与被保险人订立保险合同时事先约定,无约定者,根据《海商法》规定来估算保险价值:(1)对船舶保险价值的估算,可以根据船舶自身的价值加上船舶所装载的燃料、给养、物料、淡水等价值及保险费用的价值的总和。(2)对货物保险价值的估算,可以根据货物起运时的市场实际价值或者发票价格加上保险费和运费的总和。(3)对运费保险价值的估算,可以根据承运人收取的运费总额加上保险费的总和。(4)对其他保险标的的保险价值的估算,可以根据保险标的的实际价值加上保险费用的总和。

(三)海上保险合同的订立、解除和转让

1. 海上保险合同的订立

和其他合同一样,海上保险合同的订立必须经过要约和承诺两个基本步骤。要约应由被保险人提出，经保险人承诺后，保险合同成立。保险合同的形式一般为保险单，或者其他保险单证。依法成立的保险合同，自成立时生效。保险单既是保险合同的书面证明，也是被保险人向保险人主张权利或索赔的重要证据。依据保险标的的不同，保险单可以分为船舶保险单、货物保险单、运费保险单和船舶所有人责任保险单等。

2. 海上保险合同的解除

海上保险合同成立后，双方均应善意地履行约定的义务，在保险期限期满前，任何一方不得任意解除合同。但是，若客观情况发生变化或一方违反合同时，依照法律或合同规定，当事人双方或一方仍可解除合同。

（1）被保险人违反如实告知义务的，保险人有权单方解除合同并无需承担违约责任。如果被保险人是故意不予告知的，保险费不予退回。如果被保险人的未予告知是由于过失所致的，保险人可以不予解除保险合同而根据情况要求被保险人增加保险费。

（2）保险合同订立时，保险事故已经发生且被保险人知道或应当知道的，保险人不承担赔偿责任，且保险费不予退还。

（3）被保险人于保险责任之前，要求解除保险合同的，保险人应当退还保险费，但可以收取相应的手续费。

（4）保险责任开始后，保险合同双方均不得解除保险合同，但双方有特别约定的除外。如果被保险人提出单方解除合同的，保险人有权收取保险责任开始之日至合同解除之日的保险费。如果保险人单方提出解除合同的，保险人应当将合同解除之日至保险期间届满之日的保险费全部退还给被保险人。这里值得注意的是，对于航次保险责任开始后，被保险人不得单方解除保险合同。

3. 海上保险合同的转让

海上保险合同的转让分为货物运输保险合同转让和船舶保险合同转让两种。

海上货物运输保险合同可以通过被保险人在保险单上背书的方式转让给第三人，而不必征得保险人的同意。即使在保险标的物发生损失之后，保险单仍可有效转让。船舶保险合同的转让则不同，转让船舶时，保险合同应当同时转让，但转让保险合同应当征得保险人的同意。由于保险合同随着船舶所有权转让后，可能改变船舶的管理状况，因而会影响保险公司做出接受或拒绝继续承保的决定。

(四)海上保险合同当事人的基本权利和义务

除法律另有强制性的规定外,海上保险的保险人和被保险人的权利和义务均由保险合同条款规定。一般来说,双方的基本权利义务主要包括以下内容:

1. 保险人的基本权利和义务

(1) 签发保险单

保险单是保险合同成立的重要证明,保险人在海上保险合同成立之时或之后应及时签发保险单。

(2) 损失赔偿

保险人的主要义务是对保险标的在承保期间和范围内因承保的海上危险或事故所造成的损失负责赔偿。但因被保险人的故意所造成的损失,保险人不负赔偿责任。保险人应当赔付保险标的的损失,同时还要对被保险人为减少损失而支付的必要费用承担保险赔偿责任。此外,为维护公平交易的基本原则,《海商法》规定了若干保险人免除责任的事项,其主要包括:①货物保险免责:第一,因货物包装不当造成的损失;第二,因交货或航行迟延所致的货物损失;第三,因货物本身的缺陷或自然损耗所致的损失。但是保险合同另有约定的除外。②船舶保险免责:第一,船舶在使用过程中所致的自身磨损或锈蚀;第二,船舶在开航时不适航。

运费损失比照适用船舶损失的规定。①收取保险费。这是保险人的基本权利,也是保险人承担被保险人损害赔偿的对价。②取得代位求偿权和委付标的物的所有权以及其他有关权利。

保险人赔偿被保险人的损失后,有权请求有责任的第三者进行补偿,即取得了代位求偿权。在赔偿了被保险人的全部损失后,保险人若接受了委付,除可行使代位求偿权外,还可享受因标的物产生的一切权利,包括标的物的残值和因标的物而产生的一切利益。

2. 被保险人的基本权利和义务

(1) 支付约定保险费。这是被保险人的基本义务,被保险人应按时支付。

(2) 通知和尽力施救。通知包括违约通知和危险通知。违约通知是指被保险人违反了合同约定的保证条款,应当立即书面通知保险人;危险通知是指保险事故发生实际危险时，被保险人应当及时将保险事故情况通知被保险人，并尽力施救以减少损失的发生。否则，对于因此而扩大的损失，保险人不负赔偿责任。

（3）请求赔偿。保险合同成立后，一旦发生保险事故，并导致保险标的物损害时，被保险人便可请求赔偿。被保险人的诉讼时效期间为2年，时效起算点为保险事故发生之日。

三 引例分析

本案是关于保险合同成立与否的纠纷案件。根据《海商法》第221条和《保险法》第12条的规定，投保人和保险人双方就保险合同条款达成协议时，保险合同成立。保险人签发的保险单并不构成保险合同成立的前提条件。因此，本案中的保险单虽然签订在货损之后，但当事人双方关于保险合同的协议已于双方在A公司的《货物出口承运登记单》上加盖了保险印章，并且A公司缴纳全部保费时成立了。所以B保险公司应当承担保险责任。

第三节 委付与代位求偿

一 引例

某国远洋货轮"亚历山大"号满载货物从S港起航，途中遇飓风，货轮触礁货物损失惨重。货主向其投保的保险公司发出委付通知。在此情况下，该保险公司可以选择的处理方法是什么？

二 基本理论

（一）委付

委付是指当保险标的被推定全损时，被保险人将保险标的的所有权及派生的一切权利和义务转让给保险人，并向保险人请求赔偿全部损失的制度。这里值得注意的是，"委付不是推定全损的构成要件，但被保险人选择向保险人索赔全损时，必须先无条件地将保险标的委付给保险人。"[①]

---

① 司玉琢主编：《海商法》（第二版），法律出版社2007年版，第398页。

委付是一种单方法律行为,当被保险人提出委付的请求时,保险人享有接受与否的选择权,一旦保险人接受了被保险人的委付请求便不得撤回。无论保险人接受委付或是不接受委付,都应当在合理的期限内将是否接受委付的决定通知被保险人。接受委付后,保险人即获得该保险标的的所有权及派生的相当权利,同时也要承担与该保险标的有关的一切责任,如油污责任、清理航道费用等。因此在实践中,由于担心接受委付后可能承担各种不可预料的债务,保险人往往不愿意接受委付。在这种情况下,保险人可以放弃对保险标的的残值所有权和向第三者求偿的权利而赔偿全部损失,从而终止保险合同的一切责任。

(二)代位求偿

被保险人的损失,如果是由于第三者的原因所致,保险人在承担赔偿责任后,即取得对第三者的损害赔偿请求权,通常称之为代位求偿权。

被保险人取得保险赔偿后,应当把他对第三人的损害赔偿请求权转让给保险人,而不能获得两倍于损失金额的收入。但是,如果被保险人主动放弃对第三人的索赔时,保险人可以免除保险赔偿责任。

代位求偿与委付不同。首先,委付是一种单方法律行为,是被保险人的权利,而代位求偿则是保险人的权利。其次,委付只适用于推定全损,而代位求偿权适用于全损和部分损失。最后,委付所转让的是保险标的的所有权以及其他相应的权利与义务,而代位求偿只限于向第三者索赔。

三 引例分析

该保险公司可以选择的处理方法是拒绝接受委付或者接受委付,不得撤回。

根据《海商法》第249条。该条规定:"保险标的发生推定全损,被保险人要求保险人按照全部损失赔偿的,应当向保险人委付保险标的。保险人可以接受委付,也可以不接受委付,但是应当在合理的时间内将接受委付或者不接受委付的决定通知被保险人。委付不得附带任何条件。委付一经保险人接受,不得撤回。"因此,该保险公司可以选择的处理方法是拒绝接受委付或者接受委付,不得撤回。

参考文献

（按姓氏拼音排序）

著作类

中文著作

曹洪臣、刘向东、马永国主编：《经济法概论》，首都经济贸易大学出版社2009年版。

丁凤楚：《保险法——理论·实务·案例》，立信会计出版社2008年版。

董安生等编著：《中国商法总论》，吉林人民出版社1994年版。

樊启荣：《中华人民共和国保险法》，高等教育出版社2010年版。

范健：《德国商法：传统框架与新规则》，法律出版社2003年版。

范健：《商法》，高等教育出版社、北京大学出版社2000年版。

范健、蒋大兴：《公司法论》（上卷），南京大学出版社1997年版。

范健、王建文：《商法基础理论专题研究》，高等教育出版社2005年版。

范健、王健文：《商法的价值、源流和本体》，中国人民大学出版社2004年版。

高庆年主编：《经济法律通论》，江苏大学出版社2008年版。

官欣荣主编：《新编商法原理》，中国检察出版社2009年版。

侯水平：《证券法律责任》，法律出版社2005年版。

黄健雄、陈玉玲主编：《中华人民共和国保险法》，厦门大学出版社2007年版。

贾林青：《海商法》（第三版），中国人民大学出版社2008年版。

江平：《法人制度论》，中国政法大学出版社 1994 年版。

孔德：《论实证主义》，商务印书馆 1997 年版。

蓝寿荣：《商法学》，清华大学出版社 2009 年版。

李新天：《商法总论》，东北财经大学出版社 2007 年版。

李玉泉：《中国商事法》，武汉大学出版社 1996 年版。

梁慧星、王利明：《经济法的理论问题》，中国政法大学出版社 1988 年版。

梁慧星主编：《中国物权法研究》，法律出版社 1998 年版。

梁小惠等著：《民商法视域下非公有制经济法律规制与保护问题研究》，中国检察出版社 2009 年版。

吕富强：《信息披露的法律透视》，人民法院出版社 2000 年版。

罗忠敏主编：《新保险法案例精析》，中国法制出版社 2009 年版。

马宁主编：《保险法理论与实务》，中国政法大学出版社 2010 年版。

苗延波：《中国商法体系研究》，法律出版社 2007 年版。

任先行、周林彬：《比较商法导论》，北京大学出版社 2002 年版。

沈四宝：《公司法与证券法论丛》，对外经济贸易大学出版社 2005 年版。

盛学军：《欧盟证券法研究》，法律出版社 2005 年版。

施天涛：《公司法论》（第二版），法律出版社 2006 年版。

石慧荣主编：《保险法学》，武汉大学出版社 2009 年版。

石少侠：《公司法》，吉林人民出版社 1996 年版。

史际春：《公司法教程》，中国政法大学出版社 2007 年版。

司玉琢主编：《海商法》（第二版），法律出版社 2007 年版。

苏慧祥：《中国商法概论》，吉林人民出版社 1993 年版。

覃有土：《商法学》，中国政法大学出版社 1999 年版。

万国华：《证券法学》，中国民主法制出版社 2005 年版。

王保树：《中国商事法》，人民法院出版社 2001 年版。

王京、滕必炎：《证券法比较研究》，中国人民公安大学出版社 2004 年版。

王璟：《商法特性论》，知识产权出版社 2007 年版。

王书江：《中国商法》，中国经济出版社 1994 年版。

王小能主编:《中国票据法律制度研究》,北京大学出版社 2001 年版。

王延川主编:《破产法理论与实务》,中国政法大学出版社 2009 年版。

王艳华主编:《破产法学》,郑州大学出版社 2009 年版。

魏振瀛:《民法》,北京大学出版社、高等教育出版社 2007 年版。

吴建斌:《现代日本商法研究》,人民出版社 2003 年版。

谢冬慧编著:《票据法案例评析》,汉语大词典出版社 2003 年版。

谢怀栻:《票据法概论》,法律出版社 1990 年版。

邢海宝:《海商法教程》,中国人民大学出版社 2008 年版。

徐磊编制:《经济法概论》,上海交通大学出版社 2009 年版。

徐卫东主编:《保险法学》,科学出版社 2004 年版。

徐学鹿:《商法学》,中国财政经济出版社 1998 年版。

徐学鹿:《商法总论》,人民法院出版社 1999 年版。

许明月:《抵押权制度研究》,法律出版社 1998 年版。

杨良宜:《提单及其付运单证》,中国政法大学出版社 2001 年版。

叶林:《证券法教程》,法律出版社 2005 年版。

于海纯、傅春燕编著:《新保险法案例评析》,对外经济贸易大学出版社 2009 年版。

于莹:《中华人民共和国票据法》,高等教育出版社 2004 年版。

张国健:《商事法论》,三民书局 1980 年版。

张开平:《公司权利解构》,中国社会科学出版社 1999 年版。

张龙文:《票据法实务研究》,汉林出版社 1976 年版。

张民安、龚赛红:《商法总则》,中山大学出版社 2004 年版。

张民安:《商法总则制度研究》,法律出版社 2007 年版。

赵万一:《商法基本问题研究》,法律出版社 2002 年版。

赵万一:《商法学》,中国人民大学出版社 2003 年版。

赵万一:《证券法学》,中国法制出版社 2006 年版。

赵威:《票据权利研究》,法律出版社 1997 年版。

赵旭东:《新公司法讲义》,人民法院出版社 2005 年版。

赵中孚:《商法总论》,中国人民大学出版社 2003 年版。

周芳主编:《经济法学》,北京航空航天大学出版社 2008 年版。

周海博:《民商法理论与实务专题研究》,辽宁大学出版社 2010 年版。

朱羿锟:《商法学——原理·图解·实例》,北京大学出版社 2007 年版。

邹海林:《保险法教程》,首都经济贸易大学出版社 2002 年版。

外文著作

D. R. Thomas , Maritime Liens, London Steven & Son, 1980. [德] 拉德布鲁赫《法学导论》,米健、朱林译,中国大百科全书出版社 1997 年版。

[德] 拉伦茨:《法学方法论》,陈爱娥译,商务印书馆 2004 年版。

[德] 罗伯特·霍恩、海因·科茨、汉斯·G. 莱塞:《德国民商法导论》,楚建译,中国大百科全书出版社 1996 年版。

[法] 克洛德·商波著:《商法》,刘庆余译,商务印书馆 1998 年版。

[法] 伊夫·居荣:《法国商法》,罗结珍、赵海峰译,法律出版社 2004 年版。

[美] 艾伦沃森:《民法法系的演变与形成》,李静冰译,中国政法大学出版社 1997 年版。

[美] 伯尔曼:《法律与革命:西方法律传统的形成》,贺卫方译,中国大百科全书出版社 1993 年版。

[日] 石川明:《日本破产法》,何勤华等译,中国法制出版社 2000 年版。

[日] 田中诚二:《海商法》,日本劲草书房 1976 年版。

[英] 施米托夫:《国际贸易法文选》,赵秀文选译,中国大百科全书出版社 1993 年版。

论文类

郝润田:《商行为的特征与内涵》,载《商品与质量》2010 年 10 月刊。

雷兴虎：《论我国商事立法模式的理性选择》，商法学年会 2004 年。

刘凯湘：《论商法的性质、依据与特征》，载《现代法学》1997 年第 5 期。

彭真明、江华：《商法法典化的反思——以制定〈商事通则〉为中心》，商法学年会 2004 年。

宋智慧：《商法价值范畴论析》，载《学术论坛》2005 年第 4 期。

王小能、郭瑜：《商法独立性初探》，载《中外法学》2002 年第 5 期。

朱慈蕴、毛健铭：《商法探源——论中世纪的商人法》，载《法制与社会发展》2003 年第 4 期。